中国社会科学院
社会学研究所
40周年庆
Institute of Sociology
CASS 40th Anniversary

迈向人民的社会学
TOWARDS PEOPLE'S SOCIOLOGY
10

中国社会科学院社会学研究所四十年学术集萃

Collected Works of the Institute of Sociology CASS

中国社会科学院社会学研究所 / 编

社会科学文献出版社
SOCIAL SCIENCES ACADEMIC PRESS (CHINA)

前　言

1979 年 3 月，邓小平同志在中央理论工作务虚会议上郑重指出，"实现四个现代化是一项复杂繁重的任务，思想理论工作者当然不能限于讨论它的一些基本原则。……政治学、法学、社会学以及世界政治的研究，我们过去多年忽视了，现在也需要赶快补课。"1952 年社会学因为种种原因在中国被取消，到此时已经过去 27 个年头，终于，社会学重新获得在中国生存发展的机遇，这是改革开放后中国社会学的第一个春天。世界知名社会学家、中国社会学界德高望重的费孝通先生，扛起恢复重建中国社会学的重担，南北奔走，国内外穿梭，联系相关学者，思考恢复重建社会学的当务之急，提出了"五脏六腑"方略，其中之一就是组建改革开放后第一个社会学研究所。1980 年 1 月 18 日，中国社会科学院社会学研究所正式挂牌成立。从此，中国社会科学院社会学研究所的整体发展与中国改革开放发展同步，社会学研究所的科研工作见证了改革开放以来中国社会发生的快速转型和巨大变迁，社会学研究所的科研成果努力反映着中国改革开放发展稳定的伟大实践、伟大经验和精彩故事。

在这 40 年里，社会学研究所从建所之初仅有的两个研究组，发展到今日有了 11 个研究室，2 个期刊编辑部，2 个职能部门，成为中国社会学界学科门类比较齐全、人员规模最大的社会学科研教学机构，发挥着新型智库的重要作用，在国内外社会学界具有重要的影响力。在这 40 年里，在党和国家以及中国社会科学院的关心、指导和支持下，费孝通等老一辈社会学家披肝沥胆，社会学研究所全体职工共同努力，牢记初心，不忘使命，以富民强国为职志，以构建人民的社会学为方向，致力于深入研究中国社会改革开放发展稳定的重大理论和现实问题，形成了一系列重大学术议题，产出了大量具有学术和社会价值的科研成果，积累了丰富的社会调研资料。

四十载砥砺奋进，四十载春华秋实。建所以来，社会学研究所秉承第一任所长费孝通先生制定的"从实求知，美美与共"的所训，弘扬"高尚的学术信誉，深厚的学术修养，端正的学术作风，高雅的学术品质"的学术理念，开风气，育人才。几代学人在理论和实践的结合上孜孜探索，在学科建设、人才培养、组织建设、思想建设等方面均取得了长足的发展和进步，特别是在社会学理论、历史与方法研究，社会分层与流动研究，社会组织与群体研究，文化、家庭与性别研究，青少年问题研究，社会心理学研究，社会保障、社会福利和社会政策研究，城乡社会变迁研究，社会发展与社会问题研究，廉政建设与社会评价等领域取得了丰硕的成果。

值此40年所庆之际，我们从众多成果中选取了1980年至2018年期间，社会学研究所几十位学者发表在《中国社会科学》《社会学研究》《社会》《民族研究》等四大期刊上的400余篇学术文章，按成果发表年份编排，集成此套《迈向人民的社会学——中国社会科学院社会学研究所四十年学术集萃》（十卷本）。此套文集是对社会学研究所40岁生日的献礼，是对40年发展历程的回顾与总结，我们希冀以此促进学科发展和学术进步，为中国的社会现代化建设提供更多的学术思想和智慧。

当前，进入"不惑之年"的中国社会科学院社会学研究所，同整个中国社会学一样，站在了新的历史起点，开始新的征程，迈向人民的社会学是新时代中国社会学的使命与方向。展望未来，中国社会科学院社会学研究所将坚持"推动社会学研究中国化，实现社会学所建设国际化"的办所理念，继续秉承历史责任和学者使命，为实现把我国建设成为富强民主文明和谐的社会主义现代化国家，为努力构建中国特色社会学的学科体系、学术体系和话语体系，不懈努力，继续开拓创新，再创新的辉煌！

编者

2020 年 1 月

凡 例

一　文集以时间为序编排，同一时间发表的文章顺序不分先后。

二　文集以学术性论文为主，保留著名学者的专题性学术讲话稿，学者的考察报告、出访报告、书的序言、参访记录不再编入文集。

三　参考文献原则上遵照《社会学研究》的体例，早年论文中文献标注项目有缺失的，遵原文。经典著作无法确认版本的，引文遵原文。

四　原则上正文中的数据应与图表中的数据对应，图表中的数据疑似有误但不能确认者，遵原文。

五　专业术语、人名、地名等不统一之处，遵原文。

目 录

2016 年

2016 年

面子、羞耻与权威的运作[*]

赵　锋

摘　要： 日常生活的有序交往取决于某类形式化的控制机制的有效运行，而面子机制与作为印象管理基础的羞耻机制属于两类日常交往的控制机制。本文从权威运作的视角出发，构建了羞耻机制和面子机制两个理想类型。通过对已有理论的梳理，文章指出，羞耻机制是一般社会规范的权威透过他人之眼实现的自我约束和自我控制，以羞耻为主导的社会是文明化进程的结果。以羞耻机制为参照，作者指出，面子机制依赖于日常交往的参与者间所形成的等级秩序和支配者控制，以羞辱作为主要的惩罚手段，是以威势构型为特征的社会权威结构在日常交往中的表达和实现。作者认为，一个得体的社会是以羞耻心为基础的社会，也许要通过改变以威势构型为特征的社会权威结构，中国社会才有希望走上自己的文明化旅程。

关键词： 日常交往的控制机制　羞耻机制　面子机制　社会权威结构　权威　威势构型

一　导论

日常生活的有序交往取决于某类形式化的控制机制的有效运行。美国社会学家戈夫曼发现，在所有社会里，处于社会互动中的个体（们），无论社会互动的具体内容是什么，都需要在形式上维护和保持他们的"face"，以避免发生冲突，确保互动的有序进行（Goffman，1982；戈夫

---

[*]　原文发表于《社会学研究》2016 年第 1 期。

曼，2008）。按戈夫曼的定义，"face"指：

在特定的社会交往中，个体根据其交往的对象所假定他应当具有，而由他自己确实宣称具有的某些正向的社会价值。"face"是当一个人由于其职业而向他人呈现好的表现或教徒为自己而呈现良好表现时，努力呈现的一种由被赞许的社会属性所描绘的自我形象——尽管他人也可能分享这一形象。（Goffman，1982：5）

戈夫曼的"face"概念含有几个要点。（1）社会交往的首要性。对戈夫曼而言，"face"离不开现实的或想象的社会互动，因为它是有序社会互动的纯形式的要素。（2）"face"的社会性。它是一种具有褒义性质的社会价值，代表了社会的期待。（3）"face"的内化性。通过社会互动，社会价值和社会期待内化为自我的有机组成。（4）"face"的表现性。社会互动中的个体必须努力将其所宣称的自我形象表现出来，而判断一个人是否具有他所宣称的"face"，不在于这个"face"是否是其个性的一个真实方面，而在于表现得成功与否。戈夫曼的研究表明，"face-work"① 是有序社会互动的主要控制机制。

然而，戈夫曼的"face-work"研究忽略了两个非常重要的方面：一是使得控制机制有效运作的权威问题；二是华人学者对"脸"和"面子"所做的实质性区别。

一切控制机制能够有效运作的核心在于某种类型的权威持存和权威运作。韦伯认为，在一切共同体行动中，权威是一个关键的要素（韦伯，2004）。如果我们承认有序的日常交往也是一种共同体行动，就要认识到人们有序的日常交往不可能脱离现实权威的存在和运作。没有现实权威对个体行为的裁断，有序的社会互动就难以持续和稳定，甚至可能根本无法形成有序的社会互动。因此，本文的一个基本理论预设是：特定类型的权威结构和权威运作是有序社会互动的底层逻辑。

---

① 戈夫曼的 face-work 理论是他早期印象管理理论的发展。他试图使用 face-work 一词建立一个包含西方和东方的理论框架，但是 face-work 的理论内容仍是以羞耻为基础的。华人学者讨论时多采用戈夫曼的印象管理（impression management）理论。这里为了避免歧义，就直接用 face-work 这一术语了。下文亦做相同处理。

戈夫曼对"face-work"的研究无疑受到了华人人类学者胡先缙的影响。然而，戈夫曼对"face"的考察似乎完全忽略了胡先缙在其文章中对"脸"和"面子"的区分。因此，有些研究者认为戈夫曼的"face-work"理论似乎不能用于解释中国社会的互动模式（Stover，1962；Ho，1976）。胡先缙认为，在中国社会中，"脸"和"面子"有着实质区别。"脸""不但是维护道德标准的一种社会约束力，也是一种内化的自我制约力量"（胡先缙，2004：41）；而"面子"是"在人生历程中步步高升，借由成功和夸耀而获得的名声，也是借着个人努力或刻意经营而累积起来的声誉"（胡先缙，2004：40）。继胡先缙之后，香港地区社会学家金耀基虽然不赞成用"脸"和"面子"表示实质区别，但是通过区分"社会性的面"和"道德性的面"，实际上认可了胡先缙所做的实质区分（金耀基，1993）。大陆社会心理学家翟学伟则从不同的角度建构了"脸"和"面子"的实质区别。他在一篇论文中将"脸"定义为"某一个体为了迎合某一社会圈认同的形象，经过印象管理后所表现出的心理与行为"，而"面子"是"具有某种形象的个体（或群体），判断他人的评价与自我期待是否一致的心理过程及其结果，其基本目的是获得或维持自己在他人心目中的地位序列，简称心理地位"（翟学伟，2013：158）。台湾地区社会心理学家、本土社会心理学的倡导者黄光国在早期的文章中更倾向于研究胡先缙所说的"面子"，并将"面子"同"人情"并列，将它们视作特别的社会交易法则（黄光国，2004a）；在后期的文章中，他综合了金耀基和翟学伟的讨论，区别了两类脸面，即道德脸面和社会脸面（黄光国，2004b）。华人学者的研究显然注意到，中国人的社会交往中存在着"脸"和"面子"两种都可以被纳入戈夫曼的"face-work"概念下而又有实质区别的控制机制。"脸"和"面子"在日常语义上可观察到的差异，实际是两种类型的日常交往控制机制在日常用语上的体现。以往华人学者的研究由于过多地从语义学的角度来探讨实际的差异，反而没能像戈夫曼那样深入事物本身。

这两类控制机制，一类以羞耻为核心，另一类则以"面子"为轴心。因为在中国人的日常语言中，"脸"在语义上有羞耻感的意思。例如，"丢脸"往往指由于做了违反社会伦理或风俗的事，受到他人或公众的指责而对自我的不当行为所感到的羞耻；当人们指责某人"不要脸"的时候，往往指这个人的羞耻感不强或不存在羞耻感。从理论的角度而言，羞耻感或困窘（embarrassment）是戈夫曼的"face-work"理论的内核，它们是人们在互动过程中表现和维护自我形象以及他人形象的内在动力。"面子"一词在中国人日常语言中的含义则更加丰富，有时还兼有"脸"的意味。这里为了避免日常用语所产生的歧义性，我们用羞耻机制和面子机制两个术语来标示中国人日常生活中同时存在的两类日常交往的控制机制。依照埃利亚斯的理论，以羞耻机制为主导的西方社会（这并不意味着西方社会不存在面子机制）经历了一个长期的文明化进程。与之相应，在当代中国社会中，日常交往的主要控制机制似乎是面子机制，而非羞耻机制。

本文研究的目的在于，运用韦伯的理想类型法，构建两种类型的日常交往控制机制——羞耻机制和面子机制，并比较二者的差异。鉴于西方学者对日常交往的羞耻机制已有深入的研究，文章后续的部分首先通过对主要相关理论的梳理来构建羞耻机制的理想类型，以此为基础来构建面子机制的理想类型。最后，我们将比较两种理想类型的差异，进而指出当前中国社会日常交往中存在的某些现实问题。

二 日常交往中的羞耻机制

西方学者从心理学的角度已经对羞耻进行了许多理论研究，然而，将羞耻视作社会现象，或者将其视为同社会结构和社会发展具有内在关系并从社会学视角对其研究的学者并不多（Scheff，2003）。本部分的主要内容不在于系统地梳理西方社会学家对羞耻的社会学研究，而是有重点地介绍三位对羞耻现象有特殊社会学理论洞见的社会学家，总结他们的理论要点，并在此基础上构建羞耻机制的理想类型。

（一）戈夫曼：西方社会交往中的困窘

戈夫曼并没有直接论述羞耻，而是以另一个更符合盎格鲁－撒克逊文化的词汇"困窘"（embarrassment）取而代之，从而避免触动读者的羞耻禁忌（Scheff，2003；Schudson，1984）。戈夫曼认为，困窘是人们在日常接触过程中的印象管理艺术的基础（戈夫曼，2008）。从戏剧分析的观点出发，戈夫曼认为在日常互动过程中，所有互动的参与者都如同舞台上表演的戏班，每个互动的参与者都是一个个角色的表演者，在互动之外还有许多人像观众一样时刻观看他们的表演。整个互动过程就像一幕戏剧，每个互动参与者都需要按照互动情境的要求投入相应的自我，就像演员在舞台上要扮演好他们的角色一样。然而，在现实生活中，互动参与者的实际表现可能同互动情境要求的，或参与者想努力表现的自我不相符合，就像演员没有演好他的角色一样，如果这种不符合被观众察觉了，那么互动的流畅进程就会被打断，从而出现令人困窘的结果。印象管理的艺术即在于：一方面努力减少令人困窘的事件发生的可能性，另一方面当令人困窘的局面出现时，努力忽略它的存在或者将其危害程度降低。

戈夫曼在《日常生活中的自我呈现》一书中并没有系统地论述困窘问题，而是在同一时期的另一篇文章中系统地探讨了困窘同社会组织（或社会秩序）的内在联系。在该文中，戈夫曼描绘了困窘的客观表现和主观知觉。

> 通过一些情绪波动的客观信号，个体可能在他人或自己的身上认识到极端的困窘，诸如脸发红，动作迟缓，口齿结巴，语调不同寻常的变高或变低，话音颤抖或断断续续，出汗，脸色变白，目光游移，手发抖，行动犹豫，神情恍惚，以及语无伦次……也会有些主体的感觉，诸如胸腔有压迫感，呼吸不畅，左右摇摆的感觉，感觉到自己有紧张和不自然的姿态，眩晕感，口干舌燥，以及肌肉僵硬。在困窘不十分强烈的时候，这些可见和不可见的慌乱以不甚可感的方式出现。（Goffman，1956：264）

戈夫曼分析了日常接触过程中困窘产生的原因：困窘是由未实现的期待所引起的。在日常互动中，参与者的社会认同和情境在一定条件下是预先给定的，参与者在互动过程中，既要感知哪些形式是得当的，应当加以维系，同时会察觉就行为的实际发生而言，他们可能会有多大程度的失望。在互动过程中，个体被期望具有某些品质、能力和信息，这些共同构成了符合互动情境要求的具有内在一致性和统一性的自我，即个体宣称他在互动过程中所要表现的符合互动预期的自我。当个体在互动过程中实际表现的行为同他人期望其表现的行为不一致，而这种不一致又被他自己或者被他人察觉到时，困窘就必然会出现。

戈夫曼更进一步指出，困窘是社会生活的正常组成部分。戈夫曼认为，从社会学的观点来看，有这样一个假定：

> 困窘是正常社会生活的正常部分，个人之所以变得不安不是因为其人格的失调，而是其人格处于正常状态；大体上说，任何人同他的身份相结合都会有如此表现。（Goffman，1956：270）

受米德和库利关于自我的理论和符号互动论的影响，以及齐美尔的形式社会学的影响，戈夫曼将他分析的目光主要集中于当代社会组织条件下日常互动过程中组织成员的经验结构，而没能够对组织成员的人格和组织结构予以历史的说明，或者说，没能够给予一个"深度的说明"（Kuzmics，1991）。埃利亚斯则从历史社会学的角度对羞耻和困窘给出了更具理论深度和说服力的说明（Braithwaite，1993）。

（二）埃利亚斯：羞耻和困窘的社会源起

埃利亚斯认为人类的文明进程深深地植根于羞耻的土壤之中。埃利亚斯的核心观点是：西方社会自 16 世纪以来，理性化的突然兴起同羞耻和困窘域限的大幅扩展是西方社会个性结构（social personality structure）同一转变的不同侧面（Elias，2000）。

不同于戈夫曼，埃利亚斯清楚地聚焦于羞耻的社会源起。埃利亚斯写道：

> 羞耻感是一种由于习惯的力量，在某种情形下会自动在个体身上再现的某种兴奋或紧张。表面上看，它是对社会贬抑的恐惧，更一般地说，是对其他人的优越姿态的恐惧。当一个害怕陷入劣势地位的人既无力通过直接的身体手段，也难以通过其他形式的攻击改变此种危险时，这是经常出现的一种不快或恐惧。这种对抗他人优势的虚弱无能，这种整个地暴露于他人面前，并非直接源于他人实际表现出的身体优势，尽管它无疑源自身体冲动，即儿童面对其父母或教师时的身体劣势。就成人而言，这种虚弱无能源自下述事实，即那些人们所惧怕的具有优势的人同他们自己的超我是一致的，并同自我限制的主动

作用相一致，这种自我限制的主动作用正是由那些他们所依赖的，在权力和优势方面高于他们的人培育起来的。与之相应，我们称作"羞耻"的紧张总是阻挡着他人的窥视，无论这种紧张有多强烈，它也从不张扬地表露于我们的姿态中。羞耻所具有的特殊性源自下述事实，即感知其存在的人已经做了，或将要做某些事，而这些事会导致他与有着某种纽带关系的人发生冲突，或者同他自己发生冲突，或者同他意识中自我控制的部分发生冲突。表现于羞耻——畏惧中的冲突并不仅仅是个体同流行的社会观点间的冲突，而是个人的行为已经使得他同自己意识中代表社会观点的那部分发生了冲突。这是同他自己个性的冲突，他自己也承认他的劣势。他惧怕失去那些对他重要的他人的爱或尊重。他们的态度强加了一个态度在他身上，而他自动地将之纳为己有。这就是何以他在对抗优势姿态上如此虚弱无能，因为他人以某种方式触发了他身上的自动机制。(Elias, 2000: 414)

埃利亚斯认为，社会结构的变化越是使得人们对违犯社会规制的畏惧从来自外在的限制变为来自内在的自我制约，即表现为羞耻以及由于惧怕羞耻而产生的自我限制，人们的日常行为就会在更大范围内，或更加分化的领域内受自我限制的约束。人们的行为总是或多或少地受到某种自我规范的约束，而当一个人感到不得不突破这个限制时，或者他实际已经突破了，一种可以被统称为羞耻的内在紧张和激动就会被唤起，同时，他所感知到的紧张程度则随着社会规制的严肃度和自我限制的程度而变化。

受弗洛伊德理论的启发，埃利亚斯指出，羞耻的强化如同增强的理性化都是个体人格内部持续增强的功能分化的不同方面；是内在驱力和驱力控制分化——"本我"和"超我"功能——的不同方面。被称为"本我"的个体的自我驱动越是得到强化并用以控制自我行为，被称作"超我"的那部分也会越清晰，越起到自我控制的作用。所以，人们可以在同一社会历史时期观察到，一方面人们的行为变得愈益理性化，另一方面自我控制的范围也在扩展。

埃利亚斯指出，困窘是羞耻不可分割的对应部分。羞耻是当行为人将要或已经突破社会规制时，由自我监控和自我限制的内在作用产生的紧张；困窘则是当他人试图或正在威胁社会规制时，由行为人代表社会的超我所产生的不快或焦虑。埃利亚斯以历史证据表明，自 16 世纪以来，西方社会羞耻和困窘的边界开始加速扩展。随着人们之间相互依赖链和依赖度的增加，人们之间的相互观察也不断增加；感性和相应的规制日益分化；激发人们羞耻和困窘的行为也更细枝末节和繁复多样。然而，埃利亚斯并不认为在人类社会中存在着一个对外部力量的畏惧的零点，以及一个内在自动紧张的零点。简言之，人类社会既不存在文明的终点，也不存在文明的绝对原点，社会总是处于这两者之间的。

弗洛伊德关于自我（力比多驱力）和超我（社会限制的内化）的理论、韦伯关于国家对身体暴力垄断的理论，以及社会理性化的理论被埃利亚斯综合成一个西方社会文明化的理论，以说明 16 世纪以来西方社会的发展（Scheff，2004）。然而，无论是戈夫曼对困窘的互动论的说明，还是埃利亚斯对羞耻和困窘的社会起源的说明，似乎都缺少了关键的一环，即社会权威的作用。

（三）赫勒：羞耻与他人之眼的权威裁断

哲学家兼社会学家阿格尼丝·赫勒在《羞耻的权能》一文中写道，"羞耻与良知都属于感知。两者都将个人卷入到权威对人类行为的裁断之中"（Heller，1982：215）。

赫勒认为，人们之所以会有羞耻感，是因为他们的行为受到了外在社会权威的裁定，即代表社会习俗权威的他人之眼（the eye of others）的评判。作为一种情感，羞耻促使人们遵从他们所处的社会文化环境。正是他人之眼的刺激触发了人们的羞耻响应和羞耻表现。例如，人们可能因为自己的某些行为而感到脸红，想找个地方藏起来，产生逃离人群的冲动，甚而想让自己深埋于地下，彻底地消失于人世间。

从社会裁断的角度而言，赫勒认为，羞耻感是一种道德感。基本的事实是：羞耻感能够控制个人的一般行为，使其遵从他所属的共同体的管理。在所有具有相同行为规则的社会中，正是羞耻反应表现出个体对共同的规则（规范）的破坏，或者该个体比其他人更多地关注共同规则（规范）是否被遵从。正是习惯的力量促使人们用羞耻感管理自己的行为，并迫使人们遵从共同规则（规范）。

当我们将羞耻置于西方社会的背景时，赫勒指明，裁定人们行为的外在权威一方面已变得特殊化和抽象化，另一方面则普遍化和形式化了。权威的特殊化和抽象化主要指在家庭中家长的权威不再能充当一般的共同体权威的居间人，而变为更受个人特征影响的个人权威，而人们的行为更多地受抽象规范的管理，较少地受特定共同体内具体规则的约束。外在权威的形式化指的是人们越来越关注个体的成功与否，而不管其成功的路径和方法。

（四）羞耻机制的理想类型

至此，我们多少可以综合以上三位学者关于羞耻和困窘的理论，以及其他学者关于羞耻的研究，建构一个羞耻机制的理想类型。

1. 羞耻机制是自我控制和自我约束

羞耻是人们在同他人的日常交往过程中产生的一种可以被自己，也可以被交往中的其他参与者感知到的由社会期许与自我表现的不一致所产生的不自主的或自动的紧张或焦虑（Helen，1971；Jacoby，1994）。羞耻产生的紧张或焦虑有其客观的符号式表现，既可以被互动的参与者或他人观察到，也可以通过他人的反应而被自己观察到。人们越是认识到自己无法满足社会预期和自我愿望，认识到对改变自己所处的劣势情境无能为力时，紧张和焦虑就越是强烈。为了避免羞耻引发的畏惧和焦虑，人们努力在日常交往中满足社会期许和自我期许，这时，羞耻感就成为实现有序的日常交往的自我控制机制。当人们在日常交往中没能满足社会期许和自我期许，破坏了日常交往的正常有序时，羞耻引发的紧张和焦虑就成为相应的惩罚手段。

2. 羞耻机制中的权威是社会规则（规范）和他人之眼

在羞耻机制中，由共同体成员发展出来的社会规则（规范）对所有共同体的成员具有普遍的权威。规则和规范的权威性质不仅得到共同体成员的认可，还通过他们的日常交往得以实现和维护。在具体的交往过程中，社会规则（规范）的权威由交往过程中的他人之眼所代表。按照戈夫曼的理论，在互动过程中，互动的对方以及观众时刻观看和审视着自我的表现，并对互动参与者的自我表现是否符合社会规则（规范）的期待做出裁断。

3. 权威的两种运作方式：内化的他人之眼和他人的厌恶表达

从西方社会长期的历史发展进程看，他人之眼的权威逐渐内化为社会成员自我中的超我对本我的观察、监督和裁定。社会成员的超我一方面能够感受、识别、认可他人之眼的观察、沟通和裁定，另一方面也能够时刻根据社会规则和规范的具体内容来审视自己的内心世界和自己在日常交往中表现出来的行为。在具体的日常交往过程中，超我通过对他人之眼的想象，时刻观察、监督自我的表现，进而裁定自我的表现是否符合社会规则（规范）对自我表现的期待。如果自我表现符合预期，交往顺利进行；反之，则可能产生羞耻反应。

另外，真实的他人之眼也时刻代表规则（规范）的权威监督和裁定着自我的表现，判断自我的表现是否符合情境的要求和期待。如果自我的表现符合要求，交往顺利进行；反之，他人可能产生困窘的反应，进而根据困窘的程度，或者通过眼神的警告、厌恶姿态的表达、言语的警告，甚至直接的行动干涉来使规范的违反者或可能的违反者知晓其应当遵从的社会规则（规范），触发他们的自我羞耻感（Crozier，1998；Deigh，2006）。

无论是由于超我对本我的裁定所产生的羞耻，还是由于他人之眼的裁定所产生的羞耻，都会成为违反社会规则（规范）的惩罚，从而强化社会规则（规范）的权威地位，更进一步地强化日常交往中的自我控制和自我约束。

4. 以羞耻机制为主导的控制机制是西方社会权威结构长期变化的结果

当代西方社会之所以以羞耻机制作为日常交往的主导控制机制是其社会历史发展的结果，即埃利亚斯所说的文明化进程的成果。促成羞耻机制成为主导控制机制的社会权威结构变化包括三个方面的具体内容。

首先，国家或社会整体对施加于他人人身之上的有形暴力（身体的和言语的）的垄断。任何施加于他人人身上的有形暴力都从属于国家的主权范围，必须由国家授权的专门机关来施行，而政府机关对公民所施加的有形暴力还必须符合人道法律，不得随意使用。

其次，个体或群体对他人的特殊权威逐渐由社会规则（规范）以及法律、社会公意等替代，即社会权威的抽象化。社会成员遵从的权威不再是某个具体的个人或集体，而是代表抽象权威施加影响的个人或集体。

最后，当日常交往的参与者违背了或准备违背社会既存的规则（规范）时，代表抽象权威的他人之眼只把参与者视作单独的个体，仅仅对他本人的行为予以裁定，并不将裁定的结果引申到同参与者有直接关系的其他人身上，迫使同他有直接关系的其他人接受相同的裁定，担负连带的责任，遭受同样的羞耻处罚。同时，每个社会成员都既可能处于被评定的位置上，受代表抽象权威的他人之眼的观察、监督和裁定，也有权利和有可能作为他人之眼监督和评判其他社会成员的行为。触发人们感到羞耻的他人之眼，不再是具有权威的特殊个体或群体，而是一般的、陌生的、匿名的普通人。

三　日常交往中的面子机制

从理想类型的角度说，面子机制是一种不同于羞耻机制的日常交往的控制机制。面子机制在表现上虽然有许多貌似羞耻机制的地方，比如交往的参与者时刻表现出的谨慎和小心，以及某个交往参与者在失掉面子后所表现出的局促不安等，但是面子机制实质上是完全不同的类型。

（一）等级秩序①与位次感

从日常交往的形式角度而言，"面子"包含两层意义：（1）所有交往参与者的面子，即所有交往参与者形成的等级秩序，以及这个等级秩序显示出的秩序感与和谐度；（2）个体及其所代表的群体在整个交往等级秩序上所占据的位次，即我及我所代表的群体处于他人之上或他人之下。因此，在面子机制中，对所有参与者具有第一重要性的，不是从社会规则（规范）的角度去监督和控制自己和他人的行为，而是在维护整个交往的等级秩序的同时，争取自己及自己所代表的群体在这个等级秩序上能够占据一个较为有利的位置。在以面子机制为主导的日常交往中，我作为交往参与者首先要同他人确立我们共同交往的等级秩序以及我在这个等级秩序上的位次，并以此为基础确定我对他人的行为是否"适当"，即我的行为是否冒犯了他人或破坏了整体的等级秩序。据此，我们可以重新解释日常所谓的"面子功夫"。

---

① 何天爵注意到两个绅士或两个乞丐第一次见面时，总是有一套程式的对话，包括互相询问对方的姓名、年龄、籍贯等（何天爵，1998）。他将这视作一种繁文缛节，但是他没有注意到，两个人正是通过这类礼仪性的信息交换，才确定长幼、尊卑、先后、亲疏等交往的等级秩序。

1. "有面子／没面子"

在与他人交往的过程中，当我通过对他人的行为，仪式性地宣称我在交往共同体的等级秩序上占据了一个有利位次时；或者与我交往的他人通过他们对待我的行为，仪式性地承认我在等级秩序上的有利位次时，我就"有面子"。反之，当我通过对他人的仪式性行为所宣称的有利位次没能够得到他人的承认时，我会感到"没面子"。例如，在中国社会的日常生活中，酒席上的主次席位往往象征了所有参加者的等级秩序，而参加酒席的人的面子也通过他们被安排的位次而获得表达。一个人越是被安排在主要的席位上，他就越"有面子"，相应地，他的行为也应当符合他的座次。

2. "给面子／不给面子"

在一个确定的交往等级秩序中，如果某个（某群）参与者 A 通过仪式化的行动认可参与对方 B 占有一个有利位次，那么我们说 A 给了 B "面子"。根据 A 相对于 B 的位次，"给面子"有两种主要方式：贵宠和恭顺。当 A 在等级秩序的位次高于 B 时，A 可以通过贵宠的表达给予 B "面子"。例如，一位达官贵人接见一个平头百姓，或者赏赐后者一个身份或职务，对后者来说是极给"面子"的事。但是，当 A 所处的等级秩序低于 B 时，A 只有通过恭顺的仪式表达才能给予 B "面子"。例如，在前清社会中，低级官吏常常通过"孝敬"上级官僚来表达对上级的恭顺，而表示恭顺的人越多，上位者获得的面子就越大。

相应地，"不给面子"是通过仪式化的行动否认参与对方所宣称的自己在等级秩序上的位次。例如，某个人在同他人交往的过程中，当众宣称自己是某个高级官僚的亲戚，而同他交往的人则当众拆穿他的谎言，就是一种"不给面子"的表示。当然，像"给面子"有两种方式一样，上位者对下位者的轻视和忽略，以及下位者对上位者的不恭顺、不服从都是"不给面子"的表现。

3. "增面子／损面子"

无论基于何种原因，某个交往参与者在等级秩序上的位次有所提升时，他的"面子"就得到了增加；反之，他会感觉到"面子"损失。"增面子"是交往者在交往过程中要努力达成的目标；"损面子"则是所有的交往者都需要极力避免的事。

4. "顾面子／不顾面子"

上位者的行为虽然同他们在等级秩序上所占据的位置不相符合，但是，下位者并不公开地对上位者的行为表示不满，甚而积极地遮掩上位者的不当行为，维护他们的位置，就是"顾面子的"；反之，下位者不积极主动地为上位者做遮掩，甚至故意暴露出上位者的短处，就是"不顾面子的"。

5. "大家的面子"

"大家的面子"代表了整个交往共同体的等级秩序本身，包含有结构的等级性、互动的秩序性，以及共同体的和谐性。交往的参与者都有义务维护整个既存的等级秩序，避免由于对个人（或群体）所占位次的争夺产生危及整个等级秩序的后果。因此，为了顾全"大家的面子"，交往共同体要避免等级秩序内部的冲突公开和升级，相互之间做出妥协，必要时牺牲某一方的利益或自身的利益。

"面子"主导的日常交往要求交往参与者的行为能够"恰当"地表现出他们相对于他人所处的位次，同时，他们在等级秩序上的位次也由他人"恰当"的行为而获得仪式性的认可。在交往过程中，上位者若没能保持同下位者的等级差异，或者下位者没能表现出对上位的恭顺，都是"失当"的行为。

（二）"失当"行为的惩罚：羞辱

羞辱是面子机制中主要的惩罚手段。在羞耻机制中，当个体的行为违反了社会规则和规范的时候，由他人的厌恶反应所引发的羞耻情感或由自我控制机制引发的羞耻情感是主要的惩罚手段。然而，在面子机制中，个体（或群体）如果不能根据其在等级秩序上的位置"恰当地"行事，或者他（他们）的行为被认为威胁到了整个等级秩序的维续，他（他们）就会遭受羞辱。

羞辱不同于羞耻。羞耻是个体的行为不能达到他所属群体的标准所产生的压力和焦虑，即便个体确实感受到其行为带给他的羞耻，他也不会丧失群体的归属感（Smith，2001）。羞辱则是对个人或群体作为具有同等价值或平等一员的否定；它或者通过强力手段在社会成员之间划分出绝对的上位者和下位者、支配者和服从者，或者通过符号化的言语和行动将个体或群体划归到一个劣等的类别之中（Garfinkel，1956；Klein，1991；Lindner，2001；Smith，2001）。丹尼·斯密斯区分了四种类型的羞辱：征服式羞辱，即通过暴力迫使他人长期处于被支配的地位，由此确立一个支配和被支配的层级结构；调节式羞辱，即迫使个体或群体从层级结构上的较高等级下降到较低的等级；排斥式羞辱，即将个体（或群体）从群体中驱逐出去，不承认他（他们）作为群体成员的资格；强化式羞辱，即通过惯例式的惩罚使得被支配者反复感受到他所处的低等状态（Smith，2001）。

羞辱可能是报复性的。在面子机制支配的交往中，如果个体或其所代表的群体在日常交往中的等级位次没有被"恰当"地给予认可和对待，这个时候，个体或群体可能运用暴力、谩骂、破坏秩序等手段对交往的对方予以惩罚，迫使对方认识到其实际"应当"具有的位次和被对待的方式。这一点可以用鲁迅在《说"面子"》一文中引自《申报》的新闻来加以说明。

> 沪西有业木匠大包作头之罗立鸿，为其母出殡，邀开"赏器店之王树宝夫妇帮忙，因来宾众多，所备白衣，不敷分配，其时适有名王道才，绰号三喜子，亦到来送殡，争穿白衣不遂，以为有失体面，心中怀恨……邀集徒党数十人，各执铁棍，据说尚有持手枪者多人，将王树宝家人乱打，一时双方有剧烈之战争，头破血流，多人受有重伤……"（鲁迅，2005：131）

这则故事中，值得注意的有几个方面。（1）出殡以一种仪式化的形式展示了木匠大包作头罗立鸿日常交往的整个社会群体。（2）在这一过程中，人们之间的等级秩序通过一系列仪式行为得以表现。（3）为来宾所备之白衣虽然在传统上只用于出殡者的亲族，但这里可以表示来宾在整个等级秩序中处于较高的位次。因此，白衣的分配象征着主人对来宾在等级秩序中较高位次的认可。（4）"争穿白衣未遂"表明，王道才可能代表了一群有势力的地方无赖，并自认为应当处于较高的等级位次上，而王树宝一家则不认可王道才的位次宣称。（5）其结果就是王道才纠集党徒对王树宝一家进行报复性羞辱，迫使对方认识到自己及自己所代表的势力，以及在日常交往中"应当"被对待的方式。

日常性羞辱则可以迫使交往参与者自动地辨识出交往中的等级秩序，培养自动地对上位者的恭顺和对下位者的压制。日常性羞辱常通过"名"的区分来确立或再确立人们交往中上下等级的差别。例如，老舍先生在名为《面子问题》的话剧的开始，就以文学的手法再现了一种典型的日常性羞辱。

> 赵勤（工友）：秘书，一封信。（单手将信放下）
>
> 佟秘书（高傲的）：嗯！（看赵要走），我问你，你就这么递给"我"东西啊？你懂得规矩不懂？
>
> 赵勤（莫名其妙）：我……
>
> 佟秘书：你的（指）"那"一只手是干吗的？
>
> 赵勤（看了看"那"一只手）：这……
>
> 佟秘书：双手递信！我是你的上司！
>
> 赵勤（恍然大悟，从〔重〕新递信）：这样？（老舍，1986：217 - 218）

这类情形是我们在日常生活中常见的，以至于习而不察。但是老舍先生却提醒我们注意：（1）佟秘书说话时的态度（高傲的）和具体说话的方式（命令、质询、疑问式的否定、打断、提醒）形成了一种对他人的压迫式羞辱；（2）这一压迫式羞辱的目的在于迫使他人再度确认所谓的"规矩"，即仪式性地表现出两人间的等级分别——下位者应当以双手将东西呈送给上位者；（3）双手呈送仪式的核心在于时刻标示出交往双方的等级分别，以及下位者对上位者的恭顺。

（三）面子机制的社会权威结构：威势构型

与面子交往的等级秩序和权威关系相对应的是一种不平等的社会权威结构，可以称作威势构型。

构型（figuration）是埃利亚斯的概念，用以指称人们之间相互依存的各种形态（Featherstone，1987；Elias，2000）。埃利亚斯的构型概念突出了社会交往中的双方或多方围绕特定的对象所展开的斗争与合作、分化与整合，以及由此生成的模式化的社会关系和社会关系的动态发展。在《文明的进程》一书中，埃利亚斯用构型概念分析了西欧社会的封建化过程以及封建大君通过攫取封建小诸侯的暴力手段获取暴力的垄断、促成现代国家生成的过程。这里，我们借用构型概念来强调作为面子机制运作基础的社会权威结构的模式特征和动态特征。

威势构型指人们凭借他们自身或他们所属群体同官僚体系的关系，以及他们利用官僚体系内政治资源的能力，在现实的社会生活中，以"支配—规范—恭顺①"为主轴，通过斗争与合作、分化与整合而形成的社会关系形式。

这里，我们在严格的意义上使用韦伯对支配和恭顺的定义。支配意味着支配者可以通过自身意志的符号表达来影响他人（被支配者）的行动。韦伯认为，根据命令的妥当性，支配者的地位可能由既有的规则赋予，被支配者则"服从于具有一般性约束力的规范"（韦伯，2004：20），或者，某些人可能因为拥有一些特殊属性而取得支配地位，被支配者的服从是"对特定人物的服从"（韦伯，2004：20）。

威势构型中的"支配—恭顺"是指特定的人物（个体或群体）凭借对支配地位的占据而要求对方顺从他们的意志，与此同时，被支配者根据命令者的特殊属性而接受支配者的行为指示。作为支配和恭顺之中介的规范本身没有权威，只是对支配者和被支配者双方的行为构成约束。它在要求恭顺者顺从支配者的意志的同时，要求支配者不可任意地对恭顺者施加权威。

威势构型的特征是，在社会生活中，"谁可能支配和谁需要恭顺"的决定性力量在于人们同官僚体系的关系，以及他们利用官僚体系内政治资源的能力。在现实的社会生活中，那些同正式官僚体系毫无关系、完全不能利用政治资源的人同那些可以或多或少地借助政治资源的人相比，更有可能处于恭顺的位置上。如果一群人同时都与官僚体系有关系，都能够借助政治资源的帮助，那么他们之间就可能根据各自同官僚体系的关系密切程度，以及可能利用政治资源的多寡和强弱，来分派支配权。当个体凭借自身身份直接利用政治资源，获得对他人的支配权时，我们称他拥有"威"的支配或占据"威"的支配地位；相应地，若个体只能凭借亲属友谊的连带关系或自身的金钱名誉，间接地求助他人动员政治资源，从而取得支配权时，我们称他拥有"势"的支配或占据"势"的支配地位。由于威有高低，势有强弱，在现实的社会生活中，这群人之间相对的支配和恭

---

① 韦伯在论述家产制支配时区别了对抽象规则的服从和个人性的恭顺（韦伯，2004：90 - 93）。

顺取决于他们之间的斗争和妥协。此外，原来同官僚体系没有关系的人，可能由于他自己或他的家人获得了官僚的身份，于是从恭顺者变成了支配者。原来同官僚体系有直接联系、可能借用强大政治资源的人，也可能由于政治上的失利或官僚背景的消散，变成他人支配的对象。所以，人们同正式官僚体系的联系以及他们借用政治资源的能力的变化是威势构型变化的主要动力。

吴晗先生等人研究的绅权是一种典型的势的支配。从士绅的来源看，士绅"是官僚离职，退休，居乡（当然居城也可以），以至未任官以前的称呼"，他们"经常和官府来往，可以和官府合作"。他们"有尚未作官的绅士，有作过多年官的绅士"，其中"作过大官的是大绅士，作过小官的是小绅士"（吴晗，1949：49）。此外，"居乡的宰相公子公孙，甚至老太爷，老岳丈……这类人不一定作过官，甚至不一定中过举"（吴晗，1949：50），通过亲属的连带关系也可以成为士绅。在社会生活中，士绅可以凭借自身身份间接地动员官僚体系内的政治资源，取得对民众阶层的支配权。这些士绅之间，可能是大士绅支配小士绅，老士绅支配新士绅，当权的士绅支配过气的士绅；有时，还可能呈现激烈的竞争或微妙的平衡。随着士绅身份和利用政治资源能力的变化，比如，平民百姓凭借自身的努力和机缘运气，一举越过龙门，进入士绅阶层，或者几世为宦的家族家道中落，后代沦落成普通百姓，他们与其他民众和士绅的"支配—恭顺"关系也会随之变化。

（四）从威势构型到日常交往的面子机制

基于威势构型的概念，我们认为面子机制的实质在于两个原则：人们在日常交往的过程中是否以"适当的"方式（仪式性行为）标示出自己和他人之间的"支配—恭顺"关系——适当原则；处于恭顺位置上的个体行为是否实际地接受处于支配位置上的个体意志的影响——有效原则。我们可以设想两个处于某个威势构型上的个体，通过他们的交往来说明人们在交往中，如何通过"面子""适当地"表现和实现他们在威势构型上的关系。

首先我们只考虑两个个体 A 和 B 在威势构型上的关系，而不考虑他们同第三人的关系。

情境一：A 处于支配位置，B 处于恭顺位置。在日常交往过程中，B

通过仪式性行为承认 A 的等级高于自己，并听从 A 的指示，就是给了 A "面子"，A 也会感到"有面子"。

情境二：A 与 B 同处于支配位置上，但是 A 的威或势高于 B。B 在交往过程中要对 A 表示自己等级是较低的，虽然自己的行为不一定要服从 A 的指示，但是不要公开地否定 A 的指示。A 也要以一定的方式认可 B 对他人的支配权。但是，A 切记不能表现出自己的等级低于 B，或听从 B 的指示，否则就会丢自己的"面子"。

情境三：A 与 B 同处于支配地位上，且难以区分 A 和 B 之间威或势的大小。这时，A 和 B 最好的选择就是互相"给面子"——承认对方对他人的支配权，避免面对面的日常交往也是可行的。最坏的选择是相互之间"拼面子"——通过仪式性行为表明自己的支配权高于对方的支配权，和"驳面子"——不承认对方对他人的支配权。

如果 A 和 B 在威势构型上的关系受第三人 C 的制约，情况就比较复杂和微妙。

情境四：A 和 B 同时处于 C 的支配下。在日常交往中，A 和 B 都要对 C 的支配位置有仪式性的认可，都要顺从 C 的指示。

情境五：A 和 C 都有支配权，C 的支配权高于 A 的支配权；B 没有支配权，但是 B 同 C 有连带关系。A 和 B 在交往中就都要考虑到 C 的"面子"。B 最好表示自己的等级低于 A，而且在听从 A 的指示时，要考虑是否会伤了 C 的"面子"。A 在指示 B 的行为时，也要时刻记住要照顾 C 的"面子"——不能越过某个度限，还要表现出 B 与其他被支配者有差别。

情境六：A 和 B 支配权相当，C 的支配权高于 A 和 B，且 C 同 B 有连带关系。这时，A 和 B 在交往中的微妙的支配平衡可能会被打破。A 最好多给 B 些"面子"，以照顾到 C 的"面子"；最好不要驳 B 的"面子"，以免伤了 C 的"面子"。

情境七：A 和 C 的支配位置相当，B 处于恭顺位置上，且 B 和 C 有连带关系。在交往过程中，B 要对 A 承认他的支配地位，听从 A 的指示，但是不能任由 A 随意支配；A 也要照顾 C 的"面子"，最好不要随意地指示 B。

若 A 和 B 在威势构型上的关系不仅受第三人 C 的制约，还受第四人 D，甚至更多人制约的时候，通常可以化约成两个独立个体或两个独立个

处于等级秩序上最高位次的个体设定的行为基调同一定的伦理准则相契合时，依等级秩序实现的行为约束和行为控制就会使得整个交往行为呈现相应的伦理面貌。但是，如果设定的行为基调不具有伦理特征时，整个交往行为也不必呈现伦理特征。这是对"爱面子而不要脸"这一现象的理论解释。"脸"是羞耻机制的功能，而"面子"则是"支配—恭顺"关系的表达和实现，不必依照社会伦理调整交往双方的行为。

还需说明的是，日常交往的羞耻机制和面子机制只是两种不同的理想类型，而非现实生活本身。在现实生活中，这两种机制很可能混合在一起同时发生作用。在许多情况下，我们还会发现两种机制之间的冲突。例如，当我们对某些不文明的现象进行规劝的时候，对方很可能因为我们不给其"面子"而勃然大怒，甚而大打出手。这是因为我们自认为可以代表社会规范的权威对不文明的现象予以规劝，并企图通过诱发对方的羞耻感约束其行为；但是对方则不认为我们比他有更高的等级位次，不认可我们具有规范其行为的支配权。

本文在这里还想指出，一个得体的社会是以羞耻心为基础的社会，是依循普遍认可的社会规则（规范）的权威，借助他人之眼，实现自我约束和自我控制的社会。然而，中国社会欲以羞耻机制而非面子机制作为日常交往的主导机制，所要解决的首要问题似乎不是儒家文化所陶铸的文化心理。因为传统儒家关于耻的文化论述，以及对辱的反对，都更倾向于建设一个"有耻且格"的社会，而非"民免而无耻"的社会。如金耀基先生所论述的，传统儒家极为重视培养士君子的耻感。同样，明末大儒王夫之则明确地指出了耻和辱的区别，认为对士君子的辱，恰只会造就士君子的无耻。[①]

---

① 王夫之在《读通鉴论》中写道，"汉以杖代肉刑，则杖之为刑亦重矣哉！匍伏之，肉袒之，隶卒之贱凌蹴而笞之，于斯时也，烦冤污辱之下，岂复有君子哉？王昶之僭号于闽也，淫虐不拟于人类，其臣黄讽诀妻子以进谏，不恤死也。至于昶欲杖之，则毅然曰：'直谏被杖，臣不受也。'昶不能屈，黜之为民。充讽之志，岂黜是恤邪？触暴人而死，则死而已矣，而必不受者辱也。于此而知后世北寺之狱，残掠狼藉，廷杖之辱，号呼市朝，非徒三代以下虐政相沿，为人君者毁裂纲常之大恶；而其臣惜一死以俯受，或且以自旌忠直，他日复列清班为冠冕之望者，亦恶得而谢其咎与？'士可杀不可辱'，非直为君言，抑为士言也。高忠宪公于缇骑之逮，投池而死，曰：'辱大臣即以辱国。'趄矣。立坊表以正君臣之义，慎遗体以顺生死之常，蔑以尚矣。其次则屏居山谷，终身不复立于人之廷可也。士大夫而能然，有王者起，必革此弊政，而明盘水加剑之礼，人道尚足以存乎！"（王夫之，2012：1139）

由此，根据我们的理论分析，也许只有通过改变以威势构型为特征的社会权威结构，中国社会才有望走上自己的文明化旅程。

参考文献：

戈夫曼，2008，《日常生活中的自我呈现》，冯钢译，北京：北京大学出版社。

何天爵，1998，《真正的中国佬》，鞠方安译，北京：光明日报出版社。

胡先缙，2004，《中国人的面子观》，黄光国、胡先缙等《人情与面子：中国人的权力游戏》，北京：中国人民大学出版社。

黄光国，2004a，《人情与面子：中国人的权力游戏》，黄光国、胡先缙等《人情与面子：中国人的权力游戏》，北京：中国人民大学出版社。

——，2004b，《道德脸面与社会脸面：儒家社会中的依附性自尊》，黄光国、胡先缙等《人情与面子：中国人的权力游戏》，北京：中国人民大学出版社。

金耀基，1993，《"面"、"耻"与中国人行为之分析》，金耀基《中国社会与文化》，香港：牛津大学出版社。

老舍，1986，《老舍文集》第十卷，北京：人民文学出版社。

鲁迅，2005，《鲁迅全集》第六卷，北京：人民文学出版社。

王夫之，2011，《船山全书（第十册）：读通鉴论》，长沙：岳麓书社。

韦伯，马克斯，2004，《韦伯作品集（卷三）：支配社会学》，康乐、简惠美译，桂林：广西师范大学出版社。

吴晗，1949，《论绅权》，吴晗、费孝通等《皇权与绅权》，上海：观察社。

翟学伟，2013，《中国人脸面观的同质性与异质性》，翟学伟《人情、面子与权力的再生产（第二版）》，北京：北京大学出版社。

Braithwaite, J. 1993, "Shame and Modernity." *British Journal of Criminology* 33 (1).

Crozier, R. W. 1998, "Self-Consciousness in Shame: The Role of the 'Other'." *Journal for the Theory of Social Behaviour* 28 (3).

Deigh, J. 2006, "The Politics of Disgust and Shame." *The Journal of Ethics* 10 (4).

Elias, N. 2000, *The Civilizing Process: Sociogenetic and Psychogenetic Investigations.* Oxford: Blackwell Publishers.

Featherstone, M. 1987, "Norbert Elias and Figurational Sociology: Some Prefatory Remarks." *Theory, Culture & Society* 4 (2).

Garfinkel, H. 1956, "Conditions of Successful Degradation Ceremonies." *American Journal of Sociology* 61 (5).

Goffman, E. 1956, "Embarrassment and Social Organization." *American Journal of Sociology* 62 (3).

—— 1982, "On Face Work." In E. Goffman, *Interaction Ritual: Essays on Face-to-Face Behavior.* New York: Pantheon Books.

Helen, B. L. 1971, "*Shame and Guilt in Neurosis.*" New York: International Universities Press.

Heller, A. 1982, "The Power of Shame." *Dialectical Anthropology* 6 (3).

Ho, D. Y. 1976, "On the Concept of Face." *American Journal of Sociology* 81 (4).

Jacoby, M. 1994, *Shame: and the Origins of Self-esteem.* London: Routledge.

Klein, D. C. 1991, "The Humiliation Dynamic: An Overview." *The Journal of Primary Prevention* 12 (2).

Kuzmics, H. 1991, "Embarrassment and Civilization: On Some Similarities and Differences in the Work of Goffman and Elias." *Theory, Culture & Society* 8 (2).

Lindner, E. G. 2001, "Humiliation and Human Rights: Mapping a Minefield." *Human Rights Review* 2 (2).

Scheff, T. J. 2000, "Shame and the Social Bond: A Sociological Theory." *Sociological Theory* 18 (1).

—— 2003, "Shame in Self and Society." *Symbolic Interaction* 26 (2).

—— 2004, "Elias, Freud and Goffman: Shame as the Master Emotion." In Steven Loyal & Stephen Quilley (eds.), *The Sociology of Norbert Elias.* Cambridge: Cambridge University Press.

Schudson, M. 1984, "Embarrassment and Erving Goffman's Idea of Human Nature." *Theory and Society* 13 (5).

Smith, D. 2001, "Organizations and Humiliation: Looking beyond Elias." *Organization* 8 (3).

Stover, L. E. 1962, " 'Face' and Verbal Analogues of Interaction in Chinese Culture: a Theory of Formalized Social Behavior Based upon Participant-Observation of an Upper-Class Chinese Household, together with a Biographical Study of the Primary Informant." Doctoral dissertation, Columbia University. Ann Arbor, Mich.: University Microfilms, No. 62 – 5199.

超越进化的发展

——"十二五"时期中国经济和社会发展回眸与思考[*]

景天魁

摘　要："十二五"时期，中国经济发展进入新常态。本文从发展社会学的视角，直观地刻画了中国经济和社会发展的特点，描述了"进化"与"超越进化"在经验层次上的区别；进而在概念层次上阐述了传统性、现代性与后现代性，连续性与非连续性，普遍性与特殊性，时空压缩与时空延伸的结合和统一，并由此论述了"十二五"时期之所以能够实现"超越进化的发展"的原因和机理。

关键词："十二五"　新常态　超越进化　非西方发展经验

刚刚挥别的"十二五"是为全面建成小康社会夯实基础的 5 年，也是进一步全面深化改革、扩大开放的 5 年。"十二五"在中国改革开放史上的特殊意义在于经济发展发生了从旧常态向新常态的历史性转变。所谓新常态，主要特征是经济从高速增长转为中高速增长，经济结构优化升级，发展动力从要素驱动、投资驱动转向创新驱动。相应地，社会发展包括社会建设和社会治理也出现了一系列新变化、新特点。

进入新常态面临着不少困难——经济下行压力、结构调整阵痛、企业生产经营困难、部分经济风险显现，这些既是我国发展阶段性特征的必然表现，也与全球经济增长乏力密切相关。面对这一系列新情况、新问题，中国沉着应对，化挑战为机遇，主动适应新常态，适度调低增速，使之基本保持在合理区间，同时大力调整优化结构、促进经济转型升级，从而有效引领新常态，确保实现经济和社会发展预期目标。

---

　　* 原文发表于《社会学研究》2016 年第 2 期。

然而，尽管中国经济增速在世界主要经济体中仍保持领先地位，而且社会稳定，各领域都取得了不凡成绩，但西方却有一些人跳将出来，重新鼓噪"中国崩溃论"。其实几十年来他们一直都是这样，眼看着中国一路攀升、经济总量一两年就超过一个发达国家，他们却硬着头皮一路唱衰。2010年中国成为世界第二大经济体、第一贸易大国，他们虽然无奈，却不思更改，最近看到中国经济增速下滑，又趁机老调重弹，而且不是完全没有市场。这就提示我们，其中除了偏见以外，必定另有根源。我们要想让世界读懂中国，不仅要摆事实，还要努力把道理讲透，做出更切合实际的解释，并能揭示更深层原因。本文拟从发展社会学角度对此做一尝试。

一 "十二五"时期中国经济和社会发展之所见：
超越进化的发展

发展社会学是以发展中国家的经济和社会发展为主要研究对象的，然而，这个学科不是由发展中国家的学者而是由西方学者发起的。这一理论诞生于第二次世界大战刚刚结束、冷战时期初启之际。"以现代化理论为核心的主流发展理论承袭了欧洲殖民时期的思想"（普雷斯顿，2011/2002），一些西方学者利用"社会发展"和"社会进化"在含义上的相似性，把在当时已经是陈年旧货的社会进化论引为理论基础。其实，"进化"一词本来无非是强调渐进的、自然的演化，这是基本含义，亦称"本身义"。"社会进化"强调社会是一个一个阶段地从低级向高级演化的，这是"进化"的"引申义"，其特点是用生物现象和规律比附社会现象和规律，尽管粗糙一些，但也并非绝对不可以。问题在于当社会进化论被引入发展社会学时，"社会进化"却被意识形态化了，附丽上了"西方中心主义"或"西方优越论"，变成了一种进化主义的社会思潮。由此，早期现代化理论把"现代社会"等同于西方社会，把现代化等同于西方化。这种所谓"进化"就连引申义都谈不上，只能称为"附会义"了。这种理论必然要求发展中国家必须以西方社会的标准为标准，以西方的是非为是非，唯西方模式独尊，亦步亦趋地重复西方社会走过的老路（景天魁主编，1997）。到20世纪70年代以后，这种建基于进化主义之上的现代化理论，不仅被发展中国家尤其是拉美和东亚地区的实践经验所驳斥，而且在理论上也被超越了。

不过，一种观念一旦浸入了理论的基础层面，其影响是很难消除的。致使在发展社会学中，或明或暗地承认凡符合所谓"进化"的就是正常的、符合常规的，因而是合理的，否则就是不合理的，即或一时表现靓丽也是要"崩溃"的。由于学术话语有所谓的先置效应，后来者即使不接受也必须"接着说"。故此，笔者在 20 世纪 90 年代，为了探寻对中国改革开放以来发展新经验的理论解释，提出了"超越进化的发展"概念（景天魁，1999）。显然，不论是"进化"还是"超越进化"都相当抽象，需要加以具体化，使之更为明确、更易于理解。恰好在"十二五"时期，为适应和引领新常态而采取了一系列战略性新举措，展现了新的"大逻辑"（习近平，2016），我们可以在这一时期的中国经济和社会发展中看到超越进化的发展之更为鲜明的特征。基于这些经验事实，我们不仅可以对"进化"与"超越进化"的区别获得具体的理解，还可以更清晰地看到"中国崩溃论"的悖谬。为了能简明而直观地对此加以说明，我在这里尝试采用"数学语言"来表达，因为数学语言是最为简洁明了的，当然这只是"借用"，并不是真正的"数学"。

（一）把减法做成加法

众所周知，我国以往 30 多年的高速发展，是以高投入、高消耗、高污染、高成本为代价的，这种发展方式可以称为"把加法做成加法"，基本上是常规性的。转入经济发展新常态，必须淘汰过剩产能，降低能耗，减少污染排放，关闭严重亏损企业，兼并重组僵尸企业，这些都是在做减法。确实，一些企业倒闭了、裁员了，而且规模还不算小，如果在其他国家，失业潮早就出现了，但我国失业率仍保持在 5% 以下，那些被裁掉的员工去哪里了？近几年，我国第二产业增长率大幅下降，外贸出口一蹶不振，如按"常理"，经济"硬着陆"在所难免，在许多国家都出现了经济衰退、低迷、微增长甚至负增长，而我国经济增长仍保持在 7% 左右的合理区间，这是怎么做到的？

诀窍在于我们不是简单地做减法，不是一减了之，而是用做加法的办法做减法，减是为了加。

（1）产能转移。在一地减了，在另一地加了。转移就不是简单地做减法，其实是为了更大、更好、更均衡地发展。产业转移一是从东部转移到中西部；二是"走出去"，向国外发展。

东部产业由于劳动力要素成本上升，受能源和土地等生产要素制约，环境承载空间有限，必须内迁，以释缓生产成本和环保成本增高所带来的压力。中西部地区承接产业转移恰如天降甘露，正是其加速发展的大好机遇（杨建国，2015）。自 2010 年《国务院关于中西部地区承接产业转移的指导意见》出台以来，"十二五"期间产业转移北上西进形成高潮，先是豫、皖、晋、陕等省市，接着相继成立了广西桂东、重庆沿江、湖南湘南、湖北荆州、黄河金三角（跨山西、陕西、河南 3 省）等 6 个国家级承接产业转移示范区（姜小鱼，2014）。产业转移梯度推进，中部和西部地区经济增速连年高于东部地区，工业增加值占全国的比重分别从 2004 年的 16.88%、14.07%上升到 2013 年的 21.64%、19.33%；而东部地区则趁机加快产业创新升级，进而实现全国整体经济提质升级。

"走出去"也是"十二五"的一大亮点。在国内减了，在国外加了。化解过剩产能，不是简单地关门、下马、砸掉，而是变"减"为"加"，加快"走出去"，加大海外投资力度。2013 年，我国对世界直接投资的净额达到 1078 亿美元，远远高于 2007 年的 26.5 亿美元。2014 年中国的海外投资首次超过吸引外资的数量，这表明我国在全球经济中所扮演的角色正在发生变化（陈雪琴，2015）。当然，"走出去"并不就是为了化解过剩产能，更重要的是提升技术档次，创新品牌，增强国际竞争力。

（2）产业升级。该淘汰的产能减了，有发展前景的产能加了。2014 年我国制造业产值占全球制造业产值的 25%，在 500 种主要工业品中有 220 种产品产量位居世界第一。一些高端制造业和战略性新兴产业迅速崛起。中国核电的技术水平已经进入了世界第一阵营；目前，中国在运和在建的核电机组的数量分别为 20 多台，其中，在建核电机组数量位居世界第一（钱智民，2015）。中国的高铁建设被誉为"奇迹"，试验时的时速曾创下 350 公里、380 公里乃至 486 公里的纪录，频频刷新世界纪录。"中国速度"已经在世界市场上占有一席之地。仅 2015 年国内高铁新增里程就达 9000 多公里，年增近万公里，这在过去是难以想象的（陈玥辛，2014）。截至 2015 年 9 月底，高速铁路运营里程突破 1.8 万公里，稳居世界第一。

（3）产业结构优化。第一产业稳步发展，第二产业占比下降，第三产业占比增加。农业综合生产能力逐年提高，粮食产量实现"12连增"，农业科技进步贡献率达到55.6%。工业结构继续优化，高技术产业增速明显快于整体工业。服务业在2013年首次上升为国民经济第一大产业，2014年占GDP比重48.2%，2015年突破50%。

（4）减少政府审批，减少企业税费，这个减本身就是加。深化行政体制改革，取消和下放行政审批事项，全面清理所谓的非行政许可，推动各级政府列出"权力清单"、"责任清单"和"负面清单"，降低市场准入门槛，为市场主体松绑、减负。2015年提前实现减少1/3行政审批事项的目标（李克强，2015）；约束政府权力，落实完善鼓励创新、创业的税费减免。这些减法为企业发展腾出了很大空间，增强了企业和社会大众创新、创业的活力。

总之，为了适应新常态、把握新常态，我们确实做了许多减法，但其实质主要是用做减法的办法做了加法，减起到了加的效果。

（二）把加法做成乘法

"十二五"时期，尽管GDP增速下降，但对教育、科技、健康的投入却逆势上扬。这些看起来都是在做加法，但大量研究证明，这三项投入对经济和社会发展具有乘数效应，其实做的是乘法。尤其是在经济下行，必须以创新作为引领发展第一动力的情况下，对这三项投入更加具有战略意义。

根据国家统计局公布的数据计算，2010～2014年，中国GDP增幅为55.57%，而政府卫生支出增幅却高达84.55%；研发（R&D）经费支出增幅高达84.29%（政府资金与企业资金之和）；国家财政性教育经费支出增幅66.93%，其中每10万人高等学校平均在校人数增幅达13.66%（见表1）。

表1　中国国内生产总值及政府社会事业支出的变动情况（2010～2014）

指标/年份	2010年	2011年	2012年	2013年	2014年	增幅（%）
中国GDP（亿元）	408902.95	484123.50	534123.04	588018.76	636138.73	55.57
政府卫生支出（亿元）	5732.49	7464.18	8431.98	9545.81	10579.23	84.55
政府资金研发经费支出（亿元）	1696.30	1882.97	2221.39	2500.58	2636.08	55.40

续表

指标/年份	2010 年	2011 年	2012 年	2013 年	2014 年	增幅（%）
国家财政性教育经费（亿元）	14670.067	18586.70	23147.57	24488.22	—	66.93 *

说明：（1）* 因缺少 2014 年教育经费数据，此处增幅为 2010～2013 年数据的计算结果。
（2）数据的计算未考虑物价波动因素。
数据来源：国家统计局网站（www.stats.gov.cn）。

在教育方面，2010～2015 年，从中央到地方大幅增加义务教育经费投入，推进教育均衡发展。到 2015 年，学前三年毛入园率为 70.5%，小学净入学率为 99.8%，初中毛入学率为 103.5%，义务教育普及率高于高收入国家平均水平，其他指标均达到或超过中高收入国家平均水平，其中，主要劳动年龄人口受过高等教育的比例达到 15.83%（刘奕湛、吴晶，2015）。

根据清华大学国情研究院的测算，从 2010 年起，中国进入人口红利下降期（2010－2014 年劳动年龄人口占总人口的比例下降 1.1 个百分点），与此同时，大专以上文化程度人口占总人口的比例、高中（含中专）文化程度人口占总人口比例分别提高了 2.26 和 2.63 个百分点。教育红利大大抵消了人口红利的下降（刘奕湛、吴晶，2015）。这些加法得到的乘数效应，总体表现是国家全员劳动生产率比 2010 年提高逾 34%。

在科技发展方面，20 世纪 90 年代我国研发投入占 GDP 的比重一直徘徊在 1% 以下，此后不断增长，到 2014 年这一投入比上年增长 12.4%，占比上升为 2.09%，虽仍低于美国、日本和韩国等国家的研发投入占 GDP 的比重，但这一明显提高已经见到了可喜的回报。世界知识产权组织称，中国主要靠复制西方产品引起关注的时期早已结束，2014 年全球近 1/3 的专利申请来自中国（92.8 万件），超过美国（57.9 万件）和日本（32.6 万件）（《瑞士商报》网站，2015）。2015 年研发经费支出占 GDP 比重达到 2.1%，科技经费投入规模已位居世界第二，科技人员规模位居世界第一，每万人口发明专利拥有量提高到 4.9 件（高鹏，2015）。

在医疗卫生方面，我国的医疗保险制度改革和建设已取得长足进展，随着进一步推动医疗卫生工作重心下移、医疗卫生资源下沉、城乡基本公共服务均等化等一系列举措的实施，为群众提供安全、有效、方便、价廉的公共卫生和基本医疗服务，人民群众的健康状况会明显改善。2014 年人均预期寿命 75.3 岁，比 2010 年提高 1.8 岁。2014 年，北京、上海的每千人口病床数和每千人口医师数都与纽约和伦敦不相上下，有的甚至大幅超出，例如北京的这两个指标都明显高于纽约（宋贵伦、鲍宗豪主编，2015）。当然，我国的地区之间差距较大，这是我们今后要着力解决的问题。

对经济和社会发展具有乘数效应的因素当然不止上述三项。总的来说，加大各项民生投入不仅对改善人民生活、提高国民素质、增进人民福祉会有明显的促进作用，而且对经济和社会发展直接或间接的推动作用也是不可忽视的。2014 年国家财政收入用于民生的比例提高到 70% 以上，在七八年前，这一比例不过 30%。2011～2014 年，城乡居民人均可支配收入年均增长 9.5%，大幅高于 GDP 增长速度。由此带来的直接效应就是消费能力增强，对经济的拉动作用加大，2015 年消费对经济增长的贡献率上升到 66.4%。

（三）将点做成面

我们对于点面关系是很熟悉的，常常说到由点到面、以点带面。可实际生活中的点面与数学上的点面不同。数学上的点没有面积、面没有体积，点和面都是一种抽象概念，再小的面究竟是由多少个点组成的，是数不清的。实际工作中情况就不同了。改革开放以来，我国减少了 6 亿多贫困人口，这是很大的面。自 20 世纪 80 年代中期开始，我国扶贫采取的是面上突破的战略，扶贫单位是县级贫困区域，根据当时的人均收入，在全国中西部 21 个省（区、市）确定了 592 个县（旗、市）为国家扶贫开发工作重点县。它们集中在少数民族地区、革命老区、边境地区和特困地区，重点县覆盖的贫困人口（年均 625 元）占全国的 54%，低收入人口（年均 865 元）占 57%。2001 年转向 15 万个村级贫困区域；2011 年划定了 14 个集中连片特困地区进行重点扶贫（唐任伍，2015）。这一时期的农村扶贫都是从面着手，没有精准到户。

这种面上着手的扶贫模式，既是以面"带"户，也是以面"代"户。所谓以面"带"户，是指政策和资金资源"大水漫灌"，相当一部分有脱贫能力的群体可以实现脱贫；但那些不适应同质性的扶贫政策，或是自身根本不具备脱贫能力的群体无法实现脱贫。所谓以面"代"户，是指在面上的平均数提高了，达到脱贫标准了，掩盖了那些并没有实现脱贫的困难户。这些困难户都是难啃的"硬骨头"。经过多轮扶贫攻坚，目前的贫困人口大多分布在深山区、石山区、高寒山区、偏远山区，无论采取何种扶贫方式，难度都很大，而从面上着手的扶贫方式对于这部分困难群体来说，效率很低甚至难以奏效。

习近平总书记在2013年11月到湖南湘西考察时首次提出了"精准扶贫"的概念。"精准扶贫"就是从点着手；不是以面"带"户，而是以点促面；不是以面"代"户，而是以点成面——以"不容一个人掉队"来保证"全面建成小康社会"目标的实现。这也就是要把点做成面。

所谓把点做成面，一是要像过去解决面上贫困问题一样，重视解决一家一户的问题，过去是一县一策、一片一策，现在要一人一策、一家一策，个别施策、特殊施策，此为"精准"。从贫困群众的诉求看，每家都有特殊性，"家家都有一本难念的经"，且诉求日益呈现多样化，因而不能"一刀切"。困难群体往往有更多、更强烈的诉求，需要给予更多的关注和帮扶。因此，扶持对象要精准、项目安排要精准、资金使用要精准、措施到户要精准、因村派人要精准、脱贫成效要精准，确保各项政策落到扶贫对象身上。"精准"就是要吃透情况，对症下药、靶向治疗。贫困人口致贫原因各不相同，要"一把钥匙开一把锁"，不能"眉毛胡子一把抓"。每一贫困户脱贫的禀赋、资源、机遇，以及返贫的可能性等都不尽相同，不能采取统一的扶贫办法，应当因地制宜、因人定策，灵活开展个性化扶贫（"学习笔记"小组，2015；唐任伍，2015）。二是要解决每人每户的贫困问题，每个"点"都达到小康标准后，再整合成"面"实现小康。不要像过去那样搞全县"面"上的平均数，可能平均数达到小康了，但一些贫困户并没有达到小康。由每个"点"的小康整合成的"面"上小康，才叫"全面小康"。

2011－2014年，全国农村贫困人口从1.22亿人减少到7017万人，累计减贫5221万人，贫困发生率从12.7%下降到7.2%。到2020年，要确保7000多万人全部如期脱贫，每年要减贫1200万人，任务非常艰巨（高鹏，2015）。唯有精准扶贫，把点做成面，才是制胜之道。

（四）将"微分"做成"积分"

在经济下行压力加大的情况下，我们要保持经济中高速增长，主要不是一个数量要求，而是要提质增效。大众创业、万众创新就是一个具有决定性意义的重要举措。这一举措靠的是数千万计的"微创"、"微投"企业，可谓"微分"；形成的是众多的经济新增长点，可谓"积分"。奥秘就在于如何将"微分"做成"积分"。

"大众创业"、"万众创新"是要自下而上地激发民间活力，在我国劳动人口受教育程度持续提高，大学生、研究生、留学生等受过高等教育的劳动者累积数量越来越多的情况下，只有调整既有的就业模式和科技创新引导模式，才可能将他们的创新积极性与聪明才智充分激发出来，这就要有一系列的制度创新、机制创新和政策创新。

首先是要加大科技研发投入。在创新驱动发展战略带动下，我国加快科技体制改革步伐，不断加大科技创新投入。2014 年我国的研发经费支出13312 亿元，国家安排了 3997 项科技支撑计划课题、2129 项"863"计划课题，支持设立大批创业投资企业、国家工程研究中心、国家工程实验室、企业技术中心等（张前荣，2015）。

其次是催生"双创"主体。有数据显示，2014 年以来，中国平均每天新增市场主体 10000 家以上。与此同时，中国经济结构也在发生明显的变化，高技术产业增速超过 10%（张前荣，2015）。

第三是加快形成新产业、新业态、新产品。云计算、物联网、移动互联网、电子商务、互联网金融、在线医疗、网络教育等蓬勃发展快速壮大，对经济增长的支撑作用日益增强。

第四是创新就业模式。坚持就业优先战略，实施更加积极的就业政策；鼓励以创业带就业，建立面向人人的创业服务平台；不断增加劳动者特别是一线劳动者的劳动报酬。更加关注一线职工、农民工、困难职工等群体，努力让劳动者实现体面劳动、全面发展（习近平，2015b）。

第五是改革投资体制，重视、支持有创新前景的民营企业。中国有约6000 万家注册企业，其中约 96% 是民营企业，这些企业被称为"充斥着富有创造性力量的幼龙"，其中，民营工业企业的产出自 2008 年以来年均增长 18%，高出第二产业年增长率 2 倍多。"十二五"期间，民营企业对GDP 的贡献达到 2/3 左右（沈丹琳编，2015）。

以上描述的加减关系、加乘关系、点面关系、"微""积"关系，只是要直观地刻画我国经济和社会发展中所表现出来的"超越进化的发展"情形,以说明其与所谓"一般进化"的区别。无须赘言,这些关系体现在许多方面,不只有精准扶贫可以体现点面关系,也不仅有大众创业、万众创新可以体现"微""积"关系。综上所述,我们可以概括地说,按照进化原理,减法就是减法,如果做成加法,就是错了;加法就是加法,如果做成乘法,也是错了;点就是点,面就是面,微分就是微分,积分就是积分。但是按照超越进化的原理,可以把减法做成加法,把加法做成乘法,把点做成面,把微分做成积分。经济社会发展要比一般数学运算法则复杂得多,其中的逻辑确实不像数学运算那么"常规",超出"常规"的运算不一定就是错的。当然,这里只是借用"数学语言"来描述"进化"与"超越进化"的区别,说明经济进入新常态后,不能再沿袭过去习惯了的那种简单地用增加投资、扩大产能之类的"加法"和类似的被视为"常规"的做法来刺激经济发展。指导中国经济社会发展这盘大棋,必须探索更新的"大逻辑"。那么,这种超越进化何以能够发生?何以能够成功?其机理是什么?

二 超越进化的发展:作为一种解释

要说明超越进化之所以发生的原因和机理,就必须明确超越进化的具体含义,以及为什么会发生"超越"。概括地说,所谓"超越进化",一是超越传统与现代的二元对立,实现二者的结合和统一;二是超越连续性与非连续性的二元对立,实现二者的结合和统一;三是超越普遍性与特殊性的二元对立,实现二者的结合和统一;四是超越时空压缩与时空延伸的二元对立,实现二者的结合和统一(景天魁,1999)。

(一)传统性、现代性与后现代性的结合和统一

众所周知,发展社会学的理论逻辑是二元对立的,首先就是将传统性与现代性对立起来,认为现代化是从传统社会向现代社会的进化,这个过程就是现代性取代和清除传统性的过程,而且传统性清除得越彻底、越干净,现代化程度就越高;发展中国家之所以落后,就是因为传统因素的阻碍,因此,反传统就成了现代化的必然选项。这种理论在发展中国家的实践中基本上是屡试屡败,不仅未能给大多数发展中国家带来经济的快速增

长，还往往造成政治动荡、社会撕裂，经济反而陷入停滞。只有极少数发展中国家和地区发展起来了，那是由于极其特殊的外在因素的作用。而且正是这些国家和地区在总结它们的成功经验时肯定了传统因素的作用，例如，新加坡、韩国、拉美和非洲一些国家以及中国香港、中国台湾等地区取得的成功经验，都证明各自国家的传统文化不仅可以适应现代化并发生转型，还可以成为促进经济社会发展的基础性因素。

基于这些非西方发展经验，所谓"超越进化"首先就是超越传统性与现代性的二元对立，肯定传统性、现代性与后现代性是可以共存的，它们之间会有矛盾乃至冲突，但对传统因素不能一概否定。有一些因素直接就是促进发展的动力，还有一些可以实现创造性转化，因此不能绝对化，无须前后取代。在这个意义上，传统性、现代性与后现代性是具有可加和性的。

"十二五"期间，我们大力淘汰落后产能、压缩过剩产能、推动产业转型升级，但并没有把传统产业和新兴产业简单对立起来，而是促进传统产业升级，这是新旧迭代，而不是简单"替代"。2015 年，传统钢铁企业经营业绩下滑，但钢铁电商却爆发式增长，这一年国内钢铁电商数量已达300 多家。互联网＋的兴起正成为钢铁、水泥、化工等传统产业转型升级的良好机遇。传统行业有望借助电商、大数据等手段优化运营模式，倒逼产业转型实现新的增长。智能制造将成为新旧产业交叉迭代的实现形式，2014 年中国以 54% 的增速成为工业机器人全球最大需求国。

没有传统制造业，互联网这个现代产业就是空中楼阁。可见，现代的东西并不是消灭传统的东西，他们之间是有可加和性的。互联网＋传统产业，就可以让老产业焕发新活力。传统产业并非等于落后产业，事实上，我国由于 30 多年的改革开放，许多传统产业的设备和技术水平并不低，完全可以充分利用传统产业中已有的高新技术，发展高端制造业以及一些战略性新兴产业。研发新材料，推出新产品，创造新模式，做好基础性研究，以此提高国际市场竞争力。

产业如此，经济和社会的其他领域也是如此。家庭养老曾被认为是比社会化养老落后的传统模式，孝道更是屡屡被批判的所谓封建主义伦理道德，然而现在 90% 的老人愿意选择居家养老，孝道亦作为优秀文化而被提倡；家族企业也曾被当作落后制度而备受诟病，但事实证明许多家族企业有很强的适应和自我更新能力，它与现代企业制度并非格格不入，而是可以融合的；在城市化过程中，城市的四合院、通幽曲径，农村的古宅民居、乡土风情，都可以为现代化增添光彩，应该倍加珍惜。

由上可见，传统性、现代性与后现代性的结合和统一所体现出来的可加和性，是上述将减法做成加法的原因和机理。

（二）连续性与非连续性的结合和统一

按照二元对立的逻辑，连续性与非连续性是无法统一的。在经济转型期，要么"软着陆"，要么"硬着陆"；要么"腾飞"，要么"崩溃"，总要陷入"二元对立"，不能超脱。中国改革开放以来的现代化进程表明，一场深刻的社会变革是可以超越这种二元对立的。或者说，连续性与非连续性是可以统一起来的。在中国这样地区差距较大、情况千差万别的国度，强调这种统一尤为必要。

怎样实现连续性与非连续性的结合和统一？

首先是空间接续，充分发挥我国发展空间大、梯次多、后备足的优势。在新常态下，经济增速换挡，产业结构升级，发展动力转换，发展方式转变，长期依赖劳动力比较优势和人口红利、依靠低端制造业规模的阶段已经结束，投资和外贸对经济增长的拉动力快速下滑，但中国经济并没有发生断崖式跌落。其中一个重要原因就是正在经济增长动力告急之时，恰好前几年高校扩招带来的劳动力素质提高发挥了作用，每年有 700 万应届大学毕业生，这比欧洲有些发达国家的总人口还多，仅 2014 年，研究生招生就达 62.1 万人，普通本专科招生 721.4 万人，创新储备人才充足。这有力地促使我国的人口红利期从数量性红利变成质量性红利，或者说，从"人口红利期"变成"教育红利期"（刘奕湛、吴晶，2015）。农民工退潮了，大学生就业高潮来了。大国回旋余地大，东方不亮西方亮，所谓中国经济韧劲足、潜力大，正在于此。

其次是创新接续，充分发挥创新对于发展的乘数效应。非连续性表现为质的跃升、结构的优化，其对于量的增加具有乘数效应，效果就不再是一般的增长，而是在价值链上位置的提升，是品牌效应，做定价权的拥有者，成为相关标准的制定者而不是被管制者，充当国际秩序的参与者、改进者而不是旁观者、被动的接受者。这些效应是经济实现连续性与非连续性结合和统一的可靠保证。

如按《曾经的辉煌》一书中的说法，教育、科研、人才、民间经济活动自由和产能不断升级换代是成功的五大秘诀（弗里德曼、曼德鲍姆，2012）。这五大因素在我国或者已经具备，或者正在快速成长，而且我国已经形成了特有的人才供给和创新驱动一波一波梯次推进的态势。2015年，上海市提出要在两个关键指标上达到国际较高水平，即"全社会研发经费支出相当于全市生产总值的比例达到3.6%，每万人口发明专利拥有量达到23.7件"，后者相当于全国平均水平的近5倍；同时提出要在"民用航空发动机"、"脑科学与智能技术"、"新能源汽车"、"机器人"等前沿科学技术实现突破，在产业链中打造"创新链"（杨雄，2015）。上海、深圳、北京等创新"龙头"在全国的辐射和带动作用，会形成空间和绩效成倍增大的扩散效应。而中国制造向"中国智造"转型升级，这不是连续性的量的积累，而是质的跳跃。习近平在党的十二届全国人大三次会议上参加上海代表团审议时指出："创新是引领发展的第一动力。抓创新就是抓发展，谋创新就是谋未来。适应和引领我国经济发展新常态，关键要靠科技创新转换发展动力。"（习近平，2015a）

总之，我们靠空间接续、人才接续、创新接续，就可以实现中国发展的连续性与非连续性的结合和统一。这是中国经济和社会发展中的可乘积性的原因和基础。由上可以得出结论：连续性与非连续性的结合和统一所体现出来的可乘积性，是上述将加法做成乘法的原因和机理。

（三）普遍性与特殊性的结合和统一

普遍性与特殊性问题是发展中国家面临的一个尖锐问题，或则普遍主义，或则特殊主义，构成了发展问题上一个很难摆脱的怪圈。走向世界意味着接受普遍的东西，但如果放弃了特殊性，普遍化的过程就可能走向反面，能否克服普遍主义和特殊主义的绝对化偏执是发展的一大难题。一些现代化理论家更是把这一对立推向极端，凡不符合西方所谓普遍性的"公认"标准的，是制度就要推翻，是政权就要颠覆，是文化就要批判。这种用普遍性取代和消灭特殊性的"逻辑"是站不住脚的，甚至没有逻辑可言。

超常规、超越进化的发展也有符合普遍规律的一面，但必定有特殊性的一面。其特殊性的一面是什么？如何将特殊性与普遍性结合起来？

首先，特殊性与普遍性本来就是相对的。在前面讨论的点面关系中，任何一个点都有其存在的价值，点与面是相互依存的，离开了点，面也就不存在了。点与面、特殊性与普遍性都是相对而言的。相对于村，一家一户是特殊的，村则带有普遍性；相对于县，村是特殊的，县则带有普遍性；相对于省，县是特殊的，省则带有普遍性，依此类推。点与面、特殊性与普遍性的这种依存性、相对性、可转化性，构成了它们的可整合性。

其次，普遍性其实是一个客观指标，并不是出自某国的就具有普遍性，出自其他国家的就只有特殊性；符合西方标准的就是普遍的，不符合西方标准的就是特殊的。中国的发展经验适合许多处于类似发展阶段国家的实际，它们愿意参考，这就在一定程度上具有普遍性，亚洲、非洲许多国家从中国发展中获得了启发，中国经验也就不胫而走，走遍了广大的发展中国家；中国的和平发展道路、合作共赢理念不仅符合发展中国家的利益，也符合发达国家的利益，只要不是抱有特殊偏见，许多国家都愿意接受。例如亚投行，许多发达国家积极参与，这就是实实在在的普遍性，意识形态偏见是限制不了这种普遍性的。

最后，任何一个国家的经验中都既有特殊性也有普遍性，区别只是在于特殊性与普遍性的结合方式和状态。决定这种结合方式和状态的是利益的共同性和共识的达成。为什么在一个群体内部容易形成和接受某种普遍性的东西？因为他们的共同利益、共同生活的需要使他们必须承认和遵守一些普遍性的价值尺度、行为规则，等等；这些普遍性的东西也就与他们各自的特殊性结合了。不管怎么说，特殊性与普遍性是可以整合，也必须整合的，没有普遍性的特殊性、没有特殊性的普遍性实际上都是无法存在的。

普遍性与特殊性的结合和统一所体现出来的可整合性，是上述可以将点做成面的原因和机理。

（四）时空压缩与时空伸延的结合和统一

发展中国家要在时空压缩中开拓发展空间，增强发展的可持续性（时间），也就是在压缩中求延伸，变时空压缩为时空延伸。但这种延伸不是西方式的强行扩张，而是互利共赢的共同发展。"这既是对时空压缩的超越，也是对时空伸延的超越。"因此，如果说时空压缩是一种社会发展结构，超越进化就是一种社会发展的逻辑（景天魁主笔，2000）。

"一带一路"倡议可谓将时空压缩与时空延伸结合和统一的样板。中国把自己的发展成果与亚洲、非洲、欧洲国家分享，可以带给更多国家发展和改善民生的机会，也让它们切实感受到了与中国合作不是"威胁"而是机遇。2013年"一带一路"倡议刚一提出，国际产能合作就迅速发展。据统计，2014年我国与"一带一路"沿线国家的贸易总额达到1.12万亿美元，占我国贸易总额近三成。

"一带一路"有效化解了对中国崛起的遏制和围堵图谋。海上搞所谓"第一岛链"、"第二岛链"围堵中国，历史早就证明像中国这样的陆海兼备的大国是围堵不住的。可惜，这些围堵者只考虑现实利益，缺乏历史感，或者无视历史，到头来透支国力，只能竹篮打水一场空。习近平主席在阿拉伯国家联盟总部演讲时指出："不同民族、不同文化要'交而通'，而不是'交而恶'，彼此要多拆墙、少筑墙。"（习近平，2016）"通"就是物流通、资金通、人才通、文化通、心灵通。在国内发展中依靠这些"通"，数以千万计的小微创新企业可以积聚成引领经济发展的巨大引擎；在国际发展中依靠这些"通"，可以形成合作共赢的发展格局。

"通"就是时空压缩与时空延伸的可贯通性。深化改革，扩大开放，是实现时空压缩与时空延伸相结合和统一的根本举措，而其中所体现出来的可贯通性，是前述将"微分"做成"积分"的原因和机理。

总之，中国经济和社会发展中的可加和性、可乘积性、可整合性、可贯通性，是超越进化的发展能够发生的原因和根据。这也就是我们常说的中国经济和社会发展韧性强、可回旋余地大的内在机理。

如果再进一步深究，中国经济和社会发展中的可加和性、可乘积性、可整合性、可贯通性又是从哪里来的？其根源何在？那是来自中国社会由历史积淀和现实创造的那些最稳固的基础性因素。

一个具有五千多年文明史的国家，要奔向现代化，从哪里出发？"从零出发"，这在体育比赛中是可以做到的，比分牌一下子就翻过去了。但在经济和社会发展中，"从零出发"是不可能的。许多前辈企图"从零出发"都失败了，"五四"时期"打倒孔家店"，结果一打再打而不倒，有些"打手"自己反而倒了；"文革"时有人喊"要荡涤一切污泥浊水"，自己却被历史荡涤了。历史告诉我们，一个有深厚历史积淀的国家，现代化要从历史基础出发。历史就是发展的根基，就是实现现代化的本钱。

有人说中国人缺乏创造力，也有人说中国人最有智慧。不论怎么说，几乎在不经意间，中国人创造了最为辉煌的中华文明，形成了可道而不可道的中国精神。受这一文明和精神滋养的中国人，既是芸芸众生，又是万里长城；既有太极之阴柔，又有铁血之阳刚。不管如何褒贬，中国的现代化总是要靠中国人自己来"化"的；中国精神创造和维系了（有资料显示的）在1000多年间经济总量雄踞世界第一的泱泱大国。必须要高度重视的是，中国人取得这些历史成就的逻辑，不是社会进化论，而是超越进化——超越天人对立、超越邦国对立、超越家国对立、超越身心对立，崇尚和追求身心和美、家国一体、邦国和睦、天人合一，最终理想是天下大同。这些是中国历史、中国文化和中国精神根本特质的集中体现。

中国历史、中国人、中国文化和中国精神，这些对我们来说最为常见、最为普通、最为基础，却因最常见而容易视而不见，因为最普通而容易不被珍视，因为最基础而不加爱护。这些对西方人来说，可能最为陌生、最为隔膜、最不容易理解，他们很可能因为陌生而误读，因为隔膜而误解，因为不容易理解而不予理解。然而，如果说到"比较优势"，中国历史、中国人、中国文化和中国精神，是我们最大的也可以说是无与伦比的优势；如果说到"超越进化"，这些就是最深厚的原因和动力；如果说到"十二五"的成就，这些就是最有说服力的根源和理由。中华民族必定实现伟大复兴的最深厚的根源，其实最终就靠这些最为基础的因素——中国历史、中国人、中国文化和中国精神，这些基础性因素一旦遇到阳光雨露——有利的时代机遇、有力的政治动员、合理的制度环境、自由的发展空间，其复兴的势头就不可阻挡，即使遇到了阻挡，也会像长江、黄河那样，顶多拐个弯，调整一下脚步，总归是"奔腾到海不复回"。

中国历史、中国人、中国文化和中国精神，是前述经济和社会超越进化的发展所表现出来的可加和性、可乘积性、可整合性、可贯通性的深厚根源和坚固基础。

三　结语

需要指出的是，不论是在应对新常态还是在更长远的发展过程中，正如把减法做成加法、把加法做成乘法、把点做成面、把"微分"做成"积分"，比起常规的数学运算更有做错的危险一样，超越进化比起自然进化和所谓"一般进化"，不仅有很大风险，而且是极其困难的。但是，既然如乌尔里希·贝克所言，我们进入了"风险社会"，那么做什么能够没有风险？既然我们要实现中华民族伟大复兴，怎么可能有没有困难的道路？我们除了勇于面对风险，在理论和实践的探索上不怕挫折，宽容失败，一往无前，此外别无选择。

参考文献：

艾森斯塔德，S. N.，2006，《反思现代性》，旷新年、王爱松译，北京：三联书店。

陈雪琴，2015，《我国产业转移现状和特点分析》，工业和信息化部研究报告（2 月 28 日）。

陈玥辛，2014，《中国高铁水平世界第一》，《长江商报》12 月 15 日。

弗里德曼，托马斯、迈克尔·曼德鲍姆，2012，《曾经的辉煌》，何帆等译，长沙：湖南科学技术出版社。

高鹏，2015，《"十二五"回顾与"十三五"展望》，光明网（http://guancha.gmw.cn/2015 – 10/27/content_17497540.htm）。

姜小鱼，2014，《东部部分产业为何须向中西部转移？》，中国经营网（http://www.cb.com.cn/index.php? a = show&all&c = mobile&catid = 20&id = 1068441&m = content）6 月 26 日。

景天魁、邓万春、何健，2011，《发展社会学概论》，北京：中国社会科学出版社。

景天魁、何健、邓万春、顾金土，2012，《时空社会学：理论和方法》，北京：北京师范大学出版社。

景天魁，1999，《中国社会发展的时空结构》，《社会学研究》第 6 期。

景天魁主笔，2000，《中国社会发展与发展社会学》，北京：学习出版社。

景天魁主编，1997，《中国社会发展观》，昆明：云南人民出版社。

李克强，2015，《本届政府减少 1/3 行政审批事项的目标提前实现》，人民网（http://opinion.people.com.cn/n/2015/0305/c1003 – 26641938.html）。

李培林、陈光金、张翼，2015，《2016 年中国社会形势分析与预测》，北京：社会科学文献出版社。

刘奕湛、吴晶，2015，《中国教育的崭新跨越——教育规划纲要实施 5 周年综述》，《参考消息》12 月 24 日。

普雷斯顿，彼得·华莱士，2011/2002，《发展理论导论》，李小云、齐顾波、徐秀丽译，北京：社会科学文献出版社。

钱智民，2015，《中国核电的技术水平已经进入了世界第一阵营》，中商情报网（http://www. askci. com/news/chanye/2015/12/09/155349khr2. shtml）。

《瑞士商报》网站，2015，《世界知识产权组织称，中国成世界"专利冠军"》，《参考消息》（http://news. xinhuanet. com/world/2015 – 12/16/c_128536493. htm）。

沈丹琳编，2015，《〈经济学人〉中国商业特别报道撷英（续）》，《参考消息》10 月 13 日。

宋贵伦、鲍宗豪主编，2015，《中国社会建设报告（2014）》，北京：中国社会科学出版社。

唐斓，2016，《习近平眼中的民生短板有哪些?》，新华网（http://news. xinhuanet. com/politics/2016 – 01/09/c_128638308. htm）。

唐任伍，2015，《习近平精准扶贫思想阐释》，人民网 – 人民论坛（http://theory. people. com. cn/BIG5/n/2015/10/21/c40531 – 27723431. html）。

习近平，2014，《习近平在亚太经合组织第二十二次领导人非正式会议上的闭幕辞》（二〇一四年十一月十一日），《人民日报》（11 月 12 日）。

——，2015a，《创新是引领发展的第一动力——在十二届全国人大三次会议上海代表团审议时的讲话》，新华网（http://news. xinhuanet. com/politics/2015 – 03/06/c_1114549235. htm）。

——，2015b，《在庆祝"五一"国际劳动节暨表彰全国劳动模范和先进工作者大会上的讲话》，新华网（http://news. xinhuanet. com/politics/2015 – 04/28/c_1115119860. htm）。

——，2016，《在省部级主要领导干部学习贯彻十八届五中全会精神专题研讨班开班式上的讲话》，《光明日报》1 月 19 日。

"学习笔记"小组，2015，《关于"精准扶贫"，你需要了解的十个关键点》，求是网（http://www. qstheory. cn/laigao/ycjx/2015 – 10/20/c_1116879999. htm）。

杨建国，2015，《"一带一路"机遇下的中西部产业突围》，凤凰智慧产业（http://finance. ifeng. com/a/20150522/13725326_0. shtml）。

杨雄，2015，《上海市政府工作报告》，《新民晚报》1 月 25 日。

张前荣，2015，《大众创业万众创新点燃经济增长新引擎》，上海证券报·中国证券网（http://money. 163. com/15/0526/04/AQGV8H7F00253B0H. html – 26）。

劳工宿舍的另一种可能：作为现代文明教化空间的民国模范劳工宿舍[*]

杨 可

摘 要：通过对民国时期劳工宿舍建设的制度环境和实践进行梳理，本文发现，追求建设现代国家和改良社会风俗的政府大力倡导劳工宿舍建设，希望借此推进国家文明化进程；同时，具有现代意识的民族企业家也积极探索在宿舍空间教化现代文明新人之路。然后进一步以天津东亚毛纺公司和重庆民生公司两家模范企业的劳工宿舍为代表，本文探讨了其中的劳工教育、群体团结和劳工自治等议题。本文发现，在积极的制度环境下，一些模范企业的劳工宿舍作为劳工教育的试验场，成为孕育群体团结的文化空间和培养现代公民的自治空间。民国时期的模范劳工宿舍为思考如何突破当下"宿舍劳动体制"的困境提供了帮助，为探索社会主义转型时期的劳工居住空间建设开启了另一种可能。

关键词：农民工 劳工宿舍 宿舍劳动体制 现代

一 问题的提出

近年来，农民工的居住问题成为农民工研究新的关注焦点之一。中国目前农民工的居住状况大致可以分为通过房屋租赁解决住所的社会主导模式（包括"城中村""浙江村"等）和依靠企业提供集体宿舍的资本主导模式（任焰、梁宏，2009）。对于各地工业区和经济开发区中农民工集中

---

* 原文发表于《社会》2016 年第 36 卷第 2 期。

居住且问题频发的大型企业宿舍现象,① 目前已有大量的实证研究,并引发广泛的关注和讨论(任焰、潘毅,2006;任焰、梁宏,2009;徐道稳,2010;潘毅等主编,2011;魏万青,2011)。

在马克思的劳工社会学研究传统中,企业为劳工提供宿舍被视为资本主义劳动力再生产模式的重要机制和"工厂政体"的组成部分,早在20世纪70年代就进入劳工研究的视野。布洛维(Burawoy,1976)对南非矿业和美国加州农业移民工人的劳动力再生产制度进行了比较分析,在他看来,企业为移民工人设置宿舍,意在将单身出外打工的移民工人与其远在异国他乡的家庭分隔开来,它同限制移民工人政治、社会权益的法律制度以及分割的劳动力市场等制度一起服务于降低劳动力再生产成本的目标。宿舍旨在以最低的成本为单身男性劳工提供容身之所,满足劳动力自身再生产的日常需要,而企业对劳工赡养老人和抚育下一代的需求统统不用考虑,只需交给劳工流出地的乡土社区来完成即可。这样,"本来应是完整统一的劳动力再生产过程被肢解开来","造就了移民工人对村社和对城市的'二元忠诚'"(沈原,2006)。更重要的是,布洛维(Burawoy,1976:1063)指出,移民工人这种"拆分型"的劳动力再生产模式并非自发形成的,而是国家通过一套政治和法律的机制参与了这种制度的运作,巩固了这种不合理的劳动力再生产模式。"国家利用此种模式,可以有效降低工业生产成本、减少城市化的压力,基于廉价劳动力而顺畅地推行工业化战略"(沈原,2006)。

沿着劳动过程理论的思路,任焰、潘毅(2006)进一步挖掘了宿舍在劳动过程中的控制作用,提出了著名的"宿舍劳动体制"概念,并指出,为应对全球化生产去地域化的趋势,当下中国南方大量企业需要对劳动力及其劳动时间进行灵活操控,它们利用宿舍对外来工人进行暂时性安置,将宿舍作为车间政体的延伸,形成一种"劳动-生活"一体化的形态。宿舍劳动体制整合了劳动力的生产过程和再生产过程,从而更有效地实现了

① 本文所说的"宿舍"都指在现代工商企业里与生产场所分离的、专供劳工群体集体居住的空间。传统社会的不少手工业作坊、商号也为其工匠、学徒和店员提供膳宿,但他们的住所往往就是从事生产活动的空间,所以不在本文讨论的"宿舍"之列。本文所说的"劳工"采用民国时期多数学者的共识,主要包括工人、雇工和职员,即除农民之外,所有以劳动换取工钱者(田彤,2011)。

工厂管理权力对劳工日常生活的渗透，以便提高劳动效率和获取高利润。在"宿舍劳动体制"这个概念基础上，有研究通过进一步的经验研究和统计分析证实，为劳工提供宿舍实质上并非企业社会责任的体现，而是企业经济理性使然，是企业在激烈的全球竞争中为便于对劳工实施控制而采取的生存策略（魏万青，2011）。研究者发现，在对富士康等大型代工企业的个案调查中，宿舍劳动体制实际上让工人被工厂全天候地监视和规训，无法建立自己的生活空间（潘毅、梁自存，2011），由此带来的空间和时间的双重挤压是工人的心理压力和低满意度的根源（徐道稳，2010）。这种体制服务于对劳工的压榨与控制，造成了工人的异化与集体性心理创伤（郭于华、黄斌欢，2014）。

将"宿舍劳动体制"的概念与布洛维的理论相比较，我们发现，尽管布洛维更强调劳工宿舍作为暂时安置移民工人的手段具有降低生产成本的经济意涵，而"宿舍劳动体制"概念突出宿舍方便管理权力规训工人的空间政治功能，两者都在勾勒一种"压制型"的宿舍和为资本服务的宿舍。但从这个思路向下推会带来一个问题：如果说资本逐利的本质不会改变，企业控制工人的冲动一直存在，那么所有资本主义生产条件下的劳工宿舍应该趋向于同一种模式——也即前文所说的压制型的宿舍，它条件恶劣，监管严密，仅作为一个劳动力日常再生产的空间，一切都为资本利益最大化服务，最多只随劳工力量的消长有一些压制程度上的波动。的确，在中国经验中，这种压制型的宿舍屡见不鲜，从夏衍笔下 20 世纪 30 年代的上海包身工到今天中国各大城市的工业区，不同时期的中国劳工都寄身在这种模式的宿舍之中。① 当我们对中国早期工业史进行更为仔细的梳理时却发现，有些劳工宿舍的面貌与这种压制型的宿舍相比有极大的差异，难以纳入同一种模式。笔者在对民国时期天津和重庆一些模范企业的研究中发现，其宿舍设施之良善，管理之人性，显然不同于"宿舍劳动体制"概念所指的单纯为资本安置和规训劳动力的宿舍；同时，这些劳工宿舍也有自己的一套管理制度，它作为由农村进城做工的第一代工人所处的生活空

① 包身工制度是一种带有奴隶制色彩的特殊的劳动人事包办制度，20 世纪 30 年代之前常见于上海纱厂，尤其是日商纱厂。工人在包身契约规定期间由工头供给恶劣的膳宿，其住处被称为"养成工工房"，工人不得自由出入（孙宝山，1932）。养成工工房并非由企业直接提供，但也可以视为一种广义上的"压制型"劳工宿舍。

间，既是劳动力再生产的空间，也是再社会化的场所，担负着工业教育和公民道德培育的任务，指向教化现代社会文明"新人"的目标。或许是因为中国早期工业化经验本身未得到充分的挖掘，民国时期劳工宿舍的多样性以前并未引起学界足够关注，本文的目标就是通过对中国早期工业化过程中劳工宿舍状况的梳理，特别是对民国时期模范劳工宿舍的考察，探求这样的宿舍所具有的社会和政治意涵，进而为探索新时期的劳工居住空间建设提供借鉴。

下文的分析讨论主要分为四个部分。首先，对民国时期劳工宿舍的研究做一个历史回顾。其次，考察民国时期劳工宿舍建设的制度环境，重点探讨民国政府对劳工宿舍建设的态度。再次，从具体史料入手，以天津东亚毛纺公司和重庆民生公司两家模范企业的劳工宿舍为代表，考察民国时期模范劳工宿舍的状况及其蕴含的劳工教育、群体团结和劳工自治培育等议题。最后，对全文进行总结和讨论。

二　前人研究中的民国劳工宿舍

企业为劳工提供住宅的制度是随着现代资本主义工商业的发展而兴起的。英国劳工史学家波拉德（Pollard，1965：200）通过对英国早期工业化的研究指出，工厂的出现要求工人集中生产，劳动空间脱离了日常生活空间，由于很多工厂位置偏远，不得不为工人提供住宿。英格兰、苏格兰很多大型棉纺厂、钢铁厂、毛纺厂、矿山、采石场都建有自己的工人住宅，有独立的小屋，也有楼房。中国自清末开始工业化进程，逐步建立自己的现代工商业，随着现代工厂制的出现，要求大量劳动力集中到一起完成生产。虽然在部分乡村工业中，现代工厂制一度遭到包买制的抵抗（周飞舟，2006），劳工的生产和再生产还可以在农户家庭中完成，但总体而言，包买制未能在与工厂制的对抗中取胜，大多数农村剩余的劳动力不得不离土离乡，进入城市中的工厂。然而，民国早期大多数城市基础设施建设不足，房屋租赁市场未充分发育，劳工住宅难以通过市场租赁完全得到解决，即使在上海这样的现代都市，1926 年仍有大量劳工不得不"以草棚与破旧船只为家"，劳工住宅问题成为社会的重大忧患（朱懋澄，1935）。在这种情况下，部分新式工业企业开始为劳工提供宿舍。

从前人的研究来看，尽管民国期间劳工问题属于社会热点，南京国民政府有关部门、各高校学者、研究机构和劳工组织曾组织过很多针对工厂生产条件、工人经济状况和生活条件的调查，也出现一系列丰硕成果（田彤，2011），但工人的居住状况一般只是作为工厂福利设施调查中的一项简单提及，尚未见到对劳工宿舍的专项研究。在一些学者零星的个案研究中，有关民国时期劳工宿舍的状况更是众说纷纭，似乎陷入更深的迷雾。首先，有学者根本不认为民国时期的工业城市里存在企业为劳工提供的宿舍。例如，华尔德（Andrew Walder）在对20世纪80年代的中国工厂进行研究时曾回顾说：

> 本世纪二十到四十年代，……企业对工人除了非常低的工资之外什么也不提供。在许多情况下，一切通过包工头来进行。包工制非常普遍……棉纺织厂为某些职员提供住房，但工人没有份（只有在一些边远地区，例如矿区，是例外）。工人与工厂间的联系不仅很脆弱，而且往往是暂时性的。（华尔德，1996：37）

华尔德正确地指出了包工制的普遍存在，但他在劳工宿舍的问题上未能概观全局。事实上，民国时期举办劳工宿舍并非只是个别的边远厂矿。中国早期的劳工调查就提到全国各地新工业的工人的宿舍状况，比如，陈达（1929：492）认为，"国内有许多新工业，现在都为工人预备寄宿舍"。和华尔德同一时代的研究者贺萧（Hershatter，1986）也指出，至少在天津市棉纺织工厂中，20世纪30年代初业界就兴起了取消工头制的风潮，而且在国营企业中建设提供包括宿舍在内的各种福利设施的工人社区是非常普遍的现象。韩起澜（Honig，1986）、裴宜理（2001）对上海近代企业的研究也表明，上海也有工厂为工人，尤其是女工提供宿舍。《第二次中国劳动年鉴》也记载，青岛的民生模范国货工厂、上海各纱厂、石家庄的大兴纺织工厂、宁波和丰纱厂等均建有宿舍，以较低的租金租给工人（邢必信等主编，1932：177）。除工厂之外，有银行也为员工提供宿舍，例如，叶文心（2006）所研究的中国银行设在天津的同仁宿舍"津中里"。

除了关注企业是否为劳工提供宿舍之外，研究者还关注劳工宿舍的设施情况。陈达（1929：491）表扬了开滦矿务局的宿舍设施："如唐山开滦矿务局的工人宿舍,设备比较良善。"叶文心(2006:25 – 26)称中国银行天津宿舍所在的"院落里一应俱全,环境清幽,设备之现代化远胜他处,所以除了上街买东西之外,各人的生活完全可以被包容在中行所建的天地里,远离都市的喧嚣与脏乱"。当然,当时的劳工调查也指出不少工房条件简陋,如天津宝成纱厂就因为江南工人居多而将工房建成南方形式,不备土炕和锅灶(吴鸥,1931a)。可见,即使在提供宿舍的企业中,由于受各地市场状况、行业惯例、企业效益乃至企业家个人理念的影响,宿舍的居住条件、配套福利设施以及劳工居住其间所受的控制程度、所需承担的义务多寡也各有不同。同时,民国不同时期的制度环境也对劳工宿舍状况有所影响。

三 民国劳工宿舍建设的制度环境

下面我们来看民国政府在解决劳工住宅问题上的立场和具体所做的工作。宣朝庆、赵芳婷(2011)基于民国时期政府、学者对于解决劳工住宅问题的理念构想、政策设计以及劳工住宅建设运动的实践,勾勒了民国政府在劳工住宅提供方面的政策立法和体系规划工作。该文突出了政府在劳工住宅供应方面的介入和责任,虽然也提到了各地企业建设宿舍和劳工新村的情况,但在该文看来,企业仅仅是政府倡导的劳工新村建设运动的参与者。事实上,完全解决工业化时代日益庞大的劳工队伍的住宅问题,仅依靠政府主持劳工宿舍建设是不现实的。当时的南京、上海、北平、长沙、广州、重庆等市政府也的确主持兴建了一批劳工住宅,但都是模范社区式的一些试点建设,并未大规模铺开(赵洪顺,2007;宣朝庆、赵芳婷,2011)。从民国时期的劳工宿舍建设的整体状况来看,大规模建设真正的主体还是各个"厂方或店方"。

不过,民国政府虽然并非建设劳工住宅的主体,但确实对劳工居住条件改善和各地企业劳工宿舍的兴建有倡导督促之功。1927年,曾主持过浦东劳工新村修建的朱懋澄升任南京国民政府工商部劳工司长之后,全国范围内的劳工新村建设计划正式起步(宣朝庆、赵芳婷,2011)。工商部专门推出了由朱懋澄起草的《劳工新村设施大纲》,对劳工新村建设工作加以宣传指导。[①] 大纲从总理遗训的高度阐发了劳工新村建设对于解决劳工住宅问题、推进社会自治和促进国家建设的意义：

> 总理手著建国方略有言："政府当与人民协力……建筑大计划之各式屋舍，以乐民居"，又"居室为文明一因子，人类由是所得的快乐，较之衣食更多"，可见劳工住宅需要之迫切，实较他项为最。……一则合于科学经济安适方便之劳工新村建筑，与总理之遗训若合符节。虽然建筑劳工新村之用意，不仅解决其居住问题，尤当使知如何合于建筑经济；如何达到安居乐业；如何施行管理自治；如何改良社会风俗。则惟有以教育方法，施以村治，即以村治力量，推行教育；互相推进，相与有成；如是，则家庭改良，间里改善，新国家建设，胥有赖于是矣"。（工商部劳工司，1930）

同时，当时的工商部根据《建国大纲》所说的"政府当与人民协力"，认定政府对于劳工新村建设的责任除了政策倡导，还包括协助劳工新村建筑的具体工作：①指拨公地；②适用土地征收法；③给款补助；④规定年限免收房屋税捐。工商部还为劳工新村设计了样图，公示全国。根据《劳工新村设施大纲》的要求，劳工新村需要达到下列七项目标：

> 1.租与劳工安适方便的住所；2.改良劳工的家庭状况；3.补授劳工与劳工子女的教育；4.办理劳工卫生医药的设施；5.改良劳工间里的环境；6.养成劳工善良的风俗习惯；7.训练劳工自治和四权的使用。（工商部劳工司，1930）

对于劳工新村的建设经费由谁来承担，也即谁是建设新村的主体，大纲虽然没有明确指出，但在其列出的六项经费来源中，首先是"厂方或店方"，随后才是"政府拨支"，其他的经费来源还可以是"地主建筑""地方筹集""私人捐助"和"工人合作"。这个理想化的劳工新村同时也是一个

---

① 这里的劳工新村与新中国成立之后在上海等城市兴建的工人新村有所不同。前者虽由政府倡导，但出资方仍主要是企业；后者则是由国家统一投资兴建的，它的出现体现了无产阶级政党在解放初期为工人阶级服务的政治意愿（杨辰，2011）。

训练民众自治的场所，其核心的管理机构是"公社"，受管理委员会委托办理社务。同时，作为一种公共组织，劳工新村也对村户有公共规约：

1. 劳工入村居住，须缴验凭证及志愿书或保证书；2. 限制村户居住人数，并不得有包租顶租情事；3. 外来宾客住宿一宵以上者，须报告自治联合会；4. 洒扫居室内外，保持公私卫生；5. 新村以内一切建筑物，均须爱护，不得损毁；6. 严禁鸦片、赌博、斗殴、偷窃、迷信，及一切伤风败俗等事。

总体来看，其对村户的限制性规定不外乎限定成员资格（以保证成员的安全和利益）和严肃风纪两方面，除此以外，对居住其中的劳工的作息时间和人身自由并无任何限制。除工商部外，当时的国民政府实业部也在1931年通过一项关于劳工问题的决议案，规定"厂方应设立工人宿舍，指派工人负责管理"（邢必信等主编，1932：155）。不过，这里的"应设立工人宿舍"并非硬性规定。1929年南京国民政府颁布的《工厂法》也更多的是关注保障工厂劳动安全和控制劳动时间等议题，并未对工厂设立劳工宿舍有强制性规定。国民政府社会部成立后，于1943年陆续颁布《职工福利金条例》和《职工福利社设立办法》等法令，敦促各地、各工矿公司举办劳工福利事业。以抗战胜利后收复的天津市为例，1946年，天津市社会局根据社会部法令具体拟定了《各工厂推进职工福利事业须知》，并分发各业规模较大工厂，敦促其尽快成立职工福利社，"视需要情形及经济状况酌办左列业务：A. 食堂；B. 宿舍及家庭住宅；C. 医院或诊疗所；D. 补习班或补习夜校及子弟学校；E. 浴室；……"① 此时，宿舍在各项福利设施中的地位仅次于食堂，可见随着各地生产逐渐恢复和内迁后方的劳工大量回迁，劳工住宅问题作为稳定劳工队伍、促进经济生产的一项主要福利措施，已成为迫在眉睫的任务。需要特别指出的是，抗战全面爆发后，仍在国民政府掌控中的内陆城市的企业为劳工提供宿舍的做法被日益推广，这其中有国民政府的立法推动作用，也有战争的特殊历史作用。在

---

① 天津档案馆档案，《各工厂推进职工福利事业须知》，档案号：401206800－J0025－003559－006。

抗战军兴之后，随着沿海工业城市逐渐陷落，大量工商企业随国民政府西迁至西南腹地，劳动力市场趋紧，工厂为了维持生产，必须保证劳动力的稳定供给，因此必须加强而不是减弱和工人的联系。我们不妨来看看《昆厂劳工》中作者史国衡所记录的昆厂"一位负责的先生"的感慨：

> 他过去在外国留学的时候，在人家的工厂里面做实习，看见成千成万的工人按时进退，秩序井然。迨回国后，在上海也办过多年厂，工人完全住在厂外，下班的汽笛一响，工人退去，大门一关，当天的事情就算完结。不像现在内地办厂，工人们的饮食起居，以及一些与工作不宜直接发生关系的琐事，都得一一去照料。……诸如此类的麻烦，真是过去在上海一带所意想不到的。（史国衡，1946：155）

在昆厂的人事管理方看来，为工人照料饮食起居本是在上海这样的大城市可以避免的琐事，而在抗战时期，沿海工业发达地区的技工随着工业大迁徙也向内地迁移，而内地城市的基础设施不足，劳工的生活服务设施也不能满足工人的实际需要，而同时厂方在紧缩的劳动力市场之下体验到"这个时期的工人，物稀称贵"，技术工人不但数量不足，还喜爱转厂，以至于国民政府不得不对技术工人转厂进行管制。企业迫于劳动力市场供不应求的压力，不得不承担为工人提供宿舍的责任。从这里企业管理方的抱怨可以看出，对于企业是否有为劳工提供宿舍并承担宿舍管理的责任，当时可能并没有直接的强制性规定，企业界也没有一致性的认识，只是昆厂在劳动力市场紧缩的压力之下，为了降低工人的转移率不得已而为之。

四 津渝两市劳工宿舍建设概况及其模范劳工宿舍的考察

因篇幅所限，本文不可能涵盖整个民国期间全国各地诸多企业劳工宿舍的状况，这里暂选取民国时期的天津和重庆两个工业城市，[①] 再进一步

---

① 天津和重庆虽非民国时期劳工数量最多的城市，但民国时期（1937年日本占领之前）的天津和重庆劳工宿舍建设整体状况较为突出，而且天津市社会局、南开大学、重庆国民政府等机构都留下了大量的城市工业发展统计资料可资参考。

以天津东亚毛纺公司①和重庆的民生公司②两家企业为代表来考察中国实业发展早期的模范劳工宿舍的面貌。除前人的研究成果以外，本节所依据的史料主要来自四个方面：一是前人研究中所保留的有关天津和重庆早期工业发展及劳工生活状况的历史材料，如吴鸥与刘大钧的调查报告；二是天津、重庆档案馆所藏的反映民国时期两地劳工宿舍建设的相关材料；三是天津东亚毛纺公司和民生公司的内部资料，包括周年纪念刊、特刊等，尤其是两家公司的内部刊物《东亚声》和《新世界》；四是笔者自 2009 年 5 月到 2015 年 5 月对民生公司 14 位仍健在的老职工及其家属的访谈记录，同时参照他们已发表或未发表的回忆录。

（一）天津与重庆劳工宿舍建设概况

民国时期的天津为北方最大的工商业城市，根据天津市社会局 1929 年主持的调查统计，天津已有工厂 2186 家，工人总数为 47564 人。其中纺织一业有 34264 人，占全数的 72% 强（刘大钧，2010：116）。贺萧（Hershatter，1986：165）在对天津棉纺织工厂的研究中发现，国营企业中建设提供各种福利设施的工人社区比比皆是，抗战胜利后更是如此。这些福利设施包括宿舍、食堂、诊所、子弟学校、消费合作社、浴室和运动场，而且产假、工伤保险、丧葬补助乃至剧社、乐队、英语课堂无所不包。天津市社会局留下的天津各业调查资料支持了贺萧这一说法（吴鸥、陈举、李育桐，1931；吴鸥，1931a，1931b，1932）。

在 20 世纪 30 年代初天津市社会局的调查中，全市裕元、恒源、宝成、北洋、华新、裕大等六大纱厂均设有工房，收费一般低于市场价格，差价由厂方担负，或者达到某种条件则完全免费。裕元纱厂规模较大，为"本市纱业之冠"，有工人 5000 多人，各项福利设施尤为齐备，如医院、宿舍、饭厅、义地、职工子女学校、补习学校等，调查者评价说"本厂劳工

---

① 天津东亚毛纺公司 1932 年由宋棐卿创办于天津意大利租界，堪称民国时期国内毛纺工业巨擘，其出品的抵羊毛线以精良品质加爱国宣传，普销全国乃至东南亚。

② 民生公司全名为民生实业股份有限公司，1925 年由卢作孚等创办于合川，以经营长江中上游航运为主，后来逐渐发展成为民国时期最大的民族资本航运企业。至 1949 年，其投资兼涉冶炼、机器、造船、煤炭、纺织、食品、建筑、保险等行业，跻身民国时期最大的资本集团的行列。抗战期间，民生公司因在承担军用物资和人员抢运中的突出贡献和巨大牺牲，曾受到国民政府多次嘉奖（凌耀伦，1990）。

生活于天津劳动界，尚较水准，较中小工厂的劳工为优越"。工房一般由专人管理（吴鸥，1931a）。对天津第二大行业面粉业的调查发现，全市6家面粉公司也全部为工人提供住宿，但机工和小工的住宿条件多半有所差别，此外需夜工者也提供宿舍（吴鸥，1932）。

重庆作为19世纪90年代才开埠的内陆城市，工商业发展本来远远落后于沿海港口城市，1929年的统计中各业工人仅12000余人（刘大钧，2010：830），但在抗战全面爆发之后，随着国民政府1939年底西迁重庆，大量工矿企业也选择了内迁。据统计，迁入重庆的民营厂矿就有233家，加上迁渝的10家军政部所属兵工厂，内迁工厂总数达到243家（周勇主编，2002：1009）。由于不少技术工人也从沿海工业城市迁移而来或招募而来，为他们提供宿舍也成为一项日益紧迫的任务。根据重庆市档案馆提供的资料，1939年之后重庆各工商企业自建宿舍的渐渐多了起来，1938年以前设有员工宿舍的企业宿舍多为租赁，1938年以后开始动土兴建员工宿舍。总体来看，设宿舍的多为中央机关与市政机关（如重庆市政府、市财政局）、大型国有企业（如招商局轮船公司、中国毛纺织厂）、军工企业（如兵工署第十、廿二、廿三、廿四兵工厂和炮兵技术研究处等）、官商合办企业（如兴业公司）或者是经营状况好、员工众多的大型民营企业（如民生公司），尤其是财力雄厚的中外银行（如聚兴诚银行、金城银行、美丰银行、交通银行、中央银行）。如前所述，1939年之后的重庆为陪都所在，国民政府本有督促倡导建设劳工宿舍之意，制度环境特殊；客观上西迁而来的下江工人、职员及其眷属也需要宿舍栖身，因此举办劳工宿舍的企业和机关不在少数。根据国民政府社会部1947年底的统计，在重庆当时的1358家企业中，有241家提供劳工宿舍，82家提供眷属宿舍，数量居全国各省（区、市）之冠。

（二）两个模范劳工宿舍的案例：天津东亚毛纺公司与重庆的民生公司的劳工宿舍

之所以以天津东亚毛纺公司和重庆的民生公司为个案，是因为这两个企业的领导者都是以科学管理和社会关怀著称的知名民族企业家，这两个企业是中国近代史实业救国风潮中与外国资本抗争的成功案例，是民国时期的企业中劳工福利优厚和劳资关系和谐的典范。这两个企业的宿舍也是在公共空间中实践现代文明教化理念的舞台，可谓劳工宿舍的模范。

这两个企业所处行业和地域各不相同，却有许多相似之处。第一，从两位创始人的背景来看，颇有一种殊途同归的意味。清末民初以来，实业救国的风潮吸引了一批有见识、有关怀的学者投身实业。天津东亚毛纺公司的创办人宋棐卿是一位受到良好西式教育的基督徒，20世纪20年代他前往美国学习企业管理的时候，亲见福特汽车公司的总裁鼓励下属各抒己见的争论场面，感受到民主文明的精神是比发达的科技更重要的强国之本（宋允璋、王维刚，2006：46）。民生公司的创办人卢作孚出身微末，自学成才，也是怀有社会改革理想的实践者和乡村建设运动的积极倡导者，他提出"中国的根本问题是人的训练"明确提出要将民生公司当作建设"现代集团生活"的试验场（杨可，2013）。这两位企业家虽然家庭背景、教育经历不同，但都不是仅注重私利的资本家，他们具有建设现代文明国家的高远志向，怀有相似的社会责任感和教育理念，因此，他们为劳工提供的宿舍也都带有劳工教育的目的，服务于塑造现代公民的目标。第二，在实业救国的思潮影响之下，国人积极支持民族企业，而天津东亚毛纺公司和民生公司都可谓实业救国运动中的先锋，从而在与外国资本的市场竞争中取得有利位置，成为行业市场的领导者，效益有了保障。正如宋棐卿所言："为国民办实业，民心就是市场。"（宋允璋、王维刚，2006：111）企业利润的稳定增长也为其建设宿舍以及开展宿舍中的"育人"活动提供了有利条件。第三，也是非常重要的一个相同之处在于，两家公司都相当尊重劳工，在企业建设的蓝图中，劳工不仅作为有价值的劳动力而存在，更应作为自尊而文明的现代人而存在。他们都向员工宣讲"劳工神圣"的道理，重视文化教育，鼓励员工持股。两家企业的劳工福利设施都极为完备，除了浴室、饭厅、医务室、职工宿舍等一应俱全外，还对职工实行各式各样的福利补助和不间断的免费培训（凌耀伦，1990：143～153；宋允璋、王维刚，2006；陈韶华，2010），企业也因此获得劳工群体的认同。

具体到劳工宿舍的设置，先来看天津东亚毛纺公司。天津东亚毛纺公司的职工虽然不多，但年龄构成相当年轻，1934年有男工280人，女工150人，男工77%在20岁以下，女工全部低于20岁，[①] 年轻的职工有利于

---

① 参见天津东亚毛纺公司1934年编的《天津东亚毛呢纺织有限公司年刊》。

开展团体生活，公司也非常强调对青年职工的德育与群育，以各种团体组织和活动"结固团体"，"增加彼此感情的融洽"。① 尽管职工不多，但天津东亚毛纺公司"特设楼房一所，专为远来之职员住宿；设工友宿舍一处，为远来工友住宿"。② 其宿舍管理也颇有特色，天津东亚毛纺公司的内部刊物《东亚声》第 6 期上专门刊载了《职工宿舍管理规则》，包含"住房手续"、"管理组织"、"住房规则"、"清洁办法"和"厕所规则"五个方面。从其职工宿舍的管理组织来看，天津东亚毛纺公司宿舍强调劳工在自律的原则下自治管理，"宿舍内一切应行事宜采取自治方式"，"每院设正副舍长各一人，负责执行一切规则并指导整洁卫生事宜，必要时可集会研究之"。舍长的设立则完全是民主推选的，"正副舍长由本院住房人共同选举之，任期一年，得连选连任"。其宿舍住房规则和清洁办法强调公共秩序和文明习惯，意在通过集体的宿舍生活给劳工树立"公"的观念，培养现代人的自律和自治意识。例如，大家须遵守共同的作息制度，"每晚夏令十时半冬令九时半熄灯，熄灯后不得燃点灯火或大声谈笑"；每位住宿的员工都有相应的清洁打扫的义务，"每院住房人排定次序轮流负责整洁事宜，各值日人应按规定时间整理清洁不得贪懒"（天津东亚企业股份有限公司，1947）。简言之，职工宿舍总的目标是以宿舍为"树人"的场所，宿舍被赋予公共教育的意义，职工在这里学习自律、自治的习惯，如有问题则通过民主协商来解决。

> 宿舍的规则，虽是由公司规定，但是实行，要在住房的人。若是住房的人，都自动的遵守，就用不着什么管理。所以我们采取自治的方式，由住房的人推举舍长，由舍长督促，劝导，监督住房的人实行规则。有什么实行上的问题，亦可大家研究讨论。这样完全是民主的，自动的，而不是由上往下，受人管制的……维护宿舍规则，就是维护公众利益。（佚名，1947）

总的来看，天津东亚毛纺公司的职工宿舍颇受职工欢迎，入住率是很

---

① 参见天津东亚毛纺公司 1941 年编的《天津东亚毛呢纺织有限公司特刊》。
② 参见天津东亚毛纺公司 1934 年编的《天津东亚毛呢纺织有限公司年刊》。

高的，"现在还有许多登记的，想进来挤着住都得不到"，以至于公司需要在内部刊物《东亚声》上呼吁凡在市内有家可居的不要申请宿舍，好把床位空出来给远来的职工（佚名，1947）。

重庆民生公司的劳工宿舍是逐步建立起来的。公司成立之初，卢作孚就有建设职工宿舍的理想，但一开始并没有获得董事会的支持。到1938年，也只建起部分高级职员居住的民生新村。诸多年轻单身职工则通过设立单身职工宿舍的方式解决住宿问题，公司陆续在铁板街、施家河、滩盘、望龙门等地通过租借民房或修建简易住宅方式设立了单身职工宿舍。职工无须负担房租水电费用，一切费用由公司负担。有的宿舍离办公地点较远，来往交通费也由公司承担（凌耀伦，1990：150）。宿舍还有公司专派的茶房负责打扫、洗衣和日常管理。职工生病时茶房还代为煎药，照顾起居（冉云飞，2007）。各个员工宿舍的条件虽然简单，但也还算比较完善，以较早期的铁板街宿舍为例，"好像是4人一间。比学生宿舍可能要好一点，食堂、活动室、图书室、乒乓室、澡堂都有"。① 后来修建的施家河宿舍规模更大，据杨辛老人回忆，"那边一排一排的房子，比较简易，还是很整齐的……那个宿舍区里头也有读报室这些，还是比较整洁的，也有草坪"。②

民生公司还专门设有"训练委员会"来指导年轻职工"支配工作娱乐运动等时间"。卢作孚（1933）重视职工教育，要求刚入公司的练习生可以自由安排工余时间的读书娱乐，但分组的读书会除了必须值班的航空班人员以外，需全体加入。表1列出了住宿舍的职工晚间可以选择的活动项目。

表1　民生公司工余时间支配

	下午 6：30～7：30	下午 7：30～8：30	备考
星期一	讲演会	京剧、棋类、读书	
星期二	读书、棋	类新剧、雅乐	
星期三	棋类、读书	棋类、读书	写航空信者不加入

---

① 参见笔者 2009 年 11 月 10 日对刘本祥的访谈记录。

② 参见笔者 2010 年 5 月 19 日对杨辛的访谈记录。

续表

	下午 6:30~7:30	下午 7:30~8:30	备考
星期四	京剧、棋类、读书	英文谈话会、雅乐	
星期五	读书会	新剧、雅乐、棋类、读书	
星期六	棋类、读书	棋类、读书	写航空信者不加入

资料来源：民生公司内刊《新世界》1933 年第 39 期，第 50 页。

　　与天津东亚毛纺公司不同，民生公司为了方便在职工中开展"现代集团生活建设"，开展劳工教育，希望单身职工尽量住宿舍。在重庆档案馆查到的一份年代不详的《民生公司宿舍规则》（档案号 0328 * 1 * 5）里面明确要求："非有家庭在本城者不能在外住宿。"从效果上看，这样严格的训练程序一方面是对员工集体生活习惯和集团感情的全面培养，另一方面也帮年轻职员培养了良好的个人爱好和健康的娱乐消遣方式。练习生阶段过去之后，宿舍管理稍显松弛，但也有很多集体活动，呈现一派活跃的景象。一位老职工回忆，1937 年夏天，他寄宿在表哥的铁板街宿舍，看到"住了四五十人，都是年轻的单身男职工，晚上看到他们回到宿舍或打乒乓球，或唱歌下棋，或阅读书报，欢声笑语，生气勃勃，十分活跃"，"我在那里借住了几个晚上，经常听他们哼唱岳飞的《满江红》这支歌"。① 爱好唱歌的施家河 86 号宿舍组织了一个"86 号歌咏队"，民生公司相当支持，还花钱请歌唱家盛家伦前来指导。② 我们从《昆厂劳工》中了解到，由于昆厂工人家庭不在附近，又没有充分的娱乐设备以供休闲，在工余时间里工人就流于烟赌，败德违纪，成了工厂"人事管理上的大负累"（史国衡，1946：106）。而民生公司的底层员工也是单身的青年男性居多，却鲜有风气的问题，应该说这些严格的集团生活训练也有功劳。从职工们的反应来看，这种朴素而又紧张的生活似乎也并没有引起他们的反感，倒是有一种进取的热情："人和宿舍与苍坪，午夜机声杂诵声，最是滩盘风景好，卷帘梳洗数归轮。"（土调，1934）

　　将天津东亚毛纺公司和重庆民生公司的宿舍管理规则进行比较，可以总结如下：两者都强调利用宿舍中集体生活的机会对员工进行现代文明的

① 参见刘本祥回忆录。
② 参见笔者 2011 年 11 月 11 日对马正浓的访谈记录。

教化，不过侧重的方面和教化的方式略有差别。天津东亚毛纺公司的宿舍更像是一个自治的空间，它倾向于让工人在清洁洒扫轮值和保持共同作息的义务中去领会公共生活的责任，在公共卫生管理和民主选举中去学会现代人的文明生活习惯和组织规则；而民生公司宿舍更接近一种文化空间，其特点是重视职工文化教育和强调团体生活，通过积极设置各种集体活动来提升劳工素质和培育群的情感，既预防了风纪问题，又实现了劳工教育的目标。

五　总结与讨论

人的转变的问题是现代化转型中的核心问题，费孝通从魁阁时期到晚年都在关心新工业兴起之后，从农民到工人如何转变的问题（闻翔，2013）。现代工厂制度为培养工人的现代性提供了契机，英格尔斯（1985：127）曾经指出，现代工厂给人带来计划性和效能感，工厂在培养人的现代性方面是一所学校。同样，本文发现，尤其是在向现代工业文明转型的国家中，企业的劳工宿舍作为进城农民在城市中的栖身之所，也可以成为培育人的现代性的一个机制。本文通过梳理民国时期劳工宿舍的制度环境和建设实践发现，在积极的制度环境下，一些模范企业的劳工宿舍中可以生成高于安置劳动力的新境界。利用工人集体生活的机会，宿舍可以发挥更丰富的社会功能——它可以作为人的现代文明教化的试验场，成为培养现代公民的自治空间和孕育群体团结的文化空间。

积极的制度环境是劳工宿舍得以正常发展，并进而发挥文明教化功能的前提。综合前文的讨论，民国政府延续了孙中山建设劳工住宅的理想方案，将劳工宿舍视为"文明一因子"，作为推进民众自治和改良社会风气的一种手段加以鼓励，尤其到了民国后期，倡导敦促之意日益明显。《劳工新村设施大纲》中的村户规约反映了当时的民国政府对劳工住宅改良所持的理念——因为生活居住条件与人的道德修养和社会的良善风气息息相关，劳工住宅改良的目标就是要将现代人的文明教化和社会的互助团结寓于生活空间的改造之中，而现代国家的劳工住宅应该是一个培育劳工讲卫生、重秩序、善于互助合作与民主自治的所在。在国民政府的倡导之下，民国时期劳工宿舍的设立绝非偏远地区的个案，各地的劳工宿舍均相当普遍。部分城市有政府主持和企业参与的劳工新村，更多的劳工宿舍则由企业在政府的倡导下兴建而成。

孤掌难鸣，政府的倡导要转化为劳工宿舍中文明教化的实践，还需要企业家对现代化过程以及企业社会责任的深刻认识。本文所展示的天津东亚毛纺公司和重庆的民生公司两家模范企业的宿舍建设实践正可以说明，在宿舍空间中开展对人的现代文明教化也正是部分抱有现代思想和爱国情怀的民族企业家的理想。在这一点上，政府的教化目标可以说与这些企业的理念不谋而合。天津东亚毛纺公司的职工宿舍规则几乎与政府劳工新村的村户规约如出一辙，其主要目标是限制工人的不文明行为，不涉及劳动规训和劳力压榨。民生公司创始人卢作孚曾说过，建设民生公司的目的就是要将其作为"现代集团生活"的试验场。从其以宿舍为基地开展的集团生活的内容来看，大体也是以整洁、有序和强身健体等文明生活习惯为宗旨。职工在这样的公共空间之中，除了讲卫生和重秩序的生活习惯之外，还可以学会现代社会中如何民主讨论和相互合作，进而为发展共同的社区情感提供基础，给机器时代的人心提供一个安放之处（闻翔，2013）。

回到当下的压制型农民工宿舍，那些曾经在民国时期模范劳工宿舍中活跃着的现代化教化的因素不见了，当下的农民工宿舍除了管控劳工身体、挤压劳动时间和破坏劳工团结之外，对身居其中的"人"如何感受和怎样发展无所用心，它只是资本规训工人的空间，一种方便获取劳动力资源的手段，它的目标是为资本的弹性用工提供服务，而不是从根本上解决劳工住宅问题。因此，有学者提出的药方是厂方废除宿舍劳动体制，由当地政府提供公共住房（潘毅等主编，2011：120）。但即便政府提供公共住房，如果不能同时提供有质量的公共服务和引导建立健康有序的生活空间，仍有可能出现昆厂负责人所忧虑的"风纪"问题，甚至给帮派团体的活动带来可乘之机（汪建华，2015），因此反而会形成新的城市问题，芝加哥就是现成的例子。而试图完全依靠房地产市场，通过劳工个人购房来解决其住宅问题更不可行。2015年，广东东莞市的住房公积金提取新政引发工人不满，就是因为东莞规定离职后不能一次性提取住房公积金，等于变相规定异地户籍工人住房公积金只能用于东莞本地购房，而占东莞劳工绝大多数的异地户籍劳工根本没有能力和意愿在本地购置房产。① 也就是说，大部分农民工仍期待保留他们的流动性，他们在东莞只需要一个过渡性的住宅，劳工宿舍仍然是一个方便的选择。换言之，只要存在流动的劳工，对劳工宿舍的需求就还会存在，抛弃宿舍显然为时尚早。也正因为如此，在批判富士康式的劳工宿舍之余，应尝试为宿舍寻求可能的变革方向。反观中国的劳工史，我们发现民国时期的模范劳工宿舍的宝贵遗产对探索社会主义转型时期的劳工居住空间建设具有重要的借鉴价值和启发意义，为突破"宿舍劳动体制"的困境提供了帮助。在积极的制度环境下，宿舍可以作为一种现代文明教化的空间，在劳工教育、固结团体以及劳工自治培育等多个方面发挥潜移默化的作用。它可以成为培养有道德的现代人的学校，培养公民民主习惯的试验场，孕育群体情感和职业团结的基地。民国时期模范劳工宿舍提示今天的劳工政策制定者和企业建设者，应当在尊重劳动者的基础上重视其居住空间，利用劳工宿舍提供的公共生活机会，将劳工的居住空间建设成孕育群体团结的文化空间和培养现代公民的自治空间，从而为解决劳工住宅问题和建设和谐的劳资关系发挥更积极的作用。

参考文献：

陈达，1929，《中国劳工问题》，上海：商务印书馆。

陈韶华，2010，《中国近代民族资本企业的社会责任观初探》，《科技创业月刊》第4期，第73-75页。

工商部劳工司，1930，《劳工新村设施大纲》，南京：京华印书馆。

郭于华、黄斌欢，2014，《世界工厂的"中国特色"：新时期工人状况的社会学鸟瞰》，《社会》第34卷第4期，第49-66页。

华尔德，1996，《共产党社会的新传统主义：中国工业中的工作环境和权力结构》，龚小夏译，香港：牛津大学出版社。

凌耀伦主编，1990，《民生公司史》，北京：人民交通出版社。

刘大钧，2010，《中国工业调查报告》，李文海、夏明方、黄兴清主编《民国时期社会

① 《离职不能提取补缴公积金　多家工厂工人质疑新政》，《南方都市报》2015年3月25日，A04-05版。

调查丛编》（近代工业卷上），福州：福建教育出版社。

卢作孚，1933，《团体生活的整理》，《新世界》第 35 期，第 29 – 44 页。

潘毅、梁自存，2011，《生活空间：囚在富士康代工王国》，《中国工人》第 3 期，第 36 – 40 页。

潘毅、卢晖临、郭于华、沈原主编，2011，《富士康辉煌背后的连环跳》，香港：商务印书馆。

裴宜理，2001，《上海罢工：中国工人政治研究》，刘平译，南京：江苏人民出版社。

冉云飞，2007，《民生公司职员六十年前的日记》三，《书屋》第 3 期，第 69 – 74 页。

任焰、梁宏，2009，《资本主导与社会主导——"珠三角"农民工居住状况分析》，《人口研究》第 2 期，第 92 – 101 页。

任焰、潘毅，2006，《跨国劳动过程的空间政治：全球化时代的宿舍劳动体制》，《社会学研究》第 4 期。

沈原，2006，《社会转型与工人阶级的再形成》，《社会学研究》第 2 期。

史国衡，1946，《昆厂劳工》，重庆：商务印书馆。

宋允璋、王维刚，2006，《他的梦——宋棐卿》，香港：明文出版社。

孙宝山（孙冶方），1932，《上海纺织厂中的包身制工人（下）》，《华年》第 24 期。

天津东亚企业股份有限公司，1947，《职工宿舍规则》，《东亚声》第 6 期。

田彤，2011，《民国时期劳资关系史研究的回顾与思考》，《历史研究》第 1 期。

土调，1934，《竹枝词（三）（四）》，《新世界》第 46 期。

汪建华，2015，《黑白之间：世界工厂周围的帮派与劳工政治》，《文化纵横》第 5 期。

魏万青，2011，《劳工宿舍：企业社会责任还是经济理性——一项基于珠三角企业的调查》，《社会》第 31 卷第 2 期。

闻翔，2013，《"乡土中国"遭遇"机器时代"——重读费孝通关于〈昆厂劳工〉的讨论》，《开放时代》第 1 期。

吴鸥，1931a，《天津市纺纱业调查报告》，天津市社会局。

吴鸥，1931b，《天津市火柴业调查报告》，天津市社会局。

吴鸥，1932，《天津市面粉业调查报告》，天津市社会局。

吴鸥、陈举、李育桐，1931，《天津市社会局统计汇刊》，天津市社会局。

邢必信、吴铎等主编，1932，《第二次中国劳动年鉴》下册，北平社会调查所。

徐道稳，2010，《生存境遇、心理压力与生活满意度：来自深圳富士康员工的调查》，《中国人口科学》第 4 期。

宣朝庆、赵芳婷，2011，《工业化时代的住房保障——基于民国时期劳工住宅问题的分析》，《南开大学学报（哲学社会科学版）》第 4 期。

杨辰，2011，《社会主义城市的空间实践——上海工人新村（1949～1978）》，《人文地理》第 3 期。

杨可，2013，《民生公司的现代集团生活建设——一个社会学的视角》，《开放时代》第
　　4 期。

叶文心，2006，《时钟与院落——上海中国银行的威权结构分析》，王笛主编《时间·
　　空间·书写》，杭州：浙江人民出版社。

佚名，1947，《遵守宿舍规则是维护公众利益》，《东亚声》第 6 期。

英格尔斯，1985，《人的现代化》，殷陆君编译，成都：四川人民出版社。

赵洪顺，2007，《国民党政府劳工政策研究》1927 - 1949，山东师范大学硕士学位
　　论文。

周飞舟，2006，《制度变迁和农村工业化：包买制在清末民初手工业发展中的历史角
　　色》，北京：中国社会科学出版社。

周勇主编，2002，《重庆通史第三卷近代史》下，重庆出版社。

朱懋澄，1935，《改良劳工住宅与社会建设运动》，《上海青年》第 35 期。

Burawoy, Michael 1976, "The Functions and Reproduction of Migrant Labor: Comparative
　　Material from Southern Africa and the United States." *American Journal of Sociology* 81
　　(5): 1050 - 1087.

Hershatter, Gail 1986, *The Workers of Tianjin, 1900 - 1949*. Stanford, California: Stanford U-
　　niversity Press.

Honig, Emily 1986, *Sisters and Strangers: Women in the Shanghai Cotton Mills, 1919 -
　　1949*. Stanford, California: Stanford University Press.

Pollard, Sidney 1965, *The Genesis of Modern Management: A Study of the Industrial Revolu-
　　tion in Great Britain*. London: Penguin Books.

市场竞争、集体消费与环境质量

——城镇居民生活满意度及其影响因素分析*

朱　迪

　　摘　要： 生活满意度和主观福利的研究相当丰富，但是缺乏对于生活满意度影响因素的系统考察。本文构建了一个由市场竞争、集体消费、环境质量和个体生活质量因素构成的分析框架，包括福利获取的多种途径——市场、国家、环境和个体，以及不同获取途径所主张的规范价值——竞争、公平和可持续发展。在此框架下，本文使用 2013 年中国社会状况综合调查数据进行实证分析。分析结果显示，除了收入和人均 GDP 等市场竞争因素对生活满意度具有显著影响外，集体消费也有显著影响，社会保障水平、公共服务水平和社会公平程度对人们的生活满意度具有重要作用；引入客观环境指标后，主观环境评价仍具有显著影响。本研究的启示在于，只有将发展模式由 GDP 主导调整到以人为本和可持续发展的道路上，推进社会保障、收入分配、环境治理等制度政策的改革，才能保持居民生活满意度平稳上升。

　　关键词： 生活满意度　市场　集体消费　公平　环境可持续发展

　　GDP 曾经被作为衡量社会发展、保障人类福利的最重要指标。这本质上是市场主导的路径，强调市场交换的产出及其配置资源的作用，其价值取向也主要是竞争性的。但是有证据表明，随着经济水平的提高，人们的幸福感、对生活的满意度并不一定会提高。在 20 世纪 90 年代至 21 世纪第一个 10 年间，中国的人均 GDP 以不低于 8% 的年均速度增长，但是人们的生活满意度呈现 U 形的变化趋势。通过比较来自世界价值观调查、盖洛普

---

　　* 原文发表于《社会学研究》2016 年第 3 期。

公司、零点公司、亚洲指标调查数据库和皮尤研究中心（Pew Research Center）的纵贯数据，伊斯特林等（Easterlin et al.，2012）发现中国居民的生活满意度从 1990 年开始下降，一直到 2000～2005 年才出现转折，随后又呈上升趋势。

面对这种矛盾，国际社会和学术界逐渐认识到集体消费对于生活满意度的重要性，提出应当注重社会保障、社会福利、社会支持等公共产品和服务以及资源分配中的公平与公正。集体消费指产品和服务由国家、城市、社区等"集体"供给，以分配作为主要摄取方式，比如公共住房、公共设施、教育、医疗等（Castells，1977；Warde，1990；王宁，2014）。人们对于集体消费的参与及评估是提高主观和客观福利的重要因素。除了从市场和国家那里获得福利之外，人们也从环境中获取福利。人们的生产与生活大都以环境资源的"消费"为代价，造成了一定的生态后果，成为影响人类福利不容忽视的因素。"福利"与"环境"被捆绑到了一起，学界近年提出的"主观福利的环境效率"（Dietz et al.，2009）等话语即倡导人类福利与环境消费之间的平衡。

已有研究比较关注生活满意度的测量，强调从学科角度出发的经济、环境等单方面因素的作用，缺乏对于生活满意度影响因素的系统考察。本文提出了一个主要由市场竞争、集体消费、环境质量和个体生活质量构成的分析框架，以此能够对相关政策制度做出回应，也将从社会学的视角强调社会保障、社会公平和环境因素对于居民生活满意度的影响。基于此分析框架，本文使用 2013 年中国社会状况综合调查数据建立了解释模型，考察相关因素对生活满意度的影响。本文首先阐明生活满意度的概念并构建分析框架，然后分析我国城镇居民的生活满意度并进行国际层面和历史层面的比较。这里实证分析的核心是建立生活满意度的线性回归模型和多层次模型。本文最后将讨论实证发现并探讨其在学术和政策方面的启示。

一 生活满意度的分析框架

不同于收入、教育、健康等客观指标，生活满意度从主观感受和体验的角度测量人们的生活福利和生活质量。英文文献中，与生活满意度相关的术语包括"主观福利"（subjective well-being）、"生活满意度"（life satisfaction）和"幸福感"（happiness）。"主观福利"是一个集合的概念，表示人们对自己的生活、经历、身心以及生活环境的各种评估（Diener，2006）。迪纳等（Diener & Biswas-Diener，2003；Diener，2006）将"主观福利"分解为三个主要组成部分：（1）生活满意度，指对生活总体的评价以及对生活具体方面，比如婚姻、工作、收入、住房和休闲的评价；（2）情绪，包括正面的情绪如愉悦、满足和负面的情绪如沮丧、愤怒；（3）价值判断，如对自己的生活是否抱有成就感，觉得人生是否有意义。"幸福感"的含义则更模糊些，在学术研究中至少有两种用途。一种主要用于测量情绪，比如"你昨天幸福/高兴吗"，这种体验经常是短暂的，处于变化之中的，容易受到先前发生的事件的影响；另一种既用于测量情绪也用于测量对生活的评估，比如"总体来讲你觉得你的生活幸福吗"，这种用途下的"幸福感"与"主观福利"非常接近。集合了加拿大、英国和美国学者的独立报告"世界幸福感报告"（Helliwell et al.，2013）就是在第二种框架下讨论世界各国人民的幸福感。

因此，从概念上讲，"生活满意度"是"主观福利"的重要组成部分，也是广义的"幸福感"概念中强调对生活评估的部分。相比情绪和价值判断等心理和精神的维度，人们通过思考自己的工作、收入、婚姻、住房、健康等各方面的生活而做出满意度高低的评估，是主观福利的诸多维度中较稳定的一个，也能够更直接地反映经济和社会的发展水平以及社会政策的实施效果，有助于促进相关制度和政策的改革，从而更具有实践意义。

生活满意度的指标在近些年逐渐受到重视，并被广泛应用到舆情研究和政策研究中。已有研究指出了生活满意度对于居民福利测量的敏感性，它的作用机制不同于 GDP 指标，但同样是有效的测量工具。伊斯特林等（Easterlin et al.，2012）的实证分析表明，人均 GDP 的增长代表了物质生活水平的平均提高程度，因为经济增长的受益人群通常是占人口少数但拥有丰富的经济和文化资源的人群。生活满意度指标则可以揭示普通民众的生活水平变化，尤其是收入较低、受教育程度较低人群的生活水平。从这个意义上看，相比 GDP 指标，生活满意度是测量人们生活境遇和福利的更为全面和有意义的指标。

现有研究对于生活满意度、幸福感、主观生活质量等概念的测量有着丰富的积累，对收入、家庭生活、健康、就业等因素的影响探讨得也比较深入。但是，现有研究较少关注影响因素分析框架的构建。为什么选取这些影响因素？背后的理论假设和理论关怀是什么？这些因素的内在结构和联系是什么？只有阐明了这些问题，才能确保解释模型的信度和效度。市场和国家是人们获得生活所需的物质保障、社会福利和公共设施的主要途径。这两种途径配置资源的方式、目的及规范价值都有所不同。在这两种结构性因素之外，人们也从环境中获取生产和生活所需的资源，同时造成了一定的生态后果，影响了福利的可持续增加。生活满意度高低与个体层面的生活质量和生活方式有关。本文着眼于福利获得的不同途径及其作用机制，来分析生活满意度的影响因素。根据福利获得的途径，解释维度包括市场、集体（地区/国家）、环境和个体；根据福利的不同获得途径所主张的规范价值，解释维度包括竞争、公平和可持续发展。本文使用"集体消费"的概念来表示由地区或国家获得福利的机制以及强调公平正义的价值取向，以区别于由市场获得福利的机制以及强调经济回报和竞争的价值取向。在梳理已有研究的基础上，本文将构建一个较为系统的生活满意度分析框架，并将之应用到实证分析中。

（一）生活满意度与市场因素

收入和衡量经济发展水平的主要指标 GDP 都是资本和市场的产物，强调经济回报和效益，与之关联的价值取向则是竞争性的。人们不仅通过市场竞争获得"绝对"收入，也通过与他人和过去的比较获得"相对"收入，因此这种"市场竞争"的维度区分了两种不同的收入作用机制。韦胡文（Veenhoven，1991）基于"需求—满足"的框架，认为人们只有满足了基本的、固有的需求才能够幸福，而收入较高的人可以满足各种基本需要，因而收入与幸福感是正相关的关系，幸福感并不是基于比较的相对感觉。当然，他也指出人类的需求并不会无限增长，所以收入与幸福感之间的关系也遵循边际效用递减的规律。

虽然被韦胡文批驳，伊斯特林等人（Easterlin，2001；Easterlin et al.，2012）仍坚持相对的视角，强调物质欲望对于生活满意度的作用机制，而物质欲望的决定因素主要有两个：与个人过往经验的比较和与他人的社会性比较。在生命周期的不同阶段，这两种因素的重要性有所区别。伊斯特林（Easterlin，2001）解释了为什么收入显著增加而人们的生活满意度却相对稳定。在他看来，在个人的生命周期中，收入并非导致生活满意度改变的诱因，而是物质欲望这个中介变量在发挥作用——收入的增加使物质欲望相应增强，而物质欲望的增强会抵消收入增加对生活满意度的正面效应。

国内学者使用中国的数据为这些争论提供了实证证据。邢占军（2011）通过对六个省会城市调查数据的分析发现，个人收入对幸福感仅有微弱的影响。相对来讲，较不富裕地区的居民个人收入与幸福感之间的相关程度较强。官皓（2010）将绝对收入操作化为前一年的收入，相对收入操作化为对自身收入水平的评价，使用北京、上海、广东的调查数据进行分析。结果显示，相对收入对幸福感的影响显著，而绝对收入影响不显著。但是罗楚亮（2009）分析全国调查数据则发现，即便控制了相对收入，绝对收入水平对主观幸福感也具有显著影响。

美国著名智库皮尤研究中心（Pew Research Center，2014）对 43 个国家进行的调查显示，新兴市场国家当前的生活满意度比 2007 年有了大幅度增长，接近发达国家的生活满意度水平。在新兴市场国家中，中国、印度尼西亚和马来西亚的生活满意度增长显著。其研究发现也强调绝对收入的效应，不管在发达国家、新兴市场国家还是在发展中国家，高收入阶层的生活满意度都高于低收入阶层的生活满意度。

（二） 生活满意度与集体消费

与强调经济回报和竞争的市场因素不同，集体消费服务于公共利益，消费品的生产目的不在于追求利润，而是劳动力和社会关系再生产的必要条件，消费过程只能由"集体"进行组织和管理，其经济和社会功能主要通过国家机构实现（Castells，1976，1977）。王宁（2014）依据消费品供给单位的不同，将集体消费进一步区分为社区/城市消费和社会消费。前者例如公园、学校、医院、图书馆等，居民凭借其市民身份摄取集体消费资源；后者的消费对象为全国一体化的公共品或公共服务，包括一体化的社会保障和社会福利。在集体消费研究中，分配正义和公共服务的质量是学者关注的焦点（Warde，1990）。

集体消费的理论框架强调社会保障、社会福利、公共服务以及公平和公正的价值观，为相关的生活满意度研究梳理提供了脉络。伊斯特林等

（Easterlin et al. , 2012）以中国在经济增长初期生活满意度的下降为例，强调社会保障体系的瓦解、收入不平等和失业对于生活满意度的重要影响，并认为这也是东欧转型国家生活满意度下降的重要因素。而在经济发展的成熟期，生活满意度逐渐上升，主要归功于社会保障体系的重建。阿普尔顿和宋丽娜（Appleton & Song, 2008）分析了中国城镇地区的调查数据，发现医疗保险对人们的生活满意度有显著影响，享受大病保险（个人承担一部分）和没有任何医疗保险的人的生活满意度显著低于享受国家医疗保险的人。

张海东等（2012）使用"社会质量"的研究框架，强调社会关系的质量对于提高人们的福利和潜能的重要作用，其中社会质量的"条件性因素"包括社会经济保障、社会凝聚、社会包容和社会赋权。袁浩、马丹（2011）依据此研究框架分析了上海市区的调查数据，发现在控制其他维度和人口特征的情况下，社会质量的因素对上海居民的幸福感具有显著影响。

分配制度是否公平与公正是生活满意度的重要影响因素。布罗克曼等（2014）关注 1990～2000 年中国居民生活满意度下降的诱因。其实证分析指出，经济不满是抑制生活满意度的主要因素，内在机制则是收入不平等——虽然这期间人们的收入水平在提高，但是低于国民收入平均水平的人口比例越来越大，使得这部分低收入群体的相对剥夺感增强，导致总体生活满意度下降。因此，改善收入分配结构是消除这种现象的重要途径。值得注意的是，2003～2010 年中国基尼系数呈上升趋势，2003 年以来的贫富差距总体高于经济增长初期的 1990～2003 年 [具体可参见李培林、朱迪（2015）对 1982～2013 年我国基尼系数的总结]。如果说经济增长初期主要是低于平均收入水平的人群生活满意度较低的话（Easterlin et al. , 2012；布罗克曼等，2014），在 2003 年以后，当经济发展步入成熟期，区分生活满意度高低的分界线可能在高收入群体和其他群体之间。李培林、朱迪（2015）的实证分析显示，控制了年龄、社会保障状况、生活压力和生活成本之后，只有高收入者对于未来生活水平的预期显著乐观，而中等收入者和中低收入者的生活预期与低收入者之间的差异不明显。这种生活满意度差异的内在机制则是收入不平等。高收入者和其他群体之间的收入差距更多地意味着机会不平等，而由教育不公平带来的社会流动凝固强化了机会不平等（李春玲，2014）。由这种收入不平等支撑的经济发展伤害了很大一部分人的积极性。

（三）生活满意度与环境因素

环境对生活满意度的影响机制比较复杂。"适应理论"认为，人们在生理或者认知方面会适应周围的环境，因而对环境的反应不会那么敏感，因此环境质量对生活满意度的影响不一定显著（Hackney et al.，1976；Evans et al.，1982）。

更多学者认同环境问题的负面效应。一部分研究以健康为关键路径，指出环境问题会引发多种疾病，从而降低人们的生活满意度（Welsch，2006）。另一部分研究强调环境的独立影响，人们对空气污染、水污染等环境问题及其后果的关心给生活满意度带来显著负效应，并且这种影响独立于健康因素。这部分文献强调主观环境意识的重要影响，如果人们对环境污染问题比较冷漠，即使污染再严重也不会影响对生活的评价。比如费勒卡波纳等（Ferrer-i-Carbonell & Gowdy，2007）对英国家庭面板数据的分析显示，在控制了居住地的环境状况、居住地区、生活方式和心理特征之后，人们对臭氧污染的关心与生活满意度显著负相关，而且在控制了客观环境污染以后，环境关心对生活满意度仍具有显著影响。麦克卡隆与莫拉同（MacKerron & Mourato，2009）采集了400位伦敦居民家中的空气质量数据，并让居民对居住社区的空气污染是否严重做出评价，结果发现客观测量和主观感受的空气污染水平都对居民的生活满意度具有显著负面影响，即使控制了诸多其他变量，结果也是如此。

由于环境对人类福利和生活满意度具有重要影响，国际社会和学术界倡导环境消费（对于环境资源的开发利用）与人类福利之间的平衡。追求人类福利固然是社会发展的根本目标，但是最小化其对环境的影响、提高环境利用效益才是使福利具有可持续性的路径，这被称作"主观福利的环境效率"（environmental efficiency of well-being）（Dietz et al.，2009）。这种考虑环境影响的"可持续福利"理论框架对于本文的分析框架和相关政策建议都有重要启示。

（四）生活满意度与个体生活质量

在探讨生活满意度时，个体生活质量是不可忽视的影响因素，它不同于结构性、制度性的因素，而是以重要生命事件的形式影响人们对生活的评估。其中，健康和失业的影响最为重大。杜兰等（Dolan et al.，2008）通过分析1990年以来经济学类期刊发表的论文发现，尽管学术界对于主观福利的影响因素未形成共识，研究发现甚至有所冲突，但是对健康和失业的显著影响能够达成共识，这一发现还得到了不同国家、不同时间段、不同数据和不同研究方法的证据支持。

阿普尔顿和宋丽娜（Appleton & Song，2008）发现自评健康状况对中国城镇居民的生活满意度有显著影响，认为自己"非常不健康"的人只有14%的概率对自己的生活感到满意或者非常满意，而认为自己"非常健康"的人有44%的概率对自己的生活感到满意或者非常满意。该研究的解释是人们身体不健康会造成心情沮丧，而且健康问题也会带来沉重的经济负担，从而给生活满意度带来负面效应。

迪纳等（Diener & Biswas-Diener，2002）发现大多数现有研究都指出，即使控制了收入因素，失业人群的幸福感还是明显偏低。其文章将此诉诸文化机制，因为没有工作使人们缺乏成就感，而且也经常不被尊重，尤其在男性中更显著。学者在构建生活满意度分析模型时，常常忽略失业及其伴随的压力的影响，或者简单地使用是否有工作来测量失业，但是没有工作的原因多种多样，可能是下岗失业，也可能由于个人原因放弃就业，因而削弱了失业对生活满意度的解释力。比如，官皓（2010）的生活满意度模型就发现，是否有工作的影响并不显著。这也提醒本文在分析失业对生活满意度的影响时，应当慎重选择测量指标。

（五）分析框架的构建

按本文的框架，对于生活满意度的解释维度包括市场竞争、集体消费、环境和个体生活质量。其中，市场竞争因素主要由绝对收入、相对收入和经济发展水平构成；集体消费因素主要由社会保障水平、公共服务水平和社会公平程度构成；环境因素主要由客观环境质量和主观环境评价构成；个体层面的生活质量因素主要由健康状况和就业状况构成。本文的分析框架如图1所示。

上述分析框架能够较为系统地解释生活满意度差异，从而提高生活满意度分析的可靠性。在实践层面，该分析框架可以为政策制定和实施提供

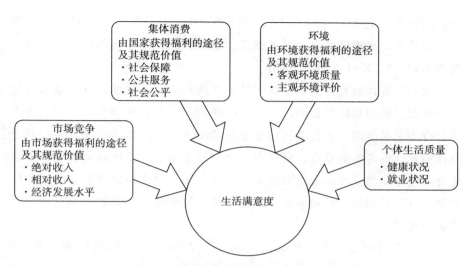

图 1 生活满意度影响因素的分析框架

较可靠的理论和实证基础；在技术层面，只有在较完整的分析框架下，才能减少误差的影响，从而较准确地解释相关因素的效应。

二 居民的生活满意度及比较

本文使用的数据来源于中国社会科学院社会学研究所主持的 2013 年中国社会状况综合调查（文中简称"CSS 2013"）。该调查使用多阶随机抽样的方法，范围覆盖全国 30 个省/自治区/直辖市的城乡区域，抽样设计基本保证数据能够分别代表城镇和农村地区，调查对象为 18 周岁及以上的中国公民。2013 年数据的有效样本为 10206 个。由于城乡之间生活满意度的影响机制差异较大，比如农村的社会保障体系和公共服务的内容和运行与城镇地区有较大差异，即使对生活满意度的影响都显著，但作用机制可能有所区别。基于这种考虑，本文聚焦于城镇居民的生活满意度研究。

数据中有一组问题测量生活满意度，先是询问了被访者对于受教育程度、健康情况、社交生活、家庭关系、家庭经济状况、休闲娱乐的满意度，最后询问了总体满意度。被访者为满意程度打分，范围为 1～10 分，1分为"非常不满意"，10 分为"非常满意"。城镇居民对生活的总体满意度平均为 6.84 分。居民较高的满意度来自家庭关系、社交生活和健康状况，均值分别为 8.26 分、6.99 分和 6.95 分，都高于对生活的总体满意度，而较低的满意度来自受教育程度、家庭经济状况和休闲娱乐，均值分别为 5.66 分、5.81 分和 5.83 分。

我们以总体满意度为因变量、以各方面的生活满意度为自变量来构建回归模型。模型总体是显著的，能够解释 56.2% 的总体满意度变异，各组成部分也是显著的。在控制其他变量的情况下，家庭经济状况满意度对于总体满意度的影响最重要，可见在这个测量框架中，较优越的物质条件是提升城镇居民满意度的最重要因素。此外，休闲娱乐和家庭关系的满意度是第二重要的因素，相对而言，社交生活、健康情况和受教育程度满意度的影响较弱。

皮尤研究中心（Pew Research Center，2014）进行的类似调查发现：新兴市场国家和发展中国家的居民大都对生活水平或工作等反映经济状况的指标较不满意，但是对家庭和朋友等个人生活领域较满意，并且物质条件的满意程度对于总体生活满意度具有最重要的正面影响。

在基于盖洛普世界民意调查数据所著的"世界幸福感报告"（Helliwell et al.，2013）中，中国人在 2010 ~ 2012 年的幸福感均值为 4.978 分（10 分制），在 156 个国家中排在第 93 位，比 2005 ~ 2007 年的幸福感均值增加 0.257 分。类似的趋势也出现在"世界价值观调查"中，2012 年中国居民对生活的总体满意度均值为 6.85 分（10 分制），在 58 个国家中排在第 31 位，比 2005 ~ 2009 基期的第 36 位有所上升。

刘军强等（2012）并不认同传统的"幸福悖论"假说（Easterlin，1974）。他们使用中国综合社会调查数据强调国民的幸福感在 2003 ~ 2010 年呈现持续增长的趋势。以 5 分制的幸福感得分计算，中国人 2003 年的幸福感均值为 3.27 分，2010 年上升至 3.77 分；如果"幸福"和"非常幸福"重新组合为"幸福"，"非常不幸福"和"不幸福"重新组合为"不幸福"，自感幸福的人的比例从 2003 年的 37.3% 上升到 2010 年的 72.6%，自感不幸福的人的比例从 2003 年的 12.9% 下降到 2010 年的 9.8%。

我们也将中国居民的生活满意度同金砖国家、主要发达国家和福利水平较高的北欧国家做了比较。如图 2 所示，中国居民的生活满意度低于美国、瑞典这两个发达国家和高福利国家的代表，在 2001 年后也低于日本。但是就趋势而言，美国国民的生活满意度在 2001 年以后呈下降趋势，而我

三　居民生活满意度的影响因素分析

根据本文的分析框架，我们将从市场竞争、集体消费、环境、个体生活质量四个维度解释居民的生活满意度，并控制相关的人口学变量。首先我们构建线性回归模型，考察不同维度对于生活满意度的重要性。但是，人们的生活满意度不仅受到自身所处经济社会条件的影响，也受到所处地区经济社会环境的影响，而常规线性模型分析嵌套数据时有很大局限性。如果使用传统的个体层次模型，将高层次特征的变量放在个体层次分析，则会因为高层次变量之间的同质性而违背统计估计中的基本假定（劳登布什、布瑞克，2007；卢克，2012）。此外，引入地区层次变量可以包括更多客观指标，比如社会保障水平、环境质量，而这些变量在个体层次无法获得。因此，本文也将构建多层次模型，考察生活满意度的影响因素。下文将解释各自变量的定义。

在市场因素中，本文选择使用家庭收入来测量绝对收入，因为一个人的生活机会不仅受到个人收入的影响，也受到共同生活的家庭成员收入的影响，因而家庭收入能够较准确地测量一个人所获得的经济福利。此外，由于被访者对共同收支的家庭成员衡量标准比较模糊，家庭人口数的误差较大，导致家庭人均收入的计算经常不准确，故本文使用家庭总收入测量被访者拥有的绝对收入。

在相对收入的测量指标方面，由于缺乏追踪数据，无法获得家庭收入的客观变化，但是调查询问了被访者与5年前相比生活水平的变化以及在本地的社会经济地位自评，可以近似测量纵向相对收入（与自己过去相比）和横向相对收入（与周围人相比）。现有研究通常使用两种方法测量与他人比较的相对收入：一种是客观测量法，例如以同等受教育程度、同一年龄段或者同一收入区间的人群平均收入为参照，比较个体与参照水平之间的差距；另一种是主观判断法，让被访者主观选定一个参照体系并给出相对收入水平。官皓（2010）主张主观判断法，因为任何客观指定的参照体系都难以精确反映受访者关于其自身相对收入地位的主观感受。"社会经济地位在本地的层次"这个变量中虽然"本地"是个模糊的概念，但允许被访者指向自己认为的社会关系所及的地域和参照体系，因而更适合作为横向相对收入的测量指标。官皓（2010）也进一步使用了不同的客观参照体系定义下的相对收入来建模，验证了主观判断的相对收入对于生活满意度的解释力。

在集体消费的维度上，本文主要关注社会保障、公共服务和社会公平三个方面。根据已有研究，医疗保险是衡量社会保障水平的重要指标。样本中拥有医疗保险的比例较高，并且医疗保险的分类①并不指向社会保障水平的高低，所以医疗保险的客观指标无法较可靠地测量社会保障水平。相比较而言，主观指标——对医疗保障的满意度是测量社会保障水平较合适的变量。公共服务涉及日常的衣食住行诸多方面，由于社会保障的测量覆盖了医疗卫生，本文选择"住房保障"这个标志民生保障水平的重要指标，使用被访者对于相关政府工作的评价来测量公共服务水平。关于公平的问题，公众和学界最为关心贫富差距和收入分配，因此本文用被访者评价的财富和收入分配的公平程度测量社会公平程度。

在环境的维度上，本文使用被访者对目前居住地环境状况的满意度来测量。关于个体生活质量，本文主要关注健康和失业的因素。数据中缺乏直接测量健康状况的变量，但是有一组测量生活压力的变量，其中"医疗支出大，难以承受"的变量细化了健康对于生活满意度的作用机制，可以较准确地测量健康的影响，因此本文选择此变量从经济压力的角度来考察健康因素的影响。失业问题也被很多文献指出是影响生活满意度的重要因素。前文提到，简单使用有无工作的变量来解释生活满意度的高低并不恰当，并且根据现有数据也很难分离出真正的"失业人员"。同健康因素的测量方法一致，本文使用有无家人无业、失业或工作不稳定的压力测量被访者或家人所面临的失业风险，这种明确的"压力—满意度"的理论假设能够较准确地测量失业带来的影响。

控制变量选择了已有研究中常用的一些人口学变量，包括性别、年龄、婚姻状况、户口类型和受教育程度。考虑到年龄与生活满意度可能呈U形关系，模型中也加入了年龄平方项。基于制度和文化的因素，是否拥有本地户口可能对生活满意度有影响，并且与城乡户口可能有交互作用，

---

① 问卷中医疗保险的类型包括城镇职工基本医疗保险、城镇居民基本医疗保险、公费医疗、新型农村合作医疗保险（即新农合）和其他。

因而将户口类型区分为是否为本地人和是否为城镇户口的四分变量。在宏观层次上，加入的解释变量为所在省份的人均 GDP、医保覆盖率和二氧化硫排放量，分别测量市场、集体消费和环境维度。进入模型的变量及其描述统计如表 1 所示。本文对家庭总收入进行了自然对数处理，以减少模型出现共线性和异方差的风险。

表 1　模型包含的因变量和自变量的描述统计

变量	变量值	样本数	均值	标准差
个体层次				
生活总体满意度	1 ~ 10，1 = 非常不满意，10 = 非常满意	5574	6.842	1.819
去年家庭总收入（元）	0 ~ 10100000	4083	76820.430	197255
去年家庭总收入的自然对数	4.277 ~ 16.130	4055	10.817	0.934
与五年前相比生活水平的变化	1 = 下降很多，2 = 略有下降，3 = 没变化，4 = 略有上升，5 = 上升很多	5542	3.726	0.950
本地社会经济地位自评	1 = 下层，2 = 中下层，3 = 中层，4 = 中上层，5 = 上层	5490	2.357	0.893
对医疗保障的满意度	1 ~ 10，1 = 非常不满意，10 = 非常满意	5278	6.553	2.371
住房保障政府工作评价	1 = 很不好，2 = 不太好，3 = 比较好，4 = 很好	4467	2.406	0.786
财富及收入分配公平程度	1 = 非常不公平，2 = 不太公平，3 = 比较公平，4 = 非常公平	5171	2.149	0.732
居住地环境状况满意度	1 ~ 10，1 = 非常不满意，10 = 非常满意	5582	6.250	2.009
医疗支出大的压力	0 = 无，1 = 有	5549	0.278	0.448
家人无业、失业或工作不稳定的压力	0 = 无，1 = 有	5556	0.289	0.453
性别	1 = 男，2 = 女	5583	1.542	0.498
年龄（岁）	18 ~ 72	5583	43.554	13.600

续表

变量	变量值	样本数	均值	标准差
婚姻状况	0 = 单身（未婚、离婚或丧偶），1 = 已婚（初婚有配偶、再婚有配偶或同居）	5575	0.816	0.387
受教育程度	0 = 未上学和小学，1 = 初中，2 = 高中、中专和职高，3 = 大专，4 = 本科及以上	5575	1.553	1.261
户口类型	1 = 城镇本地户口，2 = 城镇外地户口，3 = 农村本地户口，4 = 农村外地户口	5562	2.111	1.132
省级层次				
人均 GDP（万元）	2.315 ~ 10.011	5583	5.054	1.904
医保覆盖率	0.559 ~ 1	5583	0.871	0.046
二氧化硫排放量（万吨）	0.419 ~ 164.497	5583	81.560	39.011

（一）线性回归模型结果

我们将生活总体满意度作为连续的结果变量，使用线性回归模型，在解释变量中依次引入市场竞争、集体消费、环境和个体生活质量因素，考察模型解释力和自变量的变化。该模型也进行了对年龄和性别的加权，使得样本更符合第六次全国人口普查的年龄和性别分布。线性回归模型如表 2 所示。结果显示，从只有绝对收入的模型 1 到包含所有变量的模型 6 都是显著的，而且模型所能够解释的生活满意度变异也是依次递增的。

首先引入家庭总收入来测量绝对收入，模型 1 能够解释 3.7% 的生活满意度变异，家庭总收入的影响是显著的，家庭总收入越高，居民的生活满意度越高。模型的估计使用了调整的 R^2，随着变量的引入，可以考察模型的解释力变化。然后引入相对收入变量，即与自己过去比较和与周围人比较的经济状况。结果显示，绝对收入依然显著，相对收入的两个测量指标都显著，生活水平提高得越多对生活越满意，本地社会经济地位自评越高对生活也越满意。模型 2 的解释力明显提高，能够解释 17.2% 的生活满意度变异，说明相对收入对于城镇居民生活满意度的影响非常重要。

模型 3 引入了测量集体消费的 3 个变量，分别测量社会保障水平、公共服务水平和社会公平程度，模型的解释力再次显著提升，比只包含市场竞争因素的模型的解释力提高了 9 个百分点，原有的市场竞争因素保持显著，新引入的集体消费因素也产生了显著的正面效应，对医疗保障越满意、对住房保障的政府工作评价越高、认为财富与收入分配越公平，居民的生活满意度越高。

模型 4 引入了测量环境因素的变量，我们看到对居住地的环境满意度越高，对生活的总体满意度也越高，而且差异显著。引入环境因素增加了模型的解释力，能够解释 29.6% 的变异。模型 5 加入了个体生活质量因素，分别从自己和家人的健康和就业压力来测量，其影响都是显著的，医疗支出的压力，有家人无业、失业或工作不稳定的压力都给生活满意度带来负面影响。

因此，本文使用的包括市场和非市场因素（集体消费、环境和个体生活质量）的模型能够解释近 31% 的变异，并且模型的解释力随着引入变量的增加而增加，说明这些因素对于城镇居民生活满意度都会产生重要的影响。另外，模型结果也说明了本文构建的分析框架具有一定的稳健性。

模型 6 包含了所有的解释变量和控制变量，解释力提升至 32.9%，所有解释变量都在 1% 的水平上显著。除了户口类型，控制变量中的性别、年龄、年龄平方、婚姻状况和受教育程度都显著。女性比男性的生活满意度更高；已婚或有伴侣的人生活满意度更高；受教育程度为初中、高中/中专/职高、大专或本科及以上的居民都比受教育程度为未上学或小学的居民的生活满意度高。年龄与生活满意度呈 U 形关系，经过计算，年龄效应的临界点在 41 岁，基本处于上有老、下有小的中年门槛。随着这一门槛的临近，压力逐渐增加，生活满意度也逐渐降低；而迈过这一门槛，随着经验财富的积累和家庭事业的稳定，生活满意度又逐步回升。人口特征的影响与现有文献基本一致（如 Appleton & Song，2008；官皓，2010；刘军强等，2012）。

表 2 城镇居民生活满意度的线性回归模型

	模型 1	模型 2	模型 3	模型 4	模型 5	模型 6
市场竞争因素：绝对收入和相对收入						
去年家庭总收入的自然对数	0.376 *** (0.033)	0.183 *** (0.032)	0.257 *** (0.038)	0.266 *** (0.037)	0.215 *** (0.037)	0.163 *** (0.039)

续表

	模型 1	模型 2	模型 3	模型 4	模型 5	模型 6
与五年前相比生活水平的变化		0.409 ***	0.305 ***	0.276 ***	0.252 ***	0.250 ***
		(0.034)	(0.035)	(0.035)	(0.035)	(0.035)
本地社会经济地位自评		0.517 ***	0.420 ***	0.377 ***	0.323 ***	0.290 ***
		(0.035)	(0.039)	(0.038)	(0.038)	(0.038)
集体消费因素：社会保障、公共服务和社会公平						
对医疗保障的满意度			0.147 ***	0.120 ***	0.109 ***	0.107 ***
			(0.015)	(0.014)	(0.015)	(0.014)
住房保障政府工作评价			0.272 ***	0.204 ***	0.198 ***	0.198 ***
			(0.040)	(0.040)	(0.040)	(0.040)
财富及收入分配公平程度			0.260 ***	0.209 ***	0.191 ***	0.207 ***
			(0.043)	(0.043)	(0.043)	(0.043)
环境因素：环境评价						
居住地环境状况满意度				0.188 ***	0.182 ***	0.178 ***
				(0.017)	(0.017)	(0.017)
个体生活质量：健康和就业						
医疗支出大的压力					−0.387 ***	−0.417 ***
					(0.073)	(0.073)
家人无业、失业或工作不稳定的压力					−0.310 ***	−0.237 ***
					(0.073)	(0.072)
控制变量						
女性						0.152 ***
						(0.056)
年龄						−0.081 ***
						(0.016)
年龄平方						0.001 ***
						(0.000)
已婚						0.307 ***
						(0.090)
受教育程度（以未上学和小学为参照）						
初中						0.127
						(0.093)
高中、中专和职高						0.292 ***
						(0.105)

续表

	模型 1	模型 2	模型 3	模型 4	模型 5	模型 6
大专						0.509 ***
						(0.118)
本科及以上						0.655 ***
						(0.124)
户口类型（以农村外地户口为参照）						
城镇本地户口						0.040
						(0.098)
城镇外地户口						−0.002
						(0.139)
农村本地户口						0.071
						(0.103)
常数	2.748 ***	2.108 ***	−0.262	−0.864 **	0.276	1.746 ***
	(0.368)	(0.347)	(0.422)	(0.418)	(0.438)	(0.558)
样本量	4049	3980	3038	3037	3018	3001
R^2	0.037	0.172	0.257	0.296	0.309	0.329

注：（1）括号里是稳健的系数标准误。（2）$^*p<0.1$，$^{**}p<0.05$，$^{***}p<0.01$。

（二）多层线性模型结果

多层次模型中，因变量和控制变量不变，在已有的个体层次解释变量的基础上，加入了所在省份的人均 GDP、医保覆盖率和二氧化硫排放量指标，分别测量宏观层次的经济发展程度、社保水平和环境质量。已有文献强调环境意识和环境认知对生活满意度的重要性。因此，多层次模型既考虑客观环境质量的独立影响，也考虑客观环境质量通过主观环境评价产生的间接影响。具体到本模型中，所在省份的环境质量不仅影响个体的生活满意度（截距效应），也可能与个体的环境满意度存在交互效应，即所在省份的环境质量通过个体的环境满意度对生活满意度产生影响。因此，本文构建了随机截距和随机斜率模型，个体的居住地环境满意度的斜率则被处理为随机的。由于省级层次变量引入了医保覆盖率作为宏观层次的社会保障指标，为了模型简约起见，去掉了个体层次测量同样指标的医疗保障满意度。模型如下所示。

1. 虚无模型

$$Y_{ij} = \beta_{0j} + r_{ij}$$

若将 β_{0j} 分解为固定成分和省级层次的随机成分，混合效应的方程为：

$$Y_{ij} = \gamma_{00} + u_{0j} + r_{ij}$$

虚无模型中随机截距方差为 0.083，经过计算，组内相关系数为 0.03，也就是说，在不加入任何解释变量的情况下，个体生活满意度差异的 3% 源于不同省份之间的差异。对省级方差的卡方检验在 0.01 的水平下显著，说明生活满意度可以由个体和省级层次的变量来解释。

2. 多层次模型：随机截距和随机斜率模型

个体层次模型：

$$Y_{ij} = \beta_{0j} + \beta_{1j}X_{1ij} + \beta_{2j}X_{2ij} + \beta_{3j}X_{3ij} + \beta_{4j}X_{4ij} + \beta_{5j}X_{5ij} + \beta_{6j}X_{6ij} + \beta_{7j}X_{7ij} + \beta_{8j}X_{8ij} +$$
$$\beta_{9j}X_{9ij} + \beta_{10j}X_{10ij} + \beta_{11j}X_{11ij} + \beta_{12}X_{12ij} + \beta_{13j}X_{13ij} + \beta_{14j}X_{14ij} + r_{ij}$$

其中，β_{nj}（$n = 0$，1，…，14）是个体层次的回归系数，X_{nij} 是个体层次的省份 j 个体 i 的自变量，分别对应家庭总收入的自然对数、与五年前相比的生活水平变化、本地社会经济地位自评、住房保障政府工作评价、财富及收入分配公平程度、居住地环境状况满意度、医疗支出压力、家人失业压力、性别、年龄、年龄平方、婚姻状况、受教育程度和户口类型。r_{ij} 是个体层次的省份 j 中个体 i 未被解释的残差。

省级层次模型：

$$\beta_{0j} = \gamma_{00} + \gamma_{01}W_{1j} + \gamma_{02}W_{2j} + \gamma_{03}W_{3j} + u_{0j}$$
$$\beta_{6j} = \gamma_{60} + \gamma_{61}W_{3j} + u_{6j}$$
$$\beta_{ij} = \gamma_{i0}\,(i = 1, 2, 3, 4, 5, 6, 7, 8, \cdots, 14)$$

其中，γ_{00}、γ_{01}、γ_{02}、γ_{03} 是省级层次的回归系数，W_{1j}、W_{2j}、W_{3j} 是省级层次的省份 j 中的解释变量，分别对应人均 GDP、医保覆盖率和二氧化硫排放量。u_{0j} 是城市层次的残差，γ_{61} 表示二氧化硫排放量和环境满意度的交互作用。

模型分析结果如表 3 所示。与虚无模型相比，多层次模型在拟合程度上有很大的提高。模型的随机截距方差为 0.025，相比虚无模型的 0.083，该模型可以解释 69.88% 的不同省份间的生活满意度差异。

表 3　城镇居民生活满意度的多层次回归模型

	回归系数	标准误
个体层次变量		
去年家庭总收入的自然对数	0.138 ***	0.035
与五年前相比生活水平的变化	0.277 ***	0.031
本地社会经济地位自评	0.331 ***	0.035
住房保障政府工作评价	0.247 ***	0.036
财富及收入分配公平程度	0.233 ***	0.039
居住地环境状况满意度	0.217 ***	0.036
医疗支出大的压力	− 0.464 ***	0.063
家人无业、失业或工作不稳定的压力	− 0.228 ***	0.064
女性	0.0951 *	0.055
年龄	− 0.0756 ***	0.015
年龄平方	0.001 ***	0.000
已婚	0.308 ***	0.087
受教育程度（以未上学和小学为参照）		
初中	0.037	0.082
高中、中专和职高	0.202 **	0.094
大专	0.404 ***	0.118
本科及以上	0.545 ***	0.124
户口类型（以农村外地户口为参照）		
城镇本地户口	0.0706	0.097
城镇外地户口	− 0.004	0.139
农村本地户口	0.136	0.097
省级层次变量		
人均 GDP	0.065 ***	0.020
医保覆盖率	0.160	0.692
二氧化硫排放量	0.005	0.003
二氧化硫排放量 × 居住地环境满意度	− 0.000	0.000
截距	1.341 *	0.813

注：* $p < 0.1$，** $p < 0.05$，*** $p < 0.01$。

我们看到，个体层次变量的作用与线性回归模型保持一致，省级变量中只有人均 GDP 具有显著影响。生活在人均 GDP 越高、越富裕的省份，人们的生活满意度明显越高。医保覆盖率的影响不显著，可能同各省份的医保覆盖率普遍较高有关。二氧化硫排放量通过居住地环境状况满意度对生活满意度产生负面影响，但是并不显著。但居住地环境状况满意度的独立影响在多层次模型中依然显著。分析揭示，环境因素对生活满意度的影响在更大程度上取决于人们对于周围环境的感受和评估。有关主观环境满意度独立影响的意义，本文的分析发现与现有研究一致（参见 Ferrer-i-Carbonell & Gowdy，2007；MacKerron & Mourato，2009）。该发现既说明了环境意识和环境关心的重要性，也指出了环境治理的复杂性，污染物排放不仅关系到健康和生态，也是关系到地区经济发展和个人的就业、收入乃至生活方式的问题。正是这种主观性较强的关系提醒政府和公众应当守住环境治理的底线，重视环境问题，不能因为空气污染持续或者难以治理而变得麻木、被动。

（三）对分析发现的讨论

以上分析发现证实了市场竞争因素对于我国城镇居民的生活满意度仍具有重要作用。生活在越富裕的地区，居民生活满意度明显越高，而且居民绝对收入的影响显著。但是，随着收入差距比例的缩小，居民生活满意度之间的差距也在缩小。这也回应了另一分析发现"收入不平等是抑制人们生活满意度的重要因素"（将在后文详述）。如果将绝对收入的差异当作个人收入水平的变化，那么当收入增长到一定程度时，对生活满意度的效应趋弱。市场因素对于我国居民生活满意度的重要性反映了发展中国家经济较快增长的背景，与有关新兴市场国家的研究发现一致（Pew Research Center，2014）。这也印证了迪纳等（Diener & Biswas-Diener，2002）所论及的社会富裕程度是收入对生活满意度效应的调节变量的观点。同样，在一个社会内部，收入水平也是收入效应的调节变量——收入效应在高收入群体中较弱。

比起绝对收入，相对收入对生活满意度的影响更重要（能解释更高比例的生活满意度差异），与已有的国内实证研究一致（罗楚亮，2009；官皓，2010；刘军强等，2012）。从相对收入的指标来看，本地社会经济地位自评变量的回归系数更大，说明与周围人比较而产生的优越感更能提升生活满意度。模型6中，在控制其他变量的情况下，本地社会经济地位自评每上升 1 个等级，比如从中下层上升到中层，生活满意度得分将提升 0.29 分。

分析结果凸显集体消费和环境对于生活满意度的影响。引入这两方面的变量之后，模型的解释力提高了 13%。财富及收入分配公平程度的影响显著。假设居民 A 的评价是非常不公平，居民 B 的评价是比较公平，在其他因素相同的情况下，居民 B 的生活满意度得分将高出 0.414 分，这反映出收入不平等是抑制人们生活满意度的重要因素。这种收入不平等很大程度上意味着机会不平等，削弱了人们对自致性成功的认同，也造成人们对使用合法性手段实现目标不抱信心，从而降低了人们的生活信心和幸福感（相关解释参见张海东等，2012；袁浩、马丹，2011）。社会保障提升居民生活的安全感，也在某种程度上反映了社会公平的程度。公共服务是实现社会保障和公平的条件，对公共服务的评价反映了人们对政府的信任和满意度。集体消费的作用机制不同于收入增长带来的满足感和优越感的增强，但同样会对居民生活满意度产生重要影响。

随着全国各地雾霾、自来水污染等气候和环境事件的频繁出现，民众对于环境问题的关注日益增加。本文根据调查数据进一步分解了居民对当地环境状况的满意度，回归分析显示，对日常生活卫生环境评价的影响最大，其次是对空气污染评价的影响。线性回归模型和多层次模型显示出居住地环境状况满意度对于生活满意度的显著影响。一个对于当地环境比较满意的居民（假设打 9 分），比一个对于当地环境状况比较担忧的居民（假设打 2 分），在其他经济、社会、生活质量和人口特征因素相同的情况下，对于环境状况较满意的居民的生活满意度将高出 1.246 分。即使引入客观的环境质量指标，居住地环境状况满意度的影响仍保持显著。进一步将表 2 中模型 6 的回归系数进行标准化后，结果显示在四个维度的解释变量中，环境满意度的标准化系数最高，说明相比市场竞争、集体消费和个体生活质量因素，人们对环境的主观评估是影响生活满意度的关键因素。

四　总结和启示

本文主要进行了两方面的努力，一是构建生活满意度的分析框架，二是在此框架下对城镇居民生活满意度进行实证分析。依据福利获得的途径及其所主张的规范价值，本文提出了一个由市场竞争、集体消费、环境和个体生活质量因素组成的生活满意度分析框架，以此较系统地分析生活满意度的影响因素。实证分析有助于理解城镇居民生活满意度的变化趋势，也验证了分析框架的有效性和稳健性。城镇居民对生活的总体满意度平均为 6.84 分，属于比较满意的程度。实证分析揭示了绝对收入、相对收入以及所在地区的经济发展水平对于生活满意度的显著影响，相比较而言，与自己过去比较和与周围人比较的相对收入更为重要。分析强调了集体消费和环境的重要性。由社会保障水平、公共服务水平和社会公平程度构成的集体消费因素对于城镇居民的生活满意度有显著影响。环境问题日益引起公众关注。分析表明，居民对于当地的环境状况满意度越高，对于生活的总体认知越满意，而且差异显著；即使引入客观环境指标，环境满意度的影响依然显著。进一步的分析发现，卫生环境和空气质量对于环境满意度的影响最重要。用医疗支出压力和家人失业、无业压力来测量的个体生活质量因素也具有显著负效应。

分析发现虽然指出了"钱很重要"，即经济发展和收入对于生活满意度的重要性，但是也强调"有钱未必就幸福"，生活满意度同社会保障体系、社会公平和环境治理也有显著关系。随着我国经济稳定发展，人们的温饱需求满足之后，对于生活有了更多的要求，如安全的食品、清新的空气、优质的教育和廉洁高效的政府。国内外环境的变化迫切需要将发展模式由 GDP 主导调整到以人为本和可持续发展的道路上，推进相关制度政策的改革，才能保持生活满意度的平稳上升，"留住人心"。2015 年 11 月发布的《中共中央关于制定国民经济和社会发展第十三个五年规划的建议》①提出"推进以人为核心的新型城镇化"，将发展目标落实到"人"的具体福利，强调建设"美丽中国"、"健康中国"和"平安中国"，其实质就是改善生态环境、完善医疗卫生服务体系和创新社会治理，实现国民福利的可持续提高。

本文的分析发现对于可持续消费的研究也有一定启示。已有研究和本文的实证分析都表明，依赖市场交换的个体消费的持续增长并不会带来主

---

① 新华网，http://news.xinhuanet.com/ziliao/2015－11/04/c_128392424_3.htm（访问时间为 2016 年 2 月 5 日）。

观福利的显著增加；可持续消费行为反而会丰富内心体验和带来成就感，从而增加主观福利（Jacob et al.，2009）。这就给可持续消费的原则和途径提供了合法性基础：减少消费或者改变消费模式是可取的，可以减少生态破坏而不损失人们的主观福利（林托特，2013）。有了这种合法性基础，政府可以有效鼓励绿色消费，既有利于生态平衡，又可以培育新的消费热点，带动经济增长。

需要强调的是，虽然生活满意度是评估生活质量的重要工具，但它不能取代客观的评估指标，比如 GDP、收入、工作等。有些身处贫困的人群也能够体会到幸福，但仅仅停留在一种情绪体验，并不能上升到生活质量。正如客观的经济社会指标不足以代表社会的福利，主观福利的指标也不足以代表有质量的生活（OECD，2013；Diener & Biswas-Diener，2003）。

学术界的一个重要假设是，当整个社会已经满足了基本的物质需求之后，人们对于市场竞争因素的关注将会下降，会更加关注公平、权利和环境宜居等因素。生活满意度的提高更取决于后者。这一趋势在中产阶层当中更加明显。这一假设对于我国相关社会政策的调整和实施具有重要启示，将来可以围绕它开展更深入的研究。

参考文献：

布罗克曼，希尔克、简·德尔海、克里斯蒂·韦尔泽、袁浩、许峰，2014，《中国困惑：经济增长与幸福感的背离》，《国外理论动态》第 5 期。

官皓，2010，《收入对幸福感的影响研究：绝对水平和相对地位》，《南开经济研究》第 5 期。

劳登布什，史蒂芬 W.、安东尼·S. 布瑞克，2007，《分层线性模型：应用与数据分析方法》，郭志刚等译，北京：社会科学文献出版社。

李春玲，2014，《教育不平等的年代变化趋势（1940 - 2010）——对城乡教育机会不平等的再考察》，《社会学研究》第 2 期。

李培林、朱迪，2015，《努力形成橄榄型分配格局——基于 2006 - 2013 年中国社会状况调查数据的分析》，《中国社会科学》第 1 期。

林托特，约翰，2013，《可持续消费与可持续福利》，载埃德温·扎卡伊编《可持续消费、生态与公平贸易》，鞠美庭、展刘洋、薛菲译，北京：化学工业出版社。

刘军强、熊谋林、苏阳，2012，《经济增长时期的国民幸福感——基于 CGSS 数据的追踪研究》，《中国社会科学》第 12 期。

卢克，道格拉斯 A.，2012，《多层次模型》，郑冰岛译，上海：格致出版社。

罗楚亮，2009，《绝对收入、相对收入与主观幸福感——来自中国城乡住户调查数据的经验分析》，《财经研究》第 11 期。

王宁，2014，《地方消费主义、城市舒适物与产业结构优化——从消费社会学视角看产业转型升级》，《社会学研究》第 4 期。

邢占军，2011，《我国居民收入与幸福感关系的研究》，《社会学研究》第 1 期。

袁浩、马丹，2011，《社会质量视野下的主观幸福感——基于上海的经验研究》，《吉林大学社会科学学报》第 4 期。

张海东、石海波、毕婧千，2012，《社会质量研究及其新进展》，《社会学研究》第 3 期。

Appleton, Simon & Lina Song 2008, "Life Satisfaction in Urban China: Components and Determinants." *World Development* 36 (11).

Castells, Manuel 1976, "Theory and Ideology in Urban Sociology." In C. G. Pickvance (ed.), *Urban Sociology: Critical Essays.* London and New York: Routledge.

——1977, *The Urban Question: A Marxist Approach.* Cambridge, Massachusetts: The MIT Press.

Diener, Ed 2006, "Guidelines for National Indicators of Subjective Well-Being and Ill-Being." *Journal of Happiness Studies* 7.

Diener, Ed & Robert Biswas-Diener 2002, "Will Money Increase Subjective Well-Being? A Literature Review and Guide to Needed Research." *Social Indicators Research* 57.

——2003, "Findings on Subjective Well-Being and Their Implications for Empowerment." Paper presented at the workshop on "Measuring Empowerment: Cross-Disciplinary Perspectives". World Bank in Washington, DC, February 4 5, 2003.

Diener, Ed & Martin E. P. Seligman 2004, "Beyond Money: Toward an Economy of Well-Being." *Psychological Science in the Public Interest* 5 (1).

Dietz, Thomas, Eugene A. Rosa & Richard York 2009, "Environmentally Efficient Well-Being: Rethinking Sustainability as the Relationship between Human Well-Being and Environmental Impacts." *Human Ecology Review* 16 (1).

Dolan, Paul, Tessa Peasgood & Mathew White 2008, "Do We Really Know What Makes Us Happy? A Review of the Economic Literature on the Factors Associated with Subjective Well-Being." *Journal of Economic Psychology* 29.

Easterlin, Richard A. 1974, "Does Economic Growth Improve the Human a Lot? Some Empirical Evidence." In David P. A. & Reder M. W. (eds), *Nations and Households in Eco-*

nomic Growth: Essays in Honour of Moses Abramovitz. New York: Academic Press.

—— 2001, "Income and Happiness: Towards a Unified Theory." *The Economic Journal* 111.

Easterlin, Richard A., Robson Morgan, Malgorzata Switek & Fei Wang 2012, "China's Life Satisfaction, 1990 – 2010." *Proceedings of the National Academy of Sciences of the United States of America* 109 (25).

Evans, Gary W., Stephen V. Jacobs & Neal B. Frager 1982, "Adaptation to Air Pollution." *Journal of Environmental Psychology* 2 (2).

Ferrer-i-Carbonell, Ada & John M. Gowdy 2007, "Environmental Degradation and Happiness." *Ecological Economics* 60.

Hackney, Jack D., William S. Linn, Ramon D. Buckley & Helen J. Hislop 1976, "Studies in Adaptation to Ambient Oxidant Air Pollution: Effects of Ozone Exposure in Los Angeles Residents vs. New Arrivals." *Environmental Health Perspectives* 18.

Helliwell, John F., Richard Layard & Jeffrey Sachs 2013, "World Happiness Report 2013." (http://unsdsn. org /resources /publications /world-happiness-report-2013/).

Inglehart, R. & H. D. Klingemann 2000, "Genes, Culture, and Happiness." In Diener E. & E. M. Suh (eds.), *Subjective Well-Being Across Cultures.* Cambridge, MA: MIT Press.

Jacob, Jeffrey, Emily Jovic & Merlin B. Brinkerhoff 2009, "Personal and Planetary Well-Being: Mindfulness Meditation, Pro-Environmental Behavior and Personal Quality of Life in a Survey from the Social Justice and Ecological Sustainability Movement." *Social Indicators Research* 93.

Knight, Kyle W. & Eugene A. Rosa 2011, "The Environmental Efficiency of Well-Being: A Cross-National Analysis." *Social Science Research* 40.

MacKerron, George & Susana Mourato 2009, "Life Satisfaction and Air Quality in London." *Ecological Economics* 68.

Organization for Economic Co-operation and Development (OECD) 2013, "OECD Guidelines on Measuring Subjective Well-Being." OECD Publishing (http://dx. doi. org/10. 1787/ 9789264191655-en).

Pew Research Center 2014, "People in Emerging Markets Catch Up to Advanced Economies in Life Satisfaction" (http://www. pewglobal. org /2014 /10 /30 /people-in-emerging-markets-catch-up-to-advanced-economies-in-life-satisfaction /).

Veenhoven, Ruut 1991, "Is Happiness Relative?" *Social Indicators Research* 24.

Warde, Alan 1990, "Introduction to the Sociology of Consumption." *Sociology* 24 (1).

Welsch, Heinz 2006, "Environment and Happiness: Valuation of Air Pollution Using Life Satisfaction Data." *Ecological Economics* 58.

当前中国社会各阶层的消费倾向

——从生存性消费到发展性消费[*]

张 翼

摘 要：本文利用 2013 年 CSS（Chinese Social Survey）数据对中国社会各阶层消费倾向进行分析，发现农民阶层、工人阶层和老中产阶层的平均消费倾向较高；但受收入约束，农民阶层和工人阶层边际消费倾向较低。将消费进一步区别为生存性消费和发展性消费之后，显示的趋势是：农民阶层、工人阶层和老中产阶层的生存性边际消费倾向较高；新中产阶层与之相反，其生存性边际消费倾向较低，而发展性边际消费倾向却很高。由此可见，在顶层设计居民消费的供给侧结构性改革时，需要在生存性消费上瞄准农民阶层、工人阶层和老中产阶层，在发展性消费上瞄准新中产阶层和业主阶层。

关键词：阶层结构 消费升级 生存性消费 发展性消费

在当前全球经济持续低迷、出口乏力、投资不振的大背景下，消费成为"稳增长、调结构、促改革、惠民生、控风险"当务之急的动力机制。而中国的消费市场，正在从模仿型排浪式向多档次、个性化、多样化发展。为适应消费结构的新变化，决策层近期持续强调，要在适度扩大总需求的同时，着力加强供给侧结构性改革，加强优质供给，减少无效供给，扩大有效供给，提高供给结构的适应性和灵活性，增强经济持续增长动力。这反映了中国进入中等收入阶段之后消费的次第升级，也预示着社会阶层分化已导致消费市场细化，对供给结构形成了多元诉求。

因此，为刺激内需和改善供给结构所进行的顶层设计，既需关注不同

---

[*] 原文发表于《社会学研究》2016 年第 4 期。

阶层的消费偏好，也要重视各阶层生活质量改善的时代性和阶段性特征。在生产者和流通者以商品价格、商品质量和多样化个性特征形构供给市场的同时，消费者的消费也以其购买偏好逐渐形成等级性类属。这是消费社会学研究得出的基本结论。不管是"夸富宴"，[①] 还是"有闲阶级"的消费需求（凡勃伦，1964：75 – 95），抑或理性或非理性消费方式（贝尔，2010：119、194、280），[②] 都是阶层分化过程中出现的消费趋势。在这种情况下，以阶层为变量分析人们的消费倾向，无论是对需求侧改革，还是对供给侧改革都具有重要现实意义与理论意义。

一　理论背景、数据与变量

20 世纪 60 年代，罗斯托（1962：10）将社会发展过程划分为"传统阶段"、"准备起飞阶段"、"起飞阶段"、"走向成熟阶段"和"大众消费阶段"。1971 年，鉴于社会发展的新态势，他又在《政治与成长阶段》中，在"大众消费阶段"之后增加了"超大众消费阶段"，以解释大众生活质量的提升趋势。改革开放以来，中国维持了长达 30 多年的高速增长，在转变为世界第二大经济体的同时，也步入到中等收入阶段。这在很大程度上改变了居民的消费结构。王宁认为，中国社会从总体上看仍是一个大众生产和精英消费并举的双轨社会，但城市正在步入消费社会（王宁，2009：1）。

的确，人类进入工业社会与后工业社会之后，已逐渐摆脱农业社会的短缺状态，以机器大生产方式开启了供给之路，增加了消费品的可选择性，越来越明显地表现出消费社会的特征，逐步从生产者社会转变为消费者社会（鲍曼，2013：76 – 79）。西美尔认为，在上层阶层强调消费异质性的同时，中间阶层和底层民众会通过对"时尚"的模仿拉近其与上层阶层的差距（西美尔，2001：70 – 90）。波德里亚认为，进入消费社会后，

---

① "夸富宴"是博厄斯（Franz Boas）定义的一个概念，后被他的学生本尼迪克特（Ruth Benedict）解释为夸克特人的散财宴仪式，即以明显浪费的方式夸耀自己的富有，并将自己与其他人区别开来。凡勃伦也曾将有闲阶级的消费概括为炫耀性消费。

② 丹尼尔·贝尔区别了在理性主义和非理性主义影响下消费的差异，指出在后工业社会，"欲求"（wants）代替了"需求"（needs）。

人们对物的消费已从使用价值转化为对其社会地位表征的追求。所以，消费才在宏大社会叙事中更加凸显阶层的符号化含义（波德里亚，2001：68-69、84-85），人们开始不看重消费品的使用价值，而偏向于消费品的符号价值。对此，丹尼尔·贝尔也有过颇为精到的分析（贝尔，2010：140-147）。

已有相关研究刻画了从商品短缺社会向商品过剩社会、从封闭型社会向深受全球化影响的开放型社会的转型及转型后的时代特征。但市场经济的波动性所导致的结果是极其复杂的。在经济上升时期，消费品的供给如萨伊定律一样，会自动产生需求。在经济下行时期，消费的"疲软"会使"剩余更为剩余"，这使政府不得不"去过剩产能"和"去库存"。于是，在认可消费结构的阶层符号特征存在的同时，还需继续深化研究，在差异化市场需求的框架下，"匹配"出各阶层，特别是中下阶层能够接受的制度安排，以满足或刺激大众的消费欲望，使供给侧结构适用于需求侧结构的变化。毕竟，消费产生的满足感，或消费差距相对缩小带来的获得感，才能最终影响大众的幸福感。

较早以指标形式描述消费阶层差异的是德国统计学家恩格尔。他发现伴随人们收入的增长，食品在其总消费中的占比会逐渐下降。国际粮农组织依据恩格尔系数的高低，将消费阶层划分为最贫困阶层、勉强度日阶层、小康阶层、富裕阶层和最富裕阶层。[①] 改革开放以来，中国的恩格尔系数不断下降，从 1978 年城镇 57.5%、农村 67.7% 下降到 2000 年城镇 39.2% 和农村 49.1%；2010 年进一步下降为城镇 35.7% 和农村 41.1%；到 2013 年，中国恩格尔系数已经降低到城镇 35.0%、农村 37.7%（国家统计局，2014）。利用恩格尔系数的分层作用，李培林、张翼从学理意义层面讨论了阶层作为一个客观变量对东南亚危机时期中国内需启动的政策含义（李培林、张翼，2001）。

但恩格尔系数具有局限性。其一，伴随收入的上升，在长时段里，它的确会处于下降态势。可在短时段中，它有时会处于上升态势，有时会处于下降态势。其二，一般情况下，一个社会的恩格尔系数比较稳定，但在

---

① 按照联合国粮农组织的规定，恩格尔系数在 0.60 以上为最贫困阶层，在 0.50~0.59 为勉强度日阶层，在 0.40~0.50 为小康阶层，在 0.30~0.40 为富裕阶层，在 0.30 以下为最富裕阶层。参见李培林、张翼，2001。

某些特殊因素影响下，如因为供给市场结构的重大变化，消费者的消费结构亦会发生转变；由于其他消费项占比的上升或下降，恩格尔系数会出现重大波动，使其失去对生活质量差异性的解释力。例如，消费者房租支出的上升、高档耐用消费品的购买、较高教育费用的支出等，都可能会降低家庭的食品消费支出占比。在这种情况下，恩格尔系数的降低非但不能说明当期生活质量的提升，反倒预示着人们可能会降低食品消费支出，抑或压缩其他项消费支出，从而影响当期生活质量。[1] 事实上，通过节衣缩食购买昂贵的"耐用消费品"，的确是有些人的消费偏好。另外，一般情况下，按揭贷款需用很长时间才能还清，但经济环境却处于周期性波动状态。因此，如果经济下行降低了人们的当前收入或预期收入，在按揭贷款不可能随之减免时，恩格尔系数的降低就更与现实生活质量的提高相背离。食品价格的上升，非食品价格的下跌，或收入差距拉大导致上层阶层收入增速较快、下层阶层增速较慢等，都会引起一个社会的恩格尔系数变化。也就是说，有时它不会伴随收入的上升而处于绝对下降态势。

另外，从恩格尔系数的基本原理中可以发现，在消费支出中，食品、衣服等生活必需品占比会趋于下降，而非生活必需品和服务消费占比会趋于上升。因此，将消费划分为维持基本生存所需与用于未来发展所需两大类，更有利于对阶层消费变化状况的分析。很多人在研究收入构成与消费结构时，会将各种不同来源的收入与不同渠道的消费统合或分列，依据自己的理论偏好细化研究（李实、罗楚亮，2012）。[2]

在理论上，人们都有不断改善消费水准的心理愿望，但在收入约束下，消费决策的优先序列会有所不同。所以，为满足实际需求而发生的消费结果会表现出层次性。恩格斯在1891年为《雇佣劳动与资本》写的导言中，将消费资料划分为生活资料、享受资料、发展和表现一切体力和智力所需的资料（参见马克思，1961）。马斯洛在需求层次论中，也将人们的需求区别为生理需求、安全需求、社交需求、尊重需求和自我实现需求。按照马斯洛的理解，人们会率先满足生理与安全等方面的需求，

---

[1] 除住房外，导致恩格尔系数发生变化的因素还有很多，比如教育支出、医疗支出，抑或因年老生活不能自理而发生的保姆费支出的增长等，都会降低食品支出的占比。

[2] 李实和罗楚亮（2012）的研究发现，教育、医疗、健康等支出的差异不仅影响人们当前的收入差距，而且对子女的发展机会产生重要影响。

然后再满足社交、尊重和自我实现等需求。因此，用于基本生存需求的消费，对于下层阶层来说，具有根本的意义：人只有维持生命的存在，才可能追求未来的发展。所以，以定量方式将以家庭为单位的消费数据区别为当前用于消费者个人及家庭其他成员为维持劳动力的生产和再生产而发生的基本消费——生存性消费，以及为追求更高生活质量和未来发展机会而发生的消费——发展性消费，[①] 对于政策制定者来说，具有顶层设计意义：这不仅对消费市场的刺激有瞄准意义，而且对供给侧结构性改革有指导意义。

　　与经济学家以货币方式抽象出消费支出的列项分析不同，社会学家主要关注不同阶层对具象化商品的消费选择与消费地点的安排，以及消费的文化意义。[②] 例如，问卷设计经常询问被访者在什么地方吃饭、在什么地方购买衣服；家里是否有电脑、电视、冰箱、洗衣机、小轿车；等等。调查的基本假设是：在大饭店吃饭、在品牌店购衣的人阶层地位较高；同理，家里有电脑、冰箱、洗衣机、电视、轿车等的人的消费水平高，阶层地位也高。上述指标在卖方市场阶段，甚至在从卖方市场向买方市场转型的最初阶段，无疑具有阶层区分意义。但到了买方市场阶段后，因各类商品使用价值差别不大，但符号价值差异较大，因此商品种类作为阶层区分指标有时不一定灵敏。比如不同品牌的轿车、电视、冰箱、电脑的价格与品质存在很大区别。如果只粗略以这种分类变量来进行阶层区分，其间的差异就难以细化。但如果在问卷调查中询问每一被访家庭的某一耐用消费品（如轿车）的品牌、价格、配置、耗油量、购买地点等，无疑极其烦琐，而且这种数据也很难得到（布尔迪厄，2015：300 - 350）。[③] 有关品牌与古董消费的调查，在"山寨"货充斥市场的大背景中，更难辨析真伪，也难以对数据做出判断。

　　在这种情况下，如果不计阶层消费的具象品味差异，而假定著名的品牌产品更具价格竞争力，并假定成交价格能够反映阶层之间支付能力的差

---

① 享乐性消费也可归到发展性消费中。

② 相关研究参见戴慧思、卢汉龙，2001；周晓红，2005；李春玲，2011；王建平，2007；朱迪，2012。

③ 布尔迪厄在分析不同阶层的消费取向时，将文化资本、消费品位与消费品表征的传统与现代等时代特征结合在一起论述。

异，则可以家庭购买能力，或一个家庭当期支付的某类商品或服务的货币额度为标准，以阶层视角去研究人们的消费倾向与消费结构，并以此为基础来讨论具有市场针对性的刺激政策。加里·贝克尔通过量化模型分析，形象地将家庭或个人的消费行为视为一种"生产或再生产过程"，即可以通过对某消费品的消费而产生具有阶层意义的满足感，以使收入效用最大化（贝克尔，1987：9 - 10）。

本文使用中国社会科学院社会学研究所 2013 年的 CSS 数据。该数据采用随机抽样法在全国采集了 10206 个案例资料，其中男性占 50.77%，女性占 49.23%。在样本的地区分布上，东北地区、华北地区、华东地区、华中地区、西南地区、西北地区分别占 8.04%、12.08%、28.35%、29.47%、14.75% 和 7.32%。问卷详细询问了每一案例的阶层归属、收入与消费情况，对被访家庭的饮食、衣着、水电、房租、赡养，以及红白喜事、教育、旅游、卫生、娱乐、家用电器、房屋按揭、通信、交通等支出等进行了区分登录，研究者可据此分析被访者的消费结构。

本研究以货币化的消费支出为分析对象，考察不同阶层的实际购买（消费）能力。通过平均消费倾向的分析展示消费与收入的关系，通过边际消费倾向的分析展示收入增长对消费增长可能带来的弹性变化，从阶层分析的视角提出政策性建议。下面对主要变量进行具体说明。

第一，在操作性概念中，以被访者的阶层代表家庭的阶层。有研究认为个人的阶层并不能代表家庭的阶层，但质疑者提不出替代方案。同时，有更多研究发现，父亲的阶层地位对子女的阶层地位有正向的影响；丈夫的阶层地位与妻子的阶层地位高度正相关（张翼，2003）。本文以被访者的财产占有状况（是否属于业主阶层）、工作岗位的技术需要程度、工作中的权力支配关系等为标准，将阶层变量分类为业主阶层、新中产阶层、老中产阶层、工人阶层与农民阶层。

这里的阶层建构与赖特的阶层框架设计有相似之处（赖特，2004：76 - 92），但也有所区别。比如说，因土地占有方式的差异，中国的农民阶层与西方语境中的农民阶层存在某种程度的区别。在赖特的框架中，农民阶层更像农场主阶层，占有土地并雇佣农业工人（farmer workers）耕作。但中国的农民却更像自耕农——在村民小组内以相对均等的承包地、以家庭为单位自我安排生产与再生产。所以，在美国的社会语境中，"农民"（farmer）是相对富裕的人，而农业工人则收入较低。正因为如此，需要将操作性概念区别如下。

业主阶层指拥有产业并雇佣他人劳动的阶层（赖特，2004：76 - 92）。[①] 赖特更加看重雇佣人数的多寡。但在 CSS 问卷调查中，整个业主阶层的人数相对较少，所以这里不区别大业主阶层和小业主阶层，而将其统一合并为业主阶层。

中产阶层又可分为新中产阶层和老中产阶层。在学理上，之所以将中产阶层区分为新中产阶层和老中产阶层，是因为这两个阶层不仅存在阶层内部的收入差距，而且在家庭出身、受教育程度、生产劳动组织方式等方面存在很大区别。

工人阶层指受雇于各类企业的蓝领劳动者。这一阶层既包括半技术半体力劳动阶层，也包括主要依靠体力挣取工资的劳动阶层。

农民阶层指以农林牧渔业为业的种植农、养殖农和渔民，即主要以家庭联产承包责任制为制度基础形成的农业、牧业、渔业从业人员。如果被访者属于农业雇佣工人，在分析中将其并入工人阶层；如果是农场主，则将其并入业主阶层。

第二，在消费中，将家庭人均饮食、衣着、水电、住房、医疗、赡养及红白喜事等支出定义为家庭成员用于满足基本需求的消费，即生存性消费；将家庭人均教育、旅游、娱乐、家电、通信、交通等开支定义为满足自身及家庭成员未来发展需要的消费，即发展性消费。如果不计消费品的品牌，而从支出结构这一维度去考量生活质量的改善问题时，教育、旅游、娱乐、家电、通信、交通等消费无疑具有更积极的预示发展的意义。一个家庭一般会先支出生存性消费，再考虑发展性消费。应该指出的是，住房消费既存在生存性消费支出，也存在为投资而购买的发展性消费支出。但问卷调查中没有区别这一点，故难以做出更为细致的判断并对数据进行分类计算，这一问题将留待随后调查加以改进。

本研究将消费定义为平均消费倾向和边际消费倾向。平均消费倾向指一个家庭的当期支出占当期收入的比率；边际消费倾向指一个家庭当

---

① 赖特将业主阶层区分为雇用 10 人及 10 人以上的阶层与雇用 10 人以下的阶层。

期消费支出与家庭当期收入的弹性变化状况。① 分析时，先用绝对收入假说模型分析各阶层的平均消费倾向和边际消费倾向，然后在控制家庭其他相关变量的情况下，分析各阶层在生存性消费和发展性消费方面的边际消费倾向。

二 各阶层平均消费倾向和边际消费倾向

消费受收入结构的影响。人们的收入会通过家庭进行再分配，那些收入较高的家庭成员，会在利他主义原则下，将自己收入的一部分或全部贡献给无收入或收入较低的其他家庭成员（贝克尔，1987：195－203）。所以，家庭人均消费的额度在消费研究中起着非常重要的作用。消费者可按照自己的偏好购买商品的款式，但必须在家庭人均收入的限制下完成当期的消费支付。② 在这一维度上，阶层消费分析具有了市场购买意义的约束力。

将各阶层区别为业主阶层、新中产阶层、老中产阶层、工人阶层和农民阶层后，从表1可以发现，在劳动力总人口中，业主阶层占4.67%，新中产阶层占12.98%，老中产阶层占13.92%，工人阶层占33.60%，农民阶层占34.83%。由此可见，经过改革开放以来30多年的发展，中国社会结构的轴心——阶级阶层结构已经发生了重大转型，从以农民阶层为主的社会转变为中产阶层、工人阶层和农民阶层占比大体相当的社会。如果将新中产阶层和老中产阶层合并，将业主阶层也并入中产阶层中，则中产及以上阶层、工人阶层和农民阶层人口各占劳动力总人口比重的1/3左右。③ 中国社会阶层结构的这一变化结果，是理解当前所有社会政策配置的基础。

---

① 根据凯恩斯绝对收入假说，$C_t = a + bI_t + U_t$，其中 C_t 为一个家庭在 t 期的消费，a 为截距，I_t 为家庭在 t 期的收入，b 为边际消费倾向。
② 在数据处理中，如果个人以独居的方式生活，则将其视为单个人的家庭。
③ 劳动参与人口不同于劳动力人口。在人口学中，一般将15~60岁的人口或15~64岁的人口称为劳动力人口。但劳动力人口并不一定完全参与到实际的劳动力市场之中。劳动参与人口指实际参与到劳动力市场中的人口。在CSS调查中，只记录了访问员访问时参与到劳动力市场并获得收入的被访者的职业与收入等信息。所以，这里专门做出区分。

表1　各阶层的人口结构与消费倾向（初始模型）

	各阶层人数占劳动参与人口的比重（%）	各阶层家庭平均消费倾向（%）	各阶层家庭边际消费倾向
业主阶层	4.67	44.47	0.177 ***
新中产阶层	12.98	76.23	0.417 ***
老中产阶层	13.92	83.24	0.513 ***
工人阶层	33.60	83.94	0.395 ***
农民阶层	34.83	101.53	0.315 ***

注：（1）因家庭阶层地位由户主阶层地位所代表，在计算各阶层人占比时忽略了家庭人口的多寡这一因素。（2）*** $p < 0.001$。

无疑，中国社会阶层结构的变化强化了社会转型的趋势，一方面体现出强烈的工人化趋势，另一方面也显示出明确的中产化趋势。可以说，中国处于自有史以来工人阶层占比最高的时期，也是中产阶层增速最快的时期。将来，伴随着农业现代化的推进、土地流转速率的加快，以及高等教育招生数量的攀升，农民阶层的人数还会继续缩小，其占劳动力总人口的比重还会继续下降。在特大城市与大城市后工业化特征的不断凸显中，工人阶层的数量在达到一定程度后会处于"徘徊"状态，即工人阶层占劳动力人口的比重会失去迅速增长的动力；一旦工业化完成，工人阶层会维持原有规模。老中产阶层的数量会与受儒家文化影响的东亚国家和地区的一样，在占据一定数量后渐趋稳定。唯有新中产阶层的数量还会不断增长，其占劳动力人口的比重会继续攀升。与其他市场经济国家一样，业主阶层占劳动力人口的比重都不可能太大。①

中国未来的消费市场会在新中产阶层力量的逐渐壮大中继续转型，但这一转型是渐进的。伴随中国经济体量的增大，依靠投资强力拉动增长的模式将逐步式微；伴随中国与国际市场关系的深化、国际贸易争端的频发，利用外需助力发展的波动性也会日渐明显。在这种情况下，国内消费的作用将比以往任何时候都更加重要。

中国社会阶层结构的分化伴随着收入差距的拉大而展开。虽然近几年

---

① 根据现有调查数据，在东亚各国，业主阶层或雇主阶层在劳动参与人口中所占比重稍高；但在西方各国，这个阶层人口占整个劳动参与人口的比重稍低。

来，国家统计局公布的基尼系数趋于缩小，但截至 2015 年末，还高达 0.462（李晓喻，2016），这意味着中国属于收入差距较大的国家。由收入所决定的平均消费倾向也显示了这种差距的影响。从表 1 可知，业主阶层的平均消费倾向为 44.47%，新中产阶层为 76.23%，老中产阶层为 83.24%，工人阶层为 83.94%，农民阶层为 101.53%。农民阶层的平均消费倾向之所以超过 100%，原因在于对某些最贫困的家庭而言，即使没有当期收入，也必须支出一定金额以维持基本生活所需。在这里，凯恩斯所论述的平均消费倾向的递减规律清晰地呈现出来——伴随着收入的提高，平均消费倾向会趋于降低。收入较高的人，比如业主阶层只会将少部分收入用于当期消费，其他部分会用于储蓄或投资；收入较低阶层必须将当前的大多数或全部收入花费掉以供所需，维持与社会发展同步所必需的消费标准。

不同阶层家庭的边际消费倾向并没有伴随阶层地位的提高而趋于降低，而呈现中产阶层高、业主阶层与农民阶层低的态势（见图 1）。即在收入增加过程中，有些阶层的消费弹性比较大，有些阶层的消费弹性比较小。从 2013 年的数据可以看出，业主阶层和农民阶层消费弹性相对较低，新中产阶层、老中产阶层和工人阶层消费弹性相对较高。

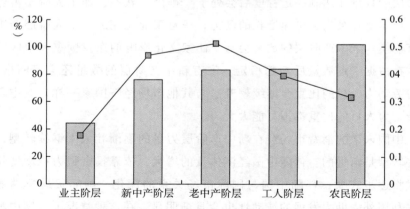

图 1　各阶层的平均消费倾向和边际消费倾向（曲线表示边际消费倾向）

上述数据所呈现的态势具有重要的政策含义，试分析如下。

第一，要以内需刺激经济增长，必须首先提高较低阶层的收入水平。虽然处于较高地位阶层家庭的人均消费额度会高于较低阶层家庭的人均消费额度，即上层阶层消费者会消费更高的人均净值，但其人口少，平均消费倾向比较低。这部分人的消费在达到一定程度时，会难以继续创造有效需求。在收入差距较大时，由于全社会收入中业主阶层占据较大比重，下层会因为缺钱而"消费不足"、上层则会因为"消费饱和"而失去消费冲动。当国内市场的消费品不能满足上层阶层之需时，海外旅游与海外购物（包括网络邮购）就会成为这一阶层的选择偏好，他们会将在国内市场能获得的满足感释放在国际市场上，形成"需求外溢"。这种将内需转化为外需的行为对全球市场的刺激很明显，但对国内市场的刺激则可能是负面的。要避免上层阶层将可能的内需转化为外需，就需要加强国内商品的品牌竞争力，在供给侧增加上层选择的可替代性。如果国内的消费品品牌价值或服务品牌价值及其竞争力难以快速提升，则上层阶层的海外购买偏好就不可能在短期内改变，这反过来会影响内需刺激政策的效果。

从平均消费倾向的数据看，新中产阶层、老中产阶层、工人阶层和农民阶层都显示了较高的消费积极性，但农民阶层、工人阶层和老中产阶层的消费潜力更大。这三个阶层的人数达全部就业参与人口的80%多（见表1）。他们收入的增加，不仅会提升全社会的需求能力，还会在更大程度上改善全社会的生活水平。从长远来看，提升较低阶层的收入水平，更能刺激内需的增长；但提升农民阶层、工人阶层和老中产阶层收入的过程是漫长的。一个社会的收入结构一旦形成，或分配机制一旦固化，调整起来就非常艰难。此外，在企业的整体管理能力与技术含量不高时，单纯提升人工成本的做法，还会影响其国际竞争力。所谓中等收入陷阱，就是一个社会进入中等收入阶段后，人工成本的上升速度超过了科技创新所带来的劳动生产率的上升速度，使得企业竞争力无法继续提升。所以，不管是农民阶层、工人阶层，还是老中产阶层，其收入的提升需要与劳动生产率的提升同步。消费结构的变化依赖收入结构的变化；收入结构的变化，依赖产业技术结构的变化；而产业结构的变化，又依赖市场结构与技术创新的速率。

第二，边际消费倾向的倒U形特征，[1] 不仅证明业主阶层收入的提高难以刺激消费的弹性增长，而且说明农民阶层的收入增长可能只会提升部

---

[1] 将收入水平分为不同等分时，有些研究显示出"倒U"形特征，有些研究显示出"马鞍形"特征（参见杨天宇、朱诗娥，2007）。

分商品和服务的消费弹性。只有新中产阶层、老中产阶层、工人阶层的消费弹性比较大。其中，老中产阶层的边际消费倾向最强，原因在于老中产阶层已具有一定程度的生产资料，可以比较稳定地维持既有生活。此外，这个阶层中的一部分人来源于城镇化过程中的失地农民。那些在城市安置了一爿店面而形成自雇状态的、由农民市民化而来的人在短期内具有较强的置业与消费冲动。

为什么农民阶层的平均消费倾向很高，但边际消费倾向则较低？一个可能的原因是农民阶层还存在自给自足的成分，比如很大一部分农民的蔬菜、粮食以及部分水果等是自己生产和自己消费的，未发生商品化买卖过程。另外，其对社会服务类商品的消费则少之又少。① 医疗保险和养老保险的广覆盖、低保障模式，还迫使他们自己不得不为自己准备未来的"保险"。到现在为止，农村居民养老保险的给付额远远低于城镇企业职工养老保险的给付额；农村的医疗保险——新农合虽然有很大程度的完善，但报销额度与收费结构还存在很多问题。在很多承保医院，不能报销的药物的使用比例比较高，不能报销的检查费还占据相当大的比重。这些因素在很大程度上限制了农民阶层的消费能力。在中西部偏远的农村地区，节衣缩食现象还很突出。按照中国传统文化，农村老人需要依靠自己的子女养老，但人口流动已将成年子女拉入城市或周边的城镇。成年子女进入城镇或城市后的置业消费通常数额较大，使他们很难再通过收入的转移比较有力地支持父母的老年生活。这就使得农村人口的老龄化、老龄人口的空巢化、村庄的空洞化以及村庄社会公共物品与服务的稀缺化同时发生。一方面，老年农民希望存钱以供生活不能自理时所需；另一方面，村庄的公共物品与服务日渐向城镇和县城集中，降低了农村人口消费的可及性，这会限制和约束农民阶层的当前消费需求。

新中产阶层具有更高的人力资本和文化资本，也有着较为固定的收入与社会保险，他们的消费能力更强，这决定了其边际消费倾向较高。这个阶层的消费大体摆脱了对使用价值的简单追求，在全球化浪潮中，他们更关注消费的符号价值。可以说，后工业社会特征的逐渐凸显，还会继续强

①　在农村的空心化过程中，教育、医疗卫生、养老、商业网点等正在逐步从偏远地区撤离并向乡镇和县城集中，这使农村各类服务的供给侧出现了结构性短缺。这个问题在山区及其他交通不方便的农村地区表现得更为突出。

化新中产阶层对消费品符号价值的喜好。当消费品的使用价值退居其次，其表征价值上升到较高地位时，厂商对消费者的竞争，抑或全球厂商对消费者的竞争，就会在阶层分化的市场中富有针对性地展开。

在新中产阶层迅速成长、老中产阶层维持一定规模、工人阶层壮大到一定程度而农民阶层趋于缩小的阶层分化格局中，伴随着整个社会"中高收入阶段特征"的强化，中国更需重视消费品的阶层消费针对性，在与国际厂商、国际品牌的竞争中培养自己的消费群体。如果中国厂商的市场瞄准人群不够细化，就不可能增强自身的竞争力。

三 不同阶层生存性消费和发展性消费的边际消费倾向

生存性消费占比较大时，人们处于生存型消费状态；发展性消费占比较大时，人们处于发展型消费状态。显而易见，一个阶层发展性消费的边际消费倾向越高，其生活质量的提升趋势就越显著。

通过表 2 可以看出，在生存性消费扩展模型中，农民阶层、工人阶层和老中产阶层的边际消费倾向较高，分别达到 0.249、0.241 和 0.302，新中产阶层在生存性支出方面的边际消费倾向则只有 0.168。业主阶层在生存性开支方面的边际消费倾向很低，只有 0.002，且并不显著。由此可见，在当前中国社会，农民阶层和工人阶层的主要消费需求仍集中于对生存性需求的满足。受收入约束的影响，这两个阶层会将更多的支出花费在衣、食、住，以及日常的水电、医疗、对老人的赡养和红白喜事等方面。

在农村，红白喜事的开支是一个绕不开的必要花销。在熟人社会，人际关系的维护、朋友之间的来往、亲缘家庭之间的支持等，都需要通过固定的仪式性事件加以维护。农民之所以可以节俭当期消费的其他项目，但却难以消减人情开支，其主要原因在于在差序格局中，根据血缘关系、姻缘关系和朋友关系的亲密程度，不同的人会为亲友/朋友拿出一个大体上"说得过去"的人情金额，[1] 以满足人情交换所需。这在某种程度上刺激了

---

[1] 很多地方号召要移风易俗，婚事和丧事简办，但难以收效。一个重要原因在于传统亲缘人际关系网络仍具有很强的社会支持力。即使在现代化程度较高的城市社区，如果人们居住的熟人环境仍然存在，则维持这种关系网络的消费就不可避免。

红白喜事等方面的支出，但却为人们织结了一个相对安全的社会支持网——在其处于某种困境时，可以获得乡邻的帮助。另外，伴随着耕地价值的攀升与新农村建设速率的加快，农民在住房方面的投资也大幅上升。从土木结构到砖石结构再到钢筋混凝土结构的住房的变化，从平层院落结构到多层楼房结构的转型，显示了社会整体意义上的进步。但对那些贫困家庭来说，如果其院落与住房"跟不上形势"翻新，会在村落中形成"对比性压力"，这与"夸富宴"的功能大体一致。最近几年，各级政府配套的乡村道路硬化与危房改造费用，也对农村村落的整治和房屋的修建起了"诱致性"作用。花费在老人身上的医疗费与赡养费，也是农民阶层的一个主要开支。尽管新农合已在很大程度上增强了农民使用医疗资源的能力与机会，但农民信得过的医院主要集中在县城与地方中心城市。在这种情况下，一个病人住院治疗，就得有好几个人随同轮流护理。于是不得不发生一些药品外的开销，比如护理者居住在县城或中小城市的旅馆的费用、购买食品的花销等，在一定程度上加大了农民阶层的负担。这种约束性结构在很大程度上限制了农民阶层发展性消费的边际消费倾向，从表 2 可知，这一数值只有 0.096。

表 2　各阶层生存性消费与发展性消费的边际消费倾向（扩展模型）

	生存性消费				
	农民阶层	工人阶层	老中产阶层	新中产阶层	业主阶层
常量	3144.867 ***	3092.476 ***	4892.054 ***	3233.185 ***	7155.003 *
人均家庭收入	0.249 ***	0.241 ***	0.302 ***	0.168 ***	0.002
家庭居住区域（城镇 = 1）	215.516	1280.117 ***	− 459.356	1638.880	2221.225
家庭人均存款债权等	− 0.016	0.041 ***	− 0.030	0.020 ***	0.078 ***
家庭人均受教育年数	246.553	995.813 ***	64.349	357.643 ***	230.585
家庭人均耐用消费品藏品等现值	0.039 **	0.056 ***	0.017	0.000	0.061 ***
家庭人均生产经营资产现值	0.001	0.018 ***	0.000	− 0.005	− 0.002
样本量	1830	1562	688	584	195
Adj R^2	0.130	0.292	0.248	0.273	0.552

发展性消费					
	农民阶层	工人阶层	老中产阶层	新中产阶层	业主阶层
常量	370.617	-955.624	-765.375	-4255.860	-7965.284
人均家庭收入	0.096 ***	0.146 ***	0.204 ***	0.257 ***	0.005
家庭居住区域（城镇=1）	97.827	430.309	-609.307	4847.203	2891.371
家庭人均存款债权等	-0.033	-0.012	0.017	-0.029	0.073 ***
家庭人均受教育年数	364.917 *	873.236 **	822.760	1564.047	4921.152
家庭人均耐用消费品藏品等现值	0.168 ***	0.236 ***	0.144 ***	0.054 **	0.278 **
家庭人均生产经营资产现值	0.043 ***	0.047 ***	0.000	0.005	-0.003
样本量	1872	1612	710	598	200
Adj R^2	0.092	0.236	0.225	0.098	0.231

注：（1）在绝对收入假说的扩展模型中，控制了家庭居住区域、家庭人均存款债权、家庭人均受教育年数、家庭人均耐用消费品藏品等现值、家庭人均生产经营资产现值等。（2）* $p < 0.05$，** $p < 0.01$，*** $p < 0.001$。

工人阶层是一个正在提升生活水平的阶层。这一阶层的大部分成员来自农民工，也有少数国企工人。[1] 国企工人的收入是稳定的，且会随着当地物价水平的变化得到"调资"政策的保护。近期城镇职工养老保险连续11年每年以10%的速率提升，[2] 增加了受惠企业工人未来生活的"保险性"，逐渐释放出了他们的消费信心，推动了其生活质量的提升。但国企工人毕竟数量有限。经由农民工转化而来的产业工人，在市场波动中虽增加了收入，名义工资有了提升，但在城镇的生活成本却伴随着房租的上涨和食品价格的攀升而加大了。青年农民工要结婚，对男性而言，如果在家乡的县城没有住房，就难以娶进媳妇。城市房价推高在一定程度上掏空了

---

[1] 在20世纪90年代末期与21世纪最初几年的企业改制中，集体企业的数量已越来越少。在地级城市层面，国有企业的数量已不多。绝大多数集体企业工人或转制到私营企业，或在买断工龄后退休。但在国有企业的改革过程中，原来提倡的"减人增效"在很大程度上转变为"换人增效"，即通过对"职工的农民化"，一定程度上降低了人工成本。亦即所谓"老人老办法，新人新办法"。

[2] 2016年城镇企业职工养老保险的增加额为6.5%，参见中华人民共和国人力资源和社会保障部，2016。

购买者的家庭积蓄，压缩了购买者家庭在其他方面的消费能力。[①] 一个农民工或一个农民工家庭的全部劳动力，需要积攒多年的打工收入，才能达到"首付"额度。而完成首付之后的按揭，则会长期挤压当期消费。因生存性消费必须维持在一定的标准，所以，用于进一步改善与提升生活质量的发展性消费就很难得到满足。需要强调的是，由农民工转化来的工人阶层因没有户口而不能融入当地城市，其消费需求还很难完全释放。他们徘徊于不同的城市之间，缺少居留的确定性心理，往往不得不关注生存性消费，而难以追求发展性消费。其家庭的留守性与分离性并存的特征，也抑制了家庭作为一个整体而产生的消费动力。在模型中，工人阶层的边际消费倾向虽高于农民阶层，但却低于老中产阶层和新中产阶层，仅为 0.146。

老中产阶层是以自雇方式维持生计的阶层，其中的绝大多数属于改革开放以来发展出的个体户等小本自雇经营者。还有一部分积累了少量资金的农民工，在城市或家乡的城镇开店创业，成为开夫妻店的个体经营人员（城镇或城市的老龄化过程为他们提供了就业空间）。有些失地农民也因获得了拆迁补偿的"底商"而加入这类低端服务业中。因为处于服务业的低端，且处于阶层内部的密集竞争状态，他们的收入相对有限。但这一阶层的家庭成员可以团聚在一起，故其生存性消费的边际消费倾向最高，也有发展性消费的冲动，他们的发展性消费的边际消费倾向仅低于新中产阶层，达到 0.204。

新中产阶层是一个迅速提升了生活水平的阶层。他们接受过大专及以上的教育，在收入上高于农民阶层、工人阶层和老中产阶层，在工作上属于白领劳动者。这一阶层的新进入者往往会因为需要在就业城市购置房屋而心存压力，但当其完成这一消费过程之后，则会逐渐突破生存性消费的约束。从总体上看，其生存性消费的边际消费倾向比较低，而发展性消费的边际消费倾向却最高。所以，中国当前的消费升级与消费的个性化趋势，明显地体现在这个阶层身上。他们深明人力资的含义，舍得在教育上投资，更愿意花钱供子女出国留学；他们极其重视身心健康，已成为美容和保健消费的主力；他们了解商品的特殊符号含义，追求品牌的市场价

---

① 虽然高房价支撑的房地产的繁荣开源了政府的土地财政，但却利用市场之手剥夺了民众（特别是以居住为目的的民众），大大降低了其对其他商品的消费能力。

值；他们在电器革命过程中，已经更换过好几代家用电器；他们也是轿车消费的主力军，逐渐使中国成为"轮子上"的国家，并拉动了自驾游，活跃了旅游经济；他们也开启了周末的消费市场，繁荣了城市宾馆、餐饮与郊区乡村的"农家乐"。正因为如此，他们在发展性消费方面的边际消费倾向才达到了 0.257，是所有阶层中弹性最高的。

但意外的是，模型中业主阶层既没有显示出生存性消费的显著性，也没有显示出发展性消费的显著性。为什么理论上应该比较富裕的业主阶层，在消费支出的弹性上，尤其在控制家庭人均生产性固定资产等变量后的边际消费倾向会失去统计显著意义？原初的设想是，雇佣他人劳动的业主阶层，在平均意义上收入居于社会的最上层，应该更多地追求发展性消费，由此也应该在模型中显示出较高的发展性消费弹性。但数据处理结果却有违初衷，原因何在？可能的解释是：一方面业主阶层的部分发展性消费被计入了企业的成本，这也是业主阶层惯常的做法，比如某些家用电器、汽车、以企业名义购买的改善型住房等，① 可以计入企业固定资产。另一方面，业主本人及家庭成员的出国旅游费用、教育培训费用、娱乐费用、通信与交通费用等也可以变相计入企业日常经营性支出。对于某些家族化的小业主阶层来说，家庭生活成本与企业经营成本混在一起。因此，统计数据的不显著并不一定表示这个阶层在发展性消费方面存在保守性。

可以看出，当前中国社会结构的轴心——阶层结构的变化，导致了消费市场的显著分化。农民阶层和工人阶层的生存性消费的边际弹性较大；老中产阶层既有较强的生存性消费弹性，也有较强的发展性消费冲动；新中产阶层已将主要消费动力转移到发展性消费方面；业主阶层这一新富阶层的消费可能已超越了发展性消费阶段，而达到了较高的享乐型阶段，将主要消费目标设定在某些特殊的服务类商品上（享乐消费也应属于发展性消费）。虽然媒体经常报道业主阶层的炫富案例，但 2013 年 CSS 数据没有问及这方面的信息，故难以进一步分析。

各阶层在生存性和发展性消费方面的边际消费倾向，一方面有利于政府制定具有针对性的消费刺激政策，另一方面有助于市场瞄准各阶层对改善当前生活质量的诉求现状，从而做出供给侧改革的尝试，因此具有极强

---

① 即使在北上广深这些大城市，政府对以企业名义购买的房屋也不限购。

的政策含义。

第一，农民阶层和工人阶层是生存性消费的主要启动力量，老中产阶层是生存性消费和发展性消费的主要动力。随着经济的增长与社会的发展，这三个阶层已在一定程度上提升了消费水平，改善了生活条件。中国人的预期寿命之所以能够提升到75岁左右，[1] 原因在于改革开放提升了全民的生活质量。但时代的进步也将整个社会的贫困线与平均生活水平提升到了新的高度，能够吃饱、穿暖、看电视，甚至农民阶层家庭的厨房开始装备煤气与电磁炉等，是经济发展与社会进步等赋予的基本生活条件。随着土地的流转与村落住房的楼阁化，农民阶层的生存性消费还会继续扩张。在2009年的"家电下乡"[2] 和"汽车下乡"[3] 之后，可以继续引导农民阶层深化生存性消费。工人阶层在完成了家用电器"以旧换新"的消费革命后，在家庭装修方面也可以启动新一轮的消费刺激。新的收入水平会产生新的需求，而新需求层次的提升，会进一步增强对消费品质量与安全程度的关注，这也会从需求端刺激供给侧的结构性改革。

当然，中国社会结构的变化，会使人们的食物消费结构发生重大转型。从以粮食为主的消费向粮食和肉、禽、蛋、奶、糖、茶等相结合的消费转变，从依靠化肥和农药生产的食品消费向卫生、环保、安全的食品消费转变，从医疗保健服务水平较低的阶段向医疗保健服务水平较高的阶段转变。新中产阶层与业主阶层正在或已经发生了这样的转变，农民阶层、工人阶层也比以往任何时候都开始关心食品安全和食品营养。总体而言，农民阶层、工人阶层、老中产阶层等在奶类、肉类、糖类、茶类的消费方面，还与新中产阶层和业主阶层等存在很大差距。在老龄化过程中，老年人的医疗护理需求等也应该是生存性消费的重要领域。有关这方面的需

---

[1] 根据第六次全国人口普查详细汇总资料计算，2010年我国人口平均预期寿命达到74.83岁，比10年前提高了3.43岁（参见新华社，2012）。

[2] 从2007年12月起，家电下乡开始在山东、河南、四川及青岛三省一市试点。农民购买补贴范围内的家电产品，可获得13%的财政补贴。从2009年2月开始，这一政策在全国范围内推行。后来，财政部、商务部、工业和信息化部发布了《关于家电下乡政策到期后停止执行等有关问题的通知》，家电下乡政策于2013年1月31日结束。

[3] 根据国务院2009年1月14日公布的《汽车行业调整振兴规划》，在2009年3月1日至12月31日，对购买1.3升及以下排量的微型客车，同时对将三轮汽车或低速货车报废换购轻型载货车的，给予一次性财政补贴。2010年初，又将"汽车下乡"政策延长到2010年12月31日。

求，不用刺激也存在刚需空间，就看供给侧能不能有阶层针对性地完成供给过程。现在各地电视、广播电台等媒体广告的一项重要内容就是向老年人推销医疗保健产品，但真实、有效、安全的药物与保健产品却很有限，这给了投机钻营的药贩很大的盈利空间。只要看看城市老年人家里堆积的名目繁多的保健品，就可以发现问题所在。① 所以，生存性消费的结构性改善，在某种程度上也具有"消费发展"的引导意义，也应该是供给侧改革的题中之意。但充斥于集市低端市场的价低质次、粗制滥造、蒙蔽欺骗的商品，却严重损害了农民阶层、工人阶层和老中产阶层的消费权益。因此，中国的生存性消费市场，也在需求结构与供给结构之间存在重大的错位与矛盾。

第二，新中产阶层和业主阶层是发展性消费的主力。不管是在大城市还是在中小城市，他们都带动了消费品的升级换代。在新中产阶层与业主阶层迅速提高发展性消费的过程中，因市场供给的产品质量、服务质量与个性化特征远远满足不了这两个阶层的需求，存在结构性短缺，所以外资产品在中国的销售才获得了长足的发展。大到名牌轿车市场，小到非常个性化的照相机、手机与手包，以及化妆品市场，外资都占据了很大份额。国内企业现在面临的主要矛盾，是中产阶层崛起所产生的巨大消费动能以及业主阶层扩张的消费欲望与发展性消费产品短缺之间的矛盾。从 2015 年的手机消费可以看出，尽管经济下行趋势明显，但苹果手机所开发的新产品——iPhone 6s 和 iPhone 6s Plus 却在几天内就被预订一空。在使用价值退居其次，符号价值、广告导引、市场话语霸权的影响下，整个社会的消费都会在竞争中日趋激烈。此外，发展性消费中的教育、保健、养生、娱乐与旅游等市场，还有待深度开发。那些开发得比较好的地方，在交通的可及性与服务质量的保障性方面还很欠缺。如何加大整个社会的生产与工作效率，缩短人们的工作时间，增加节假日与周末的"有闲供给"，也应是启动消费升级的必要政策内容。从出国购物热潮的转向（从名牌奢侈品逐渐波及日用品和常用药物）趋势看，中国不是需求不足，而是需求与供给的错配影响了需求端的扩延。这个问题不解决，海外购物的从众趋势就不会逆转。

---

① 在市场监管缺位的情况下，恰恰是来路不明的各类"保健品"损害了老年人的健康，增加了医疗保险的压力。

四 结论与讨论

最近，消费对国民经济增长的拉动作用逐渐强化。这使投资驱动性增长转变为消费驱动性增长的预期更为强烈（国家统计局，2015）。但仔细分析就会发现，在全社会必须消费一定量产品才能维持发展的要件约束下，在促动 GDP 增长的因素中，主要因投资和出口的相对萎缩才使消费占比居高不下。在外需难以提振的大背景下，内需的作用还需要继续激励。消费升级既是经济与社会发展的结果，也是全社会各阶层提高生活质量的路径依赖。

改革开放以来，中国社会结构的重大变化在很大程度上提升了整个社会的消费水平，并由此改变了需求侧的内部结构，也使各个阶层焕发出了改善当前生活质量的消费欲望。但厂商供给的商品却仍然难以满足消费市场结构的内在变化，这在很大程度上抑制了全社会的需求，使其难以释放出现实拉力。供给侧结构性改革的目的在于弥合商品配置与需求转型之间的裂隙。各个阶层对发展性消费和生存性消费的不同诉求，会开拓出极其广阔的市场动力。但充斥于市场的低端商品，尤其是那些存在安全隐患、质低易损的商品，不仅违背了上层阶层的消费观念，而且在很大程度上损害了下层阶层的消费权益。所以，只要供给侧结构性改革成功实现颠覆性创新，市场就会以需求侧结构的变化形成交易的积极回应。

综上，结合中国社会各阶层阶梯式改善消费结构的分析，通过对各阶层平均消费倾向和边际消费倾向、生存性消费和发展性消费的研究，可以得出以下结论。

第一，对中低阶层而言，收入提升是消费升级和生活质量改善的关键。从平均消费倾向可以看出，农民阶层、工人阶层和老中产阶层最具消费潜力。他们迫切需要通过消费改善当前的生存性生活质量，但收入水平限制了这几个阶层的消费。在收入增速有限的情况下，对未来生活的预期越是"安稳"或"保险"，将越有助于消费，反之则难以释放消费动力。社会保障的"保险"功能还有待释放。在经济环境日趋复杂的背景下，任何简单化、口号化地提升下层阶层收入水平的提法，在短期内都难以落实。

　　所以，对于农民阶层来说，在国际粮价低于国内粮价的大背景下，受人均种植面积较小的约束，依靠粮食增产以提高收入的办法已渐趋式微。粮食直补、农资综合直补、良种补贴数额十分有限；通过转移支付建立的新农合和居民养老保险的制度红利，也已释放到尾声。在通货膨胀的影响下，这种低保障、广覆盖的模式所起的"保险"作用越来越低。经济下行影响了中央财政增速的可持续性。这会在一定程度上弱化政府通过转移支付以支持下层阶层发展的政策运行能力。农民阶层收入的提高，只能依赖农业现代化。农民阶层平均年龄的提升所导致的老龄化，正日益威胁农业、农村和农民的可持续发展。如何继续提高劳动生产率、通过有益的土地流转、更大幅度缩小农民阶层的人口规模以提高人均种植面积，成为提升农民阶层收入的必由之路。而只有让农民或农业工人的收入高于或等于外出打工的收入时，年轻人才可能愿意回村种地，并借此保障自己的消费需求。

　　工人阶层的收入在过去十多年已有很大的增长。农民工通过"以脚投票"和"弱者的反抗"，改变了20世纪末期的劳资关系格局，改善了自己的劳动环境。但由于企业技术升级过慢、劳动过程的工艺水平与自动化水平较低，限制了其在国际市场的竞争力。依靠"三方谈判"机制继续提升收入的可能性受到企业利润摊薄的影响。因此，科技创新能力的提升速度，就成为工人阶层收入持续改善的前提条件。城市房价的居高不下，增加了工人阶层的按揭压力和租房压力，"为银行打工"成为整个社会普遍的抱怨。通货膨胀对收入较低阶层的消费约束力远远高于收入较高阶层。在这种情况下，如果不控制衣食住行等生存性消费的成本，工人阶层发展性消费的开支能力就释放不出来，他们就难以持续改善自身的生活品质。在人口红利逐渐消失的过程中，劳动生产率的提升就成为工人阶层提升收入和消费水平的主要举措。

　　虽然老中产阶层既有生存性消费的冲动，也有扩展发展性消费的希望，但主要从事服务业的老中产阶层，其收入增长的空间逐渐收缩，经营的店面也在电商的冲击下门可罗雀；要转变为高端服务业，也难以获得银行贷款的支持。他们在低端服务业中的互相竞争，也收敛了利润。地方配置的鼓励创业的支持政策还没有完全落到实处。虽然他们很想将自己的营生做大做强，但残酷的市场竞争和经济的波动等压缩了其发展的空间。他们不可能像市场转型初期那样赢得"以小博大"的机会了。在这种情况下，其收入的提高既有赖于自身对市场的准确把握，也有赖于他们所提供的服务质量的提升。

第二，较高的阶层——新中产阶层和业主阶层已经基本超越了对生存性消费的诉求而开始追求发展性消费。他们的收入相对稳定，是技术升级与劳动生产率提升的最先受益者，他们抵抗社会风险的能力也强于下层阶层。这两个阶层在衣食住行等消费上会更看重消费品的内在价值。在发展性消费上，他们会更加追求高端服务业的品牌价值。在物质欲望的满足过程中，也会看重精神世界的满足程度，这会增强他们对文化产品的挑剔性。与高质量、个性化、凸显符号价值、具有民族特色的物质消费品的短缺一致，高质量、有民族历史深度、具有较高艺术展现力的文学艺术、绘画艺术、电影、电视、话剧等文化产品，也处于短缺状态。整个社会呈现一种矛盾状况：一方面是为新中产阶层所拒斥的粗制滥造的剧目的批量生产，以及收视率与上座率的持续低下；另一方面却是进口大片的高票房。在这种消费结构的供给格局中，要刺激新中产阶层和业主阶层的消费，就得解决这两个阶层消费品位的提升与民族产品产能供给差距的矛盾问题。另外，还需创新和开发与时代发展相适应的哲学社会科学等精神产品，以引导人们在现代化和后现代化过程中的世界观。如果物质供给的繁荣不能与精神世界的丰富相伴，上层阶层就易于演化出物欲横流的消费观，消解整个社会的发展价值。

第三，要区分生存性消费品和发展性消费品的生产和供给方式。农民阶层、工人阶层和老中产阶层的消费诉求主要集中在生存性需要的满足方面，所以，生存性商品的生产还可以延续类型化、批量式供给之路。毕竟收入较低阶层会将消费品的使用价值作为主要考量标准，这会继续维持生存性消费的模仿型排浪式特征。但新中产阶层和业主阶层的消费，却已过渡到特例化、多样化、代际化、档次化阶段，这就需要将生产工艺与信息技术结合，将消费品的生产与互联网结合，走私人化、定制化、特色化之路，逐渐从大批量生产阶段首先过渡到小批量定制阶段，再过渡到私人个性定制阶段。互联网、社交媒体与智能手机的普遍使用，能够使消费者在线追踪商品信息，也为该类消费的流行奠定了坚实基础。在服务业上，也需要创新以消费者为中心的市场供给，开发出类型多样的保健、教育、娱乐、旅游、养老、休闲、生态环境等产品，满足新中产阶层和业主阶层的品味定位。

事实上，从生存性消费向发展性消费转型，在发展性消费中从耐用消费品向服务类消费品转型，是一个必然的过程。比如说，在农民阶层的工人化过程中，一个社会对"服务"的消费量会迅速增加；在农民阶层和工人阶层向中产阶层转化的过程中，一个社会对"服务"的消费量会更为迅猛地增加。甚至原本在家庭内部形成的生产和服务功能（小到打扫卫生与厨房劳动，大到照看孩子和老人等），也会转而依靠社会服务业的扩张而获得满足。与此同时，阶层的品味特征与符合化诉求冲动，不仅会为"商品"带来个人定制的需求空间，而且会为"服务"创造出更为便捷的个人定制的供给结构。

第四，消费刺激政策尤其是某些优惠政策的出台，要在各阶层之间进行收益的公正性评估，让人民群众共享改革开放与时代发展成果。考察改革开放以来不同时期的发展就会发现，在经济下行时期，政府出台的消费刺激措施经常率先为上层阶层创造更多机遇，却较少关照中下阶层的收益。比如，2011 年政府先是对住房实行限购，打击炒房行为，对持有不满 5 年的普通住房全额征收营业税。但到 2015 年 3 月，却只将二手房交易周期限定在 2 年之内，即对持有住房满 2 年的普通住房免征营业税。这解套了炒房资金，一方面使炒房者实现了前期炒房的既定收益，另一方面也诱使其将炒房资金转移到大城市，继续套取利润。银行出台的贷款政策也是在鼓励富人持有多套住房，比如企业购买住房不限购，某些商住房既不限贷也不限购等，在很大程度上拉大了收入差距和财富占有差距。工人阶层为满足生存性消费而购买一套房，需要终身还按揭；新富阶层却在炒房过程中搭上了政府刺激的便车，以改善需求的名义，赚取巨大差额收益，强化了阶层间财富占有的不平等。[①] 中国社会因收入不平等所造成的消费不平等，正在向纵深演化。发展的目的是什么？发展的结果是什么？对这两个问题的正确回答，会矫正刺激政策的收益分配方向。在各阶层间建立动态政策收益平衡机制，是当下需要仔细考虑的重要问题，也是国家治理体

---

① 根据 2015 年 CSS 数据，如果将家庭人均持有的房产折合为现值，则以房产为代表的财富占有基尼系数已经达到 0.6 左右。

系和治理能力现代化建设的必由之路。为缓解消费不平等状况的恶化，需加强对下层阶层的福利投入。那种头疼医头、脚疼医脚的政策和缺少社会公正评估的制度设计，看起来是以消费刺激经济发展，反倒会埋下风险，为日后的社会治理增加巨大成本。

本文采用阶层结构视角，从生存性消费和发展性消费的层级特征出发，研究了中国当前社会的消费问题。在理论上，有助于社会学站在家庭人均消费结构的角度思考社会分层与消费分层问题。在实践上，也可以从不同阶层消费升级的内在需求角度，发挥相关经济政策与社会政策的配置有效性。事实上，只有瞄准不同阶层家庭的消费层级及其升级的可能性设计刺激措施，才能在经济下行背景下，以有限的社会资源和经济资源激励出更大的消费市场，使供给侧结构性改革的效果尽可能快地传导到需求侧。

参考文献：

鲍曼，齐格蒙特，2013，《全球化——人类的后果》，郭国良、徐建华译，北京：商务印书馆。

贝尔，丹尼尔，2010，《资本主义文化矛盾》，赵一凡等译，北京：人民出版社。

贝克尔，加里·S.，1987，《家庭经济分析》，彭松建译，北京：华夏出版社。

波德里亚，让，2001，《消费社会》，刘成富、全志钢译，南京：南京大学出版社。

布尔迪厄，皮埃尔，2015，《区分：判断力的社会批判》，刘晖译，北京：商务印书馆。

戴慧思、卢汉龙，2001，《消费文化与消费革命》，《社会学研究》第5期。

凡勃伦，1964，《有闲阶级论》，蔡受百译，北京：商务印书馆。

国家统计局，2014，《2013年国民经济和社会发展统计公报》（http://www.stats.gov.cn/tjsj/zxfb/201402/t20140224_514970.html）。

国家统计局，2015，《2014年消费对GDP增长贡献率达50.2%》（http://www.gx.xinhuanet.com/newscenter/2015-06/04/c_1115508040.htm）。

赖特，埃里克·奥林，2004，《后工业社会中的阶级——阶级分析的比较研究》，陈心想等译，沈阳：辽宁教育出版社。

李春玲，2011，《中产阶级的消费水平和消费方式》，《广东社会科学》第4期。

李培林、张翼，2000，《消费分层：启动经济的一个重要视点》，《中国社会科学》第1期。

李实、罗楚亮，2012，《我国居民收入差距的短期变动与长期趋势》，《经济社会体制比较》第 4 期。

李晓喻，2016，《中国基尼系数"七连降" 贫富差距继续缩小》（http://www.gov.cn/zhengce/2016 – 01/20/content_5034573.htm）。

罗斯托，1962，《经济成长的阶段》，国际关系研究所编译室译，北京：商务印书馆。

马克思，卡尔，1961，《雇佣劳动与资本》，北京：人民出版社。

王建平，2007，《中国城市中间阶层消费行为》，北京：中国大百科全书出版社。

王宁，2009，《从苦行者社会到消费者社会》，北京：社会科学文献出版社。

西美尔，齐奥尔格，2001，《时尚的哲学》，费勇等译，北京：文化艺术出版。

新华社，2012，《中国人口平均预期寿命达 74.83 岁 十年提高 3.43 岁》（http://news.sohu.com/20120810/n350317599.shtml）。

杨天宇、朱诗娥，2007，《我国居民收入水平与边际消费倾向之间"倒 U"型关系研究》，《中国人民大学学报》第 3 期。

张翼，2003，《中国阶层内婚制的延续》，《中国人口科学》第 4 期。

中华人民共和国人力资源和社会保障部，2016，《2016 年退休人员养老金增加 6.5%》（http://news.163.com/16/0415/19/BKNDR72E00014SEH.html）。

周晓红，2005，《中国中产阶级调查》，北京：社会科学文献出版社。

朱迪，2012，《混合研究方法的方法论、研究策略及应用——以消费模式研究为例》，《社会学研究》第 4 期。

"差序格局"探源[*]

摘　要：本文从学术史的角度对费孝通的"差序格局"说做一种"发生学"的研究，考察"差序格局"以及相关的"乡土社会"、"乡土中国"等词语、概念及问题的学术渊源与发展脉络。本文提出：费孝通的"乡土中国"与美国社会人类学家雷德菲尔德的"乡土社会"概念有密切关系；其"差序格局"说则包含了多个思想或学术来源及内容，包括人类学亲属制度研究，与杨朱思想相关联的绝对"自我主义"，儒家思想中的"人伦差等"及"推仁"、"修齐治平"等。

关键词：差序格局　乡土社会　乡土中国

在早期中国社会学的发展中，费孝通（1910～2005）曾于20世纪40年代后期提出"差序格局"说，代表了老一辈社会学家对中国社会学理论工作的开创性贡献。在1979年开始的"新时期"社会学发展中，"差序格局"被认为是中国社会学的一个基本理论概念，广泛用于对传统及当代中国社会的研究。学界围绕"差序格局"的研究主要分两条途径：一是对文本内容的解读、分析与发挥，以期在理论上有所发展；二是以它作为理论进行实证研究，或用它指导实证研究，或以实证研究对它加以修正，或二者兼而有之。而且，这两条途径有一个共同之处，即往往把着眼点放在费氏与中国研究上，很少旁顾。[①]

本文将回到费氏所处的"学术时代"，对"差序格局"的"前世"进行探究，上溯其形成过程。这项研究还要从"内视"转向"外视"，对涉

---

[*]　原文发表于《社会学研究》2016年第5期。

[①]　近期张江华（2015）发表的论文对此是一种突破。笔者在本文写作完成之后才看到张文；张文的着眼点、论题及观点与本文有很大不同。特此说明。

及此概念形成的中西方学术论著进行考察与比较。这是因为 "差序格局"
并非独立自成，其背后蕴藏着丰富的中西方学术滋养，而梳理工作则有助
于填补学术史研究于此之空白，这是本文的重点所在。本文的最后部分，
则根据从学术史角度所得的研究结果，对几个相关社会学理论问题提出看
法，以就教于同行。因论题所限，本文基本不涉及 "差序格局" 在当代中
国社会科学研究中的应用及发展。

一 从雷德菲尔德的 "乡土社会" 到费孝通的 "乡土中国"

费氏的 "差序格局" 说是他在《乡土中国》一书中提出的。为了研究
费氏的 "差序格局"，须先研究其 "乡土中国"，因为后者是其基本理论框
架，而前者作为后者的组成部分，是其特征之一。进一步看，在费氏的这
本书里，"乡土中国" 仅作为书的标题出现，是 "中国乡土社会" 更为简
练的表达形式，其论述中则使用 "中国乡土社会" 和 "乡土社会"。初读
之下，可能会以为，"中国乡土社会" 和 "乡土社会" 不过是一个概念的
两种表述，是相通并可互换的。但细读之后就会发现二者之分别，如费氏
所言，这本书 "是以中国的事实来说明乡土社会的特性"（费孝通，1985：
97）。也就是说，"乡土社会" 和 "中国乡土社会"（或 "乡土中国"）的
关系是：一个在前，另一个在后；一个是普遍性，另一个是特殊性；一个
是论，另一个是证。

的确如此，"乡土社会" 不同于 "中国乡土社会"。它是美国社会人类
学家罗伯特·雷德菲尔德（Robert Redfield）[①] 的研究成果，费氏借它作自
己的 "乡土中国" 建构之用。对此，费氏在 1948 年 9 月 1 日写给雷氏的
信中曾明确表示："我读了你的《乡土社会》（Folk Society）一文，而且实
际上，在我的中文新书《乡土中国》（Folk China）[②] 中采用并发挥了你的
思想。"（Fei，1948）因此，了解雷氏的学术背景及相关工作，可以成为

---

① 在民国时期，Redfield 曾有两个译名：一是瑞斐德，二是瑞德斐，本文采用当代标准译
名——雷德菲尔德。

② 在此，为清楚起见，将瑞氏的 "Folk Society" 暂译作 "乡土社会"，费氏的 "Folk China"
译作 "乡土中国"。本文第三部分将论述从 "folk" 到 "乡土" 的转换问题。

认识费氏论说的一把"钥匙"。

雷氏是美国社会学"芝加哥学派"领军人物派克（R. E. Park）的学生和女婿，于 1928 年芝加哥大学社会学系毕业，获博士学位。早期芝大的学科边界较模糊，社会学系设人类学专业。雷氏在专攻人类学的同时受到了相当的社会学训练，尤其是得到了派克的指教及多方影响。人类学自社会学分出独立成系以后，他到人类学系任教（Wilcox，2004：27 - 32）。雷氏的学术训练及旨趣使其研究发展呈现两个特点：一是横跨社会学和人类学，二是注重理论和经验研究的结合。从研究对象来看，他的研究不同于早期人类学者以原始部落为研究对象、社会学者以当代社会为研究对象的划分，而是以那些当时受到西方现代工业化与都市文明冲击的"中间社会"（intermediate societies）为对象，关注它们从传统向现代文明变迁的社会历程。从研究途径来看，他既从经典社会学理论出发，又采用人类学以直接观察为特点的田野调查方法，将理论分析与经验研究相结合，成果则集中体现在其建构"乡土社会"典型和"乡土社会—城市社会"类型对比的研究中。

其实，雷氏运用"典型"（type）建构法来形成自己的"乡土社会"概念，并非其首创，而是追随了一个学术传统，韦伯（Weber，1964：89、92）将之概括为"观念类型"或"理想型"（ideal type）建构。针对现象进行观察、描述，并经过筛选与抽象提炼出概念，是科学工作的一项基本内容。而以一对概念来反映事物的两极或两个对立的现象，也有着悠久的学术传统（Sorokin，2002）。在近代，对社会学中有关社会发展"类型对比"法的建构有重大贡献且对雷氏产生深刻影响的，应首推英国法律史学家梅因（H. S. Maine）。梅因（Maine，1963）从罗马法律史的角度考察社会变迁，提出古代社会为家族社会，以"身份"为特征；近代社会为个人社会，以"契约"为特征；社会发展则是从"身份社会"转向"契约社会"。此后，多位学者也提出了各式各样的"类型对比"概念，包括美国人类学家摩尔根的"氏族性社会"（societas）和"政治性国家"（civitas）（Morgan，1964）、社会学家滕尼斯的"共同体"与"社会"（Tnnies，2002）、涂尔干的"机械团结"与"有机团结"（Durkheim，1964）等。

同这几位学者的工作相比，雷氏的贡献不在理论的原创性，而主要在于他能将理论与经验研究相结合。早在 20 世纪 20 年代中期，他便开始到墨西哥进行村庄实地调查,第一部专著于1930年出版(Redfield, 1930)。此书所研究的是"乡土民族"(folk peoples)的"乡土生活"(folk life)。据雷氏自己说,他受到派克的影响,从美国社会学奠基人之一萨姆纳(W. G. Sumner)的著作《民风》(Folkways)中吸收了"folk"的理念(Redfield, 1960a: 143)。[①] 从此书的内容看,尚有些许早期民俗学的影响痕迹,如提到民间传说(folk lore)和民歌(folk songs)的收集。当然,雷氏并非一位民俗学者,他的志趣是追踪研究社会变迁的过程。尽管此时他尚未提出"乡土社会"的概念,但已经提出了与其相关的一些基本特征,如定居乡村、地方性强、自给自足、同质性高、有共同的传统、以语言而非文字来传承文化等。他还将所研究的村庄视作一种介于原始部落和现代城市之间的"中间社会"类型,或称"农民社区"(peasant community),尤其关注传统文化受城市文明影响而发生的各种变化。

雷氏更有雄心、也更成熟的研究成果是他与合作者在墨西哥尤卡坦半岛选择了四个有代表性的社区,包括部落社区、农业村庄、市镇、城市(它们依次从封闭而单一到开放与多元),考察它们在现代文明的影响下,文化解组、世俗化和个体化的程度渐强等问题,以此呈现从传统乡土社会到现代都市工商社会变迁的一幅现实图景,这被称为"乡土—都市连续统"(folk-urban continuum)(Wilcox, 2004: 62)。[②] 本来,社会变迁是历时性的,可以通过对同一个社区的追踪研究来观察其变化过程。而另一个做法则如雷氏所为,即出于现实的考量,选择若干个基本文化背景相似、却受现代文明影响深浅不一的社区同时研究,将理论概念转化为一系列可操作的变量,据此观察、分析与比较社会文化变迁的状况。雷氏即以这样的社区比较研究搭建起理论与实证之间的桥梁,将上述欧洲经典社会学家所提出的传统向现代转型的问题从宏观理论阐释落到经验研究的实处,向科学、系统地考察社会变迁迈出了坚实的一步。这是他非常独到的贡献。

---

① 派克对"folk"发生兴趣,可能同早期"芝加哥学派"的另一位有影响力的人物托马斯(W. I. Thomas)有关。托马斯曾到德国学习民俗心理学(folk psychology)和民族学(ethnology),亦受到萨姆纳等人学说的影响。托马斯在芝加哥大学社会学系任教时对人类学专业贡献很大。也正是他将派克招聘到芝加哥大学社会学系任教,并在学术上对派克有很大的影响(Matthews, 1977: 97–103; Faris, 1967: 15–16、29; Bulmer, 1984: 36)。

② 雷氏本人的工作主要集中于"乡土社会","芝加哥学派"的派克(Park, 1915)与沃思(Wirth, 1938)则对城市研究的贡献更大。

雷氏构建"乡土社会"的概念，是以长期的田野调查经验积累为基础的。多年之后，他还重返其中一个村庄做了追踪研究。与此同时，在派克的建议下，自 1932 年起，雷氏将自己所开的"民族学概论"（introductory ethnology）课程改为"乡土社会"（folk society），扩大其内容，将人类社会按复杂程度从小型部落群体到近代"政治社会"都包括进去。他还把上述社区比较研究的实地调查材料和概念梳理拿到课堂上讨论，尤其是对建立"乡土社会"典型不断深入探究，与欧洲经典社会学对话，考察从传统向现代变迁过程中诸变量之间的功能关系，并试图从中提炼出一些可以再拿到其他地方进行经验研究的假设。雷氏实际开设此课程的时间是 1935—1955 年。这门课在芝大很受欢迎（Wilcox，2004：52、60 - 63）。他就这门课程开列的参考文献有上百种（Becker，1950：368 - 369）。自 20 世纪 30 年代起，多位芝大学生或同行追随他，在北美、亚洲、非洲多地做城乡社区研究，细化或修正其学说（Miner，1963；Embree，1939；Spicer，1940；Hughes，1943）。另外，则有一些学者通过各自的实地调查对"乡土社会"典型进行检验，从而提出各种质疑和挑战（Tax，1939，1941；Lewis，1951；Sjoberg，1952；Foster，1953）。雷氏对于自己的论说进行了长期的思考、深化、修正，这反映在他的一系列论著中（Redfield，1930，1934，1940，1941，1947，1950，1953a，1953b，1960a，1960b；Redfield & Villa Rojas，1962）。即便如此，在相当长的时间里，雷氏的正式出版论著中几乎没有出现"乡土社会"一词，一般是"乡土文化"、"地方乡土传统"或"乡土民族"。直到 20 世纪 40 年代初，雷氏的论著才开始使用"乡土社会"一词（Redfield，1940）。而他非常明确且系统地阐释"乡土社会"，是他于 1947 年发表的、也即上述费氏信中所提到的那篇《乡土社会》。这篇在学术界产生很大影响的论文对"乡土社会"予以如下概括：

> 这样一个社会规模小而孤立，无文字，同质性高，群体团结意识强；其谋生方式由传统习俗所制约并由此形成一套较为协调的系统，即"一套文化"。人们行事传统，往往出于自动自发，不加批评或质疑，且注重个人化的因素。不实行立法，亦没有为求知的目的而进行实验及思考的习惯。人们的经历与行为由亲属关系及其制度决定，以家族群体为行动单位。（社会）由神圣而非世俗的力量主导，经济活

动由身份而非市场所决定。(Redfield，1947：293)

　　值得注意的是，雷氏将"乡土社会"定义为孤立的、未受现代文明影响的社区或社会，这既是"理想型"建构的需要，也比较符合当时主流人类学的研究对象——所谓"原始社会"——的实际，较简单的农民社会亦可包括在内。而那些同城市关系密切的"较复杂的农民社会"却不能全然视作"乡土社会"，因为它们部分是"乡土社会"，部分是"城市社会"。它们有浓厚的传统文化，注重传统信仰崇拜，以家庭或家族为基本社会组织等；与此同时，它们同城市所代表的现代文明体系有较密切的联系，如使用货币、完税、开办学校、选举投票、采用机械技术等（Redfield，1940）。在雷氏看来，中国的乡村正是如此——乡村有赖于城市；乡村人口与城市人口之间有经济、政治及社会身份上的联系，因此形成了"一种特殊的乡民（rural folk），我们称其为农民（peasantry）"（Redfield，1947：306）。雷氏在长期的研究工作中曾先后用过多个术语，以表述这种既保持传统却又受城市文明影响的"农民社会"，如"中间社会"（intermediate societies）、"部分乡土社会"（part-folk societies）、"晚期乡土社会"（later folk societies）或"部分社会"（part-societies）（Redfield，1930：217；1953a：225；1953b：31 - 40；1960b：23 - 39）等。这不断变化的表达正体现了他的研究思考过程，而他对"中间社会"的研究，突破了早期人类学研究孤立、静止的原始部落的局限性，具有开拓性意义。"中间社会"所包含的"乡土"和"城市"诸多因素，在特定的社会历史文化条件下，呈现各种现象及问题的组合，因而极具比较社会学研究的潜力。自 20 世纪 40 年代末起，雷氏将视野投向更加广阔的"文明"问题，其关注点从"乡土"与"都市"的对应转为"乡土"与"文明"的对应。也就是说，对于从传统向现代的转变，他较之以前更关注时空维度的问题（Wilcox，2004：120 - 122）。而他对"类型对比"的探索是一以贯之的，最终提出了学术界较为熟悉的"大传统"与"小传统"的对应概念（Redfield，1960a：40 - 59）。雷氏对费氏的影响始于两人的学术交往。实际上，自 20 世纪 30 年代起，派克、英国人类学家拉德克里夫 - 布朗（A. R. Radcliffe-Brown）等即同中国社会学家许仕廉、吴文藻等建立了联系。随后，通过布朗和吴文藻的引荐，雷氏夫妇同费氏也建立了联系。1943 年至 1949 年，他们之间有较深入的交往，雷氏夫妇在学术上给予费氏很多帮助（阎明，2010：175、179 – 180、268 – 271、288）。费氏依据雷氏的"乡土社会"提出了"乡土中国"说，主要体现在两点。其一，费氏追随雷氏运用了典型建构和"类型对比"法。从费氏的书中不难看到一对对的类型对比概念："（传统）乡土社会"与"现代（西洋）都市社会"、"礼俗社会"与"法理社会"、"差序格局"与"团体格局"等。这样，费氏的论说便进入了社会学关于社会转型研究的学术传统。其二，在内容方面，费氏的"乡土中国"也借鉴了雷氏所勾勒的"乡土社会"的主要特征，但他在阐释雷氏的论说时，则以自己的中国生活经验和研究观察所得对之加以本土化，融入了很多自己的思考。费氏所长在才情，他对中国社会的观察细致入微，举例鲜活，文笔生动，很"接地气"，因而能够打动读者。

与此同时，费氏对雷氏的论说确有发挥和拓展，使其"乡土中国"展现了与雷氏"乡土社会"不同的一面。显然，费氏并非仅受雷氏的影响，他有自己的学术训练背景及学术交往圈；作为一个中国社会的研究者，他也有自己对中国社会问题的认识及关切点。这些雷氏以外的因素汇集起来，不仅在《乡土中国》一书中有所反映，也体现在费氏同一时期的其他论著中。关于这方面在本文第三部分会继续论述，于此仅提出两点。其一，从论题来看，雷氏的《乡土社会》一文没有涉及政治权力问题，而费氏《乡土中国》后半部分关于中国传统社会政治结构的篇章，为其时他所组织的相关学术讨论之部分内容。[①] 这可视为他对雷氏提出的"乡土社会"和"农民社会"的一种更深入的探索，也是"乡土中国"研究的起步之处。其二，虽然二人都注重传统向现代的转型问题，他们的关注点却不相同。雷氏关注的是一般的"乡土社会"，而费氏则聚焦于"乡土中国"，其着眼点是中国—西方社会文化的对比。雷氏关于"乡土社会"的研究写作保持着一种冷静的距离感。费氏所面对的，却是一个内忧外患的祖国，而他不仅是一个普通的生活者，更怀有经世的抱负，要做一个社会变迁的引领者。比较而言，雷氏更重精神层面，如"乡土思维"（folk mentality）问题、现代化过程中因技术与经济系统的扩张而导致的道德失序问题等

———————————

① 这次讨论所形成的成果，除《乡土中国》外，另见费氏及其他学者的相关论著（费孝通，2010b/1948；吴晗、费孝通等，1948）。

（Redfield，1940，1947）。费氏于此一时期虽有理论关怀，但更重社会实践。他最关切农民的生计问题、乡村土地问题以及与此相连的乡村工业问题。为了避免如西方现代化所带来的社会解组的弊端，他提出了切实的解决途径，即立足于乡村的经济、技术与社会组织相结合的"乡土重建"（费孝通，2010b/1948）。

另外，费氏曾将其《乡土中国》与美国人类学家米德（M. Mead）的一本有关"美国国民性"的书①相联系，称二者"在方法上是相通的"（费孝通，1985：97）。这可能会给人一种印象，即二者有较密切的关系。不能否认米德之书对费氏的影响。比如有学者提出，费氏根据米著撰写的《美国人的性格》一书，再加上费氏之前写的有关英美两国的文章、书籍，使他对西方社会有较清楚的认识，并以此为参照而增加了对中国社会的认识深度（阎云翔，2006）。但仔细比较米德作品与《乡土中国》的内容，却未见共同之处。而且，米德此书尽管很受欢迎，在学术界却被认为并非社会学或人类学学术著作，其科学性不强，写作过于仓促，存在着事实和逻辑上的诸多缺陷（Smith，1943；Kluckhohn & Kluckhohn，1943）。

相比之下，与费氏的《乡土中国》更直接相关的是雷氏的《乡土社会》，而非米德的《美国人的性格》。而从雷氏的"乡土社会"到费氏的"乡土中国"，涉及词语翻译、概念转换以及思想发展等问题，其背后则是费氏的工作同当时中国学术界同行们的联系问题，这留待后文第三部分探讨。

二 "差序格局"的西方学术渊源

费氏"乡土中国"框架中最有影响的部分是"差序格局"，后者被认为是前者的基本特征之一。那么，"差序格局"是否也如"乡土中国"一样，同雷氏的"乡土社会"密切相关呢？答案并不简单。经研究认为，费氏的"差序格局"有多个来源，本部分仅论及雷氏《乡土社会》的部分内容，以及与此相联系的早期人类学亲属制度研究的相关问题。其他涉及当

---

① 米德此书是在"二战"的大背景下，因受到一些关于"国民性"问题作品的影响而作，关注的是美国国民性（American national character）问题（Mead，1942）。1944 年，企鹅出版社以《美国人的性格》为题将其再版。

时中国学术界的相关思想背景和现实关切问题，将放到第三部分讨论。再者，如果说"乡土中国"仅为"乡土社会"的一个特例的话，"差序格局"是否为"乡土社会"的一个基本特征而非"乡土中国"所特有的？本部分亦将举例说明，"差序格局"所显示的以亲属关系为基础的社会结构特征，如何体现在其他"乡土社会"研究之中。

雷氏的《乡土社会》一文中有这样的论述：在一个规模小而有着长期、密切关系的"乡土社会"里，人们的行为是个人化的（personal），而非物化的（impersonal）。这种较亲密的、个人化的关系起自家庭关系，却可"向外扩展"至整个社会。而且，社会关系不仅是个人化的，也是亲属化的；每个人都置身于亲属关系网里，受其规范和制约；亲属之间则依据各自在家族谱系中的身份相互交往。因此，"乡土社会"即家族社会，家族关系之外的社会群体很少，有的话也呈现家族组织的特征。雷氏指出，古代社会即家族社会这一论断，这是由梅因提出的。他援引数项人类学成果，对人际关系以家族为基础"向外扩展"的多种方式提供了例证（Redfield，1947：301 – 302）。

比较雷氏的上述论点和费氏的"差序格局"，二者的相符之处有：一是"乡土社会"基本上由亲属关系构成；二是其他各种关系可纳入亲属关系，或者说，"乡土社会"中的亲属关系可"向外扩展"至所有的社会关系；三是社会关系为个人关系的联结，费氏将此表达为"一根根私人联系所构成的网络"（费孝通，1985：29）。

费氏的"差序格局"与雷氏的"向外扩展"有一个分别，即雷氏仅论及"个人处于多重家族关系聚结中的某一特定位置"，由家族谱系决定。亲属关系一方面规范了所有的人际关系，与此同时，人际关系对每个人而言又有所不同，如父异于母、孙不是甥等（Redfield，1947：301）。费氏的表述尽管与雷氏相近，但他提出了"己"的问题，这是雷氏所没有提及的——从这里开始，费氏的思路从雷氏的分出了"枝杈"。费氏提出，亲属关系网络"象（像）个蜘蛛的网，有一个中心，就是自己"。他尤其强调亲属关系之个别性，他说："我们每个人都有这么一个以亲属关系布出去的网，但是没有一个网所罩住的人是相同的。在一个社会里的人可以用同一个体系来记认他们的亲属，所同的只是这体系罢了。"（费孝通，1985：23）实际上，费氏在这里提到的以"己"为中心的亲属记认体系，同早期人类学的亲属制度研究有关。关于此，人类学奠基人摩尔根是创立者。摩尔根提出了亲属制度理论，其基本原则为：每个人即自我（ego），以此人为中心点，周围形成一个亲属圈亦即亲属群体："从这个人开始向外推算关系的程度并将关系回推至此人。"（Morgan，1970：10）他认为，这种血缘亲属世序排列及关系区分的制度安排，是一种人类早期心智活动的体现。摩尔根的亲属制度理论用于人类学实地调查，其基本途径即亲属称谓体系研究。费氏受过人类学训练，在"江村"调查中，以此研究法绘制了当地的亲属称谓体系图表（费孝通，1986：204－214）。在论述"差序格局"时，他确称这个亲属记认"体系"为"抽象的格局，或是范畴性的有关概念"（费孝通，1985：23－24）。而亲属称谓体系图表所呈现的"蜘蛛的网"，就是"差序格局"的一个形象化体现。其中的"自我"或"己"在费氏的"差序格局"说中是一个需要注意的问题，下一部分将继续讨论。

"差序格局"所显示的以亲属关系为基础的社会结构特征，体现在其他"乡土社会"研究之中，至少有两点。第一，如前所述，自摩尔根开始对人类亲属制度进行科学研究，基于亲属制度的社会结构即成为人类学的一个重要论题。人类学者通过实地调查，从经济活动、社会交往、文化生活、政治组织及秩序等方面入手，对亲属关系做了深入细致的探究。以布朗的研究为例，早在1910年，布朗便从澳大利亚部落研究中发现，与现代文明社会相比，那里的土著社会非常注重亲属关系，整个社会由亲属关系构成，人们之间若非亲戚则为敌人，而敌人是不能打交道的。这种社会系统不仅体现在名称或称谓上，而且有与之对应的相互间的权利与义务关系（Radcliffe-Brown，1913）。再如，20世纪20年代末，英国人类学家、费氏留英时的老师弗思（R. Firth）曾远赴澳洲一个渔村，到提科皮亚人中做田野调查。他发现，岛上的人与人之间均有亲戚关系；外人的加入亦以亲戚相待并论辈分排位；人们相交深浅则同关系远近有关，如丧服仪礼（悲戚表现、禁忌、服丧时间等）由生者与死者的关系而定（Firth，1936）。另一位英国人类学家福蒂斯（M. Fortes）则于20世纪30年代末到西非塔列尼斯人中进行田野调查。他发现，当地人在经济合作（如锄地和盖房）、进行劳动分工以及作为酬劳的食物分配等方面，均依亲属关系的远近亲疏而为（Fortes，1945）。

第二，费氏以"同心圆波纹"来反映中国亲属及社会关系之"规则"，这在近代社会科学有关亲属及社会关系研究中亦不少见，只是以更加学术化的"多重同心圆"（concentric circles）来表述。如梅因和滕尼斯都曾提出"多重同心圆"说。梅因指出，在古罗马时代，家庭为基本群体，由地位最高的男性传承人掌控；若干家庭组成氏族（gens or house），若干氏族组成部落（tribe），部落集合成联邦（commonwealth），其关系结构呈"多重同心圆"状（Maine，1963：123 - 124）。滕尼斯亦曾以"多重同心圆"说来表示家庭结构：家庭户一般为三层结构，呈一系列同心圆形态：最内圈由主人及其妻子（们）组成；第二层是其子女；最外圈则是男女仆人（Tnnies，2002：53）。再者，布朗也曾引述德国中世纪《萨克森法典》中以人体各"关节"部位来比喻亲属关系的一种——（双系）亲族（sib）——关系的远近。从头部的位置开始示意亲属关系逐渐疏远，越是亲近的关系越近"头部"。头部位置代表最近的关系，如父母；同父母的兄弟姐妹位居颈部，远近不等的表亲分别位于肩膀、臂肘、手腕、手指、指尖等处。布朗认为，这种亲族关系秩序亦可用"多重同心圆"表示：最里圈有父母、兄弟姐妹、子女等，向外一圈由臂肘以内的表亲构成。而有一个圈是禁止通婚圈，但此圈的划定范围不一（Radcliffe-Brown，1987：15 - 16）。

"多重同心圆"还被多位人类学者用于考察亲缘与地缘的关系。在部落社会或农业社会，除亲缘以外，另一个较基本的社会组织因素是地缘。亲缘与地缘密切相关，却不能互相代替。从某种意义上看，对亲缘和地缘关系的研究就是要超越亲属社会或村庄社区的内部结构，而关注其与外部社会的关系问题。这方面以三位人类学家——雷氏、艾文斯 - 普里查德及福蒂斯的论著为代表，他们都运用了"多重同心圆"图来作为分析的手段。就雷氏而言，他对"多重同心圆"法不会陌生。早在 20 世纪 20 年代初，"芝加哥学派"的一位重要成员伯吉斯（E. W. Burgess）即以芝加哥市为蓝本，用一系列同心圆表示城市扩张的过程及特征，提出了城市发展布局的"多重同心圆模型"（Burgess，1925）。雷氏与伯吉斯的研究领域不同，在对墨西哥村庄昌昆的研究中，他以"多重同心圆"图形来表示村庄内外关系——从较亲密的生活圈到文化认同圈，再扩大到区域防御圈等之分布特征（Redfield & Villa Rojas，1934：9 - 10）。雷氏之后，有英国人类学家艾文斯 - 普里查德和福蒂斯各自所做的西非研究。前者考察了苏丹努尔人的家庭、村庄、氏族、部落等逐渐扩大的社会组织，通过对经济合作、血仇、械斗、战争冲突等的分析，来看亲缘和地缘因素对政治制度及活动的影响（Evans-Pritchard，1940：114）。后者提出了社会关系"场"（field）的概念，并分析了随着社会"圈"的层层扩大，亲属联结渐弱、政治功能渐强而后转弱、文化认同转强的特点（Fortes，1945：62 – 63、76 – 77）。20世纪 50 年代初，雷氏进一步梳理、总结了包括他自己的昌昆案例在内的多项成果。这些研究的共同之处即运用"多重同心圆"法或其变体，来比较村庄社区内部、村庄之间，特别是村庄与外部因素（市场贸易、城市、国家等）的关系问题。这使得社会人类学的着眼点从小型而孤立的部落社区转向农业村庄，考察后者作为国家的组成部分，形成一个"更大的整体"（larger whole）的过程及特征（Redfield，1960a：114 – 122）。

由此可见，"乡土社会"以亲属关系为社会结构的基础，这并非"乡土中国"所特有的，而是与传统社会受自然环境和技术条件所限，社会生活范围较小、社会分化较简单有关。因此，亲属关系决定了通婚范围、礼仪交往、利益交换等基本社会行为。当然，人类学有关亲属制度的研究丰富多样，而很多论题如各种社会中亲属、家族等形态的含义、构成及与社会组织结构的关系，亲属称谓体系对特定社会的意义等，始终存在着争论，因超出本文范围，在此不做论述（参见高怡萍，2000）。

三 "乡土社会"和"差序格局"的中国学术脉络

费氏"乡土中国"和"差序格局"说的提出，既有其西方学术渊源，亦有其中国发展脉络。二者有交集——中国学术界对西方学说的引介和运用，亦有分别——这取决于中国学术界的现实关切和相关学理探讨。本部分将费氏的"乡土中国"和"差序格局"说置于当时中国学术界的相关发展之中，涉及其思想及概念的形成、相关词语的翻译和转换等问题。

要了解"乡土中国"和"差序格局"的中国学术脉络，须先考察一下"乡土社会"和"乡土中国"词语的来历及含义。因为尽管如费氏本人所言，其"folk China"借自雷氏的"folk society"，但"folk society"和"folk China"却是分别以"乡土社会"和"乡土中国"出现的，顺序如下：雷氏的论文"Folk Society"于 1947 年 1 月在《美国社会学杂志》上发表；费氏以"杂话乡土社会"为题的系列专栏文章在《世纪评论》周刊上连载（1947 年 8 月至 1948 年 3 月）；这些文章经过些许修改、增删，集结成《乡土中国》一书，该书于 1948 年 4 月出版；雷氏夫妇于 1948 年 10 月下旬至 12 月中旬在清华大学任访问学者，其间给燕京、清华两校师生做专题讲座；雷氏论文的两个中译本先后发表，标题都采用了"乡土社会"，分别为当时清华大学社会学系青年教师袁方和燕京大学社会学系学生张绪生所译（瑞斐德，1948；瑞德斐，1949）。若仅看费文及袁、张译文，很难明了"乡土"同"folk"的关联。这是因为，汉语里的"乡土"一般有两层含义：地方、区域；家乡、故土。"folk"的本意则是"普通的人们"、"民众"，做形容词时在现代汉语里一般被译为"民"或"民间"等。在早期西方社会学、社会人类学及民俗学中使用的"folk"一词，无论是前述萨姆纳对于"民风"（folkways）的研究，还是美国社会学家杜波依斯（W. E. B. Du Bois）有关美国黑人民众（black folk）的论著（Du Bois, 2007），抑或是民俗学中的民俗（folk lore）和民歌、民谣（folk songs）等，基本上都是"民"。[①] 再如，1936 年，燕京大学社会学教授吴文藻在编译布朗的一篇文章时，也将文中提到的雷氏的墨西哥"folk culture"研究译作"民俗文化"研究（拉德克里夫 - 布朗，1936）。然而，换一个角度看，西方社会人类学界以雷氏的研究成果为基础，提出"folk society"是一种孤立的、同质性高、内部关系紧密的小型社会；那里的人们在情感上依赖于土地，经济活动靠经验，对地域的认同感强（Kroeber, 1948：281 - 282）。据此，将"folk society"译作"乡土社会"，虽非直译，却也适当。

"乡土中国"一词何来？经研究认为，它很可能出自费氏与张之毅合著的 Earthbound China 一书的英文标题。"Earthbound China"是费氏留英回国前其导师马林诺夫斯基（B. Malinowski）在伦敦送别时为他拟定的研究题目。马氏还为他开列了中国农村调查提纲并寄往中国，但因战乱而未寄达。费氏及其同事们在云南期间开展了有关土地问题的调查，曾出版过调

[①] 这里也有例外，即近代日本学术界对中国的影响。如"民俗"和"民俗学"的名称就是日本学者先采用。而如近代日本民俗学的创立者柳田国男的"乡土研究"曾影响了作家周作人，使他进行中国民俗学研究，其论著中出现过"乡土研究"的表达（钟敬文，1981；周作人，1999/1944：25 - 26；赵京华，2011）。再如，近代中国问题专家、日本学者橘朴（1966）也曾有关于中国"乡土"、"乡土社会"的论说。

查报告《禄村农田》（费孝通，1943）、《易村手工业》（张子毅，[①] 1943）以及一本很简略的英文调查报告（Li et al.，1943）。费氏 1943—1944 年访问美国期间，雷氏夫人、派克的女儿玛格丽特协助费氏将上述几份报告修改、扩充后译成英文，雷氏本人也提供了修改意见。该报告于 1945 年由美国芝加哥大学出版社出版。1947 年 8 月，袁方发表了一篇关于此书的书评，即称此书为《乡土中国》（袁方，1947）。从"earthbound"一词的含义看，它是"与土地紧密相连的"、"朝向土地的"、"受土地限制的"等，不仅反映了传统中国社会以农为本的基本状况，也点出了费氏当时的关切点——土地问题，从它也可以引申为"乡土"一词。那么，Earthbound China 一书的中文标题"乡土中国"，用于费氏同时期的另一个作品，这是有可能的。多年以后，当此书的中译本于 1990 年出版时，便用了《云南三村》作标题。当然，"乡土中国"的提法究竟出自袁方还是费氏，依然存疑。但以"乡土中国"这个富有情感色彩的语词，来代表中国传统基层社会文化之特性，的确是具有费氏风格的一种"创造性转化"。

　　如果说词语的翻译和转换为"表"的话，那么思想与概念的形成就涉及"里"的问题。从"乡土社会"和"差序格局"概念在近代中国的形成来看，有重要贡献的社会学家是潘光旦。潘光旦较早使用"乡土"一词，如他谈及儒家"本"的思想时，称"乡土是一人根本之地，一个人无论如何不长进，只要不忘本，总还有救"（潘光旦，2010：220）。再如他为其西南联大社会学系同事、人口与劳工问题专家陈达的一部英文著作 *Emigrant Communities in South China* 所做的书评《南洋移民及其乡土的社会》（潘光旦，1947b/1940）。表面看来，这两处的"乡土"或"乡土的社会"不过指的是"出生地"或"家乡"，但当他提出儒家思想最基本的观念就是"本"的观念时，这"乡土"的分量便加重了，有了文化之根载体的含义。而且，潘光旦对传统儒家社会思想的研究，也为"差序格局"的提出奠定了基础，这包括两部分。一是他深入考证"伦"在中国社会文化中的含义，提出伦是"人的类别，与人根据此类别而彼此之间发生的关系"；提出人之"格局"问题（潘光旦，2000c/1948：147、157）。二是他研究的"推或扩充"论，即在群己之间从修身、事亲、治人到治天下国家

---

① 据张仙桥（西南联大 1942 级学生）先生说，"张子毅"有误，应为"张之毅"。

的修、齐、治、平的儒家道德理想（潘光旦，2010：89、136）。这两点成为费氏"差序格局"说的组成部分。

20 世纪 40 年代初，西南联大社会学系教授李树青也曾阐述过中国社会的"乡土"问题，甚至提出了"差序格局"说的雏形。这反映在他于 1941～1944 年发表的数篇文章里（李树青，1947/1945）。李树青使用社会"型"的概念，如"本型"、"极型"、"范型"、"铸型"等，这里的"型"相当于前述"典型"。他提出三个"主义"："自我主义"、"家族主义"、"乡土主义"，用于分析中国社会的基本特征。他认为，所谓的"自我主义"，即以自我为中心的"利己主义"。由于先秦思想家杨朱对此特别提倡，亦可称之为"杨朱主义"。他强调，"自我主义"不同于"个人主义"，后者基于对社会总体的承认，以"利他"为前提。"家族主义"即以自己的家族为重心，不论其他。而乡土主义指"本乡本土"，即以自己的邻里乡党为优先考虑对象。他特别说明，"乡土主义"相当于英文词"provincialism"，意为对地域的据守。因此，这三者都是从"自我"出发，逐渐"向外推"，是一脉相承的。正像当时中国的许多学者一样，李树青受美国早期传教士明恩溥（A. H. Smith）等人的影响，把自私自利视作中国人的一个基本特性，因此认定多数中国人的生活里有私无公。在解释中国人的这一行为特点时，他援引西方学者有关进化论、生物淘汰等观点，如由潘光旦翻译的、美国优生问题专家亨廷顿（E. Huntington）著作中的分析，认为是出于"荒年抢粮"的生存需要。同时，李树青也分析了中国社会的自身特点，如以农立国的环境及生产技术等因素的局限性，农民安土重迁、对土地的黏着性强等。他还将中国传统人生哲学的"人本主义"同基督教的"神本主义"做比较，认为前者因重人伦而形成"家庭主义"，后者则造就了"个人主义"。

此外，还有一位中国学者提出过类似的"差序格局"说，这就是哲学家冯友兰在 1947 年——与费氏同时期——写的一篇英文论文，其相关部分如下：

在传统的中国，家在广义上实际就是社会……按照传统的社会理论，广义的家虽可无限扩大，但个人对家的责任并非没有固定极限。在极限之内，责任大小仍有差等。这都表现在所谓"丧服"上……如此按照传统的社会理论，每个个人是个中心，从这个中心向四方辐射出关系：向上是他与其父及祖先的关系；向下是他与其子及后人的关系；向左向右是他与其兄弟及堂兄弟等等的关系。James Legge 的《礼记》译本有几张图表说明这一点。在这辐射圈内，有着轻重不等的亲情和责任。中心的人视圈外的人为"亲毕"，而以朋友关系为基础对待之。如此按照传统的社会理论，每个个人是一个社会圆的圆心，社会圆由各种社会关系构成。（冯友兰，2005：145－146）

以上三位学者各自的"外推"论、"扩充"论、"辐射"（或"社会圆"）论等，都可视作某种形式的"差序格局"说。那么，将他们的论说与费氏的做比较，可以更深入地考察其相似性、关联性及差异性，而学术旨趣与现实关切亦包含于其中。具体来说，冯友兰的"社会圆"及其丧服例证较接近第二部分所论费氏有关亲属关系的"差序格局"说。进一步看，费氏的"差序格局"还有多个内容，既有李树青的三个"主义"，尤其是其中的"自我主义"（杨朱思想），也有潘光旦的"伦"、"格局"、"推或扩充"论，以及李树青曾分析过的儒家的"人本"与西方基督教"神本"思想比较等。李树青和费氏都对"自我主义"有所论述，主要是针对时论，即中国人的"贫、病、愚、私"中的"私"的问题做出的回应。如前所述，李树青对中国人"自我主义"或"利己主义"的解释，有传统的杨朱思想，却主要出自进化论"生存竞争"的思想。但有一个问题他没有涉及，即杨朱的"自保"，其实并不同于进化论的"自强"。他进一步提出，"自我主义"者如果一味地自利便不能生存，因而在行有余力时可以顾家，还能嘉惠于邻里乡党，呈现一种"扩大的自我主义"（李树青，1947/1945：33）。可以说，李树青的这个论点，同以社会进化论著称的萨姆纳从"自我中心主义"（egocentrism）扩大到"我族中心主义"（ethnocentrism）的观点是一脉相承的（Sumner，2002：13；派克，1932）。然而，他认为"自我主义"的扩大仅止于"乡土"，并引述孔子"推恩足以保四海，不推恩不足以保妻子"，将其中"四海"换为"乡党"，即"推恩足以保乡党，不推恩不足以保妻子"，说明这才是中国社会的现实（李树青，1947/1945：54）。相比之下，费氏的"自我主义"却不清晰——他亦提到了杨朱，似乎是想表明杨朱之"贵己"、"为我"，但马上转入儒家差别待人之"己"、作主体的"己"等，然后则将一种绝对"自我主义"——"为了自己可以牺牲家，为了家可以牺牲党，为了党可以牺牲国，为了国可以牺牲天下"，同儒家的"修齐治平"并列，以说明中国社会群与己、公与私之间的"伸缩性"，也即相对性（费孝通，1985：26 - 28）。对于这里所显示的矛盾，将在第四部分做进一步分析。

从潘光旦的思想来看，他所提倡的优生学与进化论是相通的。而他在考察优生学的基础上，深入研究儒家社会思想，其中对"伦"的分析和考据，如"沦"指水的纹理，则成为费氏"同心圆波纹"的来源。潘光旦对"人伦差等"进行辨析，并提出人作为有自我意识的主体，各自有其"格局"。正如有学者指出的，费氏根据潘光旦的以上研究提出差序格局"几乎是水到渠成的"（翟学伟，2009：154）。潘光旦明确提出，儒家人伦差等的思想要比西方人人平等的哲学更合理，也就是说，对人划分差等类别，可如荀子所言"皆使人载其事而各得其宜"（转引自潘光旦，2000b/1947：135）。在"推或扩充"论上，潘光旦则认为，儒家"修齐治平"的"扩充"是以"己"为起点、为主体，而推"仁"也不是盲目、无度的，而是有分寸、合于中庸之道的。相比之下，李树青的思想有所矛盾。一方面，他认同西方的"民主主义"；另一方面，他又称"为我"和"博爱"两条路都走不通，而引述潘光旦对"伦"的考订，说明"所谓人伦，即人与人间各种不同的差别关系"，并接受儒家有关人伦的中庸之道（李树青，1947/1945：55 - 70、113、125）。

潘光旦学术旨趣的背后有着更深的现实关切，最急迫的即为中国寻求一条"优生的出路"，更长远而根本的是重建以完整的人格为目的的人文精神（潘光旦，1991/1932：213；2010：437 - 438）。其他学者莫不如此，都是要为中国求出路。例如，比较李树青与费氏的"乡土"论会发现，其背后是近代"乡土"问题的提出及其与国家或民族的关系问题，同"救亡"危机密切相关。当时有两种截然不同的乡土观。一种是对乡土观念持否定态度，认为中国的民族难以统一就是因为各地民众乡土意识太深，而各系军阀在政治上利用这一点，实行地方割据；也就是说，乡土观念对民族或国家的联合、统一起阻碍作用（屈哲夫，1936）。另一种是对乡土观念持肯定态度，并希望基于此来开展乡土教育，逐渐扩大民众的乡土范围或视野，最终养成其爱国精神（张光涛，1935）。据此标准判断，李树青的立场可归于第一种认识。尽管他对"乡土"情结有所肯定，比如维系人心与世俗的作用，但他更强调其消极方面，主张铲除社会上的"三害"（三个"主义"），走西方道路，实行民主制度，发展工商业。同时，他也认识到中国与欧美社会历史条件不同，因此提出某些方面如家族制度即要结合中西方传统中的精华部分而为。费氏的观点更接近第二种认识，他主张立足于"乡土"而进行"乡土重建"：保持工业的"乡土性"，不脱离乡村；适当采用机器乃至建立工厂；要让知识下乡；以家庭为基础组织合作生产。也就是说，从经济入手，以新的乡村工业来恢复农村中人与环境之间的平衡和秩序（费孝通，2010b/1948）。

至此，已呈现 20 个世纪三四十年代中国学界关于"乡土"、"乡土社会"、"差序格局"等讨论的基本轮廓。看来，在这几个概念产生和发展的背后，存在着一个西南联大（清华）社会学的"学术圈"，亦辐射到云南大学、燕京大学等。[①] 这个"学术圈"不但包括潘光旦、李树青、费孝通、袁方等老中青社会学人，还有闻一多、吴晗等文史专家。他们之间的交往有学术上的，亦有政治上的，如多人活跃于"民盟"。这个"学术圈"来往密切，思想上相互激发，形成许多交集；费氏的"乡土中国"和"差序格局"正是在这样的背景下形成的。其中潘光旦是个备受尊敬的学问家，费孝通同他关系很近，时常向他求教。李树青也时常同潘光旦讨论问题，许多文章的酝酿、写作都与他交流，二人对于许多问题的看法颇为一致（潘光旦，2000a/1945：46）。李树青也视闻一多为师长，他所有关于儒学的文章发表之前都要听取闻一多的意见并加以修改（阎明，2010：267）。20 世纪 40 年代后期，吴晗、费孝通等清华师生展开了有关中国传统社会政治权力的讨论。当时，尽管冯友兰也在西南联大（清华）任教，但未见证据显示他"社会圆"说的提出同费氏的"差序格局"说有何直接关系。

尚有一点需要说明，这样的"学术圈"不局限于上述学者范围，亦呈"差序格局"式的"辐射"状，可以扩充或推广至更多的学者、机构或论题。篇幅所限，不能涉及其余。

---

① 这里称西南联大（清华）"学术圈"意在表明一种较松散的学术关系，同事之间、师生之间或互相启发，或开展合作研究。"学派"则与此不同，其学术成果有较鲜明的共同理论和方法基础，如"燕京学派"的"社区研究"（阎明，2004：147–166）。

四 讨论：中国是一个"乡土社会"吗？

本文试图描绘一幅关于"差序格局"以及"乡土中国"、"乡土社会"等相关概念所形成的"图谱"，它由多个中西方相关学理传统及现实问题关切点纵横交错构成。通过这样的学术脉络梳理，不仅能为"差序格局"概念定位，更可以明晰众多研究者的相关工作及贡献。其中，雷氏和费氏作为两个重要"结点"，彼此相连，且分别集结了西方与中国两个学术体系。而从以往的研究来看，无论是费氏本人，还是相关学术史论著，对雷氏等中西方学者的贡献肯定得不够。[①] 本文表明，学术工作往往难以独自完成，要有多人数代积累之功。即便因缘际会使个人的贡献显得格外耀眼，但其背后定有各种形式的学术研究群体的支撑及学术思想的汇聚。

同时，回顾亦需前瞻。那么，我们不禁要问，本研究对"差序格局"和"乡土中国"概念的研究有什么理论及现实意义？

首先，可以本文研究的结果，来尝试回答近年来社会学理论界所争论的有关"差序格局"的几个问题。

其一，关于费氏的"差序格局"是仅指关系网络，即亲属或社会关系的远近亲疏之特征（孙立平，1996；吴飞，2011），还是也包含等级结构的问题（阎云翔，2006；周飞舟，2015）。

其二，关于费氏"差序格局"中"己"或中心点的问题。如有学者指出，个人之"己"可以是关系网络的中心，但不能成为差等结构的中心（阎云翔，2006）；而"自我主义"之"己"既不能体现在丧服制度中，也违背修齐治平的出发点之"己"（吴飞，2011）。

其三，关于费氏"差序格局"的"外推"问题。有学者指出，其按"自我主义"的外推同修齐治平的外推相矛盾（翟学伟，2009；吴飞，2011；周飞舟，2015）。

对于以上诸问题，学术界已有所认识（廉如鉴，2010）。本文则从学术史的角度提出，以上三个主要问题的产生，都同费氏的"差序格局"概

[①] 如本文作者在以前的论著中，虽曾提到费氏致雷氏的信，但却未能深入挖掘二人相关研究工作的密切联系（阎明，2004）。

念有多个思想或学术来源有关。换句话说，它并非一个而是包含着四个不同的"差序格局"概念：一是基于早期人类学亲属制度研究所呈现的亲属关系特征；二是被费氏称为"自我主义"的绝对"利己主义"，与杨朱思想相连；三是儒家思想中的"人伦差等"的类别和等级结构；四是儒家的"推仁"及"修齐治平"思想。以上分类并不绝对。有的大类下面还可细分差别。例如，在亲属制度研究中，费氏用"蜘蛛的网"比喻所代表的亲属记认体系（称谓体系），与其"同心圆波纹"所表示的亲属关系特征并不相同。又如，在儒家的"人伦差等"中，有些为亲属关系，有些则属等级关系，有的可视同亲属关系，亦有亲属关系中包含着等级关系。再者，来源互异的思想却可能形式相同或内容有交集，如亲属关系的远近亲疏和儒家修齐治平都可以"同心圆波纹"的形式表示；而如费氏所言，儒家从己外推的过程主要按照亲属关系的路线（费孝通，1985：32），这与人类学研究结果相符。

进一步看，上述四个"差序格局"则分别对应着四个甚至五个"己"或"中心"，呈现各自不同的特点。一是人类学亲属关系研究中考量远近亲疏之"己"。这个"己"可以是任何个人。而在本文第二部分所论述的有关亲缘与地缘关系的诸项研究中，"多重同心圆"的中心却非个人，而是群体或社区。二是"自我主义"的利己之"己"。费孝通（1985：27）提出了绝对"自我主义"之"己"——"中国传统社会里一个人为了自己可以牺牲家，为了家可以牺牲党，为了党可以牺牲国，为了国可以牺牲天下"。如何理解这段文字？经仔细考察费氏此段论述的初稿，会发现他其实谈的是自己云南调查所见：在家庭内部，各自挣、攒私房钱，说明每个人都是"先己后家"；在家庭与宗族的关系上，有的人会侵吞族产，以致"先家后族"。对此，费氏评论道："为自己可以牺牲家，为家可以牺牲族……这是一个事实上的公式。"（费孝通，1947：14－15）值得注意的是，引文中的省略号为原文所有，并非本文添加，因此说明费氏在此的论述只到家、族。看来，从费氏发表的初稿到成书出版，从列举实例到抽象概括，推论经过几次跨越，幅度有点大了。因为"先己后家"并非"为自己可以牺牲家"，"先家后族"也非"为家可以牺牲族"；从己、家、族的牺牲，亦不必到党、国、天下的牺牲。反例却不少见。如费孝通（2010a/1946：219－222）本人于同一时期出版的专著《生育制度》中的一个基本论点，即生育是一项"损己利人"的事业；而他所处的战乱年代里，壮士为国捐躯的事例亦比比皆是。三是基于儒家思想的等级秩序中的"己"，严格地说，不是"己"而是"中心"，因为这并非任何人，只能是一个群体中位置最高的掌权者。四是儒家的"推仁"和"修齐治平"的起点"己"，亦可再细分为两个"己"：首先，"推仁"和"修、齐"中的"己"，仅从儒家理想来说，任何人都可以正心、修己，推己及人；其次，每个人若能"修、齐"，便可以促进"国治"及"天下平"，但能够"治国、平天下"的人，一般只能是"担大任"的国君及其少数助手。再如，费孝通（1985：26）引述孔子："为政以德，譬如北辰，居是所，而众星拱之。"显然，这里的"己"不会是任何人，只能是"为政"之君主。因此，在上述不同的学术脉络里，呈现多个"己"："己"可以是个人也可以是群体，"己"可以但不必同"中心"相重合，"中心"可能仅由特定的人占据，杨朱之"小我"不同于儒家之"大我"，等等。

所以说，若将"差序格局"视为理论概念，它确有其局限性：其定义不够明确；有的论点如（绝对）"自我主义"的阐述过于浮掠；儒家伦理道德思想的"应然"和现实社会的"实然"未分。而最关键的问题是，出自不同思想或学术渊源的多个"差序格局"之间"合而不融"的内在逻辑矛盾，造成了上述理论研究的诸多困境。如果不认清这一点的话，用同一个词语代表几个不同的概念，或者从某个系统中拿出一个概念去解释另一个系统中的某个现象，就会导致标准混乱、歧义备现。当然，如果历史地看问题的话，此书本是课堂讲稿，以系列专栏文章发表，算是一种学术性杂文。即便是费氏本人，也不认为这是其成熟之作："这算不得是定稿，也不能说是完稿，只是一段尝试的记录罢了。"（费孝通，1985：97）无论如何，"差序格局"这个概念，对启发我们的理论思维仍然是有意义的。

再者，费氏的"差序格局"毕竟仅为其"乡土中国"框架的一部分。那么，对前者的研究，还需将其放到"乡土中国"的视野里。而如前所述，费氏的"乡土中国"是依雷氏的"乡土社会"而立的一个典型，因此，有必要考虑二者之差异、各自的成立条件及局限性等问题。仅举二例。

其一，能否以"乡土社会"来代表中国传统社会？雷氏对"乡土社会"的界定是：规模小而孤立、同质性高、没有文字、地方性强的简单社会。这与中国的基本情形并不相符。对此，费氏其实提出了三点限定，从而让中国符合"乡土社会"的条件：一是将研究对象局限于中国的乡村；二是"乡村社会"仅就村落而言；如"中国乡村社区的单位是村落……孤立、隔膜是以村和村之间的关系而说的"（费孝通，1985：4）；三是不使用文字。他提出，中国基层社会是熟人社会，面对面交流不需要文字。文字是现代化的工具，最早的文字是"庙堂性的"（费孝通，1985：14、20）。因此，"乡土中国"仅指中国传统村落社区。不过，这仅是中国传统社会的一个基本侧面而非其全貌。而从其他侧面观之，如前述雷氏曾提出，中国的农村是其"农民社会"（或"中间社会"）的例证——乡村与城市有着政治、经济、文化等密切的联系。还有学者进一步描述了欧洲、亚洲等地的乡村：它们往往处于一个大的具有悠久历史文化的系统之中，此系统有着较复杂的官僚机构、教育制度、市场网络、社会组织及社会分层等，城乡之间、上下阶层之间亦有较密切的交流与互动，可称之为"封建社会"（feudal society）（Sjoberg，1952）。这些特征也能对应于中国传统社会。因此，中国传统社会既有乡村的一面，也有城镇的一面；既有基层村落的一面，也有上层精英群体的一面。或者说，它既有"乡土"的一面，也有"非乡土"的一面；甚至于，乡村不一定有"乡土"性，城镇也不一定非"乡土"。对此，费氏本人有较清楚的认识，中国社会学界近年也有所反思（费孝通，2010b/1948；陈映芳，2007）。

其二，价值取向问题。雷氏多少受社会进化论的影响，预断人类社会始自"乡土社会"，然后走向"城市社会"。同时，由于受当时欧美学界，特别是"芝加哥学派"主导思想的影响，他特别关注在社会转型过程中乡土社会因城市文化的侵入而受到破坏，经历社会解组、道德危机等诸多问题。这其实都不尽然。有研究发现，人们离开乡土移居城市后仍保留了许多传统习俗，家庭及社会关系亦很密切。而前现代社会也不必然等同于简单、粗糙，有些前现代社会在某些技术和思想的复杂性和精巧性上曾达到很高的水平（Lewis，1951；Foster，1953）。

反观本文第三部分所论及的相关中国研究，虽然当时学者们有着各自的学术旨趣和现实关切，但共同之处是他们身处中国社会的转型期，在关注中国从传统向现代的转变时往往以西方为参照系，对比中西社会文化之异同。应该说，尽管带有很强的时代烙印，这仍是一个有益的审视中国的视角；与此同时，其中所隐含的价值判断对学术工作的深刻影响，却不能不考虑。冯友兰对此比较警醒，他指出：中国自周秦开始对于四周民族向来是"城里"，处于"城里人"的地位，而其他地方则是"乡下"；只是近代以来，欧美在世界上是"城里"，而中国则成了"乡下"，中国人也就成了"愚"、"贫"、"弱"的"乡下人"（冯友兰，1994/1940）。那么，多年来，我们在用"乡土社会"代表中国时，是否暗自认同冯友兰所言——传统中国是不是这样一个"落后"而需要改变的"乡下中国"？若是的话，它对研究的影响如何，它使我们看见了什么，却又遮蔽了什么？是否正是在以西方为参照审视中国的大背景下，在从"城里"转到"乡下"的视角里，"乡土中国"诸特征才得以呈现？倘若采用冯友兰"城里"的"视镜"的话，又会看见一个什么样的中国？

总之，中国学术界在采用"乡土社会"或"乡土中国"概念做分析时，它到底是指雷氏的"乡土社会"，还是其"农民社会"（或"中间社会"），或者是从费氏"乡土中国"转化的"熟人社会"，冯友兰的"乡下"中国，抑或不过是"农村社会"、"乡村社会"甚至"土地问题"的代名词，需要辨析与验证。中国幅员之广、人口之众、历史之久、社会文化之精细复杂，以理论和实证研究来回答这样的问题并非易事。即便是正在走向现代"城市中国"和信息社会的当下，探讨"乡土社会"概念及其与现实的关系，仍是有价值的工作。正如费孝通所言："搞清楚我所谓乡土社会这个概念，就可以帮助我们去理解具体的中国社会。"（费孝通，1985：III）

费孝通等老一代中国社会学家作为民国初期的知识分子，对自己的国家和民族抱有深重的使命感。他们筚路蓝缕，殚精竭虑，为中国社会科学事业的发展积累了宝贵的财富。然而，他们身处动荡的近代中国，客观条件常常不容放下一张"安静的书桌"。有些思想"萌芽"，未及生长即经时代风雨的涤荡，只能等待"新时期"的重生。作为后辈学者，对前辈学者最高的敬意，是珍视他们孜孜以求的精神；同时，应将其研究成果，放回到那具有活性且开放的学术长河之中，探索，再探索。

参考文献：

陈映芳，2007，《传统中国再认识——乡土中国、城镇中国及城乡关系》，《开放时代》

第 6 期。

费孝通，1943，《禄村农田》，重庆：商务印书馆。

——，1947，《论私》，《世纪评论》第 2 卷第 16 期。

——，1985，《乡土中国》，北京：生活·读书·新知三联书店。

——，1986，《江村经济——中国农民的生活》，戴可景译，南京：江苏人民出版社。

——，2010a/1946，《生育制度》，《费孝通全集》第 4 卷，呼和浩特：内蒙古人民出版社。

——，2010b/1948，《乡土重建》，《费孝通全集》第 5 卷，呼和浩特：内蒙古人民出版社。

——，2005，《在中国传统社会基础的哲学》，《中国哲学小史》，涂又光译，北京：中国人民大学出版社。

冯友兰，1994/1940，《新事论》，《冯友兰选集》，天津：天津人民出版社。

高怡萍，2000，《亲属与社会群体的建构》，《广西民族学院学报（哲学社会科学版）》第 1 期。

拉德克里夫 – 布朗，1936，《对于中国乡村生活社会学调查的建议》，吴文藻编译，《社会研究》第 116 期。

李树青，1947/1945，《蜕变中的中国社会》，上海：商务印书馆。

廉如鉴，2010，《"差序格局"概念中三个有待澄清的疑问》，《开放时代》第 7 期。

派克，1932，《撒木讷氏社会观》，李安宅译，《社会学界》第 6 卷。

潘光旦，1947a/1940，《明伦新说》，潘光旦《优生与抗战》，上海：商务印书馆。

——，1947b/1940，《南洋移民与其乡土的社会》，潘光旦《优生与抗战》，上海：商务印书馆。

——，1991/1932，《优生的出路》，胡适等著《中国问题》，上海：上海书店。

——2000a/1945，《〈蜕变中的中国社会〉序》，《潘光旦文集》第 10 卷，北京：北京大学出版社。

——，2000b/1947，《说"伦"字——说"伦"之一》，《潘光旦文集》第 10 卷，北京：北京大学出版社。

——，2000c/1948，《"伦"有二义——说"伦"之二》，《潘光旦文集》第 10 卷，北京：北京大学出版社。

——，2010，《儒家的社会思想》，北京：北京大学出版社。

屈哲夫，1936，《乡土观念与统一》，《政问周刊》第 27 号。

瑞德斐，1949，《乡土社会》，张绪生译，《燕京社会科学》第 2 卷。

瑞斐德，1948，《乡土社会》，袁方译，《自由批判》第 1 卷第 10 – 12 期。

孙立平，1996，《"关系"、社会关系与社会结构》，《社会学研究》第 5 期。

吴飞，2011，《从丧服制度看"差序格局"——对一个经典概念的再反思》，《开放时代》第 1 期。

吴晗、费孝通等，1948，《皇权与绅权》，上海：观察社。

阎明，2004，《一门学科与一个时代——社会学在中国》，北京：清华大学出版社。

——，2010，《中国社会学史——一门学科与一个时代》，北京：清华大学出版社。

阎云翔，2006，《差序格局与中国文化的等级观》，《社会学研究》第 4 期。

袁方，1947，《〈乡土中国〉书评》，《益世报·社会研究》第 1 期。

翟学伟，2009，《再论"差序格局"的贡献、局限与理论遗产》，《中国社会科学》第 3 期。

张光涛，1935，《乡土教育与小学》，《存诚月刊》第 1 卷第 4 期。

张江华，2015，《"乡土"与超越"乡土"：费孝通与雷德斐尔德的文明社会研究》，《社会》第 4 期。

张清勇，2009，《李树青生平与伊黎、魏尔万合著之〈土地经济学〉的中译》，《中国土地科学》第 23 卷第 10 期。

张子毅，1943，《易村手工业》，重庆：商务印书馆。

赵京华，2011，《以固有信仰为中心的学问与文化保守主义——周作人与柳田国男的民俗学思想》，赵京华《周氏兄弟与日本》，北京：人民文学出版社。

钟敬文，1981，《民俗学与民间文学》，中国民间文艺研究会研究部编《民间文学论丛》，北京：中国民间文艺出版社。

周飞舟，2015，《差序格局和伦理本位——从丧服制度看中国社会结构的基本原则》，《社会》第 1 期。

周作人，1999/1944，《周作人民俗学论集》，吴平、邱明一编，上海：上海文艺出版社。

橘朴，1966，《橘樸著作集》第 1 - 3 卷，東京：劲草書房。

Becker, H. 1950, "Sacred and Secular Societies Considered with Reference to Folk-State and Similar Classifications." *Social Forces* 28 (4).

Bulmer, M. 1984, *The Chicago School of Sociology: Institutionalization, Diversity, and the Rise of Sociological Research*. Chicago: The University of Chicago Press.

Burgess, E. W. 1925, "The Growth of the City: An Introduction to a Research Project." In R. E. Park, E. W. Burgess & R. D. Mcknezie (eds.), *The City*. Chicago: The University of Chicago Press.

Chen, T. 1940, *Emigrant Communities in South China: A Study of Overseas Migration and Its Influence on Standards of Living and Social Change*. New York: Secretariat, Institute of Pacific Relations.

Du Bois, W. E. B. 2007, *The Souls of Black Folk*. New York: Oxford University Press.

Durkheim, E. 1964, *The Division of Labor in Society*. Trans. by George Simpson. New York: The Free Press.

Embree, J. F. 1939, *Suye Mura, A Japanese Village*. Chicago: The University of Chicago Press.

Evans-Pritchard, E. E. 1940, *The Nuer, A Description of the Modes of Livelihood and Political Institutions of a Nilotic People*. London, New York and Toronto: Oxford University Press.

Faris, R. E. L. 1967, *Chicago Sociology*, 1920 - 1932. San Francisco, California: Chandler Publishing Co.

Fei, H. 1948, "Hiao-Tung to Bob (September1, 1948)." In Robert Redfield Papers 1917 - 1958. University of Chicago Library Special Collections.

Fei, H. & C. Chang1945, *Earthbound China: A Study of Rural Economy in Yunnan*. Chicago: The University of Chicago Press.

Firth, R. 1936, *We, The Tikopia: A Sociological Study of Kinship in Primitive Polynesia*. London: George Allen & Unwin Ltd. .

Fortes, M. 1945, *The Dynamics of Clanship among the Tallensi*. London, New York and Toronto: Oxford University Press.

Foster, G. M. 1953, "What is Folk Culture." *American Anthropologist* 55 (2).

Hughes, E. C. 1943, *French Canada in Transition*. Chicago: The University of Chicago Press.

Kluckhohn, F. & C. Kluckhohn 1943, "Review of And Keep Your Powder Dry." *American Anthropologist* 45 (4).

Kroeber, A. L. 1948, *Anthropology: Race, Language, Culture, Psychology, Pre-history*. New York: Harcourt, Brace & Co.

Lewis, O. 1951, *Life in a Mexican Village: Tepoztlan Restudied*. Urbana, Illinois: University of Illinois Press.

Li, Y., H. Fei & T. Chang 1943, *Three Types of Rural Economy in Yunnan*. New York: International Secretariat, Institute of Pacific Relations.

Maine, H. S. 1963, *Ancient Law: Its Connection with the Early History of Society, and Its Relation to Modern Ideas*. Boston: Beacon Press.

Matthews, F. H. 1977, *Quest for an American Sociology: Robert E. Park and the Chicago School*. Montreal: McGill-Queen's University Press.

Mead, M. 1942, *And Keep Your Power Dry: An Anthropologist Looks at America*. New York: William Morrow & Co.

Miner, H. 1963, *St. Denis, A French-Canadian Parish*. Chicago, Illinois: The University of

Chicago Press.

Morgan, L. H. 1964, *Ancient Society*. Cambridge: Belknap Press of Harvard University Press.

—— 1970, *Systems of Consanguinity and Affinity of the Human Family*. Oosterhout, N. B. : Anthropological Publications.

Park, R. E. 1915, "The City: Suggestions for the Investigation of Human Behavior in the City Environment. " *American Journal of Sociology* 20 (5).

Radcliffe-Brown, A. R. 1913, "Three Tribes of Western Australia. " *The Journal of the Royal Anthropological Institute of Great Britain and Ireland* 43.

—— 1987, "Introduction. " In A. R. Radcliffe-Brown & D. Forde (eds.), *African Systems of Kinship and Marriage*. London & New York: KPI Limited.

Redfield, R. 1930, *Tepoztlán, A Mexican Village*. Chicago, Illinois: University of Chicago Press.

—— 1934, "Culture Changes in Yucatan. " *American Anthropologist* 36 (1).

—— 1940, "The Folk Society and Culture. " *American Journal of Sociology* 45 (5).

—— 1941, *The Folk Culture of Yucatan*. Chicago, Illinois: University of Chicago Press.

—— 1947, "The Folk Society. " *American Journal of Sociology* 52 (4).

—— 1950, *A Village That Chose Progress: Chan Kom Revisited*. Chicago: University of Chicago Press.

—— 1953a, "The Natural History of the Folk Society. " *Social Forces* 31 (3).

—— 1953b, *The Primitive World and Its Transformations*. Ithaca, New York: Cornell University Press.

—— 1960a, *The Little Community*. Chicago: The University of Chicago Press.

—— 1960b, *Peasant Society and Culture*. Chicago: The University of Chicago Press.

Redfield, R. & A. Villa Rojas 1934, *Chan Kom, A Maya Village*. Chicago: The University of Chicago Press.

Sjoberg, G. 1952, "Folk and 'Feudal' Societies. " *American Journal of Sociology* 58 (3).

Smith, M. 1943, "Review of And Keep Your Powder Dry. " *American Sociological Review* 8 (3).

Sorokin, P. A. 2002, "Foreword. " In F. Tönnies, *Community and Society*. New York: Dover Publications.

Spicer, E. H. 1940, *Pascua, A Yaqui Village in Arizona*. Chicago: The University of Chicago Press.

Sumner, W. G. 2002, *Folkways; A Study of the Sociological Importance of Usages, Manners, Customs, Mores, and Morals*. New York: Dover Publication.

Tax, S. 1939, "Culture and Civilization in Guatemalan Societies." *The Scientific Monthly* 48 (5).

—— 1941, "World View and Social Relations in Guatemala." *American Anthropologist*, *New Series* 43 (1).

Tnnies, F. 2002, *Community and Society*. Mineola, New York: Dover Publications.

Weber, M. 1964, *The Theory of Social and Economic Organization*. New York: The Free Press.

Wilcox, C. 2004, *Robert Redfield and the Development of American Anthropology*. Lanham, Maryland: Lexington Books.

Wirth, L. 1938, "Urbanism as a Way of Life." *American Journal of Sociology* 44 (1).

转型期家庭代际关系流变：机制、逻辑与张力*

石金群

摘　要：本文通过现阶段城市存在的多元化代际居住安排来考察转型期我国家庭代际关系的特征及其形成机制。研究发现，身处中国特殊社会结构和个体化进程中的代际关系主体双方，一方面想寻求个体的自由，另一方面又不得不受孝道文化中关于家庭责任的一整套生活逻辑以及与养老、抚育相关的社会制度的制约。家庭代际关系成为个体抵御风险的最后堡垒。多数代际关系主体在结构和个体之间努力寻求一种平衡，选择形式各异的代际居住形式，形成了转型期特有的流变的家庭代际关系。

关键词：家庭代际关系　结构　个体　流变

主干家庭和核心家庭一直是中国传统的、主要的代际关系形态——分家后大部分孩子组成自己的核心家庭，留下一个孩子与父母一起居住组成主干家庭。这些代际关系形态是比较稳定的，在这些稳定的代际形式下，成年子女和父母发生着持续的稳固的联系，形成中国特色的家庭代际关系。然而过去几十年来，中国经历的巨大政治、经济、文化、社会和人口变迁改变了家庭所处的宏观环境，缩小了家庭规模，重构了家庭结构。这些必然会给传统的家庭代际关系带来新的内容（马春华等，2011）。

代际关系形态是从外在结构上观察家庭代际关系最直接也是最客观的维度之一（Bengtson & Roberts，1991）。然而在代际关系形态研究上，受经典家庭现代化理论的影响，国内关于代际关系形态的划分多以"扩大—主干—核心"这一代际关系形态的经典类型划分作为基本参照。学者们根

---

* 原文发表于《社会学研究》2016 年第 6 期。

据典型地区的抽样调查或几次大的人口普查数据来分析主干家庭和核心家庭所占比重的变化，以此作为与经典家庭现代化理论对话的基础。

然而笔者在田野调查中却发现，核心家庭与主干家庭之间实际上还存在着多种中间状态的代际关系形态。这些中间状态的代际关系形态在以往的家庭结构研究中常常被忽视。比如在代际居住安排方面，近年来被高度关注的一个现象是老年父母与成年子女同住，也即传统的主干家庭形式在下降。但事实可能是，同住比例的下降仅仅反映了现象的一个方面。同住率下降的背后是代际居住安排上的多样化。比如当老年父母因为疾病等原因需要生活上的照料或成年子女在生活上遇到困难需要帮助时，成年子女可能和父母重新组成临时主干家庭，以相互帮助。随着两代经济条件的上升和个体意识的加强，老年父母与成年子女邻近居住的比例也在上升。按照传统，老年父母在原则上是与已经成家的儿子共同居住。而现在有的老年父母与成年女儿居住，有的则与成年儿子居住，呈现多样性。此外，如果老年父母有多个子女，那么他们也有可能周期性地与多个子女轮流居住；或老年夫妇分别与不同的子女共同居住。诸如此类的现象显示出老年父母与成年子女在居住安排上存在多样性和变动性。尤其是转型期的中国，来自结构和个体两个层面的因素相互影响和制约，代际关系形态愈加多样和复杂。

国外学者已经注意到现代社会中存在着不同形态的代际关系。比如日本代际关系研究中一直存在着家庭分居、家庭分居存续和修正的直系家庭等理论视角的纷争（宋金文，2001）。对处在转型期的中国而言，代际关系形态的研究尤其应走出经典的划分框架，从传统的量化的家庭结构类型学分析走向家庭生活的实践分析（姚俊，2012）。基于此，本文试图通过个案研究，从现代城市中存在的多样化代际居住安排来考察转型期我国家庭代际关系的特征及背后的逻辑。

一　文献回顾与研究方法

（一）代际关系研究中结构与个体的弥合

1. 早期代际关系研究中的结构主义色彩

在社会历史发展长河中，虽然家庭代际关系一直是一种对个人和社会有着重要影响的关系，但对它的重视和科学研究却起始于工业化和城市化所带来的社会结构（包含家庭结构）重组。受现代化理论和结构功能主义的影响，以古德和伯吉斯为代表的经典家庭现代化理论①对家庭各个领域的研究产生了深远的影响，家庭代际关系也不例外。经典家庭现代化理论有关家庭代际关系的一个核心观点是，随着工业化、现代化的进一步推进，和亲属集团有着密切关系的大家庭（扩大家庭或者联合家庭）将逐步由与亲属集团相对疏远的小家庭（核心家庭或者夫妇家庭）取代，这是一个线性序列和线性发展模式。这种家庭变迁的推动力主要是工业化。工业化导致了扩大家庭解体，而核心家庭/夫妇家庭最适合工业化的需要。核心家庭孤立化是经济高度发达的社会的必然产物。城市各区域的工作机会创造了人们在职业与地理位置上流动的可能性，成年子女为了更好地适应现代经济对劳务流动和劳动技能的要求，不得不拉大他们同父母在地理与社会上的距离，否则就会造成经济和社会发展停滞。而教育、医疗保健及社会互助机构的发展，则进一步减少了人们对亲属关系网的依赖程度（Parsons，1949；古德，1982）。

　　显然，在经典家庭现代化理论那里，经济发展水平是代际关系模式发展的一个决定性因素。这种带有结构功能主义色彩的理论解释使其无法适应20世纪60年代以来发展中国家不断展现出的家庭变迁多样化的趋势。70年代以来，不断有学者从史学角度或经验角度质疑经典家庭现代化理论的这些核心论断（Laslett，1972；Shorter，1977）。学者们通过大量的比较研究发现，不同社会的代际关系模式的差异并不取决于该社会实际的经济发展水平。从纵向来看，在工业化和城市化之前，欧洲家庭就已经具有所谓的现代家庭的特点，即核心家庭结构的存在；而从横向来看，不同经济发展水平国家的家庭模式也不是处在一个线性的序列上，代际关系模式呈现多样性和复杂性。在这样的背景下，文化差异被作为另一个重要的解释变量引入家庭研究，形成代际关系模式变迁的另一个理论解释维度，即文化影响论（唐灿，2010）。

---

　　① 作为论述家庭与现代化关系的理论，家庭现代化理论是不断发展的，因此笔者赞同唐灿的划分方法（唐灿，2010），将以古德和伯吉斯为代表的家庭现代化理论称为经典家庭现代化理论，以与后面发展的家庭现代化理论相区分。这一理论关涉到家庭的众多领域，由于本文关注的是家庭代际关系问题，因此只讨论其中关涉家庭代际关系的部分。

2. 代际关系研究中个体视角的融入

　　文化影响论增强了代际关系变迁多样性的理论解释力。但与强调经济发展水平的经典家庭现代化理论相同的是，两者都只是立足于宏观层面的理论解释，从宏观结构的角度去分析和解释代际关系的变迁。代际关系中重要的中介力量——代际关系主体的能动性被忽视了，导致许多微观层次的代际关系现象无法解释。比如宏观社会结构以及本土文化背景是所有家庭共同面临的社会环境，但在同样的社会结构和文化背景中却还存在着不同形态的代际关系。其中一个重要的原因是微观层面的代际互动过程，代际关系主体的能动性被忽视了。随着理论界对工业化、现代化等宏大叙事的反思，20世纪后期的家庭理论越来越强调家庭对个体的作用，而不是家庭对社会的意义。代际关系研究也从静态的、整体的分析变成更多地关注动态的、个体的情况（唐灿，2010），尤其在第二现代性的影响下，家庭生活变成了关乎自我认同和自我创造的一项事业。个体更关注表达性需求的实现，规范不再先于个体行为，而是被个体不断地定义和改变（Cherlin，2008）。第二现代性使个体从传统的家庭制度和血缘关系中脱嵌出来，线性的标准化人生轨迹不再存在（贝克、贝克-格恩斯海姆，2011）。

　　受个体化理论的影响，以德国学者卢休为代表的代际关系研究者将个体的视角引入代际关系研究中，认为人们在寻求个人和社会关系的意义时，会在感觉、想法、意愿和结构两级间摇摆，主张关注代际关系的个体层面。但受后现代思潮和女性主义理论的影响，这一理论学派更多看到的是代际关系中的矛盾性，而不仅仅局限于个体的、冲突的一面，从而没有陷入过度强调自反性、去制度化和去传统化的陷阱，结构与个体得到了统一。

　　该理论学派的一个核心论点是：代际关系是结构与自我主体性之间不断博弈和协商的结果，在代际关系中不能忽视代际关系主体的能动作用，但也不能忽视宏观层面的角色与规范对代际关系的制约作用。该理论主张关注代际行动主体和结构之间的博弈、团结和冲突相互转换的动力机制及家庭成员解决矛盾的过程和策略，将代际关系研究的重点放在代际关系实际的协商和互动过程以及背后的背景因素中，弥补了经典家庭现代化理论和文化影响论的微观缺陷，同时也扩大了研究代际关系的社会学视野，将代际关系的宏观研究与微观研究相结合，提高了对当前复杂多变的代际关系现象的理论解释力，从而成为 20 世纪 90 年代以来国外代际关系研究的一项重要策略（Connidis & McMullin, 2002；Bengtson et al., 2002；Lüscher, 2002；Lüscher & Pillemer, 1998）。

3. 国内相关的研究

20 世纪八九十年代以来，经济转型和社会转型给中国社会带来了巨大的变迁，研究中国的学者开始关注社会转型给家庭代际关系带来的影响。但由于现代化的概念和理论长期主宰着中国有关社会变迁的分析，国内外学者在分析中国家庭代际关系的变迁时多采用经典家庭现代化理论的分析路径，假定传统与现代之间存在着对立，中国家庭代际关系的变迁正沿着或将沿着经典家庭现代化理论所描述的方向发展，即家庭规模小型化、家庭结构核心化；纵向血亲的亲子主轴转向横向情感的夫妻关系主轴；等等（罗梅君，2004；刘宝驹，2000）。

然而随着变迁的进一步深入，面对经典家庭现代化理论在解释中国现代社会中出现的多样化家庭结构和复杂的家庭关系时产生的无力感，研究者开始反思：家庭规模小型化、核心家庭孤立化、成年子女与父母日益疏远以及亲子轴被夫妻轴所取代，这是否就是中国城市家庭代际关系变化的真实图景？在这一反思过程中，出现了一些有益于我们更加深入了解中国家庭代际关系特质的研究。比如研究者发现，在中国，核心家庭并不孤立，成年子女与父母之间的联系反而更加紧密了，出现了"啃老"、"家庭代际关系联系密切"、"回归主干家庭"等现象（康岚，2009；沈奕斐，2013；王跃生，2011；马春华等，2011；唐灿、陈午晴，2012；肖索未，2014）。一些学者对这种形式上的"传统回归"进行了一些初步的分析和界定，比如康岚认为，中国的传统价值和现实生活使中国城市的家庭代际关系形成了既不同于反馈模式又不同于接力模式的独特代际模式（康岚，2009）；沈奕斐和姚俊则更多地从个体的角度强调这种现象背后的个体成因，强调个体在建构家庭结构和代际关系中的重要性，认为这种形式上的"传统回归"实际上更多的是个体化在现代代际关系中的体现（沈奕斐，2013；姚俊，2012）。

可见，学者们已经关注到转型期给传统家庭代际关系带来的影响，也尝试着从结构和个体的层面去分析其中的成因。但结合已有的研究和笔者的调查发现，笔者觉得有两个方面仍值得进一步推进。一是对复杂代际关系现象的深入把握。虽然已有学者看到了代际关系的复杂性和多样性，但目前对代际关系的研究仍多局限于"同住"与"不同住"、"主干"与"核心"这种经典的类型划分，比如陈皆明研究同住的影响因素，并得出父代和子代的经济条件越好、同住的可能性越低的结论（陈皆明，2016）。但在田野调查中，笔者发现，同住其实还分多种情况，有的是临时同住，有的是长期同住；有的是与男方的父母居住，有的则是与女方的父母居住。不同住也是如此。这些不同的代际居住模式体现出的是不同的代际关系内容。现代代际互动是一个充满动态性和灵活性的过程，需要我们进行更深入的分析。二是对转型期复杂代际关系形成机制的分析。已有学者看到中国转型期家庭代际关系的特殊性和多样性，并尝试从个体化的角度对其中的原因进行解释（沈奕斐，2013；姚俊，2012）。但笔者在调查中发现，中国转型进程中的家庭代际关系是一个充满团结和冲突的过程，个体层面的解释还不足以解释一些代际关系现象，结构方面的因素也不可忽视。唐灿等指出，转型期家庭代际关系正在以另外一种方式呈现，在我们的生活经验中，那种流动的、临时的三代同堂的家庭相当普遍。这种互助关系即便有功利性的因素存在，但更多的应该还是来自中国文化中关于亲属责任、义务以及亲情的一整套生活逻辑（唐灿、陈午晴，2012）。转型期的家庭代际关系可能还需放置在结构和个体的整体框架中去理解和分析。

在这方面，以卢休为代表的代际关系理论学派可提供一些有益的借鉴。但该理论学派只是为研究代际关系的学者提供了一个大致的分析框架与路径，放在中国具体的情境中，尤其是中国的转型期和特殊的历史文化之中，会使中国现阶段的家庭代际关系呈现什么样的特色？究竟哪些是制约现代中国家庭代际关系变迁的决定力量，其中的内在逻辑是什么？这些都需要结合中国的具体情境做更深入的分析。

鉴于此，本文试从现阶段城市中存在的多元化代际居住安排着手来探索转型期我国家庭代际关系的主要特征，并结合个体与结构两个维度分析其背后的建构逻辑。对转型期家庭代际关系的特点及制约机制进行探讨，不仅可以丰富相关的代际关系理论，也有利于把握我国现阶段家庭代际关系变迁的特点，制定相关的家庭政策，以积极应对我国日益加剧的人口老龄化问题及与之相关的其他社会问题。

（二）本文使用的方法

本文使用的资料来源于多个渠道。一是 2012 年笔者在广州进行的为期 1 个月的定性调查。广州现代化程度较高，市场经济也较为发达，市民的个体化程度较高，但从前人研究、中国社会科学院五城市家庭结构与家庭关系调查的数据及前期研究成果（马春华等，2011；唐灿、陈午晴，2012；马春华等，2013）来看，广州却比较传统，家庭或家族制度保持得比较完整，代际关系的复杂性和多样性在广州有充分的体现。2012 年 7 月，笔者在广州城区内根据影响家庭代际关系的主要变量挑选了 31 个个案进行深入的访谈，并深入广州人的各种生活场所，随生活环境和事件进行各种观察、闲谈和旁听。二是笔者在自己生活的小区的调查和对儿时玩伴、同学和朋友的深入访谈。利用自身作为学龄前儿童家长的身份，笔者得以深入接触北京小区中的许多家庭，观察现代家庭中成年子女与父母的代际关系。此外，笔者还对对儿时玩伴、同学和朋友进行了深入访谈，以作为补充。

罗伯特·殷在"序贯访谈法"（sequential interview）中指出，与抽样逻辑不同，个案逻辑是每一个个案一点点、一步步地更准确地了解我们要研究的问题。在这种逻辑中，前一个个案的结果会帮助我们提出在下一个个案中我们所要问的问题。个案研究所要达到的目标是"饱和"，即对某一问题有全面的了解（Small，2009）。本研究正是遵循这样的方法逻辑，以问题和理论为导向不断地扩展个案和分析个案，通过宏观俯视微观，经过微观反观宏观（卢晖临、李雪，2007）。

对于所得的访谈资料，为在把握整体性和动态性的同时呈现多样性和丰富性，使用类属分析和情景分析相结合的方法展开分析。

二 不同代际居住安排中流变的家庭代际关系

（一）形式上的"同住"

同住与不同住、核心家庭与主干家庭两种类型划分以及所占比重的变化是代际居住安排研究常用的视角和方法。这种研究视角和方法以家庭代际成员的确定性和代际关系的稳定性为前提，但却忽视了家庭代际成员的临时性和代际互动形态的灵活性。通常人口学调查中的"同住"或"主干家庭"以共同居住为基本单位，也即通常所说的"户"。这就可能忽视了共同居住时间长短、哪些人共同居住的问题。笔者发现，与传统的比较稳固的代际关系形式不同，同住与不同住两种代际居住模式内部也在分化，代际居住安排正在变得多元和灵活。虽然都是形式上的同住或不同住，但却呈现不同的代际关系内容。

1. 传统主干家庭与临时主干家庭

A 女士的丈夫是独生子，且公公婆婆早年离婚，婆婆一人照顾儿子长大，没有再成家。A 女士的丈夫在上海做的是市场营销工作，成天在外跑、应酬，很少顾得上家。A 女士怀孕时，为了有个照应，婆婆来到了这个家，从此也踏上了自己的"养老"之路。A 女士的婆婆告诉笔者，自己已经不打算回去，自己就一个孩子，而且独身一人，按照传统，迟早要跟儿子家住在一起。平日里小夫妇俩忙着自己的事业，婆婆则在家里帮着照看孩子、打理家务。

B 个案同 A 个案外在形式一样，也是两代人居住在一起，但 B 家两代人住在一起是因为 2011 年 5 月老人突发脑中风，为了照顾老人，儿子和媳妇暂时搬了过来。虽然也想过请保姆，但是昂贵的保姆费让子辈感到有点为难，而且的确也很难找到一个称心如意的保姆。儿媳妇告诉笔者，现在老人正处于功能恢复期，等老人恢复后就会回自己的家，而且希望这一天能早点到来。

从外在形式上来看，A 个案和 B 个案都是住在一起，也即人口统计中的主干家庭。但仔细分析，两种代际居住安排模式却存在着很大的区别。首先，从时间上来看，B 个案共同居住的时间较短或不定，是一种临时性的共同居住，而 A 个案则相对稳定和长久。B 个案中，年轻一辈打算等老人康复后即回到自己的"小家"。而 A 个案两代共同居住的时间则相对较长，因为婆婆和媳妇都已经从主观上默认了这种传统的居住模式。其次，从共同居住的原因来看，B 个案共同居住更多是为了照顾失能中的老人，体现了即时的代际支持，共同居住的功能色彩较重。一旦这种功能需求不存在时，比如老人的病好了或恢复自理不再需要照料，两代人就会分开。而 A 个案虽然在长期的共同居住中由于互帮互助而不可避免地带有功能的色彩，但居住在一起更多是基于互惠性孝道文化①的考虑。A 媳妇在访谈中告诉笔者，自己在结婚前就已经预想到这一步，因为婆婆就丈夫这么一个儿子，不像有多个子女的家庭，这种模式早晚都得适应。最后，两种代际居住安排的权力格局也有着不同。A 个案中，通常只有一个权力中心，随着父代权力的式微和年轻一代女性地位的上升，权力通常集中在年轻一代尤其是媳妇的手里，子代拥有家庭的决策权，掌控着小家的话语权，父代主要负责家庭的后勤和自己的生活。而 B 个案中，由于只是因为某些临时性的因素住在一起，比如生病、抚育等，家中的权力往往比较分散，难以形成一个绝对的中心，两代人对这种代际结构的认同感都不强。这种家庭形式多与家庭生命周期和特殊的家庭事件相关。

2. 轮值家庭与拆分家庭

传统主干家庭和临时主干家庭从时间上区分了共同居住里不同的代际关系形式。轮值家庭和拆分家庭则是从代际关系主体的不同构成来叙述共同居住里存在的多样性。

像 C 个案这样的代际关系模式，笔者在北京的住宅小区里已经遇到过好几家。家里的年轻一代每天上班起早贪黑，孩子一出生就一直由老人带着。但与传统做法不同的是，孩子由男女双方的父母轮换着带。一般的情况是男女双方父母各带半年。C 个案这样的代际模式已经一晃近十年，如果哪方的父母有事，他们会立即协商找到临时的解决办法。比如，有次女方的父母要去美国给弟弟家看一年的孩子，他们马上达成协议，这空缺的半年由男方的父母代替。第二年女方父母从美国回来则自觉地将这缺席的半年时间补上。

D 个案与 C 个案一样，在人口调查中也被视为父代和子代共同居住。但与 C 个案不同的是，老年夫妇并没有与子女一起居住，而是拆分开来分

① 叶光辉、杨国枢（2009）认为，华人的孝道概念可以区分为权威性与互惠性两种在内涵及运作功能上明显不同的孝道。权威性孝道遵循的人际互动原则是儒家思想中的"尊尊"原则，体现的是对阶级与权威的顺从以及对个人自主性的压抑；互惠性孝道遵循的人际互动原则是儒家思想中的"报"原则与"亲亲"原则，其动力来源是人性中的善良天性，同时主张这些善良本质可以自然地在日常生活中实践出来，强调代际之间"父慈子孝"式的代际互动。他们认为互惠性孝道的价值与重要性至今仍受台湾民众认同，而权威性孝道随时代与文化变迁，在台湾社会中的重要性已逐渐降低。笔者发现，现阶段的城市家庭代际关系更多的是受互惠性孝道观念的影响。

别居住在不同的子女家中。

D 个案中，家里的老人是在 90 年代末媳妇怀孕后来的广州，之后就没有再回去，一直在子女家做着"后勤"工作。老人仅有的一对儿女都在广州工作。为了让子女安心工作，两老分别住在儿子家和女儿家，帮着照顾孩子和料理家务，只在周末的时候碰碰面。恰巧，儿子和女儿家分别生了男孩和女孩，两位老人也就按此做了性别分工。

"轮值"和"拆分"这两种代际居住安排从外在形式上来看，也是两代人居住在一起，因此在统计上很可能被划分到主干家庭当中，属于共同居住类型。但分析这两种代际居住模式中代际关系主体的构成，我们可以发现，这种代际居住安排相对于我国传统的父系制之下的两代或三代人共同居住已有很大的偏离和改变。在传统的主干家庭中，一般是父母与成年儿子居住在一起。而在 C 个案和 D 个案中，代际关系主体的构成呈双系的特征，不再遵循传统的父系制规则，并且会经常发生变化。比如在 C 个案中，男女双方的父母都可以过来一起同住，至于何时或如何共同居住是一个家庭协商的过程，双方乃至三方都可以坐下来一起好好商量，并最终形成相对稳固的模式。而在 D 个案中，与我国传统分家制延续下来的"轮养"家庭①不同，父母在抚育阶段而不是养老阶段就已经发生了分离，父母的居住安排也具有灵活性——老年父母可根据孙辈的性别等来决定彼此间的分工，决定谁住谁家。为了与以养老为主的"轮养"家庭相区别，笔者暂将此类的家庭称为"轮值家庭"。这类家庭主要与抚育有关。

（二）"不同住"类型下不同的代际空间距离

空间距离是更为详尽地体现家庭代际关系外在表现形式的指标。以往的研究大多只是将父母与成年子女的空间距离划分为同住与不同住两种类型。不同住的情况下，代际间的空间距离对家庭代际关系有着很大的影响。住得很近的成年子女与父母跟分居在不同城市的成年子女与父母之间的代际关系会有很大的不同。若忽视不同住类型下不同的空间距离，则无法深入了解家庭代际关系。

---

① 我国传统分家制下产生的一种家庭形式，老人年老时由儿子们轮流来照料，按照事先约定的时间老人轮流居住在不同的儿子家。这种家庭形式与养老相关。

邻住家庭就是一种典型的虽不同住但却有着独特代际关系特征的代际居住安排模式。

1. 邻住家庭

笔者遇到的 E 个案即这样的家庭。E 个案的男主人告诉笔者，最初他也尊崇传统的代际关系模式，认为作为儿女应该让父母尽享天伦之乐，并因此买了一套比较大的住房。结果住在一起后才发现两代人的矛盾无处不在，老一辈年轻一辈的心理负担都很重，最后只好把大房子卖了，在同一小区里换成两套小的，父母和自己小家各住一套，平日里哪家有事就相互照应一下。

这种居住安排模式的代际关系与主干家庭的代际关系有一定的相似性，即代际之间的功能支持并没有因为空间距离的分离而减弱。E 个案中，无论是父母家还是成年子女家有困难，比如孩子需要接送、老人生病需要照料，另一方都会毫不犹豫地来帮忙。平日里两家也经常相互来往，如果子女们忙，没时间做饭，父母就会去子女家帮忙做好饭或子女上父母家吃。有学者把这种类型的代际居住模式也称为"临时主干家庭"（姚俊，2012）。[①] 这种代际关系模式与主干家庭有相似的功能性，但又不完全等同于主干家庭，代际之间具有一定的独立性。互助之余，各代都有自己独立的自由和空间。E 个案的老人告诉笔者，"分居后的生活自由多了，可以把一些同学请到家里来做客了，这在以前是不敢想的事"。可能也正是因为这种亲密有间的独立性，空间的分离并没有使代际关系变得疏远；相反，两代人在功能上和情感上的联系都更加紧密了。与空间距离相隔较远的两个核心家庭之间的代际关系相比，邻住家庭的代际关系内容有着很大的不同。

2. 隔代家庭与核心家庭

在调查中，笔者还发现，在城市中，还有两种家庭形式之间的代际关系也不可忽视，且随着"二孩"政策的放开，这种代际关系模式正成为一种家庭策略。

---

① 笔者认为，虽然这种代际居住模式跟主干家庭的代际关系有一定的相似性，但从主干家庭的传统定义来看，主干家庭更强调代际成员的共同居住性。本文主要强调同住与不同住两种代际居住安排下的不同类型，因而觉得这一种代际居住安排更适合放在不同住的类型里，作为不同住类型下空间距离较近的一种代际居住模式。

　　F 个案家的大孙女生在 2009 年，小夫妻俩都忙于工作。男方的父母在大孙女出生后就来到了这个家，帮助照顾孙子、料理家务。男方是独生子女，单独二孩政策一放开婆婆就想着再要一个孙子，媳妇也觉得一个孩子的世界太孤单。2014 年小孙子出生后全家人住在一起，公公负责接送幼儿园的孙女和买菜做饭，婆婆则照看刚出生的孙子。2015 年，大孙女到了上小学的年龄，小夫妻俩在城区为女儿找了一个比较好的小学，但学区房昂贵的租金让小两口无法承担租住大户型的费用，最后只好租了一套小两居。狭小的空间无法安顿好三代六口人的生活，最后大家商量，由两位老人带着小孙子还居住在原来位置稍偏的住房里，年轻一代则带着女儿住在学区出租房内。

　　由于孩子上学且房价/租金昂贵，原来居住在一起的三代同堂的家庭被分裂成两个家庭。从形式上来看，一个是隔代家庭——孙辈和祖辈生活在一起，另一个是核心家庭——夫妻和未成年的孩子生活在一起。成年子女没有与父母共同居住，但这两个家庭之间形成的代际关系与传统空巢家庭与核心家庭之间的代际关系有着很大的不同。由于抚育的原因，两种家庭之间的互动非常地频繁和紧密。比如 F 个案中，每个周末全家三代六口人都会相聚在一起，组成一个三代同堂的周末主干家庭，而到工作日又会分裂成隔代家庭和核心家庭两种家庭形式。并且即使是平日里分裂成两个有一定空间距离的家庭，代际之间的联系依然十分紧密。只要有时间和机会，小两口就会去看望父母和儿子，捎去一些日常生活用品，或通过电话和视频相互交流。F 家这样的个案笔者在调查中已经遇到过好几例，通常直接的原因是小孩的教育或年轻一代因工作而照顾不了孩子，而间接的原因是住房的问题或两代人的关系问题，最后不得已选择了隔代家庭与核心家庭。有的家中只有一个孩子，则形成一个隔代家庭和一个夫妻家庭。

（二）流变的家庭代际关系

　　从以上的分析中我们可以看出，现代城市的代际居住安排已经越来越多元化。不仅如此，各种形式之间的转化也相当地普遍和频繁。比如 B 个案的代际居住形式，在老人生病前是两个核心家庭，由于老人生病需要照顾，两个核心家庭组成了一个"临时主干家庭"。B 个案中的媳妇告诉笔者，等老人病好后，他们就会回到自己的小家，临时主干家庭恢复到原来的两个核心家庭。但媳妇同时也告诉笔者，如果老人恢复时间长的话，她可能会一直留在这边照顾老人，丈夫先回他们自己的家，因为那里离丈夫上班的地方近，儿子一家三口住在附近，他还能帮上点忙。等周末其他兄弟姐妹来看望父母，自己就可以回去一下。可见，短短的几个月里，B 家的媳妇就可能会经历核心、临时主干、周末夫妻等多种家庭形式。B 家媳妇对未来也有更多的未知，"这次我们还应付得过来，父母也不希望陌生人来家中，以后的事到了跟前再想跟前的办法吧"。也就是说，B 家的代际居住安排还可能发生多种形式的变化。这使得家庭代际关系变得更加地多元和流动。

有学者主张将家庭结构和家庭生命周期结合起来进行分析（杨善华、沈崇麟，2000）。笔者认为家庭生命周期必然会影响现代城市的代际居住安排形式，但还不足以解释如此频繁、灵活的代际流动。受家庭生命周期影响的代际居住安排通常具有不可逆性和不可变性，而本文讨论这种代际居住安排的变化通常是灵活和短暂的，过一段时间又可能恢复到家庭生命周期的一般形态上去。也就是说，这种代际形态变化更像某一家庭生命周期内代际形态的再分化。这种流变的代际关系比较类似于国外学者所说的"潜在的亲属矩阵"（latent kin matrix）——一种不断转移的，但却随时可以激发和加深亲密亲属关系的网络（Riley，1983），其特点就在于对其成员需求的反应力。

那么，究竟是什么因素导致了中国转型期这种流变的代际关系的形成？其背后的逻辑是什么？下一部分即将对此展开分析。

三 流变背后的逻辑

（一）三代同堂的个体化陷阱

在华人社会里，三代同堂曾被视为代际关系的一种理想状态，是"老有所安"及"子女孝顺"的体现。这种代际居住模式的意义主要体现在两个方面：一是可以使老人安享天伦之乐，生活得以照料，减少老人精神上的空虚与孤独；二是子女亦可以传承前辈的立身处事经验，孩子能获得真情的关怀和照料，年轻夫妇就业则无后顾之忧（转引自胡幼慧，2004）。

这种代际居住模式既符合我国孝道文化的要求，也与人的经济理性相一致。但如何使不同时代背景、不同生活方式、不同个性特征的三代人同住在一个屋檐下，建构一幅"老人慈祥、子女问安、孙儿绕膝"的和谐画面却一直不是一件容易的事。尤其是在第二现代性的影响下，代际关系主体的个体化意识不断增强。尽管学界在"中国个体化的程度"、"个体化在中国兴起的原因与影响"、"中国个体化与西方个体化的不同"等问题上仍存在争议，但无可否认，当今的中国社会正在经历一场个体化的转型。阎云翔指出，在集体化时代受国家政治运动影响而从家庭或家族组织中脱离出来的中国社会个体，在国家各项政策改变和市场经济浪潮的双重作用下进一步发现自我和改造着自我。尽管中国的个体化缺乏福利国家、政治自由主义和古典个人主义等西欧个体化的前提，但是，市场经济的全球化和消费主义的意识形态提供了高度流动的劳动力市场和灵活的职业选择，再加上国家权力的介入，传统的家庭制度受到削弱或冲击，形成了强调风险、亲密、自我表达和自我依赖的文化（阎云翔，2012）。这种个体化趋向必然会给家庭代际关系带来新的影响。在调查中，笔者也深刻感受到了这一点。

成年子女与父母居住在一个屋檐之下，成年子女谦恭孝顺，孙男娣女承欢膝下，这一直是我国传统的代际关系实践形式。然而在笔者遇到的个案中，笔者发现，这种家庭代际关系形式正随着子代和父代独立性的不断增强和父代权威的日渐式微而变得脆弱和多变，取而代之的是对各自独立生活的向往。阎云翔（2012）认为，当财富不再按部就班地从上一代的手中传给下一代，年轻人可能通过自身努力或机会，在相对年轻时就积累了超过祖辈、父辈的财富。年轻一代开始要求与经济地位相适应的社会地位。随着经济能力的提高和消费欲望的增强，年轻人产生了同父辈分开居住的强烈动机。笔者在调查中发现，经历改革开放的父母一代由于年轻时积累了较多的可以自由支配的财富，加上国家一些养老政策的出台，以及受亲密、自我表达和自我依赖文化的影响，也宁愿与子辈们分开。

比如 E 个案中，本来三代人是居住在一起的，但矛盾时常会发生。听婆婆叙述，矛盾主要集中在两点：生活习惯和子女的教育。婆婆是一个节俭的人，看不惯媳妇的铺张浪费，而媳妇觉得自己经济独立，花的都是自己的钱，无可厚非。尤其是在孩子的教育上，婆婆是退休教师，对孩子有自己传统的一套教育方式，而子辈却推崇现代的教育理念。婆婆觉得自己的教育理念得不到认可，感到失落，而媳妇觉自己的教育主张受到了干扰，生活上也不能按自己所想的去实施。刚好公公婆婆都是地方的退休干部，有一定的积蓄，能贴补换房产生的差价。经商量，原来的主干家庭分裂成两个核心家庭。

可见，经历中国的改革和发展，无论是子辈还是父辈，随着受教育程度的提高和经济条件的改善，个体化的意识都在不断地增强，子辈和父辈都希望能按照自己设计的生活轨迹去生活，实现个体的自由，家庭生活成了一项关乎自我认同和自我创造的事业（Cherlin，2008）。E 个案中的老人告诉笔者，"分居对两代人都好，有各自的空间和自由，与老朋友的联系多了"。可见，三代不同堂的老人，反而促成了老人与老人之间的社会交往、休闲和运动保健，老人在自主、自立和相互支持中取得自尊，在亲情和友伴之间获得多样的精神支持。这正是个体化的体现和现代老人的追求。年轻一代也从媳妇与其他角色的冲突中解脱出来，按照自己的主张安排小家的生活轨迹，满足自我认同和自我创造的需求。不同住使两代人的个体化需求都得到了满足。

（二）核心家庭的困境

不同住满足了代际关系主体个体化的需求，但笔者在调查中发现，这种代际居住模式或是因为老人尚还"年轻"，家里暂时还没有抚育和养老的需求；或如 E 个案那样，两代人有足够的经济实力能在一个小区或相邻的小区里买得起两套住房。这种模式虽然存在，但在转型期的中国城市，更多是在结构的制约下选择各种其他形式的临时或灵活的代际居住安排模式，比如临时主干家庭、轮值家庭、拆分家庭、隔代家庭等。尤其是人均寿命的延长和"二孩"政策的放开，延长了整个家庭养老和抚育的时间，家庭成了人们面对社会风险时的无奈选择。

这种结构上的制约主要来自孝道文化中关于家庭责任的一整套生活逻辑以及与养老、抚育相关的社会制度的缺失。

首先是与养老、抚育相关的社会制度的缺失。家庭代际关系是不同家庭代际成员之间的双向关系，向上主要与养老有关，向下则与抚育相关。与西方发达国家"以情感为主"的代际关系不同，中国城市成年子女与父母在功能上的相互依赖性依然较强，甚至在某些方面得到了加强。这同转型期与养老和抚育相关的社会制度的缺失有着密不可分的关系。在中国，国家的力量对家庭代际关系建构的影响是不可估量的。北欧等国家强调国家福利的重要性，或通过家庭功能社会化来减轻家庭的负担，或通过保障承担家务劳动者尤其是女性的利益来保证家庭功能的正常运行。而中国一直以来致力于将家庭打造成适合工业化和市场化制度的"社会单位"，同时国家又缺乏必要的社会福利制度来支撑这种"现代化"的家庭（姚俊，2012），尤其是 20 世纪 90 年代以来，国家不断地从私人生活中撤离，人们不得不面对国家撤出私人领域、把各种相关功能都重新扔回家庭的现实境地（刘汶蓉，2016）。家庭代际关系成为个体抵御风险的最后堡垒。

比如，B 个案中，虽然城市已经建立了覆盖全面的养老保险和医疗保障制度，但这些制度在家庭抵御巨大风险时的作用依然有限。尤其是像 B 个案这样的大病照料问题。在我国，老人的长期护理工作依然主要由子女或老伴来承担。B 个案的媳妇告诉笔者："老人生病，年轻一代是如何也脱不了干系的呀，在医院里你得随时盯着，就是请了护工也得时不时去看看，现在护工的素质都不怎么样。回到家的康复期，子女更是得操心"，"保姆？保姆工薪阶层真是请不起啊，再加上现在上哪儿去找一个放心的保姆，就是请了，自己子女也还是要操心，也得经常来看看的"。

由此可见，我国现有的养老保障体系（包括养老保险和医疗保障）还只能保障老年人的基本生存需要，当老人得病需要照料，尤其是需要长期护理时，家庭仍需扮演主要的角色。如 B 个案中的媳妇，尽管有很多不适和无奈，但仍不得不选择临时主干家庭这样的代际居住形式。从她无奈的表达中，我们还可以看到，这种代际居住形式具有灵活性和可变性，随时可能根据子女和老人的情况发生改变。

抚育也是如此。传统社会中，家庭是家庭福利的主要提供者，儿童养育是家庭的主要功能和责任。计划经济时代，为了鼓励女性进入劳动力市场，国家通过工作单位建立了公共托育体系，单位职工家庭能够获得免费或费用低廉的儿童托育服务。改革开放之后，政府开始把所有的资源向经济发展倾斜。除了对家庭生育进行管制的计划生育政策继续实施之外，国家逐步从家庭福利体系中撤出。无论是城市还是农村，养儿育女的责任都重新回归家庭，托幼服务基本都市场化了。虽然近些年来儿童托幼服务方面的供需矛盾突出，国家开始对儿童照顾政策进行一些规划，但儿童照顾政策主要针对的是独生子女和困境儿童，而且支持的力度也十分有限。对于一般的儿童，国家主要投入的是义务教育和儿童保健。儿童尤其是学龄前儿童的照料问题成了家庭的沉重负担（马春华，2014）。再加上市场经济的发展导致社会日益开放，就业压力和竞争压力日益加剧，年轻一代在职场上的压力越来越大，家庭照料的重任只能转嫁到老年人的身上。

比如 C 个案中的家庭，年轻一代都在公司里上班，职场竞争异常激烈，用媳妇的话说，"稍一松懈别人就顶替上来"，"也觉得自己带孩子好，这样一来对孩子好，二来也少去两代人的矛盾，但实在是没办法，昂贵的房价和生活、教育开支，我也回不了家，当家庭主妇啊"。城市年轻一代每天上班起早贪黑，有时还要加班，只能让老人来帮助照顾孩子和料理家务。起初，C 家只是男方的父母来帮助照料。男方的父母原打算坚持到孙子上幼儿园就可以了。但城市缺乏正规的儿童托管服务，子女们每天上班都是去得早回得晚，幼儿园和小学上学前和放学后的这段时间成了空挡，只能由家庭去承担，而这家庭责任最后只能无可奈何地转嫁到老人的身上。还好年轻一代能体谅到老人的不适和不易，最后想了一个折中的办法，由双方老人轮流来带（有时这也是缓和双系矛盾的一种家庭策略）。C 家媳妇觉得这样做的最大好处是能减轻老人的负担和怨言，避免一些家庭矛盾。"老人长期待在这里，没有自己的空间，会很烦的，这样的情况下很容易产生矛盾"，"还是这样好，让老人有一个自由喘气的机会，对我们双方都好"。在老人的访谈中，老人也觉得这样的模式要好于长期在一起共同生活，"这是没有办法的办法，我们也想有自己的自由和生活空间，但看着儿女们又要上班又要照顾孩子的，也实在是难，不得不帮啊"；"这总比那些长期居住在一起的好些，至少有个喘气休息的时间。我们可以回到自己的家或去外头旅个游啥的"；"每次在这儿的时候，想想反正住不了多久就要走，也管不了这么多，还是儿女们自己管吧。这样矛盾也少些"。

这是来自制度上的原因，由此可见国家在塑造家庭代际关系上的巨大力量。但制度的因素还不足以解释一些拥有雄厚养老资源的城市老年父母为何仍任劳任怨地去帮助成年子女料理家务和照看孩子？为什么中国并没有出现日本那样的主妇化趋势以缓解家庭抚育上的压力？[1] 抚育的家庭责任为什么仍主要落在老一辈人的身上，而养老尤其是老人的生病照料落在子女的身上？虽然功能性占据了转型期家庭代际关系的大部分内容，但并非所有亲密的、互助互惠的家庭代际关系都源于实用性的考虑，笔者发现，现阶段代际之间的亲密联系与互助同时还源于中国孝道文化中关于亲属责任和义务的规定。

比如 A 个案中，接婆婆共同居住，除了考虑工作和养育上的压力，媳妇还考虑到身上肩负的孝道责任。A 家的媳妇告诉笔者，决定嫁给丈夫时就已经考虑到这一点，婆婆就丈夫这么一个儿子，以后肯定得跟婆婆住在一起，养她的老，这是中国的传统习惯；而婆婆虽然也考虑到未来的养老，用子女成年时期持续的付出来稳固自己将来的养老，但婆婆任劳任怨、倾其所能地为子女付出，也是出于对孩子出息、家族延续的美好愿望。婆婆告诉笔者，"我们现在老了，没啥用了，能尽我所能帮助子女让他们安心工作，取得自己的成就，孙子健健康康、安安全全地成长，是我们老一辈的最大愿望"。像 C 个案那样的轮值家庭和 B 个案那样的临时主干家庭，都能从中看到互惠性孝道文化的深刻影响。

笔者发现，虽然时代变迁，互惠性孝道文化依然深入个体的主观意识中，为处在风险社会中的个体提供认知安全感、归属感和存在的目的（赵志裕、康萤仪，2010）。中国五城市家庭结构和家庭关系变迁调查数据广州部分[2]也验证了这一点，不仅 99.8% 的人选择赞成"子女要孝敬父母"，而且孝道责任感上并没有表现出明显的年龄组别差异。尤其值得注意的是，80 后出生的受访者非常赞成"子女要孝敬父母"的比例在各个年龄组别中最高，为 74.47%。这说明孝道责任感并没有明显地被削弱，至少在认知和感情层面上如此。在养老问题上，不管是对父母的养老还是对自身

---

[1] 2008 年中国社会科学院五城市家庭结构与家庭关系调查数据显示，中国城市女性特别是已婚女性就业率呈现下降趋势。国内也有很多学者在关注主妇化的问题。但笔者在调查中发现，出于经济原因或自我发展的原因，也或许因为主妇相关权益缺乏保障，照料孩子的重任仍大多落在老一代父母的身上。篇幅所限，笔者暂不在这里展开讨论。

[2] 中国社会科学院 2008 年中国五城市家庭结构和家庭关系变迁调查依据城市的人均可支配收入、地理分布和文化等因素，在全国城市中选取了哈尔滨、郑州、兰州、广州和杭州 5个城市作为项目调查点。在每个城市的市辖区抽取 40 个居委会，每个居委会抽取 20 户，每户根据研究目的确定一位被访者，每个城市共 800 个样本。

的养老，半数以上的人认为养老是子女应承担的责任，只有 3.4% 选择"父母自己花钱雇人照料自己"。这说明，"养儿防老"和希望儿女尽孝依然是比较普遍的社会心理，成年子女不仅要求自己履行对父母的孝道责任，同时也期望自己的子女对他们尽孝道责任，孝道责任在人们的代际规范中仍占据重要的地位（石金群，2013）。

（三）流变背后的逻辑

从以上的分析我们可以看出，来自个体和结构两个层面的因素共同制约着中国代际关系变迁的轨迹。但与西方发达国家不同的是，中国家庭代际关系变迁更多地受到中国特殊社会转型和文化传统的影响，来自结构层面的力量大于来自个体层面的力量。中国城市现阶段存在的多样化的代际居住安排便是一个好的证明。

虽然三代同堂给个体的自由和自主带来了困扰，三代同堂不再是个体化时代的理想和现实，不管是老一代还是年轻一代都希望能按照自己的主张去安排生活，拥有自己独立的空间和自由。但核心家庭在很多时候却难以成为一种现实，其原因包括劳动力市场竞争激烈和相应的儿童抚育政策缺失使老人不得不帮助子女抚养孙辈、因买不起昂贵的住房而无法分开居住、老人生病或生活难以自理需要照顾、大部分妇女无法"回家"，还有互惠性孝道的"回归"。按一些学者的分析，这种"回归"是个体化时代个体为谋求自我发展而使用的一种工具（沈奕斐，2013），也有学者认为它还是有纯粹的亲情因素在里面（刘汶蓉，2016）。总之，核心家庭随时会面临风险社会带来的各种困境。虽然生活在一起并非双方所愿，但代际关系主体双方都会在关系中寻找个人和关系的意义。比如父母一代会考虑亲情的需求、养老或家族延续的需要，成年子女一代则会考虑孝道的责任和自我发展的压力。然后寻找处理关系的各种策略，以保证各自的需求得以实现。代际关系主体双方都试图在结构和个体之间寻求一种平衡，但受制度以及孝道文化中关于家庭责任的一整套逻辑的影响，实际的结果往往是对结构方面的考虑要多于对个体的追求，从而导致人们只能在主干和核心之间选择一些特殊的代际居住安排形式，如临时主干家庭、隔代抚养家庭、邻住家庭、轮值家庭、拆分家庭等，形成转型期流变的代际关系状态。

阎云翔在肯定中国社会个体化进程的同时也指出，这场个体化转型与西方模式有所不同。中国的个体化转型同时表现了前现代、现代和后现代的特征，中国个体必须同时处理这些条件。另外，中国家庭长期的支持传统，以及社会关系在塑造和再塑造人格上的关键作用，使中国的个体化过程可能会采取一种不同的发展轨迹（阎云翔，2012）。笔者的调查印证了阎云翔的这一论断。大多数父母和他们的成年子女都将隐私、自由和独立作为心中最优的选择，尤其是经历了改革开放的父母一辈，相较于经济和生活照料上的支持，他们更期望的是自由的空间、和睦的关系和情感的慰藉。但他们中的大多数最终却不得不受结构的制约，将个体的追求放到其次。

笔者试用图1来勾勒转型期家庭代际关系流变背后的逻辑。从图1可以看到，来自结构和个体两方面的力量共同制约着转型期的家庭代际关系，这与卢休理论学派的描述相一致。但转型期的中国来自结构的力量要强于个体化的力量（图1中个体对代际关系的影响用虚箭头，表示个体的力量弱于结构的力量）。受孝道文化中关于家庭责任的一整套生活逻辑以及与养老和抚育相关的社会制度的影响，但同时又不愿意放弃个体追求，多数城市代际关系主体被迫在不同的时间和空间里选择处在核心家庭和主干家庭之间的一些代际关系形式，由此形成了灵活多变的代际关系。因此，中国转型期的代际关系特征需放置到中国特殊的个体和结构情境中才能准确地把握和理解。

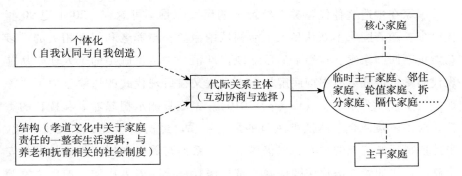

图1　转型期家庭代际关系流变背后的逻辑

四　结论与讨论

家庭代际关系是家庭关系在纵向上的表现，20世纪八九十年代以来，经济转型和社会转型给中国社会带来了巨大的变迁，也给家庭关系两个基本轴之一的代际关系带来了深远的影响。

代际关系形态也即代际居住安排是从外在结构观察家庭代际关系最直接、最客观的维度之一，是家庭代际关系的外在表现形式。本文走出经典的"扩大—主干—核心"代际关系形态类型划分框架，从家庭生活的实践出发，探索转型期我国家庭代际关系的特征及形成机制。

本研究发现，多元化的代际居住安排已成为中国城市家庭代际关系的显性特征，背后折射的是流变的家庭代际关系。从共同居住时间的长短与代际关系主体的构成中可以看到，同是形式上的"同住"，其实掩盖着不同形态的代际居住模式；"不同住"亦是如此，不同代际空间距离呈现不同的代际关系内容。代际关系是一个受个体和结构制约的矛盾共同体。在结构和个体的双重影响下，代际关系主体会在不同时间和空间上做出不同的代际关系类型选择。身处个体和结构制约之下的代际关系主体双方首先会在关系中寻找个体和关系的意义，随后审视实现个体行为和集体行为的各种社会情况和条件，在不同力量之间进行比较和选择，寻找各种策略和解决的办法。他们通常会面临一系列的选择性冲突，在寻求个体独立和遵循家庭责任之间抉择。这种不断地比较、权衡与选择促成了转型期代际关系流变性特征的形成。

国家在塑造这种代际关系特征上的巨大力量不可忽视。20世纪90年代以来，随着国家不断从私人生活领域中撤离，与养老和抚育相关的许多功能重新回归家庭。在当下的压缩现代性情境中，家庭中的个人还未从前现代的孝道传统束缚中彻底解放出来，就又在后现代式的风险压力下更深地嵌入了代际关系之中（Chang，2010）。家庭只能承担起养老和抚育的重任，成了风险社会个体抵御风险的最后堡垒。经历改革开放的父母一代，虽然取得了经济上的独立，但仍然由于一系列与养老和抚育相关的老年安全制度，比如老人医疗照顾保险、贫户医疗保险、养老机构、护理之家等（胡幼慧，2004）尚未健全，而中国现阶段的养老保障体系还只能满足老年人的基本生存需求，老人的生病照料依然主要由家庭来承担。抚育也是如此，市场经济将托幼、住房等问题推向市场，加上就业压力和竞争压力日益加剧，年轻一代在职场上的压力越来越大，儿童照料的重任只能转嫁到上一代老年人的身上。

在这样的情境下，互惠性孝道也有了延续的土壤。互惠性孝道强调的是"父慈子孝"的双向关系。子女对父母的深厚感情由何而来？父母只有尽量对子女慈，子女才能形成深厚的感情，自动自发地对父母孝，父母应以慈养孝，而子女也应以孝（给）补慈（得），或是以孝还慈（叶光辉、杨国枢，2009）。这种带有公平原则的代际理念正好填补了养老和抚育制度上的空白，成为一种内驱的代际互助力量。这两股来自制度和文化上的强大力量，使人们只能在结构的夹缝中去寻求个体的独立和空间，选择形式灵活的代际居住形式，形成中国转型期特有的流变的家庭代际关系。

由于个案调查的涉及面有限，笔者没能穷尽转型期所有的代际居住安排类型。但笔者所遇到的多样化的代际居住形式已经可以证明，中国家庭代际关系的变化并不像经典家庭现代化理论所预言的那样，呈现为从传统的扩大家庭向强调最大限度平等和个人主义的核心家庭/夫妇式家庭单向度推进（马春华等，2011），而是受结构和个体因素的制约，在核心和主干家庭之间演化出多种形态的流变的代际形式，如临时主干家庭、轮值家庭、拆分家庭、邻住家庭、隔代家庭等。

三代同堂私化了社会问题，家庭照顾的社会成本转嫁给了老人或女性，在个体化日益增强的现代社会，这种理想代际居住模式正在式微。但不同住也并不意味着代际关系的瓦解。如何减少老人与子女在家庭职责分配、经济上的牵牵扯扯，将父母与子女的关系更多建立在自发性的亲密关系之上，是转型期代际关系研究者需要深思的问题。

参考文献：

贝克，乌尔里希、伊丽莎白·贝克－格恩斯海姆，2011，《个体化》，李荣山、范譞、张惠强译，北京：北京大学出版社。

陈皆明、陈奇，2016，《代际社会经济地位与同住安排——中国老年人居住方式分析》，《社会学研究》第1期。

古德，1986，《家庭》，魏章玲译，北京：社会科学文献出版社。

胡幼慧，2004，《三代同堂的迷思与陷阱》，台北：巨流图书有限公司。

康岚，2009，《反馈模式的变迁：代差视野下的城市家庭代际关系研究》，上海大学博士学位论文。

刘宝驹，2000，《现代中国城市家庭结构变化研究》，《社会学研究》第 6 期。

刘汶蓉，2016，《转型期的家庭代际情感与团结——基于对上海两类"啃老"家庭的比较》，《社会学研究》第 4 期。

卢晖临、李雪，2007，《如何走出个案——从个案研究到扩展个案研究》，《中国社会科学》第 1 期。

罗梅君，2004，《19 世纪末以及今日中国乡村的婚姻与家庭经济》，张国刚主编《家庭史研究的新视野》，北京：三联书店。

马春华、李银河、唐灿、王震宇、石金群，2013，《转型期中国城市家庭变迁：基于五城市的调查》，北京：社会科学文献出版社。

马春华、石金群、李银河、王震宇、唐灿，2011，《中国城市家庭变迁的趋势和最新发现》，《社会学研究》第 2 期。

马春华，2014，《重构国家与青年家庭之间的契约：儿童养育责任的集体分担》，《青年研究》第 4 期。

沈奕斐，2013，《个体化家庭 iFamily：中国城市现代化进程中的个体、家庭与国家》，上海：上海三联书店。

石金群，2013，《成年子女与父母的代际关系研究》，中国社会科学院研究生院博士学位论文。

宋金文，2001，《当代日本家庭论与老年人抚养》，《社会学研究》第 5 期。

唐灿、陈午晴，2012，《中国城市家庭的亲属关系》，《江苏社会科学》第 2 期。

唐灿，2010，《家庭现代化理论及其发展的回顾与评述》，《社会学研究》第 3 期。

王跃生，2011，《中国家庭代际关系内容及其时期差异——历史与现实相结合的考察》，《中国社会科学院研究生院学报》第 3 期。

肖索未，2014，《"严母慈祖"：儿童抚育中的代际合作与权力关系》，《社会学研究》第 6 期。

阎云翔，2012，《中国社会的个体化》，陆洋等译，上海：上海译文出版社。

杨善华、沈崇麟，2000，《城乡家庭：市场经济与非农化背景下的变迁》，杭州：浙江人民出版社。

姚俊，2012，《"临时主干家庭"：城市家庭结构的变动与策略化》，《青年研究》第 3 期。

叶光辉、杨国枢，2009，《中国人的孝道：心理学的分析》，重庆：重庆大学出版社。

赵志裕、康萤仪，2010，《文化社会心理学》，刘爽译，北京：中国人民大学出版社。

Bengtson，V. L. & R. E. L. Roberts 1991，"Intergenerational Solidarity in Aging Families：An Example of Formal Theory Construction." *Marriage and Family* 53.

Bengtson，V.，R. Giarrusso，J. B. Mabry & M. Silverstein 2002，"Solidarity，Conflict，and

Ambivalence: Complementary or Competing Perspectives on Intergenerational Relationships?" *Marriage and Family* 64 (3).

Chang, Kyung-Sup 2010, "Individualization without Individualism: Compressed Modernity and Obfuscated Family Crisis in East Asia. " *Intimate and Public Spheres* 3.

Cherlin, A. J. 2008, *Public and Private Families: An Introduction.* New York: McGraw-Hill Humanities.

Connidis, I. A. & J. A. McMullin 2002, "Sociological Ambivalence and Family Ties: A Critical Perspective. " *Marriage and Family* 64.

Laslett, Peter 1972, *The Household and Family in Past Time.* Cambridge: Cambridge University Press.

Lüscher, K. 2002, "Intergenerational Ambivalence: Further Steps in Theory and Research. " *Marriage and Family* 64 (3).

Lüscher, K. & K. Pillemer 1998, "Intergenerational Ambivalence: A New Approach to the Study of Parentchild Relations in Later Life. " *Marriage and Family* 60.

Parsons, Talcott 1949, "The Social Structure of the Family. " In Ruth N. Anshen (ed.), *The Family: Its Fuction and Desiny.* New York: Harper.

Riley, M. W. 1983, "The Family in an Aging Society: A Matrix of Latent Relationships. " *Marriage and Family* 4.

Shorter, Edward 1977, *The Making of the Modern Family.* New York: Basic Books, Inc.

Small, Mario L. 2009, " 'How Many Cases Do I Need?' On Science and the Logic of Case Selection in Field Based Research. " *Ethnography* 10 (1).

自然状态的道德意涵：定位现代道德的开端*

陈　涛

摘　要： 针对李猛有关霍布斯自然状态的讨论，本文力图指出，自然状态不仅仅是一个人性冲突状态或法权矛盾状态，而是具有某种积极的道德意涵。这集中在霍布斯的自然权利概念上。正是自然权利，而不是原初缔约环节，构成了霍布斯政治哲学的规范基础。自然权利不完全是一项主观权利，它同时还带有传统客观法权的正当意涵。一方面，每个人的“自然权利”凭借国家权力的存在，成为一种客观意义上的正当性；另一方面，它的“自然性”又意味着它并不是由国家所制造出来的，而是基于人的自然本性本身。人的自然并不是可以任意抟塑的质料，而是有其形式，并被明确界定为一种自然“权利”或正当，参与到政治生活的构建之中，这构成了现代思想不得不去回应的难题。

关键词： 自然状态　自然权利　国家　道德

思想和历史的开端（arkē）总是具有一种优先性。一个事物的开端率先为它自身的发展框定了一个它发展和活动于其中的视野，规定了由此出发来看自身、看他者的方式。开端又以其质朴性、新生性，能够更为清晰地呈现这一视野，揭示出它在斩断脐带的那一刻存在着的粘连与挣脱。就此而言，我们对当下思想和历史处境的理解，恰恰要求走出当下把目光拓展至那些参与构成我们今天之所是的思想和历史因素，放眼至开端。我们能否超越当下的处境，探求某种新的开端、定位某种新的生活方式，这一问题从来都取决于对决定当下生活的那些视野或界限的把握。

---

* 原文发表于《社会》2016年第36卷第6期。

　　李猛这本《自然社会》的新书正是出于这样一种努力。他希望通过研究西方早期现代自然法传统来观照规定当下中国人处境的那些开端并试图从中探求逾越这种界限的某种可能性。这不是人们通常所熟悉的社会学家的工作方式，即用本土经验来检验和修正西方理论，或发展自己的理论，但它却更深入、更有力。因为它试图捕捉到参与构建现代中国思想和历史传统的那些西方因素，所以活动在基本视野、基本思维和基本概念的层面。每个认真阅读该书的读者，都会时不时地，从作者那迂回、烦琐地对西方思想的文本解读和哲学思考中，感受到某种直击我们当下生存体验的力量。这种力量也必然会推动着那些热爱思考的读者，同作者一起，从当下出发，驶入这片浩瀚的思想海洋中，探寻我们是谁、探寻我们可以安家落户的陆地。

　　在谋篇布局上，该书呼应了社会契约论的基本架构。它始于"自然状态"，以"自然法权"为指导，通过缔结契约，建立"政治社会"。最后一章"革命政治"又重新指向"自然状态"这一开端。自然状态不仅构成了这种循环的起点和终点，而且始终交替地隐匿和浮现于其他章节的讨论之中。自然状态构成了全部论述得以展开的舞台。这正是该书以"自然社会"命名的原因。我们的阅读和思考也将以此为线索。

一　自然状态何以是一个道德空间

　　该书有关自然状态的基本观点非常清楚。霍布斯以降的自然状态学说同时具有双重目的。一方面，它担负了解构的使命，旨在瓦解传统特别是古典政治哲学的基本架构，尤其是其人性基础："人是政治的动物"。另一方面，它又服务于建构现代主体和现代社会形态的任务：由自然状态学说所给出的自由和平等的自然人、自然权利和自然法，以及借此所搭建起来的社会关系，构成了现代社会的基本视野。这两个目的紧密关联。在从自然通向政治的古典道路上，横亘着现代人的自然状态或"自然社会"。或者说，正是现代政治哲学的自然状态学说所构建的"社会"概念，决定性地割断了自然与政治的自然阶梯，使得现代人必须依靠人为的力量来跨越自然与政治。而由普芬道夫所着手的"自然状态的历史化"，则开启了文明或文化取代政治的思想史进程。

李猛深厚的社会理论背景，使他在该书中提出了一个极富洞察力和启发性的观点：霍布斯的自然状态是一个社会状态，一个"自然社会"（李猛，2015：67－70）。按照我们通常的理解，自然状态是一个缺乏社会的状态。甚至，在孟德斯鸠和卢梭的眼中，把自然状态与社会状态混为一谈恰恰是霍布斯的错误。

为了澄清这一点，作者做了大量迂回而又细致的准备工作。从罗马时代开始，就有从"社会感"出发去诠释人的自然政治性，淡化古典"政治"概念中基于自然的"统治关系"的一面，凸现其"共同活动"的一面（这与罗马政治面临的新形势有关，即在从古代城邦转向帝国体制这一背景之下，如何在帝国之内安置不同的习俗共同体的"社会"交往）。加上基督教思想对政治关系的贬抑，逐渐导致人的自然政治性被诠释为人的自然社会性，即人天生具有的共同生活、相互交往的自然欲求（李猛，2015：45）。这一思想构成了现代"社会"概念的前身。但现代"社会"概念得以构成，却始于两种相互竞争的学说，即格老秀斯的"社会欲"和霍布斯的"自然状态"，完成于普芬道夫的自然状态学说对二者的综合。

说普芬道夫和洛克的自然状态是一个社会状态，比较直观。因为那里已经有借自格老秀斯的、从自我保存出发，基于物权或财产权而发育出来的社会关系。但是，要说霍布斯的自然状态是一个社会状态，却并不那么直观。

浸淫于现代社会科学的思维中，我们想当然地把自然状态视为社会学或人类学意义上处于前文明的、特定历史阶段的原始社会。针对于此，李猛出色地澄清了：霍布斯的自然状态首要指的是一个从原则上说，当下的人每时每刻都可以进入的社会状态。每个人，只要基于他当下"社会生活的经验"（李猛，2015：111），都可以看到，一旦国家的惩罚权力不在了，每个人都会与他人陷入一种战争状态之中。因此，自然状态是一个缺乏人为的公共权力和制度安排的社会状态，或"自然人性的基本状况"（李猛，2015：114）。自然状态学说旨在探究，没有国家权力时，人性是怎样的。这个"没有"与其说是前国家意义上的，倒不如说是国家权力解体意义上的（李猛，2015：145），与其说是历史中真实发生的，倒不如说是"只在指向未来的想象中才存在的"（李猛，2015：119），因为霍布斯的自然状态极为倚重每个人都"保留了在这样的权力下共同生活的经验"，

"都带着对这部人造机器幽灵般的记忆"（李猛，2015：114 - 115）。每个早晚上下班高峰期挤地铁的人，当人与人之间最为基本的相互敬重之距离被挤掉了的时候，他或许都会在心里——这块公权力无法触及的广阔领域——默默地、并且不无快感地、一遍一遍地上演着霍布斯所设想的"战争状态"。因此，自然状态是一个处于想象之中的、缺乏公共权力的社会状态。

当然，对于格老秀斯、洛克、普芬道夫和卢梭而言，即便我们想象此时此刻国家权力突然失效了，人与人也不会立即陷入彼此为敌的战争状态之中。问题的关键在于，霍布斯希望我们动用的"社会生活的经验"是什么。① 对此，李猛作了清楚的厘定。首先，构成这种经验之核心的乃是每个人自以为与别人比起来自己更有智慧，然而这恰恰反证了每个人对自己的才智都很满意，在这种"自以为是"上是平等的。其次，即便在体力和智力上有所差别，但在杀死彼此的能力上，在"怕死"上我们却是绝对彼此平等的。强者与弱者有着同样的可能性，或杀死对方，或横死于对方之手。再次，这是一种每个人又都不满足于自然平等、追求出众的激情。人与人的每一次相遇，总是被一种力量上的比较以及希望胜过他人、支配他人的欲望所支配。这是一种独特的"社会性"，一种"否定"（李猛，2015：188）任何社会生活的"社会性"。如果没有国家权力的震慑，这种"社会性"只能将自然状态带入战争状态，带入一个以力量来衡量彼此高下的世界。只有凭借国家权力，这种"社会性"才能构成"文化"发展和道德发育的动力（李猛，2015：214 - 216）。

我们需要在此停留片刻。在论及自然人的自然平等时，李猛（2015：119）曾指出："自然状态正是借助死亡取消人的整个世界的威胁而构建的空间，一个只在指向未来的想象中才存在的空间，这正是现代主体的生存空间和道德空间。"我们不禁要问：霍布斯的自然状态在何种意义上是一个道德空间？是否只是在道德寓言或道德教育的意义上？也就是说，如果我们不服从国家权力，不彼此和睦相处，就会陷入这种道德失范的状态？

---

① 虽然研究者们习惯于把霍布斯的自然状态学说称为是对人性的一种现实主义观察，但笔者认为，它是超现实的、反向的理想主义，因为它要求我们将社会生活中的现实经验分解，提取某些部分，来对抗、取消其他部分。对此，笔者将另文对霍布斯政治哲学的这种理想主义特征加以探讨。

或者，李猛的意思是说，自然状态并不是一个具有道德意涵的状态，但道德是建立在由这种自然状态所给出的平等的现代人之间的？抑或，它与洛克和普芬道夫的每个人都服从上帝的自然法的自然状态一样，具有某种正面的道德意涵？假设从来都不是自足的，它有赖于我们如何理解自然状态的道德意涵。因此，问题的关键是，霍布斯的自然状态作为一个"道德空间"，仅仅是否定意义上的，还是具有某种积极意涵？这个问题最终关涉到我们如何理解现代道德哲学和政治哲学的起点、性质和困境。

李猛接下来有关霍布斯的自然状态为什么是战争状态的梳理，表明他更偏向于前一种立场。就"自然激情论证"而言，这一论证的核心是只从人性，或人的自然激情出发，来看理性化的激情如何带来了"自然人性的自我毁灭"（李猛，2015：130）。其中最为重要的一点是，存在一些虚荣的人，追求胜过他人，从而迫使那些承认自然平等的人、适度的人，因而最终迫使所有人都不得不出于必然而尽可能加害他人，保存自己（李猛，2015：126）。不过，通过比较霍布斯在不同政治作品中有关这一主题的论证，作者最终认为上述论证主要存在于霍氏的《法的原理》和《论公民》中，相反，在《利维坦》中，"人在自然状态下对自身权力的理性竞争成为战争状态名副其实的'最常见原因'，而出于虚荣的错误估价引发的猜忌退入幕后，成为激发敌意的补充性原因"（李猛，2015：127）。笔者认为，这一论断有待商榷。《利维坦》第 13 章，人在体力和心智能力上的平等构成了论证自然状态是战争状态的出发点（Hobbes，1996：13.1 – 13.2），而在论证人与人在心智上的平等时，霍布斯不仅从观察者角度论证了人在明智或经验上的平等，而且动用了每个人"对自己智慧的自负"（a vain conceit of one's own wisdom），即"几乎所有人都认为他比俗人有更大的智慧"（Hobbes，1996：87）这一判断。这里说得正是虚荣，并且不限于一部分人，而是"几乎所有人"。对比《论公民》就可以发现，从对自己的智慧的虚荣出发论证人心智上的平等恰恰是《利维坦》新增添的观点。在《论公民》中，霍布斯仅仅从体力论证了人的自然平等（Hobbes，1998：26）。因此，《利维坦》中从虚荣这一激情所做的论证并没有被削弱，反而得到了强化：撒开其他东西，就每个人对自己的聪明才智的看法而言，不是只有一部分人虚荣，另一部分人适度，而是几乎所有人都虚荣而又自负。就这种"自以为是"而言，他们在这一点上"更为平等"

（Hobbes，1996：87）。作者之所以倾向于淡化虚荣的重要性，或许是希望站在霍布斯的角度上，回应施特劳斯对霍布斯的批判。施特劳斯自始至终都认为，霍布斯的政治哲学基于一个特殊的道德态度，即虚荣自负和恐惧暴死构成了人的两个压倒性的激情。作为一种道德态度，它不是科学论证的产物，而是某种价值判断。科学方法只是用来为此做辩护的，或者说用来包装它的（施特劳斯，2001：32－33）。作者想要证明霍布斯在《利维坦》中提供了某种相对独立的科学论证，他的政治哲学并不一定要基于某种道德判断。姑且不论霍布斯是否认为从某种道德态度出发进行论证一定就是有悖科学精神的，即便我们承认霍布斯就是从人的虚荣出发进行论证的，也未必要把虚荣理解为一个纯粹的道德判断。《利维坦》第6章中就提供了一个有关虚荣的心理学分析（Hobbes，1996：42）。

就"自然权利论证"而言，从自我保存权利出发，经由使用手段的权利和私人判断的权利而推出的一切人对一切东西的权利，以及由此带来的战争状态表明，每个人的绝对自由的状态带来的只能是"法权意义上的理性矛盾"（李猛，2015：140）。

无论哪一条论证思路，自然状态作为战争状态都表明，它不可能拥有什么积极的道德意涵。霍布斯的自然状态，不过是一个社会学意义上的社会失范状态。这突出地表现在作者对霍布斯的"私人判断权"的判断上：

> ……私人判断权与其说是一种具有道德正当性的权利，不如说是一种自相矛盾的自由。因为在自然状态中，个体无法走出自身的理性权衡困境，与其他平等者建立具有约束力的道德关系，和平地共同生活。（李猛，2015：134）

不过，几页之后，作者又指出：

> 然而颇为悖谬地是，这样一种道德或法律意义上的"放任"状态，或者说，义务完全缺乏的状态，却被霍布斯刻意描述为某种具有正当性的权利状态。……自然状态既是一个没有道德规范的"放任状态"，却又是一个将"放任"的自由转化为具有正当性的"权利"状

态，或者说，一个任何行为都可以称得上正当，或至少不是不正当的权利状态。（李猛，2015：137－138，着重号为笔者所加）

因此，霍布斯的自然状态在道德上的模糊性就在于这一"悖谬"的现象：自然权利是主观的，但似乎它又不只是主观的。这是任何一个霍布斯著作的读者都能够体会到的"悖谬"。之所以霍布斯的自然状态存在这种道德模糊性，首先是因为他使用了传统客观法权学说中作为公共尺度的"正当理性"和"正当"来定义自然权利，但却在这个旧瓶子里装上了新酒："正当理性"在霍布斯那里，是个人基于私人经验、私人尺度而进行的有利于自己的推理，是一种私人意见。因此，根据这个新的"正当理性"界定的自然权利，就成了一项主观权利（李猛，2015：133－134）。但是，它似乎还留有这个客观法权的"幽灵"。或许这也是作者在中篇论述"ius naturale"时，使用了比较模糊的"自然法权"这一译法的原因之一。对于"自然权利"概念在道德上的这种模糊性，我们还可以做进一步的补充：这是因为霍布斯既拒绝像传统亚里士多德主义那样，诉诸根据某种人有待去实现的自然目的来界定的自然正当或自然法则，也拒绝像随后的洛克和普芬道夫那样，在自然状态中，引入上帝和上帝颁布的自然法。无论是前者还是后者，都是霍布斯的自然状态所要解构的东西。正是这种双重拒绝，导致他的"自然权利"，或"自然正当"，其规范意涵不再那么直截了当。因此，衡量霍布斯的自然状态是否具有积极的道德意涵，关键就在于衡量他的"自然权利"概念。

非常遗憾的是，作者在随后的解释上，没有能够保持住霍布斯自然状态学说在道德上的这种张力，而倾向于把它诠释为一种失范状态。具体来说，作者通过两步解释得出了这一结论。首先，作者根据"一切人对一切东西的权利"这一"无限权利"所带来的"悖谬效果"（李猛，2015：138），即"放任状态"，将其仅仅理解为一个自相矛盾的法权状态。而自相矛盾的法权，意味着"毫无权利或正当可言"（李猛，2015：138），意味着缺乏道德。其次，通过对比《论公民》和《利维坦》两处文本对自然权利的界定，作者似乎暗示我们，霍布斯本人也不再把自然权利视为正当的（李猛，2015：141）。如果是这样，那就意味着，自然状态学说，尤其是具有自然权利的、自由和平等的个体本身并不构成现代道德的起点。实际上，作者在下文将个体之间缔结契约，彼此产生义务作为现代道德的严格意义上的起点。

施特劳斯同样注意到了霍布斯"自然权利"概念在道德上的模棱两可。对此，他却给出了另一个解释方向：

> 如果自然法必须得从自我保存的欲望中推演出来，如果换句话说，自我保存的欲求乃是一切正义和道德的唯一根源，那么，基本的道德事实就不是一桩责任（duty），而是一项权利；所有的责任都是从根本的和不可放弃的自我保存权利中派生出来的。……既然根本的、绝对的道德事实是一项权利而非一项责任，那么政治社会（civilsociety）的职能和界限就必须根据人的自然权利而不是其自然责任来界定。（施特劳斯，2006：185）

两位研究者在解释上的分歧在于，施特劳斯强调的是"根本的和不可放弃的自我保存权利"本身就具有积极的道德意涵或规范性，也就是说，自然权利构成了现代政治和道德的基础；而作者则根据衍生的、对一切东西的无限权利或"绝对自由"的"悖谬"效果，削弱了自我保存权利可能具有的积极的道德意涵。

我们必须努力保持住霍布斯的自然权利和自然状态学说在道德上的模棱两可性：自然权利是主观的，但不只是主观的。首先，我们不能仅仅根据对一切东西的无限权利这种派生的自然权利的效果来衡量自然权利本身的正当性。自然权利在实践上的悖谬效果，并不意味着自然状态中完全不存在自然正当。根据霍布斯的观点，进入国家，每个人放弃的是这种派生的无限权利，而不是根本的、不可放弃的自然权利。相比于大多数研究者对霍布斯的不可放弃的自然权利的关注，相比于该书在霍布斯自然状态上花费的篇幅，作者对这个问题的处理有些吝啬（李猛，2015：136）。毕竟有谁比霍布斯在要求国家的绝对权力的同时，又顽固地强调个人在面对国家的绝对权力时仍然保留着不可放弃的自我保存权利。

其次，如果霍布斯的"自然权利"具有积极的道德意涵，那么，这种道德既不是来自一个人应该实现的自然目的，也不是来自人之上的神圣立法者，而似乎只能来自"我"本身。来自"我"的什么呢？"我"的自我保存既是一项无法违背的自然事实，也是一项基本的道德事实：我在自然本性上必然害怕死亡，想要保存自己。"我"出于自然恐惧，出于自然必然性所做的事情，也就是自然正当的，是"我"的不可放弃的自然权利。因为"我"不可能去违背自己的自然本性。

> 没有人被他所缔结的这种协议约束，即不去反抗某个以死亡、伤害或其他身体损害威胁他的人。因为每个人都有一种最高等级的恐惧，根据它每个人把威胁到他的损害视为最坏的可能，并根据自然必然性尽力避免达到这一等级的恐惧而不能有其他选择。当一个人达到了这种等级的恐惧，他必然不是要借助逃跑就是要借助战斗来照顾他自己。因为没有人会受制于不可能的事情，所以没有人有义务去接受他所遭受的死亡威胁（它是对自然的最高损害）或伤害或其强烈到难以承受的身体损害。（Hobbes，1998：39）

这里的不可放弃不是说我不愿意（will to）放弃，而是说我不可能（not to be able to do otherwise/impossible）放弃。假设我在服兵役，战场上炮声隆隆，前面一排一排的人倒下，我想到自己再不逃跑就会必死无疑（我甚至可能来不及想），那么我出于恐惧，必然要逃跑，并且是正当的（Hobbes，1996：151）。因为外在物体在我内心中引发的这种自然恐惧和逃跑行为，完全是自然力量造成的必然效果。出于自然必然要做的就是正当的。因此，霍布斯借助权利概念将人必然怕死这一自然事实，转变为一个具有规范性的道德事实，并允许它保留下来，参与构成人们的政治生活。自然权利不仅仅出现在自然状态中，它也继续出现在政治生活中。能够危及上述推论的，就是承认有自由意志这种东西。但众所周知，霍布斯拒不承认自由意志的存在。不过，我们稍后将要看到，霍布斯对自然权利的定义似乎又特别需要这样一个自由意志概念。

最后，现代国家正是由这样的一个一个的"我"所组成的。这意味着，现代国家要得以构成，人就必须经历战争状态，去掉各种传统共同体所赋予他的纽带，成为自由和平等的个体。问题在于，这种"必须"是否也是一种"应当"？

总之，我们应该在霍布斯"自然状态"的概念上停留一段时间。因为对于当下的我们来说，霍布斯"无神论"的自然状态，一切人反对一切人的战争状态，远比洛克或普芬道夫的上帝的自然法还起作用的自然状态，或卢梭的人们彼此"相忘于江湖"的自然状态，在经验上离我们要更近。"战争状态"的经验，对于我们来说，不仅仅体现在类似于内战这种极端情形下，也不仅仅体现在国际政治中，甚至也不仅仅体现在陌生人聚集的日常的城市空间中，它早已伴随着我们近代的社会变革，渗透到刘震云在《一句顶一万句》中所描写的乡间"熟人社会"、圈子和家庭的日常生活之中，渗透到我们每个人的思维和想象之中。现代人的漂泊感，不仅仅出现在鲁宾逊的荒岛上，也不仅仅呈现在陌生人遭遇的社会空间中，而且已经进入家庭之中。一种在家的漂泊感，家里的孤独。① 当我们在想象中，在心里返回自然状态这个开端时，我们即便不是诉诸自我保存之正当性和明证性，但也绝不会是上帝和自然法。霍布斯活在我们当下。

二　自然状态学说在多大程度上是一种人性论？

我们继续逗留在霍布斯"自然权利"概念的讨论上。作者比以往的任何研究者都更为敏锐地把握到，霍布斯在论证自然状态是战争状态时提供了两条不同的路径：自然激情论证和自然权利论证。前者更偏重于从人性的自然平等出发去论证，后者则从自然权利，因而更偏重于从人性的自由出发去论证。至于二者的关系，作者讲得不是很充分，而只是强调后者是对前者的转化，借助这一转化，霍布斯"排除了从善或恶的角度来理解自然人性的传统做法"（李猛，2015：142）。在讨论霍布斯的自然激情论证时，作者也指出，霍布斯的自然状态学说，不再像传统政治史那样，从人们的性情差异，如马基雅维利区分的贵族气质和平民气质，来思考政治生活（李猛，2015：129）。不过，作者认为，这些差异都不妨碍我们仍然可以把霍布斯的自然权利论证或自然状态学说视为一种"人性论"："自然状

---

① 李猛关注的重心（借助澄清霍布斯自然状态的实例，来把握自然状态这个概念随后经历的历史化）在某种程度上转移了他的注意力，使得霍布斯自然状态的这个"想象"的维度，或内心的维度，没有因为前文有关自然状态中"未来"向度的出色分析而得以进一步延展。当霍布斯说，自然状态的生活孤独、贫困、卑污、野蛮、短促时，当他列举各种现实中的例子时，他首先希望的是我们动用自己的经验去想象一下自己身边的公共权力不在时，会怎样。

态学说就是现代政治哲学的人性论","而'对一切东西的权利'其实是将自然状态下的人性冲突浓缩在一个从绝对自由出发的自相矛盾的法权概念中"（李猛，2015：114、120、128、129、137、140-143、189-190）。

暂且撇开自然激情论证，霍布斯的自然权利论证还算得上是一种人性论吗？或者，我们不妨这样假设，撇开霍布斯有关人性的自然研究，撇开自然激情论证，只保留"自然权利论证"，对于霍布斯的政治哲学来说是否足够？

"人性论"在传统上指的是"灵魂学说"，后者隶属于自然哲学。因为人根据其自然本性在一个目的论的自然秩序中占据一个等级。传统伦理学或道德哲学的基本思路是从人的自然目的出发去推演出一套伦理和法律规范，作为人性从当前的状态达至其完满状态（即目的实现了的状态）之间的中介。从人性这一自然事实，跨越到道德事实，之所以不存在现代社会科学所焦虑的对事实与价值的混淆，乃是基于一个目的论的自然秩序图景。一个存在者的自然作为其目的，规定了它的职能（ergon），而这个职能进而构成了判断它事实上的行动的标准。教师的职能是上好课（目的论）所以一个讲课清楚而又明白（事实陈述）的教师就是一位好的教师（价值判断）（麦金太尔，2011：67）。

霍布斯的政治哲学，不仅拒绝传统的自然目的论架构，而且以事实上的人性——"政治社会并不改变人性"（李猛，2015：144）——代替了目的论意义上应该去实现的人性。在这种情况下，人性就失去了其规范含义，而只是一个自然事实，因此无法构成现代政治哲学的基础。因此，如何从研究人的自然的自然哲学跨越到涉及人、主权者和公民的权利和义务（obligation）的政治哲学，就成为一个棘手的问题。具体到我们这里所谈的问题，根据霍布斯划分的学科体系，自然激情论证隶属于自然哲学，因为我们可以借助推理，从心智运动的原因出发来认识人的激情。由自然激情带来的战争状态，在根本上是一个根据"自然力量"① 来一较高下的世

---

① "人的力量……或者是原初性的，或者是工具性的。自然力量，指的是身体或心智的能力（faculties），诸如超凡的体力，容貌、明智、技艺、修辞、慷慨和高贵；工具性的力量，指的是借助自然力量或运气获取的力量，诸如富裕、声望、友谊，以及上帝的隐秘工作，也就是人们所谓的好运。"（Hobbes，1996：62）由于在自然状态下，人的生活孤独、贫困、卑污、野蛮、短促，所以他几乎没有机会去发展自己的"工具性力量"。

界。自然权利论证则隶属于政治哲学，因为它使用了不属于自然哲学的
"权利"（ius）概念，尽管霍布斯的政治哲学在许多方面仍然依赖于自然
哲学有关人性的研究，因此还没有像康德的道德哲学那样，完全成为一门
独立自主的学科（Hobbes，1981：191、301 - 303；1991：42；1996：60 -
61）。① 但是，自然权利的争斗，不同于自然力量的角逐。在霍布斯这里，
自然权利不等于自然力量。霍布斯不是斯宾诺莎主义者。自然状态学说位
于自然哲学通往政治哲学的临界点（Hobbes，1996：90 - 91；1998：26 -
27）。自然权利而不是人性论，构成了现代政治哲学的基础或第一原理。
也正是在这个意义上，霍布斯说：

> 政治学和伦理学（有关正义和不正义、公平和不公平的科学）能
> 够被先验的证明，因为我们自己制造了这些原则。这些原则是正义
> （即法律和信约）的原因。借助它们我们认识了正义、公平以及它们
> 各自的对立面不正义、不公平是什么。在有信约和法律之前，就像在
> 野兽之中一样，在人之中，无论是正义还是不正义，无论是公共善还
> 是公共恶，都不是自然的。（Hobbes，1991：42）②

正是"我们自己"把自我保存的"欲望"界定为"权利"。我们凭借
什么？"人自己的意志"［Hobbes，1991：41，另可参见霍布斯在《利维
坦》中对自然权利的定义，"如他意愿的那样"（as he wil himself）
Hobbes，1996：91］。单凭出于自然本性必然要做的事情，还不足以证明

---

① 有关人的激情的研究，被霍布斯明确称为伦理学或道德哲学，但是它究竟属于自然哲学
还是属于政治哲学，霍布斯本人就存在犹豫。在《利维坦》中，伦理学被划归在自然哲
学之下（Hobbes，1996：61），而在《论物体》中，伦理学则被划归在政治哲学之下
（Hobbes，1996：11、73 - 74）。根据霍布斯的解释，伦理学在归属上的这个困难源于人
自身："因为人不只是一个自然物体，而且也是国家的一部分，或我认为的政治体的一部
分。基于这个原因，他既需要被视为人，也需要被视为公民，也就是说，物理学的第一
原理需要与政治学的第一原理相结合，最困难的与最简单的相结合。"（Hobbes，1991：
35）"权利"和"法"都属于政治学的第一原理，因此，自然权利论证隶属于政治哲学。
② 必须指出，霍布斯在不同的作品中有关这一点的论述存在不一致的地方。比如，在《利
维坦》中，伦理学或道德哲学，有关正义和不正义的科学都被划归在自然哲学之下
（Hobbes，1996：61）。不过，考虑到政治哲学探讨的两个主题，即政治体的权利和义务，
以及臣民的权利和义务，都建立在权利概念的基础之上，因此即便自然权利可以被划归
为隶属于自然哲学的道德哲学，这里仍然需要解释权利是如何出现的。

它就是正当的。石头出于自然必然性必然要下落，这并不具有正当性（斯宾诺莎除外①）。我们还需要添加上人的意志所做的某种有别于自然决定的、非自然的规定。②

正是凭借我自己的意志，一个一个的我得以跨越"自然"和"权利的距离，借助语言定义出一个奇怪的"自然权利"从自然力量上的较量，通往基于权利和义务关系所搭建的道德空间（因此，并不是普芬道夫率先通过意志和自然法将自然状态构造为一个道德世界，霍布斯的意志和自然权利概念已经将自然状态带入了道德科学领域）。它的奇怪在于，霍布斯反复说，在政治社会或国家建立之前，不存在正义和不正义。似乎，正义完全是约定的，不存在自然正义、自然正当，但是他又主张存在自然权利和自然法，存在"自然正当"（Hobbes，1998：82–83）和"自然正义"（Hobbes，1996：244）。

澄清这个问题，关涉到我们如何理解霍布斯政治哲学的困难，以及从现代自然法到现代社会科学的学科转换。作者所分析的自然状态概念的"历史化"和"文明化"，提供了一条非常具有启发性的思考进路。如果我们进一步反思普芬道夫对霍布斯自然状态概念的历史化，就会发现，当他把自然状态视为一个"道德存在"，一个"并不来自事物的内在自然本性"而只是一个凭借理智存在物的意志所赋予（impositio）的样态时，他决定性地抓住了霍布斯的"自然权利"概念和自然状态学说的独特之处。不过，这也正是他与霍布斯分道扬镳的地方。普芬道夫选择的能够凭借其意志造就"自然权利"的"理智存在物"，不是人，而是上帝。借助引入上帝和上帝颁布的自然法，自然状态被明确地赋予了一个正面的道德意涵，"一个具有道德义务和自然法权的社会性空间"（李猛，2015：207、338）。也正是因为调用了上帝，所以普芬道夫面临着调和《圣经》历史有关人类

---

① 在斯宾诺莎那里，之所以在自然状态下，可以根据自然力量来定义自然权利，是因为自然物保存自己的自然力量就是上帝的力量，而上帝的力量又被回溯到上帝对一切事物的神圣权利。也就是说，斯宾诺莎（2014：229–230）实际上是从上帝的神圣权利入手来定义自然权利的，有别于霍布斯对自然权利的定义。

② 这里需要注意霍布斯独特的"意志"概念。李猛（2015：308–323）对此做了讨论。正如奥克肖特敏锐地看到的那样，意志理论是霍布斯政治哲学的一个软肋。霍布斯始终没有给出一个令人满意的、前后一致的意志理论。这一点构成了此后卢梭和黑格尔等人努力的方向（Oakeshott，1975：157）。我们的疑虑在于，霍布斯的"意志"概念是否能够彻底摆脱意志一词自始至终都具有的"自由决断"的意涵，而被完全纳入自然哲学的解释中。

原初状态的论述和霍布斯的自然状态学说的问题。结果是，自然状态被定位为人类始祖被逐出伊甸园之后的某个历史阶段，一个真实存在的文明演进中的特定阶段。进而，"政治"不再被看作对人的本性的成全，而是一个有始有终、处于文明特定发展阶段的现象。

普芬道夫尽管"解决"了霍布斯自然状态学说在道德上的模糊性但是，他所动用的原则，他所使用的策略，都是霍布斯所不能接受的。就此来说，普芬道夫走的是一条同时代或后人更愿意告别的道路。作者在下文有关洛克的自然法学说的论述指出的正是这一点。此外，普芬道夫借用格老秀斯的思想资源，基于物和财产权所搭建的社会关系和政治关系，也掩盖了霍布斯借助代表理论努力探寻的理解政治统治关系和社会关系的另一条思路：借助自然权利的转让、围绕着言辞和行动所建立起来的两个人格之间的代表和授权关系（陈涛，2013）。

在普芬道夫乃至虽然该书并未涉及但却无疑是故事主人公的康德的学说之外，存在着另一条回应霍布斯问题的路径。如果权利只能来自人为的制造，只能来自约定，那么"自然权利"和"自然法"就只能是政治社会确立之后的一种事后追认（Montesquieu，1989/1748：6；Rousseau，1994/1754：155；孔德，2010/1822：166-169；涂尔干，2006：49）。权利是由国家制造出来的。单个人的意志并不足以界定出自然权利我们靠的是所有人的公意或习俗。这正是社会学的先驱——孟德斯鸠和卢梭的基本观点。这同时意味着，"社会"的意志，而不是个人的意志构成了"自然权利"的基础。这个社会，也不只是仿照几何学推演出来的社会，而是由代际传承下来的习俗和文明所构成的"自成一类的"（sui generis）社会。就此而言，仅仅诉诸机械论心理学所研究的人性，或是动用一个无法自圆其说的"自然权利"，都没有抓到政治社会的真正基础：我们需要认识的不是由自然人的人性所推演出来的自然权利和自然法，而是文明或社会本身的法则："文明的发展也是遵循着不变的自然法则前进的"，"文明的自然发展，它是一切政治现象的真正调节者"（圣西门，2010/1821：266；孔德，2010/1822：177、195；Durkheim，2011）。权利"的证成只能追溯到社会和它的习俗。后者或许可以看作上帝及其自然法的一个世俗化版本，但却是一个更容易被现代社会科学所接受的版本。

不过，问题并未得到解决。霍布斯的自然状态是一个处于想象中的、每个人此时此刻，凭借其社会生活的经验都可以进入的状态。当我们这样做时，是将自己从社会中抽离出来，站在了社会及其习俗的对立面，并且觉得"我自己"有权利、有自由这样做，这样做是应该的、正当的。这种应当，最终仍然有其人性上的理由。自然权利学说的确开启了不再依托人性来思考政治和道德的路径，但较之于此后的道德哲学和社会理论而言，它仍然更偏向于人性论。总之，霍布斯借助自然状态学说所捕捉到的现代人的这种"非社会的社会性"，以及现代人之间潜在的战争状态，无论我们喜欢与否、赞成与否、悖谬与否，仍然是我们今天不得不去应对的基本处境。我们必须借助霍布斯的自然状态在道德上的模糊性进一步理解我们的这种处境。

三　国家的规范基础源自原初契约吗？

霍布斯的自然状态在道德意涵上的模棱两可性，特别是"自然权利"之正当性，究竟是基于个人的意志，还是基于政治社会的意志，所透露出来的正是此后社会理论特别焦虑的个人与社会（或国家）之间的彼此对张而又相互构成的关系。

李猛在中篇有关"自然法权"的研究有助于我们深化对这一问题的理解。这部分的论述尤其体现了作者深厚的思想史素养、文献处理能力和文本解读功力。在作者看来，正是现代主观权利意义上的自然权利（ius naturale）概念，造成了古今自然法传统的断裂。传统上，在托马斯阿奎那那里，ius naturale 指的是基于事物的自然本性，建立的人与人之间的平等关系。居于这个概念背后的，乃是事物的自然秩序。它为人际关系和人的行动提供了一个客观尺度。但是，现代自然权利，特别是格老秀斯以降，不再将 ius 理解为客观的自然秩序所提供的尺度，而是将其理解为主体所拥有的、可以自由支配的某种"品质"、"潜能"（potentia）或"权力"（potestas）。更进一步，作者分析了现代自然法传统使用自然权利概念所应对的问题。面对中世纪晚期苏亚雷斯综合自然法的理智论传统和意志论传统所遗留下来的自然法的可知性和约束力问题，现代自然法传统，从格老秀斯、霍布斯到普芬道夫和洛克，选择了从自然权利出发去推演自然法，特别是把自然法的约束力奠定在个人的自我保存权利，或基于"个体的主体性自然权利与他人相应的义务编织起来的一个关联网络"，即"社会"（李猛，2015：286 - 287）上。

伴随着现代自然法传统从自然权利出发推演自然法这一策略，自然权利概念兼具的主观权利和客观尺度这两个面向，以及由此造成的自然状态在道德上的模糊性，将逐渐褪去其模糊性，展现出其清晰的、正面的道德意涵。

这最为突出地体现在霍布斯的自然法学说上。在他那里，自然法与自然权利一样，都着眼于每个人的自我保存。不过，与从自然权利出发所造成的战争状态的法权困境不同，自然法提供了和平生活下每个人自我保存的规则框架。自然法要起作用，要具有义务约束力，就要求每个人自愿放弃其自然权利，服从自然法。不过，正是在从自然权利推演自然法的这一环节上，霍布斯设置了一个障碍性的条件：我对权利的放弃以他人自愿放弃他的权利为前提。而在自然状态下，每个人基于自我保存，都会对他人是否会率先自愿放弃其权利提出"合理猜忌"。这导致单凭"放弃自然权利实现自然权利向自然法义务的转化"（李猛，2015：304）在自然状态下是不可能的。正是通过人为建立的国家及其惩罚权力，才能打消每个人对他人的合理猜忌，个人才可能放弃自然权利，服从自然法。换句话说，自然法，要从条件性的、非严格意义上的法，转变为严格意义上的、具有义务约束力的法，需要以政治社会和主权者的出现为前提。"因此，在霍布斯的政治哲学中，国家并不是以自然法为基础建立的，相反，倒是自然法在国家或政治社会的状态下凭借主权才真正成为具有义务约束力的法律。"（李猛，2015：327）与格老秀斯诉诸"社会"和"他人的权利"不同，与普芬道夫诉诸上帝不同，也与洛克诉诸自然状态下每个人执行自然法惩罚权的自然权利不同，霍布斯把自然法的义务约束力奠定在国家之上。这似乎印证了上文提到的来自社会学的批评：法权（ius）是由国家制造的，是国家意志的体现。

既然自然法必须借助国家才能发挥效力，那么人们就不可能是通过服从自然法，缔约建立国家。这正是作者在下篇"政治社会"一开始就试图纠正的一个误区。研究者们普遍感到困惑地是霍布斯政治哲学中一个显而易见的循环：人们彼此缔结契约的目的是为了建立共同权力，但原初契约能够建立，似乎又要求人们服从自然法的履约义务，而自然法要具有义务约束力又以共同权力的存在为前提（李猛，2015：394）。针对于此，许多霍布斯研究者都试图在自然状态中找到个体履约，从而实现从自然状态迈向政治社会的心理动机或义务基础。或者反其道而行之，彻底抹消缔约建国与自然征服的差别。作者正确地指出，这些努力方向不仅背离了霍布斯的文本，而且背离了霍布斯政治哲学的初衷。如果人们在自然状态下能够服从自然法，那就没有必要，或不是那么必要去缔约建立国家了（李猛，2015：394 - 396）。

遗憾的是，作者所给出的解决方案表明他仍然受制于这些二手研究所虚构出来的问题上："原初契约如何能够幸免于人性的不幸处境，建立使人脱离自然状态处境的共同权力呢？"（李猛，2015：393）。作者将原初契约解读为同时包含了每个人和每个人通过相互让渡权利所形成的双边"契约"，以及订约双方针对尚未存在的第三方主权者的一个"自由赠予"。通过指出原初契约中只存在针对第三方的自由赠予的承诺，不存在缔约双方的双边承诺，作者认为"原初契约其实并不会面临先行履约问题带来的合理猜忌"（李猛，2015：397）。既然人们不是，也不需要根据自然法来建立国家，那么国家的规范基础就只能来自原初契约。因此，在作者看来，契约之人为性，而不是自然法或自然权利之自然或正当，才构成了霍布斯政治哲学的规范基础。引申来说，现代道德、现代政治的规范性完全是人为的，而不具有任何自然性。

这里的解读和推论并不符合霍布斯的文本。首先，需要明确，在《利维坦》第17章中，霍布斯没有一次使用过"自由赠予"的说法。作者给出的唯一三处证据，除了《论公民》中的一处（vi. 20，李猛，2015：392）看起来支持这种说法之外，[①] 另外两处来自《利维坦》的证据（xxxviii. 2，xviii. 17，李猛，2015：391，注释2）并不支持这种解读。特别是《利维坦》第28章有关惩罚权利的讨论，恰恰不支持作者的解读：

> ……惩罚的权利或权威究竟从哪里来的。因为根据先前所说，没有人根据信约被假定受约束不去反抗暴力，所以不能声称，他赠予（gave）他人对其人格施加暴力的任何权利。在制造共同体时，每一个人让渡了防卫他人的权利，但没有让渡防卫自己的权利。他也有义务

---

① 霍布斯即使在论述契约时，也使用 give、grant 等表述。因此，不能简单根据 gift（donatione）判断这里说的就是 free gift。

帮助拥有主权者惩罚他人，但没有义务帮助他惩罚自己。但是缔约去帮助主权者，伤害他人，除非如此缔约的人拥有亲自去惩罚的权利，否则他并没有给予主权者以惩罚权利。因此，很显然共同体（即代表它的人或议会）所拥有的惩罚权利，并不基于臣民的（这种惩罚权利的）任何让渡或赠予（gift）。但我先前指出，在共同建制之前，每个人拥有对每个东西的权利，并且拥有去做任何他认为对于其自我保存是必然的事情，可以为此而制服、伤害或杀死任何人。这就是每一个共同体中实施的惩罚权利的基础。因为臣民并未赠予（give）主权者那一权利，而只是搁置（lay down）他们的权利，而加强了主权者使用他自己的那一权利，并且根据他认为应该适合于他们所有人的自我保存的方式使用它。因此，这一权利不是赠予（given）主权者的，而是留给他（left）的，并且只留给他一个人。除了由自然法所设置的界限，它像单纯自然状态和每个人对抗他的邻人的战争状态下的权利一样完整。（Hobbes，1996：214）

这段话清楚地表明，主权者的惩罚权利来自臣民对自己的自我保存权利的 lay down，而不是赠予。根据霍布斯在《利维坦》第 14 章中的表述，"lay down 一个人对某个东西的权利，就是剥夺他自己妨碍他人对同一东西所拥有的权利中获益的自由……他只是让开他的路使另一个人享用自己的原初权利……借助另一个人权利的缺失，只是减少了他使用自己原初权利的障碍"（Hobbes，1996：92）。综合来看，主权者的惩罚权利意味着，当他对某个人施行惩罚时，臣民有义务不去干涉主权者（包括服从主权者的命令亲自掌刑）。因为根据原初契约他已经把使用自己的权力和力量的权利"授权并放弃"（Hobbes，1996：120）给了主权者。① 总之，如果原初

---

① 因此，我们也不认为这里所说的主权者指的是担任主权职位的自然人格，使用的是他私人的原初自然权利（李猛，2015：422－423）。这里所说的主权者就是担任主权职位的公共人格，使用的是臣民转让给他的臣民们的原初的自然权利。一个违背法律的人，危及除他之外的所有人的自我保存。在国家存在的情况下，国家代替或代表其他一切个人去行使这种自我保存的权利。违法者作为一边，主权者治下的国家（包括听其号令的其他臣民）作为另一边，一起进入自然状态。当然，这里的确存在着如何区分惩罚和敌意行为的问题。不过，在我们所引的这段文字中，霍布斯为了将这种"自然状态"区别于一切人对一切人的战争状态，加上了一句"除了由自然法所设置的界限"。

契约包含了这么复杂的结构，特别是"自由赠予"，如果霍布斯希望把原初契约作为国家权力的规范基础，那么，他理应在这么复杂的原初契约上花费更多的笔墨，或者至少在论述主权者的权利和臣民的义务时，诉诸"自由赠予"。但他没有。相比自然权利和自然法，相比主权者的权利和公民的权利和义务，霍布斯对原初契约讲得太少了，少到研究者们在理解它时出现了很大的困难。我们需要探寻另外的解释。

从霍布斯津津乐道于自然法状态下人们的合理猜忌导致履约困境来看，他并不认为这会危及人们缔约建立国家这件事。霍布斯从未关心过，人们在何时何地，具体是出于何种动机，又是否是因为服从自然法才选择缔约建立国家。霍布斯关心的是在自然状态下，即缺乏共同权力的情况下，人性的状况、基于这种人性所界定的自我保存权利、由此带来的战争状态、自然法所指示的和平路线图、原初契约的形式。这种论述顺序，容易给人造成一种错觉：似乎人们是服从自然法的指示才去缔约建立国家。但这只是一种错觉。霍布斯从未这样说过。他倒是说过，建立国家之后，服从原初契约是自然法的义务。

另一种可能的解释是，霍布斯主要关心的不是人们出于何种动机、这种动机是否充分，以使他们能够缔结契约建立国家。他关心的是国家的规范基础。不管国家是怎么建立起来的（比如自然征服），但一旦国家建立以后，那么根据自然法，人们就有义务去履行原初契约，服从主权者。因为共同权力的存在，已经取消了自然法的条件性限制，使其成为严格意义上的义务。因此，霍布斯除了专门论述自然法的章节之外主要是在国家建立之后，涉及主权者所承担的义务，以及臣民服从主权者的义务时谈论自然法的：

> 这些（主权者）权利的基础，尤其需要用力地、真正地传授，因为它们不能被任何市民法或司法惩罚的恐吓所维持。因为市民法禁止的反叛（这是对主权者的必不可少的权利的完全抵抗）并不像市民法一样是义务，而只是根据自然法，禁止违背誓言。它是一项自然义务（natural obligation），如果人们不知道它，就不可能知道主权者制定任何法律的权利。（xxx. 4, Hobbes, 1996：232；另见 xxx. 6）

单凭存在原初契约这一事实，并未给国家提供任何规范基础（李猛，2015：396-397），根据自然法我们有义务履行原初契约，这才构成了国家的规范基础。这个规范基础的确是伴随着国家的建立才建立起来的，但它并不是完全由国家所制造出来的。国家只是提供了条件，保障自然法得以实现。对此，霍布斯曾给出了清楚的说明："我把主权者的政治权利（civil right）和臣民的义务和自由都奠基在众所周知的人类的自然倾向和自然法的诸条款之上……"（Hobbes，1996：489）国家的建立，使得原初契约这一事实，成为一项根据自然法的履约义务。

也不只有自然法凭借国家权力成为一种客观义务或客观正当。霍布斯顽固地、不遗余力地反复强调的臣民在进入政治社会之后不可放弃的、根本的（而非派生的）自然权利同样获得了一种客观意义上的正当性。借此，"自然权利"不只是主观"权利"，而且是客观"正当"。因此，恰恰是国家权力的存在，使得"自然状态"中原本模糊、充满悖论的自然权利和自然法，甚至人的自由和平等，真正成为客观意义上的正当，甚至使得身处国家之中的个人再次诉诸自然权利和自然法，返回自然状态也成为正当的。借助国家，自然状态具有了明确的、毫不含糊的、积极的道德意涵。如果说进入霍布斯自然状态的个人，都"保留了在这样的权力下共同生活的经验"，"都带着对这部人造机器幽灵般的记忆"，那么，这种经验也包含了对于"权利"的记忆。这或许正是作者写下这段话时在脑海中闪过，但却没有清楚地充分表达出来的含义：

> 自然权利的逻辑不仅支配了自然状态下的自然人性，而且还进一步通过自然法义务约束的构成方式支配了整个自然法的建立，甚至最终延伸到了政治社会中的人的自由权衡。在这个意义上，即使根据自然法的理性和平路径，通过信约建立契约国家，作为自然权利核心要素的私人判断权，甚至，"一切对一切东西的权利"都仍然以某种变形的方式发挥作用，最终转化为革命政治中潜藏不去的阴影。（李猛，2015：323-324）

必须再次强调，国家并未制造这种义务和权利，并未制造这种正当，而只是提供了条件，保障其得以实现。它们是"自然的"，恰恰意味着它们不是国家制造的，而是基于人性的构造本身，特别是人恐惧死亡这种自然必然性。在这个意义上，作者借助解读霍布斯的自然状态，煞费苦心地为我们剖析的现代人的人性特征，仍然具有重要的意义。国家的建立，并不能够"使人彻底摆脱人性的自然力量，以及各种先在的道德假设，为人的生活方式提供一个全新的开端"（李猛，2015：397）。现代人根据自然处于战争状态，意味着每个人（尤其是那些谦逊的人）要进入政治生活，在一种新型的权利和义务关系下，彼此尊重、和平共处，先要彼此为敌，瓦解掉彼此之间的其他一切纽带，只展露出每个人的孤立、自由和平等。这里不存在古典政治哲学从人的自然本性通向其在政治生活中的完善的自然阶梯或德性养成的阶梯。这里只有一个一个已然成熟了的、定型的、现成的人，以及他们（哪怕是潜在地）彼此充满敌意的状态。这是一个我们不愿意接受但却在经受，因而最终不得不面对的处境。自然状态下的人性仍然是现代政治和道德不可回避的问题。

正是在"自然权利"这个自然与政治、私人与公共杂交而成的概念上，折射出现代政治哲学中自然与政治之间、个人与国家之间，对张却又相互构成的复杂关系。政治社会的规范基础必须诉诸超出政治社会的基于个人的自然本性的自然权利和自然法。甚至，组成政治社会的质料，即现代人，也必须经由战争状态才能剥去由传统共同体所给予他的一切属性。但是，单凭人的自然本身却又不足以构成一种充分意义上的法权。个人还需要国家赋予其自我保存的自然欲求以"正当性"，使其成为名副其实的"权利"。就此来说，国家也超出了作为个体自我保存的工具的意涵，但它还不是黑格尔那里的伦理国家。

上述澄清，可以帮助我们翻回头来理解，为什么霍布斯毫不犹豫地为个人保留不可放弃的自然权利，以及由此可能带来的个人的自然正当与政治社会的正当的对峙局面。任何敢于诉诸自己的自然权利的人，在他诉诸自己的自然权利，同时也是退出国家的那一刻开始，他就首先将自己从"权利"的世界，置入"自然力量"的世界，置于斯宾诺莎的世界。他要么死于与国家力量的较量中，要么从这种（哪怕只发生在想象中的）力量角逐中，经由臣服契约，重新进入"权利"世界。自然力量的海洋，在利维坦之下涌动着，偶尔泛起一朵浪花，随即消逝不见。从原则上说，每一个生活在现代国家中的人，都需要在想象中（或许是不止一次地）经历霍布斯所提供的建国路线。

自然状态在道德上的积极意涵，使得从原则上说，在任何时刻撤出政治生活都是可能，而且也是正当的。霍布斯以降的政治哲学更多的是在限制这种"任何时刻"，而不是这种正当性："主权者能够借以保护臣民的权能持续多久，臣民对主权者的义务就持续到多久。因为人根据自然拥有的保护他们自己的权利，当没有人能保护他们时，该权利就不能被任何信约所取消。"（Hobbes，1996：153）

也正是自然状态或自然社会在道德上的积极意涵，成就了革命政治的正当性。革命政治的种子由霍布斯在自然状态中种下，由普芬道夫所培育，被洛克所收获。现代政治哲学中自然与政治的复杂关联也集中体现在革命政治的悖谬中。革命意味着"人民整体"重新诉诸自然权利和自然法，重新进入自然状态，但政治社会恰恰要诉诸革命为其奠基。革命不仅构成了政治社会的开端，而且本身就构成了一种"政治"。人们在革命之际，似乎最可能在一起，最充满友爱，最上下一心、团结一致。① 现代政治中这个似乎最类似于古典政治理念和政治行动的时刻，既不存在于自然状态之中，也不存在于政治社会之中，而是闪烁在二者的缝隙之间："人民这个概念，恰好出现在政治社会建立这两个阶段的细微夹缝之中。"（李猛，2015：477）不过，如果人民构成的"社会性共同体"（李猛，2015：484）足够团结，而不至于回到一切人反对一切人的战争状态，那么政府解体之后也就不需要再建立一个新的政府了。成熟的洛克与早年的洛克、霍布斯一样，在根本上仍然不信任人民。政治社会并不改变现成的人性，革命政治也不会。

综上，笔者同意李猛的基本判断，即霍布斯以降的现代政治哲学、道德哲学和社会理论与古代政治哲学的一个决定性分别在于它拒绝把人的自然本性作为一个规范基础。分歧在于，在李猛看来，在霍布斯这里，取代人之自然这一规范基础的，乃是原初契约这一人为制造。我们或许可以在

---

① 我们可以在此做一个思想实验：假设革命之际，有一个人为了自我保存，既不愿意追随背叛人民的君主，也不愿意追随讨伐君主的人民，人们会做何反应？正如施特劳斯所看到的，洛克只强调了人民有反抗政府的权利，但却没有对个人服从社会或人民做出任何限制（施特劳斯，2006：237-238）。在这一点上，反倒是霍布斯更一贯地强调个人在任何时候都不可放弃其自我保存权利。可见，洛克疑惧政府甚于人民，而霍布斯则疑惧人民甚于政府。

康德的道德哲学那里看到这种诠释路径的更为清晰的形态。但在笔者看来，在霍布斯这里，情况要更为复杂。自然人所拥有的自然权利才真正构成了这一规范基础，而自然状态在道德上所具有的模棱两可性也恰恰集中在自然权利这个概念上。自然权利既是自然的，又是人为的。说它是人为的，是因为作为区别于"自然"的"权利"或"正当"，它有赖于国家权力的保障，但它却又不完全是国家制造的，而是植根于人之自然，并且即便个人身处国家之中也不可放弃。人的自然本性，不纯粹是可以任意抟塑的质料。它仍然具有某种棱角或形式：无论是人的虚荣自负，还是必然怕死，都不单纯呈现为某种道德判断，而是借助"自然权利"这个概念被明确地带入政治生活的构建之中。这样的个体及其相互关系，构成了现代政治哲学、道德哲学和社会理论不得不去回应的难题。

对于那些关心我们当下社会根本问题的人，李猛的这本书必将为他提供"星与罗盘"，让他由此起航。

参考文献：

陈涛，2013，《从主人到代表者——霍布斯的主权理论的发展》，《北大法律评论》第2期。

孔德，2010/1822，《实证政治体系》，《圣西门选集》第二卷，董果良译，北京：商务印书馆。

李猛，2015，《自然社会：自然法与现代道德世界的形成》，北京：生活·读书·新知三联书店。

麦金太尔，2011，《追寻美德：道德理论研究》，宋继杰译，南京：译林出版社。

涂尔干，2006，《职业伦理与公民道德》，渠东等译，上海人民出版社。

圣西门，2010/1821，《论实业体系》，《圣西门选集》第一卷，王燕生等译，北京：商务印书馆。

施特劳斯，2001，《霍布斯的政治哲学》，申彤译，南京：译林出版社。

施特劳斯，2006，《自然权利与历史》，彭刚译，北京：生活·读书·新知三联书店。

斯宾诺莎，2014，《政治论》，《斯宾诺莎文集》第2卷，冯炳昆译，北京：商务印书馆。

Durkheim, E. 2011, *Hobbes a lagregation. Un Cours d Emile Durkheim Suivi par Marcel Maus*. Paris：Editions de l'Ecole des Hautes Etudes en Sciences Sociales.

Hobbes, T. 1981, *Computatio Sive Logica/Logic*, translation and commentary by Aloysius Martinich. Norwalk: Abaris Books.

Hobbes, T. 1991, *Man and Citizen*, edited by Bernard Gert. Indianapolis and Cambridge: Hackett Publishing Company.

Hobbes, T. 1996, *Leviathan*, edited by Richard Tuck. Cambridge: Cambridge University Press.

Hobbes, T. 1998, *On the Citizen*, edited by Richard Tuck and Michael Silverthorne. Cambridge: Cambridge University Press.

Montesquieu 1989/1748, *The Spirit of the Laws*, edited by M. Cohler, Basia C. Miller and Harold S. Stone. Cambridge: Cambridge University Press.

Oakeshott, M. 1975, *Hobbes on Civil Association.* Indianapolis: Liberty Fund.

Rousseau, J. 1994/1754, *Social Contract*, *Discourse on the Virtue Most Necessary for A Hero*, *Political Fragments*, *and Geneva Manuscript*, edited by Roger D. Masters andChristopher Kelly. Hanover and London: University Press of New England.

Strauss, Leo 1965, *Natural Right and History.* Chicago: The University of Chicago Press.

社会学的想象与想象的社会学：帕森斯、米尔斯社会学研究进路比较论要[*]

赵立玮

摘　要： 帕森斯的社会理论和米尔斯的社会研究是"二战"后美国社会学的两条重要且独特的研究路径。帕森斯倡导社会科学中的一般理论研究，核心在于理论和经验的互惠发展的动力学，意在促进社会科学的积累性发展，但确立统一的社会科学无异于建立一种不可能实现的"学术巴别塔"。米尔斯强调的基于社会学想象的社会研究纲领，实质上是一种政治导向的社会研究，最终难免落入学术和政治的双重"想象"困境。研究范式的差异，导致他们对其身处的美国社会做出了判然有别的研究论断。进而言之，这种差异的背后隐含着研究者对现代性问题的不同态度以及政治立场上的深刻分歧。

关键词： 帕森斯　米尔斯　社会学想象　经验—理论体系　美国社会

在美国社会学尤其是芝加哥社会学的历史研究中，常有论者提及"1935年造反"（the 1935 Rebelion）（例如 Odum，1951；Faris，1967；Kuklick，1973；Martindale，1976；Lengermann，1979；库隆，2000）。^① 表面上看，这个事件体现的是一种司空见惯的学界内部斗争："芝加哥社会学"长期占据"专业中心地位"、掌控学界核心资源——如美国社会学学会（ASS）、《美国社会学杂志》（*American Journal of Sociology*，AJS）——的状况，招致部分研究者的不满和反抗；反对者们最终在美国社会学学会 1935 年的年

---

* 原文发表于《社会》2016 年第 36 卷第 6 期。

① 关于这次"造反"的最为清晰和详细的描述和分析，可参见伦格曼（Lengermann，1979）的文章。他认为这是一个针对芝加哥社会学的"造反"运动，从 1928 年奥格本（Wiliam F. Ogburn）当选 ASS（American Sociological Society）主席开始到 1935 年年会结束，先后经历了四个阶段（Lengermann，1979：196 – 197）。

会上取得一些成果，包括将 AJS 与 ASS 分离开来并创立《美国社会学评论》（*American Sociological Review*，ASR）作为后者的官方刊物。①

不啻于此，"1935 年造反"之所以能够成为美国社会学史上一个具有象征意义的"事件"，更主要的原因显然在于：它标志着早期芝加哥社会学所代表的研究范式的式微。伦格曼（Lengermann，1979：188）指出，这种反抗运动涉及一个重要论题："什么构成了社会学中合理的科学研究，如何确定这种科学研究的标准以及这个问题与研究资金流入（社会学）专业之间的关系"。"科学问题"是早期美国社会学研究中经常涉及的问题；在某种意义上，可以说美国社会学的发展就是逐渐摆脱和消除其早期大多数研究中所具有的浓厚的主观价值判断色彩，趋向一种更为科学、客观的研究。② 芝加哥社会学倡导的以定性研究为主的社会调查研究，一度成为美国社会学的主导性研究范式。另外，借助统计调查方法的定量研究也不断发展，一个主要由年轻学者组成的"定量研究者"（quantifier）群体——马丁代尔（Martindale，1976）称之为"年轻的突厥人"（Young Turks）——在社会学（包括芝加哥社会学）内部兴起。③ 到 20 世纪 30 年代，"年轻的突厥人成为一个理论群体，一种热烈地信奉激进实证主义（radical positivism）和将定量化作为实现这种实证主义的手段的运动"（Lengermann，1979：191）。研究范式的争议也表明美国社会学在 20 世纪 30 年代遭遇了"学科危机"。

上述变化显然与美国社会在这个时期发生的重大的社会变迁、历史变迁密切相关，其中影响最巨者莫过于"大萧条"和"新政"。伦格曼

---

① 按照法里斯（Faris，1967：121）的说法，针对芝加哥社会学的反抗导致 ASS 的性质发生了变化："学会正在背离其传统的学术研究特征，并积极参与全国性的政治和社会争论。"为应对这种变化，芝加哥社会学的一些主要人物于 1936 年组建了一个新的社会学研究组织——社会学研究协会（SRA），这也可谓"1935 年造反"的另一个"意外产物"。只是其地位和作用与其创立者的设想相差太远，更谈不上要取代 ASS 了，很快成为"一个几乎没有什么功能的组织"（Faris，1967：122）。这也从一方面说明芝加哥社会学的衰落已不可避免。

② 许多相关研究（例如 Vidich and Lyman，1985；Greek，1992）都明确指出了美国早期社会学研究所具有的这种显著特征，尤其是它与美国新教传统的内在关联。

③ 随着奥格本——他在哥伦比亚大学社会学系接受过良好的定量训练——加入芝加哥大学社会学系并出任系主任，芝加哥社会学内部的定性—定量研究之争也日益显著，奥格本本人也成为"定量研究者的先知般的发言人"（Lengermann，1979：191），而所谓的"年轻的突厥人"中就有许多"芝加哥人"。

（Lengermann，1979：196）指出："20 世纪 30 年代的危机向社会学家们提出了新的经验和理论问题，使专业共同体面临来自公众和政府的新要求的压力，开发出就业与研究支持的新资源，也使得许多社会学家产生了职业上的焦虑，并促成了那些反对芝加哥（社会学）的地区性协会的出现。"时代的变迁吁求"更好的科学和更大的专业精进"，而现存的社会学尤其是占主导地位的芝加哥社会学"人文主义取向"的研究则被认为"太哲学"，新兴的"定量研究者"对社会学在"应对危机时的无能为力"感到不满，转而寻求"一种更为有效的应对策略"（Lengermann，1979：193）。就此而言，美国社会学界出现的这种"造反"运动，可谓时代危机在学界内部引发的一种反应。

帕森斯虽然积极支持和参与 ASR 的创刊，[①] 但他在"1935 年造反"中似乎是一个旁观者。[②] 不过，和当时绝大部分美国社会学家不同的是，帕森斯是以一种独特的方式来回应时代危机，这集中体现在其《社会行动的结构》（Parsons，1968/1937）一书中（Brick，1993；Gerhardt，2002；赵立玮，2015）。帕森斯为美国社会学，尤其是它在第二次世界大战（以下简称"二战"）以后的发展注入了一些新的要素和动力，包括对欧洲古典社会理论的系统引介、对社会科学中"一般理论"探讨的倡导等，促使美国社会学在"二战"后步入一个新阶段。一些研究者认为，以帕森斯、默顿为主要代表的"结构—功能理论"为 20 世纪 30 年代以来的美国社会学发展的新趋势提供了一种替代性的理论范式，因此，"定量研究者和结构—功能主义者都是（1935 年）造反的继承人。尽管两者都未（直接）促成这次造反"（Lengermann，1979：195）。库克里克（Kuklick，1973）则认为美国社会学在 1930 年至 1945 年发生了一场"科学革命"，即早期芝加哥社会学的"生态学—互动论范式"逐渐被后来兴起的"功能主义范式"所取代。

需要指出的是，"二战"对美国社会学后来的发展产生了巨大影响。

---

① 比较帕森斯在 AJS 和 ASR 上所发表文章的时间和数量，可从一个侧面印证当时社会学界的一种说法：前者类似于芝加哥社会学的"内部刊物"，而后者则"日益成为基于东部社会学的一个论坛"（Lengermann，1979：195）。

② 在伦格曼（Lengermann，1979：189）列举的斗争双方的参与者（核心成员和外围参与者）名单里，并没有帕森斯的名字。

它一方面强化了 20 世纪 30 年代以来的一些发展趋势，如定量研究进一步拓展为大规模的统计调查研究，社会学研究与企业、政府乃至军方的合作进一步加强，调查研究手段和技术不断提升和优化等；另一方面也为美国社会学添加了一些新的因素，例如大量欧洲学者和知识分子"流亡"美国，带来了丰富的思想和智识资源。在社会学方面，包括"法兰克福学派"带来的激进批判思想以及拉扎斯菲尔德等人带来的定量化的经验研究模式等，对"二战"后美国社会学的影响都不容小觑。

"1935 年造反"事件发生时，米尔斯刚刚进入得克萨斯大学研习哲学和社会学，具有讽刺意味的是，引导米尔斯进入社会学研究的正是一些"芝加哥人"。当米尔斯在 20 世纪 50 年代，尤其是在其最具影响力的《社会学想象》（Mills，1959b）中，对"二战"以来形成的"主流社会学"展开猛烈抨击时，其批判对象正是"1935 造反"后形成的新的主流研究范式，我们甚至可以仿前称之为"1959 年造反"。① 米尔斯激进的社会批判与 20 世纪 60 年代兴起的全球性社会运动的结合，持久地影响了美国乃至更大范围的社会学发展。

一　帕森斯与米尔斯：20 世纪 50 年代的相互批评

20 世纪 50 年代，帕森斯和米尔斯最重要的一些著作纷纷面世。就帕森斯来说，社会科学研究在诸多领域的蓬勃发展进一步激励了其理论探讨的雄心，其理论建构在这个时期也得到快速推进；米尔斯则相继推出了其最具影响力的《权力精英》（Mills，1956）和《社会学想象》（Mills，1959b）。这使得当时最著名的两位美国社会学家②、两种不同的社会学研究范式有了直接的碰撞和交集，一些关于社会学学科自身发展的值得深究和深思的

---

① 吉尔里（Geary，2009：173）认为，《社会学想象》并不仅仅代表米尔斯本人对美国社会学的批评，米尔斯在该著出版前曾广泛征求学界中人的意见，获得了一些学者（其中有不少是"芝加哥人"）的赞同和支持（参见该书最后"致谢"部分所列名单）。另外，米尔斯（Mills，2008/1954）在此前的一篇文章中曾提及美国社会学界的"第三阵营"（third camp），吉尔里认为该书大体上也体现了这个所谓的"第三阵营"的立场。

② "毫不夸张地说，到 20 世纪 50 年代中期，美国社会学已经被两个人所支配：塔尔科特·帕森斯和 C. 赖特·米尔斯。他们各自是专业性的和平民化的（populist）社会学风格最著名的代表。"（Trevino，2012：xi）

问题也日渐凸显。本文的探讨以他们在 20 世纪 50 年代的相互批评为切入点，进一步展开论述。

（一）帕森斯 vs. 米尔斯：《权力精英》

《权力精英》出版翌年，帕森斯发表了长篇评论文章——《美国社会的权力分配》（Parsons，1969/1957）。此文无论是在篇幅上还是论题的广泛性上，都可与丹尼尔·贝尔（Bell，1968/1958）随后在《美国社会学杂志》上发表的评论相提并论，而且在理论性、系统性和深刻性方面更胜一筹。

有两点需要预先说明。首先，批评视角。帕森斯（Parsons，1969/1957：186）明确指出，他是作为一名"专业社会学家"，运用"专业理论"来检视米尔斯的这部论著。以此观之，《权力精英》的诸多缺陷是显而易见的。譬如他首先提到一个关键问题：米尔斯使用的"资料"并不足以为其"解释性结论"提供"充分的经验依据"（Parsons，1969/1957：185）。其次，帕森斯的评论不只是批评，还希望提供"一种替代性解释"。鉴于米尔斯的研究风格，帕森斯特别强调运用"专门的理论图式"的重要性，这也是消除社会研究中的"随意性"的"专业方式"之一（Parsons，1969/1957：186）。因此，帕森斯的这篇评论不仅在他同样重视的经验问题——美国社会的权力及其结构上提出了自己的看法，而且将他倡导的研究方式带入其中。

概言之，帕森斯的评述可归为三个方面：《权力精英》的主要观点以及其中涉及的复杂问题；书中使用的主要概念和术语问题；米尔斯的批判风格以及相关的道德评判和意识形态问题。

帕森斯（Parsons，1969/1957：186）认为，《权力精英》表达了这样的"核心论题"："在过去大约一代人的时间里，（美国社会的）权力集中达到了一种前所未有的程度——权力集中在一个小规模的、整合相对紧密的群体手中"，这同"关于美国社会的政治多元主义的传统观点"是相对立的。[①]

[①] 有论者（Kornhauser，1968/1961：39）指出，米尔斯式的美国权力结构图景是一种三层的金字塔式权力结构：经济和政治领域的"权力精英"位于顶层，他们占据着"主要决策的位置"，构成整个社会的"指挥部"（command posts）；其下是"权力的中间层次"，是"由利益群体组成的一个多元化的、均衡的复合体"，国会等归于其中；底层则是由"无组织的和原子化的人们"构成的无权的"大众社会"（mass society）。

他认为"米尔斯的分析是可接受与不可接受的因素的一种微妙和复杂的结合"（Parsons，1969/1957：190），但对米尔斯的核心论题中包含的一些对其论证至关重要的论点表示质疑，诸如这样一种小规模的"权力精英"是否以及在何种意义上获得了一种至高的权力职位？这个小群体的相对权力在过去20年里是否得到极大的增长？这个权力群体是如何统一起来的？美国社会已经是一个"大众社会"吗？等等（Parsons，1969/1957：186）。帕森斯承认，美国社会的诸多方面在20世纪上半叶确实发生了重要变化，这种变化与两种历史进程有关：首先是"一个日趋成熟的工业社会的动力学"，包括高度工业化的经济本身及其对社会其他部分的影响；二是在一些相关因素（包括美国经济增长和外部变化）的促使下，"美国在世界社会中的位置已经发生了变化"，从过去的政治孤立转向对国际事务的深度参与。上述因素的共同作用使得"政府在我们社会中的相对重要性以及与之相伴随的政治权力日益增强"（Parsons，1969/1957：190）。虽然如此，他依然认为米尔斯着力论述的"权力精英"的三大构成成分是存在问题的。[1]

米尔斯在《权力精英》中对主要概念和术语的使用也一直为批评者所

---

[1] 例如，在经济方面，帕森斯主要质疑米尔斯的一个观点，即"大富翁（the very rich）和公司富豪（corporate rich）在经济体内部的权力是极其巨大的，而且借助积累性优势，这种权力将继续变得更大"（Parsons，1969/1957：192）。他认为，米尔斯虽然关注到经济领域发生的"管理革命"（managerial revolution），但"未能恰当地评估它们"。关键是，"商界精英不再主要是一种财产所有者精英，其重心已经转变为职业意义上的专业执行者或管理者"（Parsons，1969/1957：194）。这背后隐含着基本价值取向的转变："财产所有权这种先赋性权利（ascriptive righs）让位于'专业人士'的专业职能"（Parsons，1969/1957：192）。在政治方面，帕森斯关于经济精英控制政治/政府的解释是错误的和不合常理的，确实"存在着一种自主的政府权力的真正的增长"，但它的一个主要方面恰恰是"对经济系统的相对有效的控制"（Parsons，1969/1957：195）；而帕森斯认为米尔斯对于"政党"政治的忽略是其对美国政府权力分析的另一个显著缺陷。在米尔斯着力强调的来自军方的权力精英方面，帕森斯虽然承认国内、国际形势在历史和当下的变化（如"二战""冷战"等），使得"军方"在美国政府中的地位和权力得到前所未有的提升，但他依然认为米尔斯的相关论述过度强化了这一维，是他"从短期的经验中得出关于主要趋势的夸大性概括"的又一例证（Parsons，1969/1957：196）。最后，对于米尔斯提出的"权力精英"的第三个构成成分——"政府高官"（political directorate）——的论述，帕森斯指出，目前美国政府的职责主要是由"一个相当混杂的群体"来承担的，美国社会虽然还没有发展出"一种整合良好的政治—政府精英"，但其发展趋势是"强化专业性的政府官员这个成分"，而非米尔斯所谓的"借助某种经济—军事联合的长期支配来解决的事情"（Parsons，1969/1957：197）。

诟病。① 帕森斯并未对这个问题过多追究，只是强调两点：一是认为米尔斯对"权力精英"这个概念的使用含糊不清，譬如它与"上层阶级"（upper class）、"上流社会"（higher circles）的关系，在经济的意义上对"阶级"（class）概念的使用（如"大富翁""公司富豪"）等；第二点更为重要也更具实质意涵，即米尔斯对"权力"（power）概念的使用问题。正如贝尔（Bell，1968/1958：195）指出的：《权力精英》虽然号称是一部探讨权力问题的论著，但奇特的是，该书自始至终没有对"权力"的概念进行明确界定。米尔斯（Mills，1956：171）只是强调："一切政治都是为权力而斗争；权力的终极类型就是暴力。"② 帕森斯认为，米尔斯的"权力"概念是一种"零和"（zero-sum）概念，亦即"权力是支配他人的力量"（Parsons，1969/1957：199）。其要点在于：对米尔斯来说，权力并不是一种履行作为一个系统的社会中的或为了社会利益的功能的能力，而是被排他性地解释为某种群体——权力的拥有者——为了得到想要的东西的一种工具（facility），其方式是通过阻止另外的群体——无权者（outs）——得到它想要的东西；这种权力概念意味着"将一种总体性现象的次要的和派生的方面提升到核心位置"（Parsons，1969/1957：199）。为此，帕森斯提出了另外一种对"权力"概念的理解："权力是社会中的一种一般化工具（generalized facility）或资源……它是为了实现某种一般性的'公共'承诺已经设定或可能设定的目标而动员社会资源的能力。"③

最后是米尔斯的批判风格以及与之相关联的道德评判和意识形态问题。帕森斯指出，米尔斯的《权力精英》（包括以前的某些作品）中"对于人和制度的一般腔调（tone）是极其刻薄的……《权力精英》……同样是一种控诉（indictment）。他甚至没有试图表现出某种科学的中立性。本

---

① 例如贝尔（Bell，1968/1958：194 – 199）在其相关评论文章中就专辟一节讨论《权力精英》中的术语使用问题。

② 在《权力精英》出版的第二年，米尔斯（Mills，1968/1957：245）对相关评论进行了集中回应，其中论及他所使用的"权力"概念，他再次强调："强制（coercion）是权力的'最终'形式"，并指出（并无阐发）"权力的主要的和众所周知的类型"：权威、操纵（manipulation）和强制。这也再次印证了帕森斯的相关判断。

③ 帕森斯在此提出的"权力"概念已经近似于他在 20 世纪 60 年代提出的一种观念，即（政治）权力——和货币、影响力（influence）以及价值承诺（value commitment）一起——作为"社会系统"的一种"一般化的符号性交换媒介"（generalized symbolic media of interchange）。参见他关于"政治权力概念"（Parsons，1963）的长篇论文。

书是对美国'上流社会'的自命不凡的一种激烈的和讽刺性的抨击"（Parsons，1969/1957：189）。在其文章的最后部分，帕森斯分析了米尔斯的意识形态立场，将其归纳为"个体主义取向的乌托邦主义"（individual-istic utopianism）①，但米尔斯的立场中有摇摆：他有时像"一个怀旧的杰斐逊式的自由主义者"，有时又自诩"社会主义者"（非共产主义者）；这种想要与"基于个体主义假定的自由主义—社会主义"都保持一致的做法，使得米尔斯的思想中存在着"一种基本张力"。

（二）米尔斯 vs. 帕森斯：《社会系统》

在帕森斯的评论文章发表两年后，米尔斯的《社会学想象》出版。在该书第一章，米尔斯对帕森斯于 20 世纪 50 年代初出版的《社会系统》（Parsons，1951）展开了一种"非同寻常"的批判：这种批判把"激进左派"的批评风格推向极致。不过，很难说这是米尔斯对帕森斯此前的批评文章的一种回应或"报复"，② 此书的主旨显然不在于此。

即使是在对米尔斯及其《社会学想象》持赞同或同情立场的研究者中，也有许多人认为米尔斯对帕森斯的所谓"批评"是不公平或不恰当的。③ 实际上，米尔斯的《社会学想象》第一章的标题和第一段已经说明了这种批评的不可靠性。米尔斯"创造"的"（宏）大理论"（grand theory）标签也许适用于某些理论类型，但并不适合描述帕森斯的理论探讨。因此，后者也就算不得这种理论"最著名的代表"了。此外，帕森斯的理论建构是一个不断演进的过程，《社会系统》只是代表其中某个阶

---

① 帕森斯（Parsons，1969/1957：201 - 202）认为这种当代社会的意识形态有三种主要版本：自由主义的、资本主义的和社会主义的。

② 米尔斯对他所处时代的美国社会学的批评由来已久，参见他此前发表的多篇文章（Mills，1943，1953，2008/1958），这些批评文章中的许多观点都融入《社会学想象》中。从米尔斯的一份比较完整的"著作目录"（包括大量未刊稿）（Mills，2008：269 - 292）来看，米尔斯早在《社会系统》出版的当年就为《纽约时报书评》写过一篇关该书的书评（未发表）。另外，据霍洛维茨（Horowitz，1984：95）的一个颇为可疑的说法，米尔斯"赞赏"帕森斯上述批评文章的"审慎"，所以他后来的批评并无"智识性报复"之嫌。

③ 曾经深度参与帕森斯理论发展的希尔斯（Shils，1960，1961）在其关于《社会学想象》的两篇辛辣评论中，虽然为帕森斯的理论研究进行了辩护，但似乎也未能恰当指出批评双方的研究路向。

段而已，① 更谈不上是帕森斯"最重要的著作"（Mills，1959b：25）。如此，用一部过渡性的著作来为一个理论家的整个研究取向盖棺定论显然是不恰当的。②

纵观该章论述，米尔斯显然缺乏完整阅读和了解其批评对象的耐心，更不用说去理解作者在 500 余页的专著中的概念界定、逻辑铺展、对实质问题（如秩序问题）的阐发以及对时代问题的回应等。仅仅以极其傲慢无礼的"改写"（translation）方式、区区数页篇幅的简化和曲解来代替原著的论述，如此"批评"，实际上已丧失了学术意义。③

虽然如此，本文仍尝试从这种"批评"中提炼出几个问题稍做解释。米尔斯对帕森斯式的"宏大理论"的第一个不满是它缺乏"可理解性"（intelligibility）（Mills，1959b：27），这似乎主要指其论述风格。不过，理论写作尤其是不同理论家的写作自有其道理和特征。④ 如果对待那些所谓晦涩难懂的理论著作皆如米尔斯一般进行任意"改写"而弃原著如敝屣，思想界恐怕早就被各种"赝品"所充斥。⑤ 与此相关的另一个问题是宏大理论的"抽象性"或"一般化"特征："宏大理论的基本起因在于最初选择的思维层次太一般，以至于它的实践者们不能合乎逻辑地着手进行观察。"（Mills，1959b：33）虽然理论探讨的方式是多样化的，但毫无疑问

---

① 与米尔斯相似，许多论者对帕森斯的社会（学）理论的印象似乎总停留在某个阶段，尤其是《社会系统》时期，所以"结构—功能主义"这顶极不相称的"帽子"直到今天仍牢牢扣在帕森斯的社会理论的头上。

② 即使是在 20 世纪 50 年代，帕森斯的理论发展也远远超越了《社会系统》时期的状况。

③ 米尔斯（Mills，2008/1959a：199，1959b：48）在其他地方的"坦承"倒是可以成为他这种做法的"注脚"：在谈到读书和做读书笔记的方式时，他坦承近十余年来（应该是他在博士毕业之后并不阅读"整部著作"，只是基于他感兴趣的某些特定主题选择性地阅读其中的某些"部分"，并承认其读书笔记并未"公平地呈现"所阅读的作品，只是使用某些特殊"段落""观念"等去实现他的"规划"而已。鉴于此，他对《社会系统》的荒谬批评也就可以理解了。

④ 虽然许多批评者都指出了帕森斯著作的晦涩风格，但也有一些研究者对此提出了独特的理解，例如沃恩（Wearne，1989：83）对帕森斯的"理论—写作"（theory-writing）的精彩阐释。

⑤ 米尔斯（Mills，1959b：34）讥讽地写道："宏大理论沉醉于造句法，却对语义学熟视无睹"。类似的冷嘲热讽在本章可谓俯拾皆是，在米尔斯笔下，帕森斯这位"宏大理论家"仿佛不具备读写能力（literacy）的孩童。

的是：抽象恰恰是理论的本质属性之一，[①] 而抽象和具体的关系问题也一直是不同理论家所要面对和处理的核心问题。某种意义上说，否定抽象即意味着否定理论思维。米尔斯指责的与此相关的第三个问题是宏大理论的"不现实性"，认为宏大理论家阐述了"一个概念王国"，是一种"概念拜物教"（fetishism of the Concept）（Mills，1959b：35）。[②] 概念是构建理论的基本单位，理论建构显然不是米尔斯所谓的"对概念的联结与分离"的概念游戏（Mills，1959b：26）。

除此之外，米尔斯的"批评"中是否也像他讥讽帕森斯的理论那样"有点东西"呢（Mills，1959b：27）？米尔斯的批评还真有其"实质性"的一面，在这个方面，他和"激进—冲突"取向的社会学家们倒是颇能达成一些共识。不过，在今天看来，这些针对帕森斯理论的批评早已成为陈词滥调，其中的曲解和鲜明的意识形态指责等问题大多已被相关研究所澄清。大体而言，这些批评者提出的问题（包括米尔斯在本章的相关批评）主要集中在如下几个方面：一是帕森斯关于"秩序问题"的探讨；二是帕森斯的理论无力处理权力、冲突、变迁等问题；三是意识形态上的"保守主义"（Mills，1959b：48-49、n.19）。[③] 前两个问题是米尔斯在《社会学想象》第一章最后三节主要讨论的内容，第三个问题则在该章最后一个注释中提及。限于篇幅，本文不再对双方的论述展开评述。[④]

一个温和的理论家、一个激进的反叛者，两种批评、两种风格，学养、水平高下立判。帕森斯（Parsons，1969/1957：189）认为，米尔斯的《权力精英》"将三种因素结合在一起：富有洞察力的阐述和分析，经验上

[①] 参见帕森斯（Parsons，1968/1937：6f.）在《社会行动的结构》中对（科学）理论之本质的阐述。

[②] 基于这种"想象"，米尔斯（Mills，1959b：48）认为"帕森斯在《社会系统》中未能真正着手社会科学研究，因为他已被下述观念所迷惑：他所建构的那种社会秩序模型是某种具有普遍性的模型，因为他事实上已经盲目迷恋于他的那些概念"。

[③] 综合这些"激进—冲突"取向的社会学家们对帕森斯社会理论——《社会系统》是他们抨击的重点——的批评，他们大致罗列了以下几方面：高度抽象、脱离现实的理论；"秩序理论家"偏重对秩序、（价值）共识的研究；不能有效论述权力、冲突和变迁这些（在他们眼中更为重要的）社会问题；意识形态上的保守主义，为当下建制辩护；最后一点，未能对马克思的思想及其古典地位予以足够重视和恰当评价。

[④] 在这方面为帕森斯澄清、辩护的文献很多，可参见亚历山大（2016）比较全面、细致的评述。

的片面性和歪曲以及道德上的控诉和讽刺"。而米尔斯（Mills，1959b：49）则对帕森斯的《社会系统》做出了如下评判："它的百分之五十不过是连篇废话；百分之四十是众所周知的社会学教科书内容。其余的百分之十，帕森斯可能会说，我想留给你自己去做经验考察。而我自己的考察表明：这剩下的百分之十可能是意识形态方面的运用，尽管这种运用是相当含糊的。"撇开这些评判不论，在两位社会学家的相互批评中，我们似乎可以感受到两种迥然不同的社会学研究范式，而不同范式也导致他们对美国社会的解释判然有别，进而言之，这种差异的背后蕴含着他们对待现代性问题的不同态度。

二　理论与想象

《社会行动的结构》（出版于 1937 年）和《社会学想象》（出版于 1959 年）是理解帕森斯和米尔斯各自社会学研究进路的关键文本。前者是帕森斯早期研究成果的"第一次主要综合"（Parsons，1977/1970：25），奠定了帕森斯社会理论研究的认识论—方法论基础、历史传承的合法性和普遍历史意识；后者则是米尔斯对其前期研究取向的一种纲领性总结。"（经验）理论"与"（社会学/政治）想象"无疑是这两种研究路径的核心要素。

（一）帕森斯：《社会行动的结构》

帕森斯对社会科学的"理论本身"或"一般理论"的探讨，与他在《社会行动的结构》中对欧洲社会思想中的实证主义和观念论两大传统的"会通"（convergence）性研究密切相关。帕森斯（Parsons，1968/1937：xvi、viii）认为，欧洲社会思想在 19 世纪晚期出现了重大转变，甚至可称为一场思想"革命"或"运动"；其中产生了他所谓的"某种单一的系统性理论推理的主体"，或者说"一种特殊的、具有连贯性的理论体系的发展"（Parsons，1968/1937：xxi、12）。这种"发现"构成了他这项"社会理论研究"的"主旨"："一项关于社会理论（theory）、而非诸理论（theories）的研究"（Parsons，1968/1937：xxi）。换言之，该研究真正关注的是从相关论者的诸学说中产生的"社会理论本身"，亦即其"一般理论"

的发展。帕森斯这种借助思想史研究来确定和探讨某种"一般理论"的产生和发展过程的取向，与黑格尔在《精神现象学》《哲学史讲演录》等著作中的研究方式很相似，实际上强调的是理论或观念自身发展——当然是在和外部因素相互作用的条件下——的动力学（赵立玮 2015）。一旦确定了这一点，帕森斯也就明确了其学术生涯的"使命"之所在，这也是他自称"不可救药的理论家"（Parsons，1951）之真意所在。从早期的"单位行动"（unit act）（Parsons，1968/1937）到晚期的"人的境况"（human condition）（Parsons，1978），帕森斯展示了 20 世纪社会科学研究中一种伟大的"社会理论动力学"的演进过程。

不啻于此，帕森斯对社会科学中"一般理论"的探讨还基于其认识论—方法论思考。帕森斯（Parsons，1968/1937：6、9）强调，"理论"是科学发展中的"自变量"，而非"因变量"："理论不仅对我们已知的事实给予系统阐述，而且告诉我们想要知道的东西，也就是说，那些需要解答的问题。"科学意义上的"理论"是由命题构成的，而"命题"则是关于"事实"或事实之间关系的陈述（Parsons，1968/1937：7）。这里的关键点是帕森斯对"事实"与"现象"的区分："一个事实就其本身而言完全不是某种现象，而是一种关于某种或多种现象的命题"，[①] 在这个意义上，"一切科学理论都是由事实以及关于诸事实之间关系的陈述构成的"（Parsons，1968/1937：41）。因此，对帕森斯而言，构成理论的命题即关于事实的陈述，而后者指涉的是外部经验世界，所以任何科学意义上的理论都具有经验指涉。理论与经验研究之间存在着某种"互惠过程"：前者"指导"后者，而后者"反作用"于前者。这种过程也体现为理论的经验"验证"过程（Parsons，1968/1937：8 - 9）。另一方面，构成理论的诸命题相互之间具有逻辑关系，"任何理论体系都具有一个确定的逻辑结构"（Parsons，1968/1937：7）。人们关于经验事实的日益增长的知识是与对此类事实的不断变化的解释紧密结合在一起的，理论体系的结构因此也是不断变化的，这构成了"科学知识发展的一般特征"（Parsons，1968/1937：11）。

在帕森斯看来，任何经验研究都与理论相关联，科学意义上的"理

---

① 帕森斯（Parsons，1968/1937：41）采纳了亨德森（L. J. Henderson）对"事实"的定义：可以理解为"借助某种概念图示（conceptual scheme）而对现象做出的在经验上可以证实的陈述"。

论"实质上是一种"经验—理论体系",而非纯粹的逻辑推演体系。[①] 不过,帕森斯的这种"经验—理论"并非一种经验主义,相反,他的方法论立场恰恰建立在对经验主义批判的基础上。帕森斯(Parsons,1968/1937:728-730)分析了"经验主义"的主要类型,认为它们要么"否认一般性的理论概念的有效性",要么"将一般理论体系具体化"(reification),否认理论和概念所具有的"科学抽象"特征,因而犯了怀特海所谓的"具体性误置谬误"(fallacy of misplaced concreteness)(Parsons,1968/1937:29)。通过系统分析,帕森斯提出了一种反经验主义和虚构论的、综合欧陆和英美思想传统的方法论——"分析实在论"(analytic realism)(Parsons,1968/1937:730)。这构成了他倡导的"一般理论"探讨的方法论基础。

因此,帕森斯的著述主要集中在两个方面。一方面,对他孜孜以求的社会科学"一般理论"框架的不断阐发、修正、拓展和提炼:从早期的"行动参照框架"到 20 世纪 50 年代初被修正的"行动理论参照框架";从20 世纪 50 年代初提出"四功能范式"到此后 20 余年对它的不断补充和完善;从 20 世纪 50 年代初期的"社会系统"、20 世纪 50 年代晚期的"一般行动系统"直至 20 世纪 70 年代晚期的"人的境况"。另一方面,帕森斯在其学术生涯中也撰写了大量经验性论文和著作,论题涵盖的领域十分广泛。[②] 这些经验研究与其一般理论框架的建构过程相互指涉、相互促进,构成了他所谓的"理论—经验的互惠过程"。这种研究取向不仅体现了其方法论的一般立场,而且形成了独特的帕森斯式(Parsonian)论述风格。

[①] 帕森斯后来对理论的本质、理论与经验研究的关系以及理论发展等方面的问题仍有大量论述,例如在 20 世纪 50 年代初期,他提出了"概念图式的四个系统化层次":特定的分类体系、范畴体系、理论体系和经验—理论体系,最后一种是系统化层次最高,但"抽象性"最低和最"具体"的层次,因此是"科学努力的长期目标"(Parsons and Shils,1951:50-51)。后来更是为了与霍曼斯等人倡导的"逻辑—演绎体系"(logico-deductive system)的理论类型区分开来,他将"一般理论"探讨与"普通法"进行了有趣的比拟,认为"发展中的科学领域里的理论建构过程"与"(普通法)法律体系的发展过程"之间、"科学领域的理论家"和"普通法传统中的上诉法官"之间具有相似性;认为其理论探索所提出的具有明确"一致性"和"连续性"的"概念图式"就类似于普通法中的"一般法律原则"(Parsons,1961,1976)。

[②] 也有一些研究者(例如亚历山大,2016)特别强调帕森斯社会理论研究中的经验维度,即其在社会学领域的经验研究及其产生的广泛影响。罗谢(Rocher,1974:124f)甚至列举了帕森斯的经验研究所涵盖的十二个亚领域。

正如罗谢（Rocher，1974：124）所言，帕森斯的经验性著述"是帕森斯著作的一个不可或缺的部分，它们既与其一般社会学相连接，也同一般行动理论相关联"。

（二）米尔斯：《社会学想象》

米尔斯20年左右的学术生涯留下了相对丰富的"遗产"，不论是学术意义上还是政治意义上。米尔斯在学术界最富影响力的著作无疑是《社会学想象》，该书倡导的核心概念"社会学想象"（sociological imagination）[①]已成为20世纪60年代以来最流行、也最常被滥用的社会学概念之一。正如有论者（闻翔，2012）指出的，该著乃是米尔斯的"集大成之作"；同时，此书对于理解米尔斯的社会学研究的重要意义还在于它比较集中地表达了"米尔斯式社会研究纲领"，[②] 在这个意义上称之为理解米尔斯社会学的一把钥匙也不为过。

《社会学想象》为这个"研究纲领"设定了目的、批评对象、理念和具体研究的指导方法。这从该书的结构安排即可看出端倪，全书大致可分为四个部分：第一章可视为"导论"，米尔斯为其所理解的社会（科）学研究许下"诺言"（promise）；接下来的五章是对美国当下的主流社会学的批判；后四章则是"正面"阐述米尔斯所倡导的社会（科）学研究的"纲领性观念"；最后一部分虽以"附录"[③] 形式出现，但实际上是全书内容整体的一个组成部分，说明如何具体"做"米尔斯式的社会（科）学研

[①]　关于这个概念，目前大陆的中译本译为"社会学的想象力"，台湾中译本译为"社会学的想象"。本文用"想象"而非"想象力"，意在强调 imagination 作为思维与认知活动及过程的更为一般的含义；取"想象"而非"想像"，是考虑到"想象/想像"在汉语史上的漫长纷争和心理学的习惯用法。

[②]　米尔斯的论述虽然集中在社会学领域，但其意在整个社会科学研究，并明确指出他更喜欢使用"社会研究"（the social studies），而非其眼中已经"异化"的"社会科学"（Mills，1959b：24）。

[③]　这个"附录"的初稿是米尔斯于20世纪50年代早期在哥伦比亚大学指导社会学初学者如何做"独立研究"而撰写的"手册"。1959年它以两种版本出版：一是被收入一个文集（Mills，2008/1959a），二是成为《社会学想象》的"附录"。两个版本在内容上有很大差异。值得指出的是："文集版"显然更接近初稿，多少还有点朴实与亲切感；而"附录版"可能因为注入了"社会学想象"——"文集版"只是在几个地方提及"想象（力）"，通篇未见"社会学想象"——而显得盛气凌人。奇怪的是，几乎所有相关的二手研究文献均未提及和分析这两个版本之间的差异。

究，包括如何激发和运用"社会学想象"，与第一章首尾呼应。

米尔斯（Mills，1959b：4、5、7）只是简单地将"社会学想象"界定为一种"心灵属性"（quality of mind）或者视角转变"能力"，没有明确定义，只有一些修辞性描述，如有助于人们"把握人与社会、个人经历与历史、自我与世界之间的相互作用"；可以让人们从那些"最不具有个人性和最遥远的转型"转换到"人类自我最私密的特征"；等等。从社会学的观点看，这无非是说在个体与社会的相关关系中来理解双方，表达的不过是一种社会学的"传统观点"（conventional wisdom）。但要点不在于此，米尔斯（Mills，1959b：8）进而提出了"个人小环境中的困扰"（the personal troubles of milieu）与"社会结构的公共议题"（the public issues of social structure）之间的区分，并认为这是运用"社会学想象"提出的"最富有成效的区分"，这种区分是"社会学想象的一种必不可少的工具"。不过，这中间显然存在着某种逻辑跳跃问题。当代"公共社会学"（public sociology）的倡导者布洛维（Burawoy，2008：369）就明确指出米尔斯的这种论述实际上是从"社会学想象"跳跃到"政治想象"（political imagination），而且"从个人困扰转变为公共议题"是一种"政治规划"；米尔斯因此产生了一种"学术谬误"（scholastic fallacy），即相信"知识就是解放"。[①]

如何理解这种"个人"与"公共"的区分、"学术"向"政治"的跳跃？这需要联系米尔斯对其时代（问题）的判断，如他反复强调其所处时代是"一个不安和冷漠的时代"（Mills，1959b：11），并认为社会科学研究者群体中也"遍布智识上和道德上的不安"，构成了"当代智识生活的普遍不适（malaise）"的一部分，[②] 而他所"期望"的则是"增强这种不安，确定这种不安的某些来源，促进它转变为一种具体的推动力，以实现

[①] 有些研究者也看出米尔斯论著中"学术与政治"的关系问题，吉尔里（Geary，2009）就非常明确地指出，在米尔斯的思想中，学术研究与政治方案之间存在着张力。纵观米尔斯的"学术生涯"及其论著，学术与政治的关系问题始终是一条核心线索，但相关研究者们对此莫衷一是。

[②] 当然，这种"不安"很可能是米尔斯的"想象"，而非大多数人的感受；不过，很多人并未感到不安这种事实反而加剧了其"警醒"于上述承诺者的"更加的不安"，并不惮于宣称那些人所做的研究不过是"自命不凡的平庸之作"（pretentious mediocrity）（Mills，1959b：19 – 20）。

社会科学的承诺，进而为新的开端清理道路。简言之，就是指明当下的一些任务，以及现在必须做的工作的可资利用的手段"（Mills，1959b：1920）。这是我们理解米尔斯倡导"社会学想象"的一个关键点。据此，我们既可看清楚《社会学想象》中那些肆意的"批评"，也能理解米尔斯所谓的"社会科学承诺的更为肯定的甚至是纲领性的观念"（Mills，1959b：132）。譬如他对帕森斯"批评"的关键点是帕森斯对"秩序问题"的所谓"保守主义"的研究取向，而他之所以嘲讽帕森斯抽象、晦涩的理论风格，主要是认为这对于唤醒或培育他所期望的那种"公众"毫无用处。米尔斯对美国 20 世纪 30 年代以来兴起的基于统计技术和大型调查方法的经验研究——他所谓的"抽象经验主义"（abstract empiricism）——的批评，包括对老的自由主义和新的非自由主义的"实用性"（practicality）以及"科层（制）风气"（bureaucratic ethos）等的批评，虽然不乏合理之处，但这些研究与大企业、政府以及军方的广泛合作，即这些研究对现状和现实问题的非批判的研究立场，显然是作为激进左派的他无法接受的。米尔斯的批评虽然也涉及早期美国的社会（科）学尤其是芝加哥社会学研究，[①] 但其矛头主要还是指向本文初提及的 20 世纪 30 年代中后期兴起的美国社会学研究的新范式。[②]

米尔斯这种隐含在"学术批评"背后的政治意图，在阐述其所谓的"纲领性观念"的章节中更加得以彰显。譬如他在关于社会科学对"历史

---

① 这尤其体现在他对其所谓的"老的自由主义的实用性"（old liberal practicality）的批评，其中几乎涵盖了美国早期以"社会改革"为取向的主流研究，芝加哥社会学自然首当其冲。

② 其中颇有意思的是米尔斯对待默顿的态度。一方面，默顿无疑是这种新兴的研究范式或者说"二战"后美国主流社会学的代表性人物之一；某种意义上，他比帕森斯具有更大的实际影响力，与拉扎斯菲尔德的经验研究更契合的是他所倡导的"中层理论"，而非帕森斯的"一般理论"（Geary，2009：78）。另一方面，默顿在米尔斯进入哥伦比亚大学时曾起到重要作用，而且两人也一直维持着相对良好的关系。所以在《社会学想象》中，米尔斯虽然对帕森斯、拉扎斯菲尔德等人展开肆意批判，但始终未提及默顿的名字，但这并不意味着他赞同和接受后者的研究立场，而且，他最终还是以不点名的方式对默顿进行了讥讽式批评：该书在第五章（Mills，1959b：108 - 111）中用数页篇幅对他所谓的"学界政治家"（academic statement）——游走于理论研究和调查研究之间——的嘲讽和批评，显然是针对默顿。拉扎斯菲尔德在读到这些具有明显指涉的段落时，也认为是对默顿的"恶意攻击"。默顿本人显然也感觉到米尔斯在这部著作中的不善之意，当时身在国外的他指责米尔斯对美国社会学的无理批评；在米尔斯去世时他也未有任何反应（Geary，2009：172）。

的运用"的论述中，对所谓的"历史特殊性"（historical specificity）的"社会学原则"的强调，对普遍的历史规律——"历史决定论""历史命运"（historical fate）——和普遍"人性"的拒斥，目的即在于突出作为"历史创造单位"（history-making unit）的社会和"历史行动者"的人，亦即他在"想象"中构想、在现实中寻找的政治"公众"（Mills，1959b：143ff.）。在紧接着关于"理性与自由"的论述中，米尔斯（Mills，1959b：165ff.）重申了这两种"20世纪的社会科学家从启蒙哲人那里继承的最重要的主题"，以期为其政治"公众"赋予基本的价值承诺。另外，他对"没有理性的合理性"（rationality without ration）以及当代社会中已"异化的""快乐机器人"（cheerful robot）的批判，某种意义上体现了其现实政治诉求"幻灭"的一面。《社会学想象》正文最后以"政治"（Mills，1959b：177ff.）主题结尾，既是全书的落脚点，也体现了该书的主旨。在米尔斯列举的学术与政治的三种关系或社会科学家扮演的三种角色中，虽然他自知古老的"哲学王"在现代社会中已无可能，但言语中依然流露出某种自我期许。"国王的顾问"这个角色自然是他不屑为之的，而且在他眼中，其时代的绝大多数社会科学家无疑就扮演着这种角色，沦落为"权力的仆从"（Burawoy，2008：372）。最后，他只能选择做一个将"社会科学想象为某种公共的智力工具（intelligence apparatus）"的"独立研究"者，其"公共角色"有两大目标：对"个体"而言，是"将个人困扰和关注点转向诉诸理性的社会议题和问题"，帮助他们成为一种拥有理性和自由的"自我教育（self-educating）的人"；对"社会"而言，则是"与那些正在摧毁真正的公众和产生一种大众社会的力量作斗争"，或者说"帮助建立和强化自我培育（self-cultivating）的公众"。因此，与大多数读者的理解不同的是，《社会学想象》看似一部"学术"论著，实质上表达的是米尔斯的"政治"纲领，而他所谓的"社会学想象"不过是用来推进其政治诉求的"工具"而已。

帕森斯和米尔斯都从古典社会学传统中探寻其研究基础。帕森斯在《社会行动的结构》中通过对欧洲社会思想主要传统的复杂精深的"会通"分析，不仅确立了其关于社会科学中"一般理论"研究的理论与历史基础，而且开启了现代社会学的历程（赵立玮，2015）。与之相对的是，米尔斯虽然在《社会学想象》中不断提及和援引他所谓的"古典社会分析"

（Mills，1959b：6 – 7、21、36、143、152、165、171、195），并强调其"社会学想象"即源自这个传统，但在他这种随意、混乱的列举和描述中，[1] 我们看到的却是米尔斯对"社会学传统"极不充分的理解，以及他对这个传统毫不掩饰地、实用地、工具性地利用。这也再次让人质疑那些坚持对米尔斯进行"专业化"阐释的研究的有效性。

三 多元社会与大众社会

帕森斯和米尔斯判然有别的研究范式也影响着他们对其所处的美国社会的判断和看法。在帕森斯看来，美国虽然建国相对较晚，但却拥有其独特的历史文化传统；虽然自身面临一些难以解决的问题，但却具有比较强大的自身调节能力。总体而言，他认为美国依然是一个多元化的民主社会。相反，作为一名社会批评家，米尔斯一方面以基本肯定的口吻论及历史上 18 世纪、19 世纪的美国社会，大体上视之为民众可以积极参与的"公众社会"（public society）；另一方面对 20 世纪尤其是"二战"以来的美国社会的变化持激进批判的立场，认为它正在变为少数"权力精英"掌控的"大众社会"。

（一）米尔斯：从"社会批判"到"文化批判"

米尔斯对美国社会的研究通常被归为一种深受马克斯·韦伯影响的"社会分层"研究。[2] 他在 20 世纪中期出版的几部主要著作（Mills，1948，1951，1956）也被研究者们称为"美国社会分层研究三部曲"，这可能和米尔斯后来的一些说法有关。米尔斯（Mills，1959b：200）以对"社会分层"的研究作为例证，试图说明"个人的生活经验滋养着其智识工作"的观点：他撰写《权力新贵：美国的劳工领袖》是"一种被政治激发的任

---

[1] 米尔斯前前后后共列举了数十位人物和众多概念，但基本上都没有明确阐述其含义和援引的依据；其中唯一明确阐述的是提出了他所谓的"古典社会分析"中的三种问题（Mills，1959b：6 – 7），但也不过是一种类似社会学教科书中的常规说法而已。

[2] 希梅卡（Scimecca，1977：65）认为，米尔斯的"分层理论"源自韦伯的"阶级、地位和政党/权力"的著名三分法，另外加上了"职业"这个维度。他虽然看到"权力"概念在米尔斯的相关研究中的核心地位，但上述说法不过是大量的对米尔斯研究"专业社会学化"的又一个例证而已。

务",《白领：美国的中产阶级》则受到他"二战"后在纽约的生活经历的触动，而《权力精英》是受朋友鼓动，要写出一部关于"上层阶级"的著作从而"构成一个三部曲"。米尔斯进而把他的这些研究同他以前对巴尔扎克的阅读联系起来，即"非常欣赏"后者"自我设定的使命"，"期望凭一己之力（在其作品中）涵盖其时代的社会中所有主要的阶层和类型（的人）"。

但这种当事人的"目的性回顾"往往存在着诸多不真实和修饰性的因素。实际上，这个所谓的"三部曲"在写作风格上存在着明显的不同，反倒是米尔斯的回顾间接证明了这样一种可能性：他撰写这些著作的过程——也是他诊断和研判其时代问题的过程——同时也是他转变为一个激进左派的"个人经历"（biography）。从《社会学想象》和后来的相关著作来看，这个"激进化"的脉络就更加清晰。联系前文对《社会学想象》中米尔斯式社会研究纲领的分析，我们很容易在其所谓的"社会分层"研究中解读出其中蕴含的"政治"诉求。

许多研究者（例如 Geary，2009：chap. 2）都明确指出，"二战"是米尔斯彻底转变为一个激进左派的关键时期，而《权力新贵：美国的劳工领袖》（Mills，1948）则是身处学界左派的米尔斯运用学术研究方法来表达其政治主张的第一部论著，因此这部相对不受重视的著作对于理解米尔斯式的社会研究至关重要。一方面，劳工阶级和劳工运动一直是左派政治诉求的主要载体，米尔斯也不例外："作为一个寻求某种社会变迁动因（agent）的左派，他在劳工那里发现了一种具有实现其激进愿景（radical vision）的政治运动"（Geary，2009：74）；或者说，他试图"将工人阶级从惰性中唤醒——从自在的公众变为自为的公众（Burawoy，2008：370）。另一方面，加入哥伦比亚大学应用社会研究所，使他能够运用社会学的调查资源和研究方法来检视其政治想象。毫无疑问，米尔斯试图"将权力与智识统一起来"的政治方案最终幻灭也意味着他所谓的"劳工形而上学"（labor metaphysic）（Mills，2008/1960：263）——认为劳工运动能够作为左翼社会转型的主要推动力——难以实现。相比而言，《白领：美国的中产阶级》（Mills，1951）则体现出更加阴郁和幻灭的风格，米尔斯把他自己作为书中"新的小人物"的一员的切身体会融入其中，美国左派在"二战"后的迅速衰落以及他本人在学界的遭遇进一步强化了这种风格。正如吉尔里（Geary，2009：125）所言："《白领》是一部彻底幻灭的激进主义（disillusioned radicalism）之作。老左派的消亡与他在社会学专业的日益边缘化正相对应；左派米尔斯是孤独的、困惑的和愤怒的。"这种情绪在后来的《权力精英》和《社会学想象》中得到进一步宣泄，不同之处在于：前者的批判直指他所谓的作为"权力精英"的"上层社会"；而后者的矛头针对的则是他遭受排挤和边缘化却又不得不栖身其中的学术界。

在某种意义上，《社会学想象》也可划入米尔斯的所谓"社会分层"研究系列，在他推崇的"巴尔扎克式的使命"中，学界中人显然是一个不可遗漏的重要"阶层"或"类型"。[①] 因此，也可将该书视为在"学术批评掩饰下对"学术阶层"的一种社会批判研究。另外，在经历了一系列的政治幻灭后，米尔斯日益意识到"文化批评"的重要性以及"知识分子"在其政治设想中的重要意义。结合米尔斯1959年在伦敦经济学院的系列演讲（Mills，2008/1959c，2008/1959d，2008/1959e）[②] 和《致新左派的信》（Mills，2008/1960）等文献，我们看到米尔斯在20世纪50年代末的一个重要转向。他在《社会学想象》中明确写道："本书的目的就是确定社会科学对于我们时代的文化使命所具有的意义"（Mills，1959b：18）；伦敦经济学院的演讲主题是"文化与政治"；《致新左派的信》中则对"新左派"的兴起以及年轻一代的知识分子寄予厚望，实则期望通过"文化革命"来达致其政治诉求。

因此，在米尔斯对美国社会的系列研究中，从"社会批判"到"文化批判"，政治诉求始终是贯穿其中的主要脉络：从劳工阶层的政治意义到新兴的美国社会的"新的小人物"——白领——的政治冷漠，再到"新左派"和年轻一代知识分子的政治使命和担当，米尔斯的诉求虽屡遭幻灭，但仍不断寻求"戈多"（Godot）——那些能够促进或推动社会和历史变迁、改变现存社会秩序与结构的政治"公众"。另外，米尔斯的这种政治诉求基于他对其所处的美国社会的时代诊断，因为这种"诊断是以学术研

---

① 据说，米尔斯的这部著作最初拟定的标题是《解剖社会科学》（*Autopsy of Social Science*），足见他对其时代的社会（科）学研究所持的不屑与敌视态度：那些研究在他眼中就如同没有生命力的"尸体"（autopsy）一般（Geary，2009：174）。

② 米尔斯计划在此基础上撰写一部名为《文化机构，或美国知识分子》的新著（实可视为《社会学想象》的姊妹篇），但他的遽然去世使之成为一部未竟之作。

究的名义展开的，因此长期以来诸多研究者都是以专业研究标准对其相关研究展开讨论和批评，但显而易见的是，如果仅仅停留在专业解释层面，将很难领会和评判米尔斯式社会研究的真意、不足及意义。譬如他对美国社会的所谓"分层研究"实质上集中在美国社会的"权力结构"，"权力"是他观察美国社会结构即使不是唯一、也基本上是最重要的维度，而他对"政治"和"权力"的理解又过于简单化。加上他越来越拒斥社会学的理论和方法，主张独立的、个体性的、价值取向的"工匠"（craftsman）式研究，因此他的大量论著虽然不乏洞察力，但终究难以脱离他钟爱的"想象"层次——如布洛维所言，是"社会学想象"加"政治想象"的双重想象。这一点最明显地体现在米尔斯对美国社会结构的"想象"中，美国社会被他描述为一个集权社会：由一小撮上层"权力精英"、软弱的"权力中层"，以及一个由患有政治冷漠症的"快乐机器人"构成的"大众社会"。这种"想象"渗透到米尔斯对劳工、白领、上层阶级、学术界和知识分子等诸多研究中。

（二）帕森斯："美国社会共同体"

帕森斯的社会理论研究与美国社会密切相关："美国社会为帕森斯提供了诸多思想的养分，并成为其主要的研究实验室"；因此，在帕森斯的主要著作中隐含着一种"美国社会意象"（image of American society）（Rocher，1974：1、144）。进而言之，这种"意象"既是帕森斯社会理论的一个出发点，某种意义上也是其社会理论的落脚点。美国对他来说意味着"现代社会"的一个基本参照点，使他能够据此去认识和比较其他社会形态。

虽然对于身处其中的美国社会的关注和研究贯穿于帕森斯学术生涯的始终，但直到"二战"后乃至 20 世纪 50 年代，帕森斯才萌生要进行"一项重大的关于美国社会的解释性研究"的计划，亦即所谓的"美国社会研究方案"（Lidz，1991：22）。帕森斯在这个时期提出这种研究计划至少有两点考虑：一是"二战"后尤其是 20 世纪 50 年代不少关于美国社会的论著问世，其中包括大卫·里斯曼的《孤独的人群》[①] 和米尔斯的《权力精

---

① 帕森斯等（Parsons and White，1964/1961）同样对该书写过长篇评论文章。

英》这些影响颇大的"流行作品"，帕森斯认为其中许多研究存在着"意识形态的歪曲"，这是激发他开展此研究的一个重要因素；二是到20世纪50年代中后期，帕森斯的"一般行动理论"体系已具雏形，他认为可以运用其理论分析框架确立一种关于美国社会的"严格的客观解释取向"。不过，帕森斯的这个综合研究方案在具体的实施过程中可谓一波三折，几度中断，直到去世才堪堪完成，① 主要成果是前些年才出版的《美国社会：一种社会共同体理论》（Parsons，2007），该书比较集中地体现了帕森斯对美国社会的分析。②

帕森斯对美国社会的研究有两个显著特征。首先，研究是根据其理论框架尤其是"社会共同体"（societal community）理论来展开的，他（Parsons，2007：22 – 23）强调研究取向"主要是理论性的，而非经验的"，该研究是"从一个理论图示的相关性导向一种经验系统或经验现象，而不是从经验现象的已经独立'给定的'特征中导出的"。基于这种理论框架，帕森斯的这项研究聚焦于美国社会的"一个抽象方面"，即"社会共同体"，因为该子系统在"社会系统"中对应主要是"整合功能"，他的研究因此主要关注的是美国社会的整合问题。虽然如此，根据帕森斯的系统分析图式，他依然要讨论美国"社会共同体"与其社会系统的其他子系统（亦即其环境）——经济体（economy）、政治体（poltiy）和信托系统（fiduciary system）之间的关系。因此与米尔斯的政治取向的简单化描述和分析不同，帕森斯力图提供一种关于美国社会的复杂的、富有理论逻辑的分析。

其次，相对于其他研究，帕森斯对美国社会提出了一些颇为独特的看法，尤其体现在他对文化—价值观与社会结构层次的相关论述上。帕森斯特别强调美国社会的价值取向或价值体系——"（世俗）工具能动主义"［（worldly）instrumental activism］（Parsons，2007：145）——所具有的"持久性"（constancy）特征，亦即它"作为一种动态实体（dynamic enti-

---

① 关于帕森斯对美国社会研究以及该书的完成过程，可参见肖蒂诺（Sciortino）为此著撰写的"导言"。

② 除了帕森斯的这部"未竟之作"外，他对"美国大学"和高等教育制度以及美国的宗教问题、医疗和健康问题、种族问题等都有大量的重要论述，本部分只是提及其研究总体上的几个要点。

ty）影响着美国社会的所有历史阶段和一切制度领域"（Lidz，1991：30）；它代表着美国社会中深层次的相对稳定性——"潜在模式维持"功能。也是在这个意义上，帕森斯（Parsons，2007：42）称美国社会是一个"能动社会"（activistic society）。这是帕森斯对美国社会的一个非常独特且重要的论断，他认为这是美国社会得以保持动态整合的一个基本前提。① 不过，正如前述，帕森斯对"美国社会"研究的重点集中在作为一个"社会共同体"的结构与过程上——该书主要篇幅集中在"实体结构""社会阶级""共同体复合体"（Gemeinschaft complex）（族性、亲属关系、宗教、生活方式、教育等）以及"沟通和集体决策过程"（涉及大众传媒和政治过程）等内容上。在帕森斯看来，美国社会是一个结构复杂、充满张力和冲突的共同体，亦即一个复杂的"多元社会"（pluralistic society）（Parsons，2007：48）；与此同时，它还是一个尚处于形成中的共同体，会随着国内和国际局势的变化而变化和调整。

（三）帕森斯 vs. 米尔斯：美国社会与现代性问题

帕森斯与米尔斯对美国社会迥然不同的判断不仅与他们各自的研究取向及研究范式相关，而且在更深层次上体现出他们对待现代性问题的不同态度和立场，尤其是美国社会展现出来的现代性问题，而这又和他们的政治立场联系在一起。

一些研究者认为帕森斯是一个典型的"现代性的理论家"。例如马修（Mayhew，1984）认为帕森斯"对现代性进行了系统的辩护"。霍尔顿和特纳（Holton and Turner，1986）也强调帕森斯是现代世界的拥护者，对现代性抱持一种坚定的"反怀旧的"（anti-nostalgic）立场。莱希纳（Lechner，1991：177）则指出，帕森斯"为了解释一种特殊的社会和文明而阐述了一种现代性的模型"，因此可以将他的著作解读为"对现代性的'建构性'解释的一部分"。莱希纳还进一步明确了帕森斯关于"现代性的意象"："他将现代社会视为内部分化却具有包容性的相对自主的民族—国家；相比于其他社会，这些社会实现了对其环境的更大程度上的掌控；它

---

① 帕森斯的诸多论著都涉及对美国社会的价值取向或价值模式的分析，其著名的"模式变项"（pattern variables）就是其价值分析（但不仅限于此）的一种非常有力的分析图式。

们的世俗文化以高度一般化的价值观为中心。"

实际上，无论是帕森斯的"一般理论"框架——多维的、包容性的理论图式，还是其对待实质性问题的立场——譬如他的社会—文化演进理论对社会自由与个体自由的双重发展的论述，他力图整合规范与自由的"制度化个体主义"（institutionalized individualism）立场等，都体现出一种对待现代性问题的积极、乐观、理性的态度。如前所述，帕森斯的这种立场是以美国社会为现实参照系的，他认为美国社会自 19 世纪晚期以来逐渐取代英国而成为新的"引领社会"（lead society；Parsons，1971：86ff.）是迄今为止"现代性"展现最充分的社会，是"现代社会"最典型和发展程度最高的代表。帕森斯对待现代性问题以及美国社会的上述观点，与他一直秉承的"政治自由主义"立场一脉相承。①

米尔斯对现代性的态度及其政治和意识形态立场则稍显复杂。作为社会批评家，米尔斯的论述中一直存在着理想—现实的双重维度。一方面，他对现代社会的激进批判众所周知，这从上文论及的他对美国社会和文化的批判可见一斑。不过，要点不在于对现实的批判，而是这种批判的"对应物"，亦即其"理想"维度——恰恰在这个方面，我们看到米尔斯对现代性的真正态度及问题。

在《社会学想象》的第九章，米尔斯重申了两种最重要的启蒙价值理性与自由，但却只字不提"进步"这种启蒙的核心价值观。这显然不是无意中的疏忽。如果确如诸多研究者所论，在米尔斯的思想中有一种"乌托邦"要素，抑或他本人常被冠以"乌托邦主义者"，那么这种乌托邦也是一种面向过去而非未来的独特乌托邦。我们在米尔斯的论述中看到的是从具有广泛政治参与的"公众社会"到弥漫着政治冷漠的"大众社会"，从独立的"智识工匠"（intellectual craftsman）到作为权力仆从的"技术官僚"，从充满"社会学想象"的"古典社会分析"到充斥着"宏大理论"和"抽象经验主义"的现代社会（科）学研究。米尔斯的叙事有一种鲜明

---

① 关于帕森斯的政治或意识形态立场，撇开被强贴的"保守主义"标签不论，许多研究者（例如 Brick，1993；Gehardt，2002）都将帕森斯政治立场的形成与"进步主义""新政"——自由主义、改革主义乃至共和主义等——联系起来讨论。帕森斯本人曾对其政治立场有一个比较明确的说法，他是"一个政治自由主义者，既不是任何类型的激进派，也不是一个保守主义者"（Parsons，2007：51）。

的浪漫主义怀旧色彩：乌托邦与浪漫主义在米尔斯身上融为一体——浪漫主义的乌托邦。[①]

帕森斯（Parsons，2007：41ff.）在《美国社会》的"导论"部分对当时关于美国社会的著作进行了一种社会学分析，特别是根据西方世界的"政治光谱"分析了左派和右派的激进主义，指出前者的取向是面向未来的"乌托邦"，后者的取向是面向过去的"复辟"或"回归"。据此，激进左派米尔斯的思想中似乎存在着激进右派的"回归"过去的浪漫主义色彩。因此，帕森斯在前述评论中认为米尔斯的意识形态立场中存在着"两难"问题。不过，一个不相信进步（自然也不会提出未来规划）却又想要通过"社会学想象"来"启蒙"人们积极变革的"激进左派"，在不可能回到过去"理想"的情况下，结果只能是"为造反而造反"——只是历史上后来出现的一幕幕荒谬画卷，这位造反运动的"精神领袖"已无缘见到。

四　结语

对于帕森斯和米尔斯这样著述宏富、牵连广泛的社会学家的比较，区区一文显然难言充分和细致，只能择其荦荦大端。在社会学尤其是美国社会学的历史上，帕森斯和米尔斯虽然都产生过重要影响，但现实中都很难或者说不可能成为主流的研究路径。帕森斯倡导的对社会科学"一般理论"的探讨，在认识论—方法论基础、基于"系统"分析的具体理论建构以及对学科交流和知识积累的目标等方面，都具有比较合理和坚实的理据，帕森斯本人也为此倾注了毕生心血。但是"作为最后的清教徒的社会学家"（Pitts，1980），他似乎忘记了《圣经》中关于"巴别塔"（Tower of Babel）的古老寓言，他想要终结"有多少社会学家就有多少社会学理论体系"的"诸派之争"状态（Parsons，1968/1937：774）、建立统一的社会科学这种现代"学术巴别塔"（Lidz，1991：108）的宏图同样注定是失败

[①] 卡尔霍恩（2016：23ff.）在考察现代"激进主义的根源"时，曾指出一种独特的激进主义——传统主义取向的激进主义，与侧重未来方案的"理性主义的激进主义"不同，前者"想要大转变，但不想要任何新东西"。

的。米尔斯式社会研究的最大问题在于他对学术与政治关系的处理以及可能因此危及现代智识学科的自主研究。① 众所周知，理论与方法是任何一门现代学科发展的基础，但米尔斯却想另起炉灶，注重理论和方法的社会研究被他贴上"概念拜物教""方法拜物教""方法论抑制"等标签，宣称"让每一个人都成为他自己的方法论者，让每一个人都成为他自己的理论家；让理论和方法再次成为某种技艺实践的组成部分"（Mills，1959b：224）。针对米尔斯关于专业社会学研究的批判、"社会学想象"的智力游戏（Mills，1959b：212 – 216）以及"智识工艺"的布道（Mills，1959b：224 –226），希尔斯（Shils，1960）认为其社会学不过是"想象的社会学"（imaginary sociology）。邓津（Denzin，1990：2、4）曾尖锐地批评："《社会学想象》是一部关于米尔斯之想象的作品"，是只顾及自己的"一个具有可疑伦理的伪善文本"。布洛维（Burawoy，2008：373）也明确指出：在"一个高度发展的社会科学学科世界"中，米尔斯推崇的"智识工匠"已成为一种"落伍者"（anachronism），他"不可能退回到一个不再存在的自主知识分子的世界"。因此，"退回到 19 世纪的经典并支持关于不依附的自由流动的知识分子（non-attached free-floating intellectual）的神话"的米尔斯，给我们呈现的是一个"双面的社会学家"（Janus-faced sociologist）：其"外在的一面是高高在上的对公众宣讲和对权势者含沙射影的独立知识分子，内在的一面则是抵制专业化的病理学的自恋的工匠（self-absorbed craftworker）"（Burawoy，2008：374）。换言之，在政治和学术两个层面上，米尔斯都不可避免地陷入"想象"的困境之中。

最后，从晚近的相关研究来看，也出现了一种富有意味的对比。自 20 世纪 80 年代出现所谓的"帕森斯复兴"以来，帕森斯生前遭遇的肆意的意识形态批判和简化曲解已日渐减少，帕森斯的理论—经验研究正得到研究者们的认真对待和探究。相比而言，作为社会学史上最著名的"激进社会学家"，米尔斯的思想和研究却在其去世后遭遇持续和广泛的专业化、学术化或"去政治化"的阐释。最突出的例子就是《社会学想象》一书，它原本是阐述米尔斯的"政治纲领"之作，却长期被视为一部标准的"社会学经典"，这也许是米尔斯本人没想到的。殊不知米尔斯首先是一名

---

① 悖谬的是，这恰恰是米尔斯批判其时代的社会科学研究所申称的"正当性"。

"激进左派",然后才是一个他并不怎么喜欢这个称谓的"社会学家"。对米尔斯而言,"政治"具有首位性——所以他追求的不是科学真理,而是他所谓的"真理的政治"[1](politics of truth)。没有政治意义的学术研究在他眼中是没什么价值的,这种立场在他就《权力精英》出版一年后对相关批评所做的集中"评论"(Mills, 1968/1957)中展露无遗。进入 21 世纪后,西方学界悄然出现了一种"米尔斯复兴"的势头,只是其中大部分研究已经丧失了米尔斯本人最看重的"批判"视角和将"个人经历"与"历史"相结合的"社会学想象力"。就此而言,澄清帕森斯的社会理论和米尔斯的社会研究的实质,对于我们今天反思社会学中理论、方法、经验、历史、政治、想象等涉及学科发展的基本问题依然具有重要的现实意义。如果说社会学学科依然需要"想象(力)",其来源应当是理论与经验、历史与现实的相互作用和激发,封闭式的"自我想象"只能产生"想象的社会学"。

参考文献:

卡尔霍恩,克雷格,2016,《激进主义探源:传统、公共领域与 19 世纪初的社会运动》,甘会斌、陈云龙译,北京:北京大学出版社。

库隆,阿兰,2000,《芝加哥学派》,郑文彬译,北京:商务印书馆。

闻翔,2012,《从"大众社会"到"社会学的想象力":理解米尔斯的一条内在线索》,《社会》第 4 期。

亚历山大,杰弗里·C,2016,《古典思想的现代重建:塔尔科特·帕森斯》,赵立玮译,北京:商务印书馆。

赵立玮,2015,《世纪末忧郁与美国精神气质:帕森斯与古典社会理论的现代转变》,《社会》第 6 期。

Bell. Daniel 1968/1958, The Power Elite Recnoidered Reprinted in C. *Wright Mills and The Power Elite*, compiled by G. William Domhoff and Hoyt B. Ballard. Boston: Beacon Press.

Brick, Howard 1993, "The Reformist Dimension of Talcott Parsons's Early Social Theory." ln *The Culture of the Market: Historial Essays.* edited by Thormas L. Haskell and Richard F. Teichgraeber Ⅲ. Cambridge: Cambridge University Press.

---

[1]　这也是最新出版的米尔斯文集(Mills, 2008)的标题。

Burawoy, Michael 2008, "Open Letter to C. Wright Mills." *Antipode* 40 (3): 365 – 375.

Denzin, Norman K. 1990, "Presidential Address on 'The Sociological Imagination' Revisited." *The Sociological Quarterly* 31 (1): 1 – 22.

Faris, Robert E. L. 1967, *Chicago Sociologo 1920 – 1932*. Chicago: University of Chicago Press.

Geary, Daniel 2009, *Radical Ambition: C. Wright Mills, the Lef, and American Social Thought*. Berkeley: University of California Press.

Gerhardt, Uta 2002, *Talcott Parsons: An Intellctual Biography*. Cambridge: Cambridge University Press.

Greek, Cecil E. 1992, *The Religious Roots of American Sociology*. New York: Garland Publishing, Inc.

Holton, Robert J. and Bryan S. Turner 1986, "Against Nostalgia: Talcott Parsons and a Sociology for the Modern World." In *Talcott Parsons on Economy and Society*, edited by Robert J. Holton and Bryan S. Turner. London and New York: Routledge & Kegan Paul.

Horowitz, Irving Louis 1984. C., *Wright Mills: an American Utopian*. New York, The Free Press.

Kornhauser, Wlliam 1968/1961, " 'Power Elite' or 'Veto Group'?" Reprinted in C. *Wright Mills and The Power Elite*, comnpiled by G. William Domhoff and Hoyt B. Ballard. Boston: Beacon Press.

Kuklick, Henrika 1973, " 'A Scientific Revolution': Sociological Theory in the United States, 1930 – 1945." *Sociological Inquiry* 43 (1): 3 – 22.

Lechner, Frank J. 1991, "Parsons and Modernity: an Interpretation." In *Talcott Parsons: Theorist of Modernity*, edited by Roland Robertson and Bryan S. Turner. London: Sage Publications.

Lengermann, Patricia Madoo 1979, "The Founding of the American Sociological Review: The Anatomy of a Rebellion." *American Sociological Review* 44 (2): 185 – 198.

Lidz, Victor 1991, "The American Value System: a Commentary on Talcott Parsons's Perspective and Understanding." In *Talcott Parsons: Theorist of Modernity*, edited by Roland Robertson and Bryan S. Turner. London: Sage Publications.

Martindale, Don 1976, *The Romance of a Profession: a Case History in the Sociology of Sociology*. Minneapolis-St. Paul: Windflower Press.

Mayhew, Leon 1984, In Defense of Modernity: Talcott Parsons and the Utilitarian Tradition," *American Journal of Sociology* 89 (6): 1273 – 1305.

Mills, C. Wright 1943, "The Professional Ideology of Social Pathologists." *American Journal of Sociology* 49 （2）: 165 – 180.

Mills, C. Wright 1948, *The New Men of Power*: *American's Labor Leaders.* New York: Harcourt, Brace.

Mills. C. Wright 1951, *White Collar*: *the American Middle Classes.* New York: Oxford University Press.

Mills. C. Wright 1953, "Two Styles of Research in Current Social Studies. " *Philosophy of Science* 20 （4）: 266 – 275.

Mills, C. Wright 2008/1954, "IBM plus Reality plus Hurnanism Sociology. " Reprinted in *The Politics of Truth*: *Selected Writings of C.* Wright Mills, selected and introduced by John H. Summers. New York: Oxford University Press.

Mills, C. Wright 1956, *The Pouer Elite.* New York: Oxford University Press.

Mills, C. Wright 1968/1957, "Comment on Criticism. " Reprinted in C. *Wright Mills and The Power Elite*, compiled by G. William Domnhoff and Hoyt B. Ballard. Boston: Beacon Press.

Mills, C. Wright 2008/1959a, "On Intellectual Craftsmanship. " In *The Politics of Truth*: *Selected Writings of C. Wright Mills*, selected and introduced by John H. Summers. New York: Oxford University Press.

Mills, C. Wright 1959b, *The Sociological Imagination.* New York: Oxford University Press.

Mills, C. Wright 2008/1959c, "Culture and Politics: The Fourth Epoch. " In *The Politics of Truth*: *Selected Writings of C. Wright Mills*, selected and introduced by John H. Summers. New York: Oxford University Press.

Mills, C. Wright 2008/1959d, "The Cultural Apparatus. " In *The Politics of Truth*: *Selected Writings of C. Wright Mills*, selected and introduced by John H. Summers. New York: Oxford University Press.

Mills, C. Wright 2008/1959e, "The Decline of the Left. " In *The Politics of Truth*: *Selected Writings of C. Wright Mills*, selected and introduced by John H. Summers. New York: Oxford University Press.

Mills, C. Wright 2008/1960, "Letter to the New Left. " In *The Politics of Truth*: *Selected Writingsof C. Wright Mills*, selected and introduced by John H. Summers. NewYork: Oxford University Press.

Mills, C. Wright 2008, *The Politics of Truth*: *Selected Writings of C. Wright Mills*, selected and introduced by John H. Summers. New York: Oxford University Press.

Odum, Howard 1951, *American Sociology*: *The Story of Sociology in the United States through 1950.* New York: Greenwood.

Parsons, Talcott 1951, *The Social System*. New York: The Free Press.

Parsons, Talcott 1969/1957, "The Distribution of Power in American Society. " Reprinted in *Politics and Social Structure*. New York: The Free Press.

Parsons, Talcott 1961, "The Point of View of the Author. " In *The Social Theories of Talcott Parsons: a Critical Examination*, edited by Max Black. Englewood Cliffs: Prentice-Hall.

Parsons Talcott 1969, "On the Concept of Political Power. " In *Politics and Social Structure*. New York: The Free Press.

Parsons, Talcott 1968/1937, *The Structure of Social Action: a Study in Social Theory uith Special Reference to a Group of Recent European Writers*. New York: The FreePress.

Parsons, Talcott 1977/1970, "On Building Social System Theory: a Personal History. Reprinted in *Social System and the Evolution of Action Theory*. New York: The FreePres.

Parsons, Talcott 1971, *The System of Modern Societies*. Engewood Cliffs: Prentice-Hall.

Parsons, Talcott 1976, "Afterword. " In *The Social Theoreties of Talcott Parsons: a Critical Examination*, edited by Max Black. Carbondale: Southern Illinois University Press.

Parsons, Taleott 1978, "A Paradigrm of the Human Condition. " In *Action Theory and the Human Condition*, New York: Free Press.

Parsons, Talcott 2007, *American Society: a Theory of the Societal Community*, edited and introduced by Giuseppe Sciortino, London: Paradigm Publishers.

Parsons, Talcott and Bernard Barber 1948, "Sociology, 1941 – 1946. " *American Journal of Sociology* 53 (4): 245 – 257.

Parsons, Talcott and Edward A. Shils 1951, "Values, Motives, and Systems of Action. In *Toward a General Theory of Action*. " Cambridge: Harvard University Press.

Parsons, Talcott and W. White 1964/1961, "The Link between Character and Society. " Reprinted in *Social Structure and Personality*. New York; Free Press.

Pitts, Jesse R. 1980, "Talcott Parsons: The Sociologist as the Last Puritan. " *American Sociologist* 15: 62 – 64.

Rocher, Guy 1974, *Talcott Parsons and American Society*. London: Nelson.

Scimecca, Joseph A. 1977, *The Sociological Theory of C. Wright Mills*. Port Washington: Kennikat Press.

Shils, Edward 1960, "Imaginary Sociology. " *Encounter* 13 (4): 77 – 81.

Shils, Edward 1961, "Professor Mills on the Calling of Sociology. " *World Politics* 13 (4): 600 – 621.

Trevino, A. Javier 2012, *The Social Thought of C. Wright Mills*. Los Angeles: Sage.

Vidich, Arthur J. and Stanford M. Lyman 1985, *American Sociology: Worldly Rejctions of Re-*

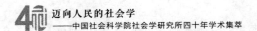

迈向人民的社会学
——中国社会科学院社会学研究所四十年学术集萃

ligion and Their Directions. New Haven：Yale University Press.

Wearne，Bruce C. 1989，*The Theory and Sholarship of Talcott Parsons to 1951：A Citial Commentary.* Cambridge：Cambridge University Press.

市场纠纷与政府介入 *

——一个风险转化的解释框架

向静林

摘　要：本文讨论市场治理中的政府介入问题，即宣称为规则制定者或市场监管者的地方政府为何会深度介入市场主体之间的交易纠纷。结合社会学和经济学的制度分析，本文建构了一个风险转化的理论框架，并用其解读温州民间借贷服务中心的一起借贷纠纷案例。研究表明，政府介入交易纠纷的过程，涉及经济风险向政治风险转化以及政府对风险转化的回应两个方面；法律的完备性、政府与市场主体的关联性、政府之于社会的可退出性，是影响风险转化的三个结构性因素；面对风险转化，政府感知到的潜在政治风险强度越大，越容易介入交易纠纷。本文为市场转型中的政府角色研究和市场制度的社会建构研究提供了新的分析路径。

关键词：市场治理　风险转化　政府介入　风险分担规则

一　现象与问题

本文关注市场治理过程中的政府介入现象。所谓市场治理，是指政府通过具体的制度安排对于特定领域的市场交易活动进行规范、培育或扶持等，以促进市场的活力与秩序（刘成斌，2014）；所谓政府介入，则是指最初宣称为规则制定者或市场监管者的政府，在治理市场的过程中不得不深度介入市场主体之间的交易纠纷，不得不动员公共或私人资源推动交易纠纷的化解。伴随着我国的市场转型，介入现象出现在地方政府对多种市

---

*　原文发表于《社会学研究》2016 年第 4 期。

场（如商品市场、劳动力市场、金融市场等）的治理过程中，成为政府与市场关系的重要侧面。然而，国内外学界对此现象却较少直接关注和深入研究。现有的相关研究工作主要有两类，即市场转型中的地方政府角色研究和市场制度的社会建构研究。

（一）市场转型中的地方政府角色研究

社会学和经济学领域的大量研究表明，在中国的市场转型过程中，地方政府并不单纯扮演规则制定者或市场监管者的角色，而是常常深度介入市场活动，呈现"政府即厂商"、"政权经营者"、"公司化"等市场利益分享者的面向（Oi，1992，1995，1998，1999；Walder，1995；洪银兴、曹勇，1996；张静，2000；杨善华、苏红，2002；丘海雄、徐建牛，2004；周飞舟，2007，2010；周黎安，2007，2008；曹正汉、史晋川，2009；赵树凯，2012；冯猛，2014）。这些研究从"制度激励—政府行为—市场角色"的分析路径，揭示了地方政府在自上而下的财政或行政激励之下主动介入市场以谋求财政收入或发送政绩信号（周雪光，2005）的行为逻辑，反映了我国改革进程中地方政府与市场关系的变动轨迹。

然而，上述研究对于理解市场转型中的地方政府角色问题并不全面，不能直接用来解释本文的现象，也难以为本研究提供恰切的分析思路。其一，上述研究关注地方政府如何主动介入市场活动而非被动介入市场交易纠纷，对二者的关系更是缺乏探讨。其二，上述研究虽然关注地方政府的市场角色，但却较少分析市场本身的特征和市场主体的行为逻辑，难以展现政府和市场主体的互动机制。其三，上述研究集中分析财政体制改革对地方政府市场角色的影响，忽视了自上而下其他维度的制度环境（丘海雄、徐建牛，2004；何艳玲、汪广龙，2012a）以及社会规范或文化等因素对于政府角色的界定作用。

（二）市场制度的社会建构研究

政府与市场的关系是经济社会学特别是市场社会学的核心议题（高柏，2008；弗雷格斯坦，2008）。在市场社会学看来，市场是政府和企业、民众等主体之间广泛社会关系构成的一种社会结构，市场的形成受到特定历史情景和社会制度环境的影响（Fligstein & Dauter，2007；斯威德伯格，2009；符平，2013a）。市场社会学尤为强调，政府从来都是市场的组成部分，对于市场秩序的形成具有深刻影响；至于政府采用何种方式、对市场的涉入程度有多深，很大程度上取决于特定社会的政治状况（弗雷格斯坦，2008）。据此，学者们提出了不少综合性的分析框架来研究市场的形成和演变机制，如"政治—文化"框架（Fligstein，1996；弗雷格斯坦，2008）、"政治—结构"框架（符平，2013b）等，这些分析框架凸显了政府在产权界定、治理结构选择和交易规则形成中的重要作用。

市场社会学为观察政府与市场的关系提供了基础性的理论视角，但用于分析政府介入现象尚有不足。第一，市场社会学将政府作为市场的重要界定力量，重在分析市场如何受到政府的影响，而相对忽视市场主体对于政府的反向作用机制。第二，虽然市场社会学认为政府对于市场的涉入方式和程度取决于更大范围的社会政治状况，但并未打开外部环境如何影响政府与市场关系的黑箱。第三，"政治—文化"和"政治—结构"框架属于综合性的理论范式，缺少关于具体现象发生条件的分析工具。对本文而言，什么样的结构性条件，通过什么样的社会机制影响政府介入市场交易纠纷，是需要深入挖掘的问题。

总之，上述两类研究之所以难以用来分析政府介入现象，源于二者共有的逻辑缺陷。市场转型中的地方政府角色研究侧重于政府行为分析，视市场本身为背景；市场制度的社会建构研究侧重于市场主体之间的关系分析，视政府为重要影响因素。实际上，二者均偏向于政府对市场的单边界定，忽视市场主体对政府角色的逆向界定；均隐含地强调市场的利益特征，忽视市场的其他核心特征（如风险）；均缺乏勾连市场特征与政府行为的内在机制分析和外在结构分析。

本文的核心问题在于，宣称为规则制定者或市场监管者的政府为什么会深度介入交易纠纷？从宣称为市场监管者到实际介入交易纠纷，政府角色转变的机制是什么？背后蕴含着什么样的制度逻辑？

二　一个风险转化的解释框架

面对前述两类研究的局限，本文结合当代社会学和经济学的新制度主义分析思路（Williamson，1996，2005；Nee，2005；斯科特，2010），将地方政府对于市场交易的治理活动置于更大范围的制度环境中进行考察。具体而言，本文从风险视角切入，突出市场治理的风险特征；通过建构风险转化的理论框架，展现市场主体与地方政府围绕风险的互动机制，揭示政府介入现象的制度逻辑。

（一）风险转化

风险视角是观察现代社会特征的重要切入点（泰勒－顾柏、金，2010），[①] 对于理解地方政府的市场治理过程尤其如此。已有研究表明，风险是交易的固有特征，存在于交易和治理机制的诸多细节之中，市场主体会在缔约前、缔约中、缔约后通过多种方式降低风险（Williamson，1979，1985，1996，1998）；同时，政府在治理民众的过程中也高度关注自身风险，依据不同的风险情境来选择治理结构和行为方式（费孝通，2009；曹正汉，2011，2014a；吕方，2013；Cai，2008）。上述风险视角出发的研究工作，分散在经济组织形式（较少关注政府行为）和政府行为研究（较少关注市场特征）两个领域。本文将这两方面的研究进行整合，建构为风险转化的理论视角，并将其运用于地方政府的市场治理过程分析。

所谓风险转化，是指风险来源、风险性质或风险承受主体等方面存在差异的不同风险之间的转化。在本文中，风险转化特指经济风险向政治风险转化。经济风险是指市场主体面对的来自交易过程的损失不确定性。[②]政治风险是指政府面对的由于民众的不满、上访、抗议等带来的辖区政治社会稳定或官员政治绩效方面的损失不确定性。[③] 经济风险向政治风险转化，即原本市场主体面对的来自交易的损失不确定性向政府面对的来自民

[①] 本文中，风险是指"客观存在的，在特定情况下、特定期间内，某一事件导致的最终损失的不确定性"（刘新立，2006：10）。这一界定强调风险的客观性、损失性和不确定性。

[②] 导致经济风险的因素至少可以分为两类：一类是交易主体之外的环境因素，如宏观经济波动等；另一类是交易主体的行为因素，如违约、欺骗等机会主义行为。本文关注市场主体行为因素带来的交易风险，如交易过程中一方机会主义行为对另一方带来的损失不确定性。

[③] 政治风险的产生存在多种来源，包括政府自身行为因素、民众个体因素、宏观制度结构因素等。例如，政治风险可能源于政府的某些行政工作与民众利益直接发生冲突，也可能源于政府提供某些公共服务时出现管理纰漏，还可能源于民众个体的偏激行为。

众的损失不确定性转化。① 具体而言，当交易纠纷发生时，可能受损的市场主体不是通过法律程序解决纠纷、自担风险，而是要求政府出面解决问题、共担风险；如果政府不同意解决或解决不力，市场主体可能会对政府产生不满、抗议等，甚至可能由此带来社会动荡，影响政府政绩或政治稳定。

本文认为，政府之所以会深度介入交易纠纷，源于经济风险向政治风险转化。风险转化出现时，涉及的主体间关系和风险当事人实际上发生了变化，即原本属于市场主体间的关系转化为市场主体与政府间的关系，原本属于市场主体损失的不确定性，在一定程度上转化为政府损失的不确定性。此时，转化而来的政治风险成为政府的外部约束，政府必须面对可能的损失，也因此面临如何回应的选择。政府存在多种回应方式，介入交易纠纷弱化政治风险，是一种重要的方式。当政府选择介入之后，角色就可能会发生变化。基于此，政府角色的变动机制是不同风险之间的转化。值得指出的是，政府介入是一个动态过程，包括经济风险向政治风险转化以及政府对风险转化的回应两个方面，内生于政府和市场主体的互动之中。

（二）风险转化的结构性来源

那么，风险何以转化？借鉴威廉姆森的多层次因果模型（Williamson，1996，2000），本文认为，影响风险转化的因素至少包括四个层次，即制度环境、治理结构、交易特征和个体属性。② 其中，制度环境和治理结构两个层次的因素，构成风险转化的结构性来源，是本文集中分析的重点所在。

本文指出，风险转化存在三个重要的结构性来源，即法律的完备性、政府与市场主体的关联性，以及政府之于社会的可退出性。其中，法律的

---

① 经济风险向政治风险转化存在多种路径，如经济风险直接向政治风险转化，或者先向社会风险转化，再向政治风险转化等。本文只讨论经济风险直接向政治风险转化的情形。同时，本文将风险转化作为政府介入的核心构件与内在机制，重在分析其结构性根源，而非具体过程。

② 制度环境是指法律、政体（Williamson，1996）及观念制度（Meyer & Rowean，1977；周雪光，2003）等整体性因素；治理结构是指政府治理市场交易所采取的制度安排或组织方式；交易特征包括交易规模、潜在损失等；个体属性包括偏好、情绪控制能力、惯常行为方式等。

完备性和政府之于社会的可退出性属于制度环境因素，涉及法律制度、政治体制和文化传统等，短期内难以改变；政府与市场主体的关联性属于治理结构因素，涉及地方政府对于市场交易活动的事前介入程度，短期内可以由地方政府进行选择。

1. 法律的完备性

法律是现代市场经济的制度支撑，[①] 为市场交易提供基本规则（钱颖一，2000）。虽然绝对完备的法律并不存在（Dixit，2004；Williamson，2005，2010），但法律的完备性可以进行程度比较。完备性具体涉及覆盖性、明晰性和便捷性等多个维度。覆盖性是法律的涵盖范围或者法律缺失的程度，如是否存在相应的法律能够支撑特定交易纠纷的处理；明晰性是法律的明确清晰程度，如法律在多大程度上处于明确状态，以致能够为交易纠纷的处理提供清晰指引；便捷性涉及法律的运行成本，如法律能够以什么样的效率为交易纠纷处理提供支撑。

法律的完备性影响着经济风险向政治风险转化的可能性。一般而言，在控制其他条件的情况下，法律的覆盖性、明晰性或便捷性越高，风险转化的可能性越低；反之，法律越是缺失、模糊或运行成本高昂，风险转化的可能性越高。法律的完备性影响风险转化的微观机制，是替代选择机制。也就是说，法律途径只是市场主体解决交易纠纷的方式之一，法律的不完备程度越高，市场主体通过其他替代方式来降低经济风险（Williamson，1975，1985，1996；Dixit，2004；刘世定，1999）的可能性越高。在替代方式选择集中，寻求政府出面解决问题是一种重要方式。尽管法律完备性低并不必然导致风险转化，但是会提高风险转化的可能性。

2. 政府与市场主体的关联性

政府与市场主体的关联性，是指市场主体间的交易纠纷出现之前，地方政府与市场主体之间既已存在的关系属性或关系强度。关联性通常反映

---

① 迪克西特指出："市场经济需要治理规则作为基础……刑法一般不具有经济功能，但是它能惩治偷盗或其他经济欺诈行为；民法关注的核心问题涉及经济行为；合约法主要是对经济活动的治理；侵权法和债务法也是对经济领域的合约或非合约关系的治理……国家的基本职能之一，便是使立法和执法的过程合法，以此来清晰地界定产权，保证签订合约的自由……可见，法律体系是成功的市场经济必不可少的条件。"（Dixit，2004：2）

政府对市场交易活动的事前介入程度，是政府理性选择的结果。① 根据事前介入程度的差异，本文将地方政府对于市场的治理结构划分为四种理想型（见表1），即政府的一体化治理、政府介入的混合治理、政府作为第三方的治理和非政府的自发治理（刘世定，2014）。一体化治理中，经济活动由政府主导，不存在市场主体之间的自由交易，政府扮演运动员的角色；混合式治理中，政府在一定程度上介入市场交易活动，同时扮演裁判员和运动员的角色；第三方治理中，政府对市场交易的介入程度为零，以法律原则治理市场交易，扮演裁判员或规则制定者的角色；非政府治理中，政府与市场交易完全无关，由市场主体自发治理交易活动。

表 1　政府与市场主体的关联性（治理结构）

治理结构	政府角色	事前介入程度	风险转化概率	风险分担
一体化治理	运动员	高	高	共担
混合式治理	运动员—裁判员	高	高	共担
第三方治理	裁判员—制定者	低	低	自担
非政府治理	旁观者	低	低	自担

政府与市场主体的关联性对交易纠纷出现之后的风险转化具有直接影响。一般而言，事前的关联性越高，事后经济风险向政治风险转化的可能性越大。关联性影响风险转化的微观机制，是社会规范机制。也就是说，政府与获利者的关系属性会影响获利者与受损者以及政府与受损者的关系属性，进而影响受损者对于三者关系结构的规范性认知。当地方政府与获利者高度关联时，受损者基于民间社会的"理"（曹正汉、史晋川，2008）认为政府应当承担相应的连带责任，从而具备风险转化的合法性理据。不少研究（张静，2000；赵树凯，2012）指出，地方政府的经营者角色常常是其卷入社会冲突的重要根源。

---

① 关联性反映的是事前（交易纠纷出现前）政府对于市场的介入程度，而非事后政府介入交易纠纷的程度。一般而言，与市场主体产生关联的收益越高，政府对于市场的事前介入程度可能越深。政府主动介入市场后，会与市场主体之间形成竞争、合作、担保或控制等多种可能的关系属性，产生不同的关系强度。政府选择何种关联性的问题，超出了本文的研究范围。这里旨在将政府对于市场的事前介入程度作为自变量，讨论不同介入程度对事后风险转化的不同影响。

3. 政府之于社会的可退出性

政府之于社会的可退出性，是指政府内在的能够退出社会的可能性，以及社会认定的政府行政责任边界的清晰性。国家之间政治体制或文化传统不同，政府之于社会的可退出性也存在差异。例如，周黎安（2014：20 – 21）指出，"民主体制下，政府的行政首脑均由各自辖区内的选民选举产生，各自的职责边界相对清晰。作为有限政府，行政首脑所负的行政责任也相对有限，比如，债务超过一定临界水平，地方政府就可以宣布破产。政府下台，民众就会重新选举新的政府上台，最后的防护栏是政府的有限责任或政府更替。威权体制下，任何层级政府的问题和隐患如果处理不好，都有可能演化为中央政府的问题和隐患，中央政府会成为各种社会和经济问题以及统治风险的最终承担者"。

政府之于社会的可退出性，对风险转化具有重要影响。一般而言，可退出性越低，风险转化的可能性越高，反之，风险转化的可能性越低。可退出性影响风险转化的微观机制体现在两个方面。一是理性预期机制。可退出性会影响政府对于政权稳定的敏感性，进而影响民众启动风险转化的理性预期。例如，曹正汉（2014b：181 – 182）的研究表明，"民主国家的特征之一是，维护政治稳定是提供纯粹的公共物品，它无须保证国家政权必须稳定在特定的政治集团手中……集权国家与民主国家的区别之一是，维护政权稳定不仅是维护一个正常运作和有效治理的中央政府，还要保证国家政权必须稳定在特定的政治集团手中，此种政治集团即执掌国家政权的统治集团"。换言之，可退出性不同，意味着政府对于政权稳定的敏感程度不同。政府越敏感，民众越容易预期政府会积极回应政治风险，因而越是容易启动风险转化，我国基层治理中的"闹大"现象（田先红，2010；韩志明，2010；杨华，2014）就是体现。二是文化认知机制。政府之于社会的可退出性，同时意味着民众在"文化—认知"这一观念制度层面（Meyer & Rowan，1977；Dimaggio & Powell，1991；Campbell，2004；周雪光，2003；斯科特，2010）对于政府责任边界的界定，这深深影响了风险转化的可能性。政府的可退出性越低，表明社会界定的政府行政责任越不清晰，民众越容易形成对政府的责任期待，越容易认为政府理所当然会成为最后的责任承担者，而当政府拒绝承担责任时，民众在认知层面越难以接受，越容易产生不满。中国"家国同构"的儒家思想传统和计划体制的"父爱主义"传统（丘海雄、徐建牛，2004），形塑了民众的"官—民"观念（吴毅，2007），成为风险转化的文化根源。

4. 三个结构因素之间的关系

如上所述，每个结构性因素都可单独对风险转化产生影响，而且不同因素影响风险转化的作用点和具体机制不同。（1）法律的完备性影响着市场主体启动风险转化的内在动力。法律的低度完备，常常是风险转化的重要动力源。（2）政府与市场主体的关联性影响着市场主体启动风险转化的规范合法性（normative legitimacy）。政府与市场主体的高度关联，常常成为风险转化的直接导火索。（3）政府之于社会的可退出性影响着市场主体启动风险转化的认知合法性（cognitive legitimacy），及其对于获得政府积极回应的理性预期。政府之于社会的低退出性，常常是风险转化的核心助推器。①

现实中，三个结构性因素并非各自独立发生作用，而是同时影响着风险转化，其不同搭配组合会对风险转化带来不同程度的影响。如表2所示，本文对每个结构性因素都进行相对程度高低的划分，"+"表示程度较高，"－"表示程度较低，由此可以衍生出三个条件的八种搭配组合方式（用Y1至Y8表示）。

表 2 风险转化的结构性来源

	结构性因素的搭配组合							
	Y1	Y2	Y3	Y4	Y5	Y6	Y7	Y8
退出性	－	－	－	－	+	+	+	+
关联性	+	+	－	－	+	+	－	－
完备性	－	+	－	+	－	+	－	+

在 Y1 情况下，经济风险向政治风险转化的可能性是最高的。原因在于，法律的完备性程度低使得经济风险寻求以法律之外的途径来解决的动力较强，而政府与市场主体的高度关联使得利益受损的市场主体具备寻求

---

① 规范合法性和认知合法性概念源自萨其曼（Suchman，1995）对组织合法性的分类。萨其曼将组织合法性区分为实用合法性（pragmatic legitimacy）、道德合法性（moral legitimacy）和认知合法性（cognitive legitimacy）三类。此处的"规范合法性"与萨其曼的"道德合法性"含义相近，在此反映市场主体基于社会规范对政府行为的评价；此处的"认知合法性"是萨其曼的原有概念，在此反映市场主体基于视若当然的文化传统对政府责任的期待。

政府解决问题或承担责任的合法性，政府的低退出性则导致民众对于政府积极回应的较高预期和责任期待。反之，在与 Y1 截然相对的 Y8 情况下，风险转化的可能性最低。这两种情形之间，存在很多中间状态，风险转化的可能性也相对居中。在中国的市场转型过程中，法律的低完备性和政府的低退出性是两个重要的制度环境特征，如果地方政府事前介入市场活动中，则极易诱发风险转化。

（三）风险转化的政府回应：退出、执中与介入

面对风险转化，政府如何回应？依据政府是否坚持事前宣称的裁判员角色和风险自担的法律规则这一标准，可以将政府的回应选择区分为三种理想型，即退出、执中和介入。[1] 地方政府需要在这三种方案之间进行权衡。

退出是指政府破产或政府更替，即特定政府从社会中退出，以避开对于经济风险的无限责任。政府不再担当裁判员角色，可以在一定程度上避开分担经济风险，却也会因此而失去治权，这分别构成了政府退出的收益和成本。

执中是指政府坚持以法律规则协调市场主体间关系和处理经济风险，政府仍然担当裁判员角色，但坚持不分担市场主体之间的任何经济风险。对于政府而言，执中的收益是不用分担经济风险，成本则是潜在的政治风险。

介入是指政府被迫出面解决市场主体之间的交易纠纷，直接或间接地分担经济风险，不再是纯粹的裁判员角色。[2] 政府介入的收益是可以减弱潜在的政治风险，成本则是政府需要动员公共或私人资源来分担相应的经济风险。

地方政府在三种回应方式之间的选择受到多种因素的影响。其中，政府感知到的潜在政治风险强度以及政府对于政治风险的敏感性是两个尤为重要的因素。一方面，在给定政治风险敏感性的情况下，政府感知到的潜在政治风险强度越高，越有可能选择卷入交易纠纷。其原因在于，政府感

---

[1] 本文关于退出、执中与介入的理想型划分，受到赫希曼（2001）研究的启发。

[2] 不少研究关注到我国基层治理中的"政府兜底"现象，分析了其核心特征、制度原因和社会后果等（相关文献参见杨华，2014）。不过，政府介入不同于政府兜底。介入是兜底的前提，但不一定导致兜底。政府介入纠纷后有多种选择，兜底只是极端情况。

知到的潜在政治风险强度越高，越有可能预期政治损失高于分担经济风险带来的损失，从而越有可能通过介入交易纠纷的方式来弱化政治风险。① 另一方面，值得指出的是，政府感知到的潜在政治风险强度，与政府对于政治风险的敏感性，以及政府之于社会的可退出性具有内在的逻辑关联。如果政府之于社会的可退出性高，社会界定的政府责任边界（以及政府内部自上而下的责任体系）相对清晰，则民众的风险转化行为对政治稳定或者政府责任的影响会相对较小。因此，政府对风险转化的敏感性会相对较低，当风险转化的客观情形相同时，政府感知到的潜在政治风险强度相对较低。反之，则政府对风险转化的敏感性相对较高。

三　案例背景：借贷纠纷的缘起与平息

本文以温州民间借贷服务中心（以下皆简称"服务中心"）的一起借贷纠纷为例，分析市场治理中的政府介入现象。温州民间借贷服务中心是2011 年温州民间金融危机爆发之后，地方政府为"规范发展民间融资"的创新型制度安排。② 服务中心的组织模式是政府主导与企业运作相结合（向静林、张翔，2014），即在温州市和鹿城区两级政府的推动下，由鹿城区工商联 14 家成员单位和 8 位自然人共同出资组建的温州民间借贷登记服务有限公司来成立和运营服务中心。服务中心本身并不从事民间借贷中介业务，而是为 P2P 融资信息服务中介机构③和相关配套服务机构（如公证处、律师事务所等）搭建一个公共平台，吸引民间资金供需双方进场交易，并为其提供信息发布、信息咨询和登记备案服务。服务中心平台上的P2P 融资信息服务中介机构和相关配套服务机构则为资金供需双方提供融资信息、借贷撮合、资产评估、合约公证、法律咨询等专项服务。

---

① 具体而言，地方政府感知到的潜在政治风险强度，是民众的上访、抗议、示威等风险转化行为之激烈性和持续性的函数。篇幅所限，本文不对这一问题进行深入分析。

② 2011 年，温州等地爆发民间金融危机。2012 年，国务院批准成立温州金融综合改革试验区，制定了"规范发展民间融资"的首要任务。为此，温州政府进行了不少制度探索，其中最具代表性的即"温州民间借贷服务中心"。目前，全国各地共有类似机构近 100 家。

③ P2P 是英文 peer to peer 的缩写，意即"个人对个人"。P2P 融资信息服务中介机构，是指个人通过中介机构相互借贷，放款人和借款人分别将自己的放款和借款需求告知中介，中介将条件相符的借款人、放款人进行匹配，借贷双方如果在资金、期限、利率、担保等方面达成合意就签订合同进行借贷，中介收取服务费。

虽然服务中心是地方政府推动建立的治理民间借贷交易的制度安排，但地方政府强调企业是成立和运营服务中心的主体，政府只是服务中心交易规则的制定者和市场监管者；同时，服务中心自成立之初就始终强调风险自担规则，[①]并要求放款人做出风险自担的客户声明。然而，笔者发现，服务中心实际运行中，地方政府却时常会介入借贷纠纷。自 2012 年 6 月至 2014 年 8 月，笔者先后 4 次进入服务中心进行了累计 4 个月的参与观察，同时运用深度访谈、文献法等方法收集了一些借贷纠纷解决过程的详细资料，特别关注了纠纷当事者和地方政府对于纠纷事件和各自行为所赋予的意义。下文的借贷纠纷案例颇为典型。案例中，借款本金还未到期，地方政府就已介入纠纷，而且纠纷在政府介入后得到了迅速解决。

（一）正式合约与风险提示

2012 年 9 月，温州某事业单位职工郭新盛[②]到服务中心放贷。经过仔细考察，他选择了服务中心平台上的一家中介机构腾飞经济信息咨询有限公司（简称"腾飞公司"）为自己寻找借款人。

腾飞公司很快为郭新盛匹配到借款人彭建国。彭建国是杭州的企业老板，在温州有房产作为抵押。经过介绍，郭新盛决定给彭建国出借 150 万元，借款日期为 2012 年 9 月 29 日，还款日期为 2013 年 3 月 28 日，期限 6 个月，月利率 1.35%。担保方式是房产二次顺位抵押，一次抵押时，房产评估价为 550 万元，银行贷款 330 万元；此次为二次抵押，房产评估价为 720 万，郭新盛出借 150 万元。[③]

---

① 服务中心网站"温州民间借贷服务网"（http://www.wzmjjddj.com/）强调："通过组建民间借贷服务中心，为民间借贷搭建起安全、合法、有序的综合服务中心，借贷双方在合法、自愿的情况下实行一对一方式的直接对接……借贷双方风险自担，服务中心对借贷坏账不承担责任。"

② 遵循学术惯例，案例中涉及的人物和中介机构等名称都采用化名。

③ 顺位抵押是指同一个抵押物设定数个抵押权，各个抵押权人之间存在优先受偿的先后顺序。彭建国向郭新盛借款之前，已经用房产抵押贷款，第一抵押权人是银行，当时房产评估价格为 550 万元，银行贷款 330 万元。此次，彭建国再用该房产进行二次顺位抵押，需再次评估房产价值。房产评估公司给出的市场估价为 610 万元，但根据服务中心的风险控制要求，这一估价之下二次抵押贷款不能达到 150 万元。为促成交易，腾飞公司与借贷双方协商提高估价，最后双方约定估价为 720 万元。在温州房价下跌的背景下，高估房价埋下了风险隐患。

不过，2012年9月29日，借款人彭建国并不在温州，其代理人彭建业与郭新盛签订了抵押借款合同，并与中介签订了信息咨询服务合同，经过公证，放款人汇钱给借款人，借款人确认收款，双方向腾飞公司信息支付服务费，之后到服务中心登记备案。

在借贷双方以及中介机构签订合约和登记备案之前，服务中心会对每个放款人进行风险提示，要求放款人抄写风险自担承诺。签约之前，郭新盛在正式的风险提示书上签了字。

（二）借贷纠纷与风险转化

按照约定，借款人应每月28日支付利息。然而，郭新盛连第一个月的利息都没有收到。郭新盛觉察到隐患，于是迅速联系腾飞公司启动利息催收程序。2012年11月12日，腾飞公司发出律师函向借款人催收利息。然而，彭建业表示暂时难以偿付利息。2012年11月19日，郭新盛在腾飞公司律师和业务员的陪同下到杭州催收本息，彭建业表示彭建国无法偿还本息，只能处理抵押房产。

腾飞公司首先建议双方协商处理抵押物。然而，双方在房产价格上难以达成共识。不久，郭新盛得知彭建国在杭州等地早已欠下大量外债且已被债权人起诉。这种情况下，购买房产风险较高。因为房产过户需要先注销抵押，从撤除抵押到办理过户需要一段时间，借款人负债累累，房屋很可能在注销抵押到完成过户之间被外地法院查封，风险无法控制。此时几乎无人敢买这处房产。

协商难以解决，尤其是抵押物可能被外地法院查封，让郭新盛感受到极高的风险。郭新盛抓住腾飞公司的前期征信调查问题，要求公司承担责任、分担风险，如垫资购房。腾飞公司表示愿意协助追偿贷款，但绝不承担风险，并声称郭新盛不满意可以到法院起诉。

郭新盛十分不满，在继续要求腾飞公司解决问题的同时，立即决定向服务中心反映情况。2012年11月23日，郭新盛到服务中心投诉。然而，服务中心不承担风险，只能要求中介协调，并建议通过法院强制执行处理，这让郭新盛开始感到更高的风险。于是，他一边准备启动法律途径，一边开始准备上访材料。2012年11月28日，郭新盛写好了多封上访信件。

面对放款人和服务中心的要求，腾飞公司建议郭新盛启动第二种解决途径，即向公证处申请出具强制执行证书，然后去法院申请执行。2012 年 12 月 6 日，腾飞公司的顾问律师去公证处申请出具执行证书。然而，公证处表示，由于借款本金未到期，只是利息没有归还，所以在不明确法院意见时暂不出具强制执行证书。2012 年 12 月 7 日，腾飞公司的顾问律师、公证处人员与郭新盛一起到法院沟通申请执行事宜。法院执行庭指出借款人户口在杭州，故不受理申请。

启动强制执行程序受阻，郭新盛如坐针毡，迅速咨询民事诉讼的可行性。法院人士的反馈是，从起诉到执行可能需要两年时间。然而，当时温州房价持续下降，房产贬值速度很快，银行作为第一抵押权人还会优先受偿，如果选择民事诉讼，郭新盛会得不偿失甚至血本无归。时间急迫成为致命问题。

> 我是退休职工，患肝癌已行手术，我老婆也是退休工人，患有严重糖尿病、高血压、心脏病，我女儿、女婿因单位裁员离职，亲家母的胃癌手术刚做不久，他们都还没有自己的住所，我们好不容易用一辈子血汗积攒的钱和子女十余年辛劳血汗钱和退职金拼凑了 150 万元。我们多么希望以此来增加利息收入，从而更好地买药打针，买营养品来治病和增加抵抗力，能多维持和延长几年生命，子女也想多增加一点创业资金……然而这一切将成泡影！我们将面临家破人亡的悲惨局面，温州的金融改革也面临严重威胁和挑战。
>
> 由于房地产评估价格远高于市场实际价格，由于中介公司没做好事前调查，给"老赖"带来可乘之机，贷款方几个月前就被杭州当地银行和个人起诉、查封，问题十分严重，金额相当巨大，我们怕影响到温州，故请求书记快救救我们，敦促温州各政府有关部门，给我们权利人以最大的保障，尽量减少我们的损失，以安慰我们的心灵，延续我们的生命，避免悲惨局面发生！使温州金融改革能继续健康发展，取得更大成功！（信件资料，20140822）

面对法律途径的重重困难，郭新盛正式开启了上访之路。2012 年 12 月，他多次到区金融办、市金融办和市信访局上访，递交了多封上访信件，陈述了借贷纠纷的事件过程、详细原因、重大影响和自己的迫切期望，要求政府官员出面解决问题。郭新盛写给市委书记的上访信件尤为详细和全面，上述材料即该信件的部分内容。

（三）政府介入与风险分担

郭新盛上访之后，鹿城区地方金融管理局①对腾飞公司下达了《责令整改通知书》。腾飞公司同意整改，表示全力协助纠纷处置，但拒绝分担风险。区金融办督促腾飞公司寻求解决办法，并建议郭新盛尽量和借款人私下协商解决或者通过强制执行等法律途径解决。然而，这并不能在短期内解决问题。

郭新盛继而到市政府上访，引起了市领导的高度重视。市委书记了解上访材料后做出批示，要求各相关部门迅速配合处理。2013年1月16日，市金融办主持的借贷纠纷协调会在服务中心召开，参会单位包括市区两级金融办、法院、房管局，以及公证处、银行、服务中心、腾飞公司等。会议讨论指出，如果借款人配合，那么放款人到法院起诉后快速调解、申请执行是最快方案；申请强制执行的问题是本金没有到期，理论上存在争议；如果出借人找到买方购买抵押房产，房管局可将过户时间压缩为三天，但房产被查封的风险依然存在。

协调会之后，郭新盛几乎每天都到服务中心或区金融办要求落实处理，金融办则要求腾飞公司加紧联系借款人彭建国。2013年1月22日，区金融办召集各方进行现场协商。彭建国同意调解，但强调房产处置价格不得低于450万元。考虑到房产查封风险，郭新盛决定选择法院起诉、快速调解和执行的途径。

2013年1月28日，当事人到法院立案，考虑到房产处置价格不低于450万元的问题，法院决定不再调解，直接开庭。2月20日，法院开庭审理。2月26日，法院宣布判决书，判决被告彭建国应于判决生效日起三日内偿还本金及利息，如未履行则处置房产，所得价款在优先偿还银行后由原告郭新盛优先受偿。2月28日，原告和被告双方签收判决书。郭新盛于3月19日申请执行，法院于3月25日立案执行，开始组织拍卖。5月29日，房产顺利拍卖。拍卖价格为433万元，银行优先受偿350万元，郭新

---

① 在温州，地方金融管理局与金融办实际上是"两块牌子、一套人马"。

盛受偿金额为 86 万,彭建国尚欠郭新盛借款 64 万元及利息。2013 年 7 月 9 日,法院做出执行裁定书。

上述纠纷从发生到解决的全过程仅仅历时半年,法院的立案、审判和执行时间因为政府介入而被极大缩短。

四　政府何以介入借贷纠纷?

根据本文的解释框架,政府介入借贷纠纷的过程,包括经济风险向政治风险转化,以及政府对于风险转化的回应两个方面。其一,借贷关系一经形成,放款人就开始面临本息损失的不确定性,这种经济风险在借款人无力偿还和抵押物难以处置的时候凸显出来。多种解决途径纷纷失灵的情况下,放款人没有遵循风险自担规则,而是持续上访,并将借贷纠纷的解决与温州金融改革的成败联系起来,使得经济风险向政治风险转化。其二,面对风险转化,政府并未选择执中或者退出,而是介入借贷纠纷,动员公共资源加速了纠纷的处理。那么,放款人为什么会启动风险转化?政府又为何会如此回应?

(一) 风险转化的结构性来源

如前文所述,风险转化除了受到结构性因素影响之外,还受到交易特征和个体属性等因素的影响。案例中,借款额度、放款人的风险承受能力、借款人的还款能力、抵押物的市场价格等,都不同程度地作用于风险转化。不过,下文仅关注风险转化的结构性来源。

1. 法律的低完备性

已有研究表明,转型经济中法律不完备尤为明显 (Murrell,1996;Djankov & Murrell,2002)。我国民间借贷合约虽然有《民法通则》、《合同法》等法律法规作为依据,但却面对法律缺失、法律模糊、法律实施不确定以及法律运行成本高昂等问题 (Dixit,2004;陈蓉,2008;向静林、张翔,2014)。借贷风险很大程度上难以被法律所覆盖,放款人通过其他方式来减少自身风险的动力较高。

案例中,法律的低完备性首先体现为法院依据强制执行公证处置抵押物的具体实施条件较为模糊。在借款本金未到期、放款人又明确知晓借款人高举外债无力偿还本息的情况下，对于法院能否强制执行处置抵押物，司法理论和实践中还存在不少争议。这使得郭新盛在借款人违约后难以通过法院强制执行来保护债权。强制执行没有希望，郭新盛才被迫转向一般民事诉讼，然而诉讼程序运行起来的时间长、效率低，导致风险不可控，这是法律完备性低的另一个重要体现。对此，郭新盛有一段表述。

> 他们还有公证书呢，现在看来，公证一点没用的，公证等于说就是我们实际上心理上好像安慰了一下，没有公证，我们自己还提高警惕一点……按照正常走的话，起诉要半年才能受理，执行也要半年。当时我们到法院的执行庭打听，法院的人说你不要打官司，（打官司）非常慢的，你这个情况银行300多万元，他这个房子只够银行的，而且时间得要这么多，打官司打了也白打。我们当然不甘心了，不管怎么样我也得去上访，书记救救我们吧……我们损失这么大，再不反映的话，越拖损失越大，银行是不急的嘛。（访谈资料，20140810）

事实上，2011年温州民间金融危机爆发后，民间金融纠纷急剧增加，基层法院处于超负荷状态，司法资源不足的问题凸现，法律运行的时间成本更加高昂。例如，2013年鹿城法院金融类案件的平均自然审理天数长达120.04天，复杂案件的审理时间甚至长达2年。① 可见，法律的低完备性是郭新盛启动风险转化的重要动力源，而情境性因素（抵押物市场价格的持续下跌和第二抵押权人身份）则加剧了风险转化的可能性。

2. 政府与市场主体的高度关联

如果说法律的低度完备是风险转化的一种结构性动力，那么服务中心的混合治理结构特征则为放款人启动风险转化提供了规范合法性。虽然政府设定了服务中心的企业性质，服务中心对放款人进行了风险提示，放款人事前也做出了风险自担承诺，风险转化似乎不会发生，然而，服务中心的政府背景仍然为放款人的风险转化行为提供了合法性理据。郭新盛特别

---

① 详情可参见《温州市鹿城区人民法院金融商事案件司法审查报告（2012年5月至2013年4月）》。

强调了这一点：

> 只是要求政府帮忙，没说是政府的责任，但是政府不帮忙是有责任的，在外面的话不会找政府的，平台是私人办的话也不会找政府，政府的公信力毕竟还是不一样，我们在事业单位和机关工作的，肯定就是相信政府的……如果腾飞不是在场内，我不会找腾飞的，它是在政府的旗子下面，我才来的。开始觉得是政府，虽然不是打的政府的牌子，但是有政府的成分在里面，借贷的时候不知道是企业，以为是政府下面的，我也不是这方面的老手。（访谈资料，20140810）

不难发现，郭新盛选择性地认定了政府的市场角色，即纠纷前承认政府的裁判员角色，纠纷后则强调政府的运动员角色。这鲜明地体现在其规范博弈（宾默尔，2003；刘世定，2011）的几种话语策略中。一是追溯策略，即追溯合约形成的前提。通过强调服务中心的政府背景是合约签订基础，放款人试图摆脱合约束缚，凸显政府解决纠纷的内在责任。尤其是当中介行为存在瑕疵时，放款人会追溯政府在市场准入方面的责任。二是模糊策略，即模糊服务中心的企业性质。放款人否认服务中心的纯企业性质，并拒绝承认曾经获知相关信息。服务中心的混合治理结构特征，为郭新盛提供了策略空间和风险转化的合法性基础。三是威慑策略。放款人知晓上述策略的合法性局限，所以一方面表明是寻求政府帮助，另一方面则采取威慑策略让政府感知到退出谈判的潜在政治风险，以促使政府出面解决问题。实际上，地方政府对此心知肚明，区金融办曾试图转变服务中心模式。

> 温州民间借贷服务中心是民间借贷的公共服务平台，不承担借贷风险，也不负责风险借款的处置责任。但是由于各融资撮合中介入驻中心，大多数出借人都认为这是政府搭建的平台，在平台中入驻的中介机构都是政府认可的，而且容易将入驻融资撮合中介与借贷中心混为一体，一旦出现借贷风险，出借人就频繁到中心上访，甚至到相关政府部门上访。民间借贷的高风险性使得政府相关部门和中心在未来相当一段时间内维稳的压力会相当大。（资料来源：《关于温州民间借

贷服务中心模式转型的报告》)

可见，政府已经明确感知到了混合治理结构所蕴含的政治风险。在该治理结构中，政府与服务中心的关联性以及服务中心与中介的关联性，使得政府与中介产生关联。因此，当中介行为存在瑕疵的时候，民众容易启动风险转化，政府则会陷入合法性困境。

3. 政府之于社会的低退出性

已有研究表明，集权体制之下，中央政府对于政治稳定高度敏感（曹正汉，2014a，2014b）；自上而下的责任体系，要求地方政府必须维持地方政治社会稳定（何艳玲、汪广龙，2012a；曹正汉、罗必良，2013）。这种制度环境为民众所谙熟，容易诱发其策略性的利益表达行为（田先红，2010；吕方，2013），导致经济风险向政治风险转化。从郭新盛的描述中，不难看出这一点。

> 一开始他们不想我们上访，这个是一个政绩问题，我们如果上访，民间借贷中心的政绩受到影响。中心不好叫我们不要去，总的意思是不要到那边去。我们反正是所有的金融办哪里有，我们就去。去市政府上访的时候，他们不收的，但是我想不管怎么样，我也得放在这里，后来就把上访信留在了那里。听说书记看到信后非常重视，如果没有书记，肯定很慢。（访谈资料，20140810）

更重要的是，中国几千年来的国家—社会关系形态，深深地形塑了民众对于国家和政府的观念认知（甘阳，1998；焦长权，2010）。在"家国同构"的儒家文化传统和"父爱主义"的国家权威类型影响下（丘海雄、徐建牛，2004），政府官员被民众视为"父母官"，政府与民众的关系被社会理所当然地界定为"官—民"关系（吴毅，2007；何艳玲、汪广龙，2012b）。郭新盛对此有一段表述。

> 我们是相信人民政府的，为人民服务啊，我上访主要是讲我们现在家境的困难。一家人都是这么困难，将这个钱筹集起来，也想增加一点收入的，解决一点困难的，我们大家都是省吃俭用的，反而被这

样搞了，也没有讲谁不好，我们只讲自己支持市长的……我们都是很老实的。（访谈资料，20140810）

结合前述上访信件内容，可以发现，民众的话语承载着对于政府的文化认知和责任期待。民众虽然可能采用威慑策略来要求政府解决问题，但是仍然会用大量的话语陈述自己的困难和苦衷，将政府摆在"救命人"和"父母官"的位置。民众的这种观念认知和行为习惯已经成为地方政府在经济社会治理过程中面对的稳定制度环境。区金融办一位负责人对这一点深有感触。

> 如果是在外面出了事情，有些要闹的人，他也会来闹，不是说你在中心他来闹，不在中心他就不来闹。有些人知道这个反正是自己投资嘛有风险，收益总是在自己这里，政府又没收到钱……市里也考虑，说不承担责任，真的老百姓出事了也是找你政府，老百姓出事了，他总是想着先找政府。（访谈资料，20140813）

在民众那里，法律不是解决纠纷的唯一途径，甚至从来不是首要的制度途径；民众对于政府充满责任期待，政府的责任边界十分模糊；政府如果不愿或不能解决问题，可能引发民众的质疑或不满。这构成了风险转化的文化根源。因此，即使服务中心没有政府背景，风险转化依然可能发生。案例中，服务中心又恰好具有政府背景，这进一步提高了风险转化的可能性。

（二）从执中到介入：政府的回应逻辑

面对风险转化，地方政府为什么不坚持法律原则，而是选择介入纠纷并动员资源加速处理？根据本文的解释框架，政府感知到的潜在政治风险强度以及政府对于政治风险的敏感性是两个重要因素。金融办的一位负责人在下面这段访谈中讲到，政府如何回应其实有很大的权变性，会根据风险转化的实际态势而有所不同。正是在这个意义上，实际运行中的风险分担规则呈现不确定状态（张静，2003）。

按照常理政府是不用解决的，但是我们国家特殊的体制，再加中心的政府背景，所以群众会找政府。但也要看信访对象的执着程度，如果死缠烂打的话，政府也是要解决的……不在服务中心的，也是会找的，就像非法集资，还是会有人去找政府的，这种情况并不一定就有道理，他就要政府帮助解决……这其实就是为了维护社会稳定，如果当事人闹得不凶，我们还是按照正常规定，引导他走司法途径，只要当事人不上访，政府是不会介入的……就好像这次，如果不帮他协调，他就说去市政府示威，领导肯定有压力啊。（访谈资料，20140727）

可见，政府的回应逻辑不只是法律逻辑，更多的是一种政治逻辑。政府通常情况下会选择执中，即要求市场主体运用法律途径解决纠纷；只有在面对较高政治风险时，才会选择介入。事实上，政府的回应逻辑也为社会所熟知。下面这段材料表明，不仅放款人本身谙熟这一点，就连腾飞公司的业务人员也是心知肚明，后者甚至因此而助推了风险转化的发展态势。

放款人接着闹，我们就给他说两个途径，一个是打官司，另一个就是到中心去闹，因为你再去闹也跟我们没什么关系了，我们是社会上的，金融办管不了的。刚开始没有闹到市里面，法院也不想管，协调不了，然后我们给他说你给市里面写信上访，一定可以给你解决的，书记叫下面迅速解决，通知了两个法院……风险需自担，签了也白签的，你叫老人家去闹，马上给你解决，你维稳嘛，怎么搞啊……中心的运行不是个法律逻辑。（访谈资料，20140804）

总结起来，在我国地方政府对政治稳定高度敏感的前提下，影响地方政府选择是否介入交易纠纷的因素主要是其感知到的潜在政治风险强度。案例中，郭新盛从服务中心到区政府再到市政府的持续上访，在上访信件中对"家破人亡"这一可能后果的描述，以及对此次温州金融改革成败的威慑话语，都客观上给地方政府造成了压力。当时，服务中心尚在运行初期，政府如果不出面处理郭新盛的借贷纠纷，很有可能诱发更为激烈的不满情绪、上访行为和随之而来的扩散效应，这将影响金融改革的政绩信号发送（Spence，1973；周雪光，2005），意味着较高的政治风险强度，可能给政府官员带来较大的政绩损失。基于这样的背景，地方政府不得不介入借贷纠纷，并加速进行处理。

五 结论与讨论

本文以温州民间借贷服务中心的一起借贷纠纷为例，讨论市场治理中的政府介入问题，即宣称为规则制定者或市场监管者的地方政府为什么有时会深度介入市场主体之间的交易纠纷。结合社会学和经济学的制度分析思路，本文将地方政府对市场交易的治理活动置于更大范围的制度环境中进行考察，建构了一个风险转化的理论框架。研究表明，政府介入交易纠纷的过程，涉及经济风险向政治风险转化以及政府对风险转化的回应两个方面；法律的完备性、政府与市场主体的关联性、政府之于社会的可退出性，是影响风险转化的三个结构性因素；面对风险转化，政府感知到的潜在政治风险强度越大，越容易介入交易纠纷。运用这一分析框架来解读温州民间借贷服务中心的案例，可以发现，政府之所以介入借贷纠纷，是因为在民间金融领域法律高度不完备和政府之于社会可退出性较低的制度环境中，服务中心的混合治理结构特征极易促发借贷风险向政治风险转化；当潜在政治风险强度较高时，政府就可能选择介入纠纷。

本文为市场转型中的地方政府角色研究提供了新的关注焦点和分析思路，主要体现在以下三个方面。第一，地方政府市场角色的不同面向。地方政府既可能主动介入市场主体的经济活动，扮演利益分享者的角色，也可能被动介入市场主体的交易纠纷，扮演风险分担者的角色。而且，两种角色存在微妙关联，即地方政府对于市场活动的事前主动介入常常是其事后被动介入交易纠纷的重要原因。第二，地方政府市场角色的双边界定。地方政府的市场角色并不仅仅是由政府行为单边界定的，常常是在市场主体与政府的互动过程中被双边界定的。地方政府是否介入交易纠纷或分担经济风险，与市场主体的风险转化行为密切相关，具有动态性和情境性特征。第三，地方政府市场角色界定的多重制度逻辑。地方政府市场角色的界定，受到多重制度逻辑（Friedland & Alford，1991；周雪光、艾云，2010）的影响。多重制度逻辑不仅包括自上而下的财政或行政激励，也包括自下而上的社会规范或文化约束。这些制度逻辑的不同搭配组合对于风险转化产生不同影响，形塑着地方政府市场角色的实际状态。值得指出的是，本研究不是对已有研究的替代，只是从风险转化视角补充了一种关于政府与市场关系的观察和分析思路。

与市场社会学已有的抽象和综合分析范式相比，本文建构的"结构因素—风险转化/政府介入—风险分担"的逻辑链条，为我们理解市场制度的社会建构提供了一种具体化和维度化的分析路径，主要体现在三个方面。第一，市场是一种内含风险分担规则的社会结构，风险分担规则的形成演变受到社会结构本身的形塑。具体而言，风险分担规则既包括以法律原则为基础的风险自担规则，也包括以社会规范或文化认知（斯科特，2010）为基础的风险共担规则，其实际状态取决于政府、企业和民众之间的关系属性与互动过程。第二，政府从来没有超然于市场之外，而是市场的重要组成部分，是一个始终在场的潜在风险分担者。不过，始终在场并不意味着政府始终会分担企业或者民众的经济风险。政府是否介入交易纠纷、分担经济风险受到多种因素的影响，其中，经济风险向政治风险转化是一个重要的影响因素。第三，市场运行嵌入更大范围的制度环境之中，制度环境包括法律完备性、政府可退出性等多个不同维度，不同维度的制度环境通过不同机制影响政府、企业与民众之间的风险互动过程（尤其是风险转化态势和政府回应选择），使得风险分担规则呈现不确定状态。

从政府介入交易纠纷的现象延伸开来，本文认为，地方政府的市场治理过程处于现有研究的交叉地带和灰色地带，是亟须打开的黑箱。围绕这一研究对象，我们可以从风险转化视角探讨政府—市场边界的变动机制和经济风险分担规则的形成演变等理论议题。从分析思路来看，本文认为，有必要将地方政府对于市场的治理活动放置在其所处的制度背景中进行考察；有必要以内在一致的分析框架区分政府对于市场的不同治理活动；有必要在制度环境和治理结构的匹配关系中，研究市场交易规则（如风险分担规则）的形成和演变机制。这样，我们可以将宏观的制度环境、中观的治理结构和微观的互动规则等理论要素结合起来，为急剧变迁社会中的秩序形成问题提供一种可能的分析思路。

参考文献：

宾默尔，2003，《博弈论与社会契约》（第 1 卷），王小卫、钱勇译，上海：上海财经大学出版社。

曹正汉，2011，《中国上下分治的治理体制及其稳定机制》，《社会学研究》第 1 期。

——，2014a，《统治风险与地方分权：关于中国国家治理的三种理论及其比较》，《社会》第 6 期

——，2014b，《国家与市场关系的政治逻辑：当代中国国家与市场关系的演变（1949–2008）》，北京：中国社会科学出版社。

曹正汉、罗必良，2013，《集权的政治风险与纵向分权——从历史视角看当代中国社会管理体制改革》，《南方经济》第 2 期。

曹正汉、史晋川，2008，《中国民间社会的理：对地方政府的非正式约束——一个法与理冲突的案例及其一般意义》，《社会学研究》第 3 期。

——，2009，《中国地方政府应对市场化改革的策略：抓住经济发展的主动权——理论假说与案例研究》，《社会学研究》第 4 期。

陈蓉，2008，《论我国民间金融管制的重构》，西南政法大学博士论文。

费孝通，2009，《中国士绅》，赵旭东、秦志杰译，北京：生活·读书·新知三联书店。

冯猛，2014，《基层政府与地方产业选择——基于四东县的调查》，《社会学研究》第 2 期。

弗雷格斯坦，尼尔，2008，《市场的结构》，甄志宏译，上海：上海人民出版社。

符平，2013a，《市场社会学的逻辑起点与研究路径》，《浙江社会科学》第 8 期。

——，2013b，《市场的社会逻辑》，上海：上海三联书店。

甘阳，1998，《民间社会概念批判》，张静编《国家与社会》，杭州：浙江人民出版社。

高柏，2008，《中国经济发展模式转型与经济社会学制度学派》，《社会学研究》第 4 期。

韩志明，2010，《行动的选择与制度的逻辑——对"闹大"现象的理论分析》，《中国行政管理》第 5 期。

赫希曼，阿尔伯特，2001，《退出、呼吁与忠诚——对企业、组织和国家衰退的回应》，卢昌崇译，北京：经济科学出版社。

何艳玲、汪广龙，2012a，《不可退出的谈判：对中国科层组织"有效治理"现象的一种解释》，《管理世界》第 12 期。

——，2012b，《"政府"在中国：一个比较与反思》，《开放时代》第 6 期。

洪银兴、曹勇，1996，《经济体制转轨时期的地方政府功能》，《经济研究》第 5 期。

焦长权，2010，《政权"悬浮"与市场"困局"：一种农民上访行为的解释框架——基于鄂中 G 镇农民农田水利上访行为的分析》，《开放时代》第 6 期。

刘成斌，2014，《活力释放与秩序规制——浙江义乌市场治理经验研究》，《社会学研究》第 6 期。

刘世定，1999，《嵌入性与关系合同》，《社会学研究》第 4 期。

——，2011，《经济社会学》，北京：北京大学出版社。

——，2014，《社会互动特征与社会治理结构》（未刊稿）。

刘新立，2006，《风险管理》，北京：北京大学出版社。

吕方，2013，《治理情景分析：风险约束下的地方政府行为——基于武陵市扶贫办"申诉"个案的研究》，《社会学研究》第 2 期。

钱颖一，2000，《市场与法治》，《经济社会体制比较》第 3 期。

丘海雄、徐建牛，2004，《市场转型过程中地方政府角色研究述评》，《社会学研究》第 4 期。

斯科特，理查德，2010，《制度与组织——思想观念与物质利益》，姚伟、王黎芳译，北京：中国人民大学出版社。

斯威德伯格，理查德，2009，《市场与社会》，斯梅尔瑟、斯威德伯格主编《经济社会学手册》（第二册），罗教讲、张永宏等译，北京：华夏出版社。

泰勒－顾柏，彼得·詹斯·O. 金，2010，《社会科学中的风险研究》，黄觉译，北京：中国劳动社会保障出版社。

田先红，2010，《从维权到谋利——农民上访行为逻辑变迁的一个解释框架》，《开放时代》第 6 期。

吴毅，2007，《"权力—利益的结构之网"与农民群体性利益的表达困境——对一起石场纠纷案例的分析》，《社会学研究》第 5 期。

向静林、张翔，2014，《创新型公共物品生产与组织形式选择——以温州民间借贷服务中心为例》，《社会学研究》第 5 期。

杨华，2014，《"政府兜底"：当前农村社会冲突管理中的现象与逻辑》，《公共管理学报》第 2 期。

杨善华、苏红，2002，《从"代理型政权经营者"到"谋利型政权经营者"——向市场经济转型背景下的乡镇政权》，《社会学研究》第 1 期。

张静，2000，《基层政权——乡村制度诸问题》，杭州：浙江人民出版社。

——，2003，《土地使用规则的不确定：一个解释框架》，《中国社会科学》第 1 期。

赵树凯，2012，《乡镇治理与政府制度化》，北京：商务印书馆。

周飞舟，2007，《生财有道：土地开发和转让中的政府和农民》，《社会学研究》第 1 期。

——中国社会科学院社会学研究所四十年学术集萃

——，2010，《大兴土木：土地财政与地方政府行为》，《经济社会体制比较》第 3 期。

周黎安，2007，《中国地方官员的晋升锦标赛模式研究》，《经济研究》第 7 期。

——，2008，《转型中的地方政府：官员激励与治理》，上海：上海人民出版社。

——，2014，《行政发包制》，《社会》第 6 期。

周雪光，2003，《组织社会学十讲》，北京：社会科学文献出版社。

——，2005，《"逆向软预算约束"：一个政府行为的组织分析》，《中国社会科学》第 2
期。

周雪光、艾云，2010，《多重逻辑下的制度变迁：一个分析框架》，《中国社会科学》
第 4 期。

Cai，Yongshun 2008，"Power Structure and Regime Resilience：Contentious Politics in China."
British Journal of Political Science 38.

Campbell，John L. 2004，*Institutional Change and Globalization*. Princeton：Princeton Uni-
versity Press.

DiMaggio，Paul J. & Walter W. Powell 1991，"Introduction." In Walter W. Powell & Paul
J. DiMaggio（eds.），*The New Institutionalism in Organizational Analysis*. Chicago：Uni-
versity of Chicago Press.

Dixit，Avinash 2004，*Lawlessness and Economics：Alternative Modes of Governance*. Princeton，
NJ：Princeton University Press.

Djankov，Simeon & Peter Murrell 2002，"Enterprise Restructuring in Transition：A Quantita-
tive Survey." *Journal of Economic Literature* 40.

Fligstein，Neil 1996，"Markets as Politics：A Political-Cultural Approach to Market Institu-
tions." *American Sociological Review* 61.

Fligstein，Neil & Luke Dauter 2007，"The Sociology of Markets." *Annual Review of Sociolo-
gy* 33.

Friedland，Roger & Robert A. Alford 1991，"Bring Society Back In：Symbols，Practices and
Institutional contradictions." In Walter W. Powell & Paul J. DiMaggio（eds.），*The New
Institutionalism in Organizational Analysis*. Chicago：University of Chicago Press.

Meyer，John W. & Brian Rowan 1977，"Institutionalized Organizations：Formal Structure as
Myth and Ceremony." *American Journal of Sociology* 83.

Murrell，Peter 1996，"How Far Has the Transition Progressed?" *The Journal of Economic
Perspectives* 10.

Nee，Victor 2005，"The New Institutionalism in Economics and Sociology." In Neil Smelser
& Richard Swedberg（eds.），*The Handbook of Economic Sociology*（2nd edition）. Prin-
ceton：Princeton University Press.

Oi, Jean 1992, "Fiscal Reform and the Economic Foundation of Local State Corporatism in China." *World Politics* 45.

——1995, "The Role of the Local State in China's Transitional Economy." *China Quarterly* 144.

——1998, "The Evolution of Local State Corporatism." In Andrew Walder (ed.), *Zouping in Transition: The Process of Reform in Rural North China*. Cambridge: Harvard University Press.

——1999, "Local State Corporatism." In Jean C. Oi (ed.), *Rural China Takes Off: Institutional Foundations of Economic Reform*. Berkeley: University of California Press.

Spence, Michael 1973, "Job Market Signaling." *The Quarterly Journal of Economics* 87.

Suchman, Mark C. 1995, "Managing Legitimacy: Strategic and Institutional Approaches." *The Academy of Management Review* 20.

Walder, Andrew 1995, "Local Governments as Industrial Firms." *American Journal of Sociology* 101.

Williamson, Oliver E. 1975, *Markets and Hierarchies: Analysis and Antitrust Implications*. New York: Free Press.

——1979, "Transaction-Cost Economics: The Governance of Contractual Relations." *Journal of Law and Economics* 22.

——1985, *The Economic Institutions of Capitalism*. New York: Free Press.

——1996, *The Mechanisms of Governance*. New York: Oxford University Press.

——1998, "Transaction Cost Economics: How It Works; Where It Is Headed." *De Economist* 146.

——2000, "The New Institutional Economics: Taking Stock, Looking Ahead." *Journal of Economic Literature* 38.

——2005, "The Economics of Governance." *The American Economic Review* 95.

——2010, "Transaction Cost Economics: The Natural Progression." *The American Economic Review* 100.

中国社会学的历史担当[*]

李培林

摘　要： 习近平总书记在哲学社会科学工作座谈会上的讲话强调了当代中国社会科学的历史使命，意义重大。本文从中国社会学的历史担当入手，阐述了中国社会学"问题导向"的中国风格，并从我国当前社会发展面临的重大问题中选择了五个突出议题进行了细致分析，包括中等收入陷阱、社会结构转型、创新驱动、社会公正和创新社会治理。作者强调社会学应关注和研究这类重大问题，并形成解决中国问题的中国理论。

关键词： 中国社会学　问题导向　发展问题

习近平总书记在 2016 年 5 月 17 日的哲学社会科学工作座谈会上指出："当代中国正经历着我国历史上最为广泛而深刻的社会变革，也正在进行着人类历史上最为宏大而独特的实践创新。这种前无古人的伟大实践，必将给理论创造、学术繁荣提供强大动力和广阔空间。这是一个需要理论而且一定能够产生理论的时代，这是一个需要思想而且一定能够产生思想的时代。"他还强调，"要按照立足中国、借鉴国外，挖掘历史、把握当代，关怀人类、面向未来的思路，着力构建中国特色哲学社会科学，在指导思想、学科体系、学术体系、话语体系等方面充分体现中国特色、中国风格、中国气派"（习近平，2016a）。这些论述对于繁荣和发展我国哲学社会科学意义重大。

社会学是我国哲学社会科学的重要组成部分。改革开放以来，我国社会学以中国特色社会主义理论为指导，立足国情，以重大现实问题为主要研究方向，走出了一条具有中国社会学风格的学术道路。"问题导向"就

　＊　原文发表于《社会学研究》2016 年第 5 期。

是当代中国社会学风格的最鲜明的体现。当今世界上，像中国这样把社会学研究的问题与本国社会亟须解决的重大现实问题联系得如此紧密，社会学研究受到民众和政府如此高度关注的国家还是为数不多的。"问题导向"的风格，使中国社会学具有了几个鲜明的特点：一是绝大多数的研究都聚焦于当前社会发展中的重大现实问题；二是开展了众多大规模、深入细致、持续跟踪的社会调查；三是以经验材料为支撑的研究方法成为社会学的主流研究方法。自改革开放以来，中国社会学在对小城镇发展、家庭结构变迁、乡镇企业崛起、区域发展模式、经济社会和城乡协调发展、当代阶级阶层结构、社会结构转型、全面小康社会、社会主义和谐社会、创新社会治理等一系列重大现实问题的研究上都取得了突出成就，产生了广泛的社会影响，为改革开放和经济社会发展做出了重要贡献，塑造了当代中国社会学注重重大现实问题研究的"中国风格"。

在当前经济社会发展的新阶段，我国经济社会发展出现了许多新情况、新问题、新趋势，中国社会学应当继续发扬自己的"中国风格"，有自己的历史担当，深入地调查和研究关系我国中长期发展的重大现实问题，对热点、难点、焦点问题也要从学理上给予解读和回应。在这里，我提出几个需要深入研究的重大问题与大家一起探讨。

一　全面建成小康社会和"中等收入陷阱"问题

"小康社会"是改革开放初期邓小平提出的一个关于中国式宽裕社会的概念，是走向现代化的一个阶段性目标。自 1978 年邓小平同志提出"小康"目标（邓小平，2001：64）以来，近 40 年已经过去。就数量指标而言，目前我国的经济发展水平已经远远超过了当初邓小平同志提出的人均 GDP 800 美元。2015 年，中国人均 GDP 实际已达到约 8000 美元，是800 美元的 10 倍。按照从现在到 2020 年我国 GDP 每年增长 6.5% 计算，在 2022 ~ 2024 年中国将迈入世界银行定义的高收入国家门槛（目前的标准是人均 GDP 约 1.27 万美元）。按世界银行最新公布的数据划分，2015年国家收入分组标准为：人均国民总收入低于 1045 美元的为低收入国家；人均国民总收入 1045 ~ 4125 美元的为中等偏下收入国家；人均国民总收入 4126 ~ 12735 美元的为中等偏上收入国家；人均国民总收入高于 12736 美元的为高收入国家（World Bank，2016）。在 2015 年世界银行统计的 215 个经济体中，高收入经济体有 80 个，中等偏上收入经济体有 53 个，中等偏下收入经济体有 51 个，低收入经济体有 31 个。像中等收入国家一样，高收入国家之间也有很大差异。如果上不封顶的话，最高的卢森堡人均 GDP 达 11 万多美元。如果排除最富的七八个特殊国家，发达国家包含了人均国民总收入 2 万多美元到 5 万多美元的几十个国家。

沃勒斯坦曾提出"世界体系"的概念，并把世界各国分为核心国家、半边缘国家和边缘国家。他认为，一个国家要从边缘进入半边缘，或从半边缘进入核心，都是非常困难的（沃勒斯坦，2013）。纵观第二次世界大战后的世界史，真正从边缘和半边缘进入核心（发达国家和地区）的经济体，也就只有东亚四小龙、拉美个别国家、东欧少数新兴经济国家和少数石油输出国，总共加起来覆盖 1 亿多人口。相当一批国家陷入"中等收入陷阱"，人均 GDP 在 8000 美元～10000 美元这个水平停滞了很长一个时期。

那么，该怎样认识中国实现全面建成小康社会的目标呢？首先，中国是一个拥有 14 亿人口的大国。全世界发达国家的总人口也就只有十几亿，如果中国实现现代化，那将是世界史上的壮举，会在很多方面改变整个世界的经济政治社会格局，是人类历史上从未发生过的巨变。其次，中国的现代化仍将是一个非常漫长的过程，即便是全面建成小康社会或迈入高收入经济体门槛，中国仍是一个发展中国家，还谈不上是发达国家，在很多方面、很多领域达不到发达国家的标准。最后，中国具有跨越"中等收入陷阱"的许多有利条件，比如中国的经济社会结构还具有很大的变动弹性，特别是制造业的创新能力在持续增强，区域发展的梯度格局形成雁形方队。2015 年，中国已经有十个省市跨越了人均 GDP 1 万美元的门槛。另外，中国人力资本增长的潜力仍然巨大，还有推动未来发展的广阔空间。但是，我们也不能轻言中国没有陷入"中等收入陷阱"的风险，毕竟一个世纪以来从边缘进入核心的大国十分罕见。

中国即将迈入高收入国家门槛的这个统计上的事实，与我国民众的现实感受可能有较大抵牾。这种抵牾也反映了我国在很多方面与现代化国家还有较大距离，中国的现代化还有很艰难的路要走。中国社会学要理性、冷静、全面、准确地研究和判断我国当前发展的历史方位，要有一个分析我国现实发展中各种社会现象的总逻辑。

二 经济新常态和"社会结构转型"问题

中国改革开放快 40 年了，而目前国际、国内的经济形势发生了非常深刻的变化。世界经济自国际金融危机之后，似乎进入了一个漫长的低增长周期。用国际货币基金组织的概念来说，这是"新平庸"（new mediocre）时期的到来，而这个时期究竟会持续多少年，短期内并无定论。就国内经济来说，原以为在长达 30 年的 GDP 年均约 10% 的增长时期结束之后，我国还会经历一个持续约 20 年的 GDP 7%～8% 的增长时期，但没有想到 7% 以下的 GDP 增长时代到来得这么快。

实际上，这样一种经济增长速度的变化，除了受国际形势的影响，背后更深刻的原因还是我国产业结构的变化。这种变化从十几年前就开始了，但变化的压力从来没有像今天我们感受到的这么强烈。产业结构升级的大势，让人感到顺之者昌、逆之者亡。与此相适应，我国的社会结构转型也进入一个新阶段。

中国社会学界大概是从 20 世纪 80 年代末到 90 年代初才开始讨论社会结构转型问题，尽管这个问题是社会学研究世界现代化进程的一个经典问题。当时，学者们就讨论过中国的经济体制改革和社会结构转型的关系，并且认识到相较于经济体制改革，社会结构转型是一个更加漫长、坎坷和艰难的过程。所谓社会结构转型，实际上就是工业化、城市化和现代化的过程，它暗含的假设是这些巨大的结构性变动具有一种连带的相关性。根据这种相关性，漫长的现代化过程可以分成几个大的阶段，比如工业化初期，对应人口大规模地向城市集中；工业化中期，对应城市的郊区化扩展；工业化后期，对应所谓"逆城市化"；等等。目前，虽然经济增长的下行压力加大，但社会结构转型的大船并没有因此而减速或停滞，仍在破浪前行。只不过，这种转型不再是以脚手架铺天盖地、厂房密布、高楼林起等为符号特征，它更像一场静悄悄的革命。换言之，大量的来自社会经验层面的资料和数据显示，我国的社会结构并没有像一些学者认为的那样已经固化，相反，我认为它仍具有非常大的变动弹性。国际上一些国家的发展经验也表明，即便是在经济增长较慢的时期，社会结构仍然会发生深刻变化。

我国现阶段的社会结构转型主要体现在这样几个方面：一是城乡之间的社会流动仍在快速进行，以各种形式表现出的非农化、城镇化走势依然强劲，无论是在经济产出、就业、居住等方面，还是在生活方式、价值观念、行为取向等层面，都是如此。二是职业之间的社会流动也在快速进行，现代服务业呈现最为强劲的增长，第三产业的从业人员不仅超过了工业，也超过了工业和农业之和。这是一个具有标志性的转折，一个新的、庞大的所谓"白领"阶层正在形成。三是以创新为驱动力的阶层之间的社会流动正在兴起。如果说我国改革开放以来第一波社会大流动是资本驱动的，第二波社会大流动是城镇化驱动的，那么现在的第三波社会大流动就是创新驱动的，这三种社会流动是当前中国仍然充满活力的重要基础。社会流动的走势是提高社会产出、提高社会效率、增强社会成员的能力。如果非要用什么指标来阐释的话，这个大变化可能一直要持续到我国城镇化水平达到75%、第三产业人员比重达到65%、高等教育毛入学率达到60%以上才会逐步稳定下来。

当然，要准确把握社会结构转型这样一个相当漫长的过程，需要不断研究新的阶段性特征，要把这样一个宏大的课题进行层层递进的具体化。我们所面对的现实问题和未来挑战，与改革开放的前30年相比，已经发生了极其深刻的变化。在城乡一体化进程、劳动力供给关系、职业结构变动、收入分配格局、老龄化社会等方面，都出现了一些具有标志性的"转折点"。换句话说，改革开放前30年的发展，与我们正在进行的后30年的发展，似乎是两个具有不同特征的大阶段。我曾经用"经济起飞阶段"和"新成长阶段"来概括（李培林，2012），但还不能说非常准确，需要更加深入地研究。社会学需要研究这种大的阶段性变化，以便我们在变化万千甚至光怪陆离的社会现象中寻觅出一些规律性、规则性的东西。有的学者认为，当代社会学研究的分化和细化会使"宏大叙事"失去意义，我认为这种观点有些偏颇。但研究"碎片化"也是要避免的一种格局，研究的突破要从聚焦和细化两个方面用力。

三　新发展理念与创新驱动问题

党的十八大以来，面对国际形势和国内发展阶段性特征的重大变化，以习近平同志为核心的党中央提出了一系列治国理政的新思想、新理念、新战略。特别是在总结国内外发展经验的基础上，提出了创新、协调、绿色、开放、共享的新发展理念，实现了我国发展理念的与时俱进。践行新发展理念，是关系我国发展全局的一场深刻变革，是指引我们实现全面建成小康社会宏伟目标和今后相当长一个时期发展实践的行动指南。

在创新、协调、绿色、开放、共享这五大发展理念中，相比较而言，社会学对协调、绿色、开放、共享的研究已经有不少，但对创新的研究还比较薄弱。创新这个概念，实际上与社会学一直在研究的"社会动力"有密切联系。

人们逐渐意识到，观察一个国家、一个民族、一个社会的发展现状和发展前景，除了用一组指标来评价其发展水平，更重要的是看其是否具有持续推动发展的"社会动力"（social dynamics）。这种"社会动力"决定了发展潜力和发展前景，说到底就是一个国家、一个民族、一个社会的创新能力。正是从这个意义上，我们现在说"创新是引领发展的第一动力"（《中华人民共和国国民经济和社会发展第十三个五年规划纲要》，2016）。"社会动力"是社会学的核心概念。但社会学中所说的"社会动力"，还不能说是一个规范的科学概念，而且无论是经济学还是社会学，对创新的研究都还十分匮乏。

经济学试图用全要素生产率、技术创新对经济增长的贡献率这些指标来测定创新能力；科技界则习惯用 R & D 投入强度、发明专利授权数、高新技术产业比重等指标衡量创新能力；社会学则用创新精神、社会流动频率、结构变化弹性等来描述社会动力和创新能力。

我们所说的创新，并不仅仅指科技创新和产业结构升级，也包括理论创新、制度创新、文化创新等各方面的创新，这是非常正确的。因为要使创新成为社会成员普遍追求的行为，必须有鼓励创新的制度保障和文化氛围。如果一个社会的制度总让创新者吃亏，让标新立异者受千夫所指，那么创新的萌芽就很容易被扼杀在摇篮中。

就社会群体来说，企业家精神、科学家精神和知识分子精神也许是最能集中体现创新意识的。企业家每天要面对激烈的市场竞争，面对无数的风险和不确定性，特别是在产业结构升级和市场供求关系发生巨大变化的时代，不创新就是死路一条。但创新也不仅仅是社会精英的事情，"企业家精神"所对应的是"工匠精神"。工匠把一项小技术做到极致,这也是一种创新精神。瑞士的工匠可以把钟表做得出神入化,德国的工匠可把吃饭的刀叉做得世界闻名,日本的工匠可以为拧一个螺丝钉列出六道工序。没有这种"工匠精神"的依托,"天使投资"和"企业家精神"也会成为泡沫。所以说,"大众创业、万众创新"是蕴含在理论、制度、组织、文化中的一整套创新体系。

"社会动力"是比"创新"更加宽泛的概念。我觉得社会学应当从"社会动力"这个问题入手,展开对创新驱动的一系列研究,特别是在政府、市场、社会这样一个三维框架下,形成对"社会动力"和"创新驱动"的分析和解释体系,这也是一门"新社会动力学"吧。

四 社会公正和农民普遍富裕的问题

尽管按照基尼系数的变化,我国居民人均年收入的差距从 2008 年达到顶点后开始回落,但从国际比较看,目前我国的收入差距在世界上还是比较高的,这并不符合我国作为社会主义国家的本质,也不符合我国改革的初衷和目标,更不符合广大民众的普遍期待。

从影响我国收入差距的因素看,城乡居民收入差距的缩小,对基尼系数在上升后出现拐点并缓慢回落起到了决定性的作用,但社会成员个人之间收入差距的扩大趋势仍然没有发生根本性扭转。在这方面,社会学应当特别注重对社会公正的研究,社会公正问题已经成为我国社会发展的核心问题之一。"社会公正"或"社会正义"(social justice)与"社会平等"或"社会公平"(social equality)有着密切的联系,但并不是完全一样的。社会平等是基于事实,对社会差异的客观评价,而社会公正则是基于价值观的价值判断。对同一事实,可能会有完全不同的价值判断。比如,把重点大学的招生名额向欠发达地区倾斜是一种社会公正,因为不同地区的孩子享受的教育资源有较大差异,但重点大学所在城市的居民则认为这是对他们子女的一种不公,因为分数面前应当人人平等。再比如,企业家认为凭本事发财致富理所当然,一般民众则会对少数人迅速暴富的合理、合法性抱有疑虑,甚至产生"仇富"心理。

我国仍处于并将长期处于社会主义初级阶段,因个人禀赋、能力、贡献等产生的收入差距将是常态。实践证明，民粹主义和平均主义的"大锅饭"观念是极为有害的，但又必须解决好社会公正问题，特别是杜绝各种不合理、不合法因素对收入差距的影响。在这方面，培育具有社会共识的"社会公正"价值观至关重要，而现实中这方面的价值观则有些四分五裂。当然，产生共识的基础是要有一个庞大的中等收入群体，有一个橄榄型的收入分配格局。

在我国，解决社会公正问题很重要的一个方面就是解决好农民问题。社会学要特别注重研究如何使我国农民普遍富裕起来，如何更有效地减少和消除贫困。老一辈社会学家，从费孝通到陆学艺，都把"志在富民"作为研究宗旨，而"富民"则首先是让农民普遍富裕起来（费孝通，1999/1983；陆学艺，2002）。目前我国城乡居民的生活水平差距仍然较大，而在城乡居民收入差距的背后是更大的福利差距，既有子女教育、就业、医疗、养老、购买住房等方面的福利差距，也有各种不易觉察的福利差异，如道路设施、水电供给、垃圾清理等。从乡村体制进入城市体制，仍然如跳龙门一般艰难。比如最近媒体关注的"垃圾围村"问题，城市有统一的垃圾处理制度，但农村的生活垃圾处理问题却多数要村落居民自己想办法解决，一些农村区域甚至成为城市垃圾的倾倒场。现在还有很多农民靠着人均一亩多的土地生活，谷贱伤农的事件周而复始，小农的农业经营比较收益持续下降，大农业的规模经营极难普遍化。怎样才能让农民普遍富裕起来呢？对中国来说，这是个世纪性难题。这个问题不解决，即便消除了农村极端贫困，农民的普遍相对贫困状况也仍然难以消除。

五 社区、社会组织和创新社会治理问题

社会治理是国家治理的重要组成部分。国家治理体系和治理能力的现代化需要创新社会治理体制。改革开放近40年来，我国社会各方面都发生了巨变，其中一个巨变就是社会治理方式的变化，即从单一的政府治理方式向政府主导下的社会多元治理方式转变。在传统治理体制下，"社会"这个词有时是带有贬义的，如提到"社会人员"、"社会车辆"时，多半意为成分复杂的闲杂人员或车辆。现在这种不易管理的"社会领域"越来越大、越来越多，"私人空间"与"公共空间"的界限也变得模糊，如网络

聊天社区、微信朋友圈等，单靠政府既管不了，也管不好。在社会治理中如何处理好政府与社会的关系、市场与社会的关系，成为创新社会治理的一个核心议题。

在加强和创新社会治理中，要形成政府、社会、市场的治理合力，动员各种社会力量参与社会治理。我国的"社会力量"要根据我国国情比较宽泛地去理解，不能一说"社会力量"就要完全依靠民间自发。要特别注重发挥工青妇等人民团体、行业协会、城乡社区居民自治组织和各种社会组织的作用；要善于团结最广大的人民群众，做好新社会阶层、新社会群体的工作；要使约8亿网民、近2亿信教民众都成为我们党执政的群众基础，共同建设中国特色社会主义美好家园。

保一方平安历来是社会治理的最基本要求，也是第一位的要求。正如习近平总书记所说，"平安是老百姓解决温饱后的第一需求，是极重要的民生，也是第一位的发展环境"（习近平，2016b：223）。处理好改革、发展、稳定的关系，是我国改革的一条极为重要的经验。要善于用法治的方式解决好上访和群体性事件，处理好维权与维稳的关系；要加大食品药品监管力度，保障人民群众"舌尖上的安全"和医疗的安全；要保护好生活的环境，让群众喝上清洁的水，呼吸到清新的空气；要依法治网，营造天朗气清、生态良好的网络空间。

以上谈的五个问题只是根据个人的思考所做的概括，并非系统的阐述，类似的问题还有不少。总之，我认为社会学界落实习近平总书记在哲学社会科学工作座谈会上的讲话，要坚持问题导向，坚持从那些我国发展过程中亟须解决的重大现实问题入手，在我国改革和发展的每一个重要阶段都贡献社会学界的智慧，推动社会学的成长，这就是"中国社会学的历史担当"吧。

参考文献：

邓小平，2001，《邓小平文选》第三卷，北京：人民出版社。

费孝通，1999/1983，《小城镇大问题》，《费孝通文集》第九卷，北京：群言出版社。

李培林，2012，《城市化与我国新成长阶段——我国城市化发展战略研究》，《江苏社会科学》第5期。

陆学艺，2002，《"三农论"：当代中国农业、农村、农民研究》，北京：社会科学文献出版社。

沃勒斯坦，伊曼纽尔，2013，《现代世界体系》第一卷，郭方、刘新成、张文刚译，北京：社会科学文献出版社。

习近平，2016a，《在哲学社会科学工作座谈会上的讲话》，《人民日报》5 月 19 日。

——，2016b，《习近平总书记系列重要讲话读本》，北京：学习出版社 人民出版社。

《中华人民共和国国民经济和社会发展第十三个五年规划纲要》，2016，新华网（ht-tp://news. xinhuanet. com/politics/2016lh/2016 – 03/17/c_1118366322. htm）。

World Bank 2016，"World Bank Country and Lending Groups."（https://datahelpdesk. worldbank. org/knowledgebase/articles /906519）.

中国精英地位代际再生产的
双轨路径（1978~2010）[*]

吕　鹏　范晓光

摘　要：本文试图分析改革开放以来，父辈的优势地位影响子代获得特定精英身份的程度和方式，以及这一模式是否在 1978~1992 年、1993~2002 年、2003~2010 年这三个历史时期发生了变化。通过对 2011 年"中国社会状况综合调查"（CSS 2011）资料的分析，本研究发现虽然父辈的优势地位对子代的精英地位获得有着显著正效应，但体制精英和市场精英的代际流动仍然遵循着两条相互隔离的轨迹，只是在 2003 年之后体制精英的子女成为市场精英的概率比 1993~2002 年有所上升。对可能造成这种代际再生产模式的原因分析表明，虽然精英地位获得的影响因素多元化给社会流动提供了一定的开放性，但未来代际再生产的趋势很可能会强化并且由体制精英占据主导。这种代际流动的格局及趋势在更宏观的层面上反映了中国市场转型以来政治经济生态的变迁。

关键词：地位获得　代际流动　市场精英　体制精英

一　引言

在一个"典型"的资本主义社会中，经济精英和政治精英之间的地位

---

*　原文发表于《社会学研究》2016 年第 5 期。

似乎是"互通"的。这不仅表现在代内流动上两者之间有着所谓的"旋转门"机制（Cohen，1986），而且在代际流动上，许多批判性的研究者认为，经济精英的子女可以利用父辈的优势获得政治精英的地位，反过来，政治精英的子女也有很多成为商场上的赢家（Zeitlin，1974；Schwartz，1987；Corcoran，1995；Dye，1995；Schubert et al.，2013）。这一模式能够运转的关键在于资本占据主导地位。经济精英的子代在竞选政治职位的过程中可以获得来自家族以及家族编织的政治经济网络的支持；而政治精英的子女可以通过昂贵的精英教育为进入顶级公司买到"入场券"，或者他们的父母或家族本身其实也是经济精英——政治精英或经济精英其实都是一个权力精英集团（Mills，1956；Domhoff，2006）、"内部圈子"（Useem，1984）、上层阶级（Scott，1991）的成员，是同一拨人，或者说得更文雅点，"国家贵族"（Bourdieu，1998）。尽管上层阶级一直饱受道义上的批判，但客观上，一方面"赢者通吃"保证了上层阶级的再生产，另一方面政治精英和经济精英等构成的"确定的精英"（established elite）相互之间的代际流动——加上来自外部多多少少的"流动性"——也给掌管这个国家政治和经济命脉的集团内部带来了一定的"开放性"（Giddens，1973）。

那么，在强国家的社会中，权力精英内部是否存在代际流动上的"跨界再生产效应"？也就是说，政治精英和经济精英在代际流动上是相互排他，还是说他们其实是一类人？这个问题的答案首先取决于国家的强度。在转型之前的一些社会主义国家，政治精英（官员）基本上只能从阶级出身正确的"红苗子"里选拔（Whyte，1975），而"旧社会"里经济精英的后代，因为"市场"已经被"消灭"了，大多数失去了成为市场经济精英的机会（Davis，1992；Goodman，2000）。[1] 从某种意义上来说，对"红色"家庭背景的强调，有助于加强政体的合法性。

但是我们要讨论的，不是那些基本定型的社会，而是市场转型社会。在强国家与市场并存的大环境下，精英的再生产模式是否会形成某种独特

---

[1] 在"实际存在的社会主义"的不同阶段，"市场"多多少少以不同的方式在残喘，很少量的一些"旧商业精英"的后代因此也以"自雇者"或"地下经济"的方式从事着某种程度的市场商业活动（Osborn & Slomczynski，1997；Szelényi，2002）。例如在20世纪50年代的中国，对一些"民族资产阶级"来说，其子女虽然失去了对父辈财富的控制，但依然可以获得政治上的某种安排。但这种"统战"职务并不能等同于真正的政治精英，且本身也是党对其"红色资本家"背景的认可。

轨迹？中国为我们回答这一问题提供了一个天然的"社会实验室"（Bura-woy，2001；Eyal et al.，2003）。我们的研究有两个关键性的目标。一是"历史的眼光"，即考察政治精英和市场精英优势地位的获得模式及其机制是否在过去30年的三个主要历史阶段中存在差异。二是聚焦国家与市场的关系：虽然有大量的定量研究从各个社会阶层的总体流动率上来判断改革开放以来中国代际流动的延续性（inheritability）的程度（Lin & Bian，1991；Zhou et al.，1996；李路路，2002；刘欣，2003；余红、刘欣，2004；张翼，2004；刘精明，2005；Wu & Treiman，2007；高勇，2009；李煜，2009），但我们将只讨论与我们的研究直接相关的两类阶层（国家精英和商业精英）之间代际流动的概率和轨迹。

第一项目标让我们必须关注地位获得模式的时期效应。许多研究者都曾指出，不管是代内流动还是代际流动，在不同的历史时期，过去曾经占主导的模式都可能发生变化（Róna-Tas，1994；Nee & Cao，2002；Walder，2002；余红、刘欣，2004；Wu，2006；吴愈晓，2010；刘欣、李蓌，2013）。不同时期分层模式的变化，可能是同一种家庭背景在不同时期被赋予的政治地位变化的表现（Zhou & Hou，1999；Walder & Hu，2009），也可能是占据主导的经济规则变化的反映（Szelényi et al.，1995），还可能是不同时期国家针对不同部门的产业政策差异（Walder et al.，2013）或人事制度变革（孙明，2011）的反映。

第二项目标让我们可以将有关国家精英的地位获得和商业精英的地位获得这两批文献放在一起考察。所谓"市场转型理论之争"兴起以来，这两方面的文献都曾经占据了中国社会分层研究的前沿（Guthrie，2000；Bian，2002；边燕杰等，2008）。但正如有研究者（吴愈晓，2010）指出的那样，大多数研究关心的是代内流动或职业发展（career advancement），尤其是再分配体制下的政治精英向市场体制下的经济精英的流动（Nee，1989；宋时歌，1998；Walder，2002；Peng，2004；刘欣，2005；Wu，2006；刘欣、李蓌，2013）；甚至有学者认为，包括中东欧在内的整个转型研究的文献中都存在重代内轻代际的问题（Gerber & Hout，2004：682 – 683）。尽管如此，我们在后面将讨论这些文献对于我们揭示代际流动机制的启示。

在讨论市场转型以来中国政治精英代际流动的文献中，大多数的研究者在"再生产还是循环"这个描述性的命题上并没有太大的分歧：1978 年之后，优势家庭背景的正向作用——不管是 1949 年之前的"旧精英"身份，还是作为党政干部的"新精英"身份——又回来了，而党政精英的后代在成为党政精英上比其他群体的后代的优势更为明显（Zhou & Hou，1999；Walder et al.，2000；Zhao & Zhou，2004；Lin & Wu，2009；Walder & Hu，2009；孙明，2011）。即使一些持部分相反意见的研究认为专业技术精英在职业发展上的开放性依然较高（张乐、张翼，2012），也并不否认政治精英和技术精英都可以将自己的优势传递给下一代。

相反，市场精英的代际流动研究在经验层面并没有形成一个支配性的答案。一个很重要的原因是受数据局限，相关研究匮乏。[1] 但还有一个非常特殊的原因在于，政治精英的存在是延续的；相反，与其他社会主义计划经济体一样，中国的市场经济精英是在市场转型之后重新出现的（Eyal et al.，1998）。因此，许多研究者认为他们面对的是"第一代"私营企业主，在代际传承上很少存在"企业家父亲再生产企业家子代"的故事。[2] 一些研究者于是将问题转化为讨论干部的子女成为私营企业家的概率，另一些研究者则试图讨论"被中断"之前的家庭背景对人们"隔代"再生产的影响。不少学者都发现了来自家庭的"隔代"影响，就像塞勒尼在 20 世纪 80 年代针对匈牙利农民企业家的研究里提出的"被中断的资产阶级化理论"那样（Szelényi，1988）。例如，古德曼（2014）和陈明璐（Chen，2011）各

---

[1] 虽然政治精英和经济精英的代际流动都可以通过综合性调查数据进行，但这类调查中市场经济精英的样本数一直比前两者低得多。就专门的全国性数据来说，在企业研究方面，许多全国性抽样调查不包含企业主个人信息而只有公司层面的数据；中央统战部、全国工商联、国家工商总局等单位每两年实施一次的全国民营企业抽样调查是目前为数不多的包含企业主社会和政治信息的全国性数据，但该调查 2000～2014 年的七轮调查均只设计了代内流动而没有代际流动的题目（2002 年的调查只简单询问了亲属的文化程度）。

[2] 这种情况在早期的经济精英的研究中是客观存在的，但今天所谓年轻一代企业家已经崛起。可惜的是，迄今我们尚未发现以年轻一代的代际流动为主旨、以全国性数据为基础的实证研究。此外需要注意的是，正如有学者（吕鹏，2013b）指出的那样，有不少被认为是第一代创业的企业家的父亲其实也是成功的商人，其中不少人实际上是与其父共同创业的，还有一些则是在开始创办自己的企业之前，其父亲就通过非正规市场或地下经济为家庭积累了一定的财富，还有人则从家族企业创办伊始就担任企业的高级管理人员并最终在父辈隐退之后成为企业的"掌门人"。从这个角度来说，这些人在某种意义上可以算是"第一代企业家中的第二代"。他们与那些靠遗产继承成为富豪的"第二代"的区别是，他们的财富在很大程度上仍然是靠自己获得的，属于"创业"的一代。

自通过地方性个案研究发现，私营企业主中的很多人，祖父辈和父辈其实来自所谓的"（小）资产阶级家庭"，家庭的经商传统通过各种方式对他们的行为产生了重要的影响，但这个发现尚未得到统计检验。吴愈晓（2010）发现，在中国农村，不管是"旧式精英"（新中国成立前的政治或经济精英）还是"新式精英"（社会主义计划经济时期的政治或经济精英），他们的子女在改革后进入"非农职业"的概率都比较高。这项研究实际上承认了祖父辈和父辈优势家庭背景的显著影响，但样本仅限于1996年之前的中国农村。亦有研究认为对第一代最富有的私营企业主来说，优势家庭背景的影响不能被夸大，有超过一半的"富豪榜"上榜企业主来自农民或工人家庭，还有近三成来自专业技术人员家庭（吕鹏，2013b）。但该项研究仅限于非常有限的最富裕的群体。

同时将国家精英和市场精英的父代与子代之间的流动模式置于一个模型下考察的已发表研究并不多见。在那些数量相对有限的文献中，有两篇文献与我们的研究尤其相关。在一篇工作论文中，贾瑞雪和兰小欢探讨了与本文类似的话题（Jia & Lan，2014）。他们认为，只有在财政支出占全省GDP比重更大的省份（大政府），父辈是官员的被访者才更有可能成为企业家，而总体上"父官子商"的现象并不存在。他们的研究隐约揭示了不同的制度环境（通过"政府开销投资占GDP比例"来间接测量的政府"规模"的大小）对代际流动模式的影响，但政府规模本身虽然可能会对流动产生影响，并不是一个有效的、直接的解释性机制。此外，他们也没有检验"父商子官"的假说，更没有考察不同历史时段下的不同效应。

第二篇文献是郑辉和李路路利用三个城市的抽样数据所做的一项研究。严格来说，这项研究只是讨论了"体制精英"（用作者自己的术语就是行政干部精英、技术干部精英、专业技术精英）之间的代际流动，经济精英（包含国有企业管理者和私营企业主）被作者划归到了"干部精英"当中来分析（郑辉、李路路，2009：75）。即便如此，这篇文章也提出了一个与本文相呼应的问题：中国不同种类的精英之间到底是相互分割的，还是其实是一种人？我们非常同意他们的一个观点，那就是仅仅通过考察代内流动无法回答这个问题，而只有代际流动的分析才能完成这一任务。他们认为，整个精英阶层——严格来说是体制精英阶层——实现了再生产，但这个再生产是通过两个机制完成的；一是"精英排他"，也就是精英群体排斥非精英群体进入，精英的子女比非精英的子女更有可能成为精英；二是"精英的代际转换"，就是说，行政干部精英、技术干部精英、专业技术精英在代际间实现了人员的自由交换。这些不同类型的精英群体之间互相渗透，并形成了一个团结的、合作的、没有分割的精英阶层。

我们在本文中的主要研究发现与上述两篇文章有部分一致的地方，但有较大的发展。首先，他们都只考察了父辈的家庭背景对子代现职的影响，而我们同时考察了子代的初职部门和现职部门。初职的纳入将更有利于我们从职业流动的路径依赖的角度考察代际优势传承的程度。通过多元逻辑斯蒂回归分析，我们发现，不管是体制精英还是市场精英，他们的后代在初职上获得精英地位的可能性都比非精英家庭要高，这也与早先的一项以武汉市居民为调查对象的研究的结论相近（余红、刘欣，2004）。其次，我们采用同样的分析方法，还着重考察了家庭背景对子代现职的影响。我们将子代的现职划分为体制精英和市场精英两大类。我们将在本文的"研究设计"部分详细交代变量的操作化指标。即便如此，也可以看到，我们的研究对象已经对前述两篇文章做了拓展，真正将国家和市场两类精英同时纳入进来。我们先是考察了父代的职业对子代成为党政精英、技术精英和市场精英的影响，进一步考察来自父代影响的差异。此外，在所有的分析中，我们都既考察了1978年改革开放以来至2010年（我们数据的最晚年份）的全模型，也划分出了三个不同的历史时期（1978～1992年、1993～2002年、2003～2010年）来剖析政治经济大环境的变化给代际流动模式可能带来的差异。

我们将自己的主要经验发现概念化为"精英再生产的双轨路径"。我们发现，一方面，体制精英的子女更有可能成为体制精英，市场精英的子女更有可能成为市场精英；但另一方面，父辈是体制精英的个体并不是更有可能成为市场精英，父辈是工商业者的个体也并不是更有可能成为体制精英。精英之间的再生产，倒更像沿着两条轨迹进行，只是在2003年之后出现了父亲是体制精英的子女在成为市场精英上优势下降的局部现象。也就是说，虽然父辈的优势地位可以对子代成为精英产生积极影响，但是，在总体上来说，各种类型的精英在我们所考察的代际之间并没有实现人员上的自由交换。中国的市场经济精英已经不再是社会主义计划经济时期下的"专政对象",但他们的子女也没有像一些人所描绘的"典型资本主义社会"的经济精英一样,能够较容易地成为政治精英的一员,从而构成一个统一的或确立的上层阶级(Giddens,1973)。[①]

"精英再生产的双轨路径"为我们理解当前中国精英阶层的代际流动提供了一个经验上的洞见。但我们并不仅仅满足于此。我们要继续追问的是,造成这种双轨再生产路径的机制有哪些。尽管与本文的内容并不完全一致,那些单独或主要以国家精英或商业精英的代内和代际流动为讨论对象的研究也为我们理解机制提供了重要的线索。有意思的是,尽管政治精英的文献"再生产派"占据主导,经济精英的文献并没有达成一致的结论,但学者们用来解释各自发现的"机制"却大体一致:政治身份和教育程度是学者们最常考虑的因素。刘欣和李婓(2013)就指出,党员身份对于在公有部门成为行政精英的重要性较以往有明显下降,而其对公有部门专业精英的效应有所上升;市场部门的管理精英地位与其市场能力密切相关。

中国政治精英地位获得模式研究的许多争论是围绕"红与专"展开的。虽然官方政策并未完全放弃对家庭背景的审核,[②]但大多数的研究者都将党员身份和高等教育视为最为重要的中间机制。党员身份测量的是政治忠诚(红),大学文凭测量的是文化程度(专)(Li & Walder,2001)。"红"与"专"之间的区分也成为"精英二元论"(政治官僚与技术官僚)的出发点(Zang,2001)。尽管各有分歧,但绝大多数研究者同意,随着人事制度改革的推进和时代的发展,教育程度相对于党员身份的重要性日益提高(Tsai & Dean,2013;Zang,2013)。

探讨市场精英的代内流动的研究也会考察政治身份对他们地位获得的影响。但与政治精英的研究不同,市场精英之前的职业经历(尤其是党政部门的职业经历)是一个比党员身份更常用的指标。一些人认为有干部经历的人会更有可能成为企业家(宋时歌,1998),另一些人则认为干部在

---

① 我们的结论看上去与郑辉和李路路(2009)的结论矛盾,但实际上并不冲突。因为他们的文章所讨论的精英之间的代际转化只是我们所界定的"体制精英"内部的代际转化。

② 比如,政审依然是一个强制性的规定,而父辈的一些越轨行为(如腐败、"裸官")在实践中也会成为影响干部录用和提拔的因素。

成为乡镇企业家方面不占据优势（Nee，1991），还有人认为干部成为企业家的概率在不同的历史时期有着不同的表现。随着市场改革的推进，有学者认为干部成为乡镇企业家的概率在下降（Walder，2002；Wu，2006），还有学者则认为政治精英在成为公司企业家方面的优势会越来越明显（Róna-Tas，1994；陈光金，2006）。此外，高等教育在企业家地位获得方面的重要性也会被研究者讨论（陈光金，2006；吕鹏，2013b），而另有学者认为对家庭的（重商）文化资本的继承才是理解市场经济精英再生产的关键（吴愈晓，2010）。

基于以上回溯，我们将选择党员身份、初职部门和文化程度作为解释前述代际流动的机制，考察这两类机制的作用力在过去30年的三个不同历史时段内是否发生了变化。简言之，我们的研究发现，促成体制精英和市场精英代际再生产的机制也呈现以下两方面特征：一方面，国有部门的初职对党政精英获得产生强化作用，但是市场部门的初职作用较弱；另一方面，变化也在出现，初职部门效应在1993年后在弱化，而党员身份、教育程度的作用在日益增强，这表明决定精英地位获得的机制呈现多元化趋势。

在下面的章节里，在简要交代数据来源和资料特征之后，我们将首先交代研究的设计方案和研究方法，然后报告模型的结果。我们的模型主要涉及三类问题：初职部门、现职部门、精英地位获得的影响因素分析。在文章的第四部分，我们将讨论出现上述研究结果的原因，并通过进一步的统计分析来揭示1978年以来商业精英和政治精英在地位获得机制上的不同，以及各自在不同历史时段内的变化。文章最后的总结部分将讨论本文的发现对我们理解中国当前及未来代际流动的启示，以及将来可能的研究方向。

二 研究设计

（一）数据资料

本研究使用的是由中国社会科学院社会学研究所主持的2011年"中国社会状况综合调查"（CSS 2011）资料。该数据库是目前中国最具权威

性的综合调查数据之一。经过数据筛选和清理，我们得到有效样本量为
4125。表1为描述统计。

（二）变量及操作化

1. 自变量

家庭背景是本研究的核心自变量。我们主要通过父亲在调查时点的职业地位来测量。对于调查时点已退休者，将其退休前最后一份工作视为职业地位；对少量过世者，我们用其妻子的职业地位来替换。在数据处理上，本研究首先将"中国社会状况综合调查"的职业编码转换为 ISCO88，而后利用 EGP（Erikson-Goldthorpe-Portocarero）框架（Erikson & Goldthorpe，1992）将其分为 11 大阶层，最后再根据单位性质和职业大类区分出三大类：体制精英、市场部门的工商业者和其他从业者。（1）体制精英包含了党政干部（党政军群机关、国有企事业单位的管理者），[①] 以及专业技术人员（国有企事业单位具有中高级职称的专业技术工作者）。这些人大体上也是我们平时所称的"国家干部"的范畴。[②]（2）市场部门的工商业者由私营企业、外资企业的中高级管理人员、私营企业主和个体工商户组成。[③]

[①] 我们将国有企业的管理者划为党政干部的范畴，是基于以下两点理由：首先，尽管一直在改革，但国有企业经理人在人事制度上的管理方式仍然大体上与党政官员一样（Shambaugh，2008），真正的去行政化的改革并未落实（Chan，2004），他们并不能被视为真正意义上的"企业家"（Brødsgaard，2012）；其次，国企领导不仅与同级的政府官员享有同样或接近的政治待遇，而且拥有类似的晋升空间，最近几年国企干部与地方干部之间的"交流"尤其频繁。因此，他们至少可以被视为一种"准官员"（杨瑞龙等，2013）

[②] 从制度上说，我国具有"干部身份"的人群的范围比这个还要广泛（余洋，2010），但很少有人实际上将"干部身份"等同于"干部"（Chan，2004），国有企事业单位具有高级职称的专业技术人员在生活中可能也很少会将自己视为"干部"。为了避免纷扰，我们将他们统称为体制精英。

[③] 区分出有产者（proprietor）和管理者是经典 EGP 框架的做法，尽管现实生活中在"管理革命"之后许多企业的高级管理者其实也是企业的大股东，这类"大股东"往往很少将自己的职业描述为仅仅是管理者。个体工商户和私营企业主在 EGP 框架内都属于有产者，许多国内外的研究也统称他们为"企业家"（entrepreneurs）——这在英文的语境里并无不妥（Szelényi，1988）。在中文语境中，许多人依然认为企业家和个体户之间的区别是规模上的；事实上，一直到 2011 年 11 月 1 日之前，根据《城乡个体工商户管理暂行条例》，雇佣人数在 8 人以下的登记为个体工商户，8 人以上的则登记为各类企业。但实际上的情况是，很多个体工商户经过发展壮大，雇佣人数早已超过这一限制。2011 年之后的《个体工商户条例》对个体工商户从业人员的人数不再进行限制。我们采用了"市场部门的工商业者"这一相对中性的概念。

（3）其他从业者包括了不在上述范围内的群体，这里面既有体制内的普通从业者（如国有企业的工人等），也有广义上的市场部门的其他从业者，如外资私营企业的工人，还有不便归类的自由职业者等。

表 1　描述统计

（%）

变量	类别	职业地位			
		党政精英	技术精英	市场精英	其他从业者
家庭背景	党政干部	18.47	17.67	8.32	5.75
	专业技术人员	9.27	14.32	5.55	3.37
	工商业者	0.59	4.38	8.17	2.50
	非精英	71.67	63.63	77.96	88.38
文化程度	初中及以下	11.67	7.15	55.50	73.54
	高中	19.36	18.33	27.04	17.83
	大专及以上	68.97	74.52	17.46	8.63
政治面貌	中共党员	58.74	23.55	8.36	5.89
	非党员	41.26	76.45	91.64	94.11
地区	沿海	47.37	39.98	36.07	28.14
	其他	52.63	60.02	63.93	71.86
初职时期	1978~1992 年	54.50	31.4	39.90	52.51
	1993~2002 年	27.74	28.17	37.18	24.51
	2003~2010 年	17.76	40.43	22.92	22.98
现职时期	1978~1992 年	26.72	18.93	9.07	34.12
	1993~2002 年	29.15	21.96	27.80	18.96
	2003~2011 年	44.14	59.11	63.13	46.92
性别	男	24.03	51.91	50.33	47.99
	女	75.97	48.09	49.67	52.01
初职部门	国有	81.79	70.66	21.65	20.42
	市场	10.62	20.46	56.03	27.02
	其他	7.59	8.88	22.32	52.57
现职部门	国有	92.22	70.13	2.08	15.82
	市场	—	20.76	96.62	34.75
	其他	7.78	9.12	1.30	49.42

续表

变量	类别	职业地位			
		党政精英	技术精英	市场精英	其他从业者
户籍	非农	88.79	82.50	43.91	29.12
	农业	11.21	17.50	56.09	70.88
年龄		41.25 (12.03)	35.62 (11.29)	36.00 (9.00)	38.08 (11.06)
年龄平方/ 100		18.45 (10.02)	13.96 (9.07)	13.77 (6.83)	15.72 (8.71)
N		131	384	367	3243

注：(1) 年龄和年龄平方报告的是均值，括号中为标准差。(2) 所有变量都已经过加权处理。

除了家庭背景，入职时期也是我们揭示精英地位获得的关键自变量。本研究试图考察 1978～2010 年中国城乡的精英地位获得过程是否在不同的历史时段存在差异。综合考虑到政治格局代际更替和市场化进展的标志性事件，我们划分出 1978～1992 年、1993～2002 年和 2003～2010 年三个历史时期。第一个阶段始于 1978 年党的十一届三中全会确立的"改革开放"，在这一阶段，尽管市场导向的经济改革已经从农村的合作社蔓延到了城市的工厂，但占据国民经济支配地位的国营企业并没有受到特别严重的冲击。第二个阶段始于 1992 年，到 2002 年止。在这一阶段，党和政府开启了以"建设有中国特色的社会主义市场经济"为目标的新一轮市场化浪潮。大规模的国有企业改造既给干部和新生代企业家创造了无数的机会，也受到来自利益受损者的批判（Zhao & Zhang, 1999；Huang, 2008；Lin, 2008）。第三个阶段理论上应该从 2003 到 2012 年，但实际上分析截至 2010 年，也就是我们数据截止的最后一年。这一时期虽然私营经济在总量上依然保持较快增长，但大型国有企业的崛起也带来了关于是否存在"国进民退"的争议，且社会上对于干部子弟经商谋利、贫富分化等现象的批评也更加尖锐（Lin, 2008；Lu, 2012；Walder et al., 2013）。

此外，党员身份和文化程度[①]是我们分析精英地位获得形成机制的核

[①] 我们知晓将党员身份视为"政治忠诚"（红）的指标遭到了越来越多的批评。例如臧小伟即认为党员资历是一个更好的指标（Zang, 2001）。我们亦知晓党员和企业家的文化程度可能是在职教育而不是全日制教育的结果（Tsai & Dean, 2013；吕鹏, 2013a）。遗憾的是，由于 CSS 2011 调查没能收集被访者党员身份和文化程度获得的具体时点信息，故我们无法在本研究中对它们做时变变量（time-varying covariates）处理。

心自变量。前者分为中共党员和非党员两类，后者分为初中及以下、高中和大专及以上。

2. 因变量

因变量包括被访者的现职、第一份工作和目前（或最后）工作的单位类型。我们将子代职业地位分为党政精英、技术精英、市场精英和非精英等四大类。与父代一样，党政精英与技术精英属于体制精英，但我们对党政精英的界定更为严格，仅指党政军群机关、国有企事业单位的副科级以上的管理者；同时，为了较好地将对象聚焦于更小的群体——位居社会分层结构最上层的社会成员，我们将子代是个体工商户的归入"非精英"类。① 因为如无意外，绝大多数人的初职都是从基层做起，无法像现职一样区分出精英与非精英。

单位类型分为国有部门、市场部门和其他。国有部门包括党政军群机关、国有企事业单位，市场部门包括外资企业、港澳台企业和私营企业。

3. 控制变量

控制变量包括被访者的性别、年龄、年龄平方、户籍和（调查时被访者所处的）地域。其中，户籍是影响地位获得的重要外生变量；考虑到东南沿海和直辖市的市场化程度较高，我们将北京、天津、上海、山东、江苏、浙江、福建和广东作为一类，称为"沿海发达地区"，用虚拟变量来测量。②

（三）统计模型

为检验 1978～2010 年中国精英职业获得的不同模式，本研究主要采用多元逻辑斯蒂回归模型（multi-nominal logit model）。囿于 CSS 2011 没有测量个体职业流动历程，在分析不同市场化时期精英地位获得影响因素的变

---

① 即 EGP 中的 IVa 和 IVb。这里的筛选标准要比家庭背景中的"市场部门的工商业者"更为苛刻。

② 目前经济学界有不少用以测量地区市场化程度的指数，其中樊纲的"中国市场化指数"应用最广泛。但亦有不少学者认为该指数的一些指标存在偏差。采用指数来区分各个省份市场化程度并不是本研究的理论关切点，因此只采用了定类的方式。在绝大多数现存的市场化指数中，本研究所归纳的几个省份基本上都被认定为市场化程度较高。

化趋势，我们对分样本采取相似的回归分析。[①]

三　经验发现

（一）初职的进入：体制的区隔

表 2 为进入初职部门的影响因素分析。模型 2 - 1、模型 2 - 2 和模型 2 - 3 还增加了文化程度、户籍和入职时期变量。总体而言，相比于非精英家庭来说，不管是体制精英家庭，还是市场精英家庭，他们的后代在进入体制内部门和市场部门上都具有不同程度的优势。具体而言，来自体制精英家庭的个体更可能在机关事业单位和企业（包括国有、私营和外资）开始自己的职业生涯；而且相比于市场部门，党政干部后代进入国有部门的概率要高于专业技术人员的后代（见模型 2 - 1），即体制精英后代的部门进入也存在一定的异质性。对于市场精英的后代，他们虽然进入国有部门和市场部门比非精英后代都具有优势（系数分别为 2.04 和 1.947），不过在两个部门间不存在显著差异（$p > 0.1$）。此外，从历史时段比较来看，无论是进入国有部门还是市场部门，随着市场化的推进，精英后代的概率都呈现上升趋势，与 2003 ~ 2011 年逐渐趋同，不过市场部门的进入优势要高于国有部门。

表 2　初职部门类型的多元逻辑斯蒂回归

| | 模型 2 - 1 | 模型 2 - 2 | 模型 2 - 3 |
	国有 vs. 市场	国有 vs. 其他	市场 vs. 其他
家庭背景[a]			
党政干部	0.417 * (0.175)	1.122 *** (0.215)	0.704 ** (0.233)
专业技术人员	- 0.234 (0.203)	0.307 (0.246)	0.541 + (0.282)

[①]　笔者曾试图使用事件史分析（EHA）。该模型能够有效地应对时变量和数据 model 截删（censored cases）问题。但是，个体现职的获得时点和精英地位获得时点并不完全一致，在缺乏完整职业流动经历测量的情况下，EHA 的统计结果存在明显偏差。在此感谢匿名评审人的中肯建议！

	模型 2-1	模型 2-2	模型 2-3
	国有 vs. 市场	国有 vs. 其他	市场 vs. 其他
工商业者	0.092 (0.254)	2.040 *** (0.478)	1.947 *** (0.427)
男性	0.392 *** (0.105)	0.296 ** (0.103)	-0.096 (0.103)
年龄	-0.067 (0.048)	0.078 + (0.046)	0.145 ** (0.048)
年龄平方/100	0.177 ** (0.060)	-0.086 + (0.050)	-0.263 *** (0.061)
东部沿海	-0.528 *** (0.112)	0.767 *** (0.115)	1.296 *** (0.116)
文化程度[b]			
高中	1.151 *** (0.136)	1.733 *** (0.130)	0.581 *** (0.143)
大专以上	2.172 *** (0.163)	2.179 *** (0.197)	0.007 (0.212)
非农户口	1.183 *** (0.129)	2.681 *** (0.117)	1.498 *** (0.134)
入职时期[c]			
1993～2002 年	-1.186 *** (0.179)	0.587 *** (0.175)	1.773 *** (0.162)
2003～2011 年	-1.735 *** (0.249)	0.942 ** (0.287)	2.677 *** (0.245)
常数项	-0.715 (0.994)	-4.797 *** (1.057)	-4.082 *** (0.973)
观测值	4125	4125	4125

注：（1）括号中为稳健标准误。（2）[abc]的参照组分别为其他从业者、初中及以下和 1978-1992。（3）$+ p < 0.1$，$* p < 0.05$，$** p < 0.01$，$*** p < 0.001$。

表 3 是进入现职部门的影响因素分析，模型设定与表 2 完全一致。从结果上看，家庭背景对现职部门的影响效应与初职部门略有不同，体制精英家庭后代进入市场部门没有比非精英后代更具优势（见模型 3-3），这恰恰反映出体制精英进入国有部门的优势依然稳定。

表 3　现职部门类型的多元逻辑斯蒂回归

	模型 3 - 1	模型 3 - 2	模型 3 - 3
	国有 vs. 市场	国有 vs. 其他	市场 vs. 其他
家庭背景[a]			
党政干部	0.392 *	0.464 *	0.072
	(0.157)	(0.218)	(0.227)
专业技术人员	-0.099	-0.069	0.0297
	(0.183)	(0.271)	(0.279)
工商业者	-0.400	1.618 **	2.018 ***
	(0.253)	(0.564)	(0.528)
男性	0.215 *	0.150	-0.065
	(0.097)	(0.106)	(0.093)
年龄	-0.154 ***	-0.147 ***	0.006
	(0.034)	(0.036)	(0.030)
年龄平方/100	0.235 ***	0.196 ***	-0.039
	(0.042)	(0.041)	(0.037)
东部沿海	-0.607 ***	0.411 ***	1.018 ***
	(0.104)	(0.121)	(0.107)
文化程度[b]			
高中	0.722 ***	1.501 ***	0.779 ***
	(0.127)	(0.141)	(0.131)
大专以上	2.064 ***	2.263 ***	0.199
	(0.145)	(0.201)	(0.199)
非农户口	1.438 ***	3.084 ***	1.646 ***
	(0.135)	(0.134)	(0.134)
入职时期[c]			
1993 - 2002 年	-1.668 ***	0.235	1.903 ***
	(0.163)	(0.160)	(0.152)
2003 - 2011 年	-2.174 ***	0.467 **	2.641 ***
	(0.168)	(0.181)	(0.147)
常数项	1.695 *	-0.578	-2.274 ***
	(0.688)	(0.790)	(0.618)
观测值	4125	4125	4125

注：（1）括号中为稳健标准误。（2）[abc] 的参照组分别为其他从业者、初中及以下和 1978 - 1992 年。（3）$^+ p < 0.1$，$^* p < 0.05$，$^{**} p < 0.01$，$^{***} p < 0.001$。

（二）精英地位获得：家庭背景的影响

图 1 报告了 1978～2010 年子代精英的流入率（inflow ratio）。党政干部家庭后代成为党政精英的比率从 1978～1992 年的 12.89% 上升至 2003～2010 年的 21.69%，而成为市场精英的比率要低得多，1978～1992 年为5.07%，最高的 1993～2002 年也仅为 11.99%。在党政精英中，来自工商业者家庭的占比在 1993～2002 年为 2.03%，在 1978～1992 年和 2003～2010 年为零；与之存在明显反差的是，他们成为市场精英的比例从 3.48% 增至 9.31%。

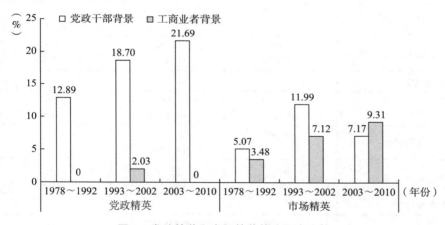

图 1　党政精英和市场精英的流入率比较

以上发现来自流动表分析，没能控制其他的相关变量，为此我们引入多元逻辑斯蒂回归，对家庭背景效应做进一步的分析。在表 4 中，模型 4-1 和模型 4-2 都以技术精英为参照组，比较党政精英和市场精英获得的概率。模型 4-3 则以市场精英为参照，直接考察党政精英获得概率。

表 4　精英地位获得的多元逻辑斯蒂回归

	模型 4-1	模型 4-2	模型 4-3
	党政精英 vs. 技术精英	市场精英 vs. 技术精英	党政精英 vs. 市场精英
家庭背景[a]			
党政干部	1.197 (1.109)	-0.746[+] (0.433)	1.943[+] (1.116)

续表

	模型 4 - 1	模型 4 - 2	模型 4 - 3
	党政精英 vs. 技术精英	市场精英 vs. 技术精英	党政精英 vs. 市场精英
专业技术人员	1.031 (1.126)	-1.065 * (0.453)	2.096 + (1.137)
非精英	1.402 (1.087)	-0.989 * (0.386)	2.391 * (1.083)
男性	0.767 *** (0.216)	0.348 * (0.165)	0.418 + (0.227)
年龄	0.126 (0.077)	0.506 *** (0.061)	-0.380 *** (0.088)
年龄平方/100	-0.107 (0.086)	-0.595 *** (0.075)	0.488 *** (0.101)
东部沿海	0.160 (0.207)	0.282 (0.172)	-0.123 (0.226)
文化程度[b]			
高中	-0.499 (0.413)	-1.236 *** (0.279)	0.736 * (0.370)
大专及以上	-0.640 (0.422)	-3.096 *** (0.309)	2.456 *** (0.413)
中共党员	1.326 *** (0.229)	-0.007 (0.249)	1.333 *** (0.281)
初职部门[c]			
市场	-0.338 (0.399)	1.878 *** (0.233)	-2.216 *** (0.406)
其他	-0.422 (0.400)	0.866 ** (0.301)	-1.289 ** (0.395)
户口	0.301 (0.423)	-0.530 * (0.250)	0.831 * (0.413)
入职时期[d]			
1993～2002 年	0.246 (0.278)	1.399 *** (0.277)	-1.153 *** (0.333)
2003～2010 年	0.227 (0.283)	1.628 *** (0.281)	-1.401 *** (0.326)
常数项	-6.428 ** (2.010)	-9.376 *** (1.247)	2.948 (2.146)
观测值	4125	4125	4125

注：（1）括号中为稳健标准误。（2）[abcd] 的参照组分别为工商业者、初中及以下、国有部门和 1978 - 1992 年。（3）+ $p < 0.1$, * $p < 0.05$, ** $p < 0.01$, *** $p < 0.001$。

　　具体而言，模型4-1表明，相比于工商业者背景，不论是党政干部还是专业技术人员，体制精英家庭背景对子代获得党政精英和技术精英地位不存在显著优势。然而，体制精英家庭对子代获得市场精英地位具有显著的抑制作用。具体而言，党政干部后代成为市场精英的概率是工商业者后代的47.43%［exp（-0.746）］，专业技术人员后代的概率为34.47%［exp（-1.065）］。在入职时期方面，党政精英和技术精英地位获得不存在显著差异，但是市场精英获得的概率存在明显时期差异，2003～2010年最高。

　　在模型4-3中，我们发现党政精英背景对子代获得党政干部和专业技术干部的地位都具有显著的正效应（系数分别为1.943和2.096），而且非

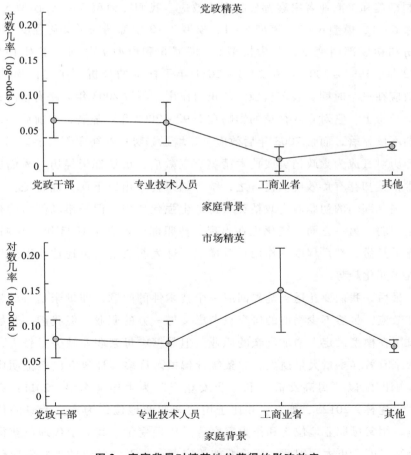

图2　家庭背景对精英地位获得的影响效应

精英后代成为党政精英的概率也与参照组存在统计差异（$p < 0.05$）。由此，我们认为，体制精英和工商业者的后代在精英地位获得上具有优势，但是他们的"跨界效应"却并不明显，即体制精英后代成为党政精英和技术精英的可能性更大，而工商业者后代成为市场精英的可能性更大（见图 2）。

（三）精英地位获得：家庭背景效应的时期差异

家庭背景对精英地位获得是否存在时期效应？其中的机制是否呈现新的趋势？为了回答以上问题，我们对子样本做了多元回归分析，重点考察体制精英和工商业者家庭背景的影响效应。我们在模型 5 - 1、模型 5 - 2、模型 6 - 1、模型 6 - 2、模型 7 - 1、模型 7 - 2 中都纳入了文化程度、党员身份和初职部门变量，其中模型 5、模型 6 和模型 7 分别基于对 1978 ~ 1992 年、1993 ~ 2002 年和 2003 ~ 2011 年子样本的分析。在文化程度上，其效应在三个时期都表现出稳定的正向作用，不过 2003 年后略有下降；在党员身份上，它对党政精英的影响在 1992 ~ 2002 年不显著，在前后的两个时期不仅显著，而且 2003 年后效应呈现增强趋势；在初职部门上，国有部门经历对其成为党政精英或技术精英有正效应，市场部门经历对人们成为技术精英却存有负效应。概言之，统计结果传递出以下两方面特征：一方面，国有部门的初职对党政精英获得产生强化作用，但是市场部门的初职作用较弱；另一方面，变化也在出现，初职部门效应在 1993 年后在弱化，而党员身份、教育程度的作用日益增强，这表明决定精英地位获得的机制呈现多元化趋势。

最后，我们要花适当笔墨回应一个技术性的问题，即母亲是否会带来叠加效应？虽然不少类似的研究只考虑父母一方的职业，但我们一开始仍然试图在模型设定上增加母亲的职业。但数据中母亲职业缺失量较大，最终带来有效样本量大量遗失，导致统计偏差。许多实证研究已经证明中国的婚姻匹配以"男高女低"和"男女相当"为主导（李煜，2011；齐亚强、牛建林，2012），那么，相比于用父亲职业地位作为家庭背景的代理变量，用父母职业地位之和作为家庭背景代理变量，其对子代地位获得的影响很可能会更大。因此，不论叠加效应存在与否（父母的独立效应理论上是一致的），都不影响我们去实现研究的目标。

表5　精英地位获得影响因素的分时期比较

	模型5-1 党政精英 vs. 市场精英	模型5-2 技术精英 vs. 市场精英	模型6-1 党政精英 vs. 市场精英	模型6-2 技术精英 vs. 市场精英	模型7-1 党政精英 vs. 市场精英	模型7-2 技术精英 vs. 市场精英
家庭背景[a]						
党政干部	12.55*** (1.726)	-0.281 (2.069)	0.202 (1.408)	0.355 (0.886)	15.52*** (0.507)	1.256* (0.530)
专业技术人员	12.44*** (1.647)	-0.148 (2.008)	0.522 (1.383)	0.394 (0.876)	15.03*** (0.722)	1.487* (0.598)
非精英	12.51*** (1.446)	-0.518 (1.867)	1.216 (1.315)	0.989 (0.830)	15.52*** (0.379)	1.175** (0.447)
文化程度[b]						
高中	1.875** (0.705)	2.329*** (0.659)	1.179 (0.825)	2.443** (0.763)	0.345 (0.728)	0.727+ (0.375)
大专及以上	3.295** (1.072)	4.127*** (1.005)	3.394*** (0.839)	4.500*** (0.823)	1.994** (0.767)	2.477*** (0.390)
中共党员	0.227 (0.851)	-0.828 (0.824)	0.964* (0.488)	-0.199 (0.488)	2.147*** (0.426)	0.389 (0.343)
初职部门[c]						
国有	3.005*** (0.889)	2.539** (0.878)	0.752 (0.749)	0.614 (0.679)	1.089+ (0.611)	0.620 (0.389)
市场	-1.147 (1.009)	-2.241+ (1.154)	-1.915 (1.313)	-1.891* (0.779)	-0.671 (0.743)	-0.703+ (0.376)
控制变量	是	是	是	是	是	是
常数项	-7.354 (9.231)	12.91+ (7.650)	2.473 (5.698)	11.43** (3.939)	-14.52*** (2.779)	5.473*** (1.585)
观测值	1514	1514	845	845	1766	1766

注：（1）括号中为稳健标准误。（2）abc的参照组分别为工商业者、初中及以下和其他部门。（3）模型同时控制了性别、年龄、年龄平方/100、地域。（4）$^+ p < 0.1$，$^* p < 0.05$，$^{**} p < 0.01$，$^{***} p < 0.001$。

四　讨论与总结

本研究试图通过"精英再生产的双轨路径"这一表述来概括本文的主

要经验发现。这个表述有两层含义：一是精英地位的再生产。不管是体制精英还是市场精英，他们都更有可能将自己的优势地位传递给子代。二是虽然个案研究和新闻报道都显示"一家两制"的现象时有发生，全国性抽样数据表明，从整体上来说，这两种职业地位延续的壁垒依然存在，子代对父代优势地位的继承并没有呈现明显的"跨界效应"。

也许有学者会认为，这种格局只是两代人之间的一种暂时性现象，随着更多代人的成长，体制精英和市场精英之间的相互代际流动最终会成为精英阶层再生产的主导模式。我们并不掌握第三代家庭成员的职业流动数据，因此暂时无法对更长期的趋势做出预判。但出于两个方面的原因，我们不排除这种可能性。这两个原因都来自本文的经验发现。一方面，市场精英和体制精英在吸纳模式上的多元化趋势正是精英地位流动依然维持一定程度开放性的动力。我们以上对精英地位获得机制的分析表明，对精英们而言，初职部门的重要性在 1993 年之后较之前有了明显下降，而党员身份对获得体制精英的作用不断强化，同时文化程度的影响保持稳定。这种多元化如果能够长期化，就会对整个阶层结构产生实质性影响。

另一方面，本研究还发现，2003 年之后，父亲是体制精英的子女在成为市场精英上出现了局部优势。这种优势在现实生活中真实程度可能被低估。正如一份晚近的调查所显示的那样，父母中至少一方是党政干部的子代在金融业和党政军群机关、事业单位及国际组织任职的比例明显高于普通人群子女（李宏彬等，2012）。日常生活中的经验也告诉我们，即便是投身商界，相比于自己开办实业做企业主这种"风险"较高的行业，一些官员的子女更加偏好去诸如金融、房地产、能源这样的收入丰厚的境内外企业担任经理人，或者扮演企业与政府部门之间的中介和服务角色。出于可以理解的原因，常规手段进行的社会调查对这部分群体的覆盖是远远不够的。需要指出的是，本文完全没有暗示这样的行为即涉嫌寻租。事实上，子代从事商业活动这一现象出现的原因有很多。比如，一些研究指出体制束缚自由、晋升渠道较窄等，反而可能推动子女走上体制外的发展道路。问题的关键是要让这些活动严格按照法律法规进行。

私营企业主和私营企业管理者的子女"从政"被低估的可能性则要小很多。从一些新闻报道和我们通过调研获取的一些个案来看，近年来这一现象在一些地方似乎有所增多；但与领导干部子女经商常常会被"低调处理"不同，这基本上是一件不用刻意去隐瞒甚至很多时候值得去"夸耀"的家族成就。当然，企业家的子女从政的经济和政治利益方面的动力总体上可能并不大。在现有的政治架构下，市场精英可以通过人大、政协、工商联甚至党代会等渠道实现个人或家族的政治地位（Tsai，2007；Dickson，2008；吕鹏，2013a），在一些基层，甚至有直接让民营企业主担任地方党政机关副职以资鼓励的做法（张厚义，2007；张厚义、吕鹏，2012）。

因此，如果未来精英之间代际流动的跨界开始加速，那么在既有利益格局不变的情况下，企业家子女从政这条轨迹的可能性不会显著增加。这一判断背后反映的是，套用布迪厄的术语，市场精英仍然是"支配阶级中的被支配阶级"（Bourdieu，1998）。这也是我们通过这项研究得出的对中国当前政商关系格局及未来走向的一个基本判断。更重要的是，精英研究的意义，不只是为了解他们掌握资源的多寡和渠道，更要去分析他们掌握的资源转化成其他形式资源的方式。因此，正如有学者已敏锐地指明，对精英的研究实际上关注的是对资源的控制与分配，或者说，从一种自上而下的视角来考察权力与不平等（Khan，2012）。本文指出，中国的政治精英与经济精英的再生产，基本上是在两条轨道上进行的；这与西方资本主义社会的政治精英与经济精英的再生产基本上混合在一条轨道上进行的格局有着很大的不同。因此，本文并不是一项单纯的"中国研究"，而是给理解中国的代际流动的机制提供了国际和历史比较的视野。中国正处在一个社会转型期，这一转型为我们提供了一种了解精英循环或精英再生产背后的动力机制究竟从何而来的新场景。但从更长远的视角来说，在经过几代人之后，体制精英和市场精英究竟是从同一群人中产生，还是完全隔绝的两种人，抑或相互渗透但一方主导，仍然取决于他们之间以及他们与其他社会群体的博弈。博弈的方式和结果，也将对精英集团内部的团结或分裂产生重大而深远的影响。

参考文献：

边燕杰、吴晓刚、李路路，2008，《导言：评述与展望》，边燕杰、吴晓刚、李路路主编《社会分层与流动——国外学者对中国研究的新进展》，北京：中国人民大学出版社。

陈光金，2003，《私营企业主的社会来源、阶层意识与政治—社会参与分析》，张厚义等主编《中国私营企业发展报告 No. 4》，北京：社会科学文献出版社。

——，2005，《1992－2004 年的私营企业主阶层：一个新社会阶层的成长》，张厚义等主编《中国私营企业发展报告 No. 6》，北京：社会科学文献出版社。

——，2006，《从精英循环到精英复制——中国私营企业主阶层形成的主体机制的演变》，《学习与探索》第 1 期。

高勇，2009，《社会樊篱的流动——对结构变迁背景下代际流动的考察》，《社会学研究》第 6 期。

古德曼，2014，《新经济精英：地方权力的社会基础》，《中国研究》第 1 期。

李宏彬、孟岭生、施新政、吴斌珍，2012，《父母的政治资本如何影响大学生在劳动力市场中的表现——基于中国高校应届毕业生就业调查的经验研究》，《经济学（季刊）》第 4 期。

李路路，2002，《制度转型与分层结构的变迁——阶层间相对关系模式的"双重再生产"》，《中国社会科学》第 6 期。

李煜，2009，《代际流动的模式：理论理想型与中国现实》，《社会》第 6 期。

——，2011，《婚姻匹配的变迁：社会开放性的视角》，《社会学研究》第 3 期。

刘精明，2005，《国家、社会阶层与教育：教育获得的社会学研究》，北京：中国人民大学出版社。

刘欣，2003，《市场转型与社会分层：理论争辩的焦点和有待研究的问题》，《中国社会科学》第 5 期。

——，2005，《当前中国社会阶层分化的多元动力基础——一种权力衍生论的解释》，《中国社会科学》第 4 期。

刘欣、李斄，2013，《中国转型期城市精英的地位获得：所有制部门有差异吗?》，中国社会学会社会分层与流动专业委员会冬季论坛工作论文。

吕鹏，2013a，《私营企业主任人大代表或政协委员的因素分析》，《社会学研究》第 4 期。

——，2013b，《新古典社会学中的"阿尔吉之谜"：中国第一代最富有私营企业家的社会起源》，《学海》第 3 期。

宋时歌，1998，《权力转换的延迟效应——对社会主义国家向市场转变过程中的精英再生与循环的一种解释》，《社会学研究》第 3 期。

齐亚强、牛建林，2012，《新中国成立以来我国婚姻匹配模式的变迁》，《社会学研究》第 1 期。

孙明，2011，《家庭背景与干部地位获得（1950－2003）》，《社会》第 5 期。

吴愈晓，2010，《家庭背景、体制转型与中国农村精英的代际传承（1978－1996）》，

《社会学研究》第 2 期。

杨瑞龙、王元、聂辉华，2013，《"准官员"的晋升机制：来自中国央企的证据》，《管理世界》第 1 期。

余红、刘欣，2004，《单位与代际地位流动：单位制在衰落吗?》，《社会学研究》第 6 期

余洋，2010，《从精英国家化到国家精英化：我国干部录用制度的历史考察》，《社会》第 6 期。

张厚义，2007，《中国私营企业主阶层：成长过程中的政治参与》，汝信、陆学艺、李培林主编《2008 年中国社会形势分析与预测》，北京：社会科学文献出版社。

张厚义、吕鹏，2012，《私营企业主的经济分化与政治面貌变化》，陆学艺、李培林、陈光金主编《2013 年中国社会形势分析与预测》，北京：社会科学文献出版社。

张乐、张翼，2012，《精英阶层再生产与阶层固化程度——以青年的职业地位获得为例》，《青年研究》第 1 期。

张翼，2004，《中国人社会地位的获得——阶级继承和代内流动》，《社会学研究》第 4 期。

郑辉、李路路，2009，《中国城市的精英代际转化与阶层再生产》，《社会学研究》第 6 期。

Bian，Y. 2002，"Chinese Social Stratification and Social Mobility." *Annual Review of Sociology* 28.

Bourdieu，P. 1998，*The State Nobility*：*Elite Schools in the Field of Power.* California：Stanford University Press.

Brødsgaard，K. E. 2012，"Politics and Business Group Formation in China：The Party in Control?" *The China Quarterly* 211.

Burawoy，M. 2001，"Neoclassical Sociology：From the End of Communism to the End of Classes." *American Journal of Sociology* 106（4）.

Chan，S. 2004，"Research Report：Cadre Personnel Management in China：The Nomenklatura System，1990 - 1998." *The China Quarterly* 179.

Chen，M. 2011，*Tiger Girls*：*Women and Enterprises in the People's Republic of China.* London：Routledge.

Cohen，E. 1986，"The Dynamics of the ' Revolving Door ' on the FCC." *American Journal of Political Science* 30（4）.

Corcoran，M. 1995，"Rags to Rags：Poverty and Mobility in the United States." *Annual Review of Sociology* 21（1）.

Davis，D. 1992，" ' Skidding ' : Downward Mobility among Children of the Maoist Middle

Class. " *Modern China* 18 (4).

Dickson, B. 2003, *Red Capitalists in China: The Party, Private Entrepreneurs, and Prospects for Political Change.* Cambridge: Cambridge University Press.

——2008, *Wealth into Power: the Communist Party's Embrace of China's Private Sector.* New York: Cambridge University Press.

Domhoff, W. 2006, *Who Rules America?: Power, Politics, and Social Change.* New York: McGraw-Hill.

Dye, T. 1995, *Who's Running America? The Clinton Years.* NJ: Pearson.

Erikson, R. & J. Goldthorpe 1992, *The Constant Flux: A Study of Class Mobility in Industrial Societies.* Oxford: Clarendon Press.

Eyal, G. , I. Szelényi & E. Townsley 1998, *Making Capitalism without Capitalists: Class Formation and Elite Struggles in Post-communist Central Europe.* London: Verso.

——2003, "On Irony: An Invitation to Neoclassical Sociology. " *Thesis Eleven* 73 (1)

Gerber, T. & M. Hout 2004, "Tightening Up: Declining Class Mobility during Russia's Market Transition. " *American Sociological Review* 69 (5).

Giddens, A. 1973, *The Class Structure of the Advanced Societies.* London: Harper & Row.

Goodman, D. S. 2000, "The Localism of Local Leadership Cadres in Reform Shanxi. " *Journal of Contemporary China* 9 (24).

Guthrie, D. 2000, "Understanding China's Transition to Capitalism: The Contributions of Victor Nee and Andrew Walder. " *Sociological Forum* 15 (4).

Huang, Y. 2008, *Capitalism with Chinese Characteristics: Entrepreneurship and the State.* Cambridge: Cambridge University Press.

Jia, R. & X. Lan 2014, "Capitalism for the Children: Entrepreneurs with Cadre Parents under Big Government. " Working paper of Fudan University.

Khan, S. R. 2012, "The Sociology of Elites. " *Annual Review of Sociology* 38.

Li, B. & A. G. Walder 2001, "Career Advancement as Party Patronage: Sponsored Mobility into the Chinese Administrative Elite, 1949 – 19961. " *American Journal of Sociology* 106 (5).

Lin, C. 2008, "Against Privatization in China: A Historical and Empirical Argument. " *Journal of Chinese Political Science* 13 (1).

Lin, N. & Y. Bian 1991, "Getting Ahead in Urban China. " *American Journal of Sociology* 97 (3).

Lin, T. & X. Wu 2009, "The Transformation of the Chinese Class Structure, 1978 – 2005. " *Social Transformations in Chinese Societies* 5.

Lu, P. 2012, "The End of Postcommunism? The Beginning of a Supercommunism? China's New Perspective." *Polish Sociological Review* 179 (3).

Mills, C. W. 1956, *The Power Elite*. New York: Oxford University Press.

Nee, V. 1989, "A Theory of Market Transition: From Redistribution to Markets in State Socialism." *American Sociological Review* 54 (5).

——1991, "Social Inequalities in Reforming State Socialism: Between Redistribution and Markets in China." *American Sociological Review* 56 (3).

Nee, V. & Y. Cao 2002, "Postsocialist Inequalities: The Causes of Continuity and Discontinuity." *Research in Social Stratification and Mobility* 19 (2).

Osborn, E. & K. Slomczynski 1997, "Becoming an Entrepreneur in Poland, 1949 - 1993: Recruitment Patterns and Professionalization Processes." *Polish Sociological Review* 119.

Peng, Y. 2004, "Kinship Networks and Entrepreneurs in China's Transitional Economy." *American Journal of Sociology* 109 (5).

Róna-Tas, A. 1994, "The First Shall Be Last? Entrepreneurship and Communist Cadres in the Transition from Socialism." *American Journal of Sociology* 100 (1).

Schubert, L. , T. Dye & H. Zeigler 2013, *The Irony of Democracy: An Uncommon Introduction to American Politics*. New York: Cengage Learning.

Schwartz, M. 1987, *The Structure of Power in America: The Corporate Elite as a Ruling Class*. New York: Holmes & Meier Publication.

Scott, J. 1991, *Who Rules Britain?* London: Polity Press.

Shambaugh, D. L. 2008, *China's Communist Party: Atrophy and Adaptation*. CA: University of California Press.

Szelényi, I. 1988, *Socialist Entrepreneurs: Embourgeoisement in Rural Hungary*. Madison: University of Wisconsin Press.

——2002, "An Outline of the Social History of Socialism or an Auto-critique of an Auto-critique." *Research in Social Stratification and Mobility* 19 (2).

Szelényi, S. , I. Szelényi & I. Kovách 1995, "The Making of the Hungarian Postcommunist Elite." *Theory and Society* 24 (5).

Tsai, K. 2007, *Capitalism without Democracy: The Private Sector in Contemporary China*. Ithaca: Cornell University Press.

Tsai, W. & N. Dean 2013, "The CCP's Learning System: Thought Unification and Regime Adaptation." *The China Journal* 69 (1).

Useem, M. 1984, *The Inner Circle: Large Corporations and the Rise of Business Political Activity in the US and UK*. Oxford: Oxford University Press.

Walder, A. 2002, "Income Determination and Market Opportunity in Rural China, 1978 – 1996." *Journal of Comparative Economics* 30 (2).

Walder, A. , B. Li & D. Treiman 2000, "Politics and Life Chances in A State Socialist Regime: Dual Career Paths into the Urban Chinese Elite, 1949 to 1996." *American Sociological Review* 65 (2).

Walder, A. & S. Hu 2009, "Revolution, Reform, and Status Inheritance: Urban China, 1949 – 1996." *American Journal of Sociology* 114 (5).

Walder, A. T. Luo & D. Wang 2013, "Social Stratification in Transitional Economies: Property Rights and the Structure of Markets." *Theory and Society* 42 (6)

Whyte, M. 1975, "Inequality and Stratification in China." *The China Quarterly* 64.

Wu, X. 2006, "Communist Cadres and Market Opportunities: Entry into Self-employment in China, 1978 – 1996." *Social Forces* 85 (1).

Wu, X. & D. Treiman 2007, "Inequality and Equality under Chinese Socialism: The Hukou System and Intergenerational Occupational Mobility." *American Journal of Sociology* 113 (2).

Zang, X. 2001, "University Education, Party Seniority, and Elite Recruitment in China." *Social Science Research* 30 (1).

——2013, *Elite Dualism and Leadership Selection in China.* London: Routledge.

Zeitlin, M. 1974, "Corporate Ownership and Control: The Large Corporation and the Capitalist Class." *American Journal of Sociology* 79 (5).

Zhao, W. & X. Zhou 2004, "Chinese Organizations in Transition: Changing Promotion Patterns in the Reform Era." *Organization Science* 15 (2).

Zhao, X. B. & L. Zhang 1999, "Decentralization Reforms and Regionalism in China: A Review." *International Regional Science Review* 22 (3).

Zhou, X. & L. Hou 1999, "Children of the Cultural Revolution: The State and the Life Course in the People's Republic of China." *American Sociological Review* 64 (1).

Zhou, X. , N. Tuma & P. Moen 1996, "Stratification Dynamics under State Socialism: The Case of urban China, 1949 – 1993." *Social Forces* 74 (3).

韦伯 1895 年就职演讲：语境、文本与文本间关联[*]

何　蓉

摘　要：本文以韦伯 1895 年在弗莱堡大学的就职演讲作为关键文本，分析早期韦伯（1889～1898）的学术路向。在梳理其思想与社会背景的前提下，分析了该演讲的实质内容，即人口、经济等潮流变化所显示出来的德国的社会与政治危机。而且，从韦伯思想史的角度来看，这一演讲中包含着丰富的社会分析与社会理论的内容，表明一个学术上勤力耕耘的早期韦伯与后来作为社会学奠基者的韦伯之间的思想联系。以这篇演讲为立足点，本文建立了相关文献的文本链，试图勾勒出韦伯在农业发展、社会阶级、国家建设等问题上的思考线索。进而，本文提出，要以语境、文本与文本间关联的考察来写作韦伯著述史，建立其多维而统一的思想肖像。

关键词：早期韦伯　韦伯著述史　关键文本　文本链

1895 年 5 月，在担任弗莱堡大学政治经济学教授的第二个学期之初，马克斯·韦伯循例进行了公开就职演说，7 月，演讲内容公开发表，即《民族国家与经济政策》一文。

根据玛丽安妮·韦伯的记录，作为演讲者的韦伯非常投入，台下的听众也被他所揭示的社会现实、他所宣示的原则立场所激发，反应热烈。在

＊　原文发表于《社会学研究》2016 年第 6 期。

给弟弟阿尔弗雷德的信里，韦伯说，演讲所表述的"观点之残酷"令观众"惊惶不安"（Weber，1988：216），言词间对于演讲效果颇为满意。此后，他还专门说明，之所以公开发表演讲内容，并不是因为听众的认可，而恰恰是他们反对那些观点（Weber，1994：1）。

确实，尽管存在争议，但这篇演讲在当时的影响很大。韦伯的朋友弗里德里希·瑙曼及其追随者的政治立场因这篇演讲而转变，从基督教社会主义转向民族社会主义，并在次年建立了民族社会主义联盟（National Socialism Association）（Weber，1988：216、220；Theiner，1987）。不过，就职演说理应是学者对其学术立场的宣示。韦伯在这次演讲中，一方面以社会现实的细节支撑其系统论证，另一方面则直率甚至是鲁莽地表明政治立场，与其作为学者的风格迥异，也正是后一方面的原因，这篇演讲使韦伯被冠以民族主义者等标签。

一般来说，韦伯的著述论证层次多，内容错综复杂、旁征博引，用词遣句细致讲究，以至于其立场往往暧昧不明、难以遽然领会。《民族国家与经济政策》之"残酷"和直接，在韦伯的学术写作中是较为少见的，更不必说与其后来表述的方法论立场的张力。

在韦伯的个人生活史上，更常见的是精细与复杂的分析、不肯随意下论断、不愿为达到目的而妥协的正直，以及内在的深刻的悲观主义立场。在一定程度上，这正是他几次试图涉入政治实务时都未获成功的内在原因。对此，沃格林的评价不无贴切之处：韦伯的个人悲剧在于，一个骨子里是要做事的人（doer），终其一生，都因思虑过多而无法行动（action paralyzed by intellect）（转引自 Mommsen，1984：31）。

在蓬勃发展的韦伯研究的领域内，这篇演讲未得到重视。除了玛丽安妮在传记中的点滴记录之外，莱因哈特·本迪克斯、迪尔克·克斯勒的两部经典学术传记都没有专门论述这篇文献（本迪克斯，2002；Käsler，1988）。在近十年间影响较大的两部新出传记中，这篇演讲的一些内容被结合到其他作品中进行了综合讨论（Radkau，2011：77 - 95），而即使进行专门论述的作者，也主要在清理演讲所用语词中的民族主义、种族主义等倾向（林格，2011：48 - 57）。

传记类研究之外，在专门研究领域中情况也基本如此。20 世纪 80 年代之前，莫姆森对 1895 年演讲的政治意义的评述占据主导地位，[①] 他认为，这篇演讲是"一战"爆发前韦伯的政治纲领的体现，其中既"充满着政治与价值判断"，又试图建立"客观性和纯粹科学"的基础，本身是自相矛盾的（Mommsen，1984：36 - 37）。

特别是，他认为，韦伯在演讲中将权力（power）与民族（nation）镕铸在一起，促进了威廉德国时期的自由主义的帝国主义（liberal imperialism）潮流。他提出的一个典型案例是，汉斯·德尔布吕克（Hans Delbrück）接受了韦伯弗莱堡演讲的倾向，其《普鲁士年鉴》（*Preussiache Jahrbücher*）自此开始关注世界性的议题，逐渐成为德国帝国主义思潮的基地（Mommsen，1984：51，71）。正是在这一思路之下，莫姆森在自己有关帝国主义的著述中，追溯了西方社会思想史中帝国主义的理论来源，韦伯的 1895 年演讲即在列（Mommsen，1980）。

从 20 世纪 60 年代中期开始，莫姆森等德国年轻一代学者对韦伯的批评引发了罗斯、本迪克斯、卡尔·略文斯坦等韦伯研究者的反驳。其中，罗斯分析了马克思主义者、纳粹分子和自然法学者对韦伯的批评，认为应区分韦伯的学术立场与政治抱负（Roth，1965）；迪布尔认为不应简单化地使用韦伯后来表述的免于价值判断的原则来评判其早期作品，何况他是在学术分析基础上提出的政策建议（Dibble，1968）；毕瑟姆亦基于韦伯思想中的政治论述反思了政治社会学的原则（贝顿，1990）。雷蒙·阿隆总结了莫姆森的著作及 1964 年韦伯诞辰百年纪念会议上的争议，指出韦伯对公共事务的关心、对斗争主题的强调与马基雅维利等有相似之处，其责任伦理、个人权利等思想使其虽与一般英美传统的自由主义有所不同，但仍属自由、民主传统（阿隆，2000：333 - 391）。

本文认为，莫姆森著作的巨大影响，在一定程度上造成了二手研究中对这篇演讲的忽视，因此，尽管已经有个别学者尝试将其与其他的农业研究著

[①] 1959 年，莫姆森出版《马克斯·韦伯与德国政治（1890～1920）》（*Max Weber und Deutsche Politik*，1890 - 1920）一书，对韦伯持批评性的立场，甚至认为韦伯思想为希特勒之起事奠定了基础。此论断与 20 世纪 50 年代德国思想界的反思氛围、莫姆森认为德国应对战争负责等个人立场等有关系。在 1964 年召开的纪念韦伯诞辰百年的会议上，莫姆森、马尔库塞、哈贝马斯等对韦伯提出了激烈批评，帕森斯、阿隆则为韦伯做了辩护。莫姆森此书 1974 年的第二版则对韦伯的批判立场有所缓和，英文版（1984）即以 1974 年德文版为基础译出。莫姆森为各版（德文 1、2 版与英文版）所写序言对其立场的转变之处有所交代。

作和一般社会学著作进行联结（Honigsheim，1949；Munters，1972），却没有得到普遍的回应。实际上，莫姆森的研究既未能清理韦伯演讲与其时代潮流的关系，又未区分演讲内容及其政治影响之间的差异，使得韦伯被定型化为一个德意志民族主义者、鼓吹政治强权、带有扩张倾向的帝国主义者。

自 20 世纪 80 年代起，韦伯研究领域有新的进展。尤其是威廉·亨尼斯、劳伦斯·斯卡夫等致力于对韦伯早期作品，即《新教伦理与资本主义精神》之前的研究进行挖掘，认为早期作品中已经出现了一个社会学者韦伯，无论逻辑上还是文本上，这一时期的作品与其后期的支配社会学、宗教社会学等著述具有一致的旨趣和思想联结（Hennis，1983，1987a；Scaff，1984）。同样在这一路线上，施路赫特提炼出了韦伯早期的农业及农村研究中的几种不同发展模式，认为其中包含着传统社会与现代社会的结构原则、特殊关联（Schluchter，1989：303 – 311）。

在这些研究者的努力之下，韦伯思想中"失去的十年"（1889 ~ 1898）（Sica，2003；Kaelber，2003）逐渐得到重视，一个涉猎广泛、成果颇丰的青年学者的形象逐渐建立起来（Scaff，2004），韦伯作为政治经济学家的学术背景（Hennis，1987b；斯威德伯格，2007）及对贸易、期货、股票交易所等现代经济制度的论述（Borchardt，2002）等实质内容开始真正进入社会学家的视野。

其中，对于 1895 年演讲的评价亦有重点和立场上的转变。例如，有学者以该演讲及其他早期文献为基础，分析人们对韦伯的民族主义者的印象之文本来源及其中可能的舛误（Palonen，2001；Norkus，2004；Roth，2002），考察了韦伯早期与后期社会学之间的思想发展的关联（Barblet，2001）。

但整体上，对早期韦伯著作仍缺少关注，[①] 尤其缺少对其中的社会学

---

① 这一时期，韦伯的相关著作以调查报告、报纸文章和会议材料等形式出现。19 世纪 90 年代之后，德国形势发生变化，但韦伯并未再着力于农业工人、交易所等问题的研究，因此，20 世纪 20 年代韦伯夫人在编辑文集时，出于内容过时、篇幅限制等考虑，此类著作绝大部分未被收入。20 世纪 70 年代末以来，新的《韦伯全集》（*Max Weber Gesamtausgabe*）开始全面辑录韦伯各个时期的报告、演讲、课程讲义、书信等文献，例如，1984 年出版的第一辑第三编（上、下册）即为 1892 年写就的有关德国东部农业工人的调查报告，其中韦伯原文即超过 900 页。而且，截至 2003 年，1889 – 1896 年韦伯超过 1700 页的作品中，仅有四篇文章译作英文（Sica，2003）。直到 2003 和 2008 年，韦伯的博士学位论文和教授资格论文英译本分别出版，才在一定程度上丰富了德语学界以外的学者所掌握的早期韦伯文献。

理论的讨论。杰弗里·亚历山大的看法具有典型性。他认为，从理论发展上而言，不存在一个所谓"早期韦伯"，在其早期作品中，"无法找到对于成熟的理论展开而言至关重要的理论立场"，可以认为他是一位历史学派经济学家和法律史家，但非社会学家（亚历山大，2012：18）。

造成这一现象的原因有资料限制等客观因素，但是，忽视早期著作的一个根本原因是，对韦伯著述史有一个隐含的目的论式的假定：似乎青年韦伯只是朝着一个确定方向——社会学家韦伯——在做准备，因此忽视了韦伯早期作品中包含的多种可能性和社会学意义。

有鉴于此，本文认为，要全面挖掘韦伯学术的潜力，要从事后（ex-post）视角转向发生学的（genetic）和背景的（contextual）因素（Riesebrodt，1986），剥离加诸其上的各种主义的标签。本文拟以 1895 演讲文本为基础，梳理其主题，分析其真实立场、意图与可能的贡献，从思想背景和主题内容两个方面进行研究，从而建立早期韦伯的思想线索。在此基础上，本文尝试讨论韦伯研究中的文本策略，即如何在主题梳理的基础上建立各文本间关联，从而有可能将锁闭在各个时期、各个领域中的韦伯著述联结起来，树立兼具多样性与统一性的韦伯的学术形象。

一 1895 演讲的争议之处：作为政治问题的农业与农民状况

19 世纪 90 年代中期的韦伯正处在事业的转折点：首先，是成为律师，从事商法和政治实务，还是进入学术圈，成为学者；其次，如果从事学术工作，是作为声望显赫的莱文·戈德施密特、奥古斯特·迈岑的学生进入法学界，成为吉尔克等大人物的同事，继续在法学领域拓展，还是转而成为一名政治经济学家，尽管他正式的经济学训练只来自 1883 年在海德堡大学听过卡尔·克尼斯的政治经济学和财政学课程而已。

在求学阶段，韦伯接受的是法学训练，其博士学位论文和教授资格论文分别研究了中世纪地中海地区的商人合伙制、罗马的土地法，涉及法学、历史学与经济学交叉地带的问题。到 19 世纪 90 年代初期，韦伯既作为律师从事法律实务工作，又受古斯塔夫·施穆勒领导的社会政策协会委托，分析农业工人的调查数据，与福音派社会大会的弗里德里希·瑙曼等建立密切关系，还在老师戈德施密特生病时替他在柏林大学教授商法等课程。到 1893 年左右，他被考虑委任弗莱堡的政治经济学教授，或者柏林大学的法学编外教授。

在两门学科、不同前景的对比之下（Weber，1988：200），韦伯选择了政治经济学作为其一生的志业。1894 年秋季，他前往弗莱堡就任教职，一方面继续广泛涉入社会与政治事务，另一方面致力于讲授理论经济学、财政与货币政策等课程。

因此，从韦伯的学术发展史来看，1895 年演讲标志着韦伯选择成为政治经济学家的一个转折，凝聚了他在 19 世纪 90 年代早期的现实思考与理论研究的成果，是他从法学转向经济学，从历史取向的研究转向现实问题，从农业、农村与人的现代化角度探讨德国的资本主义发展和国家建设问题的重要文献。

在这篇演讲中，韦伯依据此前对德国东部农业地区的两次调查，勾勒出了易北河以东传统的庄园经济面临的经济上的挑战、政治上的危险，提出了要关闭东部边界、实施土地国有化和屯垦①等政策建议。具体可以分为三个部分。

首先，韦伯提出，截至 19 世纪 90 年代，德国东部边境地区的土地、聚居方式与人口的变化趋势显示出一个令人困惑的现象，即土地肥沃的庄园区农民人口下降，而土地贫瘠地区的农民人口反而增加了。其原因在于，原来的德国雇农纷纷离开容克的庄园，代之以大量涌入的波兰季节工人。这一现象意味着传统的领主——依附农的关系正在消失，廉价的外来劳工为经济上困顿的普鲁士容克阶层带来了利润，维持并巩固了其政治上的特权地位。

韦伯认为，摆脱容克阶层及农业利益集团的支配，有利于德国国家利益。他提出两个重要的政策建议：关闭东部边界，禁止波兰劳工流入；扩大皇室自有（demesne）土地，国家大规模收购东部土地、并进行国有化，招募德国农民以家庭聚居形式屯垦国有土地。

---

① 此处原文为 Kolonization，一般译为"殖民"（林格，2011）、"拓殖"（韦伯，1997）。但因殖民或殖民化在现代汉语中往往隐含帝国主义的侵略、民族压迫与剥削等特定语义，依韦伯建议的实质，本文统一译作"屯垦"，即国家主持下的对人口流出、土地贫瘠地区的移民、开发等措施。

最后，在提出以经济学的方式看待问题的基础之上，韦伯提出了政治经济学的立场、性质与作用，认为具有长远眼光的利他主义[①]、而非注重当下的快乐主义才是政治经济学的立足点。作为一门学科，政治经济学是说明性、分析性的，是普遍的，但政治经济学家自身应认识到，个人所做价值判断本身具有其局限性，或者说具有特定的人之为人的属性，例如，属于某一族类的一分子、作为某一世系传承的环节等。

特别是，在全球经济体的建立过程中，各民族之间的经济斗争以民族国家之间的权力斗争体现出来，但德国国内经济权力、政治领导权力之间存在着不一致。传统的容克阶层难当重任，市民阶级和工人阶级在政治上不成熟，这些使得德国缺少足够伟大的领导阶层，因而，时代赋予了政治经济学家 "政治教育" 的重大工作（Weber，1994：1 - 28；韦伯，1997：75 - 108）。

其实，在 1892 - 1894 年，韦伯已经通过发表文章、为社会政策协会与福音派社会大会等提交研究报告等方式传播了他的发现。韦伯在 1892 年发表《易北河以东地区德国农业工人状况》一文，分析了容克庄园体系和农业资本主义体系。1893 年，韦伯就农业工人调查中最重要的、最具政治敏锐性的东普鲁士地区的调查数据加以分析，写出了一份 800 多页的两卷本研究报告，在社会政策协会的年度大会上报告了调查结果和结论。这项工作为年仅 29 岁的韦伯赢得了政治经济学家们，例如普鲁士农业史专家格奥尔格·弗里德里希·克纳普的赞誉，使他得以进入社会政策协会的核心委员会。

就具体内容而言，他的立场也并无特别惊人之处：关闭东部边界的政策曾经在俾斯麦时期实施过，用以阻挡波兰人与俄罗斯人流入，只是在 1890 年俾斯麦下台后形同废止。至于东普鲁士的人口流失和农业工人的状况，在当时已经是备受关注的议题，韦伯的父亲还曾在 1886 年作为普鲁士议会的立法委员会成员，制订了旨在扭转东部人口下降的公有地放领法案（Roth，2002）。

既然演讲涉及的基本情况与政策建议并非闻所未闻，那么，韦伯所说

[①] altruism 一般指关心他人福利、以为他人服务为乐的品质。韦伯在此的用法较为特殊，即某种牺牲当下效用、具有长远预期的做法，在德国当时的政治经济背景之下，则有超脱集团利益、以整体的国家利益为念的意义。

的"残酷"之处何在呢？他有意为之的夸张和引起争议之处可能会是什么？

在目前的韦伯研究当中，对这篇演讲的批评主要集中于其措辞强烈的民族主义色彩。韦伯将日耳曼人与斯拉夫人分别处理为较高等的与较劣等的民族，并将波兰劳工来到德国东部农业地区视为劣等民族在资本主义生产秩序中的胜利。这样，其关闭东部边界的建议看上去显然带有强烈的民族排斥甚至沙文主义色彩。

研究者从演讲的话语和语境、韦伯家庭史等角度入手，分析其实质含义（Palonen，2001；Roth，2006）。林格正面回应了这一问题，他认为韦伯当时对波兰人确实持有种族主义的敌意，但后来对此立场的缺陷有所认识，并在第一次世界大战之前做了修订，《经济与社会》中有关种族、民族及民族主义等部分表明，韦伯已经远离了对民族的种族式的或者本质式的界定方式（林格，2011：56－63）。

但是，以上这些研究忽视的一点是：对于当代人来说很刺耳的民族主义腔调，在韦伯时代却是耳熟能详、广被接受。正如林格所说，第一次世界大战之前是一个"几乎所有欧洲知识分子都是民族主义者"（林格，2011：56）的思想环境。在这种情况之下，韦伯能够引起人们争议的，恰恰不大会是民族主义。

况且，韦伯的演讲对于当时的进化论意义上的民族概念表示出了某种节制和距离。这表现在，尽管他使用了"经济民族主义者"等作为立场宣示，但他对当时的社会研究者将"物竞天择"、"遗传"等生物学术语应用到有关人类社会研究中的尝试保持了距离，对将自然科学的理论应用于社会历史的价值与效力表示了怀疑（Weber，1994：10）。

而且，从韦伯著述史来看，他对带有生物或生理学色彩的民族（Nation/Volk）概念的批评要早于林格所说的 1914 年左右。在 1902 年写作《罗雪尔的"历史方法"》一文时，他就反复对有机体论意义上的民族概念提出了批评。例如，他提到"民族"的几种不同的定义方式，包括"在政治上结合起来的国家公民的全体"这样具有契约论立场的定义；他批评罗雪尔将民族视为"某种作为文化承载者之有意义的全体存有者之直观上的整体性"，从而在其中加入了"有机的"社会理论及相应的种种生物学的类比（韦伯，2013：14－15）。由于韦伯从 1898 年起深受精神疾患困扰，在长达五年的时间里无法读书写作，有关罗雪尔的方法论论文是其精神恢复期的首篇重要作品。这就提示我们，从时间线和生活史来看，1895 年演讲应该比较接近他在 1902 年的立场，结合前述就职演说中对进化论意义上的民族概念的怀疑态度，可以认为，他对基于有机体论和进化论思想的民族概念一贯是持批评态度的。

综合来看，本文尝试提出的一个可能性是：1895 年演讲中令当代读者不适、容易招致批评的说法，原本是当时人们习惯的；真正能挑战其时代的神经的，是其超出流行的社会达尔文主义思潮的见解。

基于此种立场，本文尝试整理了韦伯在演讲中的三个方面的内容，认为这有可能是与其时代风潮不尽一致、从而引起争议的方面。

第一，韦伯在演讲中显示出了流行概念或做法中的逻辑不通、前后不一致之处。例如，以有机体类比的民族概念，将不同民族依其文化的状况分为高级与低级，认为世界诸民族处于不同的发展阶段之上，具体在德国东部地区，就是日耳曼人高于斯拉夫人。

韦伯在就职演讲中的确使用了"较低等的种族"（inferior race）来指称波兰移民（Weber, 1994：14；韦伯, 1997：89）。但韦伯指出，就东部地区的农业发展状况而言，演化的结果并非物竞天择、优胜劣汰，恰恰相反，处于较低级阶段的民族占据了优势：文化上居优者离开了土地，前往城市地区或美洲新大陆，处于一种自由然而一无所有的境地；越来越多的波兰劳工前来垦殖土地，作为廉价劳动力，契合了商业化的容克阶层的逐利要求。

由此，如果认为民族间差异是历史演化的结果，那么，韦伯指出，东部地区的情况正好是流行的社会生物学理论的反面，即处于较低发展水平的民族成为胜利的一方：土壤优质的庄园雇工人数减少，土壤贫瘠地区的农民人数增加；斯拉夫人成为农业生产所需要的劳力，占据了越来越多的土地；东部地区的谷物种植无利可图，改种土豆，农民用以果腹的，以前是较优质的谷物与奶，现在却成了营养成分较差的土豆；粗放式的、而非精耕细作的耕作方式占了优势。简言之，整个东部地区的农业生产与社会生活水准都下降了。

第二，韦伯的矛头与其说是针对波兰人的，毋宁说针对占据政治优势地位、在经济上掠夺波兰劳工的容克阶级；东部地区的农业发展与农业工人的状况，实际上包含着重要的国家整体的经济与政治问题。

韦伯指出，容克阶层对自身应肩负的使命缺乏清醒的意识。农业利益集团通过地产、信托等方式成为食利者，通过收租取息维持贵族的生活样式，压制德国工商业资本主义和市民阶层；而且，由于东部庄园乃是普鲁士统治阶级的基础，德国东部地区的走向对政治格局发挥着重要作用。

对于后一方面的影响，韦伯在1904年的美国圣路易斯世界博览会演讲中进行了明确的总结："易北河以东地区的贵族，是德国地主阶级——容克——的主要成分。这个阶级是德国普鲁士邦的政治领袖；而普鲁士邦又是德国的政治中心。普鲁士邦的贵族院（上议院）就是代表这个阶级；而普鲁士根据财产多寡为基础的选举法，又使地主在众议院（下议院）也占得主导地位。"（韦伯，1997：123）也就是说，源源不断的外来劳工为政治上占据主导地位的容克阶层输入了经济上的支撑，使他们得以保持政治主导地位，在德国议会中获得与其人口数量不相称的票数优势。这样，人口大量流出的东部农村地区的土地贵族掌握着控制权，而人口大量流入的城市地区、工商业者和新兴工人阶级的政治利益难以得到体现。

韦伯指出，与容克阶层的政治优势地位不相称的是，他们在经济上攫取、在政治上短视。例如，容克阶层在移民问题上持一种赤裸裸的剥夺和压榨立场：容许波兰人进入德国，但却不允许他们成为永久居民，他们只能是外来劳工身份，而且只在需要大量人手的时候才被允许作为季节工进入，到了冬季就被强迫遣返。这样，波兰人无法在德国定居，更无法在文化上融入德国社会。韦伯认为，容克阶层的这种行为威胁到国家利益，德意志国家实现了外在的统一，但内在的、人民的或民族的统一还远远未完成。

正因如此，韦伯在为社会政策协会的农业工人调查做数据分析和报告时，选择了易北河以东地区，而非其他调查地点。玛丽安妮在解释韦伯这一时期对农业问题、交易所问题的兴趣时指出，所有这些问题"首先"都是政治问题（Weber，1988：197）。

韦伯的立场非常明确：他认可容克阶层以往对国家所做出的贡献，认为其强大的政治本能有利于国家的权力和利益，但是，德国并未在政治上统一和成熟起来，德意志民族国家需要新的秩序来整合其社会、发展其经济，而非容克的家长制统治（Weber，1994：22）。

基于这种立场，韦伯反对由政府垄断谷物进口，不赞同政府每年以五亿马克补贴东部庄园的建议。但现实是，整个 19 世纪 90 年代，农业利益集团作为德国重要的政治力量，影响持续存在，它们一方面通过选举体制占据主导地位，另一方面有强大的地方势力。新兴的政治力量，如德国社会民主党均受制于此，无法形成有效的社会运动和改革（Tribe，1983）。这也从一个侧面表明，韦伯在 1895 年演讲中对德意志民族的殷殷期待中深刻的悲观主义有非常直接的现实基础。

第三，韦伯在这篇演讲中强调了某种"斗争"（Kampf）的态度。他认为，各民族间的经济斗争从未止歇，斗争是一种必然要面对的、实际存在的对立，在"和平"的外表之下，为了生存和经济利益的斗争可能是静悄悄的，但始终并且仍将存在，任何期待人类未来会享受和平与幸福的生活的想法，必然会落空（Weber，1994：14）。

莫姆森对此有非常强的批评，他认为韦伯"直言不讳、毫无节制地将政治领域描述为无时或止的权力斗争"，进而，权力的斗争渗透政治组织和文化生活的方方面面，结合达尔文主义适者生存的观念，向德国人灌输了"人与人的斗争"、"争取生存空间"等思想（Mommsen，1984：40 - 41）。类似地，迈耶将韦伯视为新马基雅维利主义者（Mayer，1944）。在这样的批评路线上，韦伯对斗争的强调必然会导向德国的富于侵略性的民族主义与帝国主义。

对此，本文认为，韦伯对斗争的强调明显带有马克思、社会达尔文主义等思潮的影响。不过，从他对和平主义（pacificism）的反思和批评的角度来看，他之所以强调斗争，并非否定和平的价值，反而是要揭示出只看到或者满足于表面的和平是不够的。

韦伯自身确实具有某种战斗精神和英雄主义的气质，但他对政治和社会领域的和平、非暴力等呼求非常了解。例如，由于母亲海伦娜·韦伯的影响，早在青年时期，韦伯就熟悉美国废奴主义者威廉·钱宁牧师的宗教观念和平主义立场（Weber，1988：86 - 90）。从他后来的言论与作品中也可以看到，他了解诸如基督教传统上的和平主义（福音书和耶稣的立场、贵格会、威廉·潘恩等的观点）、列夫·托尔斯泰的作品中提倡的和平主义、东方社会中的寂静主义与和平主义等。

韦伯尊重和平主义者，但是，基于实践的观点，基于其英雄主义、爱国主义和责任伦理等立场，他不赞成和平主义的做法。他认为：要注重理念或设想的实际后果，而非理念的宣称、感性的自我陶醉；关注理想秩序的设计与现实运行之间的差距；要承担自身的历史责任，而非沉浸在对和平的一厢情愿的幻想之中。韦伯的现实主义立场以行为的实际后果、而非口号或立意来看待各种理念或主义，这也是他所谓的"经济学家看问题的方式"之实际含义。

具体到东普鲁士的情况，即使是在和平时期，他也能从表面的现象之下看到实质的经济利益之争。以波兰农工进入东部事件为例，韦伯指出，德国的农民和雇工并非在公开的冲突中被某种政治支配力量驱逐，而是在一种暗淡无光的、为着每日的生存而进行的静悄悄的斗争中被击败，迁徙到城市或新大陆的德国农民面对未知的生活，认为至少自己有了自由；韦伯认可这种追求自由的本能，但自由却一无所有的境地，只是一个"黑洞洞的未来"（韦伯，1997：89）。

韦伯的这种注重实际效果的立场，使他同当时两种主导的经济学取向都有所不同。

一种即英国的政治经济学传统，韦伯称其目的为"普遍的幸福"，但在自由贸易的原则和各国经济实力不尽相同的情况下，实际上发生的情况往往是：自由竞争＋国际贸易＝强者愈强，弱者愈弱。经济学家们预想的普遍幸福无法达成，反而成了为强者背书。

另一种是德国国内以社会正义为念、以抚恤贫弱为职责的"讲坛社会主义"者，他们试图依靠国家的力量，在资本家与工人之间充当一股平衡力量。基于这种倾向，德国建立了以公共教育、限定物价、最低工资制等为特色的社会政策体系。但是，家长制框架之下的国家政治体系为容克保留了政治特权，容许其作为食利者获得经济补偿，工商业者和市民阶层却缺少良好的发展前提。

韦伯认为，这两种经济学，或者只注重生产，或者只注重分配，而忽视了在生产与物资的全球流动的背景之下，国内阶级矛盾以国际贸易的形势被输出、国外的经济要素加重国内的经济扭曲等情况。具体到东普鲁士等地区，要突破表面现象的遮蔽，揭示并正面应对经济领域的静悄悄的斗争；要突破种种想当然的设定，从现实的、结果的角度去看待、评估具体的理念或方案。因而，韦伯的主张代表着某种讲求实际、注重实效的社会现实原则，对于当时流行的、以良善意愿为立足点的和平主义的理论或情怀来说，这无疑是"残酷"的。

通过以上三点论述，本文试图表明，韦伯1895年演讲之所以独特，原因在于他从习见的现象中挖掘出了流行概念不能解释的现象，揭示出一般看法中的自相矛盾之处，提供了有关当时德国现实的洞见。在此意义上，1895年演讲足以成为有关德国政治结构、经济发展和社会转型的重要的社会学文献。

同时，尽管篇幅不长，但是，1895年演讲如同韦伯的其他著作一样，涉及的问题既多又杂，从社会学理论的角度来看，其中包含着韦伯社会学的多种理论线索。下文将通过问题系与文本链的构建，来揭示其思想发展的脉络。

二 1895年演讲的社会学主题：社会变迁、人口流动与国家建设

以东部地区的人口流动趋势与经济发展为例，1895年演讲分析了德国社会经历的社会变迁、阶级与阶层的演化及其政治意义。东部庄园在经营上的变化，折射出19世纪后期德国社会的工业与农业、城市与乡村的对立。其中，工业化、城市化的潮流，形成了新的经济中心，并对农村地区产生了某种拉力。

实际上，德国农村地区亦有不同的发展模式。例如，在以自耕农聚居、村庄形式为主的德国西部，以多样化的农作方式为基础，形成了为城市中心服务的市场化园艺。

而在德国东部以容克庄园为主的地区，一个显著的特征是以大地产、以出口为导向的农业资本主义经营方式。其作用机制在很大程度上来自城市的压力：城市生活给容克们带来了吸引力和经济上的压力，为了与其优越的社会地位相契合，容克们需要金钱来维持与其声望相称的生活方式。

但是，容克那些神气的贵族宅院无法掩盖他们相对于城市和工业的经济落后地位。因此，土地及其产出成为其汲汲求利的手段。容克庄园里盛行以国际贸易为目标的农业生产模式，一方面采取大规模集约化、专门化经营的方式，种植土豆、甜菜等根茎类作物，施用肥料、杀虫剂，农业机

械化程度比较高；另一方面庄园的专门化生产会出现季节性的劳动力短缺，容克们倾向于雇佣来自波兰、俄罗斯等地便宜的移民劳工，最大限度地获取其劳动剩余。

韦伯的分析认为，德国东部庄园的经营方式不仅形成了特定的土地占有、开发的模式，还影响了农村地区的居住格局、人口分布和社会—政治结构。

一方面，原有的社会关联瓦解了，新的社会关联没有建立起来。在东部地区，原本盛行的是庄园制基础上的领主—依附农的关系，通过分成制、实物报酬的形式，这种关系带有某种共享的伙伴关系的性质，因而双方之间的主奴关系被多种明确的或暗含的物质、情感的纽带所强化。但是，随着出口贸易的拓展、大地产和专门化生产的流行，东部农业生产成为资本密集型的产业，地主们日益按照商业原则来经营，货币工资例如计件工资制等，渐渐取代了分成制、实物津贴等形式。

工资形式的变化不仅是个经济事件，而且代表着重要的社会关系的转变。以实物地租体现出来的、原有的地主与农民之间的共同利益和相互依存消失了，基于地产之上的共同经济和家长制人身依附关系濒于瓦解。货币工资带来的抽象的金钱关系，使得农民如同工厂流水线前的工人一样，成为只具有价格标签的、可替代的劳动力。对于原来的依附农民来说，在土地上已经看不到什么希望，因此，不如离开这样的既具依附性又赤裸裸的货币关系，前往城市或新大陆。

至于主奴关系的另一方，即容克地主阶层，一方面作为地方的唯一雇主而居于主导地位，攫取并把持着地方公共经济的利益；另一方面把持了地方的行政、司法等权力，借此强化了自身的社会经济优势。

从国家的政治层面来看，容克地主们形成了农业利益集团，主导着地方政治，老一代的民族自由党人（National Liberals）在乡村的力量损失殆尽，新起的社会民主党人（Social Democrats）局限于城市，也无法影响农村的斗争格局。由于容克阶层在政治上所处的优势地位，他们通过反对谷物关税、开放东部边界等政治举措获得了经济利益，并且不断地要求政府予以各种优惠或补贴。

因此，在面对城市与乡村、工业国与农业国的对立时，韦伯的选择倾向于城市和工业。其理由并不在于是否足够先进或现代，他反对的恰恰是乡村当中较具有现代化的经营方式且采用机器化生产、化肥等新技术较多的大地产制。他对乡村变革的担心主要在于社会关系变迁、社会关联被瓦解的现象，特别是这种变化的政治影响，不仅仅是一个地方势力的问题，而且影响到了德国国家的整体利益。

韦伯指出，容克对于国家利益的妨碍主要在于，他们以其阶层利益为念，借助其政治优势地位，凌驾于国家和民族利益之上，完全不顾其身为政治主导阶层所应负有的责任。因此，德国政治的麻烦在于，家产制的传统被打破了，但是家长制的政治遗产却被继承了下来，资本的力量在农村造成的是食利者的心态（而非《新教伦理与资本主义精神》所揭示的资本主义工商业者的积极进取与创新的经济心态）。

全新的经济力量、经济手段并没有带来社会的革新，反而与老旧的政治势力合一了。经济权力与民族的领导权不一致，将对德国国家的未来造成威胁，因为"社会政治的关键问题并不在于被统治者的经济处境，而在于统治阶级和上升阶级的政治素质"（韦伯，1997：106）。

面对德国其他阶级的现实，韦伯的看法也非常悲观。市民阶级"已掌握经济权力而未达到足够的政治成熟"，韦伯认为，这个阶级的"非政治"的传统使得任何政治教育都有太迟之虞①。

对于城市工人阶级，韦伯认为，从农村前往城市的人，内心受到了自由的召唤，哪怕等待他们的是一无所有的状态。但是，城市无产阶级是否能够担得起政治领导权的要求？韦伯持否定态度，主要在于工人们的领导者只是"一小撮想要垄断德国工人运动领导权的落魄文人"（韦伯，1997：104），他们空有语言上的煽动性，却既无行动魄力，又无民族主义激情。从工人阶级自身来看，他们也不像英国工人那样，有为着自己的利益起而斗争的传统。

这样，当面对着缺乏政治意识、缺少政治教育的国民之时，当社会的联合陷入分崩离析之时，国家本身就成为一个问题了。在韦伯看来，国家

---

① 斯卡夫（Scaff, 1984）指出，要从韦伯时代的思想氛围来理解其论点，其要者如：德国自由主义的终结、社会主义的兴起、社会科学中的经济学视角与社会文化中的悲观主义。此处韦伯对市民阶级的批评便与 1878 年以后的德国自由主义的几个重要现象有关，即工业资本与半封建的农业利益集团的结盟、老派的中产阶级自由党派的无所作为以及社会政策中威权主义的"自上而下的革命"。

是"民族权力的世俗组织",或者全民族经济与政治利益的代表、民族的担纲者(韦伯,1997:93)。因此,与容克阶级只注重自身利益形成对比的是,国家代表着民族的整体利益;与经济学家只注重当下的快乐或满足相反,国家承载的是民族的历史命运,着眼于长远的未来。

相应地,韦伯提出了"国家理性"的概念,即以整个民族的长远的利益为出发点。这样,国家对经济的各种决策,例如是否以及在多大程度上干预经济活动、是采取自由贸易体系还是关税保护等,最终都以民族和国家的利益为准。

同时,韦伯提出了"经济民族主义"的说法,即对内保护民族经济,减少城乡差异,实现经济发展,强调国家对经济的干预,但并不就是对特定阶级(例如容克)进行救助,而是为国民的自力自助、自由竞争建立制度环境;对外在"全球经济共同体"的扩张、各民族之间的经济斗争中捍卫自身的利益。他指出,在德国东部地区发生的变迁,恰恰就是全球范围内经济竞争与冲突在国内问题上的体现,即"全球经济共同体在本民族内部唤起当前物质利益和民族未来的冲突,并使得既得利益者与本民族的敌人联手而反对民族的未来"(韦伯,1997:92)。

这样的国家,在面对与人民的关系时,既要保障人民行使其自由和权利,又要使人民或社会群体通过自由竞争争取自身利益。在此基础上,要以民族的长期利益为最终目标,通过适度的经济干预、社会救助等政策加以调节,在世界范围内的竞争中保护民族的权力与利益。

除了以上经济与社会变迁、阶级特征与政治结构等经验内容,1895年演讲中还包含着有关经济、社会与政治的理论命题。例如,韦伯对德国社会各阶级的分析、对社会生活中的斗争主题的强调,与马克思主义的相关概念很有亲和性。不过,他对社会主导阶级的看法不是单线的,而是加入了社会流动因素,强调"统治阶级"和"上升阶级"共同决定了民族国家的政治未来;同时,其斗争概念不是统治阶级与被统治阶级之间的根本对立,而是在和平前提之下为自身利益的竞争。

此外,他对民族国家的心理基础、历史责任、经济角色等思考,已然具有一个国家社会学的框架,即一个有清晰边界、根深蒂固的心理基础的民族的长期利益的担纲者的概念。这一理论关注一直持续到20世纪20年代之初,韦伯在一系列政论文章里提出了议会制、民主制、总统制等德国国家政治体制的问题，涉及国家与经济发展、国家社会学的制度因素（Weber，1994；何蓉，2011）。

最后，韦伯的这篇著作中还包含着演化的主题，即从经济发展的现象看社会的变迁。他注意到了个人与阶级都会因争取其利益而形成竞争、斗争的格局，但是，与社会达尔文主义的设定相反的是，竞争的结果不一定就是物竞天择、优者胜出。与马克思主义的历史演化论点不尽相同的是，经济利益与政治收益可能会不同步，新的经济手段有可能会服务于没落的政治势力；决定国家未来的，也不仅是正在实施统治权力的阶级，还包括在社会经济中处于上升阶段的阶级；各阶级是否能够意识到并完成其肩负的历史使命，不仅在于其经济权力，还在于政治素质，即政治上是否成熟。

三 以关键文本为核心建立文本链：
早期韦伯的思想地图

以上对 1895 年演讲的内容爬梳，将其置于韦伯社会学理论与经验研究的脉络之中，试图表明其作为社会学文献的重要性，并将早期韦伯带入社会学理论史的关注当中，梳理其著作中的理论脉络，打破历史分期对全面理解韦伯社会学的分割。在此基础上，我们有可能在著述史写作上有所推进，即抛开单一的时间线或历史分期，而以问题系为中心，建立文本与文本之间的关联。

这里的问题系，指的是所关注的相关研究主题所形成的问题脉络。由于韦伯作品很多都是因人因事而作，较少主动、系统地论述，这造成他所关心的主题往往散见于不同作品之中。那么，循着具体问题来排比文本，就有可能将表面上看似不相关的某些文本连缀在一起，建立文本之间的关系链。

例如，1895 年演讲的一条主线是当时的农业、农村、土地和农民问题。按照蒙特斯的梳理，韦伯在 1892～1909 年所发表的 23 部作品均围绕着这一主题展开（Munters，1972）。从克斯勒所编排的著作目录来看，从 1892～1895 年，韦伯围绕着德国东部地区的农业工人等问题，集中发表了约 12 篇文章（相关的书评、评论等不计在内），1895 年演讲是其中的最后一篇；之后在 1899 年、1900 年发表的 55、56、56/I、57、58、58a 等文

献，皆是他 1893 年为社会政策协会所做的研究报告（Käsler，1988：244 –
255）。

这样来看，1895 年演讲作为某种"结语"，与相关的十余篇文献一起，
构成了一个直接的文本群，反映出韦伯在 1892～1895 年的工作，即对东部
地区农业工人的两次调查的数据分析、问题提炼和总结。

而且，以韦伯所关注的问题而论，这一文本群并非孤立，在内容上，
它还有"前因"和"后继"，形成了一个文本的链条。

所谓前因，主要是指韦伯 1891 年的教授资格论文《罗马农业史及其
对公法、私法的意义》（Die Römaschier Agrargeschichte in ihrer Bedeutung
für das Staats-und Privatrecht）。在其中，韦伯讨论了法律的农业基础——农
业组织方式与政治结构之间的关系，涉及罗马的土地制度、土地勘测和公
共土地到私人土地的演化等内容。之所以认为它构成了 19 世纪 90 年代农
业工人文本群的"前因"，是韦伯在古今之间发现了相似的社会结构与历
史转变的机制。莫姆森也注意到，韦伯一方面论述奴隶劳动力的短缺造成
了罗马共和国崩溃、古代文明衰落，一方面联想到了易北河以东地区的类
似问题及其可能的后果（Mommsen，1984：22）。

这种"古今一也"的思想关联，与韦伯的论文指导老师奥古斯特·迈
岑有关。迈岑在柏林大学担任兼职教授，指导了韦伯的教授资格论文，但
他的正式职位设在普鲁士统计署，他曾在 19 世纪 60 年代进行普鲁士土地
产权和农业税体系的调查、评估等工作。在农业政策方面，迈岑强调以农
业史为基础，从长期的历史发展来看农业的结构因素，将古代与现代的问
题联系起来看（Tribe，1983）。

所谓"后继"，主要指的是 1904 年韦伯赴美参加圣路易斯的世界博览
会，发表了有关美国与德国的农业资本主义发展模式比较的演讲，[①] 提出
在不同的背景和条件之下，现代化如何以多重路径得以实现。同时，韦伯
深入美国西部地区，观察到了西部的土地分配与联邦制的政治制度等相关

---

① 该演讲的德文原文已轶；英文译文在 1906 年发表，题目为"The Relations of the Rural
Community to Other Branches of Social Sciences"，后以"Capitalism and Rural Community to
Other Branches of Social Science"为题收入格斯与米尔斯的《韦伯文选》（*From Max Weber*：
Essays in Sociology）并有修改。卜永坚的中译《资本主义与农业社会——欧洲与美国的比
较》辑入《民族国家与经济政策》一书（韦伯，1997）。

问题（Scaff, 2011）。这些可以说是他在19世纪90年代有关农业经济与国家政治体制等思考的延续。

这样，通过以上对韦伯文本间关系的梳理，以1895年演讲为关键文本，建立了以共同主题为核心的文本群与文本链，有助于按照问题的线索，深入地分析韦伯的思想。

这一文本研究的方式，即关键文本的确立、文本群的梳理、问题系的建立和文本链的搭建等，可以将早期韦伯的其他面相也提炼出来，并与后期较广为人知的作品建立主题关联。例如19世纪90年代的交易所（Die Börse）研究主题、19世纪90年代农业劳动者和20世纪头十年工业劳动者的（心理和生理物理学意义上的）状况的研究主题、从早期诸古代文明的社会状况研究到后期的世界文明史研究主题，等等。这种多重线索交错、各行其道的多维理解方式，有助于建立一个贯通的、丰富而立体的韦伯思想的图像。

从整体的韦伯文本出发，本文的研究方法，即以关键文本、核心问题来梳理文本链条、建立文本间关联的方式，可以进一步地建立文本间比照和对应的阅读方式，从而在某些具有内在关联但却分割于不同时期、不同领域的文本之间建立镜像式的、平行的或交互性质的关联。例如，韦伯的方法论文章《社会科学的与社会政策的知识中之"客观性"》与《新教伦理与资本主义精神》正文第一部分，这两篇的写作基本同时，被分别视为韦伯方法论和宗教社会学的著作。但实际上，前者的方法论原则，如"历史个体"、"理想型"等，在后者中有多处应用，两篇呈现互为镜像的关系。理解这一关系，有助于理解新教伦理命题及其论证特征。

另一种更常见的情况是，韦伯作品的一些看似不相干的文本当中，存在某些散布的、相通的主题，形成了相互间的呼应关系。仍以1895年演讲为例，通过主题线索，可以发现它与其他文本的某种平行或呼应关系。例如，关于压低劳动者工资的问题。在1895年演讲中，韦伯指出容克们通过雇佣波兰劳工来获利，以降低工资、住宿和社会福利等支出的方式控制成本。这种劳动力市场的低价策略看似有效，实际上却形成了"最不适者生存"的结果。同一问题后来在《新教伦理与资本主义精神》中再次进行分析，韦伯将其提炼为"低工资和高利润直接相关"的看法，指出其局限性，即在一定条件下，尽管压低人力成本支出带来了利润的量的优势，但是，低工资阻碍了资本主义的质的提高，减缓了劳动组织形式的转型，当需要熟练劳动、关注创造力等素质的时候，就难以找到符合要求的工人（韦伯，2010：34-35）。

类似地，1895年演讲中对容克地主的家长制统治秩序的反感、对食利者心态的反对和对城市工商业者的认同，与《新教伦理与资本主义精神》中创新的企业家精神、理性而自由的劳动组织方式等形成对比，为理解所谓新教伦理命题提供了宗教以外的思路。

再如，关于民族发展与其生存环境的关系问题。韦伯在1895年演讲已经提出了这一问题，认为从可观察到的情形来看，各民族的确各有其适应环境的能力。不过，用生物学等自然科学的框架来解释人类社会的经济问题，对其效力应有所警惕，因而"民族的物质与精神特征"及其"生存环境的关系"的问题需慎言。20多年之后，在其经济史课程的讲义中，韦伯再次聚焦于此问题，分析了资本主义时期之前，欧洲各地基于不同的外在条件而形成的劳动与组织方式，如马尔克、米尔等（Weber, 1961）。

透过这种文本间的相互呼应，可以看到韦伯思想中既定主题在不同的语境下的发展和变化，显示出韦伯著作存在两方面的复杂性：一方面，不同时期的不同著作之间存在某些共同的主题关联；另一方面，在同一文本中存在着纵横交错的歧异主题。因此，本文的策略具有一定的针对性，即以关键文本为立足点，建立文本间的呼应关系或发展链关系，力图更为全面地勾勒出韦伯文本的丰富主题。

四 小结：建立韦伯作品的文本间
关联的著述史意义

韦伯作品被喻为"迷宫"，形象地体现出其著述史写作所面临的挑战。由于文本的复杂性，任何试图从这座迷宫的多彩断片中拼出一个看上去清楚可靠的图景的努力，都有可能被视为对韦伯作品的人为切割。即使如本迪克斯的韦伯"思想肖像"这样的经典研究，在试图清晰地描摹其轮廓时，也在一定程度上切割了其内在筋脉。在这种情况下，所谓对韦伯的"创造性误读"往往已近美誉。

从韦伯这方面来看，造成这种阅读的困难的部分原因是其作品的未完成性质和反应性写作方式。韦伯早年的精神疾患和后来的早逝，都令其作品中潜藏的主题未得充分的阐发，其著作的产出并非稳定的细水长流，而更像一座沉默火山的不时爆发。而且，韦伯的许多作品都是应人之邀写就的，常常未及展开就匆匆付梓。例如，韦伯原本希望将《社会经济学大纲》做成能够反映德、奥等国经济学最新成就的共同展示，最后却不得不自行承担了相当部分的写作。尽管滕布鲁克批评《经济与社会》是定义的堆砌（Tenbruck，1980）不无道理，但如果细读其文，不难发现韦伯在注解文字中屡屡发出慨叹，如何囿于体例而不能进行因果性关联的探究。

即使是《新教伦理与资本主义精神》这样广为人知甚至享有某种社会学"圣书"地位的文本，由于其写作与出版的过程中，涉及 1904—1905 年的写作与发表，1910 年之前与经济、宗教和社会学等领域研究者的争论，1920 年辑录为《宗教社会学论文集》之第一卷等不同时期的文本变化，因而，在阅读与评介时，需要注意到不同阶段的文本侧重点、韦伯 1904—1920 年不同时期的不同关注点等写作过程中的问题。此外，还要在相当程度上考虑编撰和翻译史的因素，即参与德文编撰与英文翻译的人、事等因素所带来的诸多影响。

韦伯作品的这种复杂性为著述史写作带来很大的挑战。依据本文的立场，简单来说有两个方面：一个是韦伯学术的分期问题，另一个是是否存在一个整体的韦伯思想的问题。

分期问题表面上是划分韦伯思想的不同发展阶段，实际上存在一个对韦伯学术形象的判定问题。当以某种发展、演化的眼光来看待韦伯学术史的时候，背后就存在着一种假定，即韦伯思想具有某种基于时间的发展次序，且将其作品对应于不同的发展阶段，这样，韦伯的著述史便成为一个朝向社会学家韦伯的、具有目的论色彩的演化史，忽视了韦伯思想中复杂精微的方面，切割了其作品内在的主题关联。本文对 1895 年演讲的社会学主题的梳理就试图打破这种简化的时间分期，清理不同时期作品之间的主题关联。

另一个问题实质上是如何看待韦伯的理论遗产问题，即是否存在一个整体的、统一的韦伯。或者说，当我们用碎片化来总结韦伯作品的特征的时候，是否也意味着社会学至少有一部分是奠定在零落或分立的基础之上。20 世纪 80 年代以来，不同的学者都试图找出韦伯作品贯穿始终的红线，即其基本问题和代表作。但是，简单地将关注点从《经济与社会》转移到《宗教社会学论文集》或其他文本上是不够的。

不少学者在深挖韦伯的思想脉络时，往往假定韦伯学术著作背后有一个具有某种自我意识的、统一性的伦理或现实的目的，略维特、亚伯拉莫夫斯基的分析即具有这样的特色（贝顿，1990：15－21）。这是主题在先的一种切割。同样成问题的是，米茨曼以原生家庭等外在境遇来解释心理映射（Mitzman，1984），拉德考的传记在某些方面发展了这一路向（Radkau，2011）。这样的路向，对了解韦伯不同时期的生理心理状况等有益，但反而矮化了韦伯这样一位具有强烈的斗争意志、悲观又英雄主义取向的学者的真正贡献。

在此，我们不妨回到韦伯夫人的说法，即韦伯的核心思想在很早就形成了，后来的著述只不过是其想法在不同情况下的应用或展现而已（Weber，1988）。表现在其著述史上，就可以看到，韦伯思想中不仅有变化、有转折，而且有特殊的延续性。从这一思路出发，我们看到的，可能不是某一个韦伯，而是许多个韦伯（many Webers），是内在通贯但又对社会实在保持开放的韦伯。

在这个意义上，本文认为，以关键文本、核心问题为出发点，基于问题系建立文本群、文本链的努力，对于挖掘错综复杂的韦伯文本的潜力而言，是有意义且恰当的。

这种依主题打通文本的方式，突破了作品分期、研究领域划分等带来的对韦伯文本的切割，注重直接面对韦伯思想之迷宫，即某种多层次的、多路径的、多出口的系统。与韦伯方法论的立场相一致，这在本质上是开放的：以主题的呼应来重建精神的漫游，实现表层文本与内在主题相结合、跨越时间和领域界限的文本联合，重建韦伯文本间的关系，从而有助于揭示其错综复杂的文本编织之下的多重主题、表面径流之下的潜流，呈现多线索的迂回曲折、多重主题的复调与变奏等，形成一个立体而精微的韦伯思想图像。

参考文献：

阿隆，雷蒙，2000，《社会学主要思潮》，葛智强、胡秉诚、王沪宁译，北京：华夏出版社。

贝顿，1990，《马克斯·韦伯与现代政治理论》，徐鸿宾、徐京辉、廖立传译，萧羡一
　　校阅，台北：久大、桂冠联合出版。

本迪克斯，莱因哈特，2002，《马克斯·韦伯：思想肖像》，刘北成、刘援、吴必康、
　　刘新成译，刘北成校，顾忠华审，上海：上海人民出版社。

何蓉，2011，《朝向一种韦伯式政治经济学——对于韦伯现代国家与经济发展论述的初
　　步考察》，《中国农业大学学报（社会科学版）》第 1 期。

林格，弗里茨，2011，《韦伯学术思想评传》，马乐乐译，北京：北京大学出版社。

斯威德伯格，理查德，2007，《马克斯·韦伯与经济社会学思想》，何蓉译，北京：商
　　务印书馆。

韦伯，马克斯，1997，《民族国家与经济政策》，甘阳、李强、文一郡、卜永坚译，北
　　京：生活·读书·新知三联书店。

——，2010，《新教伦理与资本主义精神》，苏国勋、覃方明、赵立玮、秦明瑞译，北
　　京：社科文献出版社。

——，2013，《韦伯方法论文集》，张旺山译，台北：联经出版社。

亚历山大，杰弗里·C.，2012，《社会学的理论逻辑》第三卷，何蓉译，北京：商务印
　　书馆。

Barblet，J. M. 2001，"Max Weber's Inaugural Lecture and Its Place in His Sociology." *Journal of Classical Sociology* 1（2）.

Borchardt，Knut 2002，"Max Weber's Writings on the Bourse：Puzzling Out a Forgotten Corpus." *Max Weber Studies* 2（2）.

Dibble，Vernon K. 1968，"Social Science and Political Commitments in the Young Max Weber." *Archives Européennes de Sociologie* 9.

Hennis，Wilhelm 1983，"Max Weber's 'Central Questions'." *Economy and Society* 12.

——1987a，'Max Weber's Theme：Personality and Life Orders." In S. Lash & Sam Whimster（eds.），*Max Weber：Rationality and Modernity*. London：Allen & Unwin.

——1987b，"A Science of Man：Max Weber and the Political Economy of the German Historical School." In Wolfgang J. Mommsen & Jürgen Osterhammel（eds.），*Max Weber and His Contemporaries*. German Historical Institute，London：Allen & Unwin.

Honigsheim Paul 1949，"Max Weber as Historian of Agriculture and Rural Life." *Agricultural History* 23（3）.

——2003，*The Unknown Max Weber*. Edited and introduced by Alan Sica. New Brunswick & London：Transaction Publishers.

Kaelber，Lutz 2003，"Max Weber's Dissertation." *History of the Human Sciences* 16（2）.

Käsler, Dirk 1988, *Max Weber: An Introduction to His Life and Work*. Translated by Philippa Hurd. London: Polity Press.

Mayer, J. P. 1944, *Max Weber and German Politics: A Study in Political Sociology*. London: Faber & Faber Ltd.

Mitzman, Arthur 1984, *The Iron Cage: An Historical Interpretation of Max Weber*. New Brunswick & London: Transaction Publishers.

Mommsen, Wolfgang J. 1980, *Theories of Imperialism*. Translated by P. S. Falla. New York: Random House.

——1984, *Max Weber and German Politics* (1890 – 1920). Translated by Michael S. Steinberg. Chicago & London: University of Chicago Press.

Munters, Q. J. 1972, "Max Weber as Rural Sociologist. " *Sociologia Ruralis* 12 (1).

Norkus, Zenonas 2004, "Max Weber on Nations and Nationalism: Political Economy before Political Sociology. " *The Canadian Journal of Sociology* 29 (3).

Palonen, Kari 2001, "Was Max Weber a 'Nationalist'? A Study in the Rhetoric of Conceptual Change. " *Max Weber Studies* 1 (2).

Riesebrodt, Martin 1986, "From Patriarchalism to Capitalism: The Theoretical Context of Max Weber's Agrarian Studies (1892 – 93). " *Economy and Society* 15 (4).

Radkau, Joachim 2011, *Max Weber: A Biography*. Cambridge, UK: Polity Press.

Roth, Guenther 1965, "Political Critiques of Max Weber: Some Implications for Political Sociology. " *American Sociological Review* 30 (2).

——2002, "Max Weber: Family History, Economic Policy, Exchange Reform. " *International Journal of Politics, Culture, and Society* 15 (3).

——2006, "Max Weber's Articles on German Agriculture and Industry in the *Encycolpedia Americana* (1906/1907) and Their Political Context. " *Max Weber Studies* 6 (2).

Scaff, Laurence A. 1984, "Weber before Weberian Sociology. " *British Journal of Sociology* 35.

——2004, "Young Man Weber. " *International Journal of Politics, Culture and Society* 17.

——2011, *Max Weber in America*. Princeton & Oxford: Princeton University Press.

Schluchter, Wolfgang 1989, *Rationalism, Religion and Domination: A Weberian Perspective*. Berkeley: University of California Press.

Sica, Alan 2003, "Paul Honigsheim and Max Weber's Lost Decade. " Introduction to Paul Honigsheim, *The Unknown Max Weber*. New Brunswick & London: Transaction Publishers.

Tenbruck, F. H. 1980, "The Problem of Thematic Unity in the Works of Max Weber. " *British Journal of Sociology* 31.

Theiner, Peter 1987, "Friedrich Naumann and Max Weber: Aspects of a Political Partnership. " In Wolfgang J. Mommsen & Jürgen Osterhammel (eds.), *Max Weber and His Contemporaries*. German Historical Institute, London: Allen & Unwin.

Tribe, Keith 1983, "Prussian Agriculture—German Politics: Max Weber 1892 – 1897. " *Economy and Society* 12 (2).

Weber, Marianne 1988, *Max Weber: A Biography*. Translated and edited by Harry Zohn. New Brunswick & Oxford: Transaction books.

Weber, Max 1961, *General Economic History*. Translated by Frank H. Knight. New York: Collier – Macmillan.

——1994, *Weber: Political Writings*. Edited by Peter Lassman & Ronald Speires. Cambridge: Cambridge University Press.

以"匠人精神",写"社会学的诗":
米尔斯的社会学遗产之重估[*]

闻　翔

摘　要：在米尔斯诞辰百年之际,本文试图重估其社会学遗产。本文指出,米尔斯作为"智识匠人"的志业,即从内外两个面向揭示美国文明19世纪末以来的转型及危机。就内部面向而言,本文聚焦于米尔斯及同时代的批评者关于美国社会的不同判断及分歧的实质;就外部面向而言,本文则以米尔斯关于古巴革命的晚期著述为核心,考察米尔斯对古巴问题的讨论在何种意义上构成了对美国民主的外部批评。但是,对米尔斯的社会学遗产的重估,并不止步于此。米尔斯关于社会学写作的文体和"风格"的想象,即关于"社会学的诗"的论述,构成了其学术遗产的另一个重要部分。本文指出,"社会学的诗"所倡导的审美与人格意蕴,实则是对社会学写作的人文传统的回归。最后,本文讨论了在中文学界的语境下,米尔斯的社会学研究所具有的启发意义。

关键词：米尔斯　匠人精神　社会学的诗　美国文明

一　引子："匠人精神"再认识

2016年是美国社会学家 C. 赖特·米尔斯（1916～1962）一百周年诞辰。与其短短45年短暂的生命相比,米尔斯对社会学这门学科的影响却始终没有中断且历久弥新。那么,米尔斯对于我们今天究竟意味着什么?米尔斯的社会学遗产与当下的理论思考究竟有着怎样的相关性?在米尔斯诞辰百年之际来重新审观这些问题,或许正是对其最好的纪念。

---

[*]　原文发表于《社会》2016年第36卷第6期。

在米尔斯的社会学遗产中，"匠人精神"（craftsmanship）是一个非常重要的关键词。① 以往对于米尔斯的研究，也大多注意到他对于"匠人精神"的论述和推崇。在《社会学的想象力》中，米尔斯单辟了一个 30 多页的附录《论智识匠人精神》（On Intellectual Craftsman）② 集中讨论在何种意义上，一个具备了社会学的想象力的研究者，首先应当是一名独立的智识意义上的"匠人"，以及这样的匠人应当如何"养成"（Mills，1959a：195－226）。③ 在米尔斯看来，"匠人精神"与他所批评的科层气质的社会研究相对。米尔斯本人曾经在拉扎什菲尔德领导的哥伦比亚大学应用社会研究中心有过一段并不愉快的工作经历（Mills，2000：170－171；Sterne，2005），在生前尚未完成的一部遗著中，他曾如此剖白心迹："安安静静写书授课的老派教授已经成为学术界的历史陈迹，但是这种老派角色在我心中却是被珍视的。我放弃了成为大规模调查的科层管理者或学术企业家的机会，这最终确定了我要走的路，即做一名独立的智识匠人"（Mills，2000）。

那么，所谓的"匠人精神"是否指的就是一种治学方法，或者更进一步地，是一种生活方式的选择呢？这样的理解固然没有问题，却很容易陷入方法主义之争的窠臼乃至泥潭中去，而难以进入实质问题。因为，当我们仅仅从"方法"的意义上来理解时，"匠人"本身所内蕴的社会—历史意涵就被抽离出来，而变成一个普遍的、抽象意义上的存在。但事实上，匠人首先是一个历史的质体，正如叶启政先生在最近的一篇论文中所指出的，每一个社会学家的工作其实都是"一种在特殊文化—历史脉络下进行着编织理念故事的艺匠人的工作"（叶启政，2016：89）。也就是说，当我们将米尔斯视为一个智识匠人时，我们首先应该关切和探究的，是怎样的文化—历史脉络形塑和影响了米尔斯的社会学写作？只有这样，我们才能对其具一种"瞭解之同情"，而不至有"隔阂肤廓之论"（陈寅恪，2000）。

---

① 在《社会学的想象力》的两个中译本中，1996 年巨流版将 craftsmanship 译成"艺师精神"，2001 年三联版则将其译成"巧艺"。此外，也有学者在论文中将其译成"艺匠格局"（叶启政 2016：97）。为了兼顾米尔斯的原意以及中文表达的一般习惯，本文则将其译成"匠人精神"。

② 巨流版将该版附录的标题译为"论学术艺师精神"，三联版则译作"论治学之道"。

③ 其实早在 1951 年的《白领：美国的中产阶级》中，米尔斯就曾经讨论过"匠人精神的理想状态"（Mills，1951：220－224），不过那时的讨论并非专门针对社会学研究这个行当而言。

在笔者看来，要同情地理解米尔斯的志业，首先需要明确一点，即米尔斯首先是一个美国文明之子。米尔斯所处的年代，正是美国文明发生转型的重要过渡时期。这一转型及其危机，以及美国本土的知识传统对危机的理解和应对，从社会史和思想史两个层面共同构成了米尔斯所处的具体的历史—文化脉络，给米尔斯本人打下了深刻的烙印，乃至在一定程度上形塑了米尔斯作为一个智识匠人的身心结构。

从社会史的层面来看，就美国内部而言，随着工业化浪潮的推进，产业无产阶级与白领阶层兴起，曾经作为美国民主柱石和共和美德化身的农场主阶层逐渐式微，城市化则推动了迥异于清教徒传统的新生活方式的出现，大萧条和罗斯福新政则使得国家权力更进一步高度集中，托克维尔（1996）笔下曾经作为美国民主基本单元的小乡镇及其生活方式，无论在政治还是民情的意义上，其重要性都已大不如前。就美国外部而言，从19世纪末的美西战争开始，一直到第二次世界大战，经由威尔逊、罗斯福等政治领袖对国家话语的重塑，美国逐渐远离了开国前辈所树立的"孤立原则"，由"共和典范"而逐渐走向了对外扩张、介入世界秩序的帝国之路（方纳，2002；王立新，2009）。

从思想史的层面来看，这样的转型是如何得到回应的呢？就美国自身的智识传统而言，自20世纪初以来，美国本土的实用主义哲学传统在皮尔斯、詹姆斯和杜威等人的奠基下逐渐形成。以皮尔斯等人为代表，实用主义哲学传统亦对美国的立国理念以及在19世纪末以来的帝国转向尤其是在海外的殖民活动予以了深刻反思（参见 Horowitz，1963），而在米德的努力下，实用主义传统对芝加哥学派产生了巨大影响（Ross，1991），而芝加哥学派的城市研究正是要考察城市化、工业化带来的移民等问题及其对于社会结构尤其是"民情"的影响。就外部影响而言，随着20世纪初那一代负笈欧洲（尤其是德国）的留学生回国进入美国的高等教育体制中，以及1930年代由于法西斯危机导致的欧洲学者和思想家大量移民美国，美国自身的学术观念、组织形态乃至社会政策等也越来越多地受到欧陆文明的影响和改造（参见罗杰斯，2011）。

米尔斯本人即深深地嵌入这一社会与思想、内部与外部的多重转型过程之中。他出身于美国南部得克萨斯州一个中产阶级家庭，祖父是农场主，父亲是保险经纪人，两代人的职业变迁本身即体现了工业化、城市化的影响;在威斯康星大学读书时,他深受实用主义哲学和心理学的影响,其博士论文即是关于美国实用主义哲学职业化过程的一个知识社会学考察,其中,对皮尔斯、詹姆斯和杜威的讨论各自分别占据了将近四分之一的篇幅(Mills,1964)。从博士论文开始,对实用主义的社会和智识价值的坚守贯穿了米尔斯全部研究的始终(Horowitz,1963:12)。"智识匠人"这一意象,本身即带有非常浓厚的实用主义的色彩;而经由他在威斯康星大学读书时的老师,德国移民学者汉斯·格特的中介,米尔斯对于欧陆社会科学尤其是韦伯传统又有了较为系统的理解和梳理,也正是在这一时期,他和格特合作翻译了《马克斯·韦伯社会学文集》,成为英文世界中较早且较重要的一部韦伯译作(Weber,1946)。从1940年代开始,伴随着战争步伐的临近,米尔斯从一个不关心实际政治的"学究"转变为一个激进的社会批评家。1945年来到纽约的哥伦比亚大学任教后,米尔斯开始逐渐融入当地的批判知识分子圈子。这样一个被称为"美国历史上第一代知识分子阶层"的"纽约文人"群体以《党人评论》(Partisan Review)杂志为平台,倡导人文主义的社会和文化批评,对于20世纪中叶的美国文化产生了深远的影响(参见吴琼,2006;钱满素,2013)。在这个群体内部,莱昂纳多·特里林、欧文·豪等杰出的文学批评家所给予米尔斯的智识启发、激励和认同感,在某种程度上甚至要远远超过了他在社会学共同体内所体验到的。譬如,《社会学的想象力》一书的标题很可能即是对特里林1950年出版的名著《自由主义的想象》(The Liberal Imagination)的模仿,后者对于占据美国主流意识形态的自由主义之缺乏"想象力"的批评与前者的旨趣亦并无二致(Trilling,1950)。

米尔斯曾指出,我们正处于一个新旧更替的年代,他将之定义为"第四纪元"(Fourth Epoch)即"现代"之后难以名状而又充满各种悖论和不确定性的混沌时代(Mills,1959:166),这当然是一个非常具有社会理论意涵的表达,但从经验的意义上,不妨认为,"第四纪元"即美国文明所处的转折年代的具体投射。米尔斯曾经批评同时代的大多数知识分子已经"放弃了理解'美国'的努力"(Mills,1952:447)。而纵览米尔斯一生的著述,他始终都在关切和回应美国文明转型及其危机这个时代问题,或者说,由托克维尔所奠定的"民主在美国"的问题。概言之,米尔斯学术生涯黄金时期关于工会领袖、白领阶层以及权力精英的"社会分层三部曲"

是从内部的社会结构视角讨论大众社会的兴起与美国文明转型之内在逻辑的勾连（Mills，1948，1952，1956）；而其晚期关于"第三次世界大战"以及古巴革命的著作则是从一个具有世界历史眼光的外部视角出发来理解美国民主的危机（Mills，1959b，1960a）。

因此，本文接下来对于米尔斯社会学遗产的讨论，即首先围绕以上内外两个面向而展开。就内部面向而言，本文将聚焦于米尔斯及其同时代的批评者关于美国民主的不同判断，揭示其分歧的由来和实质所在；就外部面向而言，本文则主要以米尔斯讨论古巴革命的重要文本《听着！洋基佬》为核心，考察米尔斯对古巴问题的关心在何种意义上与其对美国民主的外部批评勾连在一起。在以上两部分的讨论结束之后，本文接着指出，除了实质内容之外，对文体"形式"和"风格"的强调也是米尔斯学术遗产的另一个重要面向。且"内容"与"形式"之间具有内在的关联性。米尔斯对于社会学的"想象"，最终是落实到"社会学的诗"（sociological poetry）这一文体上的（Mills，2000：112）。本文试图揭示，"社会学的诗"所倡导的审美与人格意蕴，实则是对社会学写作的古典人文传统的回归。最后，本文讨论了在当前中文学界的语境下，米尔斯的社会学遗产所具有的启发意义。

二 米尔斯与同时代人：对美国社会的内部考察及其分歧

1961 年，两位美国社会学家李普塞特和斯梅尔塞在一篇文章中如此评论他们的同行、哥伦比亚大学的年轻社会学教授米尔斯：

> 其实他对于当代美国的社会学无足轻重——尽管他的书在社会学界之外很畅销，受到某些政治圈子的广泛欢迎……米尔斯与美国学院社会学之间的隔绝并不反映了后者对前者的排斥……在哥伦比亚大学，米尔斯自愿放弃了教授研究生课程和讨论课的权利。哥伦比亚大学是社会学最大的研究生教育中心之一，米尔斯的这一做法意味着他故意拒绝了一个影响一大批美国未来的社会学家的大好机会。可如果他真的要自我放逐于社会学界之外的话，他偏又在一些更加通俗和商

业化的媒体上频繁发表他的观点，以此来影响外界对于社会学的认识。（Lipset and Smelser，2004：321）

这段半个多世纪前的评论颇耐人寻味。米尔斯在如今已经取得了某种经典地位，然而，在李普塞特和斯梅尔塞等同时代人的笔下，他却是"无足轻重"的。米尔斯似乎只是一个美国社会学界的"局外人"，一个以通俗写作来吸引大众眼球的半吊子学者。事实上，米尔斯本人也不否认自己的边缘人地位。李普塞特和斯梅尔塞提到，在哥伦比亚大学，米尔斯只教本科生，从未带过研究生。这的确是事实。据一位哈佛大学社会学系毕业生的回忆，他读过米尔斯的《权力精英》后大为佩服，曾动过转学去哥伦比亚大学追随米尔斯的念头。但是，米尔斯明确告诉他不要跟着自己读书，因为自己只是一个学术界的边缘人，对他今后在学术界的发展没有帮助。那么，米尔斯不带研究生仅仅是出于为学生的职业前途着想吗？事情恐怕没有那么简单。米尔斯曾经谈起他参加一次哥大社会学系学生酒会的情形：米尔斯坐在角落里的椅子上，博士生们纷纷过来同他打招呼，在对方做完自我介绍之后，米尔斯就会请教人家在做何研究。而他得到的回答大都类似于"某某街区的低收入家庭中的工作—娱乐关系"。这种小鼻子小眼的研究实在是让他提不起兴致。因此，米尔斯对学生的失望，乃至拒绝，实际上反映了他对于当时整体的社会学研究的氛围和格局的不满。从这个角度，我们也就更能够理解米尔斯在《社会学的想象力》中对于美国社会学同时代的主流的批评。但这只是故事的一半。米尔斯的同代人是如何看待和回应他的批评的，更进一步地，他们是如何理解和评价米尔斯本人的社会学研究的，这是我们在这里希望补全的故事的另一半。

关于米尔斯与其同代人的关系，已经有一些学者做过考察，但这些研究往往存在两个方面的问题：第一，过于将焦点放在人际关系和"学术政治"上（Horowitz，1983），甚至是一些私人恩怨的八卦和轶事，乃至由此得出结论认为米尔斯写作《社会学的想象力》的动力"与其说是学术上的，毋宁说是人际上的"（Brewer，2004），这种解构式的处理即使不能说完全没有意义，至少也是比较微末的讲法，并不能因此促进我们对于实质性议题的理解；第二，过于将米尔斯的论战对手简单化，例如有学者在论述米尔斯与他所批评的"老左派"代表丹尼尔·贝尔的分歧时，简单地将贝尔的"意识形态的终结"做口号式的理解,而没有看到贝尔本人的复杂性。贝尔对"二战"后美国社会的经验判断以及对资本主义文化矛盾的揭示,与米尔斯实际上有诸多契合之处。对后者的简单化处理实际上同时也就将对米尔斯的理解简单化了。

有鉴于此,本文将主要聚焦于米尔斯与其同代人实质性的论争,即关于"大众社会"的兴起与美国文明的转型这一经验判断上的分歧,而不关心具体的"学术政治"因素;且努力以持平之心对待双方,不将任何一方简化,而是试图深入到双方各自的逻辑中去,考察彼此在"义理"(理论)和"考据"(实证)上的差异。出于篇幅限制,下文的讨论主要围绕贝尔和帕森斯这两个代表人物展开。之所以选择贝尔和帕森斯,主要是因为米尔斯与他们两人的分歧,分别代表了与两个最重要的社会学传统的分歧:贝尔代表了(尽管是最终幻灭了的)左派的马克思主义传统,帕森斯则代表了保守主义的自由主义传统。在下文中,我们将看到,无论是马克思主义传统所寄望的作为社会革命和历史变迁之主体的工人阶级,还是自由主义所看重的作为其多元主义之基石的志愿团体,在米尔斯的社会理论中,都被一一否定了(Hayden,2006:76)。

(一)米尔斯 vs. 贝尔

在那封著名的《给新左派的信》中,米尔斯指名批评贝尔的"意识形态终结论"(Mills,1960),而后者则以"庸俗社会学"来回击米尔斯(Bell,1960),且对米尔斯的《权力精英》给予恶评(Bell,1958)。但其实米尔斯和贝尔一度非常亲密,两人曾一起办过杂志,且都曾是"纽约文人"圈中志同道合的朋友。由于两人都曾在哥伦比亚大学担任社会学教席,一些学者甚至将他们一起视为所谓文学与社会批评的"哥伦比亚学派"的重要成员(Bergersen,2002)。但两人在1950年代最终分道扬镳。有趣的是,米尔斯与贝尔的命运在某种程度上又是殊途同归的:米尔斯最终以"社会学的想象力"名世,而贝尔则以"意识形态的终结"名世(虽然这个概念并不是他的原创),即两人的一生治学和思考在很大程度上都被一个简单化的标签所覆盖了,而难以得到真正深入、透彻的理解和认识。

米尔斯与贝尔各有关于美国社会的系列研究出版。米尔斯的系列主要

是由《权力新贵:美国的劳工领袖》(1948)、《白领:美国的中产阶级》①
(1951)和《权力精英》(1956)组成的"美国社会分层三部曲";而贝尔
的系列是由《意识形态的终结》(1960)、《后工业社会的来临》(1973)
和《资本主义文化矛盾》(1976)所组成的"后工业社会三部曲"。在同时
代的社会学家中,米尔斯和贝尔两人分别对20世纪美国社会所做出的诊断
可能是最强有力的,也是影响最为深远的。

米尔斯和贝尔都注意到美国社会在20世纪初以来所发生的剧烈变动。
贝尔将1910~1930年视为统一的美国国家经济的形成时期,罗斯福新政正
是为了适应这个新的国家经济体系而出现的新的政治组织形式(贝尔,
1992:245-250)。而在"二战"之后的25年里,美国社会更进一步地成
为一个都市社会、民族社会和群体社会,华盛顿成为权力中心。在贝尔看
来,这意味着美国由一个托克维尔笔下的"乡镇共和国变成一个帝国,贝
尔尤其关注帝国的治理给现实政治和社会运作所带来的巨大改变,并深刻
分析了民主制度和帝国角色之间的张力(贝尔 1992:254)。在此基础上,
他对当代资本主义的文化矛盾做了细致入微的揭示,这也是贝尔的社会理
论中最具特色的地方。贝尔指出,在后工业社会中,所谓的资本主义文化
矛盾指的是新的消费和享乐文化与作为美国价值体系根基的新教价值观发
生了冲突。美国资本主义已经失去它传统的合法性,这一合法性原来建立
在视工作为神圣事业的新教观念上(而现在工作是为了消费),并依赖从
中滋生出来的一种道德化报偿体系。也就是说,资产阶级经济体系的转型
导致传统资产阶级价值体系的崩溃,其在经验上的表现即是在美国生活中
占支配地位的、代表新教伦理和清教精神的小城镇生活方式,被城市化和大
众消费所终结,贝尔认为这是文化矛盾产生的根源(贝尔,1992:102)。

事实上,贝尔对资本主义文化矛盾的揭示也与米尔斯在《白领》一书
中对"老中产"的式微的分析相契合(米尔斯,2006)。不同之处在于贝
尔最终将焦点放在"文化"上。例如,他虽然提出意识形态终结了,但他
同样不忘指出,"虽然政治上的激进意志已经烟消云散,但激进意志本
身——与社会势不两立的姿态——却在文化领域借助文化批评而得以维
持"(贝尔,1992:92)。在贝尔(1992:88)看来,"五十年代的激进主

---

① 下文简写为《白领》。

义是借助了文化，而不是政治，才得以延续了自身使命"。更进一步地，他指出，激进主义的文化逐渐走向一个极端，即受到反理性和反智情绪的深刻影响，且过于强调美学体验，而这种现代主义的文化与社会结构（表现为受理性原则支配的技术—经济体系）之间不可避免地存在着断裂（贝尔，1992：83）。这正是资本主义文化矛盾的另一个面向。在此基础上，贝尔（1992：132）认为，"现代主义，文化大众所表现出的种种乏味形式的制度化，以及市场体系所促成的生活方式——享乐主义，这三者的相互影响构成了资本主义的文化矛盾。"

当贝尔聚焦于文化的时候，社会革命/政治实践的问题其实就被消解了。然而，在米尔斯的笔下，文化，或所谓知识社会学的问题，一定是与社会运动的问题结合在一起的。这正是他们两人在对待"大众社会"问题上的分歧所在。贝尔明确反对"大众社会"的提法，《意识形态的终结》开篇第一章即是对大众社会理论的批评，而对米尔斯来说，"大众社会"则是其社会分析中的一个核心概念。在贝尔看来，如果说过去40年的经验可以得出什么教训的话，正是这40年的经验塑造了"意识形态的终结"，他并不认为意识形态的终结假定一切社会矛盾均已结束（贝尔，1992：88），而只是说那些试图改变社会结构的狂暴社会运动，不再具有合法性，因为暴力手段终将玷污社会主义、人文主义和人的尊严，而他对大众社会的担心即在于，"欠发达的社会运动，没有任何对过去的记忆，正在又一次变得时髦"（Bell，1960：143）。贝尔的这一立场，其实有具体的针对性，它代表了在大萧条中成长起来、受到马克思主义深刻影响的那一代美国知识分子在"二战"之后对苏联体制和"斯大林主义"的反思和决裂："激进运动的陈旧政治观念已经失去了活力，它再也无法在知识分子中唤起忠诚或热情了。"（贝尔，1992：88）但是，米尔斯所不能同意的是，左派理想的这一幻灭就必然意味着放弃追求另一种替代性的可能。换句话说，米尔斯与贝尔的分歧涉及一个更加根本的问题，即如何界定知识分子自身与美国之间的关系。如前所述，米尔斯和贝尔都是"纽约文人"群体中的成员，1952年，该群体依托的核心刊物《党人评论》杂志组织了一场主题为"我们的国家与我们的文化"的书面研讨会，该讨论会聚焦于"知识分子对美国及其制度的态度是否在改变"、"知识分子是否必须适应大众文化"、"异议传统在当下是否还能像过去一样强大"等多项议题（Mills，

2008a:37)。在这场讨论中,大部分"纽约文人"群体的成员(包括贝尔)都认可美国本身正在成为一种文化典范,而知识分子也摆脱了异化的命运,正在向往成为美国生活的一部分(参见叶红、秦海花,2013:23;严志军,2013:206-207)。正是在这个意义上,贝尔提出"意识形态的终结",即知识分子在放弃了激进理想和社会革命立场之后,普遍地"接受福利国家、权力分散、混合经济和多元政治概念"(贝尔,1992:3)。这恰恰是米尔斯所不能同意的,他与"纽约文人"圈中的另一个少数派欧文·豪的看法一致,认为知识分子由于逐渐进入体制或学院之中,失去了批判的勇气甚至是政治上的判断力,一个"服从的年代"(the age of conformity)正在到来(Mills,2008a:39-41;Mills,2000:182;Howe,1954)。事实上,这场讨论标志着纽约文人圈内部的分裂,米尔斯将那些放弃了批判理想,拥抱意识形态终结的知识分子称为"老左派",而他自己则开始呼唤没有历史包袱的、生气勃勃的"新左派"的到来(Mills,1960b)。

(二)米尔斯 vs. 帕森斯

在《社会学的想象力》中,米尔斯对帕森斯"宏大理论"的攻击,大概是这个学科最广为人知的学术批评之一。但事实上,在米尔斯早年的知识社会学论文中曾多次援引帕森斯,尤其是其1937年出版的《社会行动的结构》(帕森斯,2003)一书。在20世纪三四十年代,就反对以芝加哥学派为代表的上一代美国社会学的狭隘经验主义和社会问题取向,将欧陆社会理论的传统引入进来且加以"美国化",帕森斯和米尔斯实际上有很多共识(闻翔,2009;赵立玮,2015)。[①]尤其值得一提的是,米尔斯和帕森斯都是将韦伯的学说引入英语学界的先驱人物。帕森斯曾在一篇书评中盛赞米尔斯与格特编译的《韦伯社会学文集》(Weber,1946)是对现有韦伯译作的"一个非常受欢迎的补充"(Parsons,1947:238),他指出,在

---

① 不过,帕森斯和米尔斯的不同之处在于,帕森斯在其代表作《社会行动的结构》中提出的"汇通说"所梳理的四位经典人物都是欧洲人,而没有将美国尤其是实用主义传统纳入其中。既然帕森斯打造的是一种"行动的意志论理论",而美国实用主义哲学传统正是首先将自己视为一种行动哲学,由此说来帕森斯对实用主义的忽略就显得有些奇怪(参见 Joas and Knobl,2009)。而米尔斯(Mills,1964)从博士论文开始即一直将实用主义传统作为其社会理论的重要源泉之一。

当时的美国，韦伯通常被视为一个论述"新教主义作为现代资本主义主要起源"的理论家，该书的编译则有助于纠正这一狭隘看法，拓宽学界对于韦伯的固有认识。

《社会学的想象力》中所提及的要帮助帕森斯"翻译成英文"的著作正是帕森斯最理论化也最复杂的著作《社会系统》，除此之外，帕森斯还有大量不那么晦涩甚至带有经验性质的作品。帕森斯的著述并非只是抽象的理论建构，而是有着对重大时代问题的经验关怀，例如《社会行动的结构》在帕森斯自己看来就是一部"双重意义上的经验性著作"（赵立玮，2015）。但是，他们对于经验现实的判断以及在著作中处理经验问题的方式显然有着很大不同。例如，就第二次世界大战这样一个重大时代议题而言，帕森斯在"二战"期间的政治关怀主要是对抗德国的国家社会主义，而将民主美国作为与之相对立的"整合社会"（参见格哈特，2009：10）；而米尔斯在"二战"期间最担忧的不是德国法西斯主义，而是美国自身的军事化、集权化以及政商关系的变化，以及由此带来的政治—军事—工业共同体的形成（参见 Geary，2009：46 – 54），即他更关注官僚制组织在现代社会的崛起和蜕变。

帕森斯与米尔斯在对美国问题的判断上的分歧早在对韦伯的翻译和诠释上就已经埋下了伏笔。正如有论者曾指出的，帕森斯在对韦伯的诠释中引入了涂尔干，因而强调社会团结与价值整合。因此，他才会尤为看重促进美国社会的整合的各种因素，例如，各种教派、职业团体、民间俱乐部等等。相比之下，德国恰是一个反例。在帕森斯看来，法西斯主义的兴起是一种反现代性的卡里斯玛型运动，起源于理性化过程所导致的失范（Geary，2009：52）。而米尔斯在对韦伯的诠释中则引入了马克思，他将马克思的商品生产中的异化改造为韦伯的科层制组织中的异化，因此他才更强调"二战"以来在美国逐渐涌现的军工复合体这一庞大的、"不负责任的"官僚组织，以及在背后掌控这一组织的权力精英。

其实，帕森斯并非不曾忧虑于美国的军事化倾向和政府权力的扩张，但帕森斯认为这只是战争年代的特殊情况，是一种暂时的"功能"需要。帕森斯指出，在过去半个世纪中，美国社会正在发生急剧的变迁，工业社会的不断成长，不仅包括了工业化和经济发展，还包括社会设置（即政治系统和阶级结构）的变动（Parsons，2004：138）。而工业化同时也产生了两组问题:控制经济过程本身和处理工业化的社会影响的问题(帕森斯,1988:187),以及美国在世界体系中权力和责任的增强所带来的隐患。这两个过程,一个是外部压力,一个是内部张力,共同导致了政府以及政治权力在社会中的相对重要性的增强(Parsons,2004:138)。这与米尔斯对于权力精英在美国社会生活中的重要性的揭示其实是一致的。不过,尽管如此,帕森斯还是乐观地认为,罗斯福新政是这一趋势的转折点。在新政中,政府通过"引进有利于劳工的社会安全和社会立法干预的国家系统"来应对工业化所带来的负面社会影响,而美国的实业集团已经适应了这一新的情境(帕森斯,1988:188)。德国的情况恰恰与美国相反,在德国是新的经济摧毁了旧的政治系统,而不是新的政治系统干预经济生活的传统方式(帕森斯,1988:199)。帕森斯认为,米尔斯与他的区别在于,后者"并不将新政视为代表美国社会发展的一个转折点,而仅仅是雨过地皮湿般地短暂干扰了权力精英的崛起以及其中的商业精英先遣队的主宰"(Parsons,2004:136 – 137)。因此米尔斯才会在《权力精英》中写到,经济精英正在将新政时期设立的机构控制和据为己用,虽然他们最初是非常反对这些机构的。

帕森斯与米尔斯关于美国问题的实质分歧主要表现在以下方面。帕森斯认为,从历史上看,美国社会整合的重心并不在于政治系统,而是在于其"社会"的面向(帕森斯,1988:187)。例如,帕森斯指出米尔斯忽视了法律职业共同体对于社会整合的意义。帕森斯列举了联邦最高法院处理种族隔离事件以及在麦卡锡主义之后重申公民解放的事实(Parsons,2004:136 – 145)。而米尔斯则认为,随着产权体系的改变以及经济权力的日益垄断化,律师已经从旧时的政治英雄和公共利益的捍卫者沦为大财团和特定部门利益的看门人。在《白领》一书中,米尔斯对于法律职业的内部结构以及律师事务所的内部分层做了细致分析,指出法律职业本身已然成为既有的政治经济结构的附庸(米尔斯,2006:94 – 100)。帕森斯还对米尔斯关于教育的功能的看法提出质疑。对于教育,米尔斯曾经在《社会学的想象力》中辛辣地写道,"教育的普及造就的只是民族主义者和技术白痴"(米尔斯,2005:183)。而早在其关于实用主义的博士论文中(其正式出版后的副标题正是"美国的高等教育"),秉承詹姆斯等人对于"高等学究主义"(higher academicism)的批评,他曾对哲学研究自 1860 年代以来如何在美国大学中被职业化的过程进行了细致考察。与米尔斯的批判态度相反，帕森斯关于 19 世纪末以来美国"教育革命"的一个重要观点就是，大学通识教育对于获得跨种族和跨地方性的"公民资格"具有重要意义，而后者则是"社会共同体"整合的基础之一（参见赵立玮，2009）。①

正是出于对社会整合的强调，使得帕森斯对米尔斯关于"大众社会"的分析"极端怀疑"。但是，二者对民主在美国之命运的关怀却是一致的。只不过帕森斯过于强调社会整合的面向，因此也往往被人们认为是一种"现代化理论"或"结构功能主义"的乐观（赵刚，2000）。而米尔斯则秉持对大众社会的"民主批评"（闻翔，2012：12），因而在他笔下呈现的是色彩更加灰暗的一幅图景。当帕森斯在"社会共同体"的意义上强调"中间组织"或"志愿团体"的重要性时，米尔斯却对"人"的问题，或者说韦伯（2010：37）所谓"社会担纲者"的问题更加关心。在"社会分层三部曲"中，米尔斯发现，无论是工会领袖、白领阶层还是权力精英，无一能够承担起这样一个担纲者的角色。因此，他最终回到"地方"来寻求重塑民主精神的动力来源和民情基础。

在这里，我们不难发现两人在观察社会的理路和视角上所存在的差异。如果说帕森斯循着涂尔干的思路，主要从"法团"的视角来理解"社会"，那么，米尔斯对于"社会"的观察则是从"地方"的视角出发。在后来构成了《白领》主要经验素材的一项田野调查中，米尔斯和他的同事对 6 个美国小城市进行了比较（Mills，1946）。这项调查讨论的一个核心问题即经济权力的集中化如何影响了地方的公民结构（civil structure）及其居民的公共福利（civil welfare）？结果发现，越是在大企业主导经济的城市，所谓的"社区"就越不能产生真正的公共生活。大企业虽然提高了工资和生活水平，但却造就了跨地方和流动性的职业主义和法人文化（Dandaneu，2006：131）。米尔斯对于"地方"的关注深深地植根于美国自身的文化传统之中。有学者曾经指出，米尔斯所代表的是一种"中西部平民主义"的智识传统，后者作为一种发端于北美小城镇的大众民主哲学，信奉"小即美"，倾向于"地方性"（local）而非"世界主义"（cos-

① 教育社会学家诺曼·伯恩鲍姆（Birnbaum，2009）曾回忆起 1952 年春天他抱着刚出版的《白领》经过哈佛大学社会学系的大楼，在台阶上碰到了帕森斯的情形：后者从他手里拿过《白领》，径直翻到书中对大学教授的分析，说他完全不能同意米尔斯的说法。

mopolitan)的价值,对大政府和大企业的支配内在地不信任。但这并非简单的保守政治或怀旧主义,而是与皮尔斯、杜威等人奠定的实用主义哲学传统密切相关(Hamilton,1983:7-8)。

三 从古巴"返观"美国:米尔斯的晚期著述

在米尔斯前后期的写作中,存在着一个明显的转折:从学生时代即在顶尖杂志上发表论文开始,直到1950年代末,他主要从事专业的学术著述,这近二十年作为"独立智识匠人"的经验和实践最终结晶为《社会学的想象力》(Mills,1959),后者集中阐述了米尔斯关于社会学研究的整个纲领。然而,从1950年代末直到其1962年因心脏病英年早逝,米尔斯日益转向更加通俗化的著述,后者不以学院内部知识生产和流通为目的,而是直接地处理与讨论当时重大而紧迫的现实政治议题。1960年问世的《听着!洋基佬:论古巴革命》就是其中的代表,该书一共发行了40万册,读者范围远远超出了米尔斯前期的作品,甚至连当时的美国总统肯尼迪都读过这本书。

这样一个转向颇值得探究。《社会学想象力》完成之后,在给朋友的一封信中,米尔斯感叹:"我已经对写作学术文章感到厌倦了"(Mills,2000:273)。他甚至考虑过辞去哥伦比亚大学的社会学教职,转而定居英国从事自由写作。可见,这个转向是理解后期米尔斯的一个关键问题。然而,遗憾的是,尽管关于米尔斯的研究文献早已汗牛充栋,大多数却只将焦点放在他前期的学术著述上,对其后期更加通俗化的写作,却往往打入另册,缺少足够的兴趣,更有甚者,武断地斥之为政治记者的写作。事实上,在米尔斯前后期的写作中,"美国文明的转型及危机"这一根本问题意识是一以贯之的。

1960年8月,受到在游击战时期读过《权力精英》且大为激赏的古巴新政权领导人卡斯特罗的邀请,米尔斯踏上了哈瓦那的土地,对这个新生国家进行了半个多月的访问。回国之后,经过六个星期废寝忘食的工作,他介绍古巴革命的著作《听着!洋基佬》正式出版。显然,这是一部急就章式的作品。书中对于古巴革命的许多描述只能是印象式的,不够精确。然而这种不准确可能恰恰最"准确"地反映了古巴革命的特质:初生性和不确定性。米尔斯在书中说到，"现在还不能对古巴下判断，因为古巴的真相，每天都在被创造和在变化"。

不过，《听着！洋基佬》并不是对一场异国革命的浪漫抒情，其根本的问题意识还是要回到美国自身。古巴革命爆发后，普通美国人对此并不关心，在他们的印象中，古巴不过是一个充满雪茄和异域风情的海岛，一个观光游乐之地。美国的媒体和知识界没有兴趣也没有能力理解古巴革命的意义，浅薄的记者仅仅将其当作一场发生在邻国的骚乱（Mills，1960a：9-10）。而美国各个政党以及各种派别的知识分子只是从或左或右的政治立场出发给古巴革命贴上各种标签，古巴革命者自身的声音却从无听到。因此，本书采取了书信体①的形式，以一个虚构的古巴年轻革命者的口吻，向他的北方邻居发言，介绍古巴革命的来龙去脉，"信中的观点、语调和解释都是古巴人的，我只是以尽可能直接的方式将其组织起来。我尽可能不表达个人观点，努力不让自己对古巴/美国的忧虑掺进古巴革命者的声音，既不隐藏也不强调他们想法中的模糊之处"（Mills，1960a：12）。

而古巴革命者的声音之所以重要，是因为对普通美国人而言，这恰恰是他们借以返观自身所处的政治和经济结构的一个机会。米尔斯指出，古巴的问题与他所谓的"洋基帝国主义"（Yankee Imperialism）在古巴的作为是关联在一起的。"洋基帝国主义"对外锐利冷酷，美国的大资本和大企业基本上主导了古巴的工业，将古巴置身于不平等的经济结构中，使得其成为经济意义上的殖民地；对内则温情脉脉，通过丰裕社会的消费主义将托克维尔意义上的乡镇共和国公民蜕变成大众社会的快乐机器人，失去了政治行动力和民主热情。

米尔斯用古巴革命者的身份呼吁他的美国同胞："你们的国家如此富有和强大，你们在这个位置上能够决定你们国家和你们自己的生活。你们如果能够找到当前政治经济结构的替代方案，那一定就是伟大的方案。而

---

① 书信体是米尔斯晚期著述中常见的形式。除了《听着！洋基佬》之外，还分别有写给东西方两大冷战阵营中的知识分子的《里通敌国：给俄国同志》（Contacting the Enemies：Tavarich Letter）以及《给新左派的信》。前者是一部未完成的遗作，由米尔斯写给他虚构的一位苏联知识分子的数十封书信组成，后被收录在 2000 年出版的、由米尔斯的子女编辑整理的《米尔斯书信与自传》（Mills，2000）一书中；后者（Mills，1960b）则于 1960 年首次发表于创刊不久的英国《新左派评论》杂志，如今已经成为一篇研究左翼思潮的经典文献。

对你们来说,这一切可以从你们南边、东边的饥饿国家开始,将其视为美国政治经济的一部分。"(Mills,1960a:167)

在米尔斯看来,古巴正是这样一个充满希望的"饥饿国家"。米尔斯反对左派知识分子囿于自身理想破灭的经历,对古巴革命持怀疑态度甚至认为其必将终结于悲观和恐怖。他批评后者"没有任何替代方案,不去想象、推进、发明和要求。他们只是局外旁观者,而没有自己的立场。他们写的关于古巴革命的东西不过就是他们自身过去所受的创伤的反映"(Mills,1960a:149-150)。米尔斯用古巴革命者的酒杯浇自己心中之块垒,呼唤"新左派"的到来:"作为年轻的知识分子,我们没有斯大林主义及其后果的包袱……我们没有老左派的悲惨回忆。我们是世界上的新左派"(Mills,1960a:43)。

《听着!洋基佬》的主要内容包括:对主导革命的社会力量和反革命的社会力量的阶级分析;对古巴革命后在经济、教育、福利和土地等方面的改革措施的介绍,等等。对于古巴革命的未来,米尔斯写道,"革命只是一个阶段,每一场革命都要面对没有任何革命可以一直持续下去的问题。古巴亦是如此"(Mills,1960a:123)。米尔斯敏锐地注意到卡斯特罗作为革命领袖在古巴的权威地位。我不喜欢对一个人如此依赖,而这个人掌握绝对权力。但我不认为同意或反对这一事实就是足够的。这在政治上毫无益处。我们必须理解如此这般的背景/条件,理解如此这般持续下去的背景/条件,才能考察其发展的前景。但是,我们不认为我们到最后建立的将是一个独裁"(Mills,1960a:183-184)。他说,"革命可能变成谎言和暴政,但我不认为这在古巴是不可避免的。"(Mills,1960a:179)。早在1960年初,还没有访问古巴之前,米尔斯就曾经思考过这样一个问题,"不发达国家有没有可能进入一种计划的马克思主义经济模式,而不陷入斯大林主义的错乱(就像在苏联发生的那样)?"(Mills,2008c:227)他认为这首先取决于不发达国家的步伐与"节奏",以及外部国际环境的变化。对古巴革命的实地观察更进一步给了他回答这个问题的机会。米尔斯不无担忧,他用古巴人的口吻写道,"美国政府的政策和政策缺位正在将古巴推向对苏联的依附,而不是一个独立的、和平的世界主义导向。是美国政府让古巴政府将少数意见等同于反革命,将反共产主义等同于反革命。如果我是一个古巴人,我也只会如此选择"(Mills,1960a:179-180)。

米尔斯指出,冷战双方的意识形态,无论是美国的麦卡锡主义和苏联的斯大林主义都应该被超越。对于古巴革命,米尔斯的期许在于:"今天,一个经济公正、政治灵活自由的社会是否可能?古巴正代表了一种机会"(Mills,1960a:188)。米尔斯对古巴革命者的判断是:"我们是实干家,而不是理论家。如果说我们的革命是'马克思主义的'或'共产主义的',那也不是因为我们预先遵循了某种意识形态,而是我们在实践中发展而来"。

如果将《听着!洋基佬》放置在米尔斯整体的研究脉络中来考察的话,我们会惊讶地发现,米尔斯对古巴问题的关心,早在1950年他与别人合著的《波多黎各人的旅程:纽约的新近移民》中,就已经埋下了伏笔。该书对于纽约的波多黎各移民进行了调查,分析了他们移民的原因、移民前后职业地位和身份认同的变化,以及移民对于纽约本身的影响(Mills et al.,1950)。与著名的"社会分层三部曲"相比,该书的知名度要低得多。然而,《波多黎各人的旅程》与《听着!洋基佬》却有着内在的关联,要理解这两本书,都要回到1898年那场改变了美国命运的战争:美西战争。

1898年2月15日,美国派往古巴护侨的军舰"缅因"号在西班牙属地古巴哈瓦那港爆炸,这一事件随即成为美西战争的导火索。战争一直持续到当年年底,西班牙最终战败,宣布放弃古巴,承认其独立,而美国则取代西方牙成为古巴事实上的宗主国。此外,美国还占领了原属于西班牙殖民地的波多黎各、关岛和菲律宾。1952年,美国给予波多黎各自由联邦的地位,但外交、国防、关税等重要部门仍由美国控制。1959年,古巴爆发革命,新生的古巴政权宣布征用美国在古巴的全部企业,1961年美国和古巴断交,从此对古巴展开了长达半个多世纪的封锁。

无论是波多黎各的移民,还是古巴的革命,在某种程度上都是美西战争造成的历史后果。美西战争实际上意味着美国正式放弃了华盛顿、亚当斯、杰弗逊等开国领袖提出的孤立原则和对国家角色的界定,即"美国仅仅是自己自由和独立的捍卫者和维护者",而加入世界政治的角逐中,向着殖民帝国的身份转换。美西战争结束之时,后来担任了美国总统的威尔逊兴奋地写道,"一组在125年前摆脱英国统治的小邦,现在已经成长为一个大国",他指出,面对世界局势的变化,摆在美国面前的选择就是,要么做鸵鸟,要么做雄鹰。而他认为,美国的理想不应再是作为孤立"共和典范",而是要成为"世界领袖"(参见王立新,2009:141 - 134)。

20世纪初,实用主义哲学传统的前辈皮尔斯、詹姆斯等人都曾参与过"美国反帝国主义同盟",对美国的帝国转向表示警惕(Horowitz,1963:12),在他们看来,做民主国家,还是做帝国,是关切到美国文明根基的大问题。正是在这个意义上,米尔斯接续了他们的批判和思考。如果说,米尔斯对波多黎各移民的研究是以纽约城为田野,从地方民情的视角考察美国的"帝国"转向所造成的影响,那么,他对古巴革命的研究则是从国际政治的视野出发,讨论美国对拉美的干预所造成的历史后果。此外,这个讨论也与米尔斯之前关于美国社会分层的三部曲在某种意义上也构成了彼此的"对反":如果说"三部曲"是对美国民主的内在批判以及对社会变迁的主体与可能性的持续追问,那么《听着!洋基佬》一书则是通过对这个"洋基帝国主义"的对立面、新生的古巴革命的叙事完成了一次对美国民主的隐含的外部批判,同时也是对社会变迁的主体与可能性的一个尝试性回答。[1]

在汤姆·海登看来,当今的美国与米尔斯写作《听着!洋基佬》的1950年代有着吊诡的相似:冷战的思维框架被反恐战争的思维框架所取代,麦卡锡主义则被"爱国者法案"[2]所取代;另一方面,在南方国家,新社会运动大量兴起,对市场霸权和军事霸权的基础构成挑战(Hayden,2006:61)。从这个角度看,《听着!洋基佬》尽管针对的是当时迫在眉睫的古巴问题,但却并不因为时效性的丧失而失去价值。

当然,以今日之眼光视之,《听着,洋基佬!》一书对于古巴革命的后

[1] 需要指出的是,将古巴问题与美国问题勾起来,并不意味着这样一种决定论,即古巴革命的缘起、演变及其后果都是由美国这个外部因素完全决定的。米尔斯本人对此的讨论远远要复杂得多。例如,在同样写于1960年的一篇讨论拉丁美洲的左派运动与美国的关系的文章中,米尔斯就曾经非常明确地说道,拉丁美洲国家的不发达,首先要从内部原因加以解释(例如其统治集团和社会经济结构),而不能完全归咎于美国的经济或政治支配(Mills,2008c:229)。因此,当我们说米尔斯对古巴的讨论是对美国民主的外部批评时,并不是说就古巴本身而言,米尔斯给出了一个完全外部决定论的解释。只是《听着!洋基佬》的叙述口吻(以虚构的古巴革命者之名)与受众对象(美国读者)决定了它主要聚焦于古巴革命的美国因素。

[2] "爱国者法案"(PATRIOT Act)是2001年由时任美国总统小布什签署颁布的国会法案。在民权主义者看来,该法案以反恐之名扩张了国家权力的边界。

果判断仍然过于乐观（例如认为古巴的政治革命必然带来社会革命）仍然局限于"任何反对美国权力精英的力量就必然是进步的"这一逻辑（Lemert，2006：48）。然而，米尔斯在这里仍然提出了一个直到今天依然显得特别重要的问题，即"饥饿民族"能否，以及如何进入世界历史？在米尔斯看来，古巴革命不仅是针对美国的，其本身更是正在勃发的"饥饿民族"的全球运动的一部分。古巴革命的意义就在于，拉丁美洲在长达一个世纪中都被排斥于世界历史之外，除非是作为客体；但是现在，它终于作为主体进入了历史（Mills，1960a：173）。事实上，这个问题正是晚近以来关于后殖民主义的讨论所关注的根本问题之一。

四 "社会学的诗"：回归社会学写作的人文传统

米尔斯逝世距今已有六十余年，在这半个多世纪里，社会学本身也在不断地转型之中，米尔斯当年所面对和批评的社会学的学科图景和格局已然发生沧海桑田的变化。譬如，今天的社会学显然要更加开放、包容和多元，不同取向和立场的研究都有自己的一席之地，无论是宏大的理论研究，还是中层理论意义上的经验研究，抑或是治理取向的政策研究，当然，还包括米尔斯所大力倡导的激进社会学与公共社会学研究，这些研究面对不同的阅听人，秉持不同的立场和目标（布洛维，2007），无妨相互尊重，"各美其美，美人之美"（费孝通，1993）。在那个年代，米尔斯曾经慨叹他从未在学术界"体会到兄弟会一般的情感"，但现在，他显然已经有了太多的追随者和"信徒"。因此，要讨论米尔斯对于我们今天意味着什么，就不能局限于他对当时社会学学科现状的批评，而是要深入地、扎实地回到他对于现代社会的实质批评中去，回到使他充满了经验感、现实感的历史和结构的分析中去，回到他关于"美国文明转型"的根本问题意识上去。

正是基于上述考虑，前文从内、外两个面向梳理了米尔斯对于美国文明转型及其危机的讨论，且指出，米尔斯作为"智识工匠"的全部工作，就是在回应这一特定的文化和历史脉络对他提出的时代问题。然而，到此为止，我们还仅仅把握了米尔斯社会学遗产的一面。另一面——但绝非无足轻重的一面——则需要我们将目光从实质议题上暂时移开，而关注其社会学写作的风格（style）。米尔斯曾经批评道，"对于美国社会科学来说，风格根本不是一个长处。事实上，绝大多数社会学家都避免'有风格'"（Mills，2008b：64）。① 但是在米尔斯那里，"风格"的重要性并不亚于"实质"，甚至在某些时候，"风格"就是"实质"本身。"尽管所有的鞋匠都认为皮革本身才是唯一的问题"，但任何一个针对社会和人文议题的写作者，都必然要面对"风格"的问题。而这并非一个分析或阐述的技术性问题，而是从属于"风格作为导向"（style asorientation）这个大的认识论问题的一部分（Mills，2000：111）。

终其一生，米尔斯都对社会学写作的"风格"的追求和锤炼保持了高度自觉。在同时代所有的成名社会学家中，或许还没有哪一位学者像他那样在意这一点。例如，在《社会学的想象力》中，当他批评帕森斯时，他首先批评的是帕森斯的文字不够清通，甚至挪揄要帮助帕森斯将其晦涩的文字再"翻译"成英文。这个批评看似粗鲁，然而却反映了米尔斯对于学术写作的一个根本要求。在一份未完成的遗稿中，他写道："对于写作而言，就像任何其他试图将形式寓于内容的技艺一样，存在一个根本的要求，即审美因素。石刻、木刻或声音艺术，可能都是如此，然而对于我个人而言，最微妙和最能让我获得满足的则一定是文字的运用。"（Mills，2000：280）

在米尔斯对文体风格的追求中，1951年问世的《白领：美国的中产阶级》可谓一个重要的分水岭。关于《白领》一书，我们首先需要注意的一点是，从开始动笔到正式出版，这本书一共写了7年！对于米尔斯来说，该书的写作实在是一个无比纠结的过程，其间交织着兴奋、期许、自我怀疑、挫败不安等种种情绪。有的时候，他充满憧憬和期待，例如，在1946年的一封家书中，米尔斯提到他正在进行的《白领》写作："关于白领的书还在缓慢的推进中，不过我不着急……我想将它写得特别出色。形式上，简洁纯粹；但却有许多深意和微妙之处蕴含其中。这是我自己的写作艺

---

① 在美国社会学家中，米尔斯认为凡伯伦是一个杰出的例外。在米尔斯心目中，凡伯伦是"现代社会科学家中最好的喜剧作者"（Mills，2008b：63），其著作的风格与内容是一体的，他在书中说了什么与怎么说，给读者的启发是一样多的。他甚至不无夸张地说："在凡伯伦所解剖的那些图景变成历史之后，是风格让这个在进步年代籍籍无名和不成功的社会学家获得永生（Mills，2008b：64）。

术……（Mills, 2000：101）；有的时候，他又陷入狠狠的自我怀疑之中。例如，在 1949 年给历史学家威廉·米勒的信中，他写道："我通读了该死的《白领》手稿，在每一页我都能看到可能的无知和错误，这把我压垮了。"（Mills, 2000：137 - 138）。为什么写得如此煎熬？因为这是米尔斯第一次尝试以一种崭新的文体来写作："它必须是匠人精神、艺术和科学三者的结合（a thing of craftsmanship and art as well asscience）。这是它要花费如此长时间的原因……"（Mills, 2000：101）。

那么，怎样才是匠人精神、艺术与科学的结合呢？在米尔斯心目中，这就是"社会学的诗"（sociological poetry）的旨趣所在。"社会学的诗"将"诗歌"（poetry）与"专书"（monographs）的特质结合起来，创造出这样一种文体，它既像"专书"一样具有实实在在的内容——但又将对经验材料的加工过程隐藏起来，而不是廉价地加以展示——同时又像诗歌那样可以赋比兴，从而留有余味，给人启迪（Mills, 2000：162）。米尔斯说，社会学的诗是一种经验和表达的方式，既报告社会事实，同时又揭示它们所蕴含的人格意义。平庸的社会学著作厚于事实而薄于意义，而一般的艺术形式则厚于意义而薄于事实，"社会学的诗"则处于两者中间，是意义和事实的美妙结合，在对事实的描述中包含了深刻的人格意蕴（Mills, 2000：112）。①

对"诗"的追求并不仅仅是一个艺术或审美的问题，而是关系到对于现代性的理解以及社会学写作在此间的位置。米尔斯之所以提出"社会学的诗"这一概念，"源于我们时代让人困扰的特征和节奏以及现代知识分子对其人道和非人特征的回应"（Mills, 2000：111）。在米尔斯看来，"我们今天已经到了这样一个境地，即我们甚至把握不了我们自身最根本的那些个人体验"（Mills, 2000：111）。米尔斯尤其强调"个人体验"的重要性。他对于"大众文化"（mass culture）的主要批评就在于，其核心特征"并非是一种对日常例行化（routine）的压力的逃离，反而本身即是一种例行化，以僵化的公式和预制的情绪（prefabricated moods），将个体从他

① "社会学的诗"这一概念最早是在米尔斯阅读诗人、评论家詹姆斯·艾吉（James Agee）和摄影家沃克·伊万斯（Walker Evans）合作的名著《让我们来歌颂那些名流》（Let Us Now Praise Famous People）的过程中首次形成的。该书是对美国南部阿拉巴马州分成制佃农家庭的"参与观察"，艾吉诗意而又富有感受力的文字与伊万斯冷静克制而又充满人性尊严的纪实照片相得益彰。虽然米尔斯对此书尤其是艾吉的文本有一定的批评，但却认为此书所努力的方向正体现了"社会学的诗"希望达到的境界（参见 Mills, 2000：112 - 113）。

自己的幻想的人生（his own fantasy life）中剥夺了，且实际上常常使得清空了其拥有这样一种生活的可能性"（Mills，2008a：38）。在《白领》中，他曾引述柏格森的话，这样描述现代人的处境："在大部分时间里，我们是生活在自身之外的，除了我们自己的幽灵、毫无色彩的身影外，很难感受到自身的存在。"（米尔斯，2006：180）

对个体的经验缺乏感受，其实也就意味着"我们对身处的现在这个具体'现实'缺乏真正的感受性"（李猛，1998）。而作为"独立智识匠人"，首先就是要珍视和保有自身独特的生命体验。① 从这个意义上，我们才能够理解，何以米尔斯会强调社会学的"想象"要将个人传记与历史和结构变迁结合起来、将个人困扰与公共议题结合起来。这里所谓的"传记"和"困扰"，其实就是在现代人心底那些最特别却又最具有人性共通性的个人体验，正是这些体验和情感，在内在幽深处构成了现代个体的普遍人格底蕴。

以此来理解《白领》，我们会发现，这本书的面貌与当时流行的社会学著述的确有很大不同。作为一部经验研究的作品，这本书既没有介绍研究过程、调查方法，也很少出现统计表格，仅仅在结尾处以寥寥几页纸的篇幅交代了资料来源。其实，为了完成本书，米尔斯的团队在纽约做了128份白领人士的深度访谈，此外，还在其他多个城市做过至少四次田野或问卷调查。然而，这些过程全部隐而不彰。关于表格和数据的匮乏，米尔斯则解释道，"我不想让文本因为各种关于事实和数字的引用而不堪重负"（米尔斯，2006：285）。② 之所以要摒弃学术写作的这些常规套路，是

---

① 对个体生命经验的捍卫，还需要联系米尔斯本人的生平传记来理解。米尔斯大学最早上的是一所类似军校性质的学校，后者的军事规训和封建制作风对学生的个性和独立思考形成压制。米尔斯曾以"一名新生"的名义给校报写信抗议这所学校"让每个人的心智被塑造成一个模子"（Mills，2000：32）。在这里念了一年书后他就转学到德州大学奥斯丁分校学习社会学。从此，终其一生，米尔斯都对任何形式的宰制关系极为紧张和敏感。米尔斯唯一的政治偶像是"wobbly"，即"世界产业工作联合会"（IWW）成员，后者是20世纪初发端于美国的一个非常小的激进工人团体，其特点即独立自主，从不依附于他人。对米尔斯来说，做一名wobbly类型的知识分子，是他的终身目标。事实上，米尔斯的一生就是这样一个"以行动化解紧张"，以特立独行的社会学写作对抗大众文化的支配与压抑的过程。

② 希尔斯曾在一篇针对《社会学的想象力》的著名书评中批评米尔斯的社会学实践不过是一种"凭空想象的社会学"（imaginary sociology），其中一个重要理由就是他认为米尔斯"彻底厌倦了基于田野工作且对数据的收集和分析进行统计处理的研究"（Shils，1960：77）。从这里我们可以看出，这个批评似乎难以成立。米尔斯的经验研究仍然遵循了这些基本的科学程序，只不过他没有按照惯常的套路将其呈现在最后的文本中。

因为在米尔斯心目中，这是一本为所有人写作的书，而不仅是一部学院内部的知识产品："它从头到尾都是关于 20 世纪在大世界中的小人物。它讲述这些小人物如何生活，承受什么样的苦痛，以及面临什么样的机遇；它还讲述他们所生活、必须生活、不想生活于其中的那个世界，就像我说的那样，它将是一本为所有人写作的书。"（Mills，2000：101）

米尔斯对于社会学书写的人格意蕴的关切，受到了他在 1940 年代过从甚密的纽约文人群体的影响，尤其是他在哥伦比亚大学的同事，现代文学教授特里林的影响。特里林一直主张文学批评的人文主义传统，强调文学批评首先是一种富有人情味的写作，因为文学的总体性意义，根于"人"的总体性意义，这里的"人"是一个社会学意义上的"类的概念"（宋明炜，2003：105）。特里林批评文学研究领域里的"新批评派"在写作时充斥着各种行话、术语和理论，而他本人几乎是 1950 年代唯一不受此风潮影响的文学批评家。事实上，米尔斯在社会学领域的位置，可能恰恰如同特里林在文学批评领域的位置；米尔斯对帕森斯晦涩的宏大理论的批评，可能也恰恰如同特里林对于"新批评派"的批评。

当然，更重要的是，作为一种文体，"社会学的诗"所内蕴的人文意涵，实则是对社会学写作的人文传统的回归和致意。在古典社会学传统中，无论是马克思意义上的批判社会学传统（最激进的批判就是回到人本身）还是韦伯意义上的理解社会学传统（理解社会行动的"意义"）抑或米德意义上的实用主义传统（实用主义首先意味着人的智能对自身命运的把握），都为人文主义保留了一个重要位置。在这些古典作家的笔下，社会学不仅是一门经验科学，也是一门道德科学；社会现象不仅是"社会事实"，也是道德现象（参见李猛，1998）。或者正如费孝通在晚年所反思的，社会学除了"科学性"的一面，更有其"人文性"的一面：社会学的知识、价值和理念可以"完善人格，培养人道、理性、公允的生活态度和行为，这也就是所谓位育教育的过程"（费孝通，2003）。费孝通所谓的"位育教育"，在米尔斯那里，则是指社会学要"帮助培养自我修养的公众"，使"所有人都成为实质理性的人"（米尔斯，2001：202）。并且，这意味着社会学也是一门反身性的学问：社会学写作是一门不仅修养公众，也自我修养的技艺。米尔斯曾经夫子自道，写作本身即是他抗拒被时代"异化"的方式。因为，只有在写作中才能体验到有趣的、整全的、人性

的生活:

> 在四五个礼拜不停歇的写作之后,你在某天早晨突然停下来,发现它们已经悄然完成。即便再过 20 年,这数百页的文字仍然会让你觉得惊奇和愉悦,毕竟在这之前那里空无一物。它们让你过去所度过的那些分秒、时刻乃至岁月不再抽象,而是历历在目。(Mills,2000:281)

对于今天的社会学家来说,米尔斯的"社会学的诗"实际上提出了这样一个问题:在各种测量技术、统计工具、分析模型已经如此发达的今天,我们是否还能以这样一种审美的、诗性的(甚至因此看起来不那么严谨的)风格来写作?自然,从形式层面上讲,在学科的种种制度规范已经确立的当下,尤其是在当代学院体制的知识生产格局下,我们或许已经很难用这样一种方式来进行学术写作,这也必然是一条少有人走的路。[①] 但就其实质精神而言,米尔斯的尝试和努力,其实为我们揭示了一种别样的、意味深长的可能性,即我们能否将社会科学与人文科学重新结合起来,"奠定一种既有经验生命,又有精神传统的总体科学"(渠敬东,2015:3)?"社会学的诗"对于审美和人格意蕴的探寻,对事实和意义的双重强调,其根本的旨趣或许正在这里。

五 余论:中文语境下的米尔斯及其当代意义

2004 年,塞奇(Sage)出版社的"现代社会思想大师"系列出版了三大卷的米尔斯专题研究丛书,收录了自 1940 年代以来学界关于米尔斯的评论、纪念和批评的代表性文章共 93 篇,作者中既有刘易斯·科塞、爱德华·席尔斯这样的社会学家,也有 E. P. 汤普森、拉尔夫·米利班德等历史学家、政治学家,甚至还包括了欧文·豪、德怀特·麦克唐纳德等文学批评家(参见 Aronowitz et al.,2004)。这些作者对米尔斯褒贬不一、毁誉

---

① 即便如此,这个写作传统在社会学内部其实依然赓续至今。例如,约翰·奥尼尔在其"野性社会学"的实践中,即秉持一种散文体的写作风格,"坚持将学术写作视为一种在人类文明历史中自有其传统的文学艺术创作"(参见孙飞宇,2016)。

各异，充分体现了米尔斯作为一个"另类"（maverick）的争议色彩，但是，无论如何，米尔斯对于 20 世纪中叶以来的社会科学的影响可见一斑。本文对于米尔斯学术遗产的梳理，并不试图回应或调和关于米尔斯的种种争论，而是旨在回到米尔斯自身的文本和脉络中，对其一生的志业和努力进行重估。

然而，当面对米尔斯时，还有一个问题是我们所无法回避的，那就是：对于中文学界来说，米尔斯究竟意味着什么？

社会学自 1980 年代初恢复重建以来，在中国已走过 30 多年的历程。然而，回顾历史，不免让人感到惊奇的是，米尔斯与中国的缘分，却至少可以追溯到 1960 年代。早在 1965 年，大陆就翻译出版了米尔斯主编的《马克思主义者》，距其英文原版问世的 1962 年不过隔了 3 年。这是一本关于主要马克思主义理论家的导读（米尔斯，1965），可见，在当时，米尔斯是作为一个具有马克思主义倾向的西方资产阶级学者被引进和"批判阅读"的。不过，由于中译本是作为内部读物发行，且社会学在当时仍作为"资产阶级伪科学"处于被取消状态，因此该书的出版在当时并没有产生太大实质性影响。米尔斯真正进入中文学界的视野并取得某种经典地位，还要归功于 21 世纪初以来对于《白领》、《权力精英》、《社会学的想象力》等重要著作的陆续引介和翻译（米尔斯，2006，2004，2001）。当然，除了翻译工作之外，中文学界对米尔斯亦有一些初步的研究尝试。例如，有的研究着眼于米尔斯关于美国社会结构的历时性分析，考察他对移民、工会、中产阶级、权力精英的分析及其对中国社会阶层研究的启示（赵一凡，1987；吕鹏，2006；周晓虹，2007；闻翔，2012）；有的研究则聚焦于米尔斯的集大成之作《社会学的想象力》，考察其创作的历史背景及其在学科内部的接受史（赵刚，2000；闻翔，2009），以及社会学想象的后现代意涵（郑从金，2007）、方法论意涵（何祎金，2011）；还有的研究则从现实政治的层面讨论了米尔斯对于 60 年代美国的影响（赵刚，2003），等等。

然而，在讨论米尔斯时，很少有研究会留意这样一个事实：我们与米尔斯之间至少存在着双重错位。首先，是时代的错位。米尔斯所活跃的年代，正是美国走出大萧条的阴影，在罗斯福新政的塑造下，向"丰裕社会"和福利国家转变的重要时期。① 而我们今天所处的时代，却是一个福利国家被消解，市场化与全球化的意识形态裹挟一切的时代。其次，是问题意识的错位。正如前文所述，终其一生，米尔斯所关切的始终是19世纪末到"二战"以来美国文明的转型与危机，然而，这样一个深具历史感的、总体性的问题意识，却逐渐被剥离开来，米尔斯在今人眼中更多地变成一个社会学的"异议"分子，一个"社会学想象力"招牌的发明者。这导致了我们往往仅仅从形式化上理解和认同米尔斯的批判精神和边缘立场。事实上，很多人之喜欢和崇敬米尔斯，并非由于对米尔斯生平志业的实质性理解，而只是因为这样一个骑着自己组装的摩托车，住着自己亲手盖的木屋，叼着雪茄与卡斯特罗、切·格瓦拉等谈笑风生的反叛牛仔形象，恰恰满足了人们对于"传奇"的想象。

这两重错位，至少尚未得到细致的省察，由此也导致了中文学界对于米尔斯的理解，存在着诸多误识和隔膜。例如，近十年来关于中产阶级的调查和研究，在很大程度上受到了米尔斯《白领》一书的影响。然而，两者相比，国内的中产阶级研究秉承的更多是一种社会整合的问题意识，强调中产阶级作为社会稳定器的功能，且由此导致了行动分析的阙如和去政治化倾向。这显然与《白领》的旨趣大相径庭。②

因此，当我们在中文学界的语境下讨论米尔斯的学术遗产时，最重要的恐怕在于，一方面我们要对米尔斯的社会学研究所植根的历史和文化脉络有所了解，对米尔斯试图回应的时代问题有所把握，另一方面也要深入到我们自身的经验和现实脉络之中，找到中国自身的时代问题，以此来思考米尔斯的启发意义。就此而言，郭于华（2006）所讨论的如何用社会学的想象力所蕴含的"心智品质"来理解共产主义文明及其转型逻辑和机制，或许是一个最具有历史感的进路。与郭于华的讨论相呼应，应星（2016：8）在其关于中国革命的历史社会学研究纲领中，亦批评社会学研

---

① 比米尔斯稍晚一些的、美国社会学的另一位重要批评者古尔德纳曾细致地分析了社会学与福利国家的关系，且直陈主流的社会学已经沦为一种福利国家的社会学（Gouldner，1968）
② 有学者在批评国内主流社会学的中产阶级研究时，曾将前者所不加反思地加以接受的"现代化模式"（或曰"美国模式"）的理论来源追溯到《白领》一书（黄宗智，2009：58）。其实米尔斯对于所谓的"现代化理论"是有内在批评的，主流社会学对《白领》的解读在很大程度上是"谬托知己"。

究的当前格局与中国所处的历史巨变所激发出来的思想空间远不相称。

正是在这样的认识下，当回过头来再重温米尔斯时，本文所讨论的米尔斯的两份学术遗产，亦具有了别样的启发意义。当下的社会学研究，已经生产出大量规范有余而想象力不足、有匠气而无"匠人精神"的知识产品。这些作品，在风格上，与米尔斯所期许的"社会学的诗"相去甚远，既乏"意义"，又欠"审美"；在内容上，则无以把握转型中国激流下的人心与民情之变迁，无以把握时代变幻中社会运作的机制与逻辑之演进，以至于"对于内在于中国当下经验和现实脉络中的重要问题毫无关怀，对于影响当代中国人生存状态的历史和结构力量毫无反思"（闻翔，2009），而仅仅聚焦于专业分际之下那些经过过滤之后的细枝末节问题。正如新古典社会学的奠基者伊万·塞勒尼在最近的一篇文章中所慨叹的，社会学越来越失去了直面大议题（big issue）的能力，因而也越来越失去在政治上的吸引力（塞勒尼，2015）。而我们知道，米尔斯在生前经常说的一句话就是"大处着眼（Take it Big）！"（Aronowitz，2012），撇开米尔斯的那些具体著述，这或许就是米尔斯留给社会学最重要的一句箴言。是的，永远对重大的结构议题和历史进程保持敏感、关切和讨论，而不将目光局限在狭隘的、碎片化的所谓学术分工中，这不正是米尔斯对于我们今天来说最大的意义么？

参考文献：

贝尔，丹尼尔，1992，《资本主义文化矛盾》，赵一凡、蒲隆、任晓晋译，北京：生活·读书·新知三联书店。

布洛维，麦克，2007，《公共社会学》，沈原等译，北京：社会科学文献出版社。

陈寅恪，2000，《冯友兰中国哲学史上册审查报告（一）》，冯友兰著《中国哲学史（下）》，上海：华东师范大学出版社。

方纳，埃里克，2002，《美国自由的故事》，王希译，北京：商务印书馆。

费孝通，1993，《人的研究在中国》，天津：天津人民出版社。

费孝通，2003，《试谈扩展社会学的传统界限》，《北京大学学报（哲学社会科学版）》第3期。

格哈特，乌塔，2009，《帕森斯学术思想评传》，李康译，北京：北京大学出版社。

郭于华，2006，《社会学的心智品质与洞察能力》，《社会学家茶座》第1期。

何袆金，2011，《社会学想象力的方法论意味》，《社会科学家》第 3 期。

黄宗智，2009，《中国被忽视的非正规经济：现实与理论》，《开放时代》第 2 期。

李猛，1998，《经典重读与社会学研究传统的重建》，《社会理论论坛》第 5 期。

罗杰斯，丹尼尔·T.，2011，《大西洋的跨越：进步时代的社会政治》，吴万伟译，南京：译林出版社。

吕鹏，2006，《权力精英五十年：缘起、争议与再出发》，《开放时代》第 3 期。

米尔斯，1965，《马克思主义者》，北京：商务印书馆。

米尔斯，赖特，2001，《社会学的想象力》，陈强、张永强译，北京：生活·读书·新知三联书店。

米尔斯，赖特，2004，《权力精英》，许荣、王崑译，南京大学出版社。

米尔斯，赖特，2006，《白领：美国的中产阶级》，周晓虹译，南京大学出版社。

钱满素，2013，《纽约知识分子丛书·总序》，严志军著《莱昂内尔·特里林》，南京：译林出版社。

帕森斯，塔尔科特，1988，《现代社会的结构与过程》，梁向阳译，北京：光明日报出版社。

帕森斯，塔尔科特，2003，《社会行动的结构》，张明德等译，南京：译林出版社。

渠敬东，2015，《返回历史视野，重塑社会学的想象力——中国近世变迁及经史研究的新传统》，《社会》第 35 卷第 1 期。

塞勒尼，2015，《社会学的三重危机》，吕鹏译，《江海学刊》第 3 期。

孙飞宇，2016，《约翰·奥尼尔及其野性社会学》，《山东社会科学》第 5 期。

宋明炜，2003，《文学经验与文化危机——关于特里林的笔记》，《上海文学》第 10 期。

王立新，2009，《我们是谁？威尔逊、一战与美国国家身份的重塑》，《历史研究》第 6 期。

韦伯，马克斯，2010，《新教伦理与资本主义精神》，苏国勋等译，北京：社会科学文献出版社。

闻翔，2009，《社会学的想象力：五十年后再回首》，《中国社会科学报》第 20 版。

闻翔，2011，《米尔斯的瓶中信》，《社会学家茶座》第 1 期。

闻翔，2012，《从"大众社会"到"社会学的想象力"：理解米尔斯的一条内在线索》，《社会》第 32 卷第 4 期。

吴琼，2006，《"纽约文人"：一个被遗忘的文学批评部落》，《中国人民大学学报》第 3 期。

严志军，2013，《莱昂内尔·特里林》，南京：译林出版社。

叶红、秦海花，2013，《欧文·豪》，南京：译林出版社。

叶启政，2016，《社会学家作为说故事者》，《社会》第 36 卷第 2 期。

应星，2016，《把革命带回来：社会学新视野的拓展》，《社会》第 36 卷第 4 期。

赵刚，2000，《社会学如何才能和激进民主挂勾？重访米尔士的社会学想象》，《台湾社会研究季刊》第 39 期。

赵刚，2003，《知识分子米尔斯先生》，《读书》第 11 期。

赵立玮，2009，《塔尔科特·帕森斯论"教育革命"》，《北京大学教育评论》第 7 卷第 3 期。

赵立玮，2015，《世纪末忧郁与美国精神气质——帕森斯与古典社会理论的现代转变》，《社会》第 35 卷第 6 期。

赵一凡，1987，《白领·权力精英·新阶级》，《读书》第 12 期。

郑从金，2007，《在现代社会学与后现代社会理论之间：米尔斯的〈社会学的想象力〉再解读》，《社会》第 27 卷第 1 期。

周晓虹，2007，《〈白领〉、中产阶级与中国的误读》，《读书》第 10 期。

Aronowitz, Stanley (ed.) 2004, *C. Wright Mills.* London: Sage Publications.

Aronowitz, Stanley 2012, *Taking It Big: C. Wright Mills and the Making of Political Intellectuals.* New York: Columbia University Press.

Bell, Daniel 1958, "The Power Elite Reconsidered." *American Journal of Sociology* 64 (3): 238 – 250.

Bell, Daniel 1960, "Vulgar Sociology." *Encounter* 15 (March): 138 – 143.

Bergesen, Albert 2002, "The Columbia Social Essay." *American Behavioral Scientist* 45 (7): 1159 – 1169.

Birnbaum, Norman 2009, "The Half-Forgotten Prophet: C. Wright Mills." *The Nation* (March 11) (http://www.thenation.com/article/half-forgotten-prophet-c-wrightmills/).

Brewer, John 2004, "Imagining The Sociological Imagination: The Biographical Context of A Sociological Classic." *British Journal of Sociology* 55 (3): 317 – 333.

Burawoy, Michael 2008, "Open Letter to C Wright Mills." *Antipode* 40 (3): 365 – 375.

Dandaneu, Steven 2006, "Mills, Michgan, and Me." *Michigan Sociological Review* 20: 125 – 146.

Geary, Daniel 2001, "The Union of the Power and the Intellect': C. Wright Mills and the Labor Movement." *Labor History* 42 (Nov.): 327 – 45.

Geary, Daniel 2009, *Radical Ambition: C. Wright Mills, the Left, and American Social Thought.* California: University of California Press.

Gouldner, Alvin W. 1968, "The Sociologist as Partisan: Sociology and the Welfare State." *American Sociologist* 3 (2): 103 – 116.

Hayden, Tom 2006, *Radical Nomad: C. Wright Mills and His Times.* Boulder: Paradigm Publishers.

Hamilton, Peter 1983, "Editor's Foreword." In *C. Wright Mills*, edited by J. Eldridge. London & New York: Tavistock Publications.

Horowitz, Irving 1983, *C. Wright Mills: An American Utopian*. New York: Free Press.

Joas, Hans and Wolfgang Knobl 2009, *Social Theory: Twenty Introductory Lectures*. Cambridge: Cambridge University Press.

Lemert, Charles 2006, "After Mills: 1962 and Bad Dreams of Good Times." In *Radical Nomad: C. Wright Mills and His Times*. Boulder: Paradigm Publishers: 27 – 53.

Lipset, Seymour and Neil Smelser 2004, "Change and Controversy in Recent American Sociology." In *C. Wright Mills* (Vol. 3), edited by Stanley Aronowitz. London: Sage Publications: 311 – 322.

Mills, C. Wright 1946, "The Middle Classes in Middle – Sized Cities: The Stratification and Political Position of Small Business and White Collar Strata." *American Sociological Review*11 (5): 520 – 529.

Mills, C. Wright 1959a, *The Sociological Imagination*. New York: Oxford University Press.

Mills, C. Wright 1959b, *The Cause of World War Three*. London: Secker & Warburg.

Mills, C. Wright 1960a, *Listen Yankee: The Revolution in Cuba*. New York: Mcgraw – Hill Book Company Inc.

Mills, C. Wright 1960b, "Letter to The New Left." *New Left Review* (5): 18 – 23.

Mills, C. Wright 1964, *Sociology and Paramatism: The Higher Aearning in America*. New York: Oxford University Press.

Mills, C. Wright 2000, *C. Wright Mills: Letters and Autobiographical Writings*, edited by Kathryn Mills and Pamela Mills. Berkeley: University of California Press.

Mills, C. Wright 2008a, "Contribution to 'Our Country and Our Culture'." In *The Politics of Truth: Selected Writings of C. Wright Mills*, edited by John H. Summers. New York: Oxford University Press: 37 – 42.

Mills, C. Wright 2008b, "Thorstein Veblen." In *The Politics of Truth: Selected Writings of C. Wright Mills*, edited by John H. Summers. New York: Oxford University Press: 63 – 77.

Mills, C. Wright 2008c, "On Latin America, the Left and the U. S." In *The Politics of Truth: Selected Writings of C. Wright Mills*, edited by John H. Summers. New York: Oxford University Press: 223 – 234.

Mills, C. Wright, C. O. Senior and R. K. Goldsen 1950, *The Puerto Rican Journey: New York's Newest Migrants*. New York: Harper & Brothers Publisher.

Parsons, Talcott 1947, "Book Review of *From Max Weber: Essays in Sociology*." *Annals of* the American Academy of Political and Social Science (253): 238 – 239.

Parsons, Talcott 2004, "The Distribution of Power in American Society." In *C. Wright Mills* (Vol. 1), edtited by Aronowitz. Stanley: Sage Publications: 133 – 151.

Ross, Dorothy 1991, *The Origins of American Social Science*. Cambridge: CambridgeUniversity Press.

Shils, Edward 1960, "Imaginary Sociology." *Encounter* (13) 4: 77 – 81.

Weber, Max 1946, *From Max Weber: Essays in Sociology*, edited by Gerth and Mills. New York: Oxford University Press.

与时俱进：社会学恢复重建以来
社会调查研究的发展*

李 炜

摘　要： 本文对中国社会学恢复重建以来30余年的社会调查研究进行阶段性回顾。在社会调查的复兴阶段（1979~1989），统计调查得到了广泛普及，有明显的经世致用取向，切近改革开放的现实问题，但也存在缺乏规范性、科学性、学科建设不足的情况。在成长阶段（1990~1999），社会调查学科建设走向规范化、学术化、专业化的程度有了明显提升。在繁荣阶段（2000年至今），一系列全国范围的纵贯学术调查相继问世，使得社会变迁、社会发展的科学化研究成为可能，为社会研究提供了前所未有的、高品质的公共学术资源，有效地推进了社会调查研究方法的创新。此外，本文还对社会调查方法中测量、抽样、资料收集等方面的研究进行了回顾和评述。

关键词： 社会调查　统计调查　调查方法　纵贯调查

中国的改革开放自1978年启动，迄今已有近40年的历程，我国社会学学科的恢复重建是与这一宏大的历史进程同步的。我国的社会学研究者也一直是以学科特有的研究方式——社会调查——关注、描述和研究这一变迁过程的。1986年1月创刊的《社会学研究》是国内社会学领域享有盛名的专业学术期刊，30年来我国社会学工作者开展的主要的社会调查研究及其成果，均在《社会学研究》上留下了历史印记。时值《社会学研究》而立之年，笔者回首阅读这30年中发表于该刊有关社会调查的文献，感悟良多，不揣冒昧对改革开放以来社会调查在中国的发展历程做一回顾和

---

*　原文发表于《社会学研究》2016年第6期。

总结。

在中文语境下，社会调查（social investigation）是一个内涵宽泛的概念，泛指"一种了解客观事物的感性认识活动，直接收集社会资料或数据的过程"（袁方编，1997：21）。其实这一概念包含了两种不同类型的调查方式：一为以质性研究中的访谈、群体座谈、个案研究等手段收集研究资料的方式；另一为以概率样本、结构化测量工具、统计分析为主要技术特征的采集量化信息的方式。对于后者，英文名之为"social survey"，对应的中文应是"统计调查"或"抽样调查"。囿于主题，笔者对《社会学研究》中的社会调查的回顾仅限于统计调查这一研究方式。

一 中国社会调查的复兴阶段（1979～1989）

1979年3月，全国哲学社会科学规划会议筹备处在北京召开社会学座谈会，决定成立中国社会学研究会（以下简称"社会学会"）。1980年1月，经国务院批准，中国社会科学院社会学研究所正式成立，标志着中国社会学在20世纪50年代的院系调整中被取消近30年后又得以新生。社会学恢复重建后，作为社会学学科重要内容的社会调查方法受到高度重视。1980年5月，在时任社会学会会长、中国社会科学院社会学研究所所长费孝通先生的主持下，社会学研究所和社会学会联合举办了社会学恢复重建以来的第一个社会学讲习班，张之毅、戴世光、郑尧先生分别讲授了社会调查方法和统计分析课程；美国社会学家涅尼瓦萨、霍尔兹纳教授以及香港社会学家李沛良教授做了社会调查研究的专题讲座，这是社会学恢复重建以来社会调查作为一门专业课程首次登上讲坛，且对中国社会学研究的定量取向产生了很大影响。

与此同时，应联合国教科文组织人口处的邀请，由中国社会学会组织，中国社会科学院社会学研究所、青少年研究所主持的社会学恢复重建后的第一项统计调查——中国青年生育意愿调查，在北京和四川两地实施。此调查在北京采用单位调查、自填问卷的方式，调查的研究成果结集出版为《中国青年的生育意愿：北京、四川两地城乡调查报告》（张子毅、杨文等，1982）。由于此项首创性的调查开展较早，其成果未能在《社会学研究》上得到体现。

1982 年，在雷洁琼先生的指导下，中国社会科学院社会学研究所与北京经济学院、天津社会科学院社会学研究所等七家单位合作进行了"中国五城市家庭研究"，研究选取北京、天津、上海、南京、成都五个不同地区的城市，采取立意整群抽样的调查方法，并首次使用计算机处理和分析定量调查数据，所得到的数据多年来一直是中国城市家庭研究的主要依据。五城市家庭调查研究成果丰富，课题组成员先后出版了四部专著，[①]马有才与沈崇麟合作的《中国城市家庭结构类型变迁》一文发表在创刊不久的《社会学研究》1986 年第 2 期上，这也是《社会学研究》刊载国内社会学研究者的社会调查研究成果的肇始之作。

中国社会调查的复兴阶段，正是 1980 年代中国改革开放的黄金时期。当时的社会学研究者出于高度的社会使命感，出于对社会现实问题的高度关注，也基于对量化研究方法的渴慕，开展了丰富多样的社会调查和研究。据风笑天教授的总结，在 1982 ~ 1988 年，《社会学通讯》、《社会调查与研究》[②] 和《社会学研究》共发表了 94 篇社会调查报告，其中发表在《社会学研究》上的有 38 篇（风笑天，1989）；据范伟达教授等的统计，1986 ~ 1992 年在《社会学研究》所发表的 86 篇调查报告中，采用问卷调查方法的已占到 56%（范伟达、范冰编，2015：353）。这一时期影响力较大的统计调查有三个。（1）1986 年由中国社会科学院社会学研究所主持的"全国十四省市农村婚姻与家庭调查"，调查采用多段分层定比随机抽样的方法，在 14 个省市中调查了 7258 户农村居民（中国农村家庭调查组编，1993）。《社会学研究》1992 年第 4 期刊载了戴可景采用此调查数据撰写的研究报告。（2）1987 年北京大学开展的"经济体制改革以来农村婚姻家庭变化"调查，根据经济发展水平从北京、上海、四川、黑龙江、河南、广东 6 省（市）选择了 14 个县，对 2799 个农户进行了问卷调查。（3）1983年天津社会科学院社会学研究所与天津市人民政府办公厅合作开展的"天津市千户居民调查"。这是中国社会学恢复重建以来第一次采用多期横断

---

① 这四部专著分别是：五城市家庭研究项目组编，1985，《中国城市家庭——五城市家庭调查报告及资料汇编》；潘允康主编，1987，《中国城市婚姻与家庭》；刘英、薛素珍主编，1987，《中国婚姻家庭研究》；李东山、沈崇麟主编，1991，《中国城市家庭——五城市家庭调查双变量和三变量资料汇编》。

② 《社会学通讯》、《社会调查与研究》均为《社会学研究》的前身（内部刊物），1986 年 1月《社会学研究》正式创刊，向国内外公开发行。

面调查的研究设计，在天津市内 9 个区的 36 个街道抽取 1000 户不同类型的家庭作为样本进行问卷调查。调查从 1983～1993 年连续进行了十年，为社会学研究积累了基础性资料，也为社会学的调查研究服务于政府政策制定提供了范例。这一调查的研究成果首发在《社会学研究》1987 年第 6 期（林南等，1987）。

这一时期，社会学者从事经验研究的热情空前高涨，引发了对社会调查方法的讨论和反思。1986 年 11 月天津市社会学学会举办了社会学恢复重建以来的第一次"社会学调查方法学术讨论会"，会议集中讨论了抽样方法和问卷调查的科学性以及科学地运用的问题（津社，1987）。会后，于真根据会上自己的发言和部分学者的观点，在《社会学研究》上撰文倡言社会调查学科化，应建立包含哲学基础、方法论、方法、技术手段工具四个层面的"社会调研学"（于真，1987），标志着社会调查作为社会学研究领域的一个独立分支学科的自立先声。风笑天则对社会学恢复重建以来的 94 项社会调查进行了文献分析和点评，指出当时的社会调查存在"抽样—问卷—统计表格"和"个案及典型—二手资料—列举数据事例"两种不同模式，并分别评析了各自的缺陷与不足（风笑天，1989）。这篇文章是社会学界第一次对调查研究进行的系统反思。卢汉龙则针对问卷调查在设计上缺乏规范的现状，提出社会调查中问卷的意义界定是十分重要的方法论问题，是调查双方在调查过程中的一种互动的结果。调查过程中调查者和被调查者对于问卷中的问题和答案都会形成自己的一套意义解释体系，双方意义界定体系越接近，调查问卷结果的质量也就越高。字句理解错误、调查意图窥探、社会期望是影响被调查者提供真实信息的主要误差来源（卢汉龙，1987）。这篇关于问卷设计方法的文章从测量误差的角度以及调查过程中双方"主体间性"互动构建意义体系的角度着手，来理解问卷调查的信息质量，超越了"问卷是研究概念操作化的结果"这样的简单理解。上述的一场会议、三篇文章，可以反映出社会学恢复重建以来中国学界对于社会调查的认识已从研究的资料收集手段上升到作为一门独立分支学科的社会调查学，并逐步走向专业化、规范化的目标。

特别值得提及的是，这一时期社会调查专业化、规范化取向的另一标志是一批专业化的从事统计调查的机构问世。现在能够查到的资料中，改革开放之后最早成立的调查机构是 1986 年 10 月由甘惜分教授创立的中国人民大学舆论研究所，该研究所在 20 世纪 80 年代后期开展了为数众多的舆论调查和受众调查。其中 1987 年 5 月至 1988 年 5 月进行的"全国电视观众调查"、1987 年 6 月至 1988 年 10 月开展的"中央人民广播电台全国听众调查"等均以调查规模大、主题深刻、影响力强而受到社会各界好评（喻国明、刘夏阳，1993）。成立于 1986 年底的中国社会调查所是我国第一家民办社会调查机构，该所在 1987 年 11 月 1 日党的十三大闭幕之际，针对首都百万流动人口开展的有关政治体制改革的民意调查，其调查结果经中央人民广播电台"新闻和报纸摘要"节目播出后轰动一时（王坚，1987）。1987 年 5 月，中国经济体制改革研究所成立了第一个官方民意调查机构——中国社会调查系统。该系统的主要任务是定期开展民意调查，收集公众对政策的心理反应，为改革决策提供社会心理依据。该系统的独到优势是拥有按照科学抽样方法建立的、涵盖 40 座城市的调查网以及分布在这些城市的专业化调查员队伍（中国社会调查系统，1988），这成为日后连续性社会调查采用固定样框、标准化访员管理作业模式的源头。该系统在 1980 年代中后期组织了数十次大规模的社会调查，为改革决策提供了有价值的社会心理背景材料，在国内外舆论界产生了较大影响。其部分成果曾刊登于《社会学研究》（杨冠三，1988）。除全国性的调查机构外，部分省、市也开始建立服务于本地区社情民意调查研究的专业化机构，如 1988 年建立的广州社情民意调查中心、北京社会心理研究所等。

　　回顾社会学恢复重建以来前十年中国社会调查的发展历程，可以看到鲜明的时代特征。首先，有明显的"经世致用"取向。调查主题紧扣中国改革开放的现实问题，研究者们在婚姻家庭、居民生活、社会阶层、青少年成长、社会心理和价值观变迁等领域广泛地开展研究，产生了大量调查成果。这一方面留下了真实记录社会变迁的宝贵数据资料，另一方面也成为党和政府了解社会状况的重要信息来源，其中一些重要的调查报告具有一定的社会影响力和政策影响力。其次，调查业态多元多样。以这一时期《社会学研究》发表的社会调查成果为例，调查类型既包括统计调查，也包括实地研究和个案调查；既开展了大量的一次性横断面调查，也发起了连续性调查；调查范围既包括全国省际层面的居民调查，也有具体到单一乡镇、村落、企业、机构的内部调查；调查主持者既有高校、研究所的研究人员，也有地方政府部门和其他机构的工作人员。这一方面体现了改革初期社会各界对社会调查事业的热衷，另一方面也折射出初创时期社会调查领域专业门槛低、缺乏学术训练的状况。再次，调查方法的科学性、规范性不足。据风笑天教授对 1982～1988 年有关社会调查的评析，抽样调查中采用科学随机抽样的调查只占 1/3 强，抽样方式不明的竟占了近一半；约 1/4 的调查报告未说明资料收集的方法；在资料的分析处理上，90% 的调查报告只采用了频数统计和交互列联分析，仅有 17% 的调查采用计算机处理（风笑天，1989）。最后，调查资料开发的深度不够。绝大部分的调查统计结果仅限于对社会现象以及群体间差异的描述，而疏于用统计分析的方法探察其形成机制，通常的调查报告模式是用数据描述现象，用主观判断来解释成因。社会研究中常用的"假设—检验"模式几乎没有得到采用。

二 中国社会调查的成长阶段（1990～2000）

进入社会学恢复重建的第二个十年（1990～2000），社会学领域的统计调查逐步开始了学科制度化和学术研究专业化的发展历程。1992 年 12 月，中国社会学会社会调查研究方法专业委员会在天津成立，标志着我国社会学界在社会学调查研究方法领域的学科建设开始走向规范化。同时，这次会议也可以说是对 1980 年代的社会调查实践做了一次系统的回顾与反思。1996 年 11 月该专业委员会在武汉召开全国第二届社会调查方法学术研讨会，会上，学界同人在我国社会调查必须坚持科学化、规范化以及必须加强社会调查工作者的职业道德规范建设等方面取得了高度的共识（刘欣，1997）。1995～1999 年，由福特基金资助，在北京和南京分别开办了三期"社会学方法高级讲习班"，为社会学研究者提供了高水平的、系统性的调查研究方法训练。上述社会调查方法研讨和讲习培训，为社会学领域学术调查水准的提升起到了极大的促进作用。

这一时期，社会学领域的统计调查学术化、规范化和专业化程度有了明显提升。对此，可以林彬和王文韬（2000）对 1990 年代刊载于《社会学研究》的 341 篇经验研究论文的分析[①]和前文所述风笑天对 1980 年代刊

---

① 林彬、王文韬一文，虽然是以经验研究论文为对象，但其中包括了相当一部分以统计调查为方法的研究论文，故其结论依然适用于本文所述的统计调查的主题。

载于《社会学研究》的 38 篇调查报告的总结相比照，得以印证。首先，社会调查研究者群体的整体素质有了很大提高。1990 年代来自高等院校和中国社会科学院的教师和研究人员的发文比例占到 71%，具有中高级职称者占 75% 以上，受过系统专业训练的研究人员成为社会学研究的主力军。其次，研究目标的理论取向增强。1980 年代的调查文章基本采用的是归纳逻辑，缺乏理论推演，而在 1990 年代的调查分析中采用假设检验逻辑的占了 27.6%。再次，概率抽样方法得到重视。1980 年代问卷调查中采用科学的随机抽样的仅有 1/3 强，1990 年代采用随机抽样方法的占比约 60%。最后，量化分析的深度提升。1980 年代的 38 篇同类调查报告采用相关分析的仅有三篇，比例约为 7.9%，1990 年代在采用统计调查方法的 98 篇论文中，采用高级统计方法[①]的占到了 18.4%，较上个十年有了明显提升。虽然 1990 年代社会学领域的统计调查文章也还存在一定数量没有提出明确的理论假设的，使得定量数据缺乏必要的理论基础和意义；非随机抽样方法所占的比例过大，使许多问卷调查结果不能准确恰当地推论到总体；统计分析的水平普遍偏低（林彬、王文韬，2000）等明显的不足，但整体而言，学术性、科学性和规范性都有长足进展。

这一时期社会学领域出现了多期横断面的大型社会调查。多期横断面社会调查通常采用纵向的间隔性重复调查法，对关注的研究主题进行定期、连续、标准化的问卷调查，每次都有不同的主题，间隔若干年后，再重复同一主题的调查。其目的在于及时把握当前的社会状况，同时积累不同时点上的数据，这特别适用于社会变迁及趋势研究。下面对这一时期较为著名的多期横断面统计调查试举二例加以介绍。

（1）中国妇女社会地位调查。该调查是由全国妇联发起、全国妇联妇女研究所主持的一项全国范围的持续性调查，于 1990 年启动一期调查，2000 年、2010 年分别开展了二期、三期调查。该调查成为国内女性研究的扛鼎之作，也是社会学研究领域较早的、持续性的横断面调查。调查采用了较为严格的多阶段概率抽样方式，不仅抽样科学规范，而且在调查质量控制上也较为严格。为保证调查质量，课题组对调查员培训、调查实施、

---

① 林彬、王文韬的文中并未界定统计分析的类型，但据上下文推断，简单统计分析应是单变量的描述统计，中级统计分析应是交互列联分析，高级统计分析应该是多元统计。

问卷检查、质量复核、数据录入、数据清理等各个环节加强质量监控，可以说为国内社会学界大规模的统计调查提供了良好的样板。

该调查的学术成果有专著两部，采用该调查数据及引用其调查成果的学术论文有 250 余篇，其中《中国女性就业状况》（刘伯红，1995）一文刊载于《社会学研究》1995 年第 2 期。

（2）中国私营企业调查。该调查由中共中央统战部、全国工商联、国家工商行政管理总局和中国民（私）营经济研究会于 1993 年联合发起，同时联合中国社会科学院、北京市社会科学院、北京理工大学等机构，依托各省（市、区）工商联和工商局力量实施调查。调查两年左右执行一次，截至 2015 年共开展了十次全国调查。该调查采用典型抽样和立意抽样与多阶段抽样相结合的方式，在全国范围内按一定私营企业抽样比（0.05% 左右，每次的比例略有差异）抽取调查户数。每次抽样调查的内容有所不同，但关于企业主和企业的基本情况均为固定调查项目，以确保数据的连续性和可比性。此项调查是目前国内关于私营企业全国性调查中对于私营企业主个人特征、社会特征和政治特征等调查内容最为集中的一项。虽然在抽样、调查执行和管控上存在一定的不足，但却具有唯一性。它运用全面、系统、翔实的调查数据，对私营经济与私营企业主阶层的成长过程做了记录，很多早期的数据在今天愈发凸显出弥足珍贵的价值。戴建中利用 1993 年的首次调查数据撰写的《私营企业雇工及劳资关系调查报告》发表于《社会学研究》1996 年第 6 期。

此外，这一时期还有其他许多高质量的社会学领域的专项统计调查可为样例，如 1992 年中国社会科学院社会学研究所与北京大学社会学系等单位对北京、上海、南京、成都、广州、兰州、哈尔滨等七座城市的家庭进行的问卷调查。1996 年张文宏等学者在天津市采用多阶段概率抽样方式开展的"天津城乡居民的社会网研究"，这是国内较早开展的社会网络研究。1996 年徐安琪在上海、哈尔滨两市和广东、甘肃两地农村进行的婚姻质量调查，该调查从理论框架、研究假设到问卷和抽样设计都十分规范严谨。根据调查资料撰写的《中国婚姻质量研究》一书得到学界的一致好评，不久《社会学研究》也登载了她的调查研究成果（徐安琪、叶文振，1999；徐安琪，2000）。1999 年潘绥铭教授在东南沿海地区开展两性关系调查，此调查在资料采集过程中采用了电脑辅助自填问卷的方式，以消除受访者对于性关系这一敏感话题的心理压力，这是目前所知国内社会学研究领域的统计调查中第一次引入计算机辅助调查方式。

特别值得介绍的是 1999～2001 年，由中国社会科学院社会学研究所陆学艺研究员率领的"当代中国社会结构变迁研究"课题组发起的社会阶层调查。这一研究的目的是描述改革开放以来中国社会阶层结构的现状、特征以及变迁过程、规律和趋势。就研究方法而言，这一调查是集典型调查、实地研究、抽样调查诸方法于一体的综合性研究工作。课题组首先开展了为期两年的前导性研究，通过全国 11 个调查点的典型调查和实地研究，收集到 11000 份调查问卷和近千份各类社会群体成员的访谈记录。在此基础上，于 2001 年 7 月开展了全国抽样调查。调查抽样设计采用了多阶段复合抽样的方式，最终访问了全国 12 个省/直辖市/自治区、73 个区/市/县、404 个村/居委会的 6193 位居民。课题组根据典型调查和全国抽样调查的数据撰写的《当代中国社会阶层研究报告》和《当代中国社会流动》两部学术专著，划分出当代中国社会的"十大阶层"，论述了中国人社会地位获得的途径，解析了新的社会阶层结构的来源与走向，是中国社会学恢复重建以来在社会分层研究领域的巅峰之作，引起了社会各界的极大反响。2003～2006 年，《社会学研究》陆续发表了李春玲、张翼等人利用这一调查数据进行的教育收益率、职业声望、社会地位获得等方面的专题研究成果。

三　中国社会调查的繁荣阶段（2001 年至今）

进入 21 世纪以来，中国社会学领域在统计调查方面有了重大进展，即从单一时点的横断面调查转向大规模的纵贯社会调查。① 纵贯社会调查的突出优势有三。其一，适宜对同类社会现象在不同时点的特征进行比较分析。由于采用了固定的调查专题和题目，不同年度的同类信息比较就变得简单明了了。比如可以反映不同时期家庭结构的变化，或比较不同年代公众对社会问题关注的侧重点差异。其二，能满足跨学科、多主题、综合性

---

① 所谓"纵贯社会研究"，指的是采用相对固定的专题、指标、题目，以统一、规范的资料收集方法，持续地对研究对象进行调查的研究模式。

的研究需求。社会变迁研究要涉及社会成员在经济、社会、政治、文化、价值观等多个方面，这在以往的单一主题研究中难以综合完成。而纵贯社会调查由于采用了主题轮替的调查方式，通过多年累积的调查，可以汇聚出多个主题、多个时点的资料。其三，调查数据资料有高质量的保证。纵贯社会调查的持续性要求有专设的项目团队和稳定、专业的调查组织，在设计和流程的管理上甚为严格、周密。因此较之短期、单一的调研课题，调查的规范程度和数据质量不可同日而语。

从国际经验来看，纵贯调查的缘起当首推美国的"综合社会调查项目"（General Social Survey，GSS）。GSS 是由受美国国家科学基金资助、芝加哥大学全国民意研究中心主持的重要社会调查项目，也是世界上持续时间最长的纵贯调查项目。GSS 始于 1972 年，到 2016 年已经完成了第 31 次定期调查。除了美国人口普查外，GSS 是美国社会科学界最经常使用和分析的调查资料。GSS 对美国的社会科学科研和教学做出了巨大贡献，迄今为止，有超过 16000 项研究使用了 GSS 的资料，每年有大约 40 万名学生在课堂上运用 GSS 资料进行相关学习。从 1985 年开始，GSS 参与国际社会调查项目中，联合了世界上 58 个国家的社会科学家，在全球范围内统一了问卷调查的内容。[①]

2000 年以来，国内社会学研究领域关注到了大规模纵贯调查的学术价值，经过 20 余年的国外经验学习和辛勤探索，积累的调查研究方法和操作经验也达到可以发起高水准学术调查的程度。在短短的数年间，一系列全国范围的纵贯学术调查相继问世，列举如下。

（1）中国人民大学中国调查与数据中心开展的"中国综合社会调查"（Chinese General Social Survey，CGSS）。CGSS 项目自 2003 年起，每年对中国大陆各省/市/自治区的 10000 多户家庭进行一次连续性横截面调查。在 CGSS 年度调查的基础上，该中心联合全国 40 多所大学及科研机构组成了中国社会调查网络（Chinese Social Survey Network，CSSN），开创了在中国组织大规模全国性调查的新模式。基于 CGSS 数据发表在学术期刊上的文章超过了 1000 篇。[②]

---

① 参见 GSS 网站（http://gss.norc.org/About-The-GSS）。

② 参见 CGSS 网站（http://www.chinagss.org/index.php? r = index/introduce）。

（2）中国社会科学院社会学研究所开展的"中国社会状况综合调查"（Chinese Social Survey，CSS）。CSS 项目的目的是通过对全国公众的劳动就业、家庭及社会生活、社会态度等方面的长期纵贯调查，获取转型时期中国社会变迁的数据资料，从而为社会科学研究和政府决策提供翔实而科学的基础信息。该调查是双年度的纵贯调查，截至 2016 年已开展了 5 期。这一调查有助于获取转型时期中国社会变迁的数据资料，其研究结果可推论全国年龄在 18 ~ 69 周岁的住户人口。已进行了社会群体利益关系、民生问题、城镇化、社会质量等主题的研究。[①] 2008 年起，CSS 的调查数据向国内研究者开放，目前采用 CSS 调查数据产生的学术专著有 8 部，利用该数据发表的文章有 450 余篇。

（3）北京大学中国社会科学调查中心开展的"中国家庭追踪调查"（China Family Panel Studies，CFPS）。CFPS 旨在通过跟踪收集个体、家庭和社区三个层面的数据，反映中国社会、经济、人口、教育和健康的变迁，为学术研究和公共政策分析提供数据基础。CFPS 2008 年和 2009 年在北京、上海和广东三地分别开展了初访与追访的测试调查，并于 2010 年正式开展访问。经 2010 年基线调查界定出的所有基线家庭成员及其今后的血缘/领养子女将作为 CFPS 的基因成员，成为永久追踪对象。CFPS 调查问卷共有社区问卷、家庭问卷、成人问卷和少儿问卷四种主体问卷类型，并在此基础上不断发展出针对不同性质家庭成员的长问卷、短问卷、代答问卷和电访问卷等多种问卷类型。[②]

（4）北京大学国家发展研究院中国经济研究中心主持的"中国健康与养老追踪调查"（China Health and Retirement Longitudinal Study，CHARLS）。CHARLS 旨在收集一套代表中国 45 岁及以上中老年人家庭和个人的高质量微观数据，用以分析我国人口老龄化问题，推动老龄化问题的跨学科研究。CHARLS 全国基线调查于 2011 年开展，采用了多阶段抽样方法，这些样本以后每两年追踪一次，调查结束一年后，数据将对学术界公开发布。

（5）中山大学社会科学调查中心开展的"中国劳动力动态调查"（China Labor-force Dynamics Survey，CLDS）。CLDS 是全国第一个以劳动力

---

① 参见 CSS 网站（http://css.cssn.cn/zgshzkzhdc/xmjs/）。

② 参见 CFPS 网站（http://www.isss.edu.cn/cfps/）。

为主题的全国性跟踪调查。其目的是通过对中国城乡以村/居为追踪范围的家庭、劳动力个体开展每两年一次的动态追踪调查，系统地监测村/居社区的社会结构和家庭、劳动力个体的变化与相互影响，建立劳动力、家庭和社区三个层面的追踪数据库，从而为进行实证导向的高质量的理论研究和政策研究提供基础数据。CLDS 样本覆盖全国 29 个省、市（未含港、澳、台地区，以及西藏自治区和海南省），调查对象为样本家庭户中的全部劳动力（年龄 15~64 岁的家庭成员）。在抽样方法上，采用多阶段、多层次与劳动力规模成比例的概率抽样方法。CLDS 于 2011 年在广东省开展了试调查，2012 年完成第一次全国性调查，2014 年完成第一轮追踪调查，2016 年进行第二轮追踪调查。[①]

（6）西南财经大学中国家庭金融调查与研究中心承担的"中国家庭金融调查"（China Household Finance Survey，CHFS）项目。CHFS 旨在通过科学的抽样，采用现代调查技术和调查管理手段，在全国范围内收集有关中国家庭金融微观层次的相关信息。CHFS 每两年进行一次全国性入户追踪调查访问，目前已分别在 2011 年、2013 年、2015 年成功实施三次调查。2015 年的调查在保证全国代表性的前提下，增加了数据的省级代表性。[②]

除上述全国范围的纵贯调查之外，近年来地方高校还发起了区域范围内的持续性调查项目。如西安交通大学实证社会科学研究所 2009 年开展的"中国大城市社会网与求职调查"，[③] 上海复旦大学社会科学数据研究中心发起的"复旦大学长三角社会变迁调查"，[④] 还有国内经济学界一项著名的纵贯调查项目"中国家庭收入调查项目"（Chinese Household Income Project，CHIP）的调查数据也为社会学界广泛采用。CHIP 于 1988 年由中国社会科学院经济研究所发起，后转至北京师范大学中国收入分配研究院，迄今为止以进行了七次全国调查。[⑤] 该项调查的目的是反映中国经济改革

---

① 参加 CLDS 网站（http://css. sysu. edu. cn/Data）。

② 参见 CHFS 网站（http://chfs. swufe. edu. cn/Info/CHFS/Index）。

③ 参见西安交通大学实证社会科学研究所网站有关 JSnet 项目介绍（http://iessr. xjtu. edu. cn/Programs/Research – Projects/Detail/atc2014092214180829. htm）。

④ 参见 FYRST 网站（http://dvn. fudan. edu. cn/dvn/dv/FYRST）。

⑤ 参见北京师范大学中国收入分配研究院网站有关 CHIP 的介绍（http://www. ciidbnu. org/chip/index. asp）。

和经济发展过程中收入分配格局的变化，对中国的收入不平等问题进行深入研究。

综上所述，当今中国社会学研究领域的系列纵贯调查为中国的社会学乃至社会科学研究带来了丰厚的价值。

第一，纵贯调查数据为社会研究提供了前所未有的、高品质的公共学术资源。据笔者统计，以 2005 年《社会学研究》首次登载刘精明、李路路根据 CGSS 2003 数据撰写的《阶层化：居住空间、生活方式、社会交往与阶层认同——我国城镇社会阶层化问题的实证研究》（刘精明、李路路，2005）一文为标志，至 2015 年末，《社会学研究》上采用各类社会调查数据发表的论文共有 214 篇，其中采用上述大型纵贯调查数据的论文有 77 篇，占 36%。细分之，使用 CGSS 数据的有 48 篇、使用 CSS 数据的有 9 篇、使用 CFPS 和 JSNET 数据的有 7 篇、使用 CHIP 数据的有 6 篇、使用 CHNS 数据[1]的有 4 篇、使用 CHARLS 数据的有 1 篇。[2] 这 77 篇论文有 98 位作者，来自国内 28 所高校、科研机构以及 4 所国外大学，充分说明纵贯调查数据已成为当前社会学研究领域中重要的学术资源，成为普惠学界的公共财富。这应归功于上述几项大型纵贯调查发起机构所秉持的为学术共同体造福的公益理念。从封闭的数据资料独享，转向开放数据库的服务提供，无偿地将调查数据与学界同人共享，可以说是中国社会调查界的"供给侧改革"，功不可没。

第二，纵贯调查数据的公开发布，提供了描述国情民意的客观依据，体现了社会学对重大现实问题的政策影响力和社会效用。例如，2008 年国际金融危机之际，中国社会科学院 CSS 调查公布的当年"调查失业率"明显高于政府部门沿用的"城镇登记失业率"，引起了社会舆论的关注。国务院领导对这一信息高度重视，专门召集政府相关部门向 CSS 项目组商询调查情况和失业率计算方式，并特别指示政府相关部门要采纳"调查失业率"这一指标，并要求在近期公布。2012 年西南财经大学 CHFS 项目在《中国家庭收入不平等报告》中发布了中国城乡家庭的收入基尼系数，引

---

① "中国营养与健康调查"（China Health and Nutrition Survey，CHNS）是中国疾病预防控制中心与美国北卡罗来纳大学自 1989 年起合作进行的长期追踪调查项目，其调查数据也常为社会学研究者采用。

② 上述 77 篇论文中有 6 篇合用了两项纵贯调查数据，因此上述调查采纳的次数合计为 83 次。

发了强烈的社会反响。虽然高达 0.61 的家庭收入基尼系数是否准确在学界还有不同的解释（谢立中，2013），但从国家统计局 2013 年初补充发布的 2003~2012 年十年间缺席的官方基尼系数的举措来看，CHFS 调查数据的发布对于政府部门公开重大国计民生统计数据信息有一定的促进作用。之后谢宇等学者整合了国家统计局、CGSS、CFPS、CHFS、CHIP 等五种来源的调查数据，对中国 2000~2012 年的基尼系数进行了综合估测，认为 2012 年中国的家庭收入基尼系数大概在 0.48~0.52 的区间（谢宇等，2013）。王广州、张丽萍采用 CSS 调查等项数据对"二孩"政策出台前育龄妇女生育意愿与生育潜力的变化范围进行估计，发现目前中国育龄妇女的生育意愿低于更替水平，二孩生育目标占绝对优势，潜在二孩生育的比例不到 50%。在此基础上，通过随机微观人口仿真模型研究放开"单独"二孩政策和全面放开二孩政策对出生人口规模的影响，认为放开"单独"二孩政策不会引起很大的出生人口堆积（王广州、张丽萍，2012）。这一研究成果为调整计生政策、全面放开二孩政策提供了参考依据。上述事例说明，近年来社会学领域开展的纵贯调查研究，提供了独立于行政统计部门、来源更加丰富的数据信息，有助于学界、政府部门及社会公众形成对我国经济社会发展状况的客观认识。

第三，纵贯调查数据的问世，使得近年来社会学研究领域出产了一批具有影响力的研究成果，极大地提升了社会学研究的水平。在此，笔者首先从上述发表于《社会学研究》的 77 篇采用大型纵贯调查的论文中，择取引用率和下载率排名靠前，即一定程度上能够反映学术影响力的数篇文章进行示例。比如，在农民工研究方面，李培林、李炜根据 CSS 2006 年调查数据撰写的《农民工在中国转型中的经济地位和社会态度》一文发现，农民工与城镇职工的收入差距并非来自身份歧视，而是由教育、工作技能等人力资本因素差异造成的；经济社会地位低下的农民工比城镇职工有着更积极的社会态度，而这是来自他们的纵向利益比较。其社会政策的意义是要通过加大对农民工人力资本的投入，通过职业培训规划来提升他们的市场竞争力（李培林、李炜，2007）。在社会分层研究领域，刘精明、李路路（2005）以 CGSS 2003 数据为依据，探讨了客观社会分层结构在相关社会领域的后果和影响，采用潜类分析方法构建了集客观阶层位置、居住空间、社会交往、生活方式、社会认同等多个维度为一体的社会阶层类型。这一研究尝试揭示客观阶层位置和社会行为、生活方式以及社会认同的联系，从而为分析中国的社会分层状况提供一个新视角。

此外，学者们还利用纵观调查数据在一些专门领域进行密集深入的学术讨论。以教育不平等研究领域为例，2010 年以来有九篇相关论文开展了"工作坊"式的聚焦研究。李春玲（2010）通过对 1% 人口抽样调查和纵贯调查的数据分析发现，1999 ~ 2002 年，中国政府采取了大学扩招政策，导致大学生数量和高等教育机会成倍增长，但这并没有减少阶层、民族和性别之间的教育机会差距，反而导致了城乡之间的教育不平等差距拉大。这一观点引发了学者对我国教育不平等形成机制的广泛讨论。学者们的研究视角主要有以下两种。

一是从微观层面分析家庭对子女教育投资的策略选择。叶华和吴晓刚（2011）采用 CGSS 2006 的数据分析发现，家庭中兄弟姐妹数目及构成会影响家长对子女教育投资的策略，进而产生子女教育地位获得上的性别不平等。所幸的是计划生育政策造成了子女数量的减少和子女间关系结构的改变，随着生育率的下降，中国年轻一代的性别间教育不平等状况应该有所缓解。郑磊（2013）的研究也印证了叶华、吴晓刚研究中的家庭教育投资策略性别偏好的存在。他采用 CGSS 2008 的数据，证实了同胞性别结构会对个人教育获得产生显著影响。受中国传统文化以及经济动机的影响，父母的儿子偏好导致家庭内部资源分配时偏向男孩，而抚养男孩和女孩的成本差异强化了这种家庭内部资源分配的不平等。张兆曙和陈奇（2013）的研究认为，从 CGSS 2008 的数据来看，高校扩招从整体上改变了男性与女性之间的机会结构，扩招之后高等教育机会的性别平等化正在从家庭文化程度较高的群体向家庭文化程度较低的群体、从非农村地区向农村地区延伸。侯利明（2015）的研究也利用了 CGSS 2006 数据，发现学历下降回避为家庭最重要的教育策略之一，对子女的教育获得具有显著影响。其合理性依赖于中国学历驱动的社会背景、单轨制的学校系统和绩效主义的选拔机制等因素。

二是现行教育体制的"分流制度"。王威海和顾源（2012）提出，在当前中国社会中，中学教育分流对阶层地位再生产的效应不可忽视。他们对 CGSS 2008 数据的分析显示，中国的重点、非重点中学校制度，导致了后续高等教育机会分配的不平等，进而影响了人们职业地位的获得。吴愈晓（2013）通过 CGSS 2008 的数据分析，发现家庭社会经济地位变量影响子女的升学路径。家庭社会经济地位越高的学生，越有可能进入重点学校，或更可能选择学术教育轨道而非职业教育轨道。重点学校制度对我国教育公平问题甚至是整个社会不平等问题的负面影响应引起足够的重视。2014 年，李春玲又对 1940～2010 年长时段的城乡教育机会不平等状况做了深入细致的研究。她颇具创意地将 2006～2011 年的 CGSS 三次调查数据串并，生成 19705 个 1940～1989 年出生的样本数据库。该文通过数据分析发现：在过去 60 年里教育机会的城乡差距持续存在，不过并非教育层次越高差距就越大或者越不平等。中等教育的城乡不平等是教育分层的关键所在，初中升入高级中等教育阶段的城乡机会不平等持续扩大，是导致农村子弟上大学相对机会下降的主要原因（李春玲，2014）。唐俊超 2015 年的研究通过 CGSS 2008 数据验证了这一假设：家庭社会经济地位、家庭文化背景对教育获得的影响将随着入学阶段的上升而降低，学校等级的影响随这一过程将升高。这是差异选拔、个体生命历程发展及早期异质教育三大机制共同作用的结果（唐俊超，2015）。

上述九篇有关教育不平等现象的学术论文在 2010～2015 年的《社会学研究》上陆续发表，研究者们在同一研究主题下，采用相同的调查数据，以不同的视角，独到的概念和假设，精巧的统计分析模型，深入的剖析辩驳，共同推动了教育不平等研究水准的提升。如果没有大型纵贯调查的数据资料支撑，很难想象这样往来商榷、高手切磋的"工作坊"何以实现。

特别要说明的是，利用纵贯数据库聚焦研究主题深化研究的并非上述一例，在前述的 77 篇文献中还有社会阶层与流动（11 篇）、社会资本与社会网络（11 篇）、婚姻家庭（7 篇）等领域也形成了"工作坊"式的学术探讨。

四 社会调查研究方法的回顾与评述

社会学恢复重建 30 余年来中国社会调查的进步与社会调查研究方法的不断深化有着密切的关系。一般而言，社会调查研究方法的主题聚焦在社会现象的测量（包括问卷设计和指标设计）、研究对象的选取（抽样）、研究资料的收集（调查执行和现场质量管控）、研究资料处理、研究资料分析等环节。从《社会学研究》创刊以来所发表的相关论文，可以透视出国内社会调查方法的发展过程。

据笔者统计，1986 年以来《社会学研究》共发表了 58 篇有关社会调查方法的论文，虽然在《社会学研究》整体发稿量中篇幅仍嫌过少，但仍可以看出社会学研究领域对于社会调查方法的关注呈不断增长趋势。在 1986～1989 年发表的相关文章有 8 篇，到 1990 年代增至 13 篇，2000 年代增加到 21 篇，2010 年代虽只出版了 6 个年度，而相关文献已达 19 篇（见表 1）。从相关主题来看，以往 30 年来社会学调查方法的研究主要有两种类型：一是调查研究方法的介绍、讨论和总结（共 20 篇），在 61 个篇次中占了 1/3；二是具体的调查方法技术，共有 41 篇，其中测量与问卷设计方面的有 17 篇、统计分析方面的有 7 篇、资料收集方面的有 3 篇、抽样方面的有 4 篇和数据处理方面的有 2 篇。由于第一种类型的文章在风笑天先生对《社会学研究》30 年来方法论文评述的文章中已有详细的论述，在此笔者仅对第二种类型中社会调查方法具体技术方面的测量与问卷设计、抽样和资料收集等研究略做评述。

表 1　《社会学研究》社会调查方法文章发表统计（1986～2015）

主题 ＼ 年代	1980	1990	2000	2010	总计
方法介绍与讨论	7	5	6	2	20
测量与问卷设计	1	4	8	4	17
统计分析	0	2	2	7	11
资料收集	0	1	3	3	7
抽样	0	0	1	3	4
数据处理	0	1	1	0	2
总计	8	13	21	19	61

说明：此表收集统计的社会调查方法论文共有 58 篇。其中部分论文涉及了多个主题，因此按主题计算共有 61 篇次。

（一）关于社会现象测量及问卷设计的研究

在《社会学研究》30 年来发表的有关社会现象测量和问卷设计的 17 篇文献中，大部分（11 篇）是介绍或讨论某一具体社会现象的，从方法学的一般意义上进行研究探讨的仅有 6 篇。

对社会现象的测量，通常都是从概念界定和操作化入手的。张小山（1994）的文章探讨了社会调查测量中的操作化概念，他认为操作化就是以我们已知可靠的测量变量反映尚不可靠或难以测量的变量的步骤。风笑天（1994）系统论述了问卷调查法的特征，指出成功的问卷调查必须有明确的理论框架作指导；效度是问卷调查法的核心，操作化的水平和质量则是决定调查效度的关键因素；人既作为研究的主体，又作为研究客体的现实，制约和影响着问卷调查的可靠性和适用性；不同的调查内容也在一定程度上决定和影响着问卷调查法的适用范围。卢汉龙（1987）则针对问卷调查在设计上缺乏规范的现状，提出"社会调查中问卷的意义界定是十分重要的方法论问题，它是调查双方在调查过程中的一种互动的结果"。李强（2000）的研究揭示了中国社会调查面临的极为普遍的现实问题：来自西方社会研究领域的问卷调查方法往往在中国遭遇到"心理二重区域"的困境，中国的政治、历史、文化特征使得中国公众不愿或难以表达真实想法。刘德寰（1995）对问卷设计的题型做了细致的工具性介绍。沈崇麟（1990）从测量误差的视角，分析指出社会现象测量中存在着定义误差、测量层次误差、指标误差、回答误差和信息处理误差等多个环节的测量误差，并对其产生的原因和控制方法进行了说明。

上述关于社会现象测量和问卷设计的研究，涵盖了问卷调查与设计的一般规则、操作化、测量误差、题器设计等一系列内容，较为丰富和细致。特别是卢汉龙和风笑天对于问卷设计的理解，已经超越了研究者优先的社会测量操作化传统，将调查测量和资料的产生看作主客体双方互动的产物，颇有深意；沈崇麟的测量误差及控制的视角，则具有很强的专业特色。这些研究都为社会调查的进步提供了方法支撑。但我们也要看到，国内社会学界对于测量和问卷设计的方法研究还比较单薄，还有许多有待拓展的空间。比如受访者认知过程和问卷设计的关系、访员在场产生的访问误差、不同访问方式（面访、电话访问、自填式作答）的问卷设计差异等研究主题，尚需加以深入探究。

（二）关于社会调查中抽样方法的研究

抽样是社会调查方法中至关重要的主题。从 30 年间《社会学研究》

发表的调查方法论文来看，有关抽样方式在社会学研究领域应用的研究仅有四篇。但这些论文都有较高的学术价值和创新意义。

众所周知，Kish 表是户内选样过程中的抽样工具，被广泛地应用于采用入户调查方式的社会调查研究中。张丽萍（2009）根据 CSS 2008 的抽样记录数据的分析研究发现，Kish 表在使用过程中存在着对样本年龄结构的扭曲，低年龄人口经 Kish 表抽样后入选概率进一步降低。其原因是 Kish 表的设计使得户内成员数、样本候选者在 Kish 表中的排位、Kish 表所分派的抽样数字类型与入选概率相关联。通过仿真计算模拟，她给出了改变户内成员在 Kish 表排位顺序的修订方案。

社会调查中的概率抽样均要求有明确的元素抽样框，以计算元素入选样本的概率。但对无法产生抽样框的特殊总体如何进行抽样，如何形成概率样本估算总体参数，学界一直乏有良策。梁玉成在 2013 年发表的论文中首次报告了"受访者驱动抽样"（Respondent-Driven Sampling，RDS）的方法，并应用于对广州地区的非洲裔移民的调查研究，令人耳目一新。与传统的非概率抽样"滚雪球抽样"类似，RDS 通过随机产生"种子"受访者，而后以"种子"推荐同类的方式扩展样本，经数轮扩张样本得到一阶马尔科夫收敛，最终样本的推断指标达到均衡。梁玉成介绍了 RDS 的原理以及采用该抽样方法开展非洲裔移民调查的实施过程及数据分析结果，说明了该方法应用的可靠性（梁玉成，2013）。之后，刘林平等人（2015）的近期研究也细致地介绍了 RDS 方法，以及运用于全国七个省市的大规模农民工调查的过程，并给出了子群规模参数估计的方式。

上述《社会学研究》中关于抽样方法的研究，不仅具有方法创新意义，更重要的是均以抽样的现场数据作为研究内容，将抽样从数理统计的理论层面延伸到经验研究的应用层面，具有明显的可操作性和现实指导意义。但是也要看到，对抽样方法的应用研究还是社会学领域调查方法中的短板。在目前社会调查方法的课程和教材中，很少涉及抽样方法的实操内容。在当前大型纵贯调查的实践中，产生了一系列有关抽样方法及应用的重要研究内容。比如，在抽样设计方面，上述大型纵贯调查都采用了固定抽样框或固定样本调查点的设计方式，这使得时间序列的调查在抽样单元层面的变异性得到了控制，从而降低了总体推断的抽样误差（李炜、张丽萍，2014）；在实地抽样方面，纵贯研究设计者大都采用了"地图—地址抽样"方法来制作最终抽样单元的样框，① 尽可能地将当今中国的两亿多流动人口，特别是外出务工的农民工群体涵盖在调查范围内，以期减低覆盖误差。这些议题尚待深入探讨。

（三）关于社会调查中资料收集过程的研究

在社会学领域的研究中，社会调查中资料收集过程因有较多的事务性内容，一直处于重要但不够受重视的境地，相对的专题研究也甚为稀少。2000 年以来，随着大型学术调查，特别是系列纵贯调查的频繁开展，学界逐步认识到高质量的调查数据与资料收集过程（包括访员培训、访问方式、现场监控和访问质量评估等）密不可分。自 2007 年始，《社会学研究》发表的文章中出现了关于社会调查资料收集过程的研究论文，其中最具轰动效应的是风笑天与郝大海两位学者有关调查应答率的三篇商榷文章（风笑天，2007a，2007b；郝大海，2007）。

在笔者看来，风、郝两位学者对国内应答率的辩论，很大程度上是对应答率界定的理解上存在差异，以及国内社会调查中不规范的应答率报告方式造成的。如果参考美国民意研究协会关于调查中应答率的五种规范界定，则会澄清应答率理解的偏差。② 但更有启发意义的是，两位学者对应答率的讨论，提示人们对国内社会调查领域资料收集过程质量标准的重视。目前前述的国内大型纵贯调查都为现场执行时制定了细致的记录规程，使得调查资料的获取过程有案可稽、质量监控有据可依。

特别值得关注的是，自从大型纵贯调查采用计算机辅助访问方式收集调查资料以来，对于"平行数据"的研究为调查方法的改进开辟了新的空间。北京大学 CFPS 团队近年来在《社会学研究》上发表的相关研究成果便是良好的范例。孙妍等（2011）通过 CFPS 跟踪调查平行数据的分析，发现追访样本的损失存在选择性问题，受访家户家庭结构、家庭规模以及家庭主事者社会经济特征、参访经历等变量是影响拒访的主要因素；跟踪调查中受访家户的拒访行为是可预测的，根据前次收集的数据，可以比较

---

① 关于地图—地址抽样方法，详见丁华等编，2011；王卫东、唐丽娜，2012。
② 关于调查应答率的五种规范界定，参见美国民意研究协会网站中 Standard Definition 栏目中有关 Response Rate 的具体说明（http://www.aapor.org/Education-Resources/For-Researchers/Poll-Survey-FAQ/Response-Rates-An-Overview.aspx）。

明确地甄别未来可能拒访的重点对象。严洁等人（2012）的研究利用 CF-PS 平行数据监测到了访员臆答行为的存在，分析出访员的职业特征与臆答的发生比有显著关联，他们还对臆答进行干预的效果进行了分析，指出计算机辅助面访调查可以有效监测并干预访员臆答，干预可使臆答显著减少，有助于调查误差的减少。

社会调查的质量高低，取决于对各类来源误差的控制程度。上述对调查资料采集过程的研究，为有针对性地降低应答误差和访员误差提供了科学的经验依据，有效地推进了社会调查研究方法的创新。

回顾中国社会调查 30 多年的发展历史，从 1979 年筚路蓝缕的"中国青年生育意愿调查"，到现今每年数项大型纵贯调查、数万样本数据的汇集；从问卷调查纸笔作业、手工绘制图表，到 CAPI、CATI、CAWI 多样式的计算机辅助数据采集；从师从西方学者苦苦修习社会研究方法，到国际社会调查的平等参与，中国社会学领域的调查研究者走过了一条充满艰辛但也充满希望的道路。中国在成长，中国的社会调查事业在成长，这一切都在《社会学研究》上留下了不可磨灭的印记。特撰此文，是为贺！

参考文献：

戴可景，1992，《中国十四省市农村妇女基本状况及其生活简析》，《社会学研究》第 4 期。

第三期中国妇女社会地位调查课题组，2011，《第三期中国妇女社会地位调查主要数据报告》，《妇女研究论丛》第 6 期。

丁华等编著，2011，《地图地址抽样框制作手册》，北京：北京大学出版社。

范伟达、范冰编著，2015，《中国调查史》，上海：复旦大学出版社。

风笑天，1989，《我国社会学恢复以来的社会调查分析》，《社会学研究》第 4 期。

——，1994，《方法论背景中的问卷调查法》，《社会学研究》第 3 期。

——，2007a，《高回收率更好吗？——对调查回收率的另一种认识》，《社会学研究》第 3 期。

——，2007b，《再谈样本规模和调查回收率——对〈应答率的意义及其他〉一文的回应》，《社会学研究》第 6 期。

郝大海，2007，《应答率的意义及其他——对中国"高"调查回收率的另一种解读》，《社会学研究》第 6 期。

侯利明，2015，《地位下降回避还是学历下降回避——教育不平等生成机制再探讨

（1978 - 2006）》，《社会学研究》第 2 期。

津社，1987，《社会学调查方法学术研讨会综述》，《社会学研究》第 2 期。

李春玲，2010，《高等教育扩张与教育机会不平等——高校扩招的平等化效应考查》，《社会学研究》第 3 期。

——，2014，《教育不平等的年代变化趋势（1940—2010）——对城乡教育机会不平等的再考察》，《社会学研究》第 2 期。

李培林、李炜，2007，《农民工在中国转型中的经济地位和社会态度》，《社会学研究》第 3 期。

李强，2000，《"心理二重区域"与中国的问卷调查》，《社会学研究》第 2 期。

李炜、张丽萍，2014，《全国居民纵贯调查抽样方案设计研究》《科研信息化技术与应用》第 5 期。

梁玉成，2013，《在广州的非洲裔移民行为的因果机制——累积因果视野下的移民行为研究》，《社会学研究》第 1 期。

林彬、王文韬，2000，《对当代中国社会学经验研究及研究方法的分析与反思——90 年代社会学经验研究论文的内容分析》，《社会学研究》第 6 期。

林南、王玲、潘允康、袁国华，1987，《生活质量的结构与指标——1985 年天津千户户卷调查资料分析》，《社会学研究》第 6 期。

刘伯红，1995，《中国女性就业状况》，《社会学研究》第 2 期。

——，2013，《简析三期中国妇女社会地位调查》，《山东女子学院学报》第 4 期。

刘德寰，1995，《关于问卷法的题型设计》，《社会学研究》第 2 期。

刘精明、李路路，2005，《阶层化：居住空间、生活方式、社会交往与阶层认同——我国城镇社会阶层化问题的实证研究》，《社会学研究》第 3 期。

刘林平、范长煜、王娅，2015，《被访者驱动抽样在农民工调查中的应用：实践与评估》，《社会学研究》第 2 期。

刘欣，1997，《全国第二届社会调查方法学术研讨会综述》，《社会学研究》第 2 期。

卢汉龙，1987，《调查问卷的意义界定》，《社会学研究》第 4 期。

全国妇联妇女研究所课题组，2006，《社会转型中的中国妇女社会地位》，北京：中国妇女出版社。

沈崇麟，1990，《社会研究中的度量误差问题》，《社会学研究》第 2 期。

孙妍、邹艳辉、丁华、严洁、顾佳峰、邱泽奇，2011，《跟踪调查中的拒访行为分析——以中国家庭动态跟踪调查为例》，《社会学研究》第 2 期。

王广州、张丽萍，2012，《到底能生多少孩子？——中国人的政策生育潜力估计》，《社会学研究》第 5 期。

王坚，1987，《十三大增强人民改革信心　中国社会调查所问卷调查得出初步结果》，

《瞭望周刊》45 期。

王威海、顾源，2012，《中国城乡居民的中学教育分流与职业地位获得》，《社会学研究》第 4 期。

王卫东、唐丽娜，2012，《中国综合社会调查（CGSS）实地抽样绘图手册》，北京：中国社会出版社。

谢立中，2013，《惟一"真实"的基尼系数是否可得？》，《社会学研究》第 3 期。

谢宇、张晓波、李建新、于学军、任强，2013，《中国民生发展报告》，北京：北京大学出版社。

徐安琪、叶文振，1999，《性生活满意度：中国人的自我评价及其影响因素》，《社会学研究》第 3 期。

徐安琪，2000，《择偶标准：五十年变迁及其原因分析》，《社会学研究》第 6 期。

严洁、邱泽奇、任莉颖、丁华、孙妍，2012，《社会调查质量研究：访员臆答与干预效果》，《社会学研究》第 2 期。

杨冠三，1988，《1987 年以来改革的社会心理环境的调查分析》，《社会学研究》第 5 期。

杨善华、沈崇麟，1994，《改革以来我国大城市居民家庭收入格局的变化》，《中国社会科学》第 3 期。

叶华、吴晓刚，2011，《生育率下降与中国男女教育的平等化趋势》，《社会学研究》第 3 期。

于真，1987，《社会调查研究学科化刍议》，《社会学研究》第 6 期。

喻国明、刘夏阳，1993，《中国民意研究》，北京：中国人民大学出版社。

袁方编，1997，《社会研究方法教程》，北京：北京大学出版社。

张丽萍，2009，《应用 Kish 表入户抽样被访者年龄结构扭曲问题研究》，《社会学研究》第 4 期。

张文宏、阮丹青，1999，《城乡居民的社会支持网》，《社会学研究》第 3 期。

张文宏、阮丹青、潘允康，1999，《天津农村居民的社会网》，《社会学研究》第 2 期。

张小山，1994，《论操作化》，《社会学研究》第 1 期。

张兆曙、陈奇，2013，《高校扩招与高等教育机会的性别平等化——基于中国综合社会调查（CGSS 2008）数据的实证分析》，《社会学研究》第 2 期。

张子毅、杨文等，1982，《中国青年生育意愿：北京、四川两地城乡调查报告》，天津：天津人民出版社。

郑磊，2013，《同胞性别结构、家庭内部资源分配与教育获得》，《社会学研究》第 5 期。

中国妇女社会地位调查课题组，1993，《中国妇女社会地位概观》，北京：中国妇女出版社。

中国社会调查系统，1988，《中国社会调查系统简介》，《社会学研究》第 1 期。

2017 年

包揽式政商关系、本地化用工与内地中小城市的劳工抗争[*]

汪建华

摘　要：当前的劳工研究过于关注珠三角经验，而忽视了"世界工厂"劳资关系的区域差异。本研究基于在内地城市进行的田野调研资料，详细剖析内地中小城市新兴制造业中独特的政商关系、本地化用工形态和劳工抗争行动。研究发现，虽然受限于地方政府对劳动关系的干预、分散的劳工生产生活形态，内地的劳工抗争在规模、战斗性、诉求、制度影响等层面与珠三角地区存在差异。但内地的劳工抗争也有其特点，突出表现为劳动纠纷频发化和日常抵抗普遍化。一方面，大量低端劳动密集型企业在内地政府扶持政策下勉强生存，由此导致频繁的劳动纠纷，本地工人的城市化进程和遍及工厂内外的社会关系网络则是这些劳动纠纷的催化剂；另一方面，本地工人的地域认同、社会网络和家庭化趋势为其普遍的日常抵抗提供了基础。

关键词：包揽式政商关系　本地化用工　劳工抗争　区域差异

一　"世界工厂"的劳资关系：被忽视的区域差异

中国作为全球制造中心，多年来被经济奇迹掩盖的劳工权益问题，在2010年的富士康"连跳"和本田罢工事件后，终于被媒体和公众广泛关注。学界更是普遍将2010年作为中国劳动关系的分水岭。研究中国劳工政

---

　*　原文发表于《社会学研究》2017年第2期。

治的学者不再回答"为什么不"的问题（Lee，1998），相反，劳工团结行动的形成动力、组织形态、发展趋势、对国家治理方式的潜在影响，才是近年来学术和政策研究的重要议题。

相关文献致力于从各个层面揭示中国劳工抗争政治的变化：工人行动开始部分克服分散、自发的弱点，在一定程度上呈现出组织性和战斗性，其影响也超出特定厂区范围，在特定行业、区域扩散；部分抗争行动不再仅仅是对企业侵权行为和管理方式做出反应，也不再满足于争取"底线型"权利，而是要主动争取工资上涨、工会重组等"增长型"利益。推动劳工抗争政治转变的重要结构性因素包括：资本全球转移和"用工荒"背景下劳动者议价能力的增长、农民工代际结构的变化、信息技术的运用、工业化经历中工人经验与能力的提升、沿海地区产业升级战略下政治机会结构的出现等（Silver，2003；Lee，2007；Chan & Pun，2009；Pun & Lu，2010；郭于华等，2011；蔡禾，2010；闻效仪，2014；汪建华，2015）。关注阶级不平等的学者从中看到了"阶级形成"的趋势，而致力于构建集体劳权的学者则将这种变化概括为中国劳动关系的"集体化转型"（Chan & Pun，2009；常凯，2013）。

劳工群体与各种社会力量的互动是另外一个不可忽视的趋势。任何人只要对后发国家的劳工运动史稍加整理（Seidman，1994；裴宜理，2001；具海根，2004），便可知这种结合对国家治理的潜在挑战。部分劳工组织顺应劳工行动的变化，主动调整工作方向。他们为工人的行动带来信息、经验和策略上的支持，并帮助工人提炼诉求、推举代表、代理集体谈判。劳工组织、劳权律师、高校师生还进一步借助网络媒体，将劳工权益议题带入到社会公众视野中（汪建华等，2015）。

一些地方工会不得不通过改革来回应这些的变化，否则将面临失去工人群众的危险。广东省的工人集体维权行动最为频繁，劳工组织最活跃，工会改革力度也最大（闻效仪，2014）。广东省在基层普遍建立起镇街综治信访维稳中心，强力协调综治、维稳、信访、公安等部门，有效应对可能的群体性事件。其他相关举措还包括强化社区监视和社会矛盾调解机制（Zhuang & Chen，2015；Chen & Kang，2016）。

然而，对当前劳工政治的讨论和判断过于依赖珠三角经验。以劳工抗争的实证研究为例，笔者共检索到 65 篇中英文文献，[①] 其中，49 篇文献的调查资料来源于珠三角，10 篇文献以珠三角和其他地区的实证调研为基础，只有 6 篇文献以其他地区的田野资料为依据。

仅仅将同为沿海重要经济体的长三角引入比较，便可知珠三角的劳工政治有其特殊性。从劳动权益的各项指标看（工资水平、劳动合同签订率、工作时间、社保购买率、工作环境等），长三角要好于珠三角。从典型的集体抗争个案来看，一些有影响力的罢工行动、三次大规模的城市骚乱和富士康工人的"连跳"，几乎都发生在珠三角。研究表明，两大经济体劳工政治的差异，可能与其早期工业化模式和劳动力来源有关，长三角在早期突出表现为"本地资本（乡镇企业）本地工"，珠三角则盛行"外来资本（港台企业）外来工"的组合（张敏、顾朝林，2002；万向东等，2006；刘林平等，2011）。

因此，当我们在讨论中国"世界工厂"的劳工政治时，应该对其可能呈现的区域性差异予以充分的重视。综合以往相关文献，笔者认为，下列因素可能在区域层面对劳工政治产生影响：（1）区域工业化历史与资本的来源，比如早期以乡镇企业为主体的"苏南模式"、以个体私营经济为特色的"温州模式"和依托地缘优势发展"三来一补"企业的"珠江模式"（费孝通，2014），以及继承晚清和民国工业传统的华北乡村工业（顾琳，2009），劳动关系可能各具特色；（2）地方政商关系，地方政府在 GDP 竞赛和分税制改革背景下发展经济的冲动与地方经济的不平衡，将决定地方政府在招商引资中的谈判能力和劳动治理方式（周黎安，2007；陶然等，2009）；（3）工业集中程度与劳工生产生活形态，比如，从历史上看，台湾地区的工人在空间分布上要远比韩国分散，分散的工业布局消解了产业工人组织化和集体认同发展的可能（Sen & Koo，1992）；（4）劳动力市场的本地化程度，当大量本地劳动者进入到工厂，企业的用工招聘、生产管理和劳动争议处理可能都要受到当地基层政权、乡缘网络的干预（Paik，

[①] 检索时间为 2016 年 5 月 23 日，中文文献限于北大中文核心期刊和南大 CSSCI 来源期刊，通过中国知网检索，关键词包括"工人"、"劳工"、"农民工"、"集体抗争"、"集体行动"、"维权"；英文文献通过百度学术检索，关键词包括"China"、"worker"、"migrant worker"、"labor"、"unrest"、"strike"、"collective action"、"protest"、"movement"，通过关键词检索到相关文献后，进一步借助"相似文献"、"参考文献"、"引证文献"搜寻相关文献。

2014）。

已有少量研究尝试讨论中国劳工政治的区域差异。李静君对广东和东北工人的抗争政治进行了比较（Lee，2007），不过该研究更多的是对农民工和下岗国企工人两类群体维权方式的比较。其他对区域劳工政治差异的讨论包括：市场化、全球化程度与劳工政治（Blecher，2010），地方政治资源和治理策略与地方政府治理罢工的模式（孟泉，2014），区域经济发展模式与地方工会改革特点（Friedman，2011）。

相对于珠三角区域相关研究而言，当前学界对沿海其他经济区域劳工政治的讨论固然远远不够；而对于承接沿海地区产业转移的中西部地区和沿海省份欠发达城市的劳动关系，则缺乏实质性的研究和讨论。近十年来，随着沿海地区的经济发展和中国人口结构的变化，沿海地区企业的要素成本和综合经营成本逐渐上升，用工荒持续存在，制造业特别是劳动密集型企业开始大量向中西部地区转移（蔡昉等，2009）。有鉴于此，本文将研究聚焦点投向内地，考察内地中小城市工业化面临的独特环境，并借此进一步分析内地的劳工政治。

地方政商关系的差异对劳工政治的影响是最不可忽略的。由于并不具备沿海地区在区位、基础设施、产业集群、人才等方面的优势，内地的地方政府只能被迫在土地、税收、信贷等方面给予资本更多优惠，并在劳动权益和环保方面做更多妥协（陶然等，2009；耿曙、陈玮，2015）。为了吸引大资本入驻，一些地方政府甚至动用下属各级政府组织网络和有限的财政收入，帮助企业招工，或者迫使属地的职校、技校学生以实习名义进入企业打工（郭于华、黄斌欢，2014）。相反，沿海城市则有更大的选择性，为了推动产业转型升级，部分沿海省份和城市通过严格执行劳动法律、提升劳动权益标准、默许劳工维权行动等方式，迫使低端劳动力密集型企业从当地搬离（张永宏，2009；孟泉，2014）。恰如李静君（Lee，2007：11-12）指出的，地方发展经济的冲动和区域经济发展的不平衡，使得劳工抗议呈现高度地方化的特征。

内地城市的劳动力来源可能是另一个重要维度。相比沿海地区聚集大量跨省、跨地市流动的农民工，内地中小城市企业的工人本地化程度更高。对江西丰城某内迁陶瓷厂的研究发现，90%的一线员工来自本市或附近地区，工厂的劳动过程和管理制度相比沿海更人性化，工人拥有相对完整和丰富的社会生活（黄斌欢、徐美龄，2015）。笔者对太原和郑州两地富士康园区的调研则表明，大规模土地征迁迫使当地大量年轻人进入工厂，其厂内破坏纪律、厂外报复管理者的行为，一定程度上形成了对企业粗暴管理文化的制衡（汪建华，2014）。

本文将主要借助田野材料详细剖析内地中小城市新兴制造业中独特的政商关系、本地化用工形态和劳工抗争政治，并进一步梳理前两者对劳工抗争政治的影响，最后，研究还将尝试对内地中小城市开发区与珠三角工业区的劳工政治进行比较。①

本文的田野材料主要来源于中部某内地城市高新技术开发区的实地调研。根据 2010 年人口普查资料，方合市②的城区人口约为 50 万人，正好可以作为内地中小城市的典型样本。高新技术开发区成立于 2001 年，后升级为国家级高新区。开发区园区规划面积为 100 平方公里，职工总数在 3 万人左右。自 2015 年 3 月开始，笔者曾 4 次赴方合市调研内地企业的劳动关系，2016 年 4 月笔者有幸获准进入开发区 3 家企业（1 家本土企业和 2 家内迁企业，下文将会有详细介绍）进行短期实地观察。调研材料主要来源于笔者与普通工人、地方政府官员、企业各级管理者的日常交谈、深度访谈和座谈。另外，结合笔者在珠三角地区长期的调研资料，论文还将尝试梳理劳工政治的区域差异。

二　包揽式政商关系

在发展主义导向下，任何地方政府与资本都存在着一定的结盟关系。但在沿海发达地区，地方政府与资本的结盟关系是选择性的，政府可能更倾向于扶持那些技术、资金密集型的工业资本，对高污染、高能耗、劳动密集型企业则逐渐迫使其转移，且其对资本提供的支持范围也是有限度的。之所以将内地地方政府与工业资本的关系概括为"包揽式政商关系"，

---

① 裴宜理（2001）在《上海罢工：中国工人政治研究》中，将工人与产业资本家的关系、与政党的关系、工人中的帮派行会组织及其他非正式关系、工人的抵抗行动，都纳入"工人政治"的范畴中。受裴宜理的启发，本研究将劳资政三方关系、工人生活周围的社会力量和内部的关系网络、各种各样的抵抗行动都纳入"劳工政治"的范畴中。

② 根据学术惯例，本文经验材料中涉及的所有地区、企业和人物名称都经过处理。

原因有二：第一，虽然地方政府为了招商引资，在土地、税收、基础设施建设等方面都有可能给予资本一定的优惠条件（耿曙、陈玮，2015），但内地地方政府却有可能答应资本更为苛刻的条件，并动用各种行政资源，在协调贷款、厂房宿舍建设、手续办理、项目政策争取、用工招聘、劳动纠纷预防化解等方面尽可能提供服务。第二，内地地方政府对资本类型并没有太多选择余地，对各种层次的外来资本都要提供多方位的服务，尽管优惠条件会有所差别。

（一）包揽式政商关系：形成条件、表现形式与可能后果

内地中小城市在发展区位方面的劣势是显而易见的，开发区企业普遍反映的困难包括：（1）产品出口运输时间长，物流成本大；（2）缺乏成熟的产业配套，企业需要额外支付到其他地区的采购成本；（3）专业技术、管理和销售人才缺乏。因此，内地政府对资本类型的选择余地很小。在激烈的竞争格局中，他们不得不答应资本提出的各种苛刻条件，尽可能地为资本提供大包大揽式的服务。这些服务包括：（1）土地、税收、信贷方面的优惠；（2）通过完善各种基础设施和工业地产建设，减少企业前期投入成本；（3）代办企业入驻相关手续，争取中央和省里相关项目、政策；（4）政府帮助招工，并提供各种就业优惠政策；（5）放宽环保和劳动权益标准；（6）帮助企业平息劳资纠纷。

税收方面，方合市对于新引进的企业，在地方税种上，以先收后返还的方式，前三年全免，后两年减半。土地价格上，工业用地8万元/亩，这个土地价格可能要低于该市在土地征迁补偿、三通一平（通水、通电、通路、场地平整）和基础设施建设费用等方面的综合成本。[①] 为了打造特色产业，政府还进一步为相关企业提供贷款担保。各地争相为支持所谓的特色产业协调贷款、降低土地成本，通常导致产能过剩和重复性建设的问题，继而引发企业债务危机，地方政府不得不承担连带责任（江飞涛等，2012）。方合市当前正在经受类似的困扰。

在硬件环境上，当地政府除了完善铁路、公路、供电、供水、道路绿化、路灯安装等方面的基础设施，正在大力打造"工业地产"。为了吸引

---

① 该市2014年土地征迁补偿标准约为24000元/亩（不包括青苗、附着物等补偿费用）。

更多的中小企业入驻，开发区建造了若干"科技孵化基地"① 和一批公租房，极大降低了企业在厂房、仓库、宿舍、食堂等方面的建设成本。② 政府期望能从这些"孵化基地"中孕育出若干大中型企业。泰理光电的闫总认为，100 家企业只要能成长起来两家企业便算成功，泰理光电当年也是从孵化基地走出来的，现在已经是上市企业，并且是开发区第一纳税大户（访谈编号：clcp2319）。

方合市还为入驻企业提供专门的工作组，企业只要准备好相关材料，所有手续由工作组成员协调办理。在企业发展过程中，政府采取市领导挂点、部门结对、官员驻厂等方式，帮扶重点企业。比如，通过争取进口旧硒鼓批文、将国检监管站设在厂内等举措，政府帮助硒伦电子厂有效减少了原材料和物流成本（访谈编号：clcp2321）。

企业入驻以后，最紧要的任务莫过于招工。方合市的年轻劳动力大多跑到沿海就业，劳动力供给有限，加上许多中小企业的薪酬待遇和工作环境缺乏吸引力，缺工现象严重。早期由于某大企业迅速扩张，方合市各级政府部门被广泛动员起来招工，人社部门还专门为招来的职工提供部分岗前培训，即所谓"招工就业培训三位一体"。当前为了完成招工任务，园区劳动部门在西南地区和省内周边县市建立了二十余个现场招聘网点，并与十余家人力资源中介机构建立合作关系，对中介机构的招工予以补贴。为了提升对外地劳动力的吸引力，开发区出台了一系列外地员工就业优惠政策，包括推荐就业满 3 个月奖励、探亲往返车票报销、外来务工人员子女入学优惠等。在市内，开发区劳动部门则借助各类媒介（手机短信、网络、电视）、各乡镇街道，以及打横幅的方式来推送相关信息。在企业急需用人时，还会在人流密集地设立招工点。但这似乎不能从根本上改变企业用工难的问题。一些企业长期处在大规模缺工的状态，工人招得多，流失也快。

当地政府为招商引资而对企业采取大包大揽的做法，固然在一定程度

---

① 许多小企业都集中在"孵化基地"里面，企业只要租下里面的房间，搬来产线，即可开始生产。一些地方官员称企业完全可以"拎包入住"。

② 早期引进的企业往往自己建厂房和宿舍。那时正值房地产热，一些老板会在投资工业的同时要求政府额外给他们一块商业用地。但土地有限，且房地产市场变化很快，政府只好退而求其次，以建设"孵化基地"和公租房的方式，吸引更多小企业入驻。

上争取到了资本投资，但也造成了一些不可忽视的后果：（1）政府角色错位，企业过度依赖政府；（2）政府在企业发展过程中投入过多，造成大规模重复性建设、产能过剩和资源浪费，并将地方政府拖入到债务连带责任中；（3）一些企业利用政府急切发展工业的愿望谋求其他利益，比如有些企业表面上要搞工业投资，实际上兴趣却在拿商业用地搞房地产，最后房地产搞起来了，工厂却早早倒闭了；（4）鼓励了部分企业的短期行为并引发欠薪问题，比如，有些企业在享受当地的优惠政策后，便搬到其他地区；一些经营不善的小企业在欠薪时逃匿也非常方便，由于在当地并没有土地、厂房、宿舍，也没有相关设施投入，它们只需要把设备搬走即可；（5）许多原本应该淘汰的企业在政府的优惠政策支持下得以继续生存，在这些企业，劳动者权益往往得不到保障，劳资矛盾频繁多发。①

（二）地方劳动治理方式

要想吸引资本、留住资本，另外一类隐形的优惠政策自然就是降低劳动和环境方面的标准。相关法律法规在当地政府部门看来太超前了，是按照沿海的发展情况制定的，不符合内地经济发展现状。劳动和环保部门的执法都要服从经济发展的大局。在开发区，劳动部门的干部这样形容自己的工作："经济景气，大量招人，累得要死；经济不景气，流水一样的离职，大量的劳动纠纷，大量的调解工作"（访谈编号：clcp2323）。而在市人社局，有一次笔者帮助某电子厂的劳动者反映该企业未缴社保、克扣工资等方面的违法行为，劳动部门的领导却向笔者解释，监察大队到企业执法，需报市领导批准，而且，企业对劳动部门的执法也未必配合（访谈编号：clcp2323）。开发区一位领导则一针见血地指出，如果劳动部门执意要严格执行劳动法律法规，则可能要承担"破坏投资环境"的严重后果（访

---

① 当然，政府对企业许诺的各种优惠政策未必都能兑现，甚至存在"开门招商，关门打狗"的现象（耿曙、陈玮，2015）。在田野调查中，也有一些企业领导反映，虽然地方政府积极为企业发展提供各种优惠政策，但在执行过程中，却因部门或官员个人利益而大打折扣，这表现在：（1）企业融资难，虽然有提供贷款的项目资金，但银行却附加其他条件，比如要求企业为其消化部分呆账坏账；（2）虽然地方政府对许多收费项目进行减免，但由于收费部门太多，且有一些属于重复收费，企业负担还是较重；（3）一些官员怕担责任，在企业办理相关手续时不敢签字，"脸好看事难办"（访谈编号：clcp2315）。另外，本地企业与从外地引进的企业待遇差别也很大，很难像后者那样得到土地、税收等优惠（访谈编号：clcp2320）。

谈编号：clcp2310）。

一方面不敢主动监察、处罚企业的违法问题；另一方面，劳动部门在处理涉及社保、工资等方面的劳动争议时，也非常慎重。毕竟许多企业选择到内地投资，降低用工成本是重要因素，而规避社保、加班工资、最低工资标准则是常见做法。因此，劳动人事争议仲裁院出于对企业的保护，以"不告不管"的原则行事，而且对于案例牵涉人数也要仔细斟酌。如果是单个劳动者前来投诉相关问题，仲裁院一般依法仲裁，但如果涉及人数较多，则不得不考虑可能的影响了，倘若带动起更多的员工前来维权，企业补偿支付的负担就太大了。

劳动部门如此弱势，不要说社保、加班工资、劳动合同等方面的监察和规制难以到位，即便是触及底线的欠薪问题，也难以解决。遇到劳动者投诉企业欠薪，开发区劳动部门只能给企业打电话，讲道理，给双方做调解工作，许多调解不了的工作还是要转移到市劳动部门。但市劳动部门的调解工作企业同样不太配合，仲裁结果也未必能够得到执行。这里最重要的症结在于，当前并没有约束企业老板欠薪行为的诚信系统，法律上的"恶意欠薪入罪"也往往由于老板与地方领导的私人关系，难以真正得到执行（访谈编号：clcp2323）。不少劳动者也谈到，类似欠薪的问题，到劳动部门投诉，一般很难得到解决，除非成规模的员工上街闹，或者天天上访。

为避免潜在的劳动纠纷，开发区会定期为企业人力资源主管提供专题性的法律培训。在经济不景气需要裁员时，规避或减少劳动者的离职补偿便是摆在企业面前的重要议题。劳动部门一般会和企业保持沟通，就相关问题统一口径。某大企业曾因为经济不景气，需要裁掉近万人。为了避免可能的动荡，省、市、区各级政府紧急介入，以灵活的政策将员工分批处理，省政府为企业补缴了约1亿元社保，为企业员工提供充足的失业保证金，市区镇各级政府则广泛参与调解工作。

我们参与桑弘的调解，给它慢慢分散，一起去搞肯定不行，拖一拖有些人就走掉了。有些个别跟他谈，你也别去闹，给你点钱，就算了。桑弘（职工）到市委市政府堵门都堵过几次，到信访局我都去过几次。真正按照这个法律规定去补，桑弘早就关闭掉了。一裁一万人，怎么补，补不起。出来一些政策，和他们座谈，解决，走一部分，留一部分，你也不用上班，每天签到，保证你的劳动关系，每个月给你 600 多块钱生活费，过渡，慢慢来。太多了，一万多人，把他们瓦解了。等到效益好了，回来上班把这些钱补给你。（访谈编号：clcp2316）

为了赢得资本的青睐、培育当地有限的资本，在土地、税收、信贷等方面的优惠条件之外，地方政府还需要提供各种包揽式的服务，包括完善基础设施、提供厂房宿舍、代办入驻手续、争取项目政策支持、帮助企业招工、降低劳动和环保标准、平息劳动纠纷等。对当地的劳动关系而言，这种包揽式的政商关系既招来了过多的低端劳动力密集型企业，纵容其侵害劳动权益的行为，引发层出不穷的劳工抗议行动；也在策略和程序层面有效阻止工人维权行动和诉求的发展。

三 本地化用工

企业选择在内地设厂投资，廉价的劳动力成本是最重要的因素之一。但对于选择就近工作的内地工人来说，在薪酬待遇方面的妥协则是以保障完整的家庭生活和社会关系为前提。相比沿海地区的外来工，内地中小城市工人以下四个社会特征对工厂管理和劳动关系的影响不可忽视：（1）家庭生活相对完整；（2）社会关系网络广泛存在于工厂内外；（3）生产、居住空间相对分散；（4）就近城市化成为趋势。

（一）工人的地域来源

从笔者与开发区 12 家企业人力资源主管的座谈资料来看，一线生产工人和基层管理者多为本市居民，而中高层管理者和技术人员则多来自外地。在笔者进行实地观察的三家企业，人力资源主管提供的企业用工数据也呈现出类似趋势（见表1）。总体而言，绝大多数普工来源于本市，非本市职工多分布在管理和技术岗位，且层级相对较高。

表 1　方合市开发区三家企业用工情况

工厂	职工总人数（人）	普工人数（人）	普工平均工资（元/月）	工时制度	非本市职工比例及主要岗位分布
沃土粮油厂	350	245	3000	两班倒	2%（7 人），技术工
泰理光电厂	1100	700	3500	两班倒	33%（359 人），管理、技术工、普工
硒伦电子厂	1000	700	2400	长白班	10%（100 人），管理、技术工

　　当然，三家企业的用工特点也有一定差异，这与企业的发展历程、工时制度、薪酬待遇有较大关系。沃土粮油厂是方合市土生土长的农业龙头企业，因此包括管理者在内的绝大部分职工来源于本市。而同为 2010 年以后从沿海搬迁过来的企业，泰理光电厂和硒伦电子厂显然都倾向于从沿海地区招聘技术人员和中高层管理者。不过从一线工人队伍构成来看，本地职工相对更倾向于在没有夜班、上班时间相对较短、能够兼顾家庭的硒伦电子厂工作，而泰理光电厂则吸收了相当一部分周边县市的务工者，他们大多居住在宿舍或工业区，更能接受工时长、倒夜班但工资收入高的工作。

　　进入工业区工作的本市居民，大部分住在城区或周边乡镇，骑电动车上下班的时间一般不会超过半小时。那些来自本市偏远乡镇或周边县市的劳动者，或居住在宿舍，或与家人租房同住。开发区本市工人的社会来源，主要有四种：（1）农业剩余劳动力；（2）工业区周边失地农民，这是一个最让企业头疼的群体；（3）国企改制后的下岗职工；（4）在城市买房，需要进厂工作还房贷。

　　实际上，开发区的企业普遍倾向于招外地工人而非本地工人。企业人力资源经理认为，本地工人排外心理强，不服从管理；倘若遇到劳动纠纷，便要依仗工厂内外的乡土势力闹事；平时也动不动因为农业生产、红白喜事和家庭事务请假。人力资源经理往往还要进一步指出两类工人的两大差别：本地工人稳定性差，工作条件稍不合意便要离职，而外地工人大包小包生活物品带过来，不会轻易离职；本地工人学习能力差，难以培养，而外地工人住在宿舍中，即使下了班，也可能继续在车间钻研。不过企业管理层也明白，他们的薪酬待遇对外地工人显然缺乏吸引力，外地劳动者若要外出，当然倾向于到沿海地区工作，收入更高，还能开阔眼界。那些在方合市工作的外地工人，无外乎以下三种类型：在方合念书的外地学生；投亲靠友（不少是外地管理者的亲属）；因家人在方合市工作稳定而随迁过来。因此，企业并没有多少选择，本地化用工是主流模式。

（二）劳工社区生活形态

相比沿海城市，拥有完整的家庭生活，是在方合市这样的内地中小城市工作最大的优势。在推动劳动者从沿海回本地工作的因素中，首当其冲的是小孩，比如小孩学习成绩不好、身体不好、想念小孩等；其次是照顾父母；也有许多是看重生活质量的，比如觉得与家人在一起开心、住在自己买的房子里要远比住在沿海出租屋舒服、可以经常拜会亲朋好友等。他们也会反复对比沿海和内地的收入和生活成本，虽然沿海收入更高，但食宿、小孩上学、来回奔波的费用也明显更高。因此，每年春节过后，许多从沿海回家过年的工人会先在家乡找工作，实在没有合适的工作，才外出沿海打工。本地工人如此看重家庭生活，以至于那些工资待遇高、管理规范的"两班倒"企业，也面临招工难问题，泰理光电的人力资源主管认为，许多工人宁可选择工资低的工作，也不愿选择工资高但要倒夜班的工作：

> 沿海企业的话，每家都差不多，我在昆山工作很多年，人家招工的时候根本不用问，无非是两班倒或三班倒，必须要倒班的。这边招工就是，（应聘者问）上8个小时不？双休不？（访谈编号：clcp2319）

实行"两班倒"的企业劳动强度大，且影响工人的身体和家庭生活，因此这类企业同时面临招工难和离职率高的问题。解决这类问题的切入点同样是挖掘工人的家庭生活需求。比如，为了稳定员工队伍，泰理光电厂非常鼓励职工介绍自己配偶进厂，或者在单身的年轻人中发展出双职工家庭。在生活方面，泰理光电厂为住在城区的职工安排了专门的厂车接送，并为住宿舍的夫妻提供了两个楼层的夫妻房。泰理光电厂的口号是：夫妻进厂，两年买车，五年买房。开发区另一家做锂产品深加工的企业，劳动强度较大，以男工为主，为了稳住队伍，会安排一些男工的妻子从事辅助性岗位（访谈编号：clcp2301）。

工厂管理不仅要考虑工人的家庭生活需求，也要考虑工人广泛的社会关系网络。许多工人都在工业区各企业间反复跳槽，因此，除了其原有的亲缘、乡缘、同学关系网络，他们在反复流动的过程中也可能进一步发展出广泛的同事关系。正是通过这些纵横交错的关系网络，工人随时可以了解到任何一家大企业的用工信息、薪酬标准、管理制度。总体而言，园区主要企业的情况在工人那里基本是透明的，员工的网络关系能在一定程度上对大中型企业的行为形成制约：

> 在这边的管理与沿海最大的不同就是方合市是一个小城市，人员不多。你想留住长期的工人，一定要树立一个好口碑，如果一个工人觉得这里好呢，他就要介绍亲朋好友过来。如果他认为这个企业不好，就告诉亲朋好友不要来。（访谈编号：clcp2321）

与之相对应的则是开发区企业中高层管理者之间的网络，这类网络往往更紧密。园区企业领导会定期聚会，讨论贷款方法、政策动向等。在每年调整工资时，企业领导相互间也会保持沟通，旨在避免出现一些企业工资过高"破坏市场行情"的情况（访谈编号：clcp2319）。同样，各企业的人力资源主管之间也会有比较频繁的接触。开发区各部门为了协调各企业的工作，也会建立各种各样的 QQ 群和微信群。毫无疑问，中高层管理者相比普通工人，更有条件强化网络关系。

与工人的家庭化居住趋势相对应的是劳动力再生产空间的分散化。与珠三角劳工聚居在工厂宿舍和附近的城中村不同（任焰、潘毅，2006a），开发区绝大部分本市工人每天往返于家庭与工厂之间，只有一些来自外地和本市偏远乡村的工人居住在工厂宿舍、公租房或出租屋中。从笔者实地调研的 3 家企业来看，沃土粮油厂的职工由于基本来自开发区周边农村，因此工厂根本就没有提供宿舍；硒伦电子厂只有 10% 的职工住在厂区宿舍，笔者到工厂宿舍探访发现，宿舍大量空置，8 人宿舍一般只有 4 人居住；泰理光电厂由于上班时间较长、外地职工相对较多，选择住宿的职工要多一些，但也不到 20%。

普通工人的通勤工具以电动车为主，也有部分居住在城里的工人选择搭乘公交车或厂里的通勤车。每天上下班时段，都能在通往开发区的公路上看到浩浩荡荡的电动车大军。上下班路途中由电动车引发的交通事故屡见不鲜，雨雪天或夜间事故尤其多发。一到冬季，工人还要迎接风吹雨打天寒的挑战。此外，部分工人还需要克服休息、饮食上的困难。以推行"两班倒"的金鑫光电厂白班工人为例，工人在 6 点半起床，洗漱、早餐之后，7 点 20 分从家里出发，7 点 50 分打卡，然后是早会、上班；晚上 8 点下班，到家已经是 8 点 30 分，由于公司食堂饭菜太差，许多工人选择忍受饥饿，回家吃晚餐；简单收拾一番，便过了晚上 10 点。在这样紧凑的工作安排下，工人陪家人尤其是小孩的时间其实非常有限，但即便这样，大多数工人也愿意选择每天回家，他们认为这样的境况总归要比亲子分离、外出打工的生活强。

开发区生产聚集程度同样远低于沿海工业区。与笔者在珠三角地区调研的长兴街道相比，同样是工业聚集，方合市开发区的平均人口密度只相当于长兴街道的 2%。在珠三角地区，高度集中的生产生活空间便利了维权工人的行动动员，并有可能导致抗争行动的小区域传导（Chan & Pun，2009；任焰、潘毅，2006b）。但在开发区，劳工的诉求、行动固然有可能在特定的时刻通过本地工人的社会网络串联起来，但在分散的劳工生产生活形态中，工人的行动大多是孤立的，既难以获得外界力量的支持，也很难对其他工人群体产生影响。

另一个不可忽视的趋势是开发区农民工以买房为标志的就近城市化。如果加上到开发区工作的城市居民和失地农民，工厂工人的城市化比例就更高了。许多农民工正是因为有房贷压力，才选择到开发区工厂工作。泰理厂蚀刻部门的工人报告，车间工人 30% 在城市买了房，20% 原本就是城市居民。泰理厂厂车每天的搭载人数可资佐证。泰理厂每天有 11 趟厂车在城区和厂区之间往返，根据笔者搭乘厂车的经验，每趟车单程搭载人数不少于 30 人，则可以判断每天搭乘厂车上下班的工人绝对在 300 人以上。加上骑电动车、开小车、坐公交上下班的职工，泰理厂确有一半职工居住在城市中。

农民工城市化以后，面临的不仅仅是供房压力，日常衣食住行、水电煤气、子女教育等方面的生活成本也会陡然上升。城市化很大程度上意味着工人的"无产阶级化"。在一定程度上，新生代农民工仍然可以从父辈获得资源支持。除去买房、小孩抚育方面的支持不说，一些农村老人甚至要将大量农产品带到城市，部分用于子女生活，部分摆摊出售。对那些中年买房的农民工群体来说，供房、赡养老人、抚育子女的压力层层叠加，难以逃避。就新生代农民工群体而言，他们能从父辈获取的支持总体有限。一旦脱离农业生产进城买房居住，农民工便不得不在城市寻求生计。制造业的工作虽然比服务业辛苦，不过工资也更高，因此对那些需要负担高额房贷的劳动者，更具吸引力。农民工进入城市，便再无退路，劳资双方围绕薪酬待遇的冲突也日益频繁。

四 内地中小城市工厂的劳工抗争

内地中小城市包揽式的政商关系和分散的劳工生产生活形态，很大程度上限制了产业工人抗争行动的规模、诉求、影响。在珠三角地区，规模浩大、影响深远的劳工抗争行动屡有发生，南海本田工人长达半个月的团结行动争取到大幅度加薪，重组了工会，开启了常规化的劳工集体谈判，并触发了大规模的罢工潮（汪建华、孟泉，2013）；东莞裕元数万人工人持续十余天的罢工行动则引发了各级工会和各类劳工组织的介入，同时也将社保、公积金等劳工法律权益落实问题呈现在公众面前（黄岩、刘剑，2016）。但内地的劳工抗争政治也自有其特点，突出表现为劳动纠纷频发和日常抵抗普遍化。一方面，大量低端劳动密集型企业在内地政府各种政策扶持下勉强生存，由此导致劳动纠纷层出不穷，本地工人的城市化进程和遍及工厂内外的社会关系网络则是这些劳动纠纷的催化剂；另一方面，本地工人的地域认同、社会网络和家庭化趋势为其普遍的日常抵抗提供了基础。

（一）围绕日常管理制度的斗争

粗暴的管理文化是工人日常抵抗的主要目标。若将开发区工厂与笔者在沿海调研的企业对比，那么毫无疑问，开发区工人的日常抵抗是一个更突出的问题。企业管理层的结构是重要诱因。企业中高层管理者大多为外地人，与本地社会缺乏联系，生产管理中遇到问题，他们也习惯性地将其归因为本地人素质不行。基层管理者则多为企业内迁后迅速培养起来的本地人，无论是企业高管还是一线工人，都认为基层管理者队伍的职业素养和能力有待提高。这样的管理结构遇上工人的本地意识和乡缘亲缘网络，自然是矛盾纠纷不断。在座谈会上，人力资源主管普遍提到本地工人的"七大姑八大姨"势力，管理上的疏忽往往引发工作现场的骚动或厂外报复（访谈编号：clcp2301）。

工人威胁、报复管理者的现象在开发区非常常见。在一些大型电子厂，管理层频繁被男工报复，即使企业长期面临招工难问题，也不得不下定决心不招男工。本地工人各种形式的抵抗确实影响了企业的管理文化和纪律要求。有人力资源主管抱怨说，面对本地工人频繁的违纪行为，管理者怕惹麻烦，不想管且不敢管（访谈编号：clcp2301）。

工人第二类抵抗目标为企业的工时制度，许多本地工人进入企业，往往想着既能兼顾家庭，又能赚点钱补贴家计。但在当前激烈的代工竞争和招工难背景下，一些企业往往选择通过调整倒班制度、延长工作时间的方式来减少工人数量、节约用工成本，比如将"三班倒"调整为"两班倒"，但这对于许多想要兼顾家庭的本地工人来说往往难以接受。有一个企业在将"三班两倒"调整为"两班两倒"后，工资虽然普遍上涨了800元以上，工人却走了好几百人，因为在新的工时制度下，工作更辛苦，且没有充足时间照顾家庭（访谈编号：clcp2301）。

工人不仅通过各种非正式抵抗行动影响工厂的日常管理，有时还尝试以集体罢工的形式施压。在金鑫光电厂，由于上班时间长（每天12小时）、休息时间少，工人便针对每天上班前和下班后的10分钟早、晚例会罢工（这20分钟不算上班时间），迫于员工压力，资方将早、晚例会缩减为上班前和下班后各5分钟（访谈编号：clcp2323）。

还有工人因为企业的伙食问题而罢工。在沃土粮油厂，公司原本管白班工人的午餐和晚餐。但工人普遍觉得公司饭菜实在太难吃，因此通过罢工向公司施压，集体要求不在厂里吃晚餐，将晚餐折算成5元补贴发给职工。工人向笔者抱怨，要不是中午回家吃饭不方便，他们连午餐也不想在公司吃。在工人的行动压力下，公司只好取消午餐并给予工人相应的补贴，但是将白班下班时间提前了1个小时，晚班上班时间因此长达13个小时。管理层试图以此迫使工人知难而退。后来企业又重提此事，表示如果觉得晚班太长，可以考虑均衡两个班次的工作时间，前提是工人要在企业吃晚餐，但工人并没有答应。

除了罢工、威胁、报复、离职，说方言似乎也是一种日常抵抗手段。

> 我们企业管理层大部分都是外地的，沟通不是很方便。本地的员工招的都不是年轻的，就不会说普通话，沟通很困难。然后他们不断在那里说土话，在那里叽叽歪歪，管理人员就不让他们说，但没有用。他会说，你连我个人的人身自由都束缚啊？（访谈编号：clcp2315）

许多企业为了防止工人抱团，在分配生产岗位时，都会有意识地将同一个地方的工人打散。但他们发现这种做法并不是特别奏效，一则同一个地方的工人实在太多，二则即便拆散了他们的乡缘关系，也难以知晓其错综复杂的亲缘关系，"工作以后才发现，这个是兄妹关系，那个是表亲关系，好多亲戚"（访谈编号：clcp2309）。

（二）权益之争

要了解方合市开发区劳工抗争行动的主要类型，有两个背景不可忽略：一是在包揽式政商关系下，大量低端劳动密集型企业得以在内地寻求生存机会；二是近年来经济下行，企业订单更不稳定，盈利空间更小，劳动权益也因此更没有保障。开发区的劳动权益争议因此主要表现为以下四类：（1）企业经营不善，欠薪逃匿，工人讨薪，这种现象最为突出，由此引发的劳动纠纷最为频繁，据一些人力资源主管估算，开发区有60%的企业有欠薪问题，以小企业为主；（2）企业为了减少用工成本，在社保、底薪、加班费等方面不遵守法律标准，工人追讨相关权利；（3）企业裁员，工人要求离职补偿，为了增加维权行动成功的筹码，企业其他违法行为也被一并牵出；（4）即便是那些相对规范的企业，在经济下行、成本上升的压力下，也不得不以增加计时产量、压低计件工价的方式降低用工成本，由此导致工人抗议。

通过劳动部门追讨工资、社保、离职补偿、加班费等法定权益是最常见的维权方式。倘若劳动纠纷涉及企业多数职工，那么工人往往会直接采取集体罢工、上访等方式。近年来员工法律意识上升非常快，原先企业习以为常的一些违法行为，比如调休调班但不给工人算周末加班工资等做法开始越来越多地遭到工人的抗议。

因为没有按规定及时调整基本工资，方合市开发区一些效益相对较好的电子企业还出现过一次短暂的罢工潮。早在 2013 年 4 月，该省人社厅就公布了新的最低工资标准，但到 7 月许多企业还拖着不涨工资。罢工首先发生在专门为苹果做数据线代工的电子厂，企业很快开除了几名带头罢工的工人。没想到这几位工人随即又进入另外一家电子厂工作，在他们的带领下，该厂也开始罢工。这几位工人接连潜入几家企业策动罢工后，开发区的企业终于反应过来，将他们纳入黑名单。但事情并没有结束，因为工人的社会网络在开发区分布非常广泛，另外几家效益相对较好的电子企业受了影响也陆续罢工。据硒伦电子厂的人力资源经理回忆，当时硒伦厂也发生了罢工，以制造部门的一线工人为主，最后企业通过与工人代表谈判，每月加 100 元工资平息事端。

在这次罢工潮中，除了本地工人广泛的社会网络，城市化背景下工人的生计压力也是重要推动因素。这种生计压力在每个月发工资时能很鲜明地体现出来。如果企业未能及时发放工资，那么工人很可能就要集体罢工，因为许多工人等着拿工资还房贷。

工人的城市化进程和生活压力也在推动一些利益型争议的产生。在不断加剧的代工竞争压力和逐渐上升的生产成本面前，企业既不可能向品牌商讨价还价，也不可能压缩税收、物流、原材料等方面的成本，只好在工人身上打主意。许多企业为了压缩用工成本而采取（计时制）加产量或（计件制）降工价的做法，不断激起工人的相对剥夺感，导致工人频繁罢工。

> 我们金鑫厂总是尽可能地给职工加产能。公司不赶货的时候，从 8 点上到 7 点，单位时间产能就高，总是试图达到我们的身体极限；赶货的时候，从 8 点到 8 点甚至 9 点，工作时间实在太长，单位时间产量可能相对加得少一点，总之都是要到人的身体极限。如果产量没做到，不能下班。在节假日，还出现过产量不达到没有加班费的情况。金鑫厂动不动给员工加产能，员工做不到，于是以产线为单位频繁罢工。有一个车间只有 6 个人，白班 3 个晚班 3 个，都是操作机器的，他们也罢工。总经理跑过去说，你们 6 个人居然也能罢起工来！（访谈编号：clcp2323）

但是围绕工价和产量的集体抗议行动似乎并没有太大作用，如前所述，每年的工资涨幅各大公司其实已经统一商定了。"不满意就走人"，是这些企业对待罢工工人的态度。在开发区，虽然大部分企业缺工，但给劳动部门施加点招工压力，生产总归能大体维持下去，况且资方也知道，工人并没有多少就业选择。在开发区工作时间长了，工人大抵都能得出这样的结论：天下乌鸦一般黑，去哪里都差不多。

与这些内迁企业的态度一样，本地的沃土粮油厂为了压制工人的加薪诉求，不惜损失几十万元的原材料成本。参与罢工的只有 6 个罐装操作工，他们都是开发区周边的工人，入职时间最长的也只有 22 天，却非常清楚自己的谈判能力，知道如果自己不开工，那么已经调好的三缸料液（每缸成本在 10 万元以上）都要成为废水。为此，这 6 名工人与公司管理层在厂门口谈判，但是双方态度都很强硬。公司表示宁可遭受损失，也不能受这些工人要挟，否则以后工人都会要求加薪。开除这 6 名工人后，公司赶紧从省内其他兄弟企业调来几个罐装操作工，一边生产一边培养新人。这个案例体现了内地劳工政治两个相互矛盾的趋势：一方面本地化、城市化的劳工行动倾向、发展诉求日益提升；另一方面，内地企业太过低端，让步空间有限。

除了上述权益争议，开发区附近的失地农民与企业往往牵扯其他历史遗留问题。比如，桑弘太阳能在早期投资建厂的时候，为了迅速推进征地拆迁进程，给一些四五十岁的失地农民安排了工作。但到 2011 年，企业经济不景气，需要大规模裁员，又要失去生计的失地农民自然要到企业讨说法。企业只好找来各级政府做工作，开发区管委会负责给失地农民宣讲法律政策，镇政府则给他们弄了一些低保名额，村委会则在企业和失地农民之间反复调解。

最让企业头疼的是工伤、工亡事故。一旦事故发生，本地工人的亲属便会被广泛动员起来，索要上百万元赔偿，否则企业就别想开工。许多企业不过是小作坊，上百万元的赔偿也不是一笔小数目。此时，各级政府又会通过调解、给政策等方式，帮助企业早日摆脱困境。

活跃在开发区周围的，不仅仅有工人的乡土网络和基层政府，也有其他力量，比如专门到医院找工伤工人的律师，他们在帮助工人讨要赔偿的同时也能拿到可观的抽成（访谈编号：clcp2315）。不过，推动工人维权的力量，无论是公益还是商业性质，都是非常有限的。

从笔者掌握的经验材料来看，内地中小城市开发区工人的抗争行动在规模、诉求、影响力上都自有其限制，类似劳工组织、工会的介入也很少出现。但内地工人的抗争也有其独特之处，劳动纠纷非常频繁，各种小型的罢工行动接连不断，而基于本地工人对工作、生活自主性的追求，日常抵抗也是比较普遍的。如前所述，内地工人的抗争政治与两个因素密不可分：包揽式的政商关系和本地化用工形态。

五 迈向对"世界工厂"劳资关系的区域比较

以往的劳工研究似乎过于关注那些规模化的、增长型的集体劳工抗争，似乎过于关注劳工政治中的集体化转型或阶级形成面向，因此，对劳工政治的考察也主要集中在珠三角区域。理论、行动与政策层面的关怀固然有助于我们挖掘劳工政治演进的可能动力，但过度强调这些关怀，也有可能造成更大范围的现实遮蔽。诚如裴宜理（2001：328）所言，"不同的工人有不同的政治"。在中国这样幅员辽阔、区域经济发展高度不平衡的国家，学界尤其应该注重劳工政治的区域差异。当前对"世界工厂"劳工政治的考察，亟须回到其多样化的现实土壤中，回到区域层面的工业化历史、政商关系、劳动力市场构成和劳工生产生活形态中，回到资本和工人活动的政治、市场和社会环境中。

基于在珠三角和内地城市的田野调查，本文尝试对当前两个区域的劳工政治进行比较（见表2）。跨区域的比较旨在厘清珠三角那种规模化、增长型的劳工抗争政治形成的独特环境，并力图展现与珠三角不一样的劳工政治。当前珠三角城市与内地中小城市的工业发展面临着截然不同的地方政商关系，其劳动力队伍构成也差别很大。从政商关系来看，珠三角城市的地方政府与资本的结盟关系是高度选择性的，只有那些技术和资金密集型企业才有可能获得地方政府的青睐，而低端制造业则是其定期清理的对象。同时，相比珠三角地区，内地政府要在土地、税收、基建、手续、项目政策、信贷、招工等方面对新引进的资本予以支持。地方劳动治理方式也有很大差异。为了顺利推动产业结构调整，珠三角地区可能会加强劳动执法，规范企业用工，并根据经济环境和产业结构特点，对劳工集体维权行动和增长型诉求给予有限度的默许。相比之下，内地中小城市缺乏选择余地，即便是低端的劳动力密集型企业，对这些城市来说也是稀缺的。他们要做的就是为这些企业提供尽可能的服务，包括选择性忽视企业的劳动权益问题、积极预防化解可能影响企业生产的劳动纠纷等。

表 2　珠三角与内地劳工政治的比较

	珠三角城市	内地中小城市
地方政商关系与劳动治理方式	与资本选择性结盟 ·扶持技术和资金密集型企业 ·土地、税收优惠和基础设施建设 ·加强劳动执法、规范企业用工	对所有资本大包大揽 ·大量引进低端劳动密集型企业 ·土地、税收、基建、进驻手续、项目政策、信贷、招工等方面的支持 ·降低劳权标准，帮助企业预防化解劳动纠纷
劳动力来源与社区生活形态	跨省、跨地市流动农民工为主 ·低度家庭化 ·社会关系趋于原子化 ·生产生活空间高度集中 ·工业化与城市化不同步	本市、本县工人为主 ·家庭化 ·社会关系网络广泛分布 ·生产生活空间高度分散 ·就近工业化、城市化
劳工抗争政治	集体抗争政治的扩展 ·零星的日常抵抗 ·存在规模化集体抗争的形成土壤 ·追求多种法定权益，增长型诉求 ·各种社会力量介入到劳动纠纷中 ·一定程度上推动政府转变治理方式	日常抵抗与有限的劳工团结 ·普遍的日常抵抗 ·规模化的集体抗争难以形成 ·被压制的增长型诉求 ·本地势力介入到劳动纠纷中 ·仅限于在微观层面影响企业的治理方式

　　在劳动力来源与劳工社区生活形态方面，珠三角与内地中小城市也呈现出非常大的差别。珠三角的工厂中聚集了大量跨省、跨地市流动的农民工；大多数工人居住在工厂宿舍或周围的城中村中，生产与生活空间高度集中；他们缺乏完整的家庭生活；这种无根的、流动的城市生活也在不断瓦解其有限的社会关系；工人的工业化与城市化是不同步的，在珠三角打工，在老家所在的城市买房，到一定时候返乡就业，是部分工人折中的城市化路径。内地中小城市则截然相反，企业用工是高度本地化的；劳工家庭生活也相对完整；工人的社区生活比较丰富，社会关系网络广泛分布于工厂内外；不少工人已经在当地买房居住，尽管这会带来较为沉重的生活压力；最后，内地开发区的生产与生活空间是高度分散的，多数本地工人

不在宿舍居住，他们每天往返于工厂和家之间。

内地中小城市的劳工抗争与珠三角差别很大，这仍然可以追溯到地方政商关系、劳动力来源与劳工社区生活形态中。从日常抵抗来看，由于本地工人对工作、生活自主性的追求，以及其独特的本地身份认同和广泛的关系网络，内地中小城市工厂的日常抵抗比珠三角更为普遍。从集体抗争爆发的频次看，两地都日趋频繁，经济形势和制造业成本变化导致企业关停并转后的欠薪问题都比较突出，但不同的是，内地中小城市的地方政府扶持了较多本应淘汰的低端劳动力密集型企业，以至于在日常生产经营中，企业的欠薪和其他违法行为也较普遍，劳动纠纷格外突出。从集体抗争的形成规模看，珠三角高度集中的生产生活空间为大规模的劳工抗争政治的形成提供了土壤，而内地分散的生产生活空间和各级地方政府对劳动纠纷的广泛介入则基本限制了劳工集体抗争的可能规模。从劳工抗争诉求看，两地工人的增长型利益诉求都在逐渐增多，但珠三角部分行业存在实现工人利益诉求的条件，而内地企业在艰难的代工竞争中只会选择强力压制这些诉求；即便是追求底线型的法定权益，珠三角的工人倾向于在劳资纠纷中将薪资、经济补偿金、五险一金、超时加班等问题"新账老账一起算"，以最大化地争取自身权益，内地工人则可能要为追讨应得的工资而尝试各种办法。① 从劳工集体抗争与社会的关系看，频繁介入到珠三角劳工集体维权行动中的是各种劳工组织、高校师生、维权律师等；而内地中小城市的工人则多通过动员本土势力提高行动的威慑力。最后，从制度影响来看，珠三角层出不穷的劳工抗议行动和一些标志性事件正在不断影响政府的治理方式和工会的角色，也推动了政府落实相关劳动标准；而在内地中小城市，我们尚难见到各种劳工抗争行动产生制度和政策层面的影响，但这些行动确实在微观层面影响了企业的管理文化。

本研究只是对当前内地中小城市和珠三角地区的劳工政治进行比较，但现阶段内地中小城市的劳工政治是否只是珠三角某个历史阶段的重复

---

① 之所以出现这种差异，有两方面的原因：一是珠三角地区工人的经验和法律意识比内地工人更强（尽管近年来内地工人的经验和意识也在上升），他们更了解与经济补偿金、五险一金、加班相关的法律规定；二是珠三角地区的企业（尤其是许多外资企业）总体经济实力更强，更可能支付工资之外的赔偿和历史欠账，而内地工人则非常清楚，他们的企业能发出工资就不错，大多数时候即便费尽周折也只能讨得部分工资。

呢？内地的工业化进程相对滞后，从时间段和经济运行环境来看，当前经济下行背景下内地的劳工政治与2008年金融危机时珠三角的情况更有可比性，从表面上看也颇有相似之处。比如，关停并转裁和欠薪引发频繁的劳资纠纷；为保证经济和社会稳定，地方政府降低劳动法律法规执行标准。然而，当前内地地方政府的劳动治理方式与2008年的珠三角仍有很大差异，似乎并没有研究证据显示，珠三角各级政府会广泛动用各级行政资源帮助企业解决招工问题；或者以协调巨额贷款的方式深度介入到企业发展中。在金融危机时，珠三角的地方政府与资本保持着更强的结盟关系，但这种政商关系远不是包揽式的。社会环境的差异也是显而易见的，在劳工权益得不到保障的情况下，2008年珠三角各级政府面临的是高度集中、数量庞大的外地劳工，而当前内地中小城市面对的是布局分散、规模有限的本地劳工。

无论是珠三角还是内地，工人的城市化进程都已不可阻挡，其对劳工政治的影响是显而易见的，但工人从"半无产化"到"无产化"的进程（Pun & Lu，2010），是否一定导致"阶级形成"或者"劳动关系集体化转型"？基于田野经验和过往的研究文献，本文对此持保留态度。从横向看，不同区域的工业化路径差别太大，地方政商关系、劳动治理方式、资本来源、产业构成、劳动力来源、劳工生产生活形态也不尽相同。从纵向看，虽然工人的劳工权益意识和行动倾向随着城市化、工业化、信息化进程逐渐增长，但地方政府的劳动治理方式也在不断改进。在高昂的制度成本、畸形的房地产经济和激烈的全球代工竞争中，实体经济的发展走向更是难以预测。而当前劳工政治不断发展，其重要前提就是总体经济和就业环境大体平稳，工人仍有一定的市场谈判能力。因此，劳工政治可能呈现出强烈的地区性、产业性和阶段性差异，"阶级形成"或"劳动关系集体化转型"可能只会限制在极其有限的范围中。

研究者往往关注劳工政治在制度层面的可能影响，然而底层劳工却往往更关心如何在当前的结构条件下更好地生存和生活，这些朴素的追求和选择在研究者宏大的制度愿景中可能并不重要，因此在劳工政治的考察中也经常被忽略掉。在内地开发区，工时的延长往往导致大批需要照顾家庭的工人离职，劳动纪律的收紧引来厂外街头的报复，糟糕的伙食激起野猫式罢工；但很多时候工人为了生计，又不得不克服劳累、饥饿、寒冷，在短暂的抗议后最终接受苛刻的计时产量或计件工资。底层工人类似的选择和行为有可能带来生产环境的一点改善，但也可能不会对宏观、微观制度环境产生任何影响。类似的经历可能成为未来阶级经验的重要成分，但也可能无助于甚至妨碍阶级团结。但这些行为和经历却是工人日常、普遍的状态，贯穿于其中的可能是工人最珍视的价值与意义，因此同样是劳工政治不可忽略的面向。保证基本生计、寻求法定权益、争取实现基本的人性需求（比如家庭团聚、在生产中得到基本尊重等），可能在很长时间内仍是最主要的行动诉求。

当然，必须说明的是，相比学界对珠三角地区劳工政治相对密集的研究，对内地中小城市劳工政治的研究尚处于起步阶段，本文的结论还有待更多区域研究案例的补充和修正。根据笔者对方合市周边县市情况的掌握，该开发区的经验在区域范围内有一定的普遍性。应该说，内地中小城市普遍缺乏经济发展的区位优势、产业配套基础，因此在政商关系上有较强的相似性；并且从劳动力来源看，内地中小城市的企业缺乏吸引外地工人的薪资待遇和发展空间，只对希望兼顾家庭的本地工人有吸引力，这两个方面应该是许多内地中小城市劳工政治形成的相似条件。但内地是一个非常广阔的地理范围，不同地区的经济发展程度、人口分布、工业化历史也存在较大差异。比如，与本研究中"外来资本本地工"的构成不同，在华北保定等地的乡村工业中，盛行的是"本地资本本地工"的组合形态，其政商关系、企业生产管理制度、劳资关系等与本文考察的案例，应该会有所不同。即便是在方合市域范围内，国家级高新技术开发区外也存在其他层次的开发区，各种层次的开发区在企业经济实力、政商关系、劳工队伍构成等方面也有所差异。中国在快速的工业化进程中确立了"世界工厂"的地位，但学界对不同区域工业化进程中的劳资政关系、劳工经历与体验、劳工行动方式等似乎还缺乏应有了解。即便在最为发达的长三角经济区域，相关研究也比较缺乏。劳工研究不应该在集体化转型或阶级形成的问题意识下找经验，而应该扎根于本土丰富多样的工业化进程，挖掘工人复杂而多样的经历和体验，在多区域的深度研究中梳理经济发展中的经验与教训。

参考文献：

蔡昉、王德文、曲玥，2009，《中国产业升级的大国雁阵模型分析》，《经济研究》第
　　9 期。

蔡禾，2010，《从"底线型"利益到"增长型"利益——农民工利益诉求的转变与劳
　　资关系秩序》，《开放时代》第 9 期。

常凯，2013，《劳动关系的集体化转型与政府劳工政策的完善》，《中国社会科学》第
　　6 期。

费孝通，2014，《行行重行行——中国城乡及区域发展调查》，北京：群言出版社。

耿曙、陈玮，2015，《政企关系、双向寻租与中国的外资奇迹》，《社会学研究》第
　　5 期。

顾琳，2009，《中国的经济革命：二十世纪的乡村工业》，王玉茹、张玮、李进霞译，
　　南京：江苏人民出版社。

郭于华、黄斌欢，2014，《世界工厂的"中国特色"新时期工人状况的社会学鸟瞰》，
　　《社会》第 4 期。

郭于华、沈原、潘毅、卢晖临，2011，《当代农民工的抗争与中国劳资关系转型》，《二
　　十一世纪》总第 124 期。

黄斌欢、徐美龄，2015，《工厂内迁与劳工的再嵌入——江西陶瓷厂的工厂政体研究》，
　　《学术研究》第 6 期。

黄岩、刘剑，2016，《激活"稻草人"：东莞裕元罢工中的工会转型》，《西北师大学报
　　（社会科学版）》第 1 期。

江飞涛、耿强、吕大国、李晓萍，2012，《地区竞争、体制扭曲与产能过剩的形成机
　　理》，《中国工业经济》第 6 期。

具海根，2004，《韩国工人：阶级形成的文化与政治》，梁光严、张静译，北京：社会
　　科学文献出版社。

刘林平、雍昕、舒玢玢，2011，《劳动权益的地区差异——基于对珠三角和长三角地区
　　外来工的问卷调查》，《中国社会科学》第 2 期。

孟泉，2014，《塑造基于"平衡逻辑"的"缓冲地带"——沿海地区地方政府治理劳
　　资冲突模式分析》，《东岳论丛》第 5 期。

裴宜理，2001，《上海罢工：中国工人政治研究》，刘平译，南京：江苏人民出版社。

任焰、潘毅，2006a，《跨国劳动过程的空间政治：全球化时代的宿舍劳动体制》，《社
　　会学研究》第 4 期。

——，2006b，《宿舍劳动体制：劳动控制与抗争的另类空间》，《开放时代》第 3 期。

陶然、陆曦、苏福兵、汪晖，2009，《地区竞争格局演变下的中国转轨：财政激励和发展模式反思》，《经济研究》第 7 期。

万向东、刘林平、张永宏，2006，《工资福利、权益保障与外部环境——珠三角与长三角外来工的比较研究》，《管理世界》第 6 期。

汪建华，2014，《新工人社区生活的社会政治意涵——基于经典理论视角的阐述》，王春光主编《社会政策评论》（总第 5 辑），北京：社会科学文献出版社。

——，2015，《生活的政治：世界工厂劳资关系转型的新视角》，北京：社会科学文献出版社。

汪建华、孟泉，2013，《新生代农民工的集体抗争模式——从生产政治到生活政治》，《开放时代》第 1 期。

汪建华、郑广怀、孟泉、沈原，2015，《在制度化与激进化之间：中国新生代农民工的组织化趋势》，《二十一世纪》总第 150 期。

闻效仪，2014，《工会直选：广东实践的经验与教训》，《开放时代》第 5 期。

张敏、顾朝林，2002，《农村城市化："苏南模式"与"珠江模式"比较研究》，《经济地理》第 4 期。

张永宏，2009，《争夺地带：从基层政府化解劳资纠纷看社会转型》，《社会》第 1 期。

周黎安，2007，《中国地方官员的晋升锦标赛模式研究》，《经济研究》第 7 期。

Blecher, Marc 2010, "Globalization, Structural Reform, and Labor Politics in China." *Global Labor Journal* 1.

Chan, C. K. C. & Ngai Pun 2009, "The Making of a New Working Class? A Study of Collective Action of Migrant Workers in South China." *The China Quarterly* 198.

Chen, Feng & Y. Kang 2016, "Disorganized Popular Contention and Local Institutional Building in China: A Case Study in Guangdong." *Journal of Contemporary China* 25.

Friedman, Eli David 2011, "Rupture and Representation: Migrant Workers, Unions and the State in China." *Journal of Environmental Management* 92 (1).

Lee, Ching Kwan 1998, "The Labor Politics of Market Socialism: Collective Inaction and Class Experiences among State Workers in Guangzhou." *Modern China* 24.

—— 2007, *Against the Law: Labor Protests in China's Rustbelt and Sunbelt.* Berkeley, CA: University of California Press.

Pun, Ngai & H. Lu 2010, "Unfinished Proletarianization: Self, Anger and Class Action among the Second Generation of Peasant-Workers in Present-Day China." *Modern China* 36.

Paik, Wooyeal 2014, "Local Village Workers, Foreign Factories and Village Politics in Coastal China: a Clientelist Approach." *The China Quarterly* 220.

Seidman, Gay 1994, *Manufacturing Militance: Workers' Movements in Brazil and South Africa*

1970 – 1985. Berkeley: University of California Press.

Sen, Y. S. & Hagen Koo 1992, "Industrial Transformation and Proletarianization in Taiwan." *Critical Sociology* 19.

Silver, Beverly J. 2003, *Forces of Labor: Workers' Movements and Globalization since 1870.* Cambridge: Cambridge University Press.

Zhuang, Wenjia & F. Chen 2015, "'Mediate First': The Revival of Mediation in Labour Dispute Resolution in China." *The China Quarterly* 222.

逆成长：农民工社会经济地位的十年变化（2006～2015）[*]

田 丰

摘 要： 国家统计局数据显示，农民工规模增长面临拐点，教育结构有较大改善，绝对收入也还在持续增长。但农民工在现实生活中仍然属于城市中的边缘群体。本文使用2006～2015年五轮中国社会状况综合调查数据，结合年龄—时期—队列分析方法，发现结构改善没有真正提高他们的社会经济地位，农民工的相对收入水平和社会地位自评反而在下降，呈现"逆成长"态势。因此，本文认为即便是在劳动力供给下降的情况下，依靠市场因素自发调节和纠正农民工受歧视的地位仍难以实现，应该对社会政策的影响加以深刻反思。

关键词： 农民工 社会经济地位年龄—时期—队列

一 研究背景

农民工[①]一直是中国社会中一个非常特殊的社会阶层，他们在城乡夹缝中追求更好的生活，户籍上属于农业户口，身份上是农村人，职业上是工人（李强，1999；李培林，2003；朱力，2003）。与农民相比，他们摆脱了脸朝黄土背朝天却收入微薄的尴尬（李莹，2004），但与城镇人口相比，他们在经济收入、社会保障、职业岗位等方面均处于被歧视的地位（姚先国、赖普清，2004；李培林、李炜，2007）。虽然农民工阶层从20世纪90年代之后就备受关注，与之相关的研究可谓汗牛充栋，但使用多期

---

[*] 原文发表于《社会学研究》2017年第3期。
[①] 本文对农民工的界定参照了国家统计局的界定，即户籍是农业户口且在城镇地区就业的人群。

横断面调查数据来分析农民工中长期变化的研究并不多。

2008 年全球金融危机以来，中国经济社会发展的外部形势发生了巨大的变化，全球主要经济体和新兴市场国家纷纷陷入新的衰退周期，中国作为"世界工厂"亦难以幸免，依靠低廉劳动力价格优势的出口外向型经济遭受冲击，进入中高速增长的经济"新常态"。不过，农民工就业却基本保持平稳。根据国家统计局公布的《2016 年农民工监测调查报告》，[①] 2015 年农民工数量高达 2.77 亿人，与 2014 年相比，增长了 1.3%。尽管农民工总量在持续增长，增速却出现了明显的下滑，劳动力供给拐点即将出现。这一时期，农民工群体出现了三个方面的变化。（1）高学历农民工的数量显著增加。2011 年大专及以上文化程度的农民工比例为 5.3%，2015 年大专及以上文化程度的比例进一步增加到 8.3%。（2）农民工就业出现脱离第二产业的趋势。从事第二产业农民工的比例也从 2008 年的 60.2% 下降到 2015 年的 55.1%。（3）农民工绝对收入上升，增速却显著下降。从 2010 年到 2013 年，农民工平均月收入的增长速度均在 10% 以上，2015 年农民工收入增速却只有 7.26%。

经典的社会学理论中，教育、职业和收入是决定社会经济地位最为关键的变量（李强，2006；卢福营、张兆曙，2006；李春玲，2007）。近几年农民工在教育、就业行业和收入水平上发生的显著变化理应影响到他们的社会经济地位和主观自我评价。为了分析这些变化，本文使用中国社会状况综合调查（Chinese Social Survey，GSS）2006 年、2008 年、2011 年、2013 年和 2015 年五轮全国范围内的数据，结合年龄—时期—队列模型的方法，分析农民工社会经济地位及社会地位自评的年龄、时期和队列差异。

二　文献综述与研究假设

（一）农民工群体的历史变迁

户籍政策和教育政策对农民工的影响最大，不仅改变了农民工的生命历程，还改变了农民工的构成。本文尝试梳理 20 世纪 80 年代以来中国户

---

① 参见国家统计局网站（http://www. stats. gov. cn/tjsj/zxfb/201704/t20170428_1489334. html），2017 年 4 月 1 日访问。

籍政策、教育政策的变革过程，以及不同时期的政策变革对不同出生队列
的农民工的影响。

1. 户籍政策的历史变化及影响

尽管中国政府在 20 世纪 80 年代中期①就试图以居民身份证制度取代
户籍制度，但直到 90 年代后期户籍制度才出现实质性松动。1997 年出台
的《国务院批转公安部小城镇户籍管理制度改革试点方案和关于完善农村
户籍管理制度意见的通知》规定，已在小城镇就业、居住并符合一定条件
的农村人口，可以在小城镇办理城镇常住户口。1998 年出台的《国务院批
转公安部关于解决当前户口管理工作中几个突出问题意见的通知》规定，
凡在城市有合法固定的住房、合法稳定的职业或者生活来源，已居住一定
年限并符合当地政府有关规定的，可准予落户。2001 年颁布的《国务院批
转公安部关于推进小城镇户籍管理制度改革意见的通知》对小城镇落户不
再实行计划指标管理。2011 年出台的《国务院办公厅关于积极稳妥推进户
籍管理制度改革的通知》提出逐步实现城乡基本公共服务均等化。2013 年
颁布的《中共中央关于全面深化改革若干重大问题的决定》和 2014 年颁
布的《国务院关于进一步推进户籍制度改革的意见》则明确提出全面放开
建制镇和小城市落户限制。

不同时期的户籍改革重点不同。80 年代户籍改革重点解决的是农民进
不了城的问题，90 年代户籍改革重点解决的是农民工进城落户问题，而最
新一轮户籍改革的重点在于解决农民工在城镇的市民化问题（刘传江，
2013）。表面上看，三个不同时期户籍政策调整只影响到特定时期的一部
分农民工群体，但事实上这些政策整体性地改变了农民工群体的就业机会
和生活预期。

2. 教育政策的历史变化及影响

20 世纪 90 年代中期以前，国家对大学生统招统分、给予干部身份和
城市户口的优待。对当时缺乏向上流动路径的农村人而言，上大学就是个
人命运的转折点。但整体而言，"70 后"以及更早期的农民工完成高等教
育的比例极少。

---

① 1984 年 10 月，《国务院关于农民进入集镇落户问题的通知》颁布，规定农民可以自理口
粮进集镇落户。1985 年 7 月，《公安部关于城镇暂住人口管理的暂行规定》出台。同年 9
月，居民身份证制度颁布实施。

人们习惯把 1999 年视为中国高校扩招元年，当年高校招生总人数超过 150 万人，增幅超过 40%。高校扩招在较短时间内提高了升学率，从高考录取率的数据来看，1977 年恢复高考时录取率不足 5%，1998 年达到 34%，2012 年则接近 75%。①高校扩招让更多的 1980 年之后出生的农家子女进入了高等学府。

真正让农家子女既能上大学又能保留农业户籍的政策是一个当时看起来并不起眼的"便民措施"。2003 年出台的《公安部三十项便民利民措施》规定，"考取普通高等学校、普通中等专业学校的学生，入学时可以自愿选择是否办理户口迁移手续"。此时，农村户口含金量随着承包地、宅基地升值以及各种补贴出台而提高，特别是城镇近郊土地升值，使得一些农家子女选择了不转户口上大学的方式。

让农村大学生不愿意转户口的另一个原因是：高考扩招之后，高等教育从精英教育阶段进入大众教育阶段，而相当一部分农村大学生就读的学校是三本或者高职院校。接受优质高等教育机会的不平等、文凭贬值，再加上社会资本的不足，使得他们在职业发展上遇到瓶颈，难以谋得较好的职业岗位。高职院校的农业户籍毕业生多进入了技术性蓝领的职业岗位（田丰，2015），加入了"农民工"的队伍。

1999 年的高考扩招、2003 年的便民措施，再加上农业户籍含金量提高和文凭贬值等一系列的经济社会环境变化，形成了农民工教育结构变化的分水岭。在"70 后"以及更早期的农民工中很少能看到大学毕业生，而"80 后"以及后来的农民工中大学生已经占到了一定份额。

3. 农民工个体生命历程变迁的代际差异

改革开放之后，中国社会现代化进程加快，农民工从人口结构到生活方式、从经济地位到社会认同等方面均发生了巨大变化。王春光在评价白南生等人关于农民工"80 年代以寻求就业为主转变为 90 年代以寻求增加收入为主"的观点时认为，单纯从经济视角来审视以"80 后"为主的新生代农民工是不够的，更要关注他们社会认同的代际差异。王春光认为，社会认同的代际差异有可能改变农民工的生命历程，早期的农民工多以有

---

① 参见：《全国教育事业发展统计公报》，http://www.dxsbb.com/news/50759.html（访问时间为 2020 年 4 月 21 日）。

务农经历的"60后"为主,他们的定位是城市的匆匆过客,趁着年轻力壮外出赚钱补贴家用,最终是要叶落归根回农村。新生代农民工则不同,"特别是当他们在流入地社会陷入失业困境的时候,他们不像第一代农村流动人口那样选择回归农村,而是选择继续留在外地,继续过着流动的生活"(王春光,2001)。这意味着不同年代的农民工的个体生命历程出现了整体性变化。

老一代农民工身上也有明显的年龄效应。李培林(1996)对济南农民工的调研中就发现,收入最高的是26~35岁的农民工。他还发现连续外出务工3年以上的农民工收入最高,这说明农民工也存在人力资本积累的情况,较多的工作经验能够提高他们的收入水平。

农民工的个体生命历程还受到外部经济社会环境变化的"时期"影响,特别是2003年之后,东南沿海地区普遍出现了"民工荒",且持续多年。劳动力市场供求关系的改变客观上为农民工的个体生命历程变革提供了条件,一些年龄较大的农民工能够延续他们的职业生涯,而新进入劳动力市场的农民工则有了更多的选择。符平和唐有财(2009)的研究发现,即便处于"民工荒"之下,新生代农民工的社会流动与年龄之间仍然存在着"倒U型"轨迹。他们没有走出上一代的阴影,继续深陷于进退两难的困境之中。这些都说明,在新生代农民工身上存在着代际效应和时期效应,同时还有"倒U型"曲线的年龄效应。

其实,不论是老一代农民工还是新生代农民工,都会受到特定时期的经济社会条件和社会政策的影响,在个体生命历程中所处的不同阶段和年龄也会影响到他们的社会经济地位和社会地位自评,加上出生队列所带来的代际差异,兼具有年龄、时期和队列的混合效应。

(二)社会经济地位

社会经济地位和社会地位自评是社会分层领域中的主流话题,相关研究的文献非常多。篇幅所限,本文主要对与本研究相关的重要文献加以评述。

讨论社会经济地位难以绕开邓肯(Duncan,1961)提出的社会经济地位指数,这一指数也是社会学家最常用的比较不同人群社会经济地位的关键性指标。邓肯把教育和收入两个变量拟合成一个指标,这种做法代表了社会学在研究方法上的突破,使一个重要研究主题有了可测量的依据,但同时也受到了一些质疑，后续的研究者在重复研究时发现社会经济地位指数的解释力并没有那么强（Featherman & Stevens，1982）。而且，如果教育和收入能够准确预测社会经济地位，它们之间又存在如此强的因果关系，那么为什么不直接使用教育和收入取代社会经济指数来分析相关的议题呢（Haller Bills，1979；Vos，2005）？直接使用教育和收入两个变量的好处是能够分析两个变量背后不同的社会机制和影响因素，在两者变动趋势出现背离的情况下尤其适用。因此，本文的分析还是围绕着教育和收入两个核心变量来讨论。

1. 教育

尽管高等教育的快速扩张可能加剧了机会的不平等（张杨波，2002；李春玲，2010），但不可否认，高等教育扩张也惠及了农民工阶层。一部分接受过高等教育的农村青年没有改变户籍属性，使农民工阶层的平均受教育年限增加，呈现明显的时期效应和队列效应。从教育与年龄之间的变化来看，关系较为复杂：在义务教育阶段，同一个出生队列受教育年限与年龄之间几乎是完全线性关系；在完成义务教育之后，受教育年限与年龄之间仍然会保持较强的线性关系，但线性关系会在完成高等教育之后基本终结。如果只使用单个时点的横断面调查数据，可以假设被调查者构成了一个虚拟队列，这样就构成了受教育年限与年龄之间的线性关系，但这种情况与现实生活不一致。综上，本文只提出两个关于教育的假设。

假设1a（时期效应假设）：2006年到2015年，农民工阶层的平均受教育年限逐年增加。

假设1b（队列效应假设）：农民工阶层的平均受教育年限随着出生队列的后延而增加。

2. 收入

在全社会收入水平提高的背景下，农民工绝对收入的增长并不一定意味着社会经济地位的提升，衡量社会经济地位变化的指标应该是相对收入，也就是相对于社会平均水平的位序变化。收入歧视和收入影响因素研究是农民工收入研究的重点领域（蔡昉等，2001；李骏、顾燕峰，2011；刘玮玮，2015）。其中，应用最多的理论是人力资本理论，其基本假设包括：人力资本越高，收入越高；收入与年龄之间存在"倒U形"曲线关系。

决定人力资本的最重要的变量之一是教育，而随着农民工阶层平均受教育年限逐年增加，他们的收入水平也会增长。同时，高考扩招的主要受益人群是"80后"农民工，其平均受教育年限的提高也会让收入水平更高。但农民工在劳动力市场上被歧视，其教育回报率低于城镇人口（Wang et al.，2010）。这意味着虽然其受教育程度提高了，教育却可能没有充分发挥作用，导致收入增长速度比其他社会阶层更慢，相对收入变动带有较大的不确定性。本文沿袭人力资本理论中教育与收入相关的假设，提出下面三个关于收入的假设。

假设2a（时期效应假设）：2006年到2015年，农民工阶层相对收入水平逐年提高。

假设2b（年龄效应假设）：农民工阶层的相对收入水平随着年龄的增长呈现倒U型变化。

假设2c（队列效应假设）：农民工阶层的相对收入水平随着出生队列的后延而提高。

（三）社会地位自评

社会地位自评在一些学者的研究中也被称为主观阶层地位认同。通常认为社会地位自评作为个人对自己的总体性评价，能够比较好地反映个人所处的社会经济地位，特别是能够体现一些客观指标无法体现的社会内容（Ostrove et al.，2000）。但这也会造成社会地位主观自评与客观指标之间相关性较弱以及认知偏差带来的"趋中型"等问题（Evans & Kelley，2004；李培林、张翼，2008；范晓光、陈云松，2015）。

以往的研究者发现，影响社会地位自评的因素可以归结为客观结构性和主观建构性两个方面（仇立平、韩钰，2014）。客观结构性因素主要包括教育、收入、住房、政治身份、户籍属性等，主观建构性因素则包括公平感、幸福感等主观态度。本文的研究对象均为农民工，其个体特征上差异不大，而本文主要关注的是社会地位自评与教育和收入之间的关系，以及社会地位自评在年龄、时期、队列上的变化。考虑到农民工在教育和收入上的变化可能具有相似性，本文提出下面三个关于社会地位自评的假设。

假设3a（时期效应假设）：2006年到2015年，农民工阶层社会地位自评逐年提高。

假设3b（年龄效应假设）：农民工阶层的社会地位自评随着年龄的增

长呈现倒 U 型变化。

假设 3c（队列效应假设）：农民工阶层的社会地位自评随着出生队列的后延而提高。

三 研究方法与研究变量

（一）研究方法

年龄、时期和队列都是与时间相关的变量，三者之间的关系可以表达为：时期年龄出生队列，这也就不可避免地导致三者之间存在着完全共线性的问题。如何处理年龄、时期和队列之间的完全共线性，解决参数估计的问题，始终困扰着研究者。

通常来讲，在社会经济急剧变迁的情况下，年龄、时期和队列分析会有一些特殊的含义，它们传递出来的信息也不相同。在常规的研究方法中，对年龄效应和时期效应的分析是比较常见的。年龄效应代表了个体生命历程不同阶段的特点，最常看到的研究是微观层面个体生理条件随着年龄产生的变化。时期效应代表了调查时点或者统计时点宏观社会环境的影响，最常看到的研究是宏观层面社会、经济、制度、政策等方面的变化以及重大事件带来的影响。队列与前两者不同，它指的是同一个出生队列或者经历过同一历史事件的人群，比如属于同一个出生队列的"80 后"、"90 后"，属于经历过同一历史事件的红卫兵、下岗工人等。队列分析是强调人生命中各个阶段与社会历史互动的研究方法，它假定特定的社会变迁或者历史事件产生特定的影响，导致这一群人的经历具有相似性，而不同队列的人群则呈现不同的生命轨迹（封婷等，2013）。

关于年龄效应、时期效应和队列效应的研究在各自的领域内都有比较成熟的分析方法和模型，但把年龄、时期和队列放在一起，分析年龄、时期和队列各自的净效应，则因为共线性的存在而有了难度。年龄—时期—队列分析的核心假设是个体之间的差异会受到与时间相关的年龄、时期和队列三个因素的共同影响，因而，研究者需要分析不同调查时点和不同出生队列的年龄别数据。但区分年龄效应、时期效应和队列效应却面临着一些困难，比如在多期横断面数据中，年龄效应和队列效应混杂在一起；在追踪调查数据中，年龄效应和时期效应在某一个出生队列中也是混杂在一起的。从技术上来讲，常规的回归方法没有办法解决模型识别的问题，从而无法实现对年龄效应、时期效应和队列效应的区分。

最早提出年龄—时期—队列分析思路的是梅森等人（Mason & Poole，1973），他们提出了 APC 多分类模型方法，但并没有真正解决年龄、时期和队列共线性的问题。之后的研究者在这一领域进行了非常多的探索，展开了一系列的研究，发展出了不同的研究路径，如约减的二因子模型、非线性参数转换、代理变量方法、IE 变量等（Kupper et al.，1985；Wilmoth，1990；O'Brien，2000；Yang et al.，2004）。受统计分析方法和计算能力所限，这些研究多集中在汇总数据层面。随着统计思路和方法的演进以及计算机计算能力的提高，特别是广义混合线性模型分析框架的广泛使用，解决模型识别的问题不再那么困难了。从方法论的角度来看，年龄—时期—队列分析的目标就是分析年龄、时期和队列各自的净效应（Yang & Land，2008），可以从年龄、时期和队列三个时间角度来解释分析的结果。但在实际研究中，队列效应的分析结果往往研究价值更大。甚至有学者认为，年龄—时期—队列分析主要目标就是获得队列效应的影响（Hobcraft et al.，1982），在某种意义上说，年龄—时期—队列分析可以等同于队列分析（Smith，2008）。

在前人研究的基础上，杨扬等（Yang & Land，2008）提出了多层次年龄—时期—队列（Hierarchical APC，HAPC）模型，[①] 其中适用于多期横断面调查数据的多层次年龄—时期—队列模型又被称为多层次 APC‑交叉分类随机效应模型（Hierarchical APC-Cross-Classified Random Effects Models，HAPC-CCREM）。多层次 APC‑交叉分类随机效应模型通过把年龄效应和时期效应、队列效应放置在模型的不同层次，既解决了模型识别的问题，又能够观察时期和队列的差异，从而避免了三者完全共线性的问题。其潜在的假设是年龄属于个体层次的变量，而同一个时期或者同一个队列的人群经历的社会事件和人生经历是相似的，在群体层面上会有相似的影响，

[①] 多层次年龄—时期—队列模型可分为适用于多期横断面调查数据的多层次 APC‑交叉分类随机效应模型和适用于追踪调查数据的多层次 APC‑生长曲线分析（Hierarchical APC-Growth Curve Analysis）。本文使用的是多层次 APC‑交叉分类随机效应模型，故此对多层次 APC‑生长曲线分析不再赘述。

时期和队列都可以视为群体层次的变量。故而多层次 APC-交叉分类随机效应模型通常在第一层放置的是个体层面的年龄变量，在第二层放置时期或者队列变量。其模型可以表达如下：

个体层次（层一）：

$$Y_{ijk} = \beta_{0jk} + \beta_{1jk} age_{ijk} + \beta_{2jk} X_{ijk} + \cdots + e_{ijk}, e_{ijk} \sim N(0, \sigma^2)$$

群体层次（层二）：

$$\beta_{ijk} = \gamma_{i0} + u_{ij} + v_{ik}, u_{ij} \sim N(0, \tau_u), v_{ik} \sim N(0, \tau_v)$$

其中，$e_{ijk} \sim N(0, \sigma^2)$ 是个体层面的随机误差；$u_{ij} \sim N(0, \tau_u)$ 表示第 j 个队列的效应服从正态分布，且队列效应的总方差为 τ_u；$v_{ik} \sim N(0, \tau_v)$ 表示第 k 个时期的效应同样服从正态分布，且时期效应的总方差为 τ_v。

$i = 1, 2, \cdots, n_{jk}$，代表的是处于出生队列 j 和时期的第 i 个个体样本；

$j = 1, 2, \cdots, n$，代表的是出生队列；

$k = 1, 2, \cdots, n$，代表的是调查年份，也就是时期。

多层次 APC-交叉分类随机效应模型有一个突出的优点：在处理多期横断面调查数据时，不需要每一年度都必须有调查数据，同时，对多期横断面调查年份的间隔也没有固定年限的要求。甚至在 GSS 抽样框出现多次变动的情况下，多层次年龄—时期—队列模型估计仍然能够保持稳定的结果。

多层次 APC-交叉分类随机效应模型通过分层模型的形式，把年龄变成了嵌套在群体层次的时期和队列之下的个体层次变量，化解了多重共线性的问题。本研究使用的多层次 APC-交叉分类随机效应模型包括：（1）因变量是定距变量时，使用多层线性模型分析；（2）因变量是二分变量时，使用广义线性分层模型。本文构建多层线性模型的统计软件是 SAS9.4。

（二）研究变量

本研究的分析对象是农民工阶层的社会经济地位和社会地位自评，因变量是教育、收入和社会地位自评。

1. 因变量

教育：本研究将教育操作化定义为受教育年限。按照未上学为 0 年、小学为 6 年、初中为 9 年、高中/中专/职高为 12 年、大专/高职为 15 年、本科为 16 年、研究生及以上为 19 年的规则，将调查中的教育变量转变为受教育年限。

收入：本研究使用了两种收入计算方式：一种是绝对收入，另一种是相对收入。绝对收入就是比较被调查者回答的个人总收入和分项收入之和，选择两者中较高者作为绝对收入的统计值。相对收入则是把绝对收入按每轮调查年份做标准化处理，转化为服从标准正态分布的相对值。相对收入测量了农民工在每一轮调查时的收入与社会平均水平比较所处的相对位置，因而更能体现出全社会收入都在上升的大背景下农民工经济社会地位的相对变化趋势。

社会地位自评：本研究对主观社会地位自我评价的处理方法有两种。第一种是把社会地位自评视为定距变量，由于自评为上层的比例很小，故在模型中将上层与中上层合并；第二种是把社会地位自评重新分组为二分变量，自评为上层、中上层和中层的合并，取值为 1，自评为中下层、下层的合并，取值为 0。

2. 自变量

由于农民工阶层的职业、户籍等常规变量高度一致，因此，本文使用的自变量主要是年龄、时期和队列三个时间变量。

四 描述性分析

农民工收入偏低的原因是多方面的，其中农民工文化程度不高是造成收入偏低的主要原因之一。教育作为最重要的人力资本要素，是决定农民工的收入和社会经济地位的基础性变量。因而，本文的分析也从教育开始。

（一）教育

从整体受教育情况来看，2006 年农民工平均受教育年限为 8.4 年，随后持续上升，到 2015 年农民工的平均受教育年限超过了 9 年。

图 1 中上图是按照 2006 年、2008 年、2011 年、2013 年和 2015 年五轮调查的顺序，分不同出生队列计算的农民工平均受教育年限变化。图 1 中下图则是把五轮调查按照被调查者在调查时点的年龄计算的农民工平均受教育年限变化。从上图可以看到，2006 年到 2015 年五个时期的

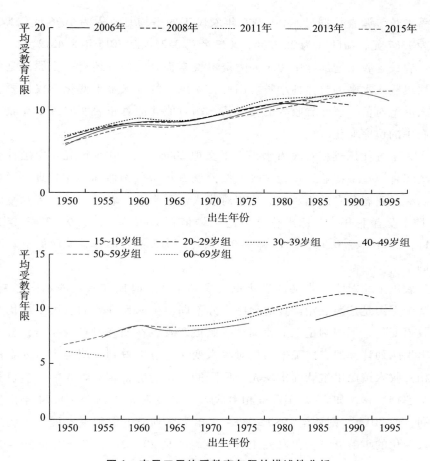

图1　农民工平均受教育年限的描述性分析

调查结果几乎完全重叠，农民工的平均受教育年限随着他们的出生队列后延而快速增长。"60后"和"70后"农民工平均受教育年限都在10年以下，而"85后"、"90后"和"95后"农民工的平均受教育年限则超过了12年。从下图分年龄组的平均受教育年限来看，除15~19岁年龄组之外，其他年龄组的农民工基本上是年龄越大平均受教育年限越少。

（二）收入

按照人力资本理论，文化程度越高，收入也越高。上文分析显示农民工的平均受教育年限在最近10年有了显著的增长，从收入绝对值来看也有显著增长。调查数据显示，[①] 2006 年农民工的平均月收入为 1076 元，2008 年为 1387 元，2011 年为 2596 元，2013 年为 3524 元，2015 年为 4212 元。

农民工收入增加除了源于人力资本要素提升之外，还有一个原因是中国居民收入水平的整体性增长。因此，农民工的收入水平变化不仅仅要看收入的绝对值，还要看收入的相对值。相对值才能真正表明农民工在收入分布中的位序变化。

为了方便比较相对收入水平，本文把 2006 年到 2015 年五轮中国社会状况综合调查中在业人口绝对收入按照调查年份分别做标准化处理，形成服从标准正态分布的相对值。从相对收入水平来看，农民工的收入水平整体上并没有上升，其标准化之后的平均值在 2006 年为 0.29，2008 年为 0.11，2011 年为 0.18，2013 年为 0.07，但 2015 年为 0.17，反而低于 2006 年的水平。

农民工相对收入水平的变化也会受到年龄、时期和队列的不同影响。图 2 中上图是按照五轮调查的顺序，分不同出生队列计算的农民工平均相对收入变化；下图则是把五轮调查按照被调查者在调查时点的年龄，分不同出生队列计算的农民工平均相对收入变化。可以看到上图各个时期农民工相对收入按照出生队列出现先升后降的变化趋势，相对收入的峰值也是依次递推后移，如 2006 年调查相对收入平均最高的是 1970～1974 年出生队列，而 2015 年则移至 1980～1984 年出生队列。下图则重点展示了相对收入变化的年龄分布变化农民工收入最高的是 20～29 岁年龄组和 30～39 岁年龄组。

（三）社会地位自评

尽管农民工的平均受教育年限和收入绝对值在逐年增加，但是相对收入水平在下降。在客观指标出现不一致变化时，主观指标可能更加真实地反映了农民工社会经济地位的变化。五轮调查的农民工社会地位自评总体上呈现下降的趋势。[②]

为方便比较农民工主观自评的年龄、时期和队列差异，本文对社会地

---

① 由于研究方案、抽样方法和调查方法的差异，本数据与国家统计局公布的数据有所出入。

② 由于 2011 年调查的抽样框与其他年份调查设计有所不同，对大城市采用了过密抽样的方法，所以导致调查结果明显偏高。

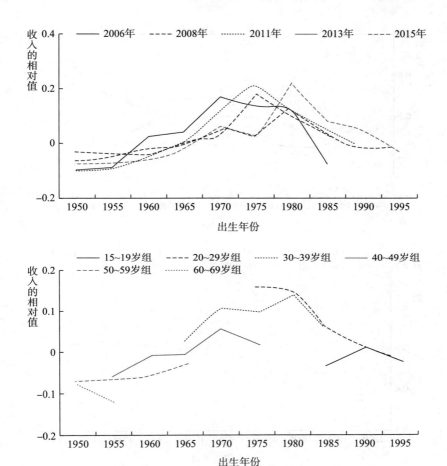

图2　农民工相对收入水平的描述性分析

位自评进行了简化处理，把社会地位自评为上层、中上层和中层的合并，自评为中下层和下层的合并，这样就把农民工社会地位自评转化为一个二分变量，图3的两个图中呈现的是认为自己社会地位属于中层及以上的农民工比例。上图中是按照2006年、2008年、2011年、2013年和2015年五轮调查的顺序，分不同出生队列计算的农民工认为自己社会地位属于中层及以上的比例变化，可以看到，2015年农民工社会地位自评是最低的。在同一年份的比较中，出生队列较晚的农民工的评价要高一些。下图是不同年龄组的农民工认为自己社会地位属于中层及以上的比例，可以看到，各个年龄组都出现了下降的趋势，这说明新进入该年龄组的农民工社会地位自评在下降。

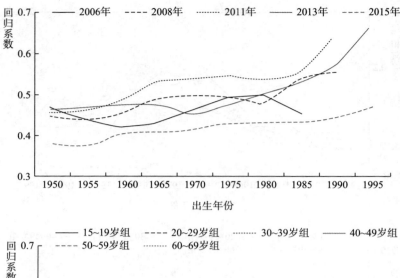

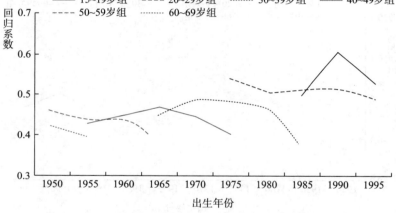

图 3   农民工社会地位自评的描述性分析（中层及以上者）

五   年龄、时期和队列分析

由于出生队列、年龄和时期存在着完全共线性的关系，一般的统计模型无法适用，因此本文试图使用多层次年龄—时期—队列模型来解决这一问题。杨扬等（Yang & Land，2013）提出的多层次年龄—时期—队列模型的思路是用多层线性回归模型的方法分析年龄、时期和队列的净效应。考虑到 2011 年的调查数据由于抽样设计的原因可能与其他年份不一致，故而本文所有的模型都做了包含 2011 年调查数据和不包含 2011 年调查数据的两个不同模型，两个模型的分析结果基本一致。考虑到文章篇幅有限，同时也考虑到需要呈现比较完整的时期效应，本文只呈现了包含2011年调查数据的分析结果。

（一）教育获得的分析

本文以农民工为分析对象，可以假定他们的生活境况较为接近，从个体的生命历程来看，难以描述年龄与教育之间的关系，因此只检验时期效应和队列效应（见图4）。

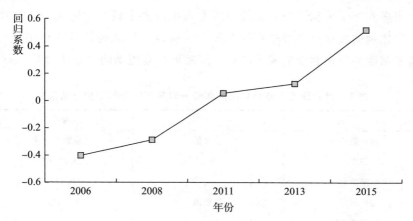

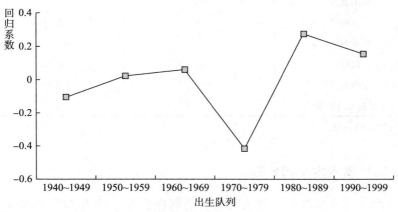

图4　农民工平均受教育年限的时期效应和队列效应

从分析结果来看，时期效应假设成立，也就是最近10年农民工教育获得逐年递增，这与社会现实一致。其中，2011年出现了比较明显的凸起，应该与当年调查对大城市样本过度抽样有关。

从图4可以看到队列效应的变化，1970～1979年出生队列的农民工出现了一个非常明显的凹形，意味着在剥离了年龄效应和时期效应之后，1970～1979 年出生的农民工的教育获得既低于他们之前的出生队列，也低于他们之后的出生队列，假设 1b 不成立。造成凹形的原因与中国高考制度和户籍制度下的城乡社会流动有关。"文革"之后恢复高考，大量农家子弟通过努力考上了大学，在他们考上大学的同时，户籍属性也从农业户籍变为非农业户籍，因而在早期很少有接受过高等教育的农民工。随着中国户籍制度和高考制度的改革，农村考生在考上大学之后可以不转变户籍属性，很多农家子弟从自身利益的角度考虑也放弃了转变户籍属性，就出现了一定比例的接受过高等教育的农民工。所以，从队列效应分析中可以看到高考制度和户籍制度造成了城乡之间畸形社会流动的"掐尖效应"。

表 1　对农民工受教育年限的年龄—时期—队列模型估计结果

		教育模型 1
固定效应	参数值	系数估计值
截距	γ_{00}	13.2556 ***
年龄	β_2	-0.1118 ***
随机效应	参数值	方差估计值
时期效应		
截距	u_{0j}	0.1414
队列效应		
截距	v_{0k}	0.0782
残差	e_{ijk}	9.7299 ***
-2 残差对数似然值		42611.1

注：*** $p < 0.001$。

（二）收入水平的分析

按照人力资本理论，收入与年龄之间存在着"倒 U 型"的关系。从表 2 的分析结果可见，农民工相对收入水平存在着明显的年龄效应。年龄和年龄的平方都显著，也就是农民工收入同样也随着年龄增长呈现"倒 U 型"，假设 2b 成立，即农民工的收入随着年龄的增加而增加，达到一定水平之后随着年龄的继续增加而下降。同时，教育年限与农民工收入是正相关关系。

表2　对农民工相对收入水平的年龄—时期—队列模型估计结果

固定效应	系数估计值
截距	− 0.3199
年龄	0.0228 **
年龄平方	− 0.0003 ***
教育年限	0.0116 **
随机效应	方差估计值/Z 值
时期效应	
截距	0.0053
队列效应	
截距	0.0006
残差	1.0985 ***
− 2 残差对数似然值	24464.6

注：** $p < 0.01$，*** $p < 0.001$。

从图5的时期效应来看，2006年明显要高于其他四个时期，2008年和2013年的时期效应都低于0，2015年比2013年有所提升。可见，虽然劳动力供给出现了颠覆性的逆转，农民工的绝对收入水平不断增加，但相对收入水平没有出现逐年增长的情况，假设2a不成立。

农民工收入的队列效应系数变化的振幅较窄，其中1960～1969年出生队列的较低，而1980～1989年出生队列的较高，假设2c不成立。造成波动的原因有二。一是与1980～1989年出生队列农民工接受高等教育比例增加有关。尽管在模型中控制了个人的受教育程度，估计了教育对相对收入的影响，但教育除了直接影响收入之外，可能还会通过其他路径，比如工作单位和职位等间接影响收入，而调查数据和分析模型中并没有包含这些变量，所以教育影响也可以从出生队列的效应中得到体现。二是与调查时点有关。在2006年调查时，一部分"60后"农民工就已经进入了个体生命历程的后半期，身体机能的下降导致他们的相对收入水平也较低。

（三）社会地位自评

本文将社会地位自评分析模型沿着两个思路来测量：一是把社会地位自评视为一个定距变量，使用多层线性模型；二是把社会地位自评合并分

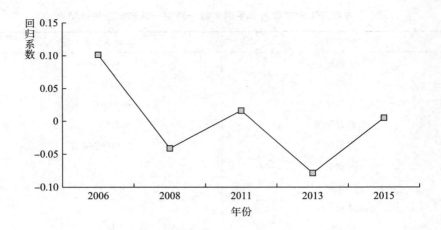

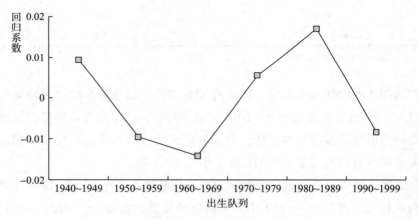

图 5　农民工相对收入水平的时期效应和队列效应

组形成一个二分变量，使用多层广义线性模型。从分析结果来看，无论是把社会地位自评视为一个定距变量还是视为一个二分变量，分析结果中的年龄效应、时期效应和队列效应的变动趋势都是一致的。因篇幅有限，本文只呈现了第二个思路的结果（见表 3）。

表 3　对农民工社会地位自评的年龄—时期—队列模型估计结果

固定效应	参数值	社会地位自评模型 1 系数估计值	社会地位自评模型 2 系数估计值
截距	γ_{00}	− 0. 3180	0. 7789 [+]
年龄	β_2	− 0. 0198	− 0. 0624 [**]

		社会地位自评模型 1	社会地位自评模型 2
随机效应	参数值	方差估计值	方差估计值
年龄平方	γ_{10}	0.0003 *	0.0007 **
教育	β_5	0.0584 ***	
相对收入	β_6	0.2344 ***	0.2352 ***
随机效应	参数值	方差估计值	方差估计值
时期效应			
截距	u_{0j}	0.0391 +	0.0294 *
队列效应			
截距	v_{0k}	0.0001	0.0180 *
教育	v_{1k}	0.0035 **	
-2 残差对数似然值	e_{ijk}	35213	35246

注：$^+ p < 0.1$，$^* p < 0.05$，$^{**} p < 0.01$，$^{***} p < 0.001$。

从年龄效应来看，年龄与社会地位自评之间存在 U 型关系，即年龄大的农民工和年轻的农民工对自己的社会地位评价比较高，假设 3b 不成立。造成这一现象的主要原因可能是农民工在个体生命历程中的生活压力和参照群体的变化。李培林等研究发现，生活压力在新生代农民工的行为和态度之间是一个关键性的中介变量（李培林、田丰，2011）。一部分青年农民工有足够的能力融入城镇社会，加之个人在青年阶段生活压力不高，他们可能怀有融入城镇社会的美好期望。中年农民工面对着沉重的生活压力，同时还有融入城镇社会的种种困难，这些导致他们对自身的社会经济地位评价较低。年龄较大的农民工生活压力不大，加上他们有落叶归根的想法，其参照群体更有可能是家乡的农村居民，这些因素使得他们的自评较高。

从图 6 呈现的五轮调查的时期效应来看，2006 年到 2011 年农民工社会地位自评是上升的；在 2011 年之后，农民工社会经济地位自评呈下降趋势，假设 3a 不成立。考虑到 2011 年数据存在过度抽样问题，农民工在2011 年社会地位自评较高可能是抽样所致。

从队列效应来看，1970~1979 年出生队列的农民工社会地位自评最高，1980~1989 年出生队列的农民工社会地位自评最低，假设 3c 不成立。

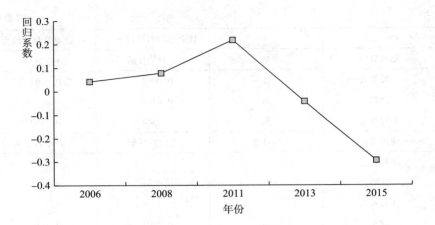

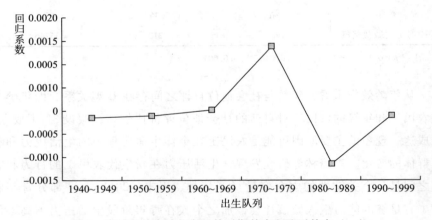

图6　农民工社会地位自评的时期效应和队列效应（一）

这一点与"70后"和"80后"人群的个体生命历程有很大的关系，"70后"参加工作、结婚成家的时候既没有文凭贬值，也没有遇到高房价的困扰。这一点不仅体现在农民工身上，在其他人群中也有体现。曾有媒体报道称，五成以上的"80后"认为生活压力比"70后"更大（邱敏、李颖，2010）。事实上也是如此，在住房价格快速攀升的背景下，1970～1979年出生队列的农民工进入婚育年龄时还能够在城镇里买得起房，而1980～1989年出生队列的农民工依靠自己的收入在城镇里购买住房的可能性下降，队列变化实际上反映了不同出生队列的农民工生活际遇的变化。

　　在模型中，教育年限变量从个体层次转移到群体层次。分析发现，教育年限对社会地位自评的影响随着出生年份的后移而下降，也就是出生越晚的农民工，他们的教育年限对自评的正向影响越小。

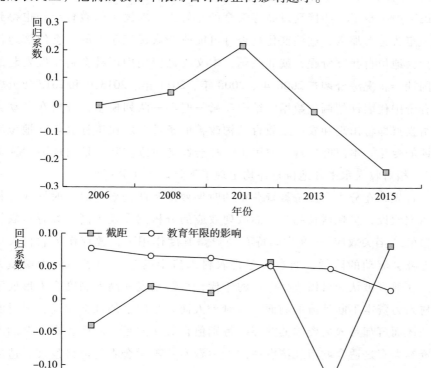

图7　农民工社会地位自评的时期效应和队列效应（二）

六　研究结论与讨论

中国农民工阶层社会经济地位和社会贡献之间的不对等是一个被讨论了许多遍的话题。从社会贡献来看，农民工承担了城镇社会中最苦、最累、最脏、最差的工作，却得不到社会的普遍尊重，无论是社会地位还是经济地位，在城镇社会中往往都处于最底层。以往的研究者多认为农民工阶层社会地位低既与劳动力市场歧视有关，也与他们自身文化程度较低、人力资本少、劳动力供给过剩有很大的关系。

最近十几年来，随着中国经济的高速增长和劳动力供给的持续紧张，农民工的绝对收入水平显著上升。同时，户籍制度、教育制度的改革使得农民工中出现了一些接受过高等教育的年轻人，农民工的教育结构也得到了一定改善。那么，这些变化是否有可能改变农民工阶层的社会经济地位和社会地位自我评价呢？就此问题，本文尝试使用中国社会科学院发起的中国社会状况综合调查 2006 年、2008 年、2011 年、2013 年和 2015 年五轮具有全国代表性的调查数据，结合年龄—时期—队列模型，分析在劳动力供给拐点即将出现和农民工教育结构改善的条件下农民工社会经济地位和自评的变化。本研究发现，农民工的社会经济地位实际上是出现了"逆成长"，相对收入水平和地位自评均出现了下降。具体分析如下。

首先，在分析农民工教育获得的时期效应和队列效应时，时期效应符合研究假设，呈现增长趋势，而队列效应的分析则发现了高等教育对农村人口的"掐尖效应"。在中国特有的户籍制度作用下，教育作为农村人口向上社会流动的阶梯，通过高考将农村人口中的学习尖子导流为城镇人口。在教育被认为可以改变命运的年代，户籍制度和高考制度合力形成了农村人力资本不断外流的局面，这对个人而言是向上的社会流动，但对农村整体而言却是人力资本的掠夺。特别值得关注的是，高等教育塑造的人力资本大多是适合城市经济发展的人力资本并不适合农村经济发展，造成了农村人才供给的空缺。

其次，按照一般的经济供需关系，在劳动力供给出现拐点的情况下，劳动者的收入应该提高，特别是农民工教育结构改善可能对收入有正面影响。本文分析却发现，他们的相对收入水平不但没有提高，反而在时期效应上出现了下降的趋势，这显然与经济学理论所预期的结果不一致。由此可知，如果仅仅依靠市场作用来改善农民工的社会经济地位是难以实现的。此外，农民工阶层收入在年龄效应上符合人力资本理论的假设，呈现"倒 U 型"，队列效应上也是平均教育年限较高的 1980~1989 年出生队列的农民工收入水平较高。本研究也检验了教育在出生队列群体层次上的影响，分析结果也印证了队列效应实际上是生命历程与社会历史互动结果的呈现。

再次，农民工的社会地位自评在年龄效应上呈现"U 型"关系，上有老下有小的中年农民工对自己的社会地位评价最低。从时期效应来看，农民工阶层社会地位自评也出现下降趋势。队列效应中，平均受教育年限较高、收入水平也相对较高的 1980~1989 年出生队列农民工的社会地位自评反而相对较低，这与生活际遇带来的相对剥夺感强有很大的关系。同时，本研究也发现教育对社会地位自评的影响的队列效应是下降的，随着出生队列的延迟，教育对社会地位自评的正面影响在下降，"教育无用论"不仅体现在客观的收入层面，也体现在主观社会态度上。教育队列影响下降极有可能引发年轻的农民工放弃接受更高程度教育的机会，形成教育—收入—态度之间的恶性循环，进而导致农村社会流动的僵化。

总体来看，最近十年劳动力供给出现拐点，农民工教育结构得到改善，但他们的相对收入水平却没有提高。教育与收入的逆向变化增加了农民工的相对剥夺感，导致"80 后"农民工阶层社会地位自评也不高。其中最值得关注的是 1980 年之后出生队列的新生代农民工平均受教育年限最高，收入也较其他出生队列高一些，社会地位自评却最低。综合起来分析，农民工阶层最近十年来无论是客观的社会经济地位，还是主观的社会地位自评，都没有得到有效的改善，反而出现了进一步下沉的趋势。

在上述的经验研究发现之外，本研究对社会政策亦有一些启示。本研究证明，即使在劳动力供给下降的情况下，依靠市场因素自发调节和纠正农民工受歧视的地位仍难以实现。即便是在研究者认为有可能发生改变的新生代农民工身上，我们看到的仍是相对剥夺感带来的社会地位自评下降。这一现象提示政府，仅仅依靠在户籍登记上改变农民工户籍属性并不会提高他们的社会经济地位，反而可能在城镇社会形成一个以农民工为主体的社会底层。同时，政府还需要反思高等教育制度，在长期的"掐尖效应"之后，人才匮乏已经影响到农村社会的发展，如果不能采取有效政策措施弥补"掐尖效应"导致的农村人才真空，那么农村发展也就无从谈起。

本研究还存在不少不足之处。首先，研究所使用的年龄—时期—队列分析方法还有很大的改进空间。其次，在概念界定上，把社会经济地位直接分成教育和收入两个部分来分析也有值得商榷之处。最后，在模型设计上还有一些可以补充的变量。这些问题有待未来的研究继续深入讨论。

参考文献：

蔡昉、都阳、王美艳，2001，《户籍制度与劳动力市场保护》，《经济研究》第 12 期。

崔岩，2012，《流动人口心理层面的社会融入和身份认同问题研究》，《社会学研究》第 5 期。

段成荣，2006，《中国人口受教育状况分析》，《人口研究》第 1 期。

范晓光、陈云松，2015，《中国城乡居民的阶层地位认同偏差》，《社会学研究》第 4 期。

封婷、李彦博、陈茗，2013，《队列效应下天津城区养老意愿影响因素分析》，《人口与社会》第 2 期。

符平、唐有财，2009，《倒"U"型轨迹与新生代农民工的社会流动——新生代农民工的流动史研究》，《浙江社会科学》第 12 期。

李春玲，2004，《社会阶层的身份认同》，《江苏社会科学》第 6 期。

——，2007，《城乡移民的社会经济地位获得》，《北京工业大学学报（社会科学版）》第 4 期。

——，2010，《高等教育扩张与教育机会不平等——高校扩招的平等化效应考查》，《社会学研究》第 3 期。

——，2013，《如何定义中国中产阶级：划分中国中产阶级的三个标准》，《学海》第 3 期。

李骏、顾燕峰，2011，《中国城市劳动力市场中的户籍分层》，《社会学研究》第 2 期。

李培林，1996，《流动民工的社会网络和社会地位》，《社会学研究》第 4 期。

——，2003，《农民工：中国进城农民工的经济社会分析》，北京：社会科学文献出版社。

——，2005，《社会冲突与阶级意识：当代中国社会矛盾研究》，《社会》第 1 期。

李培林、李炜，2007，《农民工在中国转型中的经济地位和社会态度》，《社会学研究》第 3 期。

李培林、田丰，2011，《中国新生代农民工：社会态度和行为选择》，《社会》第 3 期。

李培林、张翼，2008，《中国中产阶级的规模、认同和社会态度》，《社会》第 2 期。

李强，1999，《中国大陆城市农民工的职业流动》，《社会学研究》第 3 期。

——，2006，《试析社会分层的十种标准》，《学海》第 4 期。

李莹，2004，《城市农民工在城乡两地社会地位的比较分析及相关探讨》，《西北人口》第 6 期。

刘传江，2013，《迁徙条件、生存状态与农民工市民化的现实进路》，《改革》第 4 期。

刘精明、李路路，2005，《阶层化：居住空间、生活方式、社会交往与阶层地位认同——我国城镇社会阶层化的实证研究》，《社会学研究》第 3 期。

刘玮玮，2015，《职业隔离与教育投资的互动效应对我国城镇劳动力市场城乡歧视的分析》，《教育与经济》第 5 期。

卢福营、张兆曙，2006，《客观地位分层与主观地位认同》，《中国人口科学》第 3 期。

邱敏、李颖，2010，《"80 后"生存现状大调查》，《广州日报》2 月 15 日。

仇立平、韩钰，2014，《中国城市居民阶层地位认同偏移研究》，《2014 年中国社会学年会"社会分层与流动论坛"论文集》，西安交通大学社会学系。

田丰，2015，《高等教育体系与精英阶层再生产——基于 12 所高校调查数据》，《社会发展研究》第 1 期。

王春光，2001，《新生代农村流动人口的社会认同与城乡融合的关系》，《社会学研究》第 3 期。

姚先国、赖普清，2004，《中国劳资关系的城乡户籍差异》，《经济研究》第 7 期。

张杨波，2002，《社会分层与农村学生受教育机会不平等——家庭经济、社会背景对农村考生高考填报志愿的影响》，《青年研究》第 11 期。

朱力，2003，《农民工阶层的特征与社会地位》，《南京大学学报（哲学·人文科学·社会科学）》第 6 期。

Duncan, O. D. 1961, "Socioeconomic Index for all Occupations." In J. Reiss, Jr. (ed.) *Occupations and Social Status*. New York: Free Press of Glencoe.

Evans, M. D. R. & Jonathan Kelley 2004, "Subjective Social Location: Data from 21 Nations." *International Journal of Public Opinion Research* 16 (1).

Featherman, David L. & Gillian Stevens 1982, "Revised Socioeconomic Index of Occupational Status: Application in Analysis of Sex Differences in Attainment." In Robert M. Hauser, David Mechanic, Archibald O. Haller Taissa S. Hauser (eds.), *Social Structure and Behavior: Essays in Honor of William Hamilton Sewell*. New York London: Academic Press.

Haller, A. O. & D. B. Bills 1979, "Occupational Prestige Hierarchies: Theory and Evidence." *Contemporary Sociology* 8 (5).

Hobcraft, J., J. Menken & S. Preston 1982, "Age, Period, and Cohort Effects in Demography: Review." *Population Index* 48 (1).

Jackman, M. R. & R. W. Jackman 1973, "An Interpretation of the Relation between Objective and Subjective Social Status." *American Sociological Review* 38 (5).

Kupper, L. L., J. M. Janis, A. Karmous & B. G. Greenberg 1985, "Statistical Age-periodcohort Analysis: Review and Critique." *Journal of Chronic Diseases* 38 (10).

Mason, K. O. & W. K. Poole 1973, "Some Methodological Issues in Cohort Analysis of Archival Data." *American Sociological Review* 38 (2).

O'Brien, R. M. 2000, "Age Period Cohort Characteristic Models." *Social Science Research* 29 (1).

——2015, "Age-period-cohort Models and the Perpendicular Solution." *Epidemiologic Meth-*

ods 4 （1）.

Ostrove, J. M. , N. E. Adler, M. Kuppermann & A. E. Washington 2000, "Objective and Subjective Assessments of Socioeconomic Status and Their Relationship to Self-rated Health in an Ethnically Diverse Sample of Pregnant Women." *Health Psychology* 19 （6）.

Smith, H. L. 2008, "Advances in Age-Period-Cohort Analysis." *Sociological Methods and Research* 36 （3）.

Vos, S. D. 2005, "Indicating Socioeconomic Status among Elderly People in Developing Societies: an Example from Brazil." *Social Indicators Research* 73 （1）.

Wang, Dewen, Fang Cai & Guoqing Zhang 2010, "Factors Inffuencing Migrant Workers Employment and Earnings—The Role of Education and Training." *Social Science in China* 8 （3）.

Wilmoth, J. R. 1990, "Variation in Vital Rates by Age, Period, and Cohort." *Sociological Methodology* 20 （20）.

Yang, Y. K. & C. Land 2008, "Age Period Cohort Analysis of Repeated Cross-section Surveys: Fixed or Random Effects?" *Sociological Methods and Research* 36 （3） .

——2013, *Age-period-cohort-Analysis: New Models, Methods, and Empirical Applications*. Boca Raton, London, New York: CRC Press.

Yang, Y. , W. J. Fu & K. C. Land 2004, "Methodological Comparison of Age-period-cohort Models: The Intrinsic Estimator and Conventional Generalized Linear Models." *Sociological Methodology* 34 （1）.

边疆、边界与国家：韦伯的"农业—政治" 研究的理论启发[*]

何　蓉

摘　要：本文以 19 世纪 90 年代中期德国的工业化和城市化过程为背景，以韦伯对"农业—政治"问题的讨论为核心，提出了国家的边疆、边界等问题，讨论人口、物资、资本等流动下的国家经济建设与政治结构。文中涉及的实质性问题包括全球化、工业化背景之下的农村发展问题，国家建设与国家治理思路，以及国家边界的多重（政治、经济与文化）含义。本文认为，在法律、政治、经济等角度的国家观之外，可以建立一种社会取向的、以国民为核心的"国民—国家"观，即包容多元，建立共识，赋予国民以平等的基本权利，并建立国民共享权责和符合国民基本特质的政体制度。

关键词："农业—政治"研究　马克斯·韦伯　边疆与边界　"国民—国家"观

在以工业化、城市化为主导的现代化过程中，农业如何发展和农村如何面对社会关系格局的动荡与重组等问题既是经济问题，更是重要的政治问题。19 世纪 90 年代，新兴工业国德国出现了与经济发展相伴而生的"农业—政治"问题。1894 年，恩格斯（1965b）在其著名的《论法德农民问题》中指出，农村与农民问题已成为社会民主党人的关注议题，这与社会主义的革命纲领并不矛盾。他深入分析了德国东部农业地区小农面临的各种生存危机，号召社会民主党在农村进行政治动员，指出"当易北河以东地区的农业工人跟我们站在一起的时候，整个德国立刻就会改变风向"。

---

* 原文发表于《社会》2017 年第 37 卷第 5 期。

　　与此同时，新生代国民经济学家韦伯也关注着易北河以东地区的农民与农村问题。他根据社会政策协会和福音社会大会（Evangelisch-Soziale Kongres）的两次调查数据，分析了德国东部地区的人口流动、社会变革等状况。1893 年，他撰写的长达 800 多页的调查报告为他赢得农业与农村经济专家的声誉。1895 年，在弗莱堡大学的就职演讲《民族国家与经济政策》中，韦伯（Weber，1994：1 - 28）针对东部诸省的农业发展与人口变化趋势提出了政策建议，其中之一是关闭德国东部边界，阻止波兰的季节工人涌入。

　　但是，韦伯的政策立场给他带来两方面消极影响。从政治层面看，韦伯提议封闭边界，与当权的保守派普鲁士贵族和农业利益集团的立场相左，这影响到韦伯的政治前程。1897 年，他一度曾被内政部考虑担任证券交易立法委员会的核心成员，即因为利益集团的反对和游说而未果（Borchardt，2002）。

　　更持久的质疑来自社会学界。对韦伯政治立场的批评性态度在 20 世纪 30 年代就出现了（Mayer，1944），在 20 世纪 60 年代盛行一时的新锐的、自由主义倾向的德国青年一代学者对韦伯持非常强烈的批评态度（Mommsen，1984），认为韦伯涉入政治，其思想中存在民族主义和沙文主义倾向，具有与其方法论立场不一致的强烈的价值立场，使得他的政治社会学著作，甚至一般社会学著作的声望亦受影响（Roth，1965）。

　　本文认为，用韦伯的社会政策立场来质疑他作为社会学家的声望本身就存在某种逻辑混乱：一项社会政策与相关的社会理论研究在内容上可能结合紧密，但在方法论立场上各有其逻辑。以简化的方式来说，前者是属于"应然"而后者属于"实然"的问题，前者致力于实现特定的价值目标，后者尽管有一定的价值立场，但以接近社会现实为追求。韦伯在他后来的论著，如《社会科学的与社会政策的知识之"客观性"》《社会学与经济学的诸科学之"价值中立"的意义》等中，集中讨论了方法论的问题，指出社会理论与社会政策之间既相互关联，又有根本不同之处。在1895 年的演讲中有关政治经济学的部分，他实际上提出了比较明确的立场，即政治经济学在进行说明和分析时是"国际的"（亦即普遍的），而当就特定国家的问题做出价值判断时，它就必然与特定民族紧密相关了（Weber，1994：15）。因此，在提出社会政策建议时，韦伯对其一个方向上的伦理前提与另一个方向上的理论基础有清楚的认知。

从社会历史的发展来看，针对韦伯的价值立场的争论忽视了韦伯著作中所包含的对即将到来的真正风暴的预警：在统一的德国已经发展为欧洲最强经济实体的情况下，韦伯看到了其体系的失衡之处，发出了某种"盛世危言"。此后，20世纪欧洲版图的发展表明，韦伯对德国东部地区的担忧并非杞人忧天：他在1895年的演讲中提及的易北河以东诸地在"一战"之后尽皆丧失，德国东部领土被波兰、苏联和捷克斯洛伐克等国划分，国土面积从54万平方公里减少至1919年以后的46万平方公里和1945年以后的35万平方公里（哈夫纳，2015：第十章，注解97）。韦伯担心的东部地区"波兰化"成为现实：与17世纪的欧洲版图相比，波兰东部领土的最突出部分向西推进了500英里，与德国的边界推进到奥得河，整体上向欧洲腹地平均推进了150英里（帕尔默，1997：6）。韦伯当年的论断固然刺耳，但正如特赖布（Tribe，1983）所说，从德国的民族利益角度来看，他所预言的国土危机成为现实。不过，韦伯在1897年之后没有再集中对相关的政治和政策问题进行研究。1918~1920年，他在维也纳和慕尼黑重拾教鞭，但未等到发展出完善的国家理论就去世了。此后，温克尔曼在编撰韦伯的《国家社会学》时，按照政治领袖、民主、议会制政府等题目加以组织，符合当时人们认为的韦伯的理论架构和方法论立场，然而也去掉了韦伯论著的现实基础、思想背景和实质问题。因此，研究者认为韦伯的政治见解与学术观点之间存在相互抵触之处，并对后来者形成知识上的挑战（贝顿，1989：12-15）。

综上所述，本研究将搁置韦伯研究者基于伦理立场的纷争，讨论其社会政策的经验基础，进而挖掘其背后可能蕴含的理论洞鉴。本研究的起点是韦伯在1893~1895年完成的对德国东部地区农业工人的研究。从具体论述来看，他与恩格斯的观察有不少相通之处，都刻画了德国农业与农民的困境，以及工商业者与工人阶级在政治上受到压制的状况。从学术的传承上来看，韦伯继承了历史学派经济学将民族国家作为一种前提的立场，在德国自由主义渐衰和社会主义兴起的思想氛围和经济学的学科视角（Scaff，1984）等影响之下，他有关国家的论述具有平衡理念与现实、普遍与特殊的意图。本研究从韦伯的德国东部地区的农业社会学中发展出关于国家边界与边疆的研究，认为边界在所具有的政治与经济、文化意义上对德国社会原有的社会秩序、支配关系等造成根本性冲击，并认为这是韦伯所担心的德国只实现了表面的政治统一而实际上处于实质的分立与分离问题的根本所在。

作为一个社会学家，韦伯的名声始于他对资本主义的工商业经济伦理、近代城市的兴起等研究，而其"农业—政治"研究中所形成某些基本政治理念持续影响着他对德国国家经济发展与政治体制的思考，值得深入挖掘。本文试图建立一个"韦伯式"（Weberian）的理论框架，即在全球化背景下的、文化与民族传统基础上的国家建设与治理理论。

一　流动的季节工人：聚焦德国东部的"农村—政治"问题

19 世纪晚期，西欧各国在经历了较快的现代化过程之后，相继出现了一系列社会问题：从外在的人口聚集形态来看，表现为人满为患和环境与生活条件恶劣的城市，以及人口流出和陷于停滞与衰退的农村。

后发的工业化德国同样如此，自 19 世纪 40 年代以后开始进入迅速发展的时期，在全球范围内，德国人建立了"一个遍及世界各地的完整的商业殖民地网"，"在很短的时期内从一个输出粮食的国家变成一个头等的工业国"（恩格斯，1965a）。但是，快速的经济发展并不能掩盖社会危机。1894 年，恩格斯（1965b）发表了《论法德农民问题》，将德国危机的根本原因归于东部地区的普鲁士容克阶层所把持的经济利益与政治特权。根据恩格斯的分析，资本主义生产形式的发展和商品贸易的全球化最终割断了小农生产的命脉，来自北美地区、南美地区和印度的廉价粮食对欧洲的大土地占有者和小农都形成死亡威胁。德国的小农在走向灭亡，易北河以东地区的容克地主也被债务和贫困扼住了喉咙。但后者越发通过把持地产和政治特权来控制整个国家。德国国内其他地方的大土地所有者和大工业家们的经济与政治权力都无法与之相比。

在德国国内，农村的问题引起政界和学界的广泛关注，社会政策协会在 1873 年就曾对德国农业工人的情况进行调查。1892 年，韦伯应协会之邀处理新一轮调查中易北河以东地区（东普鲁士、西普鲁士、波美拉尼亚、波兹南、西里西亚、勃兰登堡、奥克伦堡与劳恩堡）的农业工人状况调查的问卷。在处理数据的过程中，韦伯认为社会政策协会的调查抽样不尽合理，缺少居间的、较公正的一方来佐证相关信息，因此，他与基督教福音社会大会合作，向乡村的新教牧师发放了问卷，并回收了近 1000 份问卷。

根据对两次问卷的数据分析，韦伯与上述恩格斯的观察与判断非常接近：商品的全球流动和农产品价格冲击、普鲁士容克地主的贫穷化、容克地主借助政治上的主导地位而获得国家补助等。不过，韦伯的分析引入人口流动的因素，借此发现了容克阶层经济与政治特权得以苟延残喘的一个重要原因，即便宜的外来劳工。

1880～1885 年，德国人口整体上增加了大约 3.5%，西普鲁士等农业地区人口在此期间减少了 1.25%，与城市化的潮流相符合，但各地区的数据走向不尽一致。尤其奇怪的是，在土壤等自然条件最好的大地产庄园反而出现最大幅度的人口流出（7%～8%）现象，而海拔较高和耕种条件相对较差的地区，人口自 1871 年以来就保持着持续的增长。形象地说就是土壤最肥沃地方的雇工们离开了，而贫瘠土地上的农民增加了（Weber，1994：6）。

对此，一种解释是社会变迁导致农民与地主之间的经济与政治对立加剧，导致农业劳动力流向城市。韦伯在其研究中关照了这一点。他指出，在东部诸省，原本盛行的是"庄园制"基础上的"领主—依附农"的关系，这种关系本质上虽然是主仆关系，但由于分成制、实物报酬等制度安排，双方存在各种或明或暗的物质和情感纽带。在现代化过程中，农业生产进入大地产集约化、机械化、专门化生产和以出口农产品为目标的阶段，商业原则和货币工资逐渐取代了实物津贴等报酬形式，相应的，东部地区的社会关系也发生了重大转变。其中最基本的变化在于，在原有的乡村共同体中，地主与农民之间的共同利益和相互依存几近消失。容克地主阶层处于主导性的、唯一的雇主地位，把持着地方公共经济的利益和地方的行政、司法等权力。再加上工业化和城市化的强大拉力，农业劳动力被吸引到工作机会更多、更自由的城市中就是一个自然而然的过程了。

不过，这一社会变迁的、阶级关系的视角并不能解释逆势增加的那部分人口。在此，韦伯（Weber，1994：5）提出一个民族人口的视角，即东部增加的人口多属来自波兰的移民，越接近东部边界地区，波兰人口的密度越增加，这使得东部诸省已成为"民族前线地区"（national frontier area）。具体来看，波兰劳动力（包括俄罗斯等国的斯拉夫人）的流入，填补了德国雇农离开庄园留下来的空白。这些季节工人在春天涌入，在秋天离开，技术上的原因使甜菜的种植季节性地需要大量人手，更重要的是，雇佣他们的庄园主尝到了甜头：他们可以压低工资，节约住房、税收等支出，而不必承担任何社会责任，因为季节工人是背井离乡的外籍身份，在政治上无权，只能逆来顺受。

在韦伯看来，波兰劳工的涌入在经济上维持了一个依靠土地资源、收租取息和在政治上享有特权的阶级——庄园主，也即实施"家长制"政治特权的容克阶层，因而产生了一个吊诡的现象，波兰人处于统治链条中地位最低的环节，却起到维持德国现行经济与政治安排的作用。但由于这些劳工只被允许季节性流入，无法融入德国社会，缺乏统一的国家认同，因此不利于德意志国家长期和整体的利益。

在这里，韦伯从东部的农业问题入手，观察到德国政治与经济的多种失衡：容克在经济上已近破产，却在政治上享有特权；从经济上支撑容克阶层的主导性地位的，却是来自边界之外的、一贫如洗的移民劳动力；季节工人作为劳动力被需要，作为定居者却不被认可；东部诸省在地理位置上位于边疆，在政治上却是享有特权的核心；德国已然是发达的工业国，但城市工商业者阶层无法享受到平等的政治权利，德国整体的国家利益被只考虑局部私利的农业地主阶级置之度外。

二　国家边界的多重意义

上述分析表明，韦伯对东部地区的思考是在国家的整体利益格局的层面上进行的。其思想背景之一是德国当时对国家发展模式的讨论，即走对外开放的工业化路线，还是自成一体的农业国家的路线。韦伯明确地站在促进工业与对外贸易的立场上（Tribe，1989：210；Roth，2006）。

1897 年，在福音社会大会上，奥登堡预言德国将在未来数十年间发展成为出口导向的工业国，他认为，与其依赖外国市场，不如走自给自足、经济独立的农业国的发展战略。韦伯（Weber，1989b）激烈反对奥登堡的看法，他自己也对德国国家的未来发展道路、现实问题等发表个人的看法。由于韦伯仅仅是针对奥登堡的发言做出回应，所以没有时间引经据典，这反而使他的观点显得更清晰：他倾向于给工业发展良好的生长环境，以开拓海外市场为发展方向，而不赞同一个封闭的内部市场（nenlm-reitra akt）的自给自足的发展模式。

国家走工业化路线，那么，农业与农村又该如何发展？由于德国东部地区和西部地区在支配关系、生产组织和财产占有方式等方面各有不同，因此，基于东西部地区的自然环境、作物种类、耕作技术等因素，韦伯提出两种不同的发展模式。一种是德国西部，例如，莱茵河谷地区的小自耕农依靠得天独厚的自然条件和邻近城市的区位优势，发展出精细的耕作、多样的作物和本地区内的"生产—消费"网络。另一种则在东部庄园区，这里贫瘠的土壤受到集约生产的现实和世界市场的冲击，原有的土地所有权关系、抵押债务等构成了农业发展的羁绊。因此，可以采取土地国有化的思路，即由国家逐步收购东部土地，将其转化为国有财产，然后出租给富裕农场主并提供改良土壤贷款（Weber，1989a）。这样做的目的在于筑起防止外族人大量涌入的壁垒，即几个由十几个德国农庄构成的村庄，会自然而然地将附近许多平方英里的土地"日耳曼化"（Germanise），有效抵御斯拉夫人涌入，长期来看也有经济收益，而不是听任庄园被毁灭（Weber，1994：13）。

施路赫特（Schluchter，1989：303-311）指出，在19世纪70年代世界市场的结构变化迫使东部的普鲁士农业资本家从开放的自由贸易立场转向保护主义的立场，韦伯对东部模式的批评表明他倾向于一个自由主义的资本主义形式。其实，韦伯的立场更为现实，是处于自由贸易与保护主义之间的某种中间立场：他赞同进入世界市场，走工业化道路，也赞同对进口谷物征收较温和的关税，以便在一定程度上保护国内农业，但坚决反对给庄园主谷物补贴。

值得注意的是，韦伯在相关问题上的立足点是国家，具体而言，就是民族国家。在他看来，政治经济学的分析原则可以跨民族，但涉及民族和国家的决策就必然以国家为标准，或者说经济政策最终和决定性的目标是"民族权力的利益"（Weber，1994：16）。这一点继承了自李斯特以来的德国历史学派经济学的基本立场（朱绍文，1999；何蓉，2005）。

不过，与施穆勒、瓦格纳等上一代历史学派经济学家注重通过社会保障、社会政策等措施逐步改善工人阶级状况相比，韦伯的关注点走到了更深层次。他认为，从学科本身来讲，政治经济学家将生产与分配的技术性问题奉为优先，实际上忽视了科学（Wissenschaft）本身理应关注人，尤其是人的素质等问题（Weber，1994：15）。如他所说，与其关注当代的劳工是否有合理的工资、良好的住宿等问题，还不如提出更重要的问题：这些劳工地位的发展状况如何影响到民族发展的状况，发展趋势又是怎样（Weber，1989a）。在这个立场上，韦伯将东部地区当作"民族前线"，对波兰劳工特别关注就可以理解了。

西普鲁士诸省历史上就是德意志人与斯拉夫人共存的地区，在宗教上他们分别是新教徒和天主教徒。韦伯发现，如果将土壤等自然条件计入，双方的分布对比很显著：在土地肥沃的地方，天主教徒（亦即波兰人）主要聚集在庄园里，新教徒（亦即德意志人）更多居住在村庄里；在土壤肥沃的地区，情形则相反。韦伯认为，这些不同的分布揭示了同一个现象：土壤越差，波兰人越多；无论某地区的自然条件如何，波兰人都位于该地区人口中经济水平、社会地位的最低点；波兰人的家庭子女数量较多，负担较重，这使其始终处于低生活水平而无改善的可能性（Weber，1994：2-6），这一恶性循环造成贫困的代际传递。

造成这种局面有历史的因素，比如，历史上的德意志人占据了自然条件相对较好的地区，具有先占的优势。但韦伯提出了文化的、民族的解释角度，例如，庄园作为贵族产业，代表普鲁士骑士精神，是"德国人"或"德国性"（Deuschum）的具体体现；西普鲁士的"德国性"代表较高的经济文化水平（wirtschaftliche Kultur）和相对较高的生活标准。在此，文化（Kultur）一词不仅包括语言、宗教等因素，还包括技术、生活方式等内容，具体到农业地区，则包括了耕种技术、农业组织方式等知识和实践。

从这个角度来看，东部地区的人口变化趋势意味着这里的文化水平与生活水准下降了：从农业生产的方式来看，粗放和低水平的耕作方式取代了精耕细作；农作物的种类变化意味着食物的营养水准降低了，营养价值较高的肉奶制品让位于营养价值较低的土豆；人们以能够糊口而非吃好为目标，生活的目标走了下坡路。

更重要的是在人口结构、宗教等方面，德国人和德国文化在东部地区处于被动的地位，有被同化的危险：一方面，德国人生育子女的人数相对较少；另一方面，与德国西部新教徒较多的情况相比，东部地区的德国人更多是天主教信徒，与移入的波兰人具有相同的宗教归属和信念，在长期的互动中，东部的德国人有可能在思想、情感和价值观念上与波兰人更有亲和性。也就是说，在民族混居地区，形成原本是多数民族的德意志人反而在局部地区被占主导地位的少数民族同化的局面（Weber，1994：7），也更加剧了德国国内自"文化斗争"以来的分裂。

韦伯使用的两个词——"德国人"（或德国性）和"波兰人"（或波兰性）——聚合了多方面的含义，指的既是以下因素的集合，又是集合着这些因素的人或人群：具有种族、族群的限定性，即属于特定族群的个人及其族群本身；在较抽象的意义上是一个文化概念，其内容既包括语言、情感、思想等传承，也包括生产技术、生活方式及其物质表现；在近代民族国家兴起之后，还具有民族的含义。众所周知，韦伯著作中的用词往往含混暧昧，"德国人"（德国性）、"波兰人"（波兰性）在英文版中被译作"population"（Weber，1994：4）、"nationality"、"people and character"（Weber，1994：5）等，以体现其多重含义。

但分析这两个词语的内在含义使我们看到，人口的流动过程也是人的不同属性得以呈现的过程。特别是近代民族国家形成以来，国家间"边界"成为约束政治、军事行动和人民流动、交往的重要存在，构成了近代理性化过程的空间背景：一方面，人口、资本等在国家间的流动跨越了地理边界；另一方面，边界会以"国民"间的区分在更深层次体现出来。综合来看，边界具有政治、经济与文化等负面的多重含义，关闭边界之议则代表了国家在政治、经济、文化含义上的自我确认。

首先是政治意义上的边界。近代欧洲的国家体系源自 1648 年的"威斯特伐利亚条约体系"，自此，欧洲各国间划定边界，将主权、领土和独立等原则树立为国际关系中的基本原则，罗马教皇的普遍的神权统治及相应的"世界主权论"被打破。在民族国家兴起的背景之下，从 19 世纪末开始，帝国主义进一步成为欧洲强国突破边界约束和开辟新疆域的一股强大的力量，英法诸国通过海外殖民扩张，建立了超越民族国家边界的庞大而复杂的治理体系。在建立海外殖民地和划分势力范围等过程中，近代意义上的边界概念也进入各殖民地，逐渐成为世界诸新兴国家定义自我和建立国民认同的基础，在此不再赘述。

德国曾经长期滞后于其他欧洲强国。中部欧洲在数百年间都是在神圣罗马帝国的名义统治之下的诸侯分立局面，1806 年神圣罗马帝国瓦解为奥地利帝国和莱茵邦联，德意志诸邦处于分裂状态，直至 1871 年才由普鲁士统一为德意志帝国，进入快速发展阶段，19 世纪 90 年代才成为欧洲的强国和大国。但在德国境内居住着丹麦人、法国人、波兰人等所谓外族人，而奥地利、瑞士等德意志人聚居的中欧地区则不包括在德国境内。大德意志的旧梦犹在，主宰着帝国视野与格局的却是普鲁士的贵族，因此，从其建国伊始，德国政治理想与实践之间的大德意志与小德意志、帝国与民族国家等张力就始终存在。

其次是经济意义上的边界。在近代民族国家体系之下，资本在某种意义上替代了旧体系中宗教的力量，成为普遍的征服者，从而造成了经济的理性化原则：货币、资本的流通及自由放任的贸易政策等打通了此前的经济区隔；从个人和社会生活角度来看，资本的力量突破了传统的等级体系、职业区隔，甚至性别约束。

在整体的商品和资本全球化流动的背景之下，边界代表非此即彼的区分和对立：一以贯之的、普遍性的理性化原则，与区分性的、区域性的边界并存。国际经济中的现实是和平与斗争并存，具体表现是表面上和平、包容性的国际政治经济秩序下各个单元之间的斗争性关系。

由此可以理解韦伯的有保留的自由主义立场。从经济后果上来看，自由贸易体系尽管有各种自由放任立场的理论，但实际上是英国等较发达国家输出其内部阶级矛盾的一个手段。正是在这个意义上，他自认为是一个经济民族主义者，认可在工业化、全球化的战略之下，民族国家作为一个自利的经济单元存在；作为世界经济的组成部分，各个国家的出口与进口都有赖于与国外的经济关联，因此，他既反对德国保守主义者的高关税政策，也反对英国人排他性的帝国税的建议（Roth，2006）。

同时，这也可以解释，由国家出面保护边疆地区的德意志人是出于民族国家自身的要求，由国家购买东部土地交由德国农民耕种，目标在于其稳定边疆的、长治久安的效应（Weber，1994：13）。

第三，边界还具有文化方面的意义。即不同的国家基于地理、历史、经济等前提，具有不同的文化特征，并体现在社会生活的方方面面。例如，韦伯（Weber，1994：7）所说的德国人与波兰人处于不同的文化等级（Kulturstand/standard of cultivation），即处于不同的发展水平上。

这里涉及韦伯作品中"Kultur"一词含义的辨析。"Kultur"一词在19世纪晚期的德国社会中非常重要且意义多样，韦伯对此有进一步的综合。从《罗雪尔与克尼斯》等方法论著作，到有关世界诸宗教的伦理观研究，他对"Kultur"的应用可以简单总结为三个方面。第一方面，也是最基本和常见的方面，是人文主义取向的"Bildung"，涉及艺术、文学等方面，与古典人文主义以降的"全人"理想有关；第二方面是指基本价值理念、"意义"等问题和伦理观、思想体系，例如在诸多价值理念当中，宗教提供了最高位的"文化价值"（韦伯，2004d：544）；第三方面是指与自然相对的、经由人的行动而加以改变的领域，因而文化就是"人类从自然生命的有机循环中解放出来一事"（韦伯，2004d：547），其中所包含的自然世界与人类世界的相对，与李凯尔特在其《文化科学与自然科学》中的表述是非常一致的，即：

> 自然产物是自然而然地由土地里生长出来的东西。文化产物是人们播种之后从土地里生长出来的。根据这一点，自然是那些从自身中成长起来的、"诞生出来的"和任其自生自长的东西的总和。与自然相对立，文化或者是人们按照预计目的直接生产出来的，或者是虽然已经是现成的，但至少是由于它所固有的价值而为人们特意地保存着的。（李凯尔特，1996：20）

韦伯在19世纪90年代的"农业—政治"研究当中涉及的主要是第三方面的"文化"概念。具体而言，它包含农业耕作方面积累的技术和知识，以及有关经济利得的复杂考量，也包括食物、居住、交往等生活方式，是由特定群体集体共享和客观表现出来的。在整体的人类或人口（Menschemtum/humankind）（Weber，1994：15）中，不同群体在农业与技术水平、外在习性等方面各有不同或差等，构成所谓的"文化等级"。从文化概念的这一客观、具体的角度去看，民族，或者说文化民族（Kultur-nation/cultured nation）本身可能会具有其典型的发展历程或文化阶段，也具有某种稳定性（韦伯，2013：28 – 34）。

对政治上曾经长期陷于分裂的德意志而言，文化的统一性是国家统一的前提或基础。正是在这一历史背景之下，韦伯（Weber，1994：17）指出，所谓民族国家，是其民族力量的世俗组织，波兰的季节工人大量进入德国境内的事件会被认为对民族国家边界的冲击，更会带来民族和文化上的某种威胁。出于对波兰问题的深刻担忧，1893 年，韦伯加入了泛日耳曼联盟，并在各地发表了有关演说，试图推广其关闭边界和推进国内屯垦等建议。但是，泛日耳曼联盟内部的保守力量置个体的经济利益于国家利益之上，始终避开韦伯对波兰问题的建议，韦伯（Weber，1988：225）认为自己已经成为"容克之敌"了，遂于 1899 年 4 月退出该联盟。

从另一个方面来说，国家本身会给予其国民以某种文化的性格，成为对其国民有约束性和塑造性的力量，被认为同一民族的人，在不同的国家和制度环境下，会培育出不同的国民特性。例如，在德国、奥地利或瑞士，同样说德语和共享文化传统的德意志人就会有不同的国民特性，这些生活在德意志民族国家疆土之外的德意志人，可以有机会培育基于公民权、民主等的市民德性（Bürgertugenden/bourgeois virtues），以及更直接而永久的价值（如艺术等）（Weber，1994：76）。

可见，韦伯的关闭边界之议表面上是经济问题，实质上是立足于政治和国家利益。本文挖掘并拓展了"边界"概念，进一步表明边界是近代民族国家地域与主权的划分界限，国家边界一方面意味着政治的统一性，另一方面约束着其民族的空间。德国在 19 世纪 70 年代的统一改变了欧洲的力量格局。但对德国本身而言，由于其自身体系的种种滞碍不通之处，成为欧陆强国反而放大了其政治结构的种种缺陷，经济的崛起更带来了盲目的自信，掩盖了普鲁士政治体制的种种失衡与矛盾。韦伯（Weber，1994：26）以"命运"（fate）或"我们的特殊命运"来总结其悲观的看法：一方面，德意志国家的统一没有在德意志民族年轻时实现，而更像一个耄耋老人的轻佻游戏，不得不承受其后果；另一方面，尽管大国与小国在国际法体系中是平等的，也无文化的贵贱，但从政治现实的角度来看，双方承担的历史责任和地区角色必然是不同的。权力之本性为恶，因此，国家间的根本态势是斗争，而非和平主义的，小国固然要仰周边大国之鼻息，却因其微小而不足为敌，反而能够致力于追求其文化价值，例如，市民德性、民主的习惯、文学成就等。成为大国之后，德国别无他法，不能忽视自己的历史责任而"瑞士化"，只能去承担作为大国的责任，与俄、英、法等国抗衡（Weber, 1994：76 – 77）。①

由此可见，强调国家边界本身，并不仅仅是某种排外思想，也意味着关注内部统一和反对一味对外扩张的野心。正是在此意义上，与其说韦伯是一个"绝望的自由主义者"（liberals in despair）（Mommsen, 1984），不如说他是一个"有限的自由主义者"（bounded liberals），国家及其边界就构成了其自由主义理念的诸种限制。

三　国家：谁之联合？

韦伯的担忧体现了所在时代面临的重要问题，即德国如何才能真正实现统一。1865 年，德国尚未统一，瓦格纳发出"德意志是什么？"（Was ist Deutsch?）的疑问；到了 19 世纪 90 年代，在政治统一、军事征伐获胜和经济强大的前提下，德意志国内却相继经历了文化斗争、反社会党人法等事件，产生了区分和隔阂而非共识，德国是在什么基础上实现真正的联合？是枪炮、种族，还是语言？"谁是德国人"成为一个新问题。同时，这也是一个具有普遍性的问题，亦即国家统一的基础是什么，统一的格局下应如何容纳多样性与差异。其中涉及"国家学说"，尤其是国家与个人的关系等问题。

"国家学说"是德国思想传统中的重要议题，例如普鲁士官房学传统、德国历史学派对于君主力量的倚重等。在韦伯时代，他的同事耶利内克的"一般国家学说"倡导一种"二元论"的国家理论，将国家既当作法律制度，又当作社会组织来看待，结合了法学分析与对社会现实的调查分析，是现代国家理论的奠基之作（戴森，2015：155）。

韦伯本人于 1910 年之后在不同著作中关注了国家的不同角度，强调国家在地理上、技术上、组织上的特色（国家的定义）、经济上的功能（例

---

① 此处引自韦伯 1916 年《两种法则之间》一文。他的看法与同时代的思想氛围差异颇大。涂尔干（2014）在《德意志高于一切——德国的心态与战争》一文中对特赖奇克《政治学》中所表述的国家权力观进行了剖析与批判，认为特赖奇克所表述的赤裸裸的恃强凌弱和无限制的扩张野心等构成了德国的政治心态，并促发了 1914 年的战争。韦伯则认为大国和小国在国际法体系中应处平等地位，但在现实政治中负有不同历史责任。

如近代"重商主义"的国家经济取向）、国家的历史形态（例如传统所谓的"朕即国家"）、近代理性主义国家之兴起等。其中，韦伯在《社会学的基本概念》（2005a：76）、《宗教社会学论文集》（2005b：4）、《学术与政治》（2004a：196）、《经济与历史》（2004b：166）等著作中对"国家"及其现代的形式予以限定，指出其以特定地域为基础的强制性机构的本质，具有专门的行政管理、合理的法律秩序、独占的暴力支配等特征；国家还具有一个"社会"的维度，这里的"社会"指的是"人类共同体的一般结构形式"（韦伯，2004c：255）。近代理性资本主义兴起的过程表明，国家在经济上具有容纳各种传统的和新兴的社会关系类型的统合趋势。综合而言，现代国家不仅是一个基于领土、独占暴力手段等的强制机构（Ansalt）或具有垄断地位的特殊的政治团体（Verband），还是一个具有统合意义的政治共同体（Gemeinschaft）。

在韦伯的"国家学说"中，既具有理论潜力但又未充分阐发，甚至还有一定张力的部分，就是关于国家与个人的关系问题了。他不赞同传统的国家观的整体高于个人的预设：德国传统的国家观，例如有机体的国家概念往往意味着对共同体和整体的利益的强调，从而使国家凌驾于人本身之上，个性归于国家，个人由此获得自我满足。在赫尔德的影响之下，德国的浪漫主义和历史主义倾向于认为，人格在国家中，并通过国家得到最早、最充分的实现（戴森，2015：145）。

另外，近代以来民族与国家的等同也有很大问题，特别是在德国，"相对于英、法这样的'国家民族'（Staatsnaionen），没有政治统一传统的德意志是一个'文化民族'（Kulturnation）"（拉吉罗，2001：200），文化和民族的认同，要先于国家统一。换言之，德国的统一意味着"'民族国家'（Nationalstaat），如今已基于语言的统一性而在概念上等同于'国家'（Staat）"（韦伯，2004c：309）。

民族的身份或归属与国家的成员资格之间的这种等同，表现在法律实践上，就是民族身份与公民身份的契合。在"威斯特伐利亚条约体系"之下，政治共同体的成员身份由其居住地域和君主而定，即受君主辖制的臣民。在法国大革命和1804年《拿破仑法典》等影响下，在19世纪民族主义思潮与民族国家建立的过程中，普鲁士在1842年确立以血缘为原则（Jus Sanguinis）的法令，成为1871年德意志帝国宪法、民族法和公民权法案的基础。此后，德意志其他诸邦的不同公民权实践逐步被统一起来，1913 年起发布了《德意志帝国与国家民族法》（Reichs-und Staatsangehörigkeitsgesetz-RuStAG），确定了德国公民权的血缘原则，直到 1999 年颁布的新法案才将"属地原则"（Jus Soli）纳入（Bös，2000）。因此从法律角度来看，近代以来德国公民权与民族密不可分，取决于（父系）血缘、语言等先赋特征，这使其成为一个相对封闭的社会机制，在面对境内非德意志人、外来劳工等问题时缺乏政策弹性。

对于德国的上述思想与法律实践，韦伯在其著作中并未直接地评论，但他强调了民族概念本身是主观建构而来的，并进一步抽空了公认的民族的某些本质要素。所谓民族概念的主观建构，意味着与其说是共同的血缘关系创造出来政治的共同体，不如说是相反，即由政治的共同行动才产生出"血缘共同体"的观念（韦伯，2004c：305 – 306），因此是意愿、记忆等因素创造了共同体。

其次，民族与其说是客观存在的区分，不如说是主观意愿的建构和情感的依托。民族作为一个具有认同感的集合词，承载了共同的政治记忆、信仰、语言共同体遗传特征或习性、习俗等众多因素；民族往往具有某种特殊的激昂之情，"此种情感交织于借着语言、信仰、习俗或命运共同体而凝聚在一起的人群团体所建立起来的政治权力组织里（无论其为固有的或想望的）"。而且，"'权力'愈被强调，其间的维系就愈是独特"（韦伯，2004c：312 – 313）。因此，所谓民族的，是指带有某种基于多样性、差异性的一种认同的主观愿望或情感，并具有维护其共同性的权力手段。

但是，在现实政治中，民族的共同性愿望受到现实的多样性、复杂性的牵制，表现为民族的分布与民族国家的边界不尽一致，语言、共同情感等都无法成为决定民族的实质因素。例如，当时在德国东部有相当数量的波兰人，而在俄国南部又有不少德意志农民（Weber，1994：54）。除了德国之外，瑞士、奥地利等由德意志人组成的国家，对于德国国家而言，其他国家的德意志人的存在，会在国际造成某种基于民族性基础上的共同文化。但是，无论是语言还是共同情感，都不一定与民族认同相吻合。例如，"爱尔兰人、瑞士人和说德语的阿尔萨斯人"，并不觉得自己是其语言所表征的民族的一员，说德语的阿尔萨斯人可能仍然觉得自己是法语民族的一部分。瑞士人、比利时人、卢森堡人或列支敦士登人具有共同体感情，但不足以成为一个"民族"（韦伯，2004c：311 – 313）。

因此，以整体性、群体性的概念，例如，以民族或民族性来构成国家立足的基础，在理论概念和经验两方面都成问题，所谓的"民族—国家"在这个意义上本身就有诸多漏洞。只是韦伯抽空了民族认同的实质内容，如人种、语言、共同情感等，却没有在其政治学说中建立个体与国家之间理论关联。

造成这种情况的原因可能是他对德国人的政治素养不满。他的早期著作指出，无论哪个阶层的德国人在政治上都不成熟。在有关新教伦理的研究当中，韦伯深感遗憾：塑造德国人的心态的不是清教的理念而是路德主义的遗产和威权主义的现实（罗特，2001），因而德国可以见到忠诚的官吏、雇员、劳动者及家长制作风的雇主，而不是资本主义企业家与市民的严格、正直与积极（韦伯，2005b：128 – 130），在他看来，宗教文化、政治体制等因素造成了德国人在政治上不成熟的状况。因此，韦伯（1997：109 – 141）尽管对威廉二世的统治有诸多不满，但他并不反对君主立宪制。在访美期间所做的关于德国农业与资本主义的演讲中，他指出德国需要世袭君主制度，甚至第一次世界大战后期仍然这样认为。

韦伯还注意到，在现代大众政治运动、大众传媒和公共舆论等影响下，主导阶级的政治素质、领导者的政治伦理等尤其会在重要的关口决定民族与国家的历史命运。因此，韦伯的政治理论关注点逐步放在了精英和领袖的因素上，例如，他对"卡里斯玛"领袖、英雄人格等的强调而没有从普遍意义上讨论国家理论中的人的因素。

对此，本文认为，国家理论的诸多视角都需要一个"人"的立足点。在民族国家理论当中，这个"人"具有族群和文化的意义上的民族身份，又作为政治体的成员而具有法律意义上的公民身份，这两者是相互吻合的。但是，前述多民族国家的现实、民族之想象本质、民族身份之僵化的首属特征、全球化时代的流动与融合等，无不对这两种身份及其相互吻合提出了挑战。

以此分析为基础，本文提出的"国民"概念既包含某些实质特征又有对内弥合差异、对外具有清晰的边界划分的意义。所谓"实质特征"，指的是"国民"概念具有社会学意义，即具有特定的族群、语言、习性、习俗等特征：一国之民往往处于特定的生产技术、经济等发展阶段，并表现出具有一定程度的一致性、稳定性的性格或习性特征、生活方式等。国家与国民的关系是双向的：国家是实现其国民的经济利益和力量为最高价值的一种组织形式；国民的社会属性、阶级属性、伦理属性都会影响到国家的政治指向。

所谓"对内弥合差异"，指的是要正视国民内部的多样性和差异性，又要进行基于差异的整合。仍然以德国为例，以阶级来划分，有贵族地主、庄园依附农、城市市民和工商业阶级、城市工人阶级等不同范畴；以民族或族群等群体来划分，有德意志人、斯拉夫人、犹太人等的区别；使用宗教、教育、财产等划分标准，相应会产生不同的群体区分。将这些差异整合于一个统一的身份概念中，就产生了各种国民观。不同的整合差异的方式体现出不同的国家制度形态。例如，既有强调社会等级并主张保持等级差异的观念，又有认可等级差异但主张有要制度安排来加以平衡的。前者的例子是民族自由党人、历史学家特赖奇克，他在 1874 年指出，德国社会是一个阶级统治的社会，只有少数人通过其财产、教育等成为具有权利（和相应义务）的贵族统治者。从财富、才能的分布状况来看，不平等是天生就存在的，因而，所谓的普选权，只会让下层人的嫉妒、不满和欲望膨胀，平等不会减少愚蠢，而只会让愚蠢的人变得傲慢。① 后者的典型是韦伯，他认为要用平等权利的制度安排来平衡社会中的差异与等级，认为现代国家的制度本身就意味着公民的平等权利。例如，为全体公民提供安全和最低生活保障等方面的平等，现代官僚体系作为一种平面的统治，也应给予人民以最低限度的共同决策权。韦伯对比古今的实际情况，认为"马克思主义"所谓的经济领域的生产者与生产手段的分离，同样出现在军事与政治领域，武器和暴力强制等权力被集中到国家手中。通过这种权利的让渡，人民当中的军事和政治资格的不平等已经不复存在，政治权利的平等毋宁是对现实资源、禀赋、教育等不平等的一种平衡。

国民具有清晰的外部边界划分，指的是在朝向外界的方向上，基于领土、民族、语言、习俗、文化、情感等划分，国民具有某种排他性与封闭性。例如，作为国家这一政治体的成员本身，影响到了国民的生活、伦

---

① 特赖奇克在回应施穆勒的社会政策议题时抨击了社会民主党人及要求平等的呼声。原文最初在 1874 年发表于《普鲁士年鉴》，题目为《社会问题与普鲁士国家》。英译可参见：http://gerahsoydc. gid. rsb_ouetcm？ dcmn_d50mnitrosh-cog/udcmn. foueti = 590/。

理、品性等特征，与其他国家的同一族群区别开来。

因此，本文认为，构成国家的要件，除了疆域、政体、法律框架、行政机构、领袖等之外，还应有国民这一维度。基于国民的"国家理论"认为，国家不仅要为国民提供基本的安全与物质保障，而且要赋予国民以平等的基本权利；国民与国家应是息息相关的，一方面，国家是国民的前提，另一方面，国民是国家诸权利、义务的共享者；国民是注重个人效用的理性行动者，国家则是以整体利益和未来效用为念的行动者；对于政治制度的选择问题，在基本的平等、自由、民主等理念之下，"国民—国家理论"采取某种现实主义的立场，强调基于国民基本状况和特质而选择与之相应的制度安排。

在韦伯生活的时代，已经可以看到大众政治的兴起，以及大众传媒和公共舆论的影响。在一定程度上，出于某种精英主义的立场，韦伯将其政治理论的重心放在了能够操纵、引导大众政治情感的领袖身上，并相信具有责任伦理的领袖人物会引导政治的方向。而在当今的政治环境与技术手段之下，国民在政治生活中享有的发挥作用的方式与强度都有所增加，相应的，"国民—国家"观对于现实政治的解释潜力仍有值得进一步挖掘之处。

四　小结

在当今全球化的时代，在商品，资本、劳动力、技术等因素流动的背景下，民族国家的边界不断被跨越，在不同程度上开放边界和促进交流成为政治正确的主流。20世纪90年代以来，欧盟的建立代表着某种对于包容性的寻求，通过成员国之间边界的模糊与弱化来鼓励人员、技术、资本等的自由流动。但是，边界可以跨越，跨越者身上所蕴含的政治、经济、文化意义上的特征却仍然存在。近年来，在各政治体中屡屡出现了一些要求关闭边界的排外声音，显示出开放社会的理想与现实发展局面之间互有抵牾。因此，回顾韦伯关闭边界之议，与其说是排外的帝国主义倾向，不如说是具有孤立主义色彩，它以矫正德国内部的政治结构为主要目标，试图建立一个真正达成共识，以整体利益和长期利益为念的国家。对于现代化传播过程中新兴的民族国家而言，源自西方殖民者的边界划定实践及观念不仅定义了其地区政治生态，而且影响了对其自身传统的看待方式。

因此，回到韦伯和他的时代，考察他的实际政治立场和思想基础，从历史和理论的角度来考察边界及其跨越的问题，或许会带来新的启示。从韦伯著作及其时代问题来看，国家的边界既是对内在统一的确认，也是对外在扩张的约束。本文的思路是：对于自由主义的普遍理念而言，国家及其边界构成了一个限制条件，这样的国家理论因而具有社会和国民的维度。基于这一立场，国家边界不仅具有政治和经济的意义，还具有文化含义，后者通过各国民众的文化特质，如生产技术、生活方式、社会联结方式、道德品质等表现出来。或者说，从国家行为的角度来看，国家的边界标识出一种具有封闭性和排他性的最大化潜能，其区分是由领土、民族、语言、习俗、文化、情感等确立起来的，民族的利益就是它的最高价值（何蓉，2011），其价值目标是整体的而非局部的，是超越当下利害计较而指向未来的。

本文进一步提出了"国民—国家理论"或以国民为基础的"国家理论"。依此理论，国家向国民提供平等的决策权、人身安全与基本物质保障等权利，以便平衡国民内部资源、禀赋等的差异。因此，国家本身具有伦理属性，尽管社会的种种不平等是事实，简单地均贫富或提供社会福利都是不够的，只有以社会与政治的公正为念，通过制度安排努力接近公正，才能在最大范围内赋予国民以共享的治理权，使国民成为国家的主体，而非客体。

在这个意义上，"国民—国家理论"突破了"威斯特伐利亚条约体系"及与之相应的"民族国家理论"的局限。对于多民族的国家来说，单一和首属的民族身份与公民身份之间的对应关系不利于民众达成共识与团结；突破首属身份，整合族际差异而达成国民之认同，也就是包容差异，达成国家认同的过程。仍以 19 世纪 70 年代达成统一的德国为例，一方面是"家长制"的政治和社会福利政策，另一方面是以新教徒与天主教徒、保守主义者与社会民主党人之间的对立造成国民之间的隔阂与对立，德国人毋宁说是在对外斗争时才定义自身，传统的民族或种族划分与区隔，阻碍了德国国民的实质意义的建立，尤其是面对全球化时代的人口流动时更为被动。

例如，自韦伯时代以来的一百多年间，德国经济中始终有移民劳动力的存在，无论是 19 世纪波兰的季节工人、"二战"中德占区被强征的（forced）劳力，还是联邦德国时期的外国劳工（guest worker）。但是，德国政府始终欲拒还迎，既要吸引外来劳工，又要防止他们成为移民，外来劳工处于严格管控之下，被招徕（invited）做工但被拒绝成为自己的一员（Schönwälder，1999）。反观韦伯关闭边界、禁用季节工人的建议尽管不无严苛之处，但其前提是，流动的劳动力不仅仅是工具、经济手段，还是完全的人，是其上凝结着历史、文化、社会关系的完整的人，仅只利用其劳动力而罔顾其人的属性是某种不义，长期来看于己不利，超出了仅仅是经济利益的逻辑。

从国民角度的叙事也会带来不一样的国家故事。例如，在韦伯所关注的德国东部地区，"二战"以后大都划归波兰等国。"二战"结束之后，1945～1950 年，奥得—尼萨河一线以东地区的几乎所有德意志人被驱逐，他们失去的家园在一定程度上是用来弥补波兰东部被苏联所占领的领土。显然，这并非民族自决的原则，而是实力主导的结果。1970 年，西德政府放弃了对有争议地区的领土权，选择与邻国交好。出乎意料的是，一度期待着重返东部家园（Heimat）的人们认可了被"流放"的无根的命运，而选择以回忆保持某种连续性（Demshuk，2012：7）。与此同时，德国在学校教育中对德国东部地区的存在避而不谈，德国人的遭遇如同某种禁忌一样，历史在政治正确的氛围中被忽视了。然而，从长期来看，对失去的德国东部的失语，可能会带来对历史的误读（Demschuk，2012：269）。在静默中被遗忘的历史，会以扭曲的方式再度回来，不被当作事实来研判，却会成为触发想象、误解和对立的情绪反而更为危险。

最后，再回到韦伯研究的问题上来，也即对于前人提出的韦伯著作中学术与政治的方法论立场和伦理问题，本研究认为，应当在肯定其联系的前提下，区分其社会政策和社会学研究。社会政策本身即属于具有特定价值立场的应然问题，学术研究则立足于注重事实的实然立场。同时，韦伯继承了自李斯特以来的德国历史学派经济学家的立场，即以具体的历史背景、国家等因素为前提来谈论经济发展问题，注重长期利益，具有道德指向。因此，韦伯是一个自由主义者，但既非他父辈那样的绝望的自由主义者，也没有其后辈如莫姆森（Mommsen，1984：vii）那样的"原教旨"（fundamentalist）意义上的民主概念，而是一个有边界的自由主义者。这边界是国家及国家利益，是社会公平、正义等道德约束，也是以国家强盛和国民伟大为目标的结果取向。

参考文献：

贝顿，大卫，1989，《马克斯·韦伯与现代政治理论》，徐鸿宾、徐京辉、廖立传译，萧羡一校，台北：久大文化 & 桂冠图书。

戴森，肯尼斯，2015，《西欧的国家传统：观念和制度的研究》，康子兴译，南京：译林出版社。

恩格斯，1965a，《社会主义从空想到科学的发展》，《马克思恩格斯全集》第 19 卷，北京：人民出版社。

恩格斯，1965b，《论法德农民问题》，《马克思恩格斯全集》第 22 卷，北京：人民出版社。

哈夫纳，塞巴斯蒂安，2015，《从俾斯麦到希特勒》，周全译，南京：译林出版社。

何蓉，2005，《德国历史学派与 19 世纪经济学方法论之争的启示》，《社会》第 3 期。

何蓉，2011，《朝向一种韦伯式政治经济学：对韦伯有关现代国家与经济发展论述的初步考察》，《中国农业大学学报》第 1 期。

拉吉罗，圭多·德，2001，《欧洲自由主义史》，长春：吉林人民出版社。

李凯尔特，H.，1996，《文化科学和自然科学》，涂纪亮译，杜任之校，北京：商务印书馆。

罗特，京特，2001，《准英国人韦伯：亲英情感与家族史》，哈特穆特·莱曼、京特·罗特主编《韦伯的新教伦理：由来、根据和背景》，阎克文译，沈阳：辽宁教育出版社。

帕尔默，艾伦，1997，《夹缝中的六国——维也纳会议以来的中东欧历史》，于亚伦、王守义、王爵鸾等译，黄席群译校，北京：商务印书馆。

涂尔干，爱弥尔，2014，《德意志高于一切——德国的心态与战争》，渠敬东主编《涂尔干：社会与国家》，北京：商务印书馆。

韦伯，马克斯，1997，《民族国家与经济政策》，甘阳等译，北京：生活·读书·新知三联书店。

韦伯，马克斯，2004a，《学术与政治》，钱永祥等译，桂林：广西师范大学出版社。

韦伯，马克斯，2004b，《经济与历史支配的类型》，康乐等译，桂林：广西师范大学出版社。

韦伯，马克斯，2004c，《经济行动与社会团体》，康乐、简惠美译，桂林：广西师范大学出版社。

韦伯，马克斯，2004d，《中国的宗教　宗教与世界》，康乐、简惠美译，桂林：广西师范大学出版社。

韦伯，马克斯，2005a，《社会学的基本概念》，顾忠华译，桂林：广西师范大学出版社。

韦伯，马克斯，2005b，《新教伦理与资本主义精神》，康乐、简惠美译，桂林：广西师范大学出版社。

韦伯，马克斯，2013，《韦伯方法论文集》，张旺山译，台北：联经出版社。

朱绍文，1999，《经典经济学与现代经济学》，北京：北京大学出版社，

Borchardt, Knut 2002, "Max Weber's Writings on the Bourse: Puzzling out a Forgotten Corpus." *Max Weber Studies* 2 (2): 139 – 162.

Bös, Mathias 2000, "The Legal Construction of Membership: Nationality Law in Germany and the United States." CES Germany & Europe Working Papers No. 00. 5, 2000, [Working Paper].

Demshuk, Andrew 2012, *The Lost German East: Forced Migration and the Politics of Memory*. Cambridge: Cambridge University Press.

Mayer, J. P. 1944, *Max Weber and German Politics: a Study in Political Sociology*. London: Faber & Faber Ltd.

Mommsen, Wolfgang J. 1984, *Max Weber and German Politics (1890 – 1920)*. Chicago and London: University of Chicago Press.

Roth, Guenther 1965, "Political Critiques of Max Weber: Some Implications for Political Sociology." *American Sociological Review* 30 (2): 213 – 223.

Roth, Guenther 2006, "Max Weber's Article on German Agriculture and Industry in the Encyclopedia Americana (1906/1907) and Their Political Context." *Max Weber Studies* 6 (2): 183 – 205.

Scaff, Laurence A. 1984, "Weber before Weberian Sociology." *British Journal of Sociology* 35: 190 – 215.

Schluchter, Wolfgang 1989, *Rationalism, Religion and Domination: a Weberian Perspective*. Berkeley: University of California Press.

Schönwälder, Karen 1999, "Invited but Unwanted? Migrants from the East in Germany, 1890 – 1990." In *The German Lands and Eastern Europe: Essays on the History of Their Social, Cultural and Political Relations*, edited by Roger Bartlett and Karen Schönwälder. London: Macmillan: 198 – 216.

Tribe, Keith 1983, "Prussian Agriculture—German Politics: Max Weber 1892 – 7." *Economy and Society* 12 (2): 180 – 226.

Tribe，Keith 1989，*Reading Weber.* London & New York：Routledge.

Weber，Marianne 1988，*Max Weber：a Biography.* New Brunswick and Oxford：Transaction Books.

Weber，Max 1989a，"Developmental Tendencies in the Situation of East Elbian Rural Labourers." In *Reading Weber*，translate and edited by Keith Tribe. London & Nanew York：Routledge1：158 – 187.

Weber，Max 1989b，Germans an Industrial State，*Reading Weber*，translated and edited by Keith Tribe. London & New York：Routledge：210 – 220.

Weber，Max 1994，*Weber：Political Writings.* Cambridge：Cambridge Univeristy.

社会学与伦理学的争执：涂尔干的
道德科学[*]

陈　涛

摘　要： 要把握社会学的根本问题，对其基本思维方式进行辩护和反思，我们应将它置于它曾经努力挣脱的学科体系中，并把它视为对现代伦理学的一种回应。本文通过检讨涂尔干和列维－布留尔的道德科学对伦理学的两点批评来触及社会学的基本主张。针对伦理学把自己理解为一门立法科学的定位，社会学强调只有从对道德事实的实证研究入手，才能为人们的社会生活提供有效的规范。针对伦理学把实现人的本性作为道德的目的的观点，社会学主张从社会功能出发来界定道德。我们可以从这场争论中看到社会学如何试图通过对经验现实，特别是对非西方民族的宗教和社会形态中的合理性的把握，突破西方人文主义传统的典范地位，进而为人们构想现代社会和道德提供不同的思想资源。

关键词： 伦理学　道德科学　规范科学　道德事实　社会功能

一　引论：一场被遗忘了的争论

1903 年，列维－布留尔出版了《伦理学与风俗科学》（*La morale et la science des mœurs*）① 一书。在该书中，他大力提倡涂尔干的"道德科学或

---

　*　原文发表于《社会》2017 年第 37 卷第 6 期。

　①　有必要交代一下文中涉及的一些术语的习惯译法。①La morale：希腊语的 ἠθικός 在拉丁语中既被翻译为 moralis，又保留了对它的拉丁转写"ethicus"。因此法语中也有相应的两个词，即 morale 和 éthique 来表示"伦理的"或"道德的"。当这两个形容词作为名词使用时，lamorale 和 l'éthique 既可以指人们的某种行为规则，即道德或伦理，也可以指研究这种规则的学科，即道德学或伦理学。汉语和英语学界习惯于把学科意义上的 lamorale 和 l'éthique 翻译为"伦理学"(ethics)，而把"道德"(morality) 以及"道德的"（转下页注）

"风俗科学"事业，并向哲学伦理学发起了猛烈的攻击。在他看来，伦理学的两个部分中，"理论伦理学"或"规范科学"（normative sciences）只是徒有虚名，根本没有存在的必要，实践伦理学则应该是对社会学或道德科学的一种应用。①针对列维－布留尔的观点，鲁汶大学的哲学教授德普卢热（Simon Deploige）于 1905 年开始在《新经院评论》（*Revue néo-scolastique*）上连载题为《伦理学与社会学的争执》（*Le conflit de la morale et de la sociologie*）的一组文章，并于 1911 年结集出版。②

时至今日，研究者们对这场争论的关注点仍然局限在涂尔干对自己思想起源所做的澄清上（Durkheim，1982a（16）：259，1907b：613）。③而鲜有人留意到一个不争的事实，即涂尔干的社会学事业旨在建立一门新的道德科学来取代传统意义上的哲学伦理学或道德哲学。

对于 19 世纪那些接受过西方传统学科体系教育的学者来说，社会学的道德关切是一个公认的、不太需要澄清的事实。涂尔干和列维－布留尔操心的是通过在哲学家、伦理学家和神学家面前论证社会学对道德事实的研

（接上页注①）（moral）保留给与行为规则或标准有关的翻译［黑格尔对伦理（Sitte，Sittlichkeit）和道德（Moralität）的区分这里暂不涉及］。②Les mœurs：源自拉丁语的 mores，后者是 mos 的复数形式。Mos 对应于希腊语的 ῆθοϛ，ἦϑοϛ（复数形式为ἤθ）。汉语学界通常将 les mœurs 译为"风俗"、"风尚"或"民情"，英语学界一般将其译为 mores、customs 或 morals。Les mœurs 与 la morale 都被用来指人们的某种行为规则。二者的区别通常被认为是描述性（descriptive）概念和规定性（prescriptive/normative）概念的区别（Cassin et al.，2014：691–695）

① "理论伦理学"或者说作为"理论知识"的伦理学，是相对于"实践伦理学"或"应用伦理学"来说的。理论伦理学专注于一般道德原理或道德法则的构建，而实践伦理学则专注于如何根据特定的处境，得出可以被应用到具体实践中的规则，如个人道德、家庭道德、公民道德和社会道德等。前者属于科学或理论认识的层次，后者则主要属于技艺或实践应用的层次（Durkheim，2004：229，1884a：77）。

② 《伦理学与社会学的争执》一书共计 8 章，根据德普卢热在该书中的记载，他早在 1907年 11 月 12 日就完成了这 8 章（Deploige，1912/1911：413）。不过，他在杂志上并没有连载该书的全部。1909 年，他在《新经院评论》上只连载到该书的第 6 章就宣告结束。1910 年，《新经院评论》更名为《新经院哲学评论》（*Revue néo-scolastique de philosophie*），他又以《托马斯主义的伦理学与风俗科学》（Morale thomiste et science des mœurs）为题刊登了该书第 7 章的一部分。

③ 特别说明著作的标引是目前研究涂尔干的学者通常采用的一种引用格式详细区分了涂尔干文集中的不同文章及同一年发表的不同文章，方便研究者检索。这种引用格式最初由英国学者 Steven Lukes 编辑。目前收集的涂尔干的所有著作列表详见该网站：http://durkheim.uchicago.edu/Bibliography/Bb01.html。

究能够为那个时代的道德问题提供一个更有效的回应，进而为社会学在学院中争取一席之地。因此，社会学通过"风俗科学"和"道德科学"等别名呈现，既强调它与传统伦理学有着共同的关切，又突出它与后者的不同。但对于我们而言，上述语境早已因为传统学科体系，特别是人文主义教育的衰落，以及现代社会科学在学院中的压倒性胜利而变得晦暗不明。当我们以社会学家的身份来定位涂尔干及其作品时，必然会有意无意地略过他对伦理学的批评，甚至遗忘了社会学在建立之初试图回应的那些根本问题。这种遗忘是如此透彻，以致我们已经习惯于把社会学视为一门与规范和道德无关的事实科学。

在此，笔者不想涉入当代社会学者对上述遗忘及其后果所做的反思和检讨，或对一门新的分支学科"道德社会学"的提倡。社会学家从来没有抛弃伦理学所关心的那些道德问题。只是他们在大多数时候并不是非常清楚自己的研究与伦理学的关联、分歧以及各自的局限。这不仅降低了社会学这门学科的研究成果的价值和影响，而且也使它难以通过与伦理学传统的对话返回到自己学科据以安身立命的那些根本问题，并通过不断回答这些问题对自身现有的思维方式加以反思和突破。

这也是重提这场被遗忘了的争论的意义。只有通过激活社会学这门19世纪末20世纪初才确立起来的新生学科与延续几千年的哲学伦理学传统之间的争执，我们才能把握社会学的根本问题，了解它在"挣脱"传统学科体系、确立自身地位的过程中赢得了什么、失去了什么，并对此有所反思和突破。换句话说，今天如果我们想要再次为社会学在学院中赢得其他学科的尊重，恰恰需要一个逆向的工作，即把社会学置于它曾经试图挣脱的伦理学传统中，将其视为对这个悠久传统的一种回应。

虽然涂尔干和列维－布留尔通常把他们的批评泛化为对古今各派伦理学说的攻击，但是他们的视野主要局限在现代伦理学的两大流派，即以康德为代表的义务伦理学和以密尔、斯宾塞为代表的功利主义伦理学。涂尔干显然更关注前者。因此，下文将侧重于就康德的道德哲学来定位和分析涂尔干和列维－布留尔对伦理学的批评。当然，这并不意味着这些批评不适用于功利主义或其他伦理学。

二　对伦理学作为一门规范科学的批评

（一）理论伦理学作为一门立法科学

涂尔干和列维－布留尔都批评并拒绝传统伦理学家把"理论伦理学"定义为一门"规范科学"或"立法科学"。

> 伦理学家们以推理开始他们的研究，就好像道德法则完全有待创造（créer），就好像他们面前是一块白板，他们能够根据自己的喜好在上面建立他们的体系，就好像这是一个关于发现的问题，但不是发现某种法则、总结和解释现实中已然实现了的那些事实的体系，而是发现能够据此解决所有事情的道德立法（législation morale）的原理。（Durkheim，1964a：420，1893b：18，另见1964a：35，1893b：v）

> 理论伦理学在本质上是立法性的。它的功能不是去认识，而是去规定（prescribe）。至少对它而言，认识和规定是一回事。它的目标是尽可能地把行动的指导规则划归为单一的原则……某些哲学家，尤其是冯特，提出要把伦理学置于"规范科学"之列。但问题在于"规范"和"科学"这两个术语是否兼容，以及规范科学是否真的存在。（Lévy-Bruhl，1905/1903：8－9）

简言之，伦理学总是把自己理解为一门规范科学或立法科学。也就是说，伦理学家总是从某个核心概念出发，推演出一套一般化的道德公式或法则，以此作为制定具体道德规则的根据或衡量人们的行为准则是否合乎道德的标准。

这的确是伦理学传统中长久以来的一个共识。对于古代哲学家来说，只有少数人，如哲学家或类似于伯利克里那样明智的人才能够认识到什么是真正的幸福，并且凭借自己的理性就能够制约自己的激情，从而在灵魂中建立某种内在的秩序。大多数人都受制于激情，甚至不知道什么是真正的幸福。因此，伦理学最重要的一个组成部分是"立法学"。它可以通过法律和制度把哲学家或明智之人灵魂中的内在秩序表达为一种外在秩序，即最佳政体，然后借助法律的强制性力量，约束人们的激情，敦促人们服从这一秩序。这样一来，即使大多数人认识不到什么是真正的幸福，即使他们在行动上受制于激情，也能够通过服从法律做出合乎德性的行为，并逐渐培养出亲近德性的习惯。[1] 现代伦理学特别是康德的道德哲学同样把伦理学视为立法科学。个体作为一个"理性存在者"，具备按照能够普遍化为道德法则的行动准则去行动的能力。道德行动的必要条件，恰恰是应该把自己设想为"一个普遍立法的意志"或"普遍立法者"（康德，2013/1785：431-438），也只有服从自己所立的法，服从这种道德法则，个体才有可能达到自主。当然，二者各自理解的"立法"是不同的。

回到此处讨论的主角。涂尔干认为"规范科学"或"立法科学"这个术语本身就是一个悖谬，因为它混淆了科学和技艺，混淆了理论和对理论的应用。科学只能去观察、描述和解释给定的事实，从而发展出有关事实的理论知识。就对理论的应用即技艺而言，才存在规定人们在实践中应该怎么去做的问题。混淆科学和技艺，把伦理学视为"规范性"或"立法性"的科学，恰恰是伦理学还没有就道德事实形成理论知识，还没有成为一门科学的表现。

不过，如果仅仅把上述争执理解为两种科学概念之间的差别，或者简单地把它理解为一个关注事实，另一个关注规范，则意味着还没有触及问题的实质。下文将具体考察社会学为什么批评并拒绝伦理学的规范功能，借此来逼近它自身的主张。

（二）道德法则的任意性

对现代思想中所蕴含的任意性加以揭示和批判是涂尔干著作中一个恒久的主题（陈涛，2014），"伦理学尤其如此"（Durkheim，1982a（1）：66，1895：30）。

首先，把伦理学定义为立法科学或规范科学，在伦理学特别是现代伦理学那里意味着，每个人都可以把自己当作凌驾于社会生活之上的立法者，不仅可以借助推理（理性）来构建道德法则，即为人们的社会生活立法，而且可以撤销已然存在的道德法则，不断重建新的道德法则。换句话

---

[1] 参见笔者在其他文章中对亚里士多德提出的"明智"概念所做的讨论（陈涛，2017a）。

说，人（伦理学家和统治者正是其中的卓越代表）有"凌驾于社会秩序之上的无限的权力"（pouvoir illimité）（Durkheim，1982a（1）46、62，1919/1901c：xxiv，1895：24-25，1997/1892a：19），可以任意变更道德法则以及社会生活。

康德对行动者拥有的作为普遍立法能力的那种理性的颂扬，尤其鼓励了人们对自己的理性的主观确信："唯有一种理性。因此，就我们仅仅受到理性的推动而言，我们可以道德地，并完全自主地行动，因为我们不过是在遵循我们的理性的本性的法则（la loi de notre narure raisonnable）而已。"（涂尔干，2006b：84；Durkheim，1925a：128）涂尔干的担忧在于，单靠行动主体对自己运用理性或服从道德法则的主观确信，并不足以保证它在客观上也是道德的，反而鼓励了个人的主观性和任意性。

其次，上述观念还决定了伦理学家在方法论上采用观念分析的方法来建立伦理学，即"以抽象的方式对善、恶、奖赏、惩罚、责任、正义、财产、团结、义务和法等观念加以思辨"（Lévy-Bruhl，1905/1903：48；Durkheim，1982a（1）：68-69）。借此，他们可以推演出他们想要的任何东西（Lévy-Bruhl，1905/1903：16），以致每个伦理学家都有自己的一套道德学说，而这些学说的多样性本身就证明了他们所推演出的那些法则是站不住脚的，他们所使用的方法是任意的、主观的（涂尔干，2006b：19；Durkheim，1925a：25，1964a：411，1893b：4-5）。

不得不指出，上述批评并不公允。通常来说，伦理学家至少会通过逻辑上严格一致的推理，特别是对封闭体系的构造来保证他们所构建的那些道德法则是客观且普遍的，从而避免其主观性和任意性。不过，涂尔干对此仍然反驳道，伦理学家在逻辑推理上的一致程度，无法保证一项道德法则的客观性、合理性和道德性。单靠定言命令（categorical imperative）总公式，即只有在我们的行动准则能够普遍化的情况下我们的行动才是道德的，并不足以告诉我们一项行动准则是否是道德的。"一个一致而又条理化的利己主义者"可以确保其"利己主义的准则"具有"逻辑上的严格性"（Durkheim，1964a：412，1893b：6），但这个准则却是不道德的。

"实际上，这样一项公式除非胜任（adéquate）它所表达的实在，否则就不会被人们所接受。也就是说，它必须解释了那些在道德本性上毫无争议的全部事实。"（Durkheim，1964a：411，1893b：5）因此，准则是否被承认为道德，不是因为逻辑一致，而是取决于现实生活中已然存在的那些道德规则，取决于既定的法律和风俗中存在的、获得人们认可的那些道德标准。伦理学家认为凭借观念分析和建构就足以构造出道德法则，忽略了"我们关于道德的表象源于对在我们面前发挥功用的那些准则的观察"（Durkheim，1982a（1）：66，1895a：30）。简言之，实际存在的道德规则才是道德的源头和根据，而那些抽象的道德法则只是这些道德规则的一种"表象"。

因此，伦理学要成为一门科学，就必须去研究已然存在于人们现实生活中的那些道德事实。什么是道德事实？"伦理学的事实，就是风俗（moeurs）、习俗（coutumes）、法律规定以及经济现象，就后者是司法处置的题材而言。伦理学观察、分析并比较这些事实，逐渐把自己提升到对解释这些事实的法则的发现上"（涂尔干，2006a：300 – 301；Durkheim，1887c：278）。列维 – 布留尔和早期的涂尔干也把他们的道德科学称为风俗科学或风俗物理学。① 涂尔干在波尔多大学以及巴黎大学执教期间，也多次以"风俗和法律的一般物理学"（physique des mœurs et du droit）或"风俗和法律的生理学"（physiologie du droit etdes mœurs）为名开设社会学课程。这提醒我们风俗在各种道德事实中具有优先地位。的确如此，因为风俗构成了法律和道德的源头，而道德科学对道德事实的研究，区别于伦理学家对道德法则的构建，其重心在于解释风俗是如何自发地生成和演化的。

从风俗的自发生成和演变入手考察道德的起源和变迁，在贬低或排除个人意志和个人理性在道德生成和变迁中的作用的同时，也使从历史和社会的维度理解道德的意义凸显。由于风俗是在历史中、在群体生活中自发形成并世代延续下来的，要理解特定时代下那些具体的道德规则和法律规定，就必须把它们与当时的社会环境（social milieu）关联起来。这是列维 – 布留尔和早期涂尔干关于道德科学的基本设想。

（三）理论与实践之间的鸿沟

在列维 – 布留尔和涂尔干看来，理论伦理学所构建的道德法则与能够

---

① 这里仅列出几处上述表述，Durkheim，1887a：283 – 284，2000：6、9、10，1893b：i、v、vi，1979a（7）：92，1920a：96。中译与英译版本在许多情况下把涂尔干文中的"风俗科学"翻译成"道德社会学"。实际上，他很少使用道德社会学这个术语。

规范普通人实践的建议之间总是存在一道鸿沟（Lévy-Bruhl，1905/1903：37-39、45-46；Durkheim，2006a：32-33，1904a（5）：384）。"道德准则越清晰、越具体，关系越明确，要感知到它们与这些抽象概念的联系就越困难。"（Durkheim，1964a：414-415，1893b：10）在当下的行动中，我们面对的是在具体的善与恶之间进行判断，或在不同的善或义务之间进行权衡。此时，单靠普遍法则并不足以对那些直接影响我们行动的准则做出明确的规定。康德要求每个人都应该具备的那种普遍立法的能力，即通过普遍化检验将特定准则"统摄到"（subsumption）普遍法则之下的能力，只是促使我们的"理性被引向一般化和非个人的（l'impersonnel）方向"（涂尔干，2006b：84；Durkheim，1928a：128）。这与当下行动处境中所要求的那种判断力（如亚里士多德提出的"明智"）或具体的行动规则背道而驰。

因此，在普遍法则与具体准则之间，在独立于处境的普遍立法能力和当前处境下的判断力之间的鸿沟，成为一个缺乏规定性的空间。它通常被留给了"实践的紧迫性"（Durkheim，1964a：415，1893b：10），或者说，行动者任意裁量的领域。康德对行动者的道德主体性的颂扬，对其拥有的作为普遍立法能力的理性的颂扬，在某种程度上进一步鼓励了行动者在这里对自己的理性或判断力的主观确信，鼓励了这种任意性：似乎只要我们是在遵循自己的理性，就能够合乎道德地、完全自主地行动（涂尔干，2006b：84；Durkheim，1925a：128-129）。

甚至，作为受制于实践的紧迫性或行动者的任意性的领域，具体的道德也不再被视为是从普遍道德法则中一步一步推演出来的，而是被视为对理想化的道德法则的一种贬损。

对他们来说，具体的道德（la morale concrete）不是对抽象道德的应用，而是降格（dégradation）。道德法则必须被更改以便与事实相适应，理想必须被更正、被稀释以便与实践的紧迫性相协调。换句话说，我们在伦理学中承认两种伦理（éthiques）。一个是唯一真实的，但根据定义却是不可能的；另一个是实践的，只包括在习俗性的安排中，是根据经验的必然性做出的让步，这不可避免但又令人惋惜。它是一种低级的、堕落的道德法则，由于我们的不完满而只能满足于

此……（Durkheim，1964a：415，1893b：10）

我们可以在康德那里发现这种观点的依据。康德在阐明理想的道德法则时，总是预设一种极端情况，即法则的要求与感性倾向发生冲突、彼此排斥的情况。尽管他试图证明，既然在这种极端情况下，我们也仍然可以纯粹地基于对法则的敬重而行动，不掺杂任何感性欲望上的考虑，那么在其他情况下，我们更会纯粹为了义务而义务。但是，这个论证导致一个结果，凡是不纯粹的、混合了感性欲望和感性倾向所着眼的目的的那些道德规则、行动准则和道德行动，都是对纯粹的道德法则的一种败坏，都是不够道德的。以这个标准来看，人们在实际生活中碰到的那些具体的道德规则和道德行动基本上都是不纯粹的、在道德上是可疑的。道德要维持其道德性，就只能作为纯粹的道德法则，成为一个树立在现实生活之上的应然、理想或彼岸。此岸的现实生活只能是这个理想的一种不够完善的投影或现象。

然而，在现实生活中实际存在的并不是那些一般化的道德法则，只有在行动时它才会被具体化。普遍的道德法则不过是"哲学家的概括、理论家的假说"，是"一些抽象"、根本"构成不了实在"（涂尔干，2006b：22 - 23，1925a：29）。

> 相反，道德是由各种明确的规则所构成的一个集合体（un ensemble de règles définies）。它就像许多具有限定性的边界，而我们必须用这些模具去铸造我们的行动。……它们已然存在，已经被制造出来，就在我们的周围活着并发挥作用（fonctionnent）。它们是以具体形式存在的道德实在。（涂尔干，2006b：23，1925a：30）①

具体的道德规则并不是对抽象的道德法则的一种应用或降格，而就是道德本身（Durkheim，1964a：415，1893b：10）。它们以风俗、习俗、格言、法律和道德规则等形态活跃在我们周围，犹如一个一个的模具预先给定了人们在特定环境下可能采取的各种"行动模式"（modalités）（Durkheim，

---

① 引文最后一句在现有的中译本和英译本中都被遗漏了。

1964a：424，1893b：23）。人们并不需要从普遍的道德法则那里获得具体的法则，而是直接用这些模具来铸造自己的行动。每个人在面对这些道德规则时所体会到的那种不得不去服从它们的义务感，并非来自康德所说的理性与感性倾向的对抗，而是来自"集体意识"对个人意识的"社会压力"（Lévy-Bruhl，1905/1903：113、188）。

综上所述，既然伦理学所确立的那些用来指导人们行动的原则，并不基于给定的客观实在和道德事实，而更多是一种"概念的辩证分析"（Lévy-Bruhl，1905/1903：52；Durkheim，1964a：412，1893b：6）既然这些道德原则或抽象概念并不能真正指导人们的实践，那么伦理学作为一种理论就只是徒有虚名，对这种理论的应用则是无效的。简言之，伦理学根本没有存在的必要。"有关社会实在的法则的科学知识将取代对道德概念和情感的辩证思辨，传统的实践伦理学将被建立在道德知识之上的'理性的技艺'所取代。"（Lévy-Bruhl，1905/1903：204）

（四）"事物本身给予的理性"

人们习惯于把社会学与隶属于哲学的伦理学之间的差别简化为事实和规范之间的分歧。这个通俗的观点不完全错，但并未触及问题的实质。社会学的确强调其研究对象是历史中的或当下直接经验到的风俗、道德规则和法律规定等经验事实。不过，它们仍然试图从这些"事实"出发得出某种规范性的结论，或确立某种应然。科学本身不是规范性的，但这并不妨碍它"可以获得能够确立规范（normes）的结论"（涂尔干，2006a：239；Durkheim，1904a（5）：381）。

另一方面，认为哲学伦理学只懂得抽象概念，只会脱离经验实在进行逻辑推演，只会告诉人们"应该"做什么，而不顾历史和社会事实显然也是不公正的。但是，历史和经验事实在哲学伦理学中的确处于一个与概念分析和逻辑推演以及由此得到的道德法则不对等的位置上。伦理学所确立的道德法则通常被视为一种理想或理念，被视为一种衡量历史和社会事实是否道德或在多大程度上合乎道德的标准。历史和社会事实本身并没有自己的合理性，其合理性取决于它与理念符合的程度。又或者，当针对历史和社会情境，对这些道德法则进行具体化，演绎出更为具体的道德规则时，历史和社会情境在此往往被视为对理想的一种折损，由此得到的也只是某种低级和堕落的道德法则，是在理想和历史—社会情境之间所做的一种折中。

康德的理论哲学对物自体和现象之间的区分，在道德哲学这里，翻转为本体层面上的自我意识的先验自由与经验现象层面上的行动之间的对立，或理想化的道德法则与它们得以实现于其间的历史—经验事实之间的对立。在理论哲学中，我们的一切知识都被感官—现象所限定，只能局限在感性世界或现象世界之中，而无法突破现象达到物自体。但是，在实践哲学中，我们直接从一个"物自体"出发，即"自在的我"，这个"我"并不经由感官表象或现象推出，并不是经验到的"我"。毋宁说，我对我自己的每一次经验和反思，总是指向一个正在从事这种反思的先验的我、自在的我。这个我区别于被动接受对象刺激的我，也区别于被经验到的我，是主动性的我 ［"自我活动性"（Selbstthätigkeit）、"纯粹的自发性"］（康德，2013/1785：452）。这就是我的纯粹理性或纯粹理性的先验自由。在道德哲学中，我从这个纯粹理性的自在之我出发，将自己思考为自由的，即把自己思考为只按照自己所立的道德法则去行动。问题在于，一旦我付诸行动，行动便落在物自体领域，只能再次作为经验到的现象进入我的认识之中。我从行动落在的那个事件之流中感受到的只是这个行动与那个行动，这个事件与那个事件之间的一种因果必然性。也就是说，作为现象它们服从的只是感性世界的自然法则。如果我们胆敢宣称这些行动与我自由设想的意图完全相符那就越界了。谁知道这些行动是否受到了那些我没有意识到的感性倾向的隐秘影响，是否超出了我的意图而我却不自知？"自由只是一个理念。"（康德，2013/1785：461 - 462）于是，当把基于自在之我或纯粹理性所构建的纯粹的道德法则应用到现象世界时，后者似乎只能是对前者的"纯粹性""道德性"或"自由性"的一种限定或否定，由于现象世界中人的每一项行动总是带有某种主观兴趣或感性倾向，这就意味着这些行动，连带指导它们的行动准则或道德规则，都是不够道德、不够纯粹、不够自由的。二者的分别就是现象与自在、现实与理想的分别。此岸的任何行动、任何具体的道德规则，都只能是对彼岸那个纯粹的道德法则的一种贬低、一个投影。

从 19 世纪开始，人们已经越来越不满意于把上述等级制中处于低级的历史—社会实在看作对高级的理想制度的一种不完美的体现。相反，存在着的东西自身就有其合理性，理想制度只是对这些存在着的东西的一种抽象，并且往往还是一种片面的抽象。黑格尔在德国，圣西门在法国，两人几乎是在同一时间着手从现实存在着的制度和历史出发确立某种规范，尽管他们各自的方法和最终立场存在很大的差别。从实证哲学出发，涂尔干为科学提出了同样的任务。

> 我们在此面对的是内在于实在之中的客观理性，由事物本身给予的理性（d'une rationlité objective, immanente à la réalité, d'une rationalité donnée dans les choses elles-mêmes）。科学家发现了它并推演它，但并没有创造它，在这个意义上道德是理性的，仅仅是说，在每一个时刻，道德作为它所是和它能被观察到的那样，都是一个由可理解的材料构成的体系。（Durkheim, 2006a: 54, 1975b（ii）/1908a（2）: 343）

事物本身就具有某种理性，有待科学将其提升到意识层面。因此关键在于如何把握道德的合理性，并为人们的实践确立一种规范基础。

三　对伦理学的人性论基础的批评

（一）作为目的的人性

在传统伦理学中，人当下之所是与人的真实本质构成了一种对立关系。各种道德规则旨在促使人亲近德性、禁绝恶行，进而实现自己的真实本质。在这个基本架构中，人的真实本质被视为人的目的，而道德法则被视为达致这一目的的手段。道德法则之所以以理想或"应该"的面目呈现，是因为人的本质是当下的人"应该"实现的目的（麦金太尔，2011: 67 - 78）。因此，有关人的自然本性，特别是人的目的的解释，构成了伦理学的规范基础。

17世纪以来，伴随着新的自然科学的确立，机械论的自然秩序图景取代了此前经由基督教思想改造的亚里士多德主义的自然目的论的自然秩序图景。人们不再从目的出发，把目的作为一个原因，解释事物的生成和变化，而是从作用和被作用的角度，即效力因（efficient cause）去解释事物的生成和变化。在这种背景下，霍布斯和斯宾诺莎等人开始从机械论的因果概念出发重新解释人的自然，以便为新的伦理学打下一个更为坚实的地基。在思想史上广为流传的观点认为，新的伦理学用对人性事实上如何的研究取代了传统伦理学对人性应该如何（人的目的）的研究，并把事实上的人性作为推演道德法则和政治制度的出发点。

情况并没有那么简单。现代伦理学的确放弃了传统伦理学从自然目的论出发对人性所做的解释，但它仍保留了作为目的的人性概念。甚至在法国启蒙思想那里，在目的论的等级秩序被机械论的平面秩序所取代，在"自然"丧失了规范意涵、变得越来越中立的同时，人却越来越被凸显为"目的本身"或"绝对"（absolute）。狄德罗（Diderot，2017）明确提出《百科全书》在体系的编排上要"以人为中心"，"因为人是独一无二的起点，也是一切事物最终指向的目的……把我的存在和我同伴的存在拿走，自然的其他部分还有什么意义？"在《论人类不平等的起源和基础》的开篇，卢梭更是直言不讳地指出该书要探讨的是脱离一切时间和地点的、与事实无关的"一般意义上的人"（l'homme en general）（卢梭，1997：71 - 72；Rousseau，1835：535 - 536）。

就此而言，康德的道德哲学继承了法国的启蒙思想（莫斯，2008：80）。康德虽然拒绝把道德法则奠基在经验心理学之上，即有关人的自然本性的经验研究之上，但他仍然持有一个基于人的纯粹理性而得到的作为目的本身的人格性概念，并将其作为道德法则的根据。道德法则作为一种命令，要求人应该不断克服自己的动物性（感性）所陷入的自然王国，迈向人之为人的、构成人的尊严的纯粹理性，朝向目的王国。

在 19 世纪的法国，不同的思想家对大革命的反思、对其理论基础的检讨，不约而同地指向了这个作为一切道德和政治制度的绝对目的的"一般意义上的人"。在大革命的批评者们看来，大革命中人们之所以不顾历史和社会现实，任意变更现实的道德和社会制度，恰恰是因为他们把一个超越时间和地点的"一般意义上的人"等同为人的本质和目的，认为由此推演出来的道德法则和政治制度普适于任何时代和任何民族。

18 世纪的启蒙哲学家们所孜孜以求的，正是要从不同文明的那些虚饰和欺骗之下，挖掘出这种虽被掩盖但却恒常不易的根本人性，因为只有基于这块不可撼动的基石，启蒙哲学家们才能打造自己的政治制度和道德思辨（spéculations morales）。（涂尔干，2006c：340；Durkheim，1938a（ii）：191）

在德普卢热看来，道德科学对伦理学人性论的批评延续了 18 世纪末以来法国的两大思想传统之间的争论。一边是以卢梭为代表的自然权利传统及其继承者——以库赞为代表的折中主义，另一边则是德迈斯特、德·伯纳德、圣西门、孔德和埃斯皮纳斯所开辟的社会学传统，后者攻击的焦点正是卢梭笔下"一般意义上的人"以及由此衍生的人道主义和世界主义（Deploige，［1911］1938：191－211）。因此，只有从上述视域出发，我们才能理解涂尔干和列维－布留尔批评伦理学的人性论的实质动机。

（二）抽象的人性

具体而言，他们指责传统伦理学"从某种关于人的概念出发，推演出在他们看来适合于这个人的理想，然后把实现这一理想的义务确立为最高的行为规则，即道德法则"（Durkheim，1964a：421，1893b：18）。不同伦理学家的差别仅仅在于他们各自定义的人的概念不同。然而这个"人"并不是科学研究的产物，而是伦理学家自己的主观信仰和个人愿望的表达（Lévy-Bruhl，1905/1903：54；涂尔干，2003a：223－224；Durkheim，1970a/1890a：222）。

与此同时，他们还把这样一种思考人的方式追溯到传统人文主义，对其进行一种历史主义的解构。这个没有经过科学认识的"一般意义上的人"，首先是一个特定的人，一个"希腊人"。处于人文主义源头的希腊思想对人性的理解是非历史性的。无论是希腊人还是野蛮人，都具有一种"预定的"自然本性，但只有"希腊人"才被希腊诗人和哲学家认为是真正意义上的人的自然本性（Lévy-Bruhl，1905/1903：55）。

经过罗马对古代世界的重组、对希腊文化的吸收和发展，"一般意义上的人"又变成了一个希腊—罗马人；再经过基督教的"大公传统"发展为西方基督教社会的人。"按照人文主义教师所描绘并继续在描绘的形象，'人'无非是基督教、罗马和希腊的理念之间的某种合成产物。"（涂尔干，

2006c：340－341、345；Durkheim，1938a（ii）：197）然而，恰恰是这样一个特殊的人，始终被伦理学家们等同为"整个人性"（Lévy-Bruhl，1905/1903：56）。

16 世纪中期，当文艺复兴的人文主义教育理念被耶稣会和巴黎大学落实到实践之后，希腊罗马的古典文学作品再度成为人们"研究人性的世界"（涂尔干，2006c：341；Durkheim，1938a（ii）：192）。然而，人们在此把握到的不是特定历史背景和社会条件下丰富而又具体的希腊人或罗马人，而是非历史性的、一般化和抽象化的人性（涂尔干，2006c：267；Durkheim，1938a（ii）：99）。正是这种形式化的人文主义教育，孕育出了笛卡尔偏重几何思维的理性主义、18 世纪法国启蒙思想的世界主义，特别是作为大革命政治遗产的"革命宗教"（涂尔干，2003a：227；Durkheim，[1890a] 1970a：225），即"人性宗教"（religion de l'humanité），"一种人既作为信徒又作为上帝的宗教"（Durkheim，1970a/1898c：272；涂尔干，2003a：292－293）。

然而，这种"抽象实体"（entité abstraite）意义上的人是不存在的（涂尔干，2003a：223；Durkheim，1970a/1890a：220）。从横向的维度来看，具体的人总是处在由前辈人、同辈人和集体生活所编织的"多重的纽带"（涂尔干，2003a：226；Durkheim，1970a/1890a：223）之中。构成这些纽带的正是共同的信仰、风俗、道德和法律等。它们不是作为过去的一种遗迹或有待实现的理想摆放在现实生活的对面，而是活跃在人们日复一日的社会活动中，犹如一个一个的模具，不断铸造人们的观念和行为。因此，通过参与社会生活，每个人在其原有的个人存在之上又增添了一个新的维度——社会存在或社会人。

从纵向的维度来看，既然特定历史时期的人性总是被特定的社会生活所规定，而社会形态总是处于演变之中，那么人性也不是永恒不变的一个内在一致的统一体，而是处于"无休止的演进、分解、重组过程之中"（涂尔干，2006c：343；Durkheim，1938a（ii）：194）。希腊、罗马和基督教的人性只是上述过程中的若干片段。因此，仅仅通过人文主义教育或阅读希腊、罗马的文学作品来认识人是不够的，我们还必须借助心理学、社会学和人类学等社会科学来丰富自己对人的认识。

我们真的能够相信，研究丰富复杂得令人称奇的印度文明，在教育上的价值就不如研究罗马文明，即印度文明所代表的那种人性（l'humanité）是一种更低等的人性？随着历史学和考古学的发现范围的扩大，我们开始越来越清楚地看出，想要完全或者几乎完全按照那种不典型的、有限的文明的模式那种属于罗马人民的文明的模式来塑造人，这种期望是多么狭隘。（涂尔干，2006c：343，1938a（ii）：194）

列维 - 布留尔同样强调，对低级社会中原始心智功能的认识，将有助于人们解释更高级的心智功能。进一步来讲，通过对没有明显沟通的那些社会中的人的心智过程（神话结构、信仰结构、魔法实践、家庭和部落的组织结构）进行比较，"人类心智结构的统一性"（Lévy-Bruhl，1905/1903：65）或许终有一天会显现。

上述论述再清楚不过地表达了 19 世纪后期到 20 世纪初法国社会科学的进展，无论是此前涂尔干的老师库朗热摆脱传统政治史的影响对希腊罗马政制所做的历史研究，[①] 还是涂尔干学派对澳洲和美洲原始人的心智结构的人类学研究，背后的现实关切都是通过实证性地研究异族文明的风俗、宗教和社会形态，提供对人性和道德的更为丰富的认识，从而摆脱长久以来希腊—罗马传统所塑造的人的形象以及希腊、罗马的道德和政治制度在欧洲思想和政治实践中的典范地位。从莫斯（2008：53 - 81）关于人的观念或"我"的观念的研究中，从他的学生路易·杜蒙关于古代印度的"阶序人"的研究中（Dumont，1974：4 - 8，1986：60 - 62），可以看到这一实践关切如何延续为一种学科内部的理论关切。

（三）"伦理学的人类中心主义"

与上述批评相应的一个方法论上的批评是，涂尔干和列维 - 布留尔指责传统伦理学持有一种目的论解释或"伦理学的人类中心主义"（ethical anthropocentrism）（Lévy-Bruhl，1905/1903：163）。这个批评可以概括如

---

① 参见库朗热（2015/1862：372）对其《古代城邦》一书的实践关切所做的说明："……拙劣模仿古代也始终是后患无穷。因为拙劣模仿古代，我们才有了法国大革命的恐怖时代。"

下：传统伦理学总是把实现人的本性当作道德之所以产生、演变和存在的理由，并把道德乃至社会都看作实现人的本性的一种手段。"社会之所以组成，就是为了使个人得以实现其本性；而社会经历的一切变革，也只是为了使个人的本性实现得更加容易和更加完整。"（Durkheim，1982a（1）：126，1895a：122 – 123，1997/1892a：52）

然而，这个目的论解释存在严重的缺陷。首先，道德的产生和演变并不是为了实现人的本性或人的目的，它们也不是借助反思和推理制造出来的人为安排，更不需要伦理学家或其他人来为它立法（涂尔干，2006a：245 – 246；Durkheim，1887c：45，1997/1892a：52）。道德是给定的事实，是人们每天直接碰到的那些世代传承下来的风俗、行为规则和法律制度。当然，这并不否认个人的反思，伦理学家的反思能够提高和完善道德，但反思并不是道德的必要条件（涂尔干，2006a：246、265；Durkheim，1975b（ii）/1908a（2）：351，1887c：45）

即使人们要有意识地干预道德和社会制度，也必须借助影响道德事实本身的"效力因"。这就涉及涂尔干的第二点批评，即目的论解释把一项道德规则的功能与它之所以产生的原因混淆了。人们虽然可以感觉或认识到某些道德规则对他们来说具有某种效用，并通过作用于产生这些道德规则的原因来促成他们想要的效果，但是人的需要或目的并不是这些道德规则之所以产生、变化或继续存在的原因。人们不可能仅凭自己的目的就达到自己想要的效果，而只能通过作用于产生这种效果的原因（Durkheim，1982a（1）：120 – 121，1895a：112 – 113）。

在涂尔干看来，伦理学家在把实现人的本性或人的目的当作道德之所以产生和变化的原因时还犯了另一个错误，即把道德事实还原为个人心理事实来解释（Durkheim，1982a（1）：127，1895a：124 – 125）。但是，道德作为一项社会事实是自成一类的（sui generis），有其自己的"效力因"。所谓的"用社会事实解释社会事实"，在此意味着道德作为一项社会事实，人们必须从其他社会条件中寻找它生成和演变的原因。

对此，列维 - 布留尔指出，不把道德实在视为个人意识的产物，而是把它视为社会实在的一部分，而社会实在与物理实在一样，都属于自然的一部分，因而可以从实证科学的角度来研究其法则，这"是涂尔干学派的社会学家与古代'伦理科学'的代表们之间争论的焦点"（Lévy-Bruhl，

1905/1903：19）。

伦理学家当然不会否认自己持有一个目的论的框架。但那不是因为他们不尊重道德事实或社会事实，或是幼稚到认为单凭自己的目的就可以无中生有地造出一套道德规则，而是因为他们的重心不在于描述和解释现实中存在的道德，而在于确立和衡量哪些道德规则最有助于实现人的真实本质。因此，伦理学家关心的首要问题是去认识人的目的，以及实现这一目的的道德规则应该是怎样的。

针对社会学家对经验事实的强调，伦理学家会反驳道，人事实上如何并不能作为判断人的真实本质、人的真正目的的依据；同样，道德事实上如何存在也无法证明它就应该这样存在（姑且不论我们是否将道德视为实现人的目的的手段）——除非社会学家持有一个规范意义上的事实概念。也就是说，不是把事实简单地等同为任何实际存在着的东西，而是把它作为一个规范标准来使用。实际上，社会学家的确持有这样一个规范标准，这就是"normal type"。

因此，如果把此处道德科学和伦理学的争执简单地理解为究竟是诉诸效力因还是目的因来解释道德事实上的分歧，我们就会低估上述批评的实质。涂尔干等人的质疑在于："究竟什么可以证明道德的目的是要实现人性——道德为什么不能把满足社会利益（des interest sociaux）当作自己的功能呢？"（涂尔干，2006b：25；Durkheim，1925a：25）相较于人的目的，社会利益是一个更自明的规范基础吗？

（四）人作为社会存在

通过对伦理学的人类中心主义的批评，道德科学所持有的人性论也得以显现：人在本质上是一个社会性的存在。

涂尔干持有一个关于"人的两重性"的理论。在他看来，以往的伦理学在身体和灵魂或感性和理性之间所构建的对立，归根结底是人自身的两个维度，即纯粹个人存在与社会存在之间的冲突。作为一个纯粹个人存在，人除了自身的生理需要之外没有其他目的，因而与动物无异；但是作为一个社会存在，他还有超出生理需要的社会需要。它们实际上都是人通过参与社会生活而获得的。"社会的影响在我们身上唤醒同情和团结一致的感觉，驱使我们朝向他人；正是社会，按照它的像（image）形塑我们，将宗教、政治信仰和道德信仰渗透进我们，支配着我们的行动。"（Durkheim，1951a：211–212，1897a：226）因此，每个人也只有通过参与社会活动才能满足其社会需要。

甚至，与其说个人通过社会活动来满足他的社会需要，倒不如说社会通过个人来满足它自身的需要。"这些活动就是社会本身在我们每个人身上的肉身化和个人化。"（Durkheim，1951a：212，1897a：227）这个表述虽然有悖于我们的习惯，但却表达了涂尔干的核心观点：社会已经内化为人的存在的一部分，它不仅体现在人的行动方式上，而且渗透到个人意识之中（涂尔干，2003a：231；Durkheim，1970a/1914a：316）。或者说，每个人都可以被设想为是从一个无垠的社会存在中冒出来的一个一个的点（Dumont，1999：5）。较之于他们共有的、消弭于其中的社会存在而言，这些个人差异是微不足道的。

这就不难理解道德科学对伦理学的"人类中心主义"的批评。并不存在一个脱离时间和地点的、脱离社会生活的人的本质，而这个本质又构成了一切道德和社会现象所着眼的目的或中心。真正构成中心的是社会，而道德是社会将每个人包裹起来、编织进自身之内的那些纽带，它们服务的是社会需要或社会功能。

四 社会功能

（一）Le norml type[①]

针对"人的科学"（la science de l'homme）只能对事物进行观察和解释，而不能进行善恶判断的观点，涂尔干反驳道：

> 如果我们能够找到一个内在于事实本身的客观标准，使我们在各类社会现象中科学地把健康与疾病区分开，科学就可以在忠于自己的方法的同时照亮实践。实际上……健康状态确立了一种规范（la

---

① 这里直接使用法文，不加翻译，是为了保持这个词的模糊性，涂尔干有意利用了这个词的双重含义：正常类型和规范类型。前者指事实，后者则指规范。涂尔干试图借助该词的定义在两者之间进行转换。

norme)，它必须作为我们一切实践推理的基础。(Durkheim，1982a
（1）：86-87，1895a：61-62）

这个健康状态也被称作"le normal type"或"l'état normal"。显然，涂
尔干有意借助了"normal"一词的双重含义。如果道德科学可以帮助人们
确立一种"道德健康状态"或事实上的"正常类型"（Durkheim，1964a：
34，1893a：iv）那么这个正常类型"也应该成为人们在道德实践上参考的
"理想类型"或"规范类型"（Durkheim，1964a：339，1893a：378）。另
外，把"正常类型"作为一个标准，还可以帮助人们判断哪些是偏离它的
"反常类型"。总之，le normal type 构成了一个桥梁，可以帮助人们从事实
过渡到规范，从科学过渡到技艺。借此，道德科学在拒绝伦理学把自己定
义为一门"规范科学"的同时，仍然可以给出规范性的结论。这是一个基
于道德事实或社会事实自身的规范，而不是从人的概念中推演出来的
规范。
关键在于如何从各种各样的风俗、道德规则和法律规定中区分出正常
类型。

（二）因果解释和功能分析

在《社会学方法的准则》中，涂尔干对"正常类型"的定义经历了两
个阶段（分别为第 3 章的第 1 节和第 2 节）。在第一个阶段中，他将一般
性（généralité）等同为社会中最频繁发生的特征，即平均类型。在第二个
阶段中，他试图论证频繁发生的特征之所以频繁发生，是因为它对社会有
利，是好的。在这个"一般性 = 平均类型 = 好的"的等式中，任何一步等
同都不是毫无争议的。最大的问题在于将事实上频繁发生的特征等同为规
范上的好，或者说，把"事实上的正常性"转化为"法权上的规范性"（on
peut ériger cette **normalité de fait** en une **normalié de droit**)[①]（Durkheim，
1982a（1）：94，1895a：74）。
涂尔干非常清楚这一步跨越存在的困难。为此，他提出要把因果分析
和功能分析结合起来使用。"一个现象的规范性只有与生存条件结合起来

---

① 注：着重号为笔者所加

才能得到解释，它或者是作为这些条件的一种必然的机械性的效果，或者是作为一种手段，使有机体可以适应这些条件。"（Durkheim，1982a（i）：94，1895a：74 - 75）为了避免把这里的"或者"理解成二者择一，不妨看看《社会分工论》是如何解释劳动分工的：

> 毋庸置疑，道德是在历史中，在历史性原因所支配的领域（l'empire de causes historiques）中发展的；它在我们的日常生活中发挥某种功能（fonction）。不管它在某一时刻是什么，人生活于其中的条件不允许它是其他样子的。这一点的证据在于当且仅当这些条件变化了，道德才会变化。（涂尔干，2000：7；Durkheim，1964a：33，1893b：ii）

社会条件与道德之间的关系一方面被理解为"历史性原因"和效果之间的必然关系。这构成了《社会分工论》的第二卷即"原因和条件"的主题。现代社会的各个领域中出现了大量的劳动分工，是因为人口容量和人口密度的增大，导致人们的生存压力增大，迫使人们采取劳动分工来缓解这一压力。简言之，在社会的自然本性与劳动分工之间存在一种关系，或者说，劳动分工是源自社会的本性的自然法则。

与此同时，社会与道德之间的关系也被理解为一种功能关系——这是从一项事实是否满足社会需要入手来解释的。这构成了《社会分工论》第一卷"劳动分工的功能"和第三卷"反常形式的分工"所采用的分析视角。因此，只有在社会的各个部分或各种功能之间建立一种相互适应的关系，有益于社会，这种分工才是正常的；否则，便是反常的分工。

不难看出为什么需要两种解释路径。即使我们承认在社会条件的变化与劳动分工之间存在一种因果关系，仍然无法证明现代社会大规模存在的劳动分工就一定如涂尔干所说的那样，同时也是"人类行为的道德规则"（涂尔干，2000：4；Durkheim，1893b：4）。因为还存在各种形式的反常分工，它们同样是迫于生存压力而产生的。因此，只有借助功能分析，才能区分正常的分工和反常的分工。

这表明，涂尔干既不是靠平均类型，也不是靠因果分析，而是靠功能分析定义了什么是社会的正常类型或规范类型。但是，在《社会学方法的准则》第5章中，他（Durkheim，1982a（1）：119 - 125，1895a：110 - 120）

对孔德、斯宾塞以及伦理学家的批评不正是在于他们混淆了功能分析与因果分析，从一个事物的功能或目的出发来解释社会现象吗？功能分析即从对社会有用与否入手来解释道德难道不也是一种目的论解释吗？

实际上，涂尔干并未彻底否定目的论解释，而是通过两步修正把它纳入其社会学方法的规则之中。首先，他反对的是从人的目的出发来解释社会现象的功能，但这并不意味着不可以从社会目的出发来解释社会现象的功能。也就是说，我们可以从社会目的或社会需要中寻找社会现象的功能。这样就满足了用社会事实解释社会事实的要求。

> 我们更偏好使用"功能"一词而不是"目的"或"目标"，正是因为一般而言，社会现象并不是为了其所产生的结果的有用性而存在的。我们必须确定有待考察的事实与社会有机体的一般需要之间是否存在一种符合关系（correspondance），以及这种符合关系包含了什么，而不需要去认识这种符合关系是否是有意图的。（Durkheim, 1982a（1）：123, 1895a：117）

因此，只要道德科学能够在"社会有机体的需要"和某一道德规则之间发现"符合关系"，就可以保证这种功能解释或目的论解释是合理的。

其次，涂尔干在要求社会学家把因果分析和功能分析区分开的同时，还指出要把两者结合起来使用，先对社会现象进行因果解释，然后再对其进行功能分析。这样既可以避免单纯的功能解释或目的论解释落入主观臆测，又可以借助功能分析来检验因果解释是否合理。

> 真的，原因和效果的坚固纽带具有一种交互性（caractère de réciprocité），这还没有被充分地认识到。毫无疑问，效果不能没有原因而存在，但是原因反过来也要求其效果。效果是从原因中获取其能量的，但是有时效果也向原因返还这种能量，因此，如果原因不受影响，那么效果也不会消失。（Durkheim, 1982a（1）：124, 1895a：118）

这段表述令人惊讶。一旦承认原因和效果之间存在这种"交互性"，承认效果也可以反过来影响原因，那就无异于承认目的或功能也可以成为维持该事物存在的原因。简言之，就是承认目的因的存在。尽管人们无法不顾社会状况随意干预道德和法律，但是他们的确可以在不同的"因果关系"之间进行选择，促成或规避某种效果。

稍加留意，我们就可以发现《社会分工论》中的因果分析夹在两次功能分析之间。功能分析不仅先于因果解释，而且对于确立因果解释不可或缺。如果没有第一卷借助功能分析对正常的劳动分工所具有的有机团结功能的确证，那么第二卷的因果分析就无法从众多因素中把生存压力与劳动分工识别为因果关系。促成劳动分工的不只是生存压力，还有预先存在的机械团结、集体意识的衰落和遗传性等原因。同样，生存压力也可以产生各种结果，如贫苦、移民和战争等。在上述种种联系中，涂尔干最终在生存压力和劳动分工之间建立起一种因果关系，恰恰是因为他已经预设了劳动分工有助于缓解生存压力这一功能解释或目的论解释。

可见，道德科学与伦理学的差别不在于是否承认目的论解释，是否预设了某种规范，而在于各自持有的规范标准是什么。对于伦理学来说，人的目的是评判道德规则的标准；而对于道德科学来说，只有社会功能才构成这样的标准。

什么是涂尔干所理解的"社会功能"？判断一项规则是否正常、是否道德，要看它是否有助于社会有机体自身的维持。这是涂尔干在其学术生涯的开端就提出的观点。

> 我们并不想要讨论伦理学的最终基础。不过对我们来说，这是毋庸置疑的，即在实在中，道德的实践功能（fonction pratique）是使社会成为可能，帮助人们不受伤害、没有冲突地生活在一起，总之，就是要保护伟大的集体利益。（涂尔干，2006a：238；Durkheim，1887c：38）

为什么道德的目的就是或只能是维持社会的存在、集体的利益除此之外，它难道就不能有其他更高的目的吗？

（三）基本形式

1898 年《乱伦禁忌及其起源》的发表是涂尔干道德科学事业的一个转

折点。鉴于笔者对此有过详细考察（陈涛，2015，2017b），这里仅简要提及相关要点。首先，原始宗教取代风俗成为道德科学的研究对象。研究对象变化的同时，整个解释策略也发生了变化。早年涂尔干从"社会形态学"入手，即从社会类型的变化出发解释道德的起源和变迁，但后期他选择从"集体表象"理论入手，通过解释"神圣性"如何从集体欢腾中被再造出来，来阐释道德理想的创造和道德的变迁（陈涛，2015）。因为宗教生活中的神圣性相当于道德理想在社会生活中的位置："我们所定义的神圣，恰恰是某种加之于现实或高出于现实的东西，而理想恰好也符合这个定义，我们不能只解释一个问题而忽视另一个问题。"（涂尔干，1999：556；Durkheim，1912a：602）在道德理想的映衬之下，风俗作为普通人或平均人所遵从的平均道德（moralité moyenne）（Durkheim，1964a：50，1893b：51），只是一种庸俗道德（médiocre moralité）（涂尔干，2002：90；Durkheim，1924a/1911b：119，1920a：330-331，1979a：92）。道德理想与风俗的差别即神圣与世俗的差别，这也是为什么涂尔干在《〈论道德〉导论》中把"道德科学"与"风俗科学"明确区分开（Durkheim，1979a（7）：92，1920a：96）。

其次，有关社会生活的"基本形式"的研究取代了对"正常类型"的探究。这不仅仅是换了一种表达方式。涂尔干通过研究宗教生活，特别是集体欢腾来把握社会生活的"基本形式"（陈涛，2012）。尽管集体欢腾可以唤起社会成员共同的情感和集体意识，因而对于维持人们的凡俗生活或"社会的分散状态"（涂尔干，1999：285；Durkheim，1912a：308）是必不可少的，但激烈的宗教生活较之于凡俗生活，是一种非正常的（non-normal）甚至是反常的（abnormal）生活。像法国大革命那样的"革命时代或创造时代"还会出现"正常时期"（temps normal）很少出现的暴力和乱伦的情况（涂尔干，1999：282、286-287；Durkheim，1912a：301、308-309）。不过，悖谬的是，这种突破道德和宗教禁忌的时刻，并不妨碍涂尔干将其称为道德上最具有创造性的时刻。这不难理解：社会生活所需要的道德革新，特别是道德理想的重塑，不可能来自风俗的自发演进，必然要打断常规的社会生活。

上述变化是否影响到涂尔干所采用的因果分析和功能分析相结合的解释方式，以及他对社会功能的定义？在《宗教生活的基本形式》中，原始宗教是简单社会①中存在的最简单的宗教，犹如生物界的"单细胞生物"（涂尔干，1999：4；Durkheim，1912a：5）。这个比喻非常直观地说明了选择原始宗教作为研究对象在解释上所具有的优势。首先，原始宗教在功能分析上具有不可比拟的优势。由于它是最简单的社会生活所以呈现在其中的那些要素，就是社会生活得以可能的最不可或缺的要素（éléments）或基本形式（les formes élémentaires），所有这些因素"都简化到必不可少的地步，简化到没有了它们就没有宗教的地步，而这些不可或缺的要素也就是本质的要素"（涂尔干，1999：7；Durkheim，1912a：8）。因此，并不需要区分哪些是正常的要素，哪些是反常的要素。进而，由于它们是社会生活得以可能的最必不可少的要素，它们所担负的功能也必然是维持社会生活最不可或缺的那些功能。这里已经没有必要再去区分本质和非本质的功能、正功能和反功能，因为呈现在这里的功能已经是简化到了一旦缺少它们社会生活就不再可能的那些最本质、最正常的功能。其次，原始宗教在因果解释上也具有其他社会现象不可比拟的优势："我们观察的社会越不复杂，这些原因就越容易被观察到。"（涂尔干，1999：9；Durkheim，1912a：11）相较于受到诸多原因影响的高级社会生活，基本形式可以更为清晰地帮助人们识别出决定它们的原因。

综上，《宗教生活的基本形式》延续了涂尔干一贯采用的功能分析和因果分析相结合的思路。与此同时，社会功能的概念的确有了更为丰富的内容——社会的重组和集体情感的唤起。凡俗生活作为社会的分散状态，即人们分散到各地谋求自己的经济生活，虽然对于社会生活的存在是必不可少的，但这却是一种"庸俗"（médiocre）。"单调、萎靡而且沉闷"的社会生活（涂尔干，1999：285–286；Durkheim，1912a：308）。社会生活的可能性、社会生活的维持不能仅限于维持经济生活，不能仅限于人们毫无冲突地共同生活在一起，它还需要人们借助对神圣的图腾标记的集体膜拜，重塑和发泄他们的集体情感，并创造出一个神圣世界或理想世界。

---

① 实际上，早在《社会分工论》和《社会学方法的准则》中，涂尔干就提出了研究简单社会的设想，即 horde［涂尔干，2000：94、135（中译本在这两处分别将 horde 译作"游牧部落"和"群居社会"）；Durkheim，1982a（1）：116，1893b：143/189，1895a：107］。不过，这些讨论服务于他从社会形态学出发对正常类型的定义，因而与后期从集体表象理论出发研究简单社会存在一定的差别。

　　一个社会不创造理想就不可能被构成。这些理想就是社会据以看待其自身的观念，作为它发展的高潮（points culminants）。把社会仅仅看作一个具有维持生命功能的有机体，就是贬低它。因为这个身体拥有一个由集体理想所构成的灵魂。（涂尔干，2002：100－101；Durkheim，1924a/1911b：136）

　　简言之，社会功能不限于维持社会的生命，还要唤起社会的灵魂或社会的意识。相应的，道德最重要的目的就是借助具有神圣性的道德理想，唤起人们的集体情感和集体意识。或者说，社会借助道德理想在个人意识中的唤起，使人意识到它的存在。

　　不过，我们不免要问，为什么这种集体欢腾的时刻就一定高于每个人忙于自己生计的社会生活？答案仍然是社会的自我维持。强烈的集体生活比起单调的社会生活更有利于社会有机体的存活。

　　但是，如果不把社会自身的维持与个人的幸福、自主或人性的实现联系起来，就很难解释为什么集体欢腾就一定好过经济生活。涂尔干显然拒绝把社会功能还原为个人目的。因此，从"社会生活的可能"或社会功能入手来定义道德，最终促使涂尔干将论证重心落在社会概念之上。他不仅要把社会提升为一种道德存在、神圣存在，而且要将其提升为一种独立自足的实体。只有凭借一个有其独立存在、独立需要的社会，才能将社会功能与个人目的区分开。但是，如果社会成为一个如此独立于人的实体，它的需要或目的在何种程度上对个人来说还构成一项道德要求就成了一个疑问。

（四）社会的实体化

　　对现代人来说，较之于个人的自我实现，社会本身的存在和延续并不更少抽象性，也并不更多自明性。

　　因为现代人已经牢牢地被一种原子论意义上的个人概念所攫住：只有个人才是真正的实体，或者说只有个人才是在本体上真实的东西。相比之下，即使我们承认人类、民族、群体、共同体和国家等具有某些个人所不具有的特征，或者说具有某种实在性，但它们仍然不具备与个人同等程度的独立性和实在性，仍然算不上实体。我们习惯于说，如果没有了个人，那么所有这些东西也都将不存在。至此，我们也可以理解为什么人在现代思想中被视为一个绝对或目的本身。正是这个实体意义上的个人概念，构成了现代伦理学的人类中心主义的形而上学基础。

至于社会，它在实在性上甚至还远远不及共同体、民族和人类。Societas 原本指个人之间的组合或结合关系（Dumont，1986：74）。它被提升为政治哲学和伦理学的一个专门概念，主要归功于契约论。在这个语境下，理论家通常会从人所具有的"社会性"这种自然倾向出发，论证人必然要与他人合作，生活在社会关系之中，而无法处于孤立状态或自然状态。因此，"社会"首先用来指自然状态后期人与人之间已经发展出来横向的、不稳定的合作关系，但还没有建立起政治统治意义上的臣属关系。国家的建立虽然影响了人们的结合方式，但并未改变它的本质。大到"政治社会"（civil society）即国家，小到国家内部的各种团体，就其在本质上都是自由而又平等的个人之间的一种自愿结合而言，它们都可以被称为社会。在这种解释中，社会的实在性甚至社会的规范性，最终都基于人性之中的"社会性"。因为构成社会的各种道德和政治制度被视为实现人的社会性的手段。

涂尔干既不赞成从人的"社会性"出发来解释社会，也不允许把社会等同为个体之间出于自愿的结合。除了否定存在社会性这种永恒不变的抽象人性，以及借此对道德所做的目的论推演之外，他有一个更深刻的洞察：

> 既然只有个人是实在的和自然的，那么整体就只能是一个理性存在（un êre de raison）……正是个人亲手创造了整体。既然个人保留了他所构造的这个集合体的全部实体性（tout le substantial de l'assemblage），那么整体永远也无法达到与作为自然的作品的个人同等程度的统一和实在。（涂尔干，2003b：76；Durkheim，1918b：17）

也就是说，只要我们从个人出发解释社会，那么社会就不可能被视为像个人一样的实体，而只能被视为诸多个人的一个集合。因此，对涂尔干来说，剩下的唯一可能就是确立社会的实体地位，从社会出发来解释个人。

　　从要求人们把社会当作"物"或"有机体"，到把社会等同为"神"，涂尔干始终在不遗余力地论证社会的实体地位。这个论证可以简单概括如下：当人们聚集在一起彼此互动时，每个人的观念和行动都有别于他独自一人时的观念和行动。这表明，从人们彼此的结合中产生了一种新的存在或新的意识，它无法被还原到个人意识层面来解释，而只能就其自身来解释（Durkheim，1982a（1）：128 – 129，1895a：127）。单就此而言，霍布斯和卢梭等契约论理论家也不会表示反对。政治社会就是着眼于共同的防卫和保存或公共利益的。

　　为了进一步证明社会是一个自成一类的存在，涂尔干不惜把它想象成与人一样具有身体和灵魂的有机体，一个拟人化的实体（anthropomorphic substance）。群体的风俗、道德和法律等构成了社会的直接可感的外在形体或外在行动，它们的历史延续性和自发的演变则被用来证明社会有独立于个人的时间和空间上的存在。集体意识或集体情感则构成了社会的意识或灵魂，被用来证明社会有不同于个人意识的思维方式。

　　上述论证并不成功。因为涂尔干（Durkheim，1982a（1）：129，1895a：127）自己也承认"没有特殊意识，任何集体意识都无法被产生出来"，所以他仍然把个人预设为社会的前提。他最多可以通过揭示人类存在的社会性或群体性，在某种程度上稀释个人的独立性和实体性，但仍然无法证明"集体意识"或社会可以达到像个人一样甚至更高程度的自足性和实在性。

　　在后期的宗教研究中，社会虽然被涂尔干提升到宗教中神的高度，甚至是比神和图腾等还要原初的神圣存在，但他在论证社会所具有的神一般的实体地位时所依据的那些理由较之于早期著作并没有实质推进。并且，一旦把目光投回现代社会，他仍然不得不承认今天人格已经取代了神，因而只剩下"人性宗教"。对此，他所能做的也只是反复强调，"道德个人主义，乃至对个人的膜拜，其实都是社会本身的产物，社会制度化了（institué）这种膜拜，并把人打造成这种膜拜所服侍的上帝"（涂尔干，2002：63；Durkheim，1924a/1906b：84 – 85）。此外，通过对范畴或概念的社会起源的解释，涂尔干做出了他最雄心勃勃的尝试——从根基上摧毁康德借助统觉为先验自我奠定的本体地位，代之以一个被提升到本体地位的社会。社会，而非自我，才是提供概念并从事综合统一工作的源头。因此，从统觉的综合统一能力出发，得到的不是自我的本体地位，而是社会的本体地位。我们很难认为这一努力是成功的。

退一步讲，假设社会真的是一个实体，而个人也承认他是一个社会人，社会的需要或功能就能够对个人构成道德或义务吗？特别是当我们考虑到这一点，即涂尔干反复告诫我们，不要把社会功能还原为个人目标，无论是个人幸福，还是个人自主时。"社会的每一个功能都有其自己的目标，无限超越于个人目标，甚至二者也不属于同一类型。"（涂尔干，2006a：278；Durkheim，1887c：39）但是，如果是这样的话，社会存在与否，或者说，它如何存在，又与人们有什么关系呢？从一种事后的角度可以看到，涂尔干曾经考察过的经济领域中的劳动分工系统和政治领域中的科层制在普通人眼中的确犹如一个有了自足存在的"实体"。然而，它们对个人的要求并没有被人们理解为一种道德义务。人们对此要么表示漠然，要么感受到一种压迫。当代的社会系统论已经借助系统概念，把普通人的这种感受表达了出来。社会被概念化为一种相对独立于人的意志和行动的、能够自我维持和自我生产（autopoiesis）的系统。单凭非规范性的制度在功能上的相互调适，它就可以实现一种"系统整合"，从而无须再借助共同的道德或价值规范在行动者之间谋求一种"社会整合"（洛克伍德，1997：3、5）。因此，当社会被实体化到彻底不依赖于个人的自足存在时，也无法再依据社会功能的概念对人们提出道德义务上的要求。

或许我们需要追问的是，是否一定要把社会和道德之间的关系实体化或物化为本体和现象、原因和效果，或社会功能和这种功能的满足的关系？道德本身就是一套得到人们认可并借助行动而得以沿袭下来的社会关系或人际交往模式。社会关系形态的历史变化，必然带来不同形态的道德，但我们并不需要把二者的关系实体化为两个事物之间的关系。它仅仅意味着某一种新型社会关系的出现，或原有社会关系的优先级别的调整，要求相应的道德形态进行调整，重新对其加以界定。特别是，现代经济活动从家庭领域中独立出来，成为相对独立于国家和家庭的一个领域，它所要求的道德关系就更接近于康德所勾勒的对等人格之间的抽象权利和一般化的道德，而不是家庭成员或国家与公民之间的关系。不同领域、不同层次的社会关系对应着不同层级的道德。它们不仅无法被单一的社会功能或社会需要所穷尽，甚至在很多时候也不能仅仅根据"社会"需要来界定。当涂尔干不满足于揭示人类存在的社会性，也不满足于挖掘社会事实自身的内在合理性，而要进一步把社会实体化时，他走得太远了。

五　现代道德的规范基础：社会还是人？

作为一种替代的选择，人们或许想把涂尔干对社会的理解向友爱共同体、宗教团体或社群等概念靠近，从而对他的社会理论进行一种社群主义式的解读。这样一来，社会功能概念就被具体化为特定共同体或特定群体的利益，也更容易被人们所感知和接受。

的确，《社会分工论》之后，涂尔干越来越希望借助对职业群体和职业道德的研究，去充实和补充劳动分工带来的人与人之间基于功能差异和互补而建立的广泛的、形式化的普遍依赖关系（"有机团结"）。职业群体被追溯到罗马史前或王政时期的 collegium，即一种由工匠或商人组成，但兼具组织共同宴饮仪式、节日仪式和葬礼等职能的宗教色彩的团体。借此，它具有了某种《社会分工论》中借助以宗教禁忌和戒律为代表的压制型法律所揭示的那种被集体意识或宗教情感所笼罩的、由相似个人所构成的机械团结的特征。因此，曾经被宣告为伴随着分工的展开和个人自由的增进而必然不断衰落下去的那种具有宗教情感色彩的集体意识（涂尔干，2000：128 - 134；Durkheim，1893b：181 - 188），借助职业群体这一治疗方案，在涂尔干的头脑中再次复活，并预示了后来他借助澳洲和美洲的原始宗教生活所描绘的、氏族成员对图腾的神圣性所具有的集体情感。

不过，涂尔干所持有的作为整体的社会概念，显然并不满足于像伦理学那样将社会划分为国家、职业群体和家庭等不同领域，并把基于职业群体而得到的典范意义上的社会和职业道德局限于职业群体内部。那样的话，职业道德作为一种"发展到极致"的"道德特殊主义"（particularism moral）（涂尔干，2006a：6；Durkheim，1950a：10），仍然要隶属于着眼于国家利益但却一般化的公民道德，以及超越国家层面的、人与人之间更为一般化和抽象化的道德——它恰恰集中体现在人们围绕经济活动所展开的那些活动之中。也就是说，职业群体和职业道德不仅不能规定围绕着经济活动所展开的各种社会关系，反而要受到从后者那里发展出来的一般化、抽象化的道德标准的规制。

考虑到涂尔干后期对原始宗教的研究，从这种缺乏社会分化和组合的宗教共同体中得到的社会形态和道德形态，在何种意义上可以推广并适用于现代的职业群体，甚至现代社会这样在组织和功能上高度分化的整体中？这样做会不会将现代社会中不同领域、不同层次的道德标准抹平为单一而又贫乏的集体利益或社会生存？由于涂尔干凭借原始宗教生活或职业群体所构想的那种在宗教情感笼罩之下、由相似个人所构成的均质社会，缺乏黑格尔、哈贝马斯甚至亚里士多德等人在构想社会生活时所依据的那种分化结构（家庭、市民社会和国家；系统和生活世界），他似乎只能按照单一的社会形态和社会功能概念来构想家庭、职业群体、市场、国家以及相应的道德形态。

此外，原始宗教生活缺乏的不只是社会功能或社会组织的分化，还有个人意识（涂尔干，2000：154，1999：559；Durkheim，1893b：211 - 212，1912a：606 - 607）。当然，对涂尔干学派来说，这恰恰在某种程度上构成了原始宗教生活的典范意义，因为它提供了突破从西方人文主义教育长期持有的、实体意义上的"人"的概念出发来思考社会和道德的契机。但是，这种思考并没有直面现代社会"一般意义上的人"对自由、权利和自主的主张，更没有直面从笛卡尔到康德的现代主体哲学为这个"人"所做的形而上学论证，而总是以一种迂回的方式，要么借助对原始人心智结构的社会起源的研究、对自我或人的概念的历史谱系的研究，证明"人"或"我"只是一种历史建构，而非具有本质的实体，从而消解现代思想为自主个人的辩护；要么满足于借助科学的修辞说服人们相信，在社会法则、社会功能与个人自由之间不存在冲突。

更大的问题在于，由于涂尔干从一个均质的、缺乏分化的社会整体概念出发，缺乏对自我意识的充分考量，人及其行动的各种可能性都被抹消了。一切行动都应该服务于社会的需要，就此而言，也都应该是道德行动，甚至连思维活动本身要求的逻辑一致性也被等同为一种"道德必然性"（涂尔干，1999：19；Durkheim，1912a：25）。一切经受不住社会生存这个普遍法则检验的行动准则，都是不道德的。因此，毫不奇怪的是就连那些传统伦理学赋予极高评价的德性行动，也无法通过上述检验。

> 这些行动不是必要的，不着眼于任何至关重要的目的（fin vitale），简言之，是一种多余的东西（luxe）。也就是说，它们属于艺术

的领域。……这些秉性在起源上是道德的，但不再被作为道德使用，因为伴随着义务的消失，道德也消失了。（Durkheim, 1964a: 430 – 431, 1893b: 31 – 32）

涂尔干甚至担心，一旦我们把这种个人完善的行动或具有创造性的行动视为更高级的道德，反而会危及道德的义务性（Durkheim, 1964a: 431、note 21, 1893b: 32、note 3）。因此，在他看来，道德与法律无异，都是具有强制性的行为规则。不仅道德和法律的差别被取消了，人与公民的差别也消失了。① 涂尔干无法理解存在于道德领域中的"道德英雄主义"（涂尔干，2002: 49, 1924a/1906b: 66），更无法允许展现在宗教、哲学、科学和艺术领域中的那些"失范"行动（陈涛，2016），因为他从未脱离社会需要来思考人。社会生活，无论是原始宗教生活、城邦、职业群体，还是现代经济生活，抑或是国家，都未穷尽人在实践上的各种可能性——无论是那些最私人的、围绕着身体需要所展开的本能活动（如怕死），还是那些超出特定社会的、围绕着心智需要所展开的最普遍的精神活动。人，而不是社会，才是一个整全。社会人只是这个整全之人的一个面向。就此而言，人，而非社会，才应该是人们思考道德规范的基础。这本是一个非常朴素的事实，但却在社会学家对社会进行实体化的过程中变得模糊不清。

社会学对人类存在的社会性和处境性的揭示、对历史和经验实在的内在合理性的发掘，以及借助对非西方社会和道德形态的研究，动摇了人文主义传统在欧洲人思想和实践中的典范地位，这些都对伦理学构成了强大的挑战。今天的伦理学家不论是否同意社会学家的视角，都不可能无视道德和政治制度与社会组织形态之间的密切关联，不可能讨论柏拉图和亚里士多德的伦理学和政治学却无视希腊城邦的社会条件，更不可能无视人的社会境况而去谈论"人"。涂尔干学派对原始心智的研究，对"人"的范畴的研究，对人的社会性的揭示以及对各种社会形态与它们的宗教、风

---

① 涂尔干（Durkheim, 1997/1892a: 49 – 50）特别批评了孟德斯鸠把风俗和法律区分开的观点。在他看来，法律是从风俗中演化而来的，只是更明确而已。在孟德斯鸠（1997: 312）那里，"法律主要规定'公民'的行为，风俗主要规定'人'的行为"。人不只是公民。因此，人的道德也不限于政治社会的要求。作为一个基督徒，他可以有基督徒的道德；作为一个家庭成员，他有家庭成员的道德，它们并不完全等同于法律所规定的公民权利和义务。

俗、道德和法律的相互关联的解释，已经成为伦理学家构想现代道德的一个内在组成部分。

从另一个角度来说，我们也只有把涂尔干学派的这些研究置于伦理学乃至哲学传统中，将其视为对这些传统所做的一种回应乃至评注，其价值和局限才能得到准确的评估。倘若我们认为单靠社会学对当代社会或其他族群的研究，单靠对社会功能、社会法则和社会结构等的研究就足以为社会生活提供某种规范，那也未免走得太远了。问题的关键仍然是我们想要成为什么样的人，想要过一种什么样的生活。这不应该只成为伦理学研究的出发点。

参考文献：

陈涛，2014，《法则与任意——从社会契约论到实证主义社会学》，强世功主编《政治与法律评论》第四辑，北京：法律出版社。

陈涛，2015，《道德的起源与变迁》，《社会学研究》第 3 期。

陈涛，2016，《失范缺失了什么》，李猛编《奥古斯丁的新世界》，上海：上海三联书店。

陈涛，2017a，《科学对抗明智——兼论霍布斯政治科学中的理想主义因素》，《哲学门》，第 34 期。

陈涛，2017b，《涂尔干的道德统计学：源流、发展及困境》，《江海学刊》第 2 期。

康德，2013/1785，《道德形而上学奠基》，杨云飞译，北京：人民出版社。

库朗热，2015/1862，《1862 年斯特拉斯堡公开课》，库朗热《古代城邦——古希腊罗马祭祀、权利和政制研究》，谭立铸等译，上海：华东师范大学出版社。

卢梭，1997，《论人类不平等的起源和基础》，李常山译，北京：商务印书馆。

洛克伍德，1997，《社会整合与系统整合》，李康译，《社会理论论坛》第 3 期。

麦金太尔，阿拉斯泰尔，2011，《追寻美德》，宋继杰译，南京：译林出版社。

孟德斯鸠，1997，《论法的精神》，张雁深译，北京：商务印书馆。

莫斯，马塞尔，2008，《人类学与社会学五讲》，林宗锦译，桂林：广西师范大学出版社。

涂尔干，1999，《宗教生活的基本形式》，渠东等译，上海：上海人民出版社。

涂尔干，2000，《社会分工论》，渠东译，北京：生活·读书·新知三联书店。

涂尔干，2002，《社会学与哲学》，梁栋译，上海：上海人民出版社。

涂尔干，2003a，《乱伦禁忌及其起源》，汲喆等译，上海：上海人民出版社。

涂尔干，2003b，《孟德斯鸠与卢梭》，李鲁宁、赵立玮、付德根译，上海：上海人民出版社。

涂尔干，2006a，《职业伦理与公民道德》，渠东等译，上海：上海人民出版社。

涂尔干，2006b，《道德教育》，陈光金等译，上海：上海人民出版社。

涂尔干，2006c，《教育思想的演进》，李康译，上海：上海人民出版社。

Cassin, Barbara, Marc Crépon, and François Prost 2014, "Morals/Ethics." In *Dictionary of Untranslatables*: *A Philosophical Lexicon*, edited by Barbara Cassin. Princeton and Oxford: Princeton University Press: 691 – 700.

Deploige, Simon 1912/1911, *Le conflit de la morale et de la sociologie*. Louvain: Institut supérieur de philosophie.

Deploige, Simon 1938/1911, *The Conflict between Ethics and Sociology*, translated by Charles C. Miltner. St. Louis, London: B. Herder Book Co.

Diderot, Denis 2017, "Encyclopedia." *The Encyclopedia of Diderot & d'Alembert Collaborative Translation Project*, translated by Philip Stewart. Ann Arbor: Michigan Publishing, University of Michigan Library, 2002. Web. 2 Aug. 2017. < http://hdl. handle. net/2027/ spo. did222. 0000. 004 > . Trans. of "Encylopédie," Encylopédie ou Dicitonnaire raisomnnédes sciences, des arts et des métiers, vol. 5. Paris, 1755.

Dumont, Louis 1974, Homo Hierarchicus: *The Caste System and Its Implications*. Chicago: University of Chicago Press.

Dumont, Louis 1986, *Essays on Individualism*: *Modern Ideology in Anthropological Perspective*. Chicago: University of Chicago Press.

Durkheim, Émile. 1884a. Cours de philosophie fait au Lycée de sens. Paris. Writen manuscript. Bibliothèque de la Sorbonne, Manuscrip 2351.

Durkheim, Émile. 1887. "La Science positive de la morale en Alemagne." *Revue philosophique* 24, pp. 33 – 58, 113 – 42, 275 – 84.

Durkheim, Émile 1970a/1890a, "Les Principes de 1789 et la sociologie." *Revue international de l'enseignement* 19, pp. 450 – 456. Reproduced in Durkheim, 1970a, pp. 215 – 225.

Durkheim, Émile 1893b, *De la division du travail social*: *étude sur l'organisation des sociétés supérieures*. Paris: Alcan.

Durkheim, Émile 1895, *Les Règles de la méthode sociologique*. Paris: Alcan.

Durkheim, Émile 1897a, *Le Suicide*: *étude de sociologie*. Paris: Alcan.

Durkheim, Émile 1970a/1898c, "L'Individualism et les intelectuels." *Revue bleue*, 4e série 10, pp. 7 – 13. Reprooduced in Durkheim, 1970a, pp. 261 – 278.

Durkheim, Émile 1919/1901c, *Les Règles de la méthode sociologique*. Paris: Alcan.

Durkheim, Émile. 1904a (5). Review. "Lévy-Bruhl, L., La Morale et la science des mœurs. " *Année sociologique* 7, pp. 380 – 384.

Durkheim, Émile. 1924a/1906b, "La Détermination du fait moral. " *Bulletin de lasociét-éfrançaise de philosophie* 6, séances du 11 février et du 22 mars 1906. pp. 169 – 212. Reproduced in Durkheim, 1924a, pp. 39 – 71.

Durkheim, Émile 1907b, "Lettres au Directeur de la Revue néo-scolastique. " *Revue néoscolastique* 14, pp. 606 – 607, 612 – 614.

Durkheim, Émile 1975b (ii)/1908a (2), "La Morale positive: examen de quelques difficultés. " *Bulletin de la Sociétéfrançaise de philosophie* 8, séance du 26 mars 1907, pp. 189 – 200. Republished in 1975b (ii) . Textes 2. Edited by V. Karady. Paris: Minuit, pp. 341 – 354.

Durkheim, Émile 1924a/1911b, "Jugements de valeur et jugements de réalité. " *Atti del IVC ongresso Internazionale di Filosofia* 1, pp. 99 – 114. Reproduced in Durkheim, 1924a.

Durkheim, Émile 1912a, *Les Formesélémentaires de la vie religieuse: le système totémique en Australie.* Paris: Alcan.

Durkheim, Émile 1970a/1914a, "Le Dualisme de la nature humaine et ses conditions sociales. " *Scientia* 15, pp. 206 – 21. Reproduced in Durkheim, 1970a, 314 – 332.

Durkheim, Émile 1918b, "Le 'Contrat Social' de Rouseau. " *Revue de métaphysique et de morale* 25, pp. 1 – 23, 129 – 161.

Durkheim, Émile 1920a, "Introductionàla morale. " *Revue philosophique* 89, pp. 79 – 97.

Durkheim, Émile 1924a, *Sociologieetphilosophie.* Paris: Alcan.

Durkheim, Émile 1925a, *Léducation morale.* Paris: Alcan.

Durkheim, Émile 1925a (ii), *Lévolution pédagogique en France. Volume* II: *De la renaissance ànos jours.* Paris: Alcan.

Durkheim, Émile 1950a, *Leçons de socioloie: hsiue des moeurs et du droit.* Paris: Preses Universitaires de France.

Durkheim, Émile 1951a, *Suicide: A Study in Sociology*, translated by John A. Spaulding and George Simpson. Glencoe, Illinois: The Free Press of Glencoe.

Durkheim, Émile 1964a, *The Division of Labor in Society*, translated by George Simpson. New York: Macmilan.

Durkheim, Émile 1970a, *La Science Sociale et l'action*, introduction and presentation by Jean C. Filloux. Paris: Presses Universitaires de Frane.

Durkheim, Émile 1979a, *Durkheim: Essays on Morals and Education*, translated by H. L. Sutcliffe. London and Boston: Routledge & Kegan Paul.

Durkheim, Émile 1979a (7), "Introduction to Ethics. " In Durkheim, 1979a, pp. 77 – 98.

Durkheim, Émile 1982a, *The Rules of Sociological Method and Selected Texts on Sociology and its Method*, edited by Steven Lukes, translated by W. D. Halls. London and Basingstoke: Macmillan.

Durkheim, Émile 1982a (1), "The Rules of Sociological Method." In Durkheim, 1982a, pp. 29 – 163.

Durkheim, Émile 1982a (16), "Influences upon Durkheim's View of Sociology." In Durkeim, 1982a, pp. 257 – 260

Durkheim, Émile 1997/1892a, *Montesquieu: Quid Secundatus Politicae Scientiae InstituendaeContulerit*, translated by Watts Miller & E. Griffith. Oxford: Durkheim Press.

Durkheim, Émile 2004, *Durkheim's Philosophy Lectures: Notes from the Lycée de Sens Course, 1883 – 1884*, translated by Neil Gross and Robert Alun Jones. Cambridge: Cambridge-University Press.

Lukes, Steven 1981, *Emile Durkheim: His Life and Work*. New York: Penguin Books.

Pickering, W. S. F. 1984, *Durkheim's Sociology of Religion: Themes and Theories*. London: Routledge & Kegan Paul.

Rousseau, Jean-Jacques 1835, *Œuvres complètes de J. J. Rousseau: Avec des notes historiques*. Paris: Furne.

因开放而科学

——恩格斯的社会主义思想及其现实基础[*]

何 蓉

摘 要：社会主义自其诞生之日起，就既是对当时社会现实的批判，又是对美好社会的设想。19 世纪中期以后，马克思、恩格斯的思想路线指导了国际工人运动及各国工人阶级政党的实践，其本质不仅是批判的，更是面向现实的一个充满活力的思想体系，这使得社会主义可以成为科学分析的主题。本文认为，马克思、恩格斯有关社会主义的未来设想有其历史的演变过程，这一方面表现为其著作中对共产主义、社会主义的取舍评判，另一方面表现为面对全球社会经济变化的积极因应。恩格斯在 19 世纪 80 年代中期之后有关社会主义所有制、发展策略等的论述表明，面对工业化、城市化与全球化的诸种挑战，社会主义理想仍然有实现之途，恩格斯本人作为社会理论家的特色亦得以充分体现。对当前社会经济飞速发展的中国社会而言，恩格斯晚年的社会主义思想具有现实的指导意义。

关键词：社会主义 共产主义 恩格斯晚年思想 社会主义所有制

"社会主义是什么？"这个问题会引发内涵极丰富、外延极多样的回答。在托马斯·莫尔 1516 年出版的《乌托邦》中可以看到对现实社会的批判和对完美社会的描述。从莫尔的思想路线开始，在现代化与工业化逐步发展、社会对立加剧等背景之下，圣西门、傅立叶、欧文等社会主义者们确信，社会主义社会意指"一个财产共有、普天同乐、和谐协力和团结的人类，一个能使人类的力量、人类的美、人类的光辉和荣耀升华到最高境界的社会，一个安抚受难的人民、把不幸的人们从饥饿和悲伤的苦难中

---

* 原文发表于《社会学研究》2017 年第 6 期。

拯救出来而把幸运的人从自我主义中解脱出来的社会，一个使劳动与欢乐、富有与善良、德行与幸福在尘世间结合起来的社会"（赫茨勒，1990：215）。因而，平等、宽容、博爱、协作等会代替当下的等级、对立和差异，成为未来新社会的价值观（吴向东，2016；冯颜利、唐庆，2016）。

社会主义思想一旦明确形成，便会在人类历史的长时段中引起多方的回响。例如，恩格斯在《论早期基督教的历史》中注意到，最初的基督徒在其被压迫者的出身、求解放的斗争意志与获得最终胜利的信心方面，与当代的社会主义者相似（恩格斯，1965c：525）。类似的还有基督教社会主义、佛教社会主义等思想路线与实践机制，强调在平等、博爱、团结等基本价值的意义上，诸宗教与社会主义的相通之处。

不过，社会主义仍主要是现代社会转型的产物，与现代性息息相关，针对的是资本主义生产方式、政治制度、社会运行当中所产生的贫困、剥削、不平等等社会问题。社会主义的思想一旦进入社会运动和现实政治的领域，就促进了改善底层民众生活状况、提高工人工资、缩减劳动时间、保护妇女和儿童权益等重要的改革。在 19 世纪后期世界范围内经济发展与政治风云变化等背景之下，社会主义的政治经济实践呈现多样化的特色，除了英、美等国的具有进步主义色彩的社会改良运动之外，欧洲劳工阶级的政治组织和政治动员也得以加强，如国际工人联盟建立，德国社会民主党成立并领导工人运动，俄国的布尔什维克党亦得以建立并从事政治活动。

自其诞生以来，社会主义自身就包含着不同的思想路线和发展历程：从思想家的价值理念到部分思想家和有产者的小规模社会实验，再到马克思、恩格斯开启的科学社会主义阶段；从工人运动发展、社会主义政党建立，再进入到多国社会主义建设的阶段。在革命的社会理论家马克思与恩格斯看来，作为一种批判和空想思潮的社会主义，可以成为科学研究的对象，并因此发展成为具有历史现实性的、科学的理论。例如，恩格斯认为，空想社会主义将社会主义当作"绝对真理、理性和正义"，本质上是一种哲学唯心主义，实践上只能导致一种折中的、不伦不类的社会主义（恩格斯，1963a：217－224）。科学的社会主义应具有其现实基础，换言之，以真正科学的态度来看，"社会主义"作为一种学说是以理论的形式表现出来的，但其内容却扎根于现实生活（薛俊强，2012）。

由此来看，社会主义在从空想到科学的转变过程中，与现实的经济制度、社会组织等密切结合的特征尤为显著。但是，其面向社会、面向变化的特征，又为如何定义它带来了纷争。特别值得一提的是，研究者们注意到，马克思和恩格斯在很大程度上对社会主义生产方式的具体规定和细节所谈不多。乔姆斯基指出，马克思对社会主义"不置一词"，全部著作中"只有五句话提及社会主义"（萨罗斯，2016）。与此类似，雷蒙·阿隆认为马克思对人类的命运、历史的变革及他所身处的资本主义制度都有其理论，却没有明确论述社会主义制度是何物。因而，从其著作的内容来看，马克思毋宁说是有关资本主义的社会—经济学家（阿隆，2000：91）。我国当代马克思主义研究者也注意到，马克思并未为后人铸就一个未来社会的具体模式（于光远，1988a），或只是一般性地谈及社会革命后的状况（郭庆仕，1988）。这为把握、理解马克思的社会主义思想带来了一定的困难。

例如，有关社会主义的相关文献浩如烟海，但具有以下特征：一方面，社会主义似乎无所不在，凡是具有集体主义、国家主导意义的，都被冠以社会主义之名；另一方面，思想者们丰富了马克思主义的研究，但可能与马克思论著本身相距甚远，甚至逆向而行。前者的典型是米瑟斯，只要有生产资料的集中趋势和国家干预经济的特色，诸如马克思主义、布尔什维主义、福利国家、罗斯福新政等，都被他认为是某种社会主义（米瑟斯，2008），这种思路现在仍可见于当前世界各国的政治、社会舆论当中。后者的一种情况是，对于社会主义是什么的问题众说纷纭，某些马克思主义的社会理论家发展了马克思思想中的某种特定倾向，却有可能走向与马克思本人思想路线发展的反方向。例如，马尔库塞继承了马克思主义早期的人本主义因素，将革命的关注点从政治、经济转向意识、本能，认为在资本主义发展的特定阶段，正统的"科学"社会主义已经不合时宜。这样，通过强调社会主义作为"乌托邦"的方面，通向社会主义的道路不再是从乌托邦走向科学，而是从科学走向乌托邦（周金华，2003）。

有鉴于此，本文认为，需要回到马克思主义的经典文本，结合马克思、恩格斯的思想发展过程及时代背景，来考察社会主义在其科学阶段的具体内容。本文对马克思、恩格斯的著作持历史的、发展的立场，从社会学的制度的、情景的角度考察其思想的发展。所谓科学的，并不是一成不变的教条；相反，马克思主义科学性的表现之一就是立足现实、向变化保持开放，在价值目标、社会制度、制度演化的条件、变革的社会力量之间建立起可检验的关系。

一　从共产主义到社会主义：思想的演变

如上所述，雷蒙·阿隆、乔姆斯基已经注意到，马克思对社会主义的具体细节等似乎语焉不详。但事实上，马克思是世界社会主义运动的思想导师，其深远的影响毋庸置疑，而其著作中有关共产主义的部分与社会主义问题密切相关。因此，要深入了解其有关社会主义的可能的思路，不妨从了解共产主义与社会主义二者的关系入手。

一种研究立场是，共产主义与社会主义都是未来社会的形态，这两者基本一致。例如，研究者指出，在《1844年经济学哲学手稿》中，马克思提出了对未来社会的设想，在肯定"社会主义"概念的同时，接纳了"共产主义"。此时，共产主义隶属于社会主义。至于1875年的《哥达纲领批判》一文，体现出马克思在更高一级基础上实现了共产主义和社会主义两个概念的综合，只不过这时马克思明确地将社会主义隶属于共产主义，即作为共产主义整个社会形态发展的第一阶段。这两个标志性的文献表明，马克思、恩格斯是把"社会主义"和"共产主义"作为同义语来把握的，只是根据形势发展的需要而区别使用（赵智奎，2011）。质言之，在马克思、恩格斯规划的未来社会中，社会主义与共产主义两个阶段同属一个社会形态，区别只在于成熟的程度（刘昀献，2003）。依此立场，我们可以认为，马克思、恩格斯有关共产主义的设想亦可在很大程度上适用于社会主义社会。这对于把握马克思主义的社会主义发展之途来说，无疑是非常有帮助的。

不过，从著作史的角度来看，马恩著作中从共产主义到社会主义的措辞转变，表明其思想侧重点亦发生了转换：19世纪中期文献中倾向于共产主义，而19世纪70年代中期以后更多谈及社会主义社会。我们一方面要明确共产主义与社会主义两者间的关联与统一，另一方面要关注这种语词变化的社会背景与思想演化的线索。

首先，从其思想环境来看，马克思与恩格斯认为，当时的共产主义与社会主义带有不同的阶层属性：所谓社会主义者，是信奉各种空想学说、提出拙劣应对措施的江湖术士，他们远离工人阶级，试图通过小修小补存留现有的社会秩序；而工人阶级中那些要求从根本上改造社会的人，把自己叫作共产主义者，尽管其共产主义是朴素的、未经提炼的。在写作《共产党宣言》的时代，"社会主义，至少在大陆上，是上流社会的，而共产主义却恰恰相反……所以我们一刻也不怀疑究竟应该在这两个名称中间选定哪一个名称。而且后来我们也根本没有想到要把这个名称抛弃"（马克思、恩格斯，2009：21）。因此，马克思、恩格斯选择共产主义乃是有意为之，代表其阶级立场和底层关怀。

其次，马克思对当时的各种旧式的共产主义与社会主义都进行了批评。例如，马克思在《1844年经济学哲学手稿》中批判了形形色色的共产主义思潮，其中的第一种类型是"粗陋的共产主义"，往往不过"是贪欲所采取的并且只是用另一种方式使自己得到满足的隐蔽形式"；第二种是民主的或专制的政治形式；第三种是废除了国家，但仍处于私有财产影响之下的形式。唯独"对私有财产即人的自我异化的积极的扬弃"的共产主义表征着人向自身、向社会即合乎人性的人的完全复归。这是人与自然界之间、人与人之间矛盾的真正解决，从而终结了人的生命活动的异化。共产主义是"历史之谜的解答，而且知道自己就是这种解答"。这是通过扬弃私有财产来确立人与自然之间和谐关系的自觉选择（马克思，2009：184－186）。

对囿于成见的旧式的社会主义者的批评，可集中见于恩格斯为共产主义者同盟修改纲领时写作的《共产主义原理》（恩格斯，1955）。其中，他把社会主义者分为三类：第一类是具有怀旧、复古倾向的"封建和宗法社会的拥护者"，他们看到社会的弊病，便无视"大工业、世界贸易和由它们造成的资产阶级社会"的强大力量，认为应该恢复封建和宗法社会，企图恢复贵族、行会师傅、工场手工业主以及和他们相联系的专制君主或封建君主、官吏、士兵和僧侣的统治，实际上是用其他的弊病来替代当前的弊病；第二类是资产阶级社会主义者或现代社会的拥护者，他们力图通过"种种简单的慈善办法"或"规模庞大的改革计划"来消除社会的弊病，从而力图保持现今社会，他们的活动有利于共产主义者的敌人，他们所维护的社会正是共产主义者所要推翻的社会；第三类是民主主义的社会主义者，直到争得民主和实行由此产生的社会主义措施为止，这个阶级在许多方面都和无产者有共同的利益，因而无产阶级是可以与之达成协议和共同政策的（恩格斯，1955：18－19）。

综合马克思、恩格斯的前述评论来看，社会主义或者具有朝向过去的浪漫情怀，或者只肯部分地解决社会之弊病；而共产主义直面资本主义时代的现实和社会化大生产的主导性，具有彻底的平等、自由的社会理想。因此，马克思与恩格斯在《共产党宣言》等19世纪中期文献中，对比社会主义的精英和中产的色彩、改良的倾向、怀旧的情绪等，选择了具有工人阶级立场、更为革命性的共产主义。

从这一分析来看，19世纪70年代的《哥达纲领批判》将社会主义纳入并作为共产主义的第一个阶段，就具有实质意义了。至少可以说明，马克思、恩格斯有关社会主义的思考有一定的发展过程，尽管其平等、自由、进步的理想始终存在。他们肯定了资本主义的时代特性和社会生产大发展的前景，也认识到与特定的、有进步意义的社会主义者具有战略联合的可能性，立场因而有所改变。造成这一转变的有两个方面的因素：一是1848年革命失败；二是国际工人运动与社会主义的结合、工人政党的活跃。

1848年革命失败、欧洲共产主义者大量流亡等情况无疑对马克思产生了深远影响。例如，在1858年致恩格斯的一封信中，马克思谈到俄国发生的革命，在肯定其意义的同时，流露出对欧洲社会主义变革潜能的质疑："对我们来说，困难的问题是：大陆上革命已经迫在眉睫，并将立即具有社会主义的性质。但是，由于在极为广阔的领域内资产阶级社会还在走上坡路，革命在这个小小角落里不会必然被镇压吗？"（马克思，1972：348）他已经意识到，由于得到了大规模工业化生产与资本、市场的全球化潮流的有力支撑，资本主义仍然具有压倒一切旧制度的扩张性和发展潜力，因此，资本主义不太可能立刻终结。

这一点从恩格斯写于1895年的《卡·马克思"1848年至1850年的法兰西阶级斗争"一书导言》中看得更清楚。恩格斯指出，1850年春季，马克思、恩格斯还在期待"不久就会有革命力量新高涨到来"，然而到了当年秋季"就已永远抛弃了这种幻想"，指出"新的革命，只有在新的危机之后才有可能。但是新的革命的来临，像新的危机的来临一样，是不可避免的"（恩格斯，1965a：593）。恩格斯在回顾历史时指出，"当时欧洲大陆经济发展的状况还远没有成熟到可以铲除资本主义生产方式的程度"（恩格斯，1965a：597）。

另一个因素是国际工人运动逐渐发展起来，工人的斗争越来越有政治性。例如，德国工人从 1862 年起开始筹划建立工人阶级独立组织，1863 年成立了全德工人联合会，德国的工人运动与德国经济的腾飞同步发展，并在经济力量与国家制度的双重塑造之下被制度化了（Wuthnow，1989：377 – 386）。在欧洲范围内，1864 年在伦敦成立了国际工人协会，亦即第一国际，马克思为其修订了《协会临时章程》并得到中央委员会的批准而施行。第一国际时期最突出的事件就是 1871 年爆发的巴黎工人革命的成功，并建立了世界上第一个工人阶级政权，即巴黎公社。不过，第一国际从组建伊始就存在多种不同的社会主义派别，例如信奉改良主义的社会主义的英国工联主义派、法国蒲鲁东派、德国拉萨尔派，以及后来加入的鼓吹无政府主义的巴枯宁派，等等。马克思与恩格斯对各国工人党、第一国际发挥了精神引导的作用，而各国的工人运动实践又进一步影响了他们的理论思考。

二　恩格斯后期著作中的社会主义

从对马克思、恩格斯相关著作的梳理中可以看到，从 19 世纪 40 年代到 70 年代中期，存在一个从共产主义到社会主义的侧重点变化，其中包含他们对世界政治经济走向的判断和对未来社会的愿景。这一变化又影响到 19 世纪 80 年代以后的国际社会主义运动的策略转变，即从暴力革命、建立无产阶级政权走向建立工人阶级政党、积聚和训练革命力量。结合马恩著述史的线索，这提示我们不仅要重视马克思在世时的作品，而且要重视恩格斯的作品，尤其是 19 世纪 80 年代中期以后的作品，其中有不少与社会主义相关的论述在欧洲各国广为传播，成为各工人党的指导纲领。换言之，尽管马克思对社会主义较少进行具体论述，但是恩格斯的作品可以提供一定的补充。

对于恩格斯的贡献，马克思在《社会主义从空想到科学的发展》1880 年法文版前言中进行了回顾，指出"弗里德里希·恩格斯是当代社会主义最杰出的代表人物之一，他在 1844 年就以他最初发表在马克思和卢格在巴黎出版的《德法年鉴》上的《政治经济学批判大纲》引起了注意。《大纲》中已经表述了科学社会主义的某些一般原则"；在 1848 年革命时期和革命失败之后社会主义运动新的发展时期，恩格斯一直聚焦社会问题，笔耕不辍（马克思，1963：259－263）。1870 年之后，恩格斯从工厂工作中脱身，搬回伦敦，专心致力于革命事业。此时，由于欧洲大陆的国际工人运动自身的代际转变，恩格斯的作品对于重申马克思主义立场、领导国际工人运动具有特殊的重要意义。研究者认为，正是恩格斯对马克思主义的系统整理与传播，使之成为欧洲社会民主主义的基本思想。因此，可以说，马克思主义走入社会运动，得益于恩格斯在 19 世纪 80 年代所做的思想传播与宣传工作（Hunt，2009：276）。《反杜林论》、《社会主义从空想到科学》等形塑了欧洲大陆共产主义的发展方向，新一代社会民主党人如倍倍尔、普列汉诺夫等都是在其影响下成长起来的。到了 19 世纪 90 年代，恩格斯在伦敦的住所成为国际社会主义的中心（Hunt，2009：332）。

在《反杜林论》的引论部分，恩格斯就讨论了"社会主义"的问题，指出早期的社会主义中存在空想主义成分，"空想主义者之所以是空想主义者，正是因为在资本主义生产还很不发达的时代他们只能是这样。他们不得不从头脑中构思出新社会的轮廓，因为这些轮廓在旧社会本身中还没有普遍地明显地表现出来；他们之所以限于为自己的新建筑的基本特征向理性求助，正是因为他们还不能求助于同时代的历史"（恩格斯，1963c：290－291）；而当大工业得到充分发展时，"新的生产力已经超过了这种生产力的资产阶级利用形式"，生产力与生产方式的冲突表现为"实际地、客观地、在我们之外甚至不依赖于引起这些冲突的那些人的意志或行动而存在着"（恩格斯，1963c：293）。

1880 年春天，恩格斯将《反杜林论》的相关部分加以修改，并以《社会主义从空想到科学的发展》为书名在巴黎出版，该书更为集中地讨论了社会主义问题。

通过思想溯源，恩格斯指出，"现代社会主义，就其内容来说，首先是对统治于现代社会中的有产者和无产者之间、资本家和雇佣工人之间的阶级对立和统治于生产中的无政府状态这两个方面进行考察的结果。但是，就其理论形式来说，它起初表现为 18 世纪法国伟大的启蒙学者们所提出的各种原则的进一步的、似乎更彻底的发展"，现代社会主义者想立即"解放全人类"、"想建立理性和永恒正义的王国"（恩格斯，1963a：205、207）。

但是，历史唯物主义注重现实，社会主义并非"某个天才头脑的偶然发现"，而是"无产阶级和资产阶级之间斗争的必然产物"，社会主义的任务不仅是构想完美的社会体系，社会主义者还要"研究必然产生这两个阶级及其相互斗争的那种历史的经济的过程；并在由此造成的经济状况中找出解决冲突的手段"（恩格斯，1963a：226）。

这一根本原则意味着，脱离实际的设想无论多么美好也无法达成其目标，而社会主义强调制度因素，关注经济与政治的现实状况。因而，马克思主义对于未来社会基本设想的侧重点的变化之一，就是从描述美好社会转向某种制度取向，强调制度在调和利益、确立秩序上的作用。就人类整体的未来本身，前述马克思、恩格斯著作中从共产主义到社会主义的话语和侧重点的变化，指示了从"联合体"到"社会"、从美好社会的设想到容纳制度约束的转向。例如，马克思在 19 世纪 40 年代提供了一个没有贪婪、竞争、欺诈与剥削的非异化社会的全面描述；恩格斯在《共产主义原理》一文中曾对这个"联合体"的原则进行详尽的解释，例如共同生产、产品极大丰富、消灭阶级、共享福利等（恩格斯，1955）。

19 世纪 60 年代出版的《资本论》第一卷当中，马克思虽然仍然使用了"自由人联合体"来描述社会主义的图景，不过已经涉及产品的一部分如何在社会成员中分配的问题，特别是分配方式"会随着社会生产有机体本身的特殊方式和随着生产者的相应的历史发展程度而改变"（马克思，1975：94）。长期来看，要实现由社会占有全部生产资料的理想，必须先具备一定的经济条件，即生产力大发展。社会之所以分裂为剥削阶级和被剥削阶级、统治阶级和被统治阶级，是生产力不发达的必然结果，"当社会总劳动所提供的产品除了满足社会全体成员最起码的生活需要以外只有少量剩余，因而劳动还占去社会大多数成员的全部或几乎全部时间的时候，这个社会就必然划分为阶级"，而现代生产力的发展将会消灭生产的不足，从而为消灭阶级划分提供前提（恩格斯，1963a：243 – 244）。

因此，在此前的"联合体"原则之下，家庭、国家等体现着统治阶级压迫性的制度、秩序等都必然走向灭亡。但是，"社会"原则和制度取向则表明，实现社会主义必须具备生产力大发展、消除阶级剥削的前提；而且，即使到了生产力发展的高水平阶段，即使国家权威消失、生产资料具备充分的社会性，生产计划、产品分配等仍然意味着要考虑具体的制度与安排，即作为原则的平等需要制度的支撑。这使马克思主义不仅具有美好的未来设想，而且有如何达致美好社会的考虑。

基于这一变迁的线索，对于考察社会主义的思想发展来说，19 世纪 90年代便具有特殊的重要性。从经济与政治发展来看，这一时期是世界资本主义获得大发展的时期，大规模工业企业、全球贸易体系成为重要特征；马克思主义成为团结各国社会主义者的纽带、工人运动的广泛发展、各国政局风云变幻（例如 1890 年德国俾斯麦下台、反社会党人法被废、德国社会民主党在议会选举中斩获甚多），既是社会主义思想传播的结果，又为其提供了进一步的实践基础。

另外，19 世纪 80 年代中期以后的作品是恩格斯生前最后的著作论述，代表其理论发展的成熟阶段。既往的研究从其政党学说、革命策略、国家形式与政权组织建设等多个方面进行了总结（马玉珍，1987；朱本源，1988；朱传启，1994；李元书，1996；刘思仓，2002）。不过，整体上来看，典型的研究立场仍然注重强调恩格斯作为马克思立场的捍卫者以及马克思主义的合作者、阐释者和传播者所发挥的作用（朱传棨，2015；王美玲、金林南，2017），对恩格斯的原创理论贡献较少关注。这或许是由于既往的研究中对恩格斯晚期的作品有一些批评性的看法。例如，对于马、恩之间的理论关联，卢卡奇曾指出，19 世纪 80 年代，恩格斯在对马克思著作的整理、解释中，基于其自身的唯物主义、科学主义等立场，存在着对马克思的误解、歪曲，《反杜林论》、《社会主义从空想到科学的发展》代表着对马克思的第一次偏离（Lukacs，1971：24）。本文则集中于恩格斯作品本身的思想与贡献，认为恩格斯后期的工作中有关社会主义的思想线索值得重视：一方面，从作品的社会背景来看，19 世纪八九十年代是一个发生了重大变革的时期，影响到恩格斯的思想；另一方面，恩格斯早年关注社会问题、劳动者的社会福利，这些主题在资本主义新阶段具有了新的面貌。

（一）社会主义的开放性质和对社会问题的关注

恩格斯的作品体现了一种开放性，体现在其社会主义的拯救劳苦大众的底层关怀和平等、公正、自由、解放等目标，因而具有理想性质，但对具体的制度安排、变迁等则保持了开放。他在 1890 年 8 月写给奥托·伯尼克的信中指出："我认为，所谓'社会主义'不是一种一成不变的东西，而应当和任何其他社会制度一样，把它看成是经常变化和改革的社会"（恩格斯，1971c：443）。同年，恩格斯在致康·施密特的信中，就未来社会的分配方式的一场辩论中发表了自己的看法，即未来社会并没有一成不变的分配方式："分配方式本质上毕竟要取决于可分配的产品的数量，而这当然随着生产和社会组织的进步而改变，从而分配方式也应当改变……合理的辩论只能是：（1）设法发现将来由以开始的分配方式，（2）尽力找出进一步的发展将循以进行的总方向。"（恩格斯，1971b：432）

基于半个世纪的革命经历，恩格斯对实现社会主义的多种手段和途径都有所反思。从 19 世纪 40 年代至 90 年代，恩格斯经历了街垒革命、工人运动、政党政治等不同类型的革命实践。斗志昂扬的 1848 年革命失败了，革命力量受到了打击，不少人因受迫害而离开了欧洲大陆。到了 19 世纪后期，马克思主义的路线和改良主义的政策要求（普选权、累进税、教育与医疗福利等）相结合，产生了令人瞩目的成果。例如，在德国，尽管俾斯麦一方面实施反社会主义的法令，另一方面进行了社会福利与保障方面的改革，试图压制社会主义者，但是，德国社会民主党通过多种方式在工人中进行组织、动员工作，在议会选举中的得票率从 1878 年的 7.5% 上升至 1890 年的 19.7%。1893 年，恩格斯在接受采访时，明确针对大众参与的政治时代，提出要实行工人阶级的政党政治，并进一步使社会主义的政治理想渗透到人民中去。

这一策略转变的基础在于，欧洲的资本主义经济体系仍处于一个上升期，资本主义具有巨大的经济潜力，越来越规模化、集中化。恩格斯在 1895 年回顾了 1848 年革命失败之后马克思、恩格斯的思想转变，特别是资本主义经济革命进而席卷欧洲大陆的情况。

在法国、奥地利、匈牙利、波兰以及最近在俄国初次真正确立了大工业，并且把德国变成了一个真正第一流的工业国，——这一切都是在资本主义的基础上发生的，因此这个基础在 1848 年还具有很大的扩展能力。然而，正是这个工业革命到处都使各阶级之间的关系明朗化起来；它排除了从工场手工业时期遗留下来而在东欧甚至是从行会手工业中遗留下来的许多过渡形态，产生了真正的资产阶级和真正的大工业无产阶级，并把它们推到了社会发展的前台。……如果说在国家之间进行战争的条件已经起了变化，那么阶级斗争的条件也同样起了变化。实行突然袭击的时代，由自觉的少数人带领着不自觉的群众实现革命的时代，已经过去了。（恩格斯，1965a：597－598、607）

也就是说，社会主义的革命策略会随着经济生产的形式和状况而不断调整；相应地，政治运动中的手段抉择也要求理论进行相应的调整。恩格斯密切关注着欧洲社会和经济中出现的垄断资本主义、卡特尔、殖民掠夺、金融资本主义等形式，对欧洲各工人党的发展策略提出指导和建议。显然，恩格斯的社会主义理论不是僵硬的、原教旨主义者的教条，而是既具有人道主义的目标，又是批判的、容纳多样性与变革的科学理论。恩格斯的相关著述表明，他认为科学探索的目标在于质疑现有的知识，尝试所有的可能性，去开创历史而非膜拜历史。由此观之，他的立场带有某种波普式的科学发现逻辑（Hunt，2009：362－363）。

（二）社会主义的所有制问题

在恩格斯的著作中，除了明确说明社会主义的分配制度要与社会生产相适应之外，还提出了社会主义所有制形式的问题。在《反杜林论》、《社会主义从空想到科学的发展》等论著中，恩格斯指出，生产力不断发展，终将会突破资本主义生产方式的桎梏，形成生产资料的社会占有，从而既消除生产的人为障碍，也消除生产力和产品的浪费与破坏，并消除统治阶级及其政治代表的挥霍浪费，保障社会成员在富足的物质生产基础上自由而充分地发展其体力与智力的潜力。

但是，"生产资料的社会占有"本身应作何种解释，应如何体现？人们有可能基于对社会、对占有的不同理解而产生不同的制度设计。于光远先生指出，中文学界对此存在着误译与误解：平常我们讲社会主义所有制的基本性质是生产资料"公有"，但马克思和恩格斯原文中有关社会主义所有制的基本性质是"生产资料归社会所有"。于先生辨析了德、英、俄各版本的《反杜林论》并指出，恩格斯在谈到古代原始社会的所有制时，

使用的是"Gemeinschaft"或"Kommunitat",而未来新社会的所有制则是
"Gesellschaft"。其中,前者指的是古代社会的共同体或公共体,本身是在
社会化生产之前、比较单一的形态,后者则是近代以来,既有的传统崩溃
的基础上形成的人的结合体。资本主义兴起之后,人类生产大发展意味着
"社会所有"既要容纳共同体性质的因素,也要容纳社会性质的因素,是
一种特殊的公有制。于先生指出,这一基本术语的混淆影响了中国社会主
义建设过程中有关所有制的决策,例如曾长期将社会主义的所有制等同于
公有制、国有制。而从对恩格斯著作的语词、语境等的分析来看,社会主
义社会实施的是特殊的公有制,即"社会所有制"(于光远,1988b)。

在此,社会所有制的意义系于"社会"一词的具体含义。"社会"不
同于人类社会早期的共同体,而是在资本主义生产过程中逐步发展起来
的,其核心在于生产的"社会化",即基于差异、分工而组织起来、紧密
相连的生产方式。恩格斯认为,私人所有制与这种社会化生产方式之间的
矛盾构成了资本主义社会的根本矛盾。也因此,"社会主义的利益决不在
于维护个人占有,而是在于排除它,因为凡是个人占有还存在的地方,公
共占有就成为不可能",因此,"社会主义的任务,勿宁说仅仅在于把生产
资料转交给生产者公共占有"。在农村,社会主义的目标是生产者公共占
有生产资料,而不是把佃农变成小农或把负债累累的私有者变成没有债务
的私有者,不是要把虚假的所有权变成真正的所有权(恩格斯,1965b:
572 – 573)。因此,社会主义者一方面反对资本主义基于私有权的剥削制
度,另一方面反对以所有权的重新分配为真正目标,其最终任务是实现生
产资料的生产者公共占有。

从恩格斯的著作来看,生产资料的社会占有或社会所有制有"社会
化"和"国有化"两种机制。所谓生产的社会化,指生产力突破原有的私
人所有,股票交易、股份公司等便是社会化的一种形式。19 世纪后半期,
资本主义持续发展,生产的社会化进入新阶段,企业主的功能被分散。铁
路、远洋货运等行业中普遍出现股份公司的形式,企业的所有者只以董事
和股东等身份,对企业实施监督、干预等有限的职能。这就是说,现实的
经济发展,"愈来愈导致积聚,导致生产的社会化,使生产成为不能再由
单个资本家来管理的大企业"(恩格斯,1963b:315 – 318)。

而"国有化"特指在某些大规模的、其他形式的资本主义难以承担的

行业，如邮政、电报和铁路等大规模、跨地区的交通等机构，当其规模已经发展到不适合股份公司来管理时，"不得不"由国家来实行。换言之，国有化只有在特殊行业发展到特定阶段的时候才实施，是经济进步和生产力发展进入新阶段的结果，否则，就会像俾斯麦所实施的国有化一样，只是一种冒牌的社会主义（恩格斯，1963a：239）。

总的来看，基于恩格斯"生产资料由社会占有"的论断和生产者与所有者应合一的终极目标，社会化的生产消解了企业主原来的经济功能，而国有化是更进一步的手段。这表明，所谓的社会所有制，实际上存在着多种多样的公有、共有和社会成员分享的可能性。

三　小结：从社会学角度看社会主义的意涵

纵观整个 19 世纪，既是世界经济飞速发展的时期，又是欧洲强国对外扩张、对内政治风云变幻的时期。以马克思、恩格斯的革命实践与著作为基础，可以看到社会主义作为一个主题词在马克思主义思想中的多重主题：作为继承人文主义理想的思想路线，社会主义代表着一种精神，提倡平等、合作、互助等价值理念；作为对现实种种不公正现象的批判，社会主义在肯定社会进步的基础之上倡议平等，在人之为人的基本权利基础上呼吁人的自由与解放；秉持对未来好社会的基本规划，社会主义当中有乌托邦的成分，有小规模社会实验的尝试，更有不同实践方式的社会运动、社会革命；作为关切现实问题的社会主义，具有制度取向，以及直面并应对现实变化的特色。在后一意义上，社会主义是开放的，因而是科学的，也便意味着它可以成为科学分析的对象。

在学术领域，现代有关社会主义的讨论极为丰富，并成为新生的社会科学诸领域的重要主题。例如，社会学在其奠基阶段，就有不少关于社会主义思想与实践的讨论。早期的英国社会学家赫伯特·斯宾塞在其《社会静力学》中基于普遍平等法则而得出了个人土地平等使用权、公共的合股所有制等原则（斯宾塞，1996）。法国社会学家爱弥尔·涂尔干同样密切关注社会主义问题，他在 19 世纪 90 年代计划将社会主义作为一个学术主题加以讨论，分析圣西门、普鲁东、马克思等所提出的新的道德、政治与经济行动原则及其社会背景。尽管计划没有完成，但在 1895～1896 年，他对社会主义如何发端、圣西门的思想等有所研究（Durkheim，2009）。德国社会学家马克斯·韦伯从国家的经济政策角度关注社会主义的问题，考察了工业化大生产、技术革新和新的分工等背景之下，社会主义作为经济计划组织的运行特征与可能的后果（Weber，1994：272 - 303）。奥地利经济学家熊彼特发展了韦伯的思路，讨论了社会主义经济的计划与理性特征（熊彼特，2000）。其他如滕尼斯、桑巴特等经典社会学理论家都曾从各自的角度对社会主义进行了探讨。

由此可见，社会主义是贯穿社会学发展的一个重要的思想线索。这一点对理解和评价马克思、恩格斯的社会学思想有着重要意义。在马克思逝世之后，恩格斯对各国政治生活中制约工人运动与社会民主党的力量有着清醒的认识、乐观的态度和在坚定的最终目的与灵活的手段之间取得均衡的策略，对国际工人运动发挥了主导性的影响。他还时刻关注着世界各国的政治经济状况和社会革命的可能性，对政党政治、民族问题、国家问题等均发表了精辟见解。因此，恩格斯的后期著作为他树立了关注社会主义问题的社会理论家的学术地位。

恩格斯不仅具有阶级的眼光，而且认识到了全球化的时代浪潮。他在《法德农民问题》中强调，资本主义生产形式的发展、全球化贸易体系让大土地占有者和小农都面临着灭亡。动员易北河以东地区农业工人时，既要让他们认清形势，成为工人阶级的盟友，又要清楚其阶级的局限性；既要反对反动阶级的阶级利益的代表，又不要排斥作为个人的阶级成员，要将其团结到革命队伍中（恩格斯，1965b）。他在致若昂·纳杰日杰的信中指出，各国工人阶级及其政党面临着共同的障碍，即反动力量的神圣同盟，只有去除这一障碍，才能实现各民族的自由发展，以合作实现社会革命（恩格斯，1971a：4）。因此，以恩格斯19世纪80年代中期以后的文献为焦点，可以看到社会主义理论直面并把握了工业化、城市化和全球化等时代挑战与机遇，从而具备了新的特色，即为社会转型过程中需要面对的社会问题提出社会治理与社会政策思路。

除了有面向现实的开放特征，社会主义理论本身还体现着马克思主义一贯以来的关注底层的立场。从早期马克思对林木砍伐令的剖析、恩格斯对英国工人阶级状况的揭露，到19世纪90年代恩格斯对法德农民问题的洞察，马克思主义的社会主义者始终立足于社会大众的生存和生产状况，在呼吁保障其权利的基础之上，注重提高其阶级意识与组织动员能力，为革命创造思想条件。

总而言之，从恩格斯的作品来看，社会主义理论面向发展、面向多样性，以全球化为前提条件，对既往的社会主义思潮构成了挑战，又提供了合作的可能性。马克思主义路线的社会主义，既秉持其核心的价值理念、终极的未来社会理想，又能够开放地面对经济、政治、技术等领域的新进展，启蒙大众，建立社会主义的民主参政体系。

也正是在这个意义上，中国的社会主义实践始终立足于中国国情与经济、社会的发展阶段，充分体现了马克思主义的社会主义理论的开放性和在实践中不断发展的科学性；中国特色社会主义理论是马克思主义在中国的理论和实践探索的成果。在当前国家经济与社会迅速发展并加入全球化浪潮的背景之下，中国人民的理论与实践理应为世界社会主义提供独特的发展道路启示与理论总结。

参考文献：

阿隆，雷蒙，2000，《社会学主要思潮》，葛智强、胡秉诚、王沪宁译，北京：华夏出版社。

恩格斯，1955，《共产主义原理》，北京：人民出版社。

——，1963a，《社会主义从空想到科学的发展》，中央编译局编《马克思恩格斯全集》第十九卷，北京：人民出版社。

——，1963b，《必要的和多余的社会阶级》，中央编译局编《马克思恩格斯全集》第十九卷，北京：人民出版社。

——，1963c，《反杜林论》，中央编译局编《马克思恩格斯全集》第二十卷，北京：人民出版社。

——，1965a，《卡·马克思"1848 年至 1850 年的法兰西阶级斗争"一书导言》，中央编译局编《马克思恩格斯全集》第二十二卷，北京：人民出版社。

——，1965b，《法德农民问题》，中央编译局编《马克思恩格斯全集》第二十二卷，北京：人民出版社。

——，1965c，《论早期基督教的历史》，中央编译局编《马克思恩格斯全集》第二十二卷，北京：人民出版社。

——，1971a，《致若昂·纳杰日杰（1888 年 1 月 4 日）》，中央编译局编《马克思恩格斯全集》第三十七卷，北京：人民出版社。

——，1971b，《致康拉德·施密特（1890 年 8 月 5 日）》，中央编译局编《马克思恩格斯全集》第三十七卷，北京：人民出版社。

——，1971c，《致奥托·伯尼克（1890 年 8 月 21 日）》，中央编译局编《马克思恩格斯全集》第三十七卷，北京：人民出版社。

冯颜利、唐庆，2016，《21 世纪初世界社会主义的理念、特征、挑战与前景》，《马克思主义理论科学研究》第 1 期。

郭庆仕，1988，《马克思恩格斯没有为后人铸造一个"社会主义社会模式"——学习马克思主义创始人关于未来社会的论述》，《马克思主义研究》第 2 期。

赫茨勒，乔·奥，1990，《乌托邦思想史》，张兆麟等译，北京：商务印书馆。

李元书，1996，《恩格斯晚年对社会主义理论的发展和贡献》，《理论探讨》第 4 期。

刘思仓，2002，《恩格斯晚年对社会主义的再认识》，《河南师范大学学报（哲学社会科学版）》第 5 期。

刘昀献，2003，《马克思恩格斯的未来社会构想与现实社会主义》，《河南大学学报（社会科学版）》第 4 期。

马克思，1963，《社会主义从空想到科学的发展·法文版导言》，中央编译局编《马克思恩格斯全集》第十九卷，北京：人民出版社。

——，1972，《马克思致恩格斯（1858 年 10 月 8 日）》，中央编译局编《马克思恩格斯全集》第二十九卷，北京：人民出版社。

——，1975，《资本论》第一卷，北京：人民出版社。

——，2009，《1844 年经济学哲学手稿》，中央编译局编《马克思恩格斯文集》第一卷，北京：人民出版社。

马克思、恩格斯，2009，《共产党宣言》，中央编译局编《马克思恩格斯文集》第二卷，北京：人民出版社。

马玉珍，1987，《恩格斯晚年对科学社会主义的新贡献》，《理论学刊》第 3 期。

米瑟斯，路德维希·冯，2008，《社会主义——经济与社会学的分析》，王建民、冯克利、崔树义译，北京：中国社会科学出版社。

萨罗斯，丹尼尔，2016，《马克思和恩格斯论社会主义》，孙海洋编译，《国外理论动态》第 12 期。

斯宾塞，赫伯特，1996，《社会静力学》，张雄武译，北京：商务印书馆。

王美玲、金林南，2017，《恩格斯的精神遗产及其对马克思主义理论学科发展的启示》，《理论导刊》第 3 期。

吴向东，2016，《价值观与社会主义——纪念莫尔〈乌托邦〉发表 500 周年》，《北京师范大学学报（社会科学版）》第 6 期。

熊彼特，约瑟夫，2000，《资本主义、社会主义与民主》，吴良健译，北京：商务印书馆。

薛俊强，2012，《社会主义、市场和"中国道路"——基于马克思恩格斯关于"社会主义"与"市场"关系问题的相关论述》，《武汉大学学报（人文科学版）》第1期。

于光远，1988a，《研究社会主义理论的一个方法问题——区分现存的和现实的东西》，《中州学刊》第4期。

——，1988b，《马恩严格区分"公有"与"社会所有"，不应都译成"公有"——一个在理论上具有重要性质的翻译问题》，《马克思主义研究（季刊）》第1期。

赵智奎，2011，《马克思恩格斯的科学社会主义学说及其当代启示》，《马克思主义研究》第1期。

周金华，2003，《马尔库塞的社会主义：从科学走向乌托邦——评马尔库塞的社会主义理论》，《武汉大学学报（人文科学版）》第6期。

朱本源，1988，《恩格斯晚年根据德国党的实践发展了科学社会主义理论》，《陕西师范大学学报（哲学社会科学版）》第2期。

朱传启，1994，《恩格斯晚年对资本主义和社会主义的新认识新观点及其哲学根基当议——读恩格斯晚年著术札记之一》，《华中科技大学学报（社会科学版）》第3期。

朱传棨，2015，《恩格斯晚年的两项重大理论工作和对机会主义的批判》，《学习与探索》第12期。

Durkheim, Emile 2009, Socialism and Saint Simon. Ed. by Alvin W. Gouldner and trans. by Charlotte Sattler. London: Routledge & Kegan Paul.

Hunt, Tristram 2009, *Marx's General: The Revolutionary Life of Friedrich Engles*. New York: Metropolitan Books.

Lukács, Georg 1971, *History and Class Consciousness: Studies in Marxist Dialectics*. Trans. by Rodney Livingstone. Cambridge: MIT Press.

Weber, Max 1994, *Weber: Political Writings*. Eds. by Peter Lassman & Ronald Speires. Cambridge: Cambridge University Press.

Wuthnow, Robert 1989, *Communities of Discourse: Ideology and Social Structure in the Reformation, the Enlightenment and European Socialism*. Cambridge, M. A.: Harvard University Press.

2018 年

当代中国农民社会分层的新动向[*]

王春光　　赵玉峰　　王玉琪

摘　要：本文采用 CSS 2008～2015 数据以及相关田野调查资料对当代中国农民的社会分层进行研究。研究发现：第一，农民分层呈金字塔型，从高到低分别是农村干部、农村企业主、农村个体户、打工者、兼业务农者、纯务农者和无业者；第二，纯务农者比例逐年减少，兼业务农群体扩大；第三，代内流动有向上的路径，但农村干部存在一定的阶层固化；第四，农村个体户和打工者向下流动相当普遍；第五，阶层的代际传递主要通过教育产生间接影响。这些特点显示，过去十多年农民的社会分层并没有完全定型，还存在从纯务农向非农的向上流动的机会和空间，农民兼业成为明显的社会阶层现象，但这个机会和空间又显得比以前局促。整体来看，对作为社会身份的农民而言，其内部的分层并不能有效地改变其整体的社会经济地位。

关键词：农民　社会分层　兼业　代内流动

当今中国社会学大多是围绕过去 30 多年经济快速发展引发的社会巨变而展开研究，社会分层是这种巨变的重要表现，因此，社会分层和社会流动成了社会学研究的热点之一，有关研究成果层出不穷。农民的社会分层一度是社会分层研究的热点之一，但是在过去十多年又趋于沉寂，没有像中产阶层研究那么火热。为什么社会学界对农民的社会分层突然变得不那么有兴趣了呢？农民的社会分层难道已经定型了或者不再重要了吗？本文采用中国社会状况综合调查的四期数据（CSS 2008～2015）结合我们在农村长期开展的田野调查研究，旨在回答这样两个问题：第一，与十年前相

---
* 原文发表于《社会学研究》2018 年第 1 期。

比，当前农民分层结构是否有明显的不同；第二，这样的社会分层结构对
农村乃至整个中国有着什么样的影响或意义。在回答这些问题的过程中，
本文尝试探讨当代中国农民改善其经济社会地位的空间和可能性路径
问题。

一 改革开放与农民分层研究

由于户籍制度的关系，中国农民不只是一个职业概念，还是一种社会
身份。户籍制度曾把全中国人口分为两类，即农业户口与非农业户口，而
持农业户口者就是通常所说的农民。户口成为社会身份的标签，非农户口
与农业户口在社会身份上存在明显的等级差异。这种等级差异形成于计划
经济时代，而在改革开放后并没有消失，在某些方面还有所扩大。与此同
时，随着改革开放引入市场机制，社会机制得到释放，农业户口人群和非
农户口人群内部出现了分化和分层。这里所说的农民分层就是指作为社会
身份的农民（或者说农业户口持有者）内部的社会分层，而不是指作为职
业概念的农民（指从事农业生产的那些人）内部的社会分层。

社会分层"描述的是社会关系的等级排序，是一个描述不平等的这些
系统性结构的一般术语"（克朗普顿，2011：13）。正如马克思和恩格斯
（1959：1）所说，"在过去的各个历史时代，我们几乎到处都可以看到社
会完全划分为各个不同的等级，看到由各种社会地位构成的多级的阶梯"。
尽管现在有关分层的理论有自由主义、功能主义、冲突论等，它们不外乎
来源于两个传统：马克思的阶级理论和韦伯的多元分层理论。马克思的阶
级理论认为，经济基础决定人们的阶级地位，阶级之间不仅是不平等的，
而且存在剥削、压迫和统治关系。而韦伯则认为，影响阶层地位的不限于
经济因素，还有权力和声望，由此衍生出后来的各种各样的分层，如职业
分层、收入分层、消费分层，等等。在最近的一些新马克思主义和新韦伯
主义研究中，马克思的阶级理论和韦伯的分层理论在一些看法上趋向融
合，或者说相互吸收彼此的一些看法（格伦斯基，2006）。这体现了社会
分层的复杂性以及研究视角的多样性。中国农民分层研究正是在这样的理
论发展脉络中展开的。

在以前的阶层分析中，农民似乎是一个在不断消失的阶层。比如在马

克思（1959）看来，农民最终会因为分化为无产阶级或者自雇者、小业主等而消失，但是，这样的分析不一定适合中国的情况。作为社会身份的农民在改革开放后发生了很大的变化，但是在学术界一直被当作一种相对独立的内部分层现象。迄今为止，在中国农民分层研究中职业分层是最为普遍的一种做法。最初在农民分层上有 4 个分层、7 个分层、8 个分层乃至 12 个分层等不同的提法，其中陆学艺等人提出的 8 个分层框架最具影响力（陆学艺，1989，1991；陆学艺、张厚义，1990）。他们就是按照职业差异把中国农民分为农业劳动者阶层、农民工阶层、雇工阶层、农村知识分子阶层、个体劳动者和个体工商户阶层、私营农村企业主阶层、乡镇企业管理者阶层和农村管理者阶层 8 个阶层。魏昂德（Walder，2002）则根据 1996 年的全国性调查数据将农民分为农业劳动者、非农雇工、个体经营者、私营农村企业主、集体企业管理者、村队农村干部、县级农村干部 7 个阶层。把县级农村干部作为农村社会的一个层级也许是合理的，但它不是农民内部的社会分层，当然当时确实有一些农民出身的人向上流动到县级农村干部（尽管数量很少）这一点魏昂德是看到了。随着农村社会经济发展和变化，也有人看到了，即使在陆学艺的分层框架里，有一些阶层，如雇工阶层、集体企业管理者阶层等也发生了变化，便提出有必要重新划分农民阶层（龚维斌，2003；王春光，2001）。

　　收入差距是社会不平等的一个明显维度，也是用来划分农民阶层的重要变量。李德芳（1990）利用收入数据将贵州农民分为年人均收入 200 元以下的贫困户、200～500 元的温饱户、500～1000 元的宽裕户、1000 元以上的小康户。唐忠新（1990）将中国农民分为新富阶层、中等收入阶层和贫困者阶层。刘成斌等人也通过个案或局部地区的调查发现在村民内部贫富分化拉大，农民群体的社会分层趋于明显（刘成斌、卢福营，2005；董金松、李小平，2006）。与收入分层相对应的是消费分层。翟启江（2001）通过对山东某村庄居民消费的实证研究划分了贫困阶层、温饱阶层、小康阶层、富裕阶层和最富裕阶层等五个消费阶层，并发现不同消费阶层在生活消费、生产消费和储蓄上都存在明显差异。此外，刘成斌和卢福营从人均日常消费额与住房面积两个方面对浙江省 10 个村庄的消费分层进行了考察（刘成斌、卢福营，2005）。

　　尽管以职业为基础的农民分层研究得到了广泛认同，但仍有学者提出了异议，认为职业并不适合作为中国农村社会分层的标准，在现实生活中不同领域工作的农民，尚不具备明显的职业身份，也不具有显著的职业声望差距，以职业作为农民分层的标准，就没有充分认识到农民劳动的兼业性、非农劳动的流动性和家庭内部分工的社会外化性这几个方面的问题（李全生，2010）。因而，有研究认为，社会资源在中国农村地区分层的研究中比职业标准更具适用性和包容性（毛丹、任强，2003）。针对单一分层标准的争议性，卢福营等人从农村社会成员多元身份的角度提出了新的分层方法（卢福营、刘成斌，2005）。他们认为，农村社会成员与其他劳动者一样，总是在一定的社区和单位里从事着一定的劳动，均内在地包含三种身份：产权身份、职业身份、社区身份。

不论是职业分层还是收入分层、消费分层和其他分层，上述研究都表明，在过去三十多年中农村社会与城市社会一样出现了一定的分化和分层，在职业、收入和消费等方面都有所体现。社会分层是多方面、多维度的，因此有了不同的研究视角和分层类型。但是，不论是收入还是消费，都跟职业密切相关，所以从这个意义上看，职业是分析农民分层的基础或者说基本变量。我们曾在全国的社会分层研究中以职业为基础，根据组织、经济和文化资源的多少，划分出十大社会阶层，并进行实证调查和分析。在十大阶层中，作为社会身份的农民并不是一个阶层，他们基本上分散在农业劳动者、农民工、个体工商户等阶层之中（陆学艺主编，2001）。但是，迄今为止，对作为社会身份的农民之分层进行实证研究的成果仍相当缺乏。

二 农民分层研究的视角与方法

这里以职业为基础，基于其拥有的资源对作为社会身份的农民进行划分，以实证方法搞清楚这样划分出来的群体在社会体系中的地位结构以及对农村社会运行和变化的影响。资源是多种多样的，这里将其分为经济资源、组织资源（权力资源）和文化资源三类，其中经济资源主要用收入来表示，组织资源主要用（是否拥有）干部、党员身份来体现，文化资源由学校教育来代表，虽然这些代表性指标并不能完整地体现资源，但是具有很强的可操作性，而且也有相当大的代表性，所以能够较好地反映这些资源的拥有情况。

从事不同职业的农民是否在经济资源、组织资源和文化资源上存在差异？他们的这些差异是怎样分布的？这样的差异在过去是如何演变过来的？我们的判断是：在作为社会身份的农民之中依然存在分化、分层状态，而且在过去十多年中依然在分化，还没有定型；当前农民的分层结构与十多年前相比又有明显的变化；不同农民阶层之间的社会流动虽然有着全国总体社会阶层之间的一些特点，比如依然存在向上流动，但其机会明显在减少，中上层出现固化态势。

这里按职业（有无职业以及什么职业）对作为身份的农民进行如下操作。第一步，将其划分为 7 个阶层，在此基础上又将兼业者分为以农为主的兼业者和以非农为主的兼业者，由此增加了一个阶层，所以这里采用的是 8 个阶层的分类法，跟我们以前的分类数是一样的。但是有几个阶层是新的，原来的个别阶层消失了，比如乡镇企业管理者随着 20 世纪 90 年代中期开始的改制而逐渐转变或消失，而兼业者阶层在过去并不明显，现在则在壮大之中。这里对 8 个阶层具体说明如下：无业者是没有职业的人；纯务农者就是指全部时间用于从事农业活动的人；而兼业者专指农业与非农兼顾的那些人，其中一年中务农时间多于非农时间的人属于以农为主兼业者，而一年中务农时间少于非农时间的人属于以非农为主兼业者；打工者就是指被他人雇用了去从事有偿劳动的那些人；农村个体户指自己当老板，可能有少量雇工的人；农村企业主指雇工 8 人以上的投资经营者；农村干部主要指乡镇和村干部以及居住在村庄里的其他农村干部。农村干部既是一种身份也是一种职业，本来农村干部仅仅是一种身份，现在变成天天上班还享有补贴（实际上就是工作收入）出现职业化态势，所以这里也视其为一种职业（见表 1）。这样的事先划分是否能表明作为身份的农民的社会分层需要通过对它们分别拥有的资源多少以及产生什么样的社会影响进行实证分析，才能得以确认。

本文采用的 CSS 2008～2015 数据源自中国社会科学院社会学研究所于 2005 年发起的一项全国范围内的大型连续性抽样调查项目。该调查是双年度的纵贯调查，采用概率样的入户访问方式，调查区域覆盖了 31 个省/自治区/直辖市，包括 151 个区市县，604 个村/居委会，每次调查访问 7000～10000 个家庭。此调查的研究结果可推论全国 18～69 周岁的住户人口。

表1　当前作为身份的农民的职业分化

分层标准	七阶层	八阶层	三种资源拥有量区分出等级
职业	无业者	无业者	下层
	纯务农者	纯务农者	
	兼业者	以农为主兼业者	中层
		以非农为主兼业者	
	打工者	打工者	
	农村个体户	农村个体户	
	农村企业主	农村企业主	上层
	农村干部	农村干部	

但是不同年份的问卷设计框架有所不同，对我们分析农民分层的变化有一定的影响。其中2011～2015年的数据整体结构相似，而且其中有许多有关农民分层的变量和数据，可以直接梳理出农民社会分层的层次。具体的梳理遵循以下步骤：第一步，先把问卷中农业户口的筛选出来；第二步，剔除掉学生（因为本研究以职业为基础进行分层）；第三步，筛选出没有工作的群体，并分析他们没有工作的原因以及年龄结构等；第四步，筛选出农村企业主阶层和农村干部阶层（无论他们是否兼业务农，都把他们放到农村企业主阶层和农村干部阶层里面）；第五步，筛选出纯务农阶层；第六步，筛选出打工阶层，不包括农村干部；第七步，筛选出个体工商户阶层，不包括农村企业主。最终形成无业、务农、兼业以农为主、兼业以非农为主、打工、个体工商户、农村企业主、农村干部8个阶层，并进一步探讨农民分层结构和变迁、不同农民阶层的自评经济社会地位、不同阶层的代内流动态势、农民分层与收入等级差别的关系等。

需要指出的是，2008年的问卷有是否兼业务农的问题，但是没有问是以农业为主还是以非农为主。我们在比较非农时间和非农收入之后，决定用时间标准来划分，具体办法是：如果兼业进行农业劳动时间超过半年，按照180天来算，大于180天的算是兼业以农为主，少于或等于180天的算是兼业以非农为主。

三 最近十年中国农民分层结构与变化

（一）人口结构和变迁

这里从人口分布和收入分布来测量和分析农民分层结构，前者说明农民内部不同阶层的规模，后者则体现不同阶层在收入上的差异程度。不同时间的人口规模和收入水平会有差异，呈现变迁的态势。

1. 农民分层的人口结构

调查数据表明，这个阶层的人口比例差别很大（见图1）。2015年，农村干部和农村企业主各自只占2.84%和2.66%，总共占5.5%，比例小是因为农村干部的编制是有限制的，而成为农村企业主是非常困难的，受能力、资本、机会、政策以及其他结构性因素的制约。

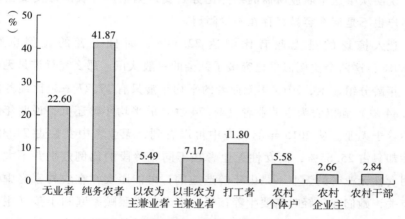

图1 农村8个阶层的人口比例（2015）

与此同时，人们要问的是目前究竟有多少农民还在从事农业生产呢？调查数据显示，纯农阶层还占到41.87%，兼业者占到12.66%，其中以农为主兼业者阶层占5.49%，以非农为主兼业者占7.17%。兼业者与纯务农者两者总共占到了54.53%，他们都在部分或全部从事务农生产，也就是说，当前农民中超过半数在从事农业生产。对比《中国统计年鉴（2016）》的数据，2015年，第一产业就业人数（21919万人）占全国就业人数（77451万人）的28.30%，如果与农村就业人数（37041万人）相比，那么第一产业就业人数占比为59.17%（中华人民共和国国家统计局，

2016)，跟调查问卷获得的比例相近。显然，农民中从事农业生产的比例依然很高，这似乎跟社会的一般印象有一定差距。社会的一般印象是，农村青壮年劳动力都出去打工了，务农的人越来越少了，事实上并非如此，务农者数量依然庞大，只是他们年纪偏大了一些。为什么还有那么大比例的农业户口者在从事农业劳动？这跟农业户口者在代际流动中出现的回流直接有关，他们不能流入非农户口者所专有的那些社会阶层。

农村个体户阶层的人数占比不是很高，只有5.58%，相当于农村企业主和农村干部两者的比例之和。《中国统计年鉴（2016）》的数据显示（中华人民共和国国家统计局，2016），2015年，乡村从事个体工商业的人数为3882万人，占农村就业人数（37041万人）的10.48%。调查获得的比例显然低于国家统计数据的比例，这里可能存在口径的差别以及调查获得数据难的问题。但是无论是统计局数据还是调查数据农村个体户比例并不高，说明从事这个职业所需的条件比务农要苛刻很多，农民即使要当农村个体户也不是那么容易，存在不少障碍。

让人惊讶的是无业者比例达22.60%，而打工者的比例也只有11.80%，这两个比例似乎也突破了社会的一般认识。那么究竟谁是无业者呢？年龄分组显示，2015年无业者的平均年龄只有47.27岁，比纯务农者（51.84岁）和以农为主兼业者（48.74岁）的平均年龄还低，说明年龄大并不等于无业。从2015年的调查中可以看到，无业者中女性占74.35%，男性却只占25.65%，而女性无业者在不同年龄段的比例差别并不大，这说明女性无业者的无业不是由年龄造成的，可能跟女性在农村家庭中的角色有关，她们在年轻时需要生养孩子，中老年要照顾家庭和小孩（主要是孙辈）等。妇女的家庭角色既是女主内男主外这样的传统文化约定的，又是家庭分工的现实选择，农村女性往往在市场上赚钱不如男性多。对长期失业或无业的原因的进一步分析很能说明这一点：无业或失业的主要原因就是料理家务（47.34%），其次是因本人原因辞职离开原来工作（21.41%），再次就是丧失劳动能力（16.85%）。还需要指出的是，不少农村家庭妇女虽然照顾家庭，但是她们依然会参加农业劳动，在接受调查时却往往会说自己没有工作，她们把工作理解成在工厂或别的单位上班。CSS的调查数据没有反映这一点，这也是导致无业者比例高的重要原因。

至于打工者比例只有11.80%的原因，从年龄上能找到部分解释。他们的平均年龄（37.44 岁）远低于其他阶层，这说明年纪偏大的人不去打工或从事兼业劳动。最近几年，由于劳动力成本上升，不少企业选择外迁或实施"机器代替人"的策略，此外城市消费水平提高，一些地方对外来人口的政策趋于收紧。这些原因共同导致农民工转移数量的增量从 2010 年的 1245 万人下滑到 2015 年的 350 万人，农民工外出打工数量增量从 2010 年最高 802 万人下滑到 2015 年的 63 万人。

总而言之，如果把纯务农者和无业者作为基座，而农村干部和农村企业主阶层作为顶部，那么就像图 1 所显示的，基座很大，顶部很小，这个阶层的人口结构呈现金字塔形。

2. 人口维度的变迁

这里对农民社会阶层的人口结构进行纵向比较，以探索这种变化的内在含义。表 2 显示，8 个阶层的人口比例呈现三种情况：第一种是人口比例明显增加的，包括无业者阶层、兼业者阶层、农村企业主阶层和农村干部阶层；第二种是人口比例明显减少的，那就是纯务农者阶层和打工者阶层；第三种是变化不大的，即农村个体户阶层。这三种变化透露出令人喜忧参半的矛盾现象：令人高兴的是农村企业主阶层规模在扩大，兼业者人数在增加，纯务农者的人数在减少；而令人不安的是无业人群比例在快速增加，而打工者比例在下降，农村个体户的比例略低于 2008 年。为什么会出现这种情况呢？

表 2　2008～2015 年 8 个阶层的人口比例变化

单位：%

分层	2008 年	2011 年	2013 年	2015 年
无业者	14.36	21.42	19.86	22.60
纯务农者	56.96	45.54	42.52	41.87
以农为主兼业者	2.26	5.13	6.76	5.49
以非农为主兼业者	2.88	6.80	7.04	7.17
打工者	13.92	10.73	12.57	11.80
农村个体户	6.07	6.48	5.74	5.58
农村企业主	1.76	1.77	2.71	2.66
农村干部	1.79	2.12	2.79	2.84

为什么无业者比例增加很快？正如上面指出的，无业者中，女性占的比例比较高，主要原因在于女性要料理家务，但为什么在过去几年这个无业者比例提高得如此之快呢？一方面是外出找工作没有以前那么容易，特别是那些年纪偏大的人和女性，其外出务工难度在 2008 年金融危机发生之后，尤其是最近几年明显变大了。我们在外出打工者比较多的贵州省开展调查时发现，外出务工是维持家庭生计的主要方式，但是现在工作不如以前好找，或者工作不稳定，有的家庭就让女性回家料理家务，管孩子和老人，而男性继续在外打工。除非有的家庭孩子上中学，就有可能夫妻依然在外面打工赚钱供养孩子，否则是没有钱供孩子上学的。如某乡的岑某，男，现年 40 岁，只有小学三年级学历，外出打工 7 年，第一次外出打工是 2008 年，因建楼房一层半欠下私人借款需打工挣钱还上，另外两个女儿都在上学，他也需要供她们读书。而现在两个女儿均在上高中。从孩子上初中开始，五年来他每年需要 2.5 万元供姊妹俩读书、租房及生活。两个孩子马上要参加高考读大学了，以后的经济负担会更重。他家的生计来源完全靠夫妻俩在义乌一家小型发卡厂打工。该厂有 16 名工人，采取每月 2800 元的保底工资加绩效工资的激励机制，但 2015 年订单不稳定且趋于减少，月收入最多为 3200 元，现在是干几天又休息几天，断断续续有事做。当我们问到这样保底老板亏不亏本时，他说，一单货老板可以赚 80%，另外 20% 才是店租和工人工资。只要有订单，老板可以"保底工资"方式稳定工人，工人也因害怕找不到新工作而宁可维持现状。他们夫妻租了个 10 平方米的房子，平时生活开销费用极低，从住地到工厂都是徒步半小时，舍不得坐公交，一天可节约 8 块钱。他在老家还有 20 亩承包坡地、4 亩田，但地几乎荒着，田送给人种。国家有扶贫种树项目也用不上，因为种植、管理需要花钱和时间，这两样他们都缺。况且种经济果树等两三年才有收成，他们等不起，孩子读书天天要花钱。夫妻俩已经在这家发卡厂打工 7 年，往年除去供孩子读书等费用后，年终还可以剩 1 万元左右，但 2015 年基本没剩余了（贵州黔西南州某村一返乡村民访谈，20160918）。当前有一部分外出打工者都是这种状况，他们急需要用钱，不出去打工就难以维持家计和孩子就学，外面工作虽不稳定，但还要去做。如果在家乡能打工并兼做农活，那么他们会选择回到家乡，这就是最近几年返乡打工者增多的原因。所以，与 2008 年比，兼业者出现快速增长势头。

　　兼业者实由三部分人组成：一部分是原来的纯务农者，他们无法从务农中获得足够的收入维持其生计，因此转而改为兼业；另一部分是那些外出打工的，后来回乡从事兼业；当然还有一部分原来一直从事兼业活动。随着工业化和城市化的推进，虽然大量农民外出打工，但是他们并没有放弃农村的土地，早在2000年就有调查表明，外出打工的农民中，95%的人家中有承包地（汝信等主编，2000）。当然在不同地区兼业情况又有很大的差别。在以前，那些从事非农劳动的农民并不认为自己是工人或服务员，他们仍保留着土地承包权和农业户口，且一直认为自己还是农民。正如有研究者曾经指出的，"对于许多人，特别是曾经从事过农业的人，农业理所当然地是他们的最后归宿，而其他职业不过是农业的副业而已"（折晓叶、陈婴婴，2000：309）。但是，现在的情况则有所不同，特别是新生代农村流动人口并不都是这样认为的了。从表2我们可以看到，兼业者比例从2008年的5.14%到2015年的12.66%，净增了约7.5个百分点，其中以非农为主兼业者比例增长快于以农为主兼业者比例：前者增加约4.3个百分点，后者只有约3.2个百分点。而纯务农者比例则从2008年的56.96%锐减到2015年的41.87%，减少了约15个百分点。从这里我们看到，纯务农者越来越少，兼业者越来越多，并且似乎具有不断增长的趋势。

　　兼业者之所以增加那么快，是两种力量结合的产物。一种力量是"逆城市化"，也就是开始有农村流动人口从城市返回农村，他们的返回并不一定完全是自愿的，有可能是源于城市的排斥，与发达国家的逆城市化原因并不一样。但是当他们返回农村后，单纯从事务农不足以维持生计，所以转而就近寻找非农机会。从表2可以看出，打工者比例在过去几年中不升反降，就是逆城市化的表现。另一种力量则是农业生产并不能有效地维持农村日益增长的生活需求以及相应成本，因此有一部分原来的纯务农者也开始转向兼业。当然这两种不同甚至相互对立的力量之所以在农村存在，是因为我国的工业化、城镇化开始向中小城镇和中西部扩散，由此创造了越来越多的非农就业机会。这从他们兼业的行业领域可以看得出来。据我们小范围的田野调查和观察，最近几年，农民新建房子的越来越多，农村建筑业需要大量劳动力，为就近兼业者提供了机会，所以，兼业打工者从事建筑业的越来越多。2015年的CSS问卷调查显示，有三分之一以上的兼业者从事建筑业（36.1%）。另外一个吸纳较多兼业者的行业是制造业，包括机械建造业、纺织制造业和其他制造业，其比例是28.2%。这与以制造业为代表的产业转移直接相关。随着沿海地区的生产成本不断上升，不少企业向中西部的中小城镇转移，为兼业创造了机会。与此同时，从兼业从事个体经营者的行业来看，其中建筑业也是最主要的行业，即略少于三分之一的人口从事建筑业（32.9%）。这类人群和兼业打工的建筑业从业者不同，他们更多的是自雇工，即使与别人搭伙也更可能是一种合伙人关系。这个群体可能包括包工头或领队，除了个人劳动收入外，也会获得一些抽成。与建筑业从业人口规模相似的是批发和零售贸易（31.8%）。除了这个行业之外，也有相当比例的人口从事交通运输业（8.6%）、制造业（7.4%）、社会服务业（5.1%）和餐饮住宿娱乐业（5.0%）。兼业者所从事的行业在建筑、制造业和服务业等领域，说明农村以及附近地区（特别是县城、小城镇）在非农化、工业化等方面有了很快发展，为兼业提供了越来越多的机会。

（二）收入结构

分层研究关注的是不同阶层之间的不平等问题。收入不平等往往是一个很重要的社会分层维度。虽然最近几年城乡收入差距有所缩小，但是农民内部的收入差距在扩大，代表收入不平等的基尼系数在不断增大。有学者测算，1978年、1981年、1985年、1988年、1992年、1995年农村基尼系数分别是：0.21、0.24、0.26、0.30、0.32、0.34（唐平，1995）。我们根据CSS数据测算2006年、2008年、2011年、2013年、2015年的农民内部基尼系数分别为0.51、0.62、0.69、0.64、0.65。图2显示，尽管2011年农村内部基尼系数达到了过去十年中的最高点，2013年已经下降，但是，2015年的基尼系数又比2013年高了。更重要的是，2015年的基尼系数比2006年增加了0.14，这个幅度是相当大的。这意味着农民内部的收入差距在扩大。这个数据看似有点高，其实和其他社会调查的结果接近。例如谢宇等人的研究指出，从2005年到2012年，中国基尼系数呈走高趋势，维持在0.53～0.61（Xie & Zhou，2014）。这和我们计算得出的2006年之后基尼系数增长的结果相近。此外，西南财经大学中国家庭金融调查与研究中心根据住户调查得出，2010年中国基尼系数为0.61，城镇基尼系数为0.56，农村基尼系数为0.60（甘犁等，2012），这里农村的数据也和我们计算的结果接近。

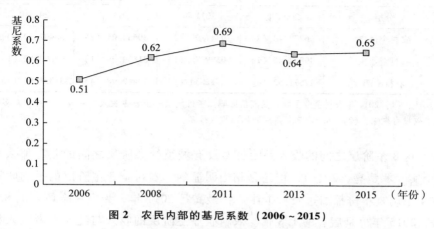

图 2　农民内部的基尼系数（2006～2015）

具体到 8 个阶层上，他们之间的收入等级是这样分布的（见表 3）：从 2008 年到 2015 年，农村企业主阶层的收入一直位居 8 个阶层的最高收入等级位序；而其他阶层的收入位序在不同年份有小小的变动。比如，大部分时间处在第二高位的农村个体户在 2015 年的收入却低于打工者的收入，不过两者相差也只有约 114 元，并不多，因此这样的变动没有实质性意义。总体上看，这个年份的收入排序是这样的：排在第一层的是农村企业主；第二层是农村个体户、打工者、农村干部和以非农为主兼业者；第三层是以农为主兼业者；第四层是纯务农者和无业者。从这里可以看到，纯务农者的收入是最低的，这确实是当前中国农村和农业的真实现状。如果结合各个阶层所占的人口比例，那么我们将会看到这个收入结构呈现金字塔形态，即底部大、顶部小。

表 3　2008～2015 年 8 个阶层的收入变化和层级

单位：元

分层	2008 年	2011 年	2013 年	2015 年
无业者	3841.58（8）	5286.82（8）	7664.47（7）	7829.12（8）
纯务农者	4970.05（7）	7789.23（7）	7231.79（8）	8411.75（7）
以农为主兼业者	10325.81（5）	15923.51（6）	16527.01（6）	18382.08（6）
以非农为主兼业者	9678.30（6）	20266.07（4）	22104.16（5）	30584.74（5）
打工者	13492.07（3）	26951.50（3）	30565.39（3）	36516.70（2）

续表

分层	2008 年	2011 年	2013 年	2015 年
农村个体户	16277.48（2）	29341.90（2）	30654.05（2）	36402.39（3）
农村企业主	49832.65（1）	260579.70（1）	81853.24（1）	66393.52（1）
农村干部	11571.52（4）	18732.34（5）	22448.98（4）	31351.66（4）

注：（1）2011 年农村企业主收入受高值影响，考虑到农村企业主收入差异较大，并且有多个高值故没有剔除。（2）括号内为各阶层同年内收入排名。

这 8 个阶层之间的收入差距虽然没有城镇社会阶层之间的差距那么大（李实、罗楚亮，2011），但还是相当明显的：农村企业主阶层的平均收入在 4 个调查年份都高过农村个体户，最高是 2011 年，为农村个体户的 8.9 倍，2015 年也是后者的 1.8 倍。农村企业主阶层的收入与纯务农者收入相比，2008 年、2011 年、2013 年和 2015 年这 4 个年份分别达到了 10∶1、33∶1、11∶1 和 7.9∶1。显然，最高收入阶层与最低收入阶层的收入差距是很大的。兼业者阶层与纯务农阶层的收入差距也比较明显：2011 年、2013 年和 2015 年以非农为主兼业者阶层在收入上分别比以农为主兼业者阶层高出 4343 元、5577 元、12203 元，只有 2008 年比后者低 648 元。同样，以农为主兼业者阶层在收入上都高于纯务农者：2008 年、2011 年、2013 年和 2015 年分别高出 5356 元、8134 元、9295 元和 9970 元，显然兼业者与纯务农者不但收入差别大而且差距在不断拉大。在广大农村，大多数纯务农的都是上年纪（50 岁以上）的劳动力，而稍微年轻一些的劳动力在务农之外都会去搞一些兼业收入，另外，农业生产占用的时间并不多，他们有时间去兼业。有的兼业者把农业仅仅作为附带的劳动，以非农为主，因此，他们赚的钱会多一些；如果把从事非农活动作为农业劳动之余的附带劳动，赚钱显然不如以非农为主的兼业者那么多，但是比纯粹务农好很多。因此，当前农村越来越多的劳动者从事兼业劳动，兼业已成为一种越来越普遍的就业形态。

表 3 中为什么无业或失业者还有不少收入呢？至少有以下两个原因起到一定作用。首先，可能是数据收集当中出现的误差影响。比如一些务农人员坚持说自己属于失业人口，因为在他们看来，所谓的工作要么是国家给的，比如机关事业单位，要么是去企业、公司打工才是工作，务农就不算工作。其次，可能是由口径不统一造成的。比如，就业状态

问题询问的是最近一周的就业情况，而收入问题问的是一年的收入，而有很大的可能性是有不少失业者或无业者在上一年还有一些工资性收入。如我们将失业者限定在已经失业 6 个月和 12 个月（但也不等同于上一年的就业状况），那么，我们发现他们 2015 年的平均收入从 7829.12 元下降到 7353.5 元和 5335.6 元。总的来看，在农村，无业和失业者收入与纯务农者相差不大，2013 年还高于后者，纯务农者在收入上跟无业和失业者只有很小的差距，这就进一步说明务农者很大程度上把自己当作了无业者或者失业者。

总而言之，农民的各个社会阶层在收入上是有明显等级的，2006 年到 2015 年间这个等级秩序没有什么变化，但是，不同阶层之间在收入上的差距基本呈扩大的态势，尽管有个别年份不同阶层的位序有点变化，但并不影响整个阶层收入格局的稳定性。

（三）自我评价结构

在分层中，地位的自我评价有着重要的社会意义。客观分层通过自我评价才能产生社会影响，否则即使客观分层很明显，而自我评价不明显，就难以影响社会行动并产生社会影响。因而需要从自我评价上来分析农民分层的主观认知。这里从两个方面来分析这样的自我评价：一是社会经济地位的自我评价，二是职业技能的自我评价。社会经济地位是一个综合性的变量，最能反映阶层地位，而职业技能虽然不是一个综合性变量，但是对社会经济地位有着重要的影响，因此可以从更具体的方面来体现阶层地位情况。不同阶层对这两个变量的自我评价很能反映他们的主观分层情况。其中自评社会经济地位的分数从 1 到 5 分别代表下、中下、中、中上、上。职业技能的自我评价从 1 到 4 分别代表不需要、需要一些、较高、很高专业技能。自我评价的分数越大，意味着对自己阶层地位的评价就越高，反之亦然。

表 4 显示，从总体上看，所有农民阶层对他们自己的经济地位的自我评价并不高，都没有达到 3，即中等社会经济地位，自我评价最高的也就 2.83，同时所有阶层的自我评价最低分也没有低于 2，最低为 2.05。如果仔细比较将会看到，在 8 个阶层中，按自我评价分数可以分三个等级：自我评价最高的是农村企业主和农村干部阶层，中间等级则是农村个体户、

打工者、兼业者（包括以农为主兼业者和以非农为主兼业者），最低等级则是纯务农者和无业者两个阶层。这样的自我评价等级与收入等级基本上是相一致的，略有差别的是农村个体户和打工者阶层在收入等级上高于兼业者。此外，农村干部阶层虽然收入不高，但是自评阶层很高，显示出其组织资源对自我阶层认同的影响。从 2008 年到 2015 年的纵向时间对比来看，几乎所有农民阶层在自我评价上都出现下降的趋势，也就是说他们对自己的社会经济地位并不看好；其中农村干部阶层的自我评价相对来说变化最小，或者说最为稳定；而农村个体户、以农为主兼业者、以非农为主兼业者三个阶层的自我评价下降最为明显，意味着他们最为悲观，或者说自我感觉处境不如以前，背后的具体原因有待分析。

表 4   不同阶层对自己社会经济地位的自我评价

分层	2008 年	2011 年	2013 年	2015 年
无业者	2.26	2.26	2.25	2.05
纯务农者	2.34	2.36	2.29	2.11
以农为主兼业者	2.56	2.33	2.36	2.18
以非农为主兼业者	2.46	2.52	2.35	2.18
打工者	2.34	2.48	2.24	2.11
农村个体户	2.55	2.47	2.28	2.19
农村企业主	2.71	2.83	2.73	2.54
农村干部	2.64	2.55	2.64	2.60

表 5 测量了不同农民阶层的职业技能的自我评价。农民阶层对职业技能的自我评价差异基本上与收入差异相一致，说明职业技能对他们的收入有明显的影响：收入最高的阶层如农村企业主对自己职业技能的自我评价也是最高的，而收入最低的纯务农者对自己的职业技能评价也是最低的。但与收入差异有一点不一样的是，打工者对自己职业技能的评价高于农村个体户，而收入低于农村企业主的农村干部阶层对自己职业技能的评价并不低于农村企业主。这样的自我评价是合乎实情的：打工者需要的职业技能要高于农村个体户，没有一定的技能，外出打工收入不会高，而在打工过程中也要学习一定的技能，而农村个体户则不一定需要技能，特别是做小买卖的农村个体户，对技能的要求并不高，在经营中也不一定能学到一

定的技能。相对来说，农村干部不但越来越年轻化，而且受教育水平有明显的提高，他们中有不少外出打过工或者做过生意、办过企业，因此，他们的职业技能确实不亚于农村企业主。兼业者的职业技能在过去几年也有一定的提升，使得他们感觉有进步。

表5 不同农民阶层对自己职业技能的自我评价

分层	2008 年	2011 年	2013 年	2015 年
无业者				
纯务农者	1.14			
以农为主兼业者	1.49	1.28	1.52	1.59
以非农为主兼业者	1.24	1.40	1.67	1.85
打工者	1.80	1.70	1.90	1.91
个体户	1.75	1.53	1.79	1.78
农村企业主	2.03	1.91	2.05	2.07
农村干部	1.99	1.99	2.09	2.26

注：无业者以及2011~2015年的纯务农者没有被询问职业技能自我评价。

（四）不同农民阶层的代内流动

随着 20 世纪 70 年代末 80 年代初农村实施联产承包责任制改革以及城市的改革开放，拥有农业户口的农民有了更多的职业选择权利和机会，在这样的背景下，在农民中开始出现职业和阶层分化，最终呈现了这样的分层格局。每个农民身份的人在过去三十多年中也许都会有一定的职业变动，那么这种变动是否有一定的规律性呢？这里简单地选取每个阶层最初的工作和调查时那份工作（即表 6 中的"最后一份工作"）来分析他们的代内流动，则会发现这样一些趋势。无业者中绝大部分原先都是有工作的，有 43.59% 的人曾打过工，当过工人，还有少数是自雇者，最后一份工作最多的是务农（60.66% 为家庭承包经营劳动者）。哪些人最有可能按这样的流动路线进行代内流动呢？最有可能的是妇女。一般来说，农村妇女年轻时外出务工，结婚后生育孩子，顺便兼做一些务农，年纪大了就不干了。当然目前也有越来越多的农村妇女跟着丈夫外出务工。

现在的纯务农者，其第一份工作大部分还是务农，即人民公社社员

表6 不同阶层代内流动情况（N=4186）

单位：%

	无业者		纯务农者		以农为主兼业者		以非农为主兼业者		打工者		农村个体户		农村企业主		农村干部	
	第一份工作	最后一份工作	第一份工作	最后一份工作	第一份工作	最后一份工作	第一份工作	最后一份工作	第一份工作	最后一份工作	第一份工作	最后一份工作	第一份工作	最后一份工作	第一份工作	最后一份工作
雇员或工薪收入者	43.59	29.96	20.35	0.41	22.31	32.69	29.13	55.20	63.58	99.52	42.02	1.66	52.17	3.77	61.29	100
自营劳动者（农村个体户）	2.24	1.51	1.77	0.30	3.31	13.47	4.85	29.03	5.43	0.24	4.79	96.27	6.52	3.77	6.45	0
雇主/老板		3.58	0	0.06	0	0.48	0	2.51	0	0.24	0	1.66	2.17	92.45	0	0
家庭帮工（自雇者）	0.32	0.83	0	0.06	0	0.48	0	1.79	0.64	0	0.53	0	2.17	0	9.68	0
人民公社社员	35.90	5.09	58.19	4.61	15.05	1.44	11.65	0.36	4.15	0	12.23	0	4.35	0	22.58	0
农村家庭承包经营劳动者（务农）	17.63	60.66	19.69	94.51	60.33	50.96	54.37	11.11	26.20	0	40.43	0	32.61	0	0	0
其他	32	0.83	0	0	0	0.48	0	0	0	0	0	0	0	0	0	0
不适用		0.55	0	0.06	0	0	0	0	0	0	0	0.41	0	0	0	0
总计	100	100	100	100	100	100	100	100	100	100	100	100	100	100	100	100

（58.19%）和家庭承包经营劳动者（19.69%）。之所以有那么高的纯务农者最初曾是人民公社社员，说明他们年纪都很大，只有年纪大的人才经历过人民公社时代。而且有少数纯务农者最后一份工作还是人民公社社员，意味着他们皆是高龄老人，可见当前纯务农者年龄偏大。但是这些人并非一直从事务农，从他们倒数第二份工作的就业情况来看，他们中有67.91%的人曾当过雇员或工薪收入者，也就是打过工，最后才回归到务农，大部分是年纪大了回到农村务农。也就是说，当前农村务农者大部分是从务工回归的，只有少数人是一直务农。对老一代农民来说，外出务工年纪大了，回归务农是基本的选择，因为打工并不稳定，不仅就业不稳定，也没有相应的社会保障。所以，如果从阶层流动来看他们实际上是随着年龄增加出现了向下流动。

兼业者中大多数一开始是务农，而务工的只占1/4到1/3。但是在最后一份工作上，以农为主兼业者中有一半以上是从事务农，而以非农为主兼业者中在最后一份工作上只有11.47%的人从事务农，55.20%打工，29.03%从事个体经营，而以农为主兼业者中在最后一份工作上有32.69%和13.47%分别从事打工和个体经营，比以非农为主兼业者分别少22.51个百分点和15.56个百分点。

打工者的第一份工作也是打工者的比例为63.58%，有30%左右的人第一份工作是务农。这表明，当前的打工者并不都是第一代农民工，他们大多一开始就出去打工，没有务过农，应该属于新生代农民工。而农村个体户中第一份工作是打工的占42.02%，从事务农的占40.43%，还有12.23%曾是人民公社社员，实际上也是务农的，不过年龄偏大一些。也就是说，从打工者和务农者转变为农村个体户，需要更多的时间（2015年各分层年龄结构显示，农村个体户平均年龄为42岁而打工者平均年龄为37岁）和经历，也需要一定的资金和人脉积累。农村企业主的第一份工作为打工者的占52.17%，务农的占37%左右，一开始就是农村企业主的只占2.17%，从事个体经营的只占6.52%。这说明：第一，从打工者转变为农村企业主的可能性比其他阶层大，或者说许多农村企业主是从打工开始的；第二，务农者转变为农村企业主的可能性也不小，也就是说，作为农民身份的农村企业主主要是从务农者和打工者转变过来的。

农村干部的第一份工作是打工的占61.29%，务农的占32.26%，从事个体经营的只占 6.45%，但是倒数第二份工作是打工的占 71.43%，当农村企业主的占 7.14%，务农的占 21.43%。由此看来，绝大部分农村干部曾经打过工或当过农村企业主，只有 1/5 是从务农那里转变过来的。这个数据基本上符合实情。在实地调查中，我们发现大部分农村干部都有务工经商经历，这样的经历对他们当农村干部是很有帮助的。

从不同农民阶层的代际流动中，可以看出总的趋势是从纯务农到兼业，到打工，到农村个体户或农村企业主，再到农村干部。这是一个步步递进的向上代内流动。这里有多个向上流动的路径：有的人一生中先从务农者开始第一份职业，然后去打工，再进一步发展到农村个体户，发展好的则成为农村企业主，再从农村企业主转变为农村干部的人虽然也有，但比较少；还有的人从一开始就没有从事过务农，直接去打工，然后就有可能向农村个体户、农村企业主和农村干部方向流动，但是越往后机会就越来越少；还有其他路径则是直接从务农转为农村个体户或有的直接从务农转变为农村企业主，但是也有务农者去当农村干部的。问卷调查没有显示农村企业主中以前有当农村干部的经历，他们都是从农村个体户、打工者和务农者发展过来的。与此同时，也存在向下流动的路径：打工者和农村个体户有可能会转变为纯务农者和失业者或无业者。无业者和失业者中最多的还是来自务农者，占 2/3 左右，而务农者中从一开始就务农的就占77%，有 20% 左右原来曾打过工，说明从务工回归纯务农的比例并不高。总体来看，向上流动的比向下流动的多，这体现了农村社会经济处于发展状态。但与此同时，农民分层中一些阶层的地位并不稳固，存在一些人被甩出原来的阶层向下流动的问题。

（五）农民阶层的代际流动和农转非

职业和社会阶层的代际流动程度标志着社会阶层固化的程度。目前对于代际流动的定量研究以城镇代际流动为主，而较少关注农村代际流动，特别是对由务农转为非农就业的研究相对较少。而后者在中国长期城乡二元分隔的背景下对职业和阶层流动有着重要的影响。

这里根据 2011 年的 CSS 数据，运用简单线性回归的方法，来探索父亲的职业地位、受教育程度和政治面貌对于子女职业分层的影响，并考虑将子女受教育水平作为中介变量。这一分析模型参考布劳－邓肯的经典地位获得模型中的代际传递路径（Blau & Duncan，1967），并且考察子女教育的中介作用，还有助于讨论并比较代际流动的模式（李煜，2009）。此外，参考其他学者对职业获得模型本土化的论述，我们将父亲的政治面貌也加入了分析（周怡，2009）。根据我们之前的分析，农民社会分层从1到8，分别代表从无业到农村干部阶层。这里将父亲的职业分为三类：一直务农、一直从事非农工作以及既务过农也从事过非农工作。我们没有将父亲无业的情况纳入分析，因为这一类型所占比例很小。父亲及子女的受教育水平从1到9，分别代表从未上学到研究生学历。政治面貌为二分类变量，分为中共党员及其他。我们还引入了子女性别及年龄作为控制变量。

这项分析有两点值得注意的地方。第一，将农民的阶层看作连续变量进行分析，而关于代际流动的前沿研究多将其看作分类变量进行分析。考虑到我们关于农民阶层分类的一个重要维度是其非农化，并且分类较多，因此我们将其视为连续变量。第二，数据中关于被调查者父亲的信息只限于在世者，而不包括已过世的。

表7为线性回归的结果。其中模型1中个人受教育水平为因变量。模型2和模型3中，个人职业阶层为因变量。其中模型3包括个人受教育水平作为自变量。从模型1可以看出，父亲的职业分类及受教育水平对子女的受教育水平有显著影响。其中，父亲的受教育水平对子女的受教育水平有显著正影响。而与我们的假设不一致的是，父亲既从事过农业也从事过非农工作的子女的受教育水平要显著地高于父亲为单纯的农业就业或非农就业的被调查者。这可能是源于父亲从农业就业转为非农就业代表着父代的一种阶层上升，具体表现可能为进城务工或开始从事个体经营。而其子代更可能继承其父代的这一非农化进程而选择非农就业。与模型1相似，模型2中父亲的职业分类和受教育水平对个人职业阶层也有显著影响。而在模型3中加入个人受教育水平之后，个人受教育水平对个人的阶层获得有显著影响。同时父亲职业影响的显著性降低，而父亲的受教育水平对子女阶层的影响则变得不显著了。结合三个模型可以看出，子女的受教育水平在代际传递中可以作为中介变量。父亲的职业和受教育水平则可以通过影响子女的受教育水平来影响子女的职业分层。此外，父亲的政治面貌对于子女的受教育水平及其职业分层均没有显著影响。

表 7　代际传递的简单线性回归模型（$N = 1193$）

	模型 1 （个人受教育水平）		模型 2 （个人职业阶层）		模型 3 （个人职业阶层）	
	系数	标准误	系数	标准误	系数	标准误
父亲职业 （农业就业为参考组）						
非农就业	0.20	0.20	0.37	0.29	0.29	0.27
既有农也有非农	0.36 **	0.11	0.46 **	0.15	0.31 *	0.15
父亲受教育水平	0.27 ***	0.05	0.14 *	0.06	0.03	0.06
父亲党员	0.15	0.14	− 0.05	0.20	− 0.12	0.18
个人受教育水平	—	—	—	—	0.43 ***	0.05
个人年龄	− 0.06 **	0.02	0.18 ***	0.03	0.21 ***	0.03
个人年龄平方	0.0003	0.0003	− 0.0024 ***	0.0004	− 0.0025 ***	0.0004
女性	− 0.45 ***	0.0774	− 1.17 ***	0.12	− 0.98 ***	0.12
残差	4.08 ***	0.48	0.27	0.73	− 1.47 *	0.71
R^2	0.20		0.13		0.19	

注：$^* p < 0.05$，$^{**} p < 0.01$，$^{***} p < 0.001$。

　　此外，农村女性在受教育水平及职业阶层上依旧存在很大的劣势。而年龄对个人职业阶层存在非线性关系。通过计算得出，当年龄为 41 岁左右时，个人职业阶层地位达到峰值。具体表现为，41 岁及以下的年轻人和中年人中，年龄大的人其个人阶层地位也高。而对于 41 岁以上年龄的中年人和老年人，年龄大的人其个人阶层地位反而较低。这可能是因为这一群体中有很大比例的退休人群，或者是因为年龄较大的群体可能会选择在打工之后返乡务农。这又印证了我们之前关于代内流动的分析。

　　代际的流动也表现为城镇户籍的获得。子女的出生户籍一般都取决于父母当时的户籍，而之后子女获得非农户籍也可以看作一种代际的流动。以往研究发现农民总体代际流动率较高，其中一个原因在于教育。而对于无法获得城镇户籍的人口，其代际职业优势的传递也不明显，表现为即使父代为非农就业，农业户籍的子女也有很大比例向下流动，即从事务农（吴晓刚，2007）。考虑到城镇户籍的获得其实是非农就业和阶层上升的一个重要维度，我们加入对于农村人口城镇户籍获得及其代际影响因素的分析。此分析的数据来源也为 2011 年 CSS 数据，其中分析样本为出生时为农业户籍的人口。加权后，依旧为农业户籍的占 83%，而由农业户籍转为非农业户籍的人口占 17%。从转为非农户籍的原因分类及各分类的加权比例来看，其中由于上学获得非农户籍的比例最高，占农转非人口的 1/4。其次为随家庭成员变更户口，占近 20%。

我们运用 Logistic 回归来研究父代的受教育水平、职业分类、政治面貌及子女的个人受教育水平对于子女获得城镇户籍的影响。其中因变量为二分类变量，1 代表出生为农业户籍转为城镇户籍人口，而 0 代表一直为农业户籍人口。其他变量的测量与之前代际流动模型一致。

此外，我们还加入了父亲的现有户口类型作为控制变量。值得注意的是，我们只知道被调查者父亲在 2011 年的户口类型，因此我们不能断定是父亲的非农户口使子女获得城镇户籍，抑或父亲和子女由于购房或改制一起获得城镇户籍，抑或是父亲依附子女后随子女获得城镇户籍。但是最后一种情况的可能性较小，因此我们还是将父亲户口类型作为自变量代入模型。回归分析结果如表 8 所示。

表 8　非农户籍获得模型　（$N = 1555$）

	比值比（odds ratio）	标准误
父亲职业（参考组：农业就业）		
非农就业	0.560	0.22
既有农业也有非农	0.76	0.17
父亲受教育水平	1.13	0.09
父亲党员	1.30	0.33
父亲非农户籍	12.55 ***	3.67
个人受教育水平	2.13 ***	0.11
个人年龄	1.19 **	0.07
个人年龄平方	0.998 *	0.001
女性	1.04	0.18
残差	0 ***	0
Pseudo R^2	0.37	

注：* $p < 0.05$，** $p < 0.01$，*** $p < 0.001$。

从表 8 中可以看出，父亲非农户籍、个人受教育水平、个人年龄对非农户籍的获得有显著影响。代际传递主要表现为父亲户籍的影响。相对于父亲为农业户籍者，父亲为非农户籍的子女获得非农户籍的可能性高出1150%。当然这里包括农村改制、征地拆迁及其他情况下父亲和子女一起获得非农户籍，因此实际上父亲户籍对子女户籍的因果影响可能要小得多。而父亲的职业、政治面貌、受教育水平在控制了父亲户籍及子女个人受教育水平之后，对子女非农户籍获得没有直接影响。从个人层面来说，个人受教育水平提高一个等级，其获得非农户籍的可能性随之增加113%。这与表8中由于上学而获得非农户籍的结果一致。与之前的代际传递模型相似，年龄对非农户籍的影响也是非线性的。但是男女之间在户籍获得上没有显著差别，这是因为夫妻一方获得非农户籍之后，另一方也很容易获得非农户籍。

我们的研究发现，农村中虽然存在一定程度的代际传递性，但阶层固化不是很明显。虽然父代的职业选择和受教育水平对子女的阶层依旧有很大影响，但大部分表现为间接影响，即通过提供给子女更好的教育环境、教育机会、教育理念来影响子女的阶层获得。因此，给农村贫穷人口提供更公平的教育资源可以有效地推动向上的阶层流动。教育在推动农转非的过程中也发挥着主要作用，而解除户籍制度的限制会为农村人口提供更多的非农就业和阶层上升的机会。

四　讨论

在以前关于农民分层的研究中（王春光，1996，2001），我们曾根据职业和社会资源的配置发现农民分化为8个阶层。十几年后，我们发现农民依然分化为8个阶层，但是现在的阶层与以前有一些不同，有一些阶层已经消失了，比如乡镇企业家阶层基本已不存在，还有一些阶层则是后来产生的，比如兼业者阶层。本文对农民分层的历时性定量研究一方面证明了农民分层的客观存在，另一方面也看到了农民分层的结构性变化。与此同时，我们还分析了农民在代内的阶层流动和代际流动，找到了他们流动的趋势和路径。

历时地看，过去十多年农民分层最大的变化是兼业者人数和比例出现明显增长，一个兼业时代正在到来。兼业者人数增长明显的原因至少有这几点：第一，随着农民工年龄变大，他们中有越来越多的人返回农村，边务农边打工；第二，2008 年金融危机后，特别是最近几年全国经济趋缓，去沿海发达地区找工作没有以前那么容易；第三，中国已经进入基本城市化阶段，不会有更多的农村人进入城市，反而出现逆向流动的可能（李培林，2017）；第四，基本城市化实现后，出现城市带动农村发展的现象，比如带动农村旅游发展等，为返乡就业提供了机会；第五，纯粹务农的收入无法与打工相比，因此兼业是比较合理和理性的选择，而乡村旅游发展以及制造业向中西部以及小城镇转移则为就近打工提供了机会。

农民分层结构呈现金字塔形，收入和其他资源最少的纯务农者和失业/无业者人数规模最大，而作为收入最高者和政治资源最多者的农村企业主、农村干部，人数很少，比例很小，中间便是农村个体户、打工者和兼业者。总体上，作为社会身份的农民在整个中国的社会阶层中处于中下层或底层，总体地位不高，而其内部分层结构也呈现上层小、底层大的格局或形态。

在这样的阶层结构中，阶层之间的流动还是比较频繁的，向上流动的路径一般是从纯务农者去当打工者或农村个体户，从打工者或农村个体户中出现一些农村企业主。而农村干部则大多是从打工者或农村个体户中产生的，从农村企业主中产生的比例也并不是很大，但是开始有了这样的态势。与此相对的是，在农民分层之间，存在明显的向下流动，即从农村个体户或打工者流动到兼业者、纯务农者甚至无业/失业者阶层，这里有两个因素影响比较大：一是年龄，随着年龄增大，特别是过了 45 岁，就有打工者或农村个体户重返农业，或者开始兼业；二是性别，女性生了孩子或有了孙辈之后会停止打工，返回家庭从事家务劳动。向下流动者中很少有农村干部或农村企业主，当然农村干部以前不作为一种职业，但是现在越来越职业化，他们在当干部的同时，有可能会务工、务农或者当个体户，实际上也是兼业的。调查表明农村企业主几乎没有出现向下流动，尽管事实上也有个别农村企业主因经营不好或年龄偏大而重拾农业。从流动上看，农村干部相对比较稳定，在农村当农村干部的时间都比较长，历时几十年的都有，而且出现了父辈当农村干部而子代还当农村干部的现象。

总而言之，作为身份的农民在过去十多年中依然处于分化之中，虽然有个别阶层消失了，但是总体上依然维持着 8 个阶层。这 8 个阶层之间的等级差异是明显的，而且存在扩大的态势。虽然在 8 个阶层之间存在明显的流动，但是农村企业主和农村干部阶层的固化已经出现，而其他阶层之间的流动比较频繁和容易，人们在不同时期会流向不同阶层，特别是向下流动比较普遍。这说明，农民在分层上与城市社会分层有着明显不同：城市社会阶层的边界更为明显、清楚和固定，而农民社会阶层之间的边界不是那么不可逾越；与此同时，农民中很少有人能进入城市社会阶层，往往在自己的社会阶层范围内流动，与城市社会有着明显的固定边界，说明城乡二元结构在中国社会阶层划分上还是明显存在的，这与城市社会的排斥密切相关。我们的研究表明，在过去十多年，城市社会发展得比乡村社会更快，而农民在其中的获益并不是那么大，也不稳定，外出打工者返乡从事务农或兼业的可能性增大，农村个体户不像从前那么容易赚钱，农民中的农村企业主也没有城市那些农村企业主那么有钱，所有这一切都反映为农民的各个阶层对他们的社会经济地位评价不高，还出现了下降的态势。总体上看，作为身份的农民在整个中国社会经济结构中受制约的因素特别多，除了自身的人力资本外，固有的体制和结构因素都是他们向上流动的制约因素和障碍。改善农民内部社会阶层地位的关键还是在于打通城乡关系以及为农民提供更多的资源和机会，否则，很难有更多的农民通过向上流动而进入中产阶层。

参考文献：

董金松、李小平，2006，《城市化背景下城郊村社会成员的职业分化研究——以浙江三个村庄为例》，《中共浙江省委党校学报》第 6 期。

格伦斯基、戴维编，2006，《社会分层》，王俊译，北京：华夏出版社。

甘犁、尹志超、贾男、徐舒等，2012，《中国家庭金融调查报告·2012》，成都：西南财经大学出版社。

龚维斌，2003，《我国农民群体的分化及其走向》，《国家行政学院学报》第 5 期。

克朗普顿，罗斯玛丽，2011，《阶级与分层》，陈光金译，上海：复旦大学出版社。

李德芳，1990，《贵州农民收入分层研究》，《贵州社会科学》第 1 期。

李培林，2017，《"逆城镇化"大潮来了吗》，《人民论坛》第 3 期。

李全生，2010，《新中国成立以来农村社会分层结构的变迁》，《党政干部学刊》第

6 期。

李实、罗楚亮，2011，《中国收入差距究竟有多大？——对修正样本结构偏差的尝试》，《经济研究》第 4 期。

李煜，2009，《代际流动的模式：理论理想型与中国现实》，《社会》第 6 期。

刘成斌、卢福营，2005，《非农化视角下的浙江省农村社会分层》，《中国人口科学》第 5 期。

卢福营、刘成斌，2005，《非农化与农村社会分层》，北京：中国经济出版社。

陆学艺，1989，《重新认识农民问题——十年来中国农民的变化》，《社会学研究》第 6 期。

——，1991，《当前农村社会分层研究的几个问题》，《改革》第 6 期。

陆学艺、张厚义，1990，《农民的分化、问题及其对策》，《农业经济问题》第 1 期。

陆学艺主编，2001，《当代中国社会阶层研究报告》，北京：社会科学文献出版社。

马克思、恩格斯，1959，《共产党宣言》，北京：人民出版社。

毛丹、任强，2003，《中国农村社会分层研究的几个问题》，《浙江社会科学》第 5 期。

汝信、陆学艺、单天伦主编，2000，《2000 年中国社会形势分析与预测》，北京：社会科学文献出版社。

折晓叶、陈婴婴，2000，《社区的实践："超级村庄"的发展历程》，杭州：浙江人民出版社。

唐平，1995，《我国农村居民收入水平及差异研析》，《管理世界》第 2 期。

唐忠新，1998，《贫富分化的社会学研究》，天津：天津人民出版社。

王春光，1996，《中国农村社会变迁》，昆明：云南人民出版社。

——，2001，《新生代农村流动人口的社会认同与城乡融合的关系》，《社会学研究》第 3 期。

威尔逊，威廉·朱利叶斯，2007，《真正的穷人》，成伯清、鲍磊、张戌凡译，上海：上海人民出版社。

吴晓刚，2007，《中国的户籍制度与代际职业流动》，《社会学研究》第 6 期。

翟启江，2001，《社会转型期我国农民家庭消费分层的实证研究——以山东省莱州市东朱旺村为例》，博士学位论文，中国农业大学。

周怡，2009，《布劳 - 邓肯模型之后：改造抑或挑战》，《社会学研究》第 6 期。

中华人民共和国国家统计局编，2016，《中国统计年鉴（2016）》，北京：中国统计出版社。

Blau, P. M. & O. D. Duncan 1967, "The American Occupational Structure." *American Journal of Sociology* 33 (2).

Walder, G. 2002, "Income Determination and Market Opportunity in Rural China, 1978 –

1996. " *Journal of Comparative Economics* 30（2）.

Xie Y. & X. Zhou 2014，"Income Inequality in Today's China. " *Proceedings of the National Academy of Sciences* 111（19）.

性爱、家庭与民族：潘光旦新家制的内在理路[*]

杭苏红

摘　要： 潘光旦①对家庭研究的重视，既是为了回应民国家庭变革所带来的离婚增多、家内关系紧张等诸多家庭问题，更是为了以自然性与伦理性的平衡为基础，重建在个体与社会之间起中介作用的新家制。一方面，通过探讨两性关系中自然性冲动与社会性情感的共存关系，以及在处理家内关系时综合考量家庭成员之间自然性差异与德行、才智差异，潘光旦论证了维持自然性与伦理性的平衡，是克服家庭变革中激进或保守倾向、进而促进两性关系与家内关系和谐的重要原则。另一方面，在此基础上，潘光旦进一步论证了现代个体在维持家庭稳定的同时走出家庭，将家内培养的同情心与责任心扩展到社会、民族的可能性。这一思想是坚持从改革家制出发，而非从其他替代性团体入手，推动个体发展与民族进步的一种尝试。

关键词 潘光旦　性爱家内关系　折中家制　民族

一　导言

经历了 1929 年与孙本文之间的"文化与优生学"论战之后，潘光旦愈发被贴上了过度重视遗传与优生、忽视文化与社会环境的标签（吕文浩，2009：75 - 87）。可是，这标签贴得实在有失公允。在两年之前，潘光旦就指出，在解释文化与社会现象时，遗传与环境"都是不可缺少的"（潘光旦，2000n：237），两者只是一个"比重问题"，有些时候，环境比

---

* 原文发表于《社会学研究》2018 年第 1 期。

① 潘光旦在之后的一篇文章中进一步舍弃了这种对重要性的比较，他认为两者在很多时候"实在是无法分轻重的"，能够比较的只是两者之间"常与变"的态势（潘光旦，2000j：40）。

遗传重要，在另外一些时候遗传比环境重要，但两者总要维持一定的比例以达平衡。潘光旦对遗传与环境之比例性平衡的这一论述，贯穿于其研究的始终。从更广阔的学术视野来看，这一论述背后蕴藏着一对反映潘光旦基本思想命题的概念：自然性与伦理性。"自然性"是一个广义的范畴，它既包括通过遗传作用形成的每个个体的生理、心理、性情，也包括人作为生物体的一些共有特征，比如求生与性欲的本能、两性的生理性差别，以及个体年龄的差别，等等。与"自然性"的先天性不同，"伦理性"则是在一定的社会环境中逐渐形成的处理人与人之间关系的原则与方式，具体来说，既包括个体之间的互动和情感，也包括某些社会习俗与道德规范。在潘光旦看来，不论是个体还是社会的发展，都受到自然性与伦理性的影响，为了保障个体与社会发展的稳定、持久，需要在综合考量两种属性的同时，维持两者间的比例性平衡。这一"善于权衡事理"（潘光旦，2000n：236）的思想，在他的家庭研究中表现得十分充分，是他重构新式家庭制度最为重要的理据。

潘光旦对家庭问题的研究始于20世纪20年代中期，一直到40年代后期仍颇有新论。这一时期，社会思潮中兴起的自由、平等理念，人的权利与"人格"思想，深刻地改变了人们的家庭观念。一方面知识界与舆论界不再满意于传统大家族制度，对其展开了诸多批评①；另一方面，清末以来②对于西方资本主义小家庭制度（Glosser，2003）离婚率高、老人在经济与精神上失去赡养的担忧也更加普遍化，无政府主义、社会主义思潮随即开始流行，出现了"无家庭"③、"经过或者不经过小家庭阶段的家庭灭亡"思想（易家钺、罗敦伟，1921：3）。20世纪30年代开始，随着学院派知识分子的兴起，这些带有强烈"主义"色彩的家庭研究与家庭思想开始逐渐被学院派研究所取代。在社会学与人类学领域，出现了对于城乡家

---

① 在民国时期对传统家族制度的"讨伐"中，常被论及的是新文化运动时期吴虞、陈独秀、施存统等人对传统家制、孝道的批判。

② 比如，康有为在《实理公法全书》一书中引用法国巴黎1891年的离婚率说明小家庭制度中的两性关系易于破灭。康有为，2007：282－283）在《大同书》中论述了西方小家庭制度中子辈"薄报"老人的情况（康有为，1994：206－210）。

③ 随着无政府主义思潮的传播，"无家庭"思想在知识界获得了一定的认同，比如1930年蔡元培、李石曾、蒋梦麟等人面对立法院院长胡汉民"未来要不要家庭"的请教，均对未来家庭持否定态度，认为"家庭不要的好"，"家庭缩小、至于个人的生活"，等等（本报讯，1930）。

庭状况的实地调查（李景汉，1929；言心哲编，1935），对南方家族、宗族的人类学描述和分析（林耀华，1989；许烺光，2001）；同时，在家庭理论（费孝通，1947；孙本文，1942）、中国家族社会史（陶希圣，1935）方面也颇有新论。潘光旦的家庭研究是此阶段学院派家庭研究的重要代表。1928 年，他的《中国之家庭问题》一书初版在六年内再版四次，被视为民国家庭研究为数不多的代表著作之一（雷洁琼，1936：596）。不过，可惜的是，潘光旦的这本著作以及他的家庭思想长久以来并没有得到社会学界的足够重视。这主要是因为他探讨中国家庭问题的方法和思想资源突破了社会学学科的既有范式，涉及了生物学、优生学、精神分析以及中国传统儒家思想等内容。费孝通曾对潘光旦的学术研究有一个整体评价，即发挥"中国儒家的基本精神"，"利用现代科学知识改进遗传倾向和教育环境去培养日臻完善的人的身心素质"（费孝通，1999：543）。这正是潘光旦的家庭研究的学术追求，他试图利用自己对于中西社会思想史、中国传统儒家文化以及西方生物学、优生学、精神分析学等科学的熟谙，为新旧之变、中西之辨中的中国家庭制度提出适宜的改革建议，促进"人的培育"。鉴于此，本文希望通过考察他的家庭思想，呈现他"培养日臻完善的人"的实现途径及可资利用的资源，从而更好地理解中国家庭在个体与社会之间的结构性位置与深远意义。

潘光旦的家庭研究著述，在发表时间分布上比较零散，跨越了近二十年，大致来看，可以分为两个时期：前期以 20 世纪 20 年代发表的《中国之家庭问题》一书为核心，主要从"优生学"[①] 视角对婚姻、生育、家制

---

① 潘光旦思想中的"优生学"是他对西方优生思想有选择的吸纳，提倡个体"通过婚姻选择与生育后代的方式来实现人类遗传品性的优化组合，达到种族品质改良的目的"，与广义优生学和种族主义有着明显差异（吕文浩，2009：50 - 51）。在潘光旦所处的时代，随着社会达尔文主义的传播，优生学作为一门新兴学科曾对欧美知识界产生一定的影响，受到了罗素、席勒、霭理士等人的关注与支持（Hawkins，1997：218 - 219；霍夫施塔特1981：181）。潘光旦在这一学术思潮的影响下，不仅在美国学习生物学、优生学，且回国后一直以提倡优生学为己任，出版了大量书籍和文章，如《优生概论》、《优生原理》、《优生与抗战》等。对于潘光旦的优生学思想，一直以来不乏批判之声（孙本文，2012a，2012b；周建人，2000）。但是从研究潘光旦思想的角度来说，在看到他的优生学思想时代局限性的同时，更应该尝试着探析潘光旦的优生学论述背后试图将个体、家庭与更宏大的民族、国家相关联的理论抱负，以及他试图以之实践"人的培育"的苦心。实际上，这些理论构想在当时所针对的现实问题，在当代社会中也一定程度上存在，比如个体归属感的缺失、现代性建设方案中"人的缺失"，等等。

进行分析，强调家庭关乎种族①精神与血统绵延的重要意义，并在此基础上提出了折中家制的构想；后期以 1936 年相继发表的一系列文章为主，如《家族制度与选择作用》、《过渡中的家庭制度》、《祖先与老人的地位——过渡中的家庭制度之二》、《性爱在今日——过渡中的家庭制度之三》等，试图从两性关系、老人地位这些涉及家庭成员关系的日常化议题入手，为变革中的中国家庭重建合乎人心的新秩序。两个时期的研究虽然在论述内容、书写风格上有所差异，但是在反对小家庭制度、无家庭制度，提倡折中家制这一基本思路上保持着一贯性。可以说，后期的家庭研究是从性心理学、"位育"思想出发对前期研究的补充，对原有的新家制构想进行了进一步的论证。

不过，以往对潘光旦家庭思想的研究主要关注他第一个时期的作品，对第二个时期的作品重视不足。通盘考察潘光旦家庭思想会发现，他在第二个时期对家内关系的论述，特别是对两性关系的分析实际上也非常重要，在一定意义上构成了新家制构想的事实性基石。在他看来，两性关系是现代家庭得以成立的首要的事实性基础，如果当代社会对两性关系没有理性的认识，恋人和夫妻关系常常处于破裂与幻想之中，"家庭制度不但无法健全发展，并且根本上站立不稳"（潘光旦，2000i：370）。与之类似，家内关系与家庭成员之间的互动、情感有关，如果只是破坏家庭成员间的伦理关系，而不思重建更符合人心的新式伦理，稳定家庭关系，则极易产生个体情感困境与社会失范。有鉴于此，本文将从潘光旦第二个时期的作品入手，首先讨论作为家制事实性基石的两性关系，随后探讨更大范围的家内关系，以及在第一时期作品中涉及的折中家制、家庭与民族发展问题。这种解读文本的顺序并不是随意为之，而是包含着从一个新的角度来理解潘光旦思想的理论考量。以往对潘光旦家庭思想的讨论，因为缺乏对于两性关系、家庭关系的分析，只着重强调家庭具有种族精神绵延、民族发展的意义，不免显得空泛和抽象，未能探究这种具有种族精神绵延、民族发展意义的家庭是如何建立与维持的，这种家庭中的夫妻关系、家庭

---

① 潘光旦较常使用的"种族"概念是一个基于生物性的概念，指"种质"或"血统"（吕文浩，2009：114）。他认为当时学界较少讨论民族之生物性基础，因而他要格外强调民族在血缘世代传递意义上的"种族性"。这与"种族主义"对种族的讨论有很大差异，潘光旦也有专文批评"种族主义"的种族差等、种族排斥（潘光旦，2000r：367）。

成员关系具体是怎样的，与这种新家制相匹配的是一种怎样的现代人格。简言之，不了解潘光旦对于当时中国家制面临的现实困难与历史处境的分析，以及他为了应对上述诸困境而提出的重建方案，我们就无法充分地理解他关于家庭革新能够促进民族发展的判断。

同时，需要补充说明的是，综观潘光旦的家庭研究，因最令人费解而被悬置、但同时也最引人入胜的是潘光旦对遗传、性本能、两性心理与婚姻选择的诸多讨论。以往对潘光旦家庭思想的研究很少涉及这些内容，主要是因为它们溢出了当代社会学学科偏重于组织制度分析的研究范式，并且其依据的优生学原理在当代知识界也已经式微，因而潘光旦的这些分析要么被冠以"优生学视角的家庭思想"悬置起来，要么被视为对精神分析与心理学的碎片化运用。这种将潘光旦的社会学家身份与他的优生学、精神分析、性心理学思想割裂开来的研究取向，不仅不利于我们全面、深入地探析潘光旦的家庭思想，而且在很大程度上窄化了社会学作为一门学科的研究视阈。潘光旦在中国社会学史上的重要性，或许正在于他努力将社会学发展为一门综合性的社会科学。他提出的"两纲六目"论强调个体（包括通性、个性、性别三个层面）与群体（包括秩序的维持、文化的进展、族类的绵延三个层面的整体研究，希望以此为社会学研究提供一个更加全面的视角）（潘光旦，2000d：102）即是明证。同时，在他看来，过度强调制度、组织的社会学者忽视了作为理解社会与世界基础的"人性的问题"，而这种对人的探究离不开"生物，遗传，生理，心理，以至于病理诸种学科的准备"（潘光旦，2000e：261）。只有从理解人出发，理解人与人之间的关系，理解人所处的外部社会环境与历史文化氛围，才构成潘光旦所说的对"生命的真实"（潘光旦，2000d：78）的综合性理解。这也是他试图以"人的研究"为中心，将古人文思想、生物位育论、社会文化的功能学派、实验论与工具论和人的科学五大头绪汇总为"新人文思想"的用意所在（潘光旦，2000d：104－110；蒋功成，2007：217－219）。

总体而言，潘光旦的新家制构想中存在一条从两性关系、家内关系、家庭制度再到家庭与民族的重建脉络。在这一脉络的各阶段中，潘光旦都试图在已有的现实基础上，通过补充、协调的方式，努力维持此阶段内自然性与伦理性的平衡与综合。在这种对家庭制度各层面的努力安顿中，我们可以更清楚地看到家庭之于个体、社会、民族，乃至中华文明的深远意义。

二 "欲—恋"观：家制的性爱基础

民国时期的家庭变革，最重要的变化之一是夫妻关系越来越凸显"恋爱"与"爱情"成为确立夫妻关系、组建家庭的先决条件。这一趋势在"五四"以来的期刊与专著中有诸多反映：既包括对西方恋爱理论的译介，比如爱伦凯的"恋爱自由、离婚自由"理念（爱伦凯，1933；杨联芬2012）、倍倍尔有关女性性解放的提倡（倍倍尔，1928）以及卡本特（嘉本特，1923）、霭理士（霭理斯，1928）、罗素（1931）等人的相关思想；也包括中国知识分子结合这些西方思想对于中国男女性爱问题的讨论。其中有一些是在期刊杂志上引起过广泛讨论的话题，比如对于新性道德标准的讨论（许慧琦，2008）、对于恋爱之生物性基础的讨论（生活书店编译所编，2012）。也有一些是以宣传、倡导为目的的学者发声，比如张竞生对于中国人性健康、女性性高潮的讨论（张竞生编，2014）、周建人对于性教育的分析（周建人，1922）。可是，与很多时髦理论被简单移植的遭遇类似，这些讨论大多没有深究译介过来的恋爱理论得以产生的西方思想史脉络，同时，对于将理论移植到中国文化与现实中的适应性问题也缺乏相应的考察。所以，虽然话题热门、议论纷纷，但是以客观之精神对其进行深入研究者并不多见。并且，当时参与性爱问题讨论的学者大多是公共知识分子，对于社会学者来说，虽然这一问题引起了他们的关注，比如费孝通在《生育制度》中指出传统家族"没有合理解决夫妇两性感情的发展"（费孝通，1947：57），但是对此问题展开的研究仍不多见。在此背景下，潘光旦运用性心理学、精神分析学与传统儒家思想，对霭理士"性爱观"的深入分析与进一步发展具有相当的开拓性。

1936年，潘光旦在《性爱在今日——过渡中的家庭制度之三》一文中指出"家庭的最大的基础是性爱"，如果对于性爱不了解，或者只是形成一些"幼稚的见识"，那么"家庭制度不但无法健全发展，并且根本上站立不稳"（潘光旦，2000i：370）。潘光旦对家庭问题中性爱作为根基的这一判断，使得我们研究其家庭思想时也自然而然地选择性爱问题作为入手点。那么，什么是潘光旦所说的"性爱"呢？怎样的性爱才能为家庭制度的健全发展打下良好的根基呢？

"性爱"一词是潘光旦对"love"的翻译。其时的学界与舆论界并不将"love"翻译为"性爱"，而是参照日文译法译作"恋爱"，或者译作"爱情"（杨联芬，2014）。与这两种译法相比，"性爱"译法有一个突出的特点，即强调两性间"爱"之情感的同时，重视人的生物性——性"（sex）对两性关系的影响。当然，同一时期从生物学视角分析两性关系的学者也不乏其人，比如周建人就认为"恋爱没有其他的秘密，仅是两方的欲望趋向一致"，而"欲望无他，只是腺的分泌"（生活书店编译所编，不过，和这种将两性关系基础只认定为性腺分泌不同，潘光旦在强调两性性欲需求的同时，还引入了另一个同样重要的概念——"恋"）。

"欲"与"恋"这一对概念并不是潘光旦首创，而是源自他私淑已久的英国性心理学家霭理士（Havelock Ellis）在《性爱的估价》（The Value of Love）一文中的区分。不过，潘光旦对"欲—恋"关系的分析在霭理士的基础上有所发展，增添了更丰富的内容。霭理士认为"love"包含两个方面的内容"lust"和"friendship"（Ellis，1940），潘光旦将其翻译为"欲"与"恋"。"lust"并不难理解，指性欲、性冲动，而霭理士使用的"friendship"一词则值得玩味，它沿袭了古希腊哲学中友爱的意涵，涉及情感性关联。霭氏有关"lust"和"friendship"的最重要洞察是认为"欲的流波如果不能向四周推广出去，以至于影响到心理有机体的其他方面——至少是情感与社会情绪方面——就不能称为是性爱"。潘光旦的"欲—恋"观正是以霭氏的这一界定为本源。在翻译完霭氏的这段话后，他用更长的篇幅论述了自己对于恋、欲恋关系的理解，其中既有对霭氏更细致入微的解读与引申，又突破了霭氏的心理学分析，试图从更具文化性的层面来分析"恋"之重要意义，提出他自己对于新式两性关系的设想。

潘光旦从欲与恋的关系入手，更明确地提出了"欲恋一元说"。他抓住霭氏理论中"欲"要被"推广/放射"（irradiate）出去，以产生情感与社会情绪这一关键环节，进一步指出"欲与恋是一元的，并不是二元的，有程途之分，无品类之别"（潘光旦，2000i：373）[1]。即"恋"是由对他者之"欲"而自然生成的一种微妙且难舍的情绪，在"品类"上和欲是类

---

[1] 原文是"Until the currents of lust in the organism have been so irradiated as to affect other parts of the psychic organism—at the least the affections and the social feelings—it is not yet sexual love"，译文参考潘光旦（2000i：373）的翻译，有改动。

似的，都具有自然性基础，都不是社会条件与环境的产物。为了更清楚地表明这一点，我们可以分析一下潘光旦对于恋与友谊的不同认识。在他看来，友谊是性爱的"附件"，容易与性爱"夹杂"在一处，比如，夫妻关系虽然建筑在性爱之上，"但其间也不能说没有友谊"。友谊的产生和增加，主要依靠才品相当、兴趣相近、"共甘苦"、"一人受过对方的直接或间接的恩遇"等社会性条件。简言之，友谊是一种基于社会性交往而产生的情感，但是"恋"则是以性欲为基础而产生的情感。

潘光旦对"恋"之自然性基础的设定，与我们一般意义上对性欲和个体间情感的理解不大相同。在一般意义上，"性欲"只是一种生理性冲动，并不具备转化为人际情感的能力；个体间的情感似乎也更多地偏重于社会性，很难说清楚是否能在性欲这一生物性基础上产生"恋"。那么，潘光旦为什么要论证这样一种具有自然性基础的"恋"呢？为什么一定要从性欲这一个体自然性中生发出一个具有社会性关联与情感的"恋"呢？

回顾近代以来个体"性本能"被揭示与肯定的历史，它为解释很多性压抑现象提供了理论支持，可谓个体心理与精神研究方面的重大突破。潘光旦早年从精神分析视角对才女冯小青遭受性压抑而产生精神郁结的研究就是例证。不过，如果因此认为恋爱关系与夫妻关系的建立只取决于是否存在性欲冲动（或称抽象的爱情感觉）。当性欲冲动消失，两性关系就应该结束，两性关系就会处于极不稳定的状态。这也正是潘光旦对当时离婚率增高、都市青年恋爱关系混乱的担忧。因而，在肯定"欲"之重要性的同时，潘光旦试图通过对"恋"的阐释，建立两性之间的社会性关联、情感性基础，从而使之能够发展为具有温情的伦理关系，最终既给予个体本能适当的满足，又能建立两性间的情感关系。另外，"欲—恋"说对于当时婚恋观中的另一种极端状况"精神恋爱"——排斥肉体欲望的"纯爱"，也有所纠正。如果说只凭性冲动建立的两性关系走向了自然性的极端，那么，过度提倡"精神恋爱"则是只重视文化与精神沟通的极端。上文曾提到，与"共甘苦"、"恩遇"所产生的社会性情感——"友谊"不同，"恋"的产生并不依赖于社会条件和环境，而只源于两性关系中的另一方，以及由此产生的情愫。这意味着"性爱"是对一个真实的"他者"的感情，它指向的是具体可感的他人，是包括其身体、性情、思想、优缺点在内的全部。同时，它强调的是对于两人之间共同生活的经营，而不是当时的"精神恋爱者"所陷入的"自我恋"/"影恋"的迷思。

因而，"欲一恋"观设想的两性关系既反对只重视个体性欲本能、忽视情感的爱情观，也反对只强调两者精神性关联、忽视生理性基础的纯爱观。它试图在生理因素与精神文化之间寻求一个合适的分寸。这种分寸最明显地表现于欲与恋的关系上，潘光旦曾用"文质之分"阐释欲与恋的关系，他说"欲是质，恋是文，二者缺一不可，过于偏重二者之一也不可。大约文明的趋势是要在欲与恋之间觅得一个最合情理的分寸关系"（潘光旦，2000i：376）。"欲一恋"之间合理的分寸关系，也是两性关系中自然性与社会伦理性之间的合理的分寸关系，这正是潘光旦论证"恋"之重要性的意义所在。

三　位育与家内关系

通过"欲一恋"观的培养，两性间得以建立比较稳定的情感性关系。而当两人进入婚姻与家庭生活，原本的关系进一步扩展为夫妻、亲子、祖孙等更加复杂的家庭关系，新的问题又开始出现。比如，如何处理这些家庭成员之间的关系，使之担当相应的家庭角色；又或者，夫妻之间随着相处时日增长，如何应对情感中友谊成分的增加、性爱（love）逐渐减少。在第二个问题上，潘光旦并没有过多着墨，他认为这种性爱因素的减少是自然的过程，并不存在浪漫主义者所设想的永恒的激情之爱。只有形成正确的性爱观，才能以良好的心态进入婚姻和家庭。他对第一个问题，即家庭成员之间的关系进行了大量讨论，这构成了他讨论家庭问题的一个重要面向：将家庭作为一个社会场域，分析家庭内部每个人的伦理位置和相互间的关系。潘光旦对家内关系的重视，实际上有着很强的现实考量。民国时期，随着新思潮、新思想的传播，传统的家庭伦理，如以宗法、丧服制度为基础的亲亲、尊尊等原则已经无法适应新的人心与社会；同时，很多家庭中子女与父母的关系十分紧张，乃至破裂。因而，不论是从现实角度还是学理角度都需要按照一种新的伦理精神重建新式家内关系。

潘光旦讨论家内关系的基本原则，来源于他对"人伦"问题的思考。他曾在《明伦新说》一文中指出，处理人与人之间的关系有三个维度的因素需要考虑：第一，个体的年龄、性别这些先天的自然属性；第二，"身份、地位、贫富、贵贱"等后天的社会性属性；第三，"德行、智力与才能"等不容易分辨是先天性还是后天性的属性（潘光旦，2000c：27）。潘光旦在讨论家内关系时，也是从这三个维度入手。一直以来，我们比较熟悉的是潘光旦对于个体年龄、性别这些自然属性的重视。鉴于此，我们或许会误以为他是一个生物决定论者。不过，当了解了他同等重视难以分辨先天与后天属性的"德行、智力与才能"，以及一些社会性属性，我们就会明白在当时保守的传统家庭伦理规范与激进的个体无限发展理想之间，潘光旦这一"自然—伦理"的综合性思考框架试图达到的家内"位育"之功效。

"位育"是潘光旦社会学思想中一个非常重要的概念，是他翻译西文"adjustment"时的自创，取自《中庸》"致中和，天地位焉，万物育焉"。"位"指"安其所"，"育"指"遂其生"。这一概念本来是生物学用语，强调生物在适应环境的同时，也要突破环境的某些限制以实现个体的发展。在潘光旦的思想体系中，他将这一概念发展为一种促进事物稳定与发展的整全的方法论视角，在对个体之发展、教育之功能、民族复兴之目标的分析中都曾有所运用（潘乃谷，1999：23 - 29）。在家庭方面，潘光旦的"位育"思路一方面表现为中国家庭作为一个组织单位，要在适应外在社会环境的同时积极发挥家庭对于个体、社会、民族的功能；另一方面表现为家庭关系中，每个个体要追求自我的"位育"（潘光旦，2000u：434），即潘光旦所说的："家庭问题是各个家人的'位育'问题（潘光旦，2000o：354）。

结合处理人伦关系的三个维度，家内"位育"问题首要的是承认个体的自然属性。潘光旦指出要根据个体的自然属性——年龄与性别等特征来安排他们的家内位置与发展规划，以期达到"老者安之，夫妇信之，少者怀之"的目标（潘光旦，2000o：355）。根据这一观点，不同年龄者的位育不同。以老人为例，随着当时社会的革新与进步，老人在家庭中的地位发生动摇，而作为老年人口，最重要的位育是能够获得安稳的晚年，在物质之养与"情绪之养"上都获得满足[①]。与之类似，潘光旦认为不同性别也有其自身的位育，除了母性较弱的女性外，大多数女性仍以生养子女、

---

① 有关养老问题，特别是情绪之养，参见（吕文浩，2009：184 - 187）的论述。

管理家庭事务作为人生的基本需求与满足（吕文浩，2016）。潘光旦对于女性性别的这一看法，一直以来都因为过于强调性别之自然性而遭到性别建构论者的批判。如前文所述，对"自然性"的肯定只是潘光旦在讨论家内关系时所采用的三重维度之一，对"德行、智力与才能"以及社会性属性的强调也是两个重要的维度。可惜的是，他没有就此对女性问题进行更加详细、具体的分析，因而在此问题上显得过于强调生理性别。不过，需要说明的是，家内位育的讲法与传统的"长幼有序"、"男女有别"的伦理安排有着本质性差别。家内位育观不是为了保全宗族、家族利益而对个体进行压抑，而是试图从个体自然性出发，为个体寻找最适合的位置与发展。这种对自然差别的强调有其生物学的事实性基础，同时，在潘光旦看来，它也是中国传统文化与社会习俗的重要组成部分。以对老年人的尊敬为例，年龄这种自然性上的差别使年幼者对年长者产生了一种自然的尊敬感，即"情感的自然流露"（潘光旦，2000I：135）。潘光旦指出这是传统儒家思想中精华的部分，它使得中国的家庭关系与情感以"亲亲"为基础自然生发，不大需要西方式的哲学观念，比如义务观、责任观等为之张本。也就是说，新式家内关系的伦理内核仍旧是中华文化一直重视的"自然情感"，新秩序的构建是以自然情感为基础的，而不是根据其他外在道德性原则所推演的规范框架。

不过，潘光旦也清楚地意识到，只靠年龄、性别等自然属性所生发的情感常常有走向滥情的危险，因而也需要考虑上文所述的"德行、智力与才能"和"社会性"两个方面。对于处理家内关系来说，不常涉及社会性维度，但"德行、智力与才能"这一维度却有着比较大的相关性。并且，这一维度还具有一个特点，即不容易分辨先天性与后天性，也就是说它常常受到自然性与伦理性的双重影响。潘光旦举了一个例子，"一个人孝父母，若是单单因为他们是父母，而不一定是贤父母，这孝可以走入愚孝的一途……二千年的历史上，百千州县的地方志里我们可以找出不知多少愚忠愚孝的例子来"（潘光旦，2000c：27）。在这里，基于德行与才智的另一标准"贤"进入了考察的视野，这无疑是对自古以来主要从自然伦理性角度讨论"孝"的思路的质疑与补充，强调对父母德行、才智的理性认识与判断也具有重要意义。但是，这会产生一个问题，父母的贤德在多大程度上会影响子女对他们的孝或者更直接地说，如果父母在德行与才智上都比较平庸，甚至低下，那么是否就意味着个体可以对父母不孝。潘光旦同时代的一些革命者曾公开以"非孝"①的大旗反抗不贤父母，这种选择固然有其反对僵化道德规范的勇猛革新精神，但对于一般的普通人来说仍旧难以接受。也就是说，父母虽不贤甚或粗鄙，子女也终难完全否认对他们的情感。那么，普通人内心的不忍究竟源于何种道理？"贤"与"孝"之间到底是何种关系呢？

这并不是个容易解决的问题，潘光旦试图从"贤"，或者说德行、才智的自然性角度做出些许回应。他认为，德行、才智并不只是一种社会性属性，也有自然性的基础；一个人能否成为品德高尚、才智过人的人，除了道德自律、自我学习之外，通过遗传所获得的那部分先天性基础也起着相当大的作用。这意味着，德行与才智是不容易分辨先天性与后天性的，或者说它在某种程度上是两者的混合。因而，面对一些德行有缺陷的父母，我们如果考虑到他们通过遗传所形成的某些并不优秀甚至有时可以说有着相当缺陷的先天品性，就对他们多了一份同情与理解，因为并不是所有的后天、社会性努力都能够完全克服先天的缺陷。也正是对"贤"之自然性与社会性的这种全面理解，能在拒绝不贤父母某些无理要求的同时，保有对父母之亲亲与情感。反躬自问：我们每个人又何尝不是这样，在先天的性情、才智与后天的努力、道德要求之间奋力挣扎？

行文至此，我们不难看出，新式家内关系的伦理精神是自然性与社会性的综合产物。要想建立相对稳定、温情的家内关系，需要行动者综合考量个体间的自然性差异、社会性差异，以及受到自然性与社会性共同影响的德行与才智差异，从而做出全面、理性的判断。这是潘光旦构建的新式家内关系对个体能力的更高要求。只有了解家庭关系中自然性与伦理性的关联与张力，才能在诸如"孝"与"贤"的紧张乃至冲突之中避免单凭生物自然性所带来的情感无节制，或者单凭道德规范性所带来的情感压抑，进而更好地实践"亲亲"之义，处理好家人之间的关系。从更深的角度来看，潘光旦对家内关系的讨论体现了他对当时个人主义、平等主义思潮过度发展的警觉。他重视"人"，但是，他重视的是由生物遗传性与文化伦

① 比如民国时期反封建健将施存统所写的《非孝》一文，号召青年反抗不贤家长，详细经过可参见他以"施复亮"之名发表的回忆文章（施复亮，1948）。

理实践共同造就的人。由这些要素构成的"人"与民国初年以来自由主义和各类社会思潮中的"人"的形象并不完全相同。与后者强调的人的权利、人格、人人平等不同，潘光旦更重视的是由生物自然性和社会伦理性共同构成的完整、真实的个体。当潘光旦尝试着将人的"自然性"带入家庭伦理这一讨论时，他实际上选择了在环境决定论、个体意志论的时代潮流中逆流而上，从更加整体性的视角讨论自然遗传性与文化环境的关联，为绝对平等主义纠偏。在这背后，或许他已经看到，个体发展的终极目标不是为了和他者角力、平等，而是为了找寻最适合自己的位置与发展潜能。只有这样，才能成就宽和的个体与社会，使得"人人能安所遂生"（潘光旦，2000o：354）。

四 "推爱"：家制变革与民族发展

（一）折中家制与人的培育

潘光旦对自然性与伦理性的同等重视，还反映在他对家庭规模、同居方式这些家庭制度的具体改革建议之中。他虽然赞同当时一些西方学者，比如普本拿（Popenoe）、歇雷（Schiller）的观点（潘光旦，2000l：134、139）认为中国大家族制度在维持"种族精神与血统绵延"方面有重要价值，但是他更清楚地知道，大家族制度发展到民国时期，不仅在家内关系上出现了上文提到的问题，而且传统家制所起到的个体与国家之间的中介性作用也已经消失。个体在家内培养的情感、道德、伦理无法向家之外的其他团体、社会与民族扩充，一个大家族"自身便变作一种社会"，除了家庭与宗族利益以外，不存在其他更高的价值和精神。这种"推爱"过程的断裂、家庭的畸形发展，不仅使得个体的发展受到压抑，而且也使得社会与民族的发展受到阻碍。这是当时很多学者对于中国大家族制度的普遍观感。为了增进民族的整体利益，促进社会、民族发展，有些学者试图寻找家族与宗族之外的替代性团体来促进公共性价值观的养成，比如梁漱溟对于新乡约的讨论（梁漱溟，2009）。但是，对于潘光旦来说，他并不认为完全抛弃家庭制度另辟蹊径能够真正走通，他的努力方向是结合新旧原则改革家制，培养具有同情心与责任心的个体，从而将家内的情感伦理

"推爱"到社会与民族。

前文有关两性关系和家内关系的讨论，实际上已经对行动者提出了一些具体的要求，比如对于两性关系中性冲动与社会性情感的平衡，家内关系中对于他人德行之自然遗传性和社会性的整体考量等。在家制改革中，潘光旦进一步讨论了如何培养这种具有判断力与平衡感对于人事有着贴切理解的个体，这集中体现在他关于折中家制的论述中。折中家制的设计，回应的是当时社会上关于家庭规模的讨论。随着大家族制遭遇舆论批判、逐渐解体，大家庭过渡为小家庭，进而发展为无家庭的观念开始流行。不过，在潘光旦看来，这只是单线直系演化思想在家庭问题上的反映，并不被"严格的演化论者"所承认，是没有科学根据的。因而，他试图呈现一个不同的新家制图景，即折中家制。这一新家制的想法在 1928 年 3 月出版的《中国家庭之问题》一书中有过比较详细的论述。同年 10 月潘光旦又在英文刊物《中国评论周报》（The China Critic）上发表专文论述，在这篇文章中他将其翻译为 "the optimum family"（潘光旦，2016：104），即"最适宜最佳的家"。

折中家制有两个最主要的特点：一是把大家族留其根干、去其枝叶，将家的范围限定在"直系家庭"的范围内，排除了以往大家族中各种姒娌关系、兄弟关系、叔侄关系引起的枝蔓与纠葛；二是强调兄弟婚后分家，"为父母及祖父母者则由彼等轮流同居侍养"[①]，因而一般是三代或四代人共同居住（潘光旦，20001：134）。这样既避免了大家族制的繁杂与压抑，又避免了小家庭制对于世代传续、种族精神的忽视，即试图在偏于个人主义的小家庭制与过度强调伦理性的大家族制之间，寻求一个平衡的解决方案。在潘光旦看来，作为生物性的个体均有趋利避害、保全自我的特性，但是一种家庭制度如果只强调这种生物性需求，缺乏对种族血统与精神的

---

① 值得注意的是，潘光旦的观点有前后期的变化。在 1928 年的《中国家庭之问题》及英文文章中，他虽然认为"父母之衰，由子女侍奉之"（潘光旦，20001：133）是合乎情理，但是在具体的同居侍养问题上，他强调的侍养者是分家后的兄弟。但在 1937 年《谈婚姻的动机》中则强调父母"不但与已婚的子或女同居，并且有受子和媳或女和婿的侍奉的权利（潘光旦，2000g：480）。在 1947 年的一篇书评中，虽然没有这么清晰的表述，但他也笼统地称"由壮年的一辈轮流侍养"（潘光旦，2000m：83）。这说明潘光旦在 20 世纪 20 年代将父系传承看作一个不可动摇的家制要件，但到了 1930 年代，他在所构想的未来家制中女儿和女婿也因同居侍养的责任而加入新家制，折中家制不再只是男子之间的父系传承，具有了更包容的特性。

伦理性认同和延续，则不仅会使家庭丧失"承上启下之推爱精神"，更会使得个体缺乏精神归属，种族丧失绵延发展的动力。同样，如果过分强调家庭的社会性、文化性伦理，则会压抑甚至泯灭个体发展的可能，阻断社会、民族、国家发展的前途，亦难以促进个体与社会的整体进步。正如有研究者（吕文浩，2009：171）注意到的，潘光旦折中家制构想中的"去其旁系、留其直系"、"轮流同居侍养"，和其他社会学家比如孙本文、李树青和费孝通的论述有很强的相似性，即都重视亲代与子代之间的养与孝，以求实现抚育与赡养功能。不过，对于潘光旦来说，除此之外，折中家制还寄托着他有关培养现代个体之素养的愿望。

潘光旦认为家庭是"训练同情心与责任心最自然最妥善之组织"，要达成这种训练的首要条件是具备一个有老有少、大小合适的家庭。这是他提倡折中家制的用意所在。通过"轮流同居侍养"的方式，让每个家庭都有年老者和年幼者，从而使每个成员都能够在三代互动中培养相互间的情感与责任，为他们在更大范围内产生同情心与责任感奠定基础。需要注意的是，家庭是同情心与责任心的训练场，但是从训练场向实践场的转换，或者说从家内情感向家外情感的扩展，并不是一蹴而就的，而是需要有一个类似于传统儒家伦理的"推爱"过程。"自亲子之爱，兄弟之爱，推而为戚族之爱，邦人之爱，由近及远，由亲而疏"（潘光旦，20001：136）①。这里，亲子、兄弟、戚族、邦人构成了同情心与责任心向外扩充的自然环节。一直以来，传统家族的问题在于，随着家族规模发展过大，同情心和责任感丧失了扩展到家族之外的可能；而西方小家庭的问题在于，不和父母同居就丧失了培养这种同情心与责任感的自然场域，需要从公民教育、社会团体等外部组织中寻求培养的环境与动力。与这两种家制相比，折中家制提倡的是三代之家，潘光旦希望通过这一适宜的家庭规模，使"家"既保有培养同情心与责任心的能力，同时又具备将这种同情心与责任心向外"推爱"的可能。

那么，接下来的问题是，这种由家内向家外的"推爱"要如何实现呢？一个在家庭范围内养成了同情心与责任心的个体，要通过哪些步骤和

---

① 以乡土为例，潘光旦认为乡土情感与家庭情感有着密切的关系，在中国文化中有着很深的根源。他提倡通过教育的方式强化这种情感，从而吸引人才回到农村，实现自我对于乡土的情感与责任（潘光旦，2000f：143）。

方式将这种能力扩展到家之外的社会与民族？正如上文所说，在家与民族之间有一些中间环节，比如兄弟、姻亲、族人、乡土，等等；同时，随着民国社会变革的推进，在家族之外也出现了对一些新式团体和共同体的认同，比如对"青年群体"的认同，对"社会"与民族国家的认同。这些环节在一定程度上都有利于搭建从家到社会、民族的桥梁，潘光旦对此也有过一些零星的论述。不过，在他看来，最能够实现"推爱"的，还是以"人的培育"为中心的家制重建，这进一步涉及他有关家庭与民族问题的讨论。

（二）家庭与民族发展

讨论潘光旦思想中家庭与民族之间的关系，首先需要了解潘光旦独特的民族观念。民国时期，民族主义虽然作为社会思潮十分兴盛，但从学理的角度来说，不同学者理解民族的角度并不一致，出现了文化民族观、政治民族观、历史民族观、血统论色彩的民族观，等等（张志强，2015）。潘光旦的立场和这些民族观念不同，他比较重视民族所具有的生物性与文化性，他认为民族是介乎种族与国家之间的一种存在，只有当其"在种族的成分上，既有相当混同划一的性质"，同时"在语言、信仰以及政、法、经济等文化生活方面，又有过相当持久的合作的历史"，才能被称为一个民族（潘光旦，2000b：43）。潘光旦一贯认为生物性是理解文化性的最基础环节（潘光旦，2000h：311-312）。他的民族观念也具有这一特性，即民族的首要意涵是生物性和种族性的，离开生物意涵，对民族的了解"不免有泛滥无归的危险"（潘光旦，2000b：21）。当时，中华民族所遭遇的历史性危机催生了一大批促进民族发展的设想与尝试，潘光旦对民族之生物性与文化性的强调，正是试图以此为起点，探讨民族发展的可能路径。这一过程中最为关键的是从家庭到民族的"推爱"，对他来说，这种"推爱"的实现路径主要有两条：一条路径是从家庭意识向民族意识的过渡与发展，另一条路径是通过家庭实现"人的培育"，增进人口素质，促进民族发展。

潘光旦对民族生物性与文化性的重视，使得他十分看重"民族意识"的世代传承性。在他看来，民族意识只有在血缘的传承、文化生活的传递中才能深入到每代人的内心深处。因此，他在一篇文章中曾指出"真正的民族意识是以家族意识为张本，而脱胎于家族意识的"（潘光旦，1932），培养家族意识的工具在一定条件下也可以培养出民族意识。这一立论的基础是家族和宗族基于生物特性世代传递而具有的绵延不绝之意，这是家族与民族的共通之处，真正的民族意识必然以家族意识为基础而形成。因此，他并不认为"家族意识不发达"的国家，比如美国，可以称之为一个真正的民族。在他看来，美国不具备源于家族意识、"能纵贯世代的民族意识"，它所拥有的只是"横断一时的国家主义"。这一论断和当时将美国作为民族国家典范的思潮之间存在差异。在一般观念看来，美国能够称为一个民族国家，在很大程度上是因为它克服了家族之私，即家族与民族国家是"私—公"的对立双方，因而"民族"更重要的是其政治性意涵，是与国家一样的"公"之代表。但潘光旦认为这种民族国家观在情感上是无着落的，与之相比，他更强调民族在个体"心态"层面的意识基础与情感基础，比如以家庭意识为基础建立的民族意识。在他看来，只有通过这种方式形成的民族意识，才是促进民族世代传承、发展的动力之源。

"民族意识以家族意识为张本"这一论断的意义，并不只是对现代民族国家形成基础的反思与批评，它同时也展现了潘光旦对于中国社会由传统向现代转型过程中应如何看待家族、家国关系的思考。在1932年的一篇文章中，潘光旦曾以宗祠问题为出发点对此有过一些论述。他指出只有对培养家族意识的宗祠进行"利导和限制"，才能在抑制家族意识畸形发展的同时，培育出民族意识。随着当代社会中宗族与祠堂的复兴，潘光旦对宗祠的"利导和限制"态度似乎已无不妥，但在当时却不可不谓"出格"，因为其时舆论界对宗祠的批判比批判家族更为激烈，一般的观点都认为宗祠不革除，民族和国家意识根本没有办法培植。虽然对宗祠"利导和限制"之论在潘光旦以后的著述中似乎再未提及①，不过，这并不意味着他放弃了"民族意识以家族意识为张本"的判断。虽然大家族制失去了存在的现实基础，但是通过家谱、折中家制所体现的"谨始怀来"（潘光旦，2000s）的"家"之意识，仍是他试图重建民族意识的关键。

---

① 潘光旦虽然重视改革宗祠，使其利于培养民族意识，但他也清楚地意识到"宗祠制之行将解体，已为不可免之事实"潘光旦，20001：139）。

除了从家庭意识向民族意识的扩展，"人的培育"也是个体由家到民族、实现对民族"推爱"的重要路径。在潘光旦看来，中国传统社会能够通过家族联姻、世族教育的方式保证人才的继替。比如他对嘉兴望族血缘网的考察就发现，望族间的联姻是嘉兴人才产生和维系的重要来源（潘光旦，2000q）；同样，伶人家族间的联姻也保障了此种人才的代际传递与发展（潘光旦，2000p）。这意味着，中国传统家族制潜藏着优生学的意涵，家族间的联姻有利于优秀人才的养成（潘光旦，2000t：274）。但是，随着大家族制的灭亡、世族联姻制度的不复存在，现代家庭需要通过一种怎样的新方式来完成这种对于民族发展十分重要的"人的培育"呢？

简单来说，潘光旦的想法是以三代同居的折中家制构想为基础，呼吁更多人通过婚姻选择、生养后代的方式培养具有优秀品质的人，增进民族人口质量，促进民族发展。这其中起作用的方式主要是两个交替出现的步骤：第一个步骤是男女双方进行审慎的"婚姻选择"，使具有优良品质的个体相结合，将优良品质遗传给子女；第二个步骤是在一个三代同居的折中家庭中培养子女的同情心与责任心，使先天遗传取得的优良基因得以表现与发展，随后伴随着子女的成长，再发展到第一个步骤，交替往复。需要补充的是，潘光旦所看重的"优良品质"① 既包括身体品质，也包括"一般的智力和特殊的才能"，以及某些心理品性，例如"性情"（潘光旦，2000k：323）。潘光旦对于身体、才智、心理品性可以遗传的观点颇值得注意。他并不是一个遗传决定论者，而是主张这些品质的培养难以分辨是先天还是后天的，它们既靠先天遗传的部分获得，也依靠在后天合适的社会环境中的显现与进一步培育。也就是说，在代际继替的过程中，依靠自然遗传与社会伦理培育的共同作用，将优良品质不断保存、壮大，促进整个民族心理和民族精神朝着健康的方向发展。

① 优生学对于优良品质和地位、职业相关性的研究曾引起很多学者的批评，比如孙本文就认为优生学有重视财富、地位与势力，忽视贫穷、失势与无社会地位人的倾向（孙本文2012a，2012b），周建人也有类似的批评（周建人，2000）。不过，细察潘光旦有关优生学的文字，似乎很难看出这种倾向，他虽然承认在估量一个人流品时"社会地位，经济能力，教育造诣"是"不得不参考"的"比较间接的方法"，但是他明确地指出"流品很高，而社会地位很低，自营生计的能力很薄弱，或无法接受高等教育的例外分子"（潘光旦，2000k：296）也是不一而足的。即具有优良品质的人散布在各个阶层中，并且重要的不是其具有的地位、财富，而是其潜在的优良品质。

从"人的培育"这一角度来看，潘光旦新家制构想中的家庭与民族之间形成了一个良性的循环：折中家制提供了先天性优良品质得以表现和发展的环境；在两性关系和代际关系中培养的同情心与责任心、对人事之自然性与伦理性综合考量的能力，也使得这种优良品质更趋丰富；当这些品质通过适宜的"婚姻选择"传递给子女后，它们又会在子女一代继续发展，受到先天性与后天性，或称遗传因素与社会因素的交互影响……这样一条良性发展链，是潘光旦从家庭视角出发为民族发展设想的道路，也就是其所说的民族发展"先得有比较稳固的生物基础或种族基础"（潘光旦，2000b：27），即可持续性地培养具有优秀品质的个体的能力。潘光旦曾颇为不满地指出，"十年来关于民族复兴的讨论，几乎全都是偏在文化因素一方面"（潘光旦，2000b：37）。与之不同，这条"培养具有优秀品质的人"的路径，是他从生物自然性与社会性角度探讨民族发展的尝试，他称其为社会选择或人文选择，是对自然选择的模仿，其功效可与后者"同功而无其惨酷"。

五　小结

本文的论述存在一隐一显两条线索。文章开篇提到的潘光旦思想中自然性与伦理性的平衡、综合，是他重新思考两性关系、家内关系、家庭制度，乃至家庭与民族关系的重要理据，是一条隐性的线索。而潘光旦重构新家庭的诸步骤，比如讨论如何建立稳定的两性关系、如何处理家内关系、对家庭规模与同居方式的设计，以及对家庭与民族关系的分析，是一条显性的线索。当本文按照显性线索展开论述，自然性与伦理性这对关系一直存在，并且随着显性线索的发展呈现不同的样态。

在隐性线索中，潘光旦通过考察两性关系中个体性冲动与随之产生的依恋感，指出两性关系的稳定需要综合考虑个体的自然性需求与伦理性要求，只有具有此种平衡感的个体才能建立稳定的性爱共同体，为新家制打下基石。同样，在家内关系的处理中，也需要这种自然性与伦理性的平衡，只是与两性关系易于走向强调性冲动或精神恋爱的两极化趋势不同，家内关系更容易发展为一极化，即过分强调家庭伦理对个体的强制性要求。对此，潘光旦从"位育"理论出发，认为个体要在适应环境的同时发挥主动性，要在处理家内关系时综合考量他人的自然性与社会性。折中家制的构想其宗旨是在过度强调生物自保性、个人主义的小家庭制度与偏重伦理性要求的大家族制度之间寻求一个适中方案，既为培养个体同情心与责任心营造环境，又为同情心与责任心向家庭之外"推爱"提供可能。在潘光旦看来，这种"推爱"的实现途径之一是通过婚姻选择的遗传作用与折中家制的社会性培养，增进民族人口的"优良品质"，促进民族发展。由此可见，自然性与伦理性的平衡、综合，构成了潘光旦新家制的基本原则。这一原则对于当代家庭研究，乃至整个社会学研究都具有一定的启发性与警醒性，过度地提倡一方而忽视另一方，既不利于家庭的发展，也不利于个体与民族的发展。

在显性线索中，潘光旦所面对的民国家庭问题以及他有关新家庭制度的思考，也与当下的家庭问题、家庭研究有着内在的关联性。潘光旦的新家制构想，回应的是从传统大家族向新式家庭转变的社会变迁。这一变迁的影响是多方面的，它不仅带来了家庭成员相互关系与互动方式的变化，以往家庭处于个体与社会、民族国家之间的中介性也随之消失，愈趋私人化。时至今日，这一家庭转型虽然已经过去近百年，但是与中国传统大家族制度的漫长发展历史相比，新式家庭制度仍处于一个初步发展阶段，百年前所面对的问题仍以新的形式存在。一方面如何在社会变革所带来的新情况下处理家内成员关系、避免老幼失养仍旧是学界与舆论界关心的重要问题。近年来，中国家庭所呈现的个体化趋势（阎云翔，2017；沈奕斐，2013）使得"代际团结"、"孝道"问题颇受学界关注，如何在尊重各个家庭成员自我发展意愿的情况下，重新思考家庭成员互助合作、和谐共处的方式方法，成为需要认真研究的问题。另一方面，家庭原本处于个体与社会、民族国家之间的中介性正在进一步消亡。有学者指出，国家对家庭的改造使得家庭私人化趋势增强，个体"从家庭、亲缘、社区的权力下被解放"（阎云翔，2017：261）。伴随着这种个体解放而产生的悖论是，由于家庭与国家、社会进一步分离，成为一种私人化的场域，个体不仅不能通过家庭为社会、民族发展助力，甚至连以家庭为单位与国家/政治沟通、对话的能力也几乎丧失。因而，在这样的家庭制度中产生的个体常常是"个体化"、"去政治化的。从这个角度来说，潘光旦在民国时期重新探讨家内关系新伦理的努力，以及他重建家庭作为个体、民族之间中介性的尝试，都是对家庭变革关键环节的回应。时至今日，这些问题仍旧是研究中国家庭无法回避的重要问题。

潘光旦在显性线索中所展现的某些家制设想，比如"婚姻选择"其重要性或许并不完全体现在当下人们进行婚姻选择的行为中，而在于它试图回应的一个重要的家庭研究命题：家庭与"人的培育"之间的关联性。潘光旦的家庭研究试图突破只将家庭作为一个社会组织与单位进行讨论的范式，希望将其作为中国社会与文化的一个总体性问题，这种总体性的一个重要表现即人的培育问题。潘光旦认为，一个社会或一种文化最重要的因素是人，只有健全的人才能推动社会与文化的健康发展，而家庭在培养人才方面具有重要的作用。这种培育工作不仅反映在生物遗传性方面，即通过"婚姻选择"与生育的方式将个体优良品质遗传给后代；还反映在社会性方面，即通过折中家制有老有少的制度设计、两性间"欲—恋"的平衡、对家内关系的三重维度的关注，全面培养个体的同情心、责任感和理性地看待自然生物性与社会伦理性的能力。正是通过自然遗传与社会制度，潘光旦将重建家庭制度这一工作发展为一项"培养日臻完善的人"的事业。根据他的新家制设计，这些从自然遗传与折中家制两方面受到培育和锻炼的人，在处理两性关系、家内关系时有着基于自然性与伦理性的综合考量。同时更重要的是，这种家制培育的不是"去政治化的"、沉溺于私人利益与情感的个体，而是对公共性事务有着责任感与担当勇气的人，这是缓解现代社会中个体解放可能带来的"原子化个体"危险的重要方式。在潘光旦看来，只有通过适宜的家庭环境与家庭制度进行"人的培育"，才能从根本上奠定一个团体、一个社会或一个民族的发展基础。

潘光旦的家庭研究并不是孤立的思想片段，它从属于他对一个更为根本的文化命运问题的整体思考，亦即中国的社会与文化如何在"中西古今"的历史处境中寻求现代出路。潘光旦一生中对于"人"的重要性的持续思考，在很大程度上能够帮助我们理解这一点。对他来说，任何一个现代个体，首先要"做一个人"。只有当"做人"而有余力之后，才可能"向各方面做活动的分子"。而"做人"就要做一个"对人、对己、对天地万物都比较能够"有所交代的人。用他的一个颇为形象的说法，即一个"囫囵的人"，或者说一个整全的人。这样的人，是能保持"欲—恋"关系平衡、家内关系和睦，并向社会和民族"推爱"的现代个体。在这个意义上，潘光旦对家庭制度变革和"人的培育"问题的重视，是为了进一步回答这种作为现代中国担当者的"整全的人"得以形成的条件与环境。当我们在他的新家制构想中看到从个体、家庭、社会到民族的复杂关联时，我们仿佛看见了他所说的一个个圜圙的人"在宇宙之中、在社会生活里面、在自己的种种欲望之间"寻求"能周旋中矩的办法"的努力（潘光旦，2000v）。

参考文献

霭理斯，1928，《霭理斯婚姻论》，杨虎啸、金钟华译，上海：美的书店。

爱伦凯，1933，《恋爱与结婚》，朱舜琴译，上海：光明书局。

倍倍尔，1928，《妇人与社会》，沈端先（夏衍）译，上海：开明书店。

本报讯，1930，《申报·全国教育会议特刊》4月19日。

费孝通，1947，《生育制度》，上海：商务印书馆。

——，1999，《第二届潘光旦纪念讲座致词》，潘乃穆等编《中和位育——潘光旦百年诞辰纪念》，北京：中国人民大学出版社。

霍夫施塔特，1981，《美国思想中的社会达尔文主义》，郭正昭译，台北：联经出版事业公司。

嘉本特（卡本特），1923，《爱的成年》，后安译，北平：晨报社。

蒋功成，2007，《文化解释的生物学还原与整合——评〈潘光旦文集〉中的人文生物学和新人文思想》，《社会学研究》第6期。

康有为，1994，《大同书》，辽宁：辽宁人民出版社。

——，2007，《实理公法全书》，《康有为全集》第1卷，北京：中国人民大学出版社。

梁漱溟，2009，《乡村建设理论》，《梁漱溟全集》第2卷，济南：山东人民出版社。

雷洁琼，1936，《中国家庭问题研究讨论》，《社会研究》第125期。

李景汉，1929，《北平郊外之乡村家庭》，上海：商务印书馆。

林耀华，1989，《金翼：中国家族制度的社会学研究》，庄孔韶、林余成译，北京：生活·读书·新知三联书店。

罗素，1931，《科学的性道德》，陶季良等译，上海：商务印书馆。

吕文浩，2009，《中国现代思想史上的潘光旦》，福州：福建教育出版社。

——，2016，《个性解放与种族职责之间的张力——对潘光旦妇女观形成过程的考察》，《清华大学学报（哲学社会科学版）》第28期。

潘光旦，1932，《笃亲兴仁》，《华年》第 1 卷第 28 期。

——，2000a，《家族制度与选择作用》，《潘光旦文集》第 9 卷，北京：北京大学出版社。

——，2000b，《民族特性与民族卫生》，《潘光旦文集》第 3 卷，北京：北京大学出版社。

——，2000c，《明伦新说》，《潘光旦文集》第 5 卷，北京：北京大学出版社。

——，2000d，《派与汇》，《潘光旦文集》第 6 卷，北京：北京大学出版社。

——，2000e，《社会学者的点、线、面、体》，《潘光旦文集》第 10 卷，北京：北京大学出版社。

——，2000f，《说乡土教育》，《潘光旦文集》第 6 卷，北京：北京大学出版社。

——，2000g，《谈婚姻的动机》，《潘光旦文集》第 1 卷，北京：北京大学出版社。

——，2000h，《文化的生物学观》，《潘光旦文集》第 2 卷，北京：北京大学出版社。

——，2000i，《性爱在今日——过渡中的家庭制度之二》，《潘光旦文集》第 9 卷，北京：北京大学出版社。

——，2000j，《遗传与环境》，《潘光旦文集》第 10 卷，北京：北京大学出版社。

——，2000k，《优生原理》，《潘光旦文集》第 6 卷，北京：北京大学出版社。

——，2000l，《中国之家庭问题》，《潘光旦文集》第 1 卷，北京：北京大学出版社。

——，2000m，《中国之家庭与社会》，《潘光旦文集》第 10 卷，北京：北京大学出版社。

——，2000n，《种族与文化机缘》，《潘光旦文集》第 8 卷，北京：北京大学出版社。

——，2000o，《祖先与老人的地位——过渡中的家庭制度之二》，《潘光旦文集》第 9 卷，北京：北京大学出版社。

——，2000p，《中国伶人血缘之研究》，《潘光旦文集》第 2 卷，北京：北京大学出版社。

——，2000q，《明清两代嘉兴的望族》，《潘光旦文集》第 3 卷，北京：北京大学出版社。

——，2000r，《近代种族主义史略》，《潘光旦文集》第 1 卷，北京：北京大学出版社。

——，2000s，《家谱还有些什么意义——黄冈王氏家谱代序》，《潘光旦文集》第 10 卷，北京：北京大学出版社。

——，2000t，《西化东渐及中国之优生问题》，《潘光旦文集》第 1 卷，北京：北京大学出版社。

——，2000u，《"华年"解——助少壮求位育，促民族达成年》，《潘光旦文集》第卷，北京：北京大学出版社。

——2000v，《纪念孔子与做人》，《潘光旦文集》第 8 卷，北京：北京大学出版社。

——，2016，《潘光旦英文文集》，北京：外语教学与研究出版社。

潘乃谷，1999，《潘光旦释"位育"》，潘乃穆等编《中和位育——潘光旦百年诞辰纪念》，北京：中国人民大学出版社。

沈奕斐，2013，《个体家庭 ifamily：中国城市现代化进程中的个体、家庭与国家》，上海：上海三联书店。

生活书店编译所编，2012，《恋爱与贞操》，北京：生活·读书·新知三联书店。

施复亮，1948，《我写"非孝"的原因和经过》，《展望》第 2 卷第 22 – 24 期、第 3 卷第 1 期。

孙本文，1942，《现代中国社会问题》（第一册：家庭问题）重庆：商务印书馆。

——，2012a，《再论文化与优生学——答潘光旦先生商榷的文字》，《孙本文文集》第 8 卷，北京：社会科学文献出版社。

——，2012b，《文化与优生学》，《孙本文文集》第 8 卷，北京：社会科学文献出版社。

陶希圣，1935，《婚姻与家族》，上海：商务印书馆。

许慧琦，2008，《1920 年代的恋爱与新性道德论述——从章锡琛参与的三次论战谈起》，《近代中国妇女史研究》第 16 期。

许烺光，2001，《祖荫下：中国乡村的亲属、人格与社会流动》，王芃、徐隆德译，台北：南天书局有限公司。

言心哲编，1935，《农村家庭调查》，上海：商务印书馆。

阎云翔，2017，《私人生活的变革：一个中国村庄里的爱情、家庭与亲密关系（1949 – 1999）》，龚小夏译，上海：上海人民出版社。

杨联芬，2012，《爱伦凯与五四新文化》，《中国现代文学研究丛刊》第 5 期。

——，2014，《"恋爱"之发生与现代文学观念变迁》，《中国社会科学》第 1 期。

易家钺、罗敦伟，1921，《中国家庭问题》，北京：北京大学家庭研究社。

张竞生编，2014，《性史 1926》，北京：世界图书出版公司。

张志强，2015，《一种伦理民族主义是否可能——论章太炎的民族主义》，《哲学动态》第 3 期。

周建人，1922，《性教育与家庭关系的重要》，《妇女杂志》第 8 卷第 9 期。

——，2000，《读〈中国之优生问题〉》，《潘光旦文集》第 1 卷，北京：北京大学出版社。

Ellis, Havelock 1940, "The Value of Love." In *Studies in the Psychology of Sex*（*Vol. 6*）. New York：Random House.

Hawkins, Mike 1997, *Social Darwinism in European and American Thought*, *1860 – 1945*. New York：Cambridge University Press.

Glosser, Susan L. 2003, *Chinese Visions of Family and State*, *1915 – 1953*. Berkeley：University of California Press.

金融全球化与"股东导向型"公司治理制度的跨国传播

——对中国公司治理改革的社会学分析[*]

杨　典

摘　要：20世纪80年代以来，由于金融全球化和美式"股东资本主义"的兴起，"股东导向型"公司治理制度在全世界的影响越来越大，被誉为最佳公司治理模式或"国际惯例"。它不但影响了德、日等发达国家，也影响了中国等发展中国家和转型国家的公司治理改革。本文认为，"股东导向型"公司治理制度在中国的传播主要由内生性和外生性两大动机驱动，经过两个阶段和通过三种机制完成。第一阶段是在跨国层面，"模仿性同构"机制和"规范性同构"机制发挥了重要作用；第二阶段是在国内企业层面，政府通过法律法规和政策等手段要求企业采用新的公司治理模式，即"强制性同构"机制发挥了主导作用。对中国公司治理改革的社会学分析有助于我们从一个不同于经济学和管理学的新视角加深对中国金融市场和上市公司的理解，对于反思西方新自由主义企业制度，构建具有中国特色的现代企业制度具有较为重要的理论和现实意义。

关键词：金融全球化　股东资本主义　股东价值最大化　"股东导向型"公司治理　现代企业制度

一　导言

二战后，特别是20世纪七八十年代以来，在全球化进程及信息技术革命的推动下，各个国家，尤其是发达国家的金融资本快速增长，金融化趋势不断加强，政府、企业、家庭和个人都不可避免地受到金融活动的影

---

*　原文发表于《社会》2018年第38卷第2期。

响，带来"社会生活金融化"的新趋势（克里普纳，2008a，2008b）。金融资本全球化——不同于工业资本主义时期的经济全球化——意味着金融市场、金融机构、金融资本和金融文化理念在全球经济体系中的重要性上升，它们逐步取得对工业贸易和商业活动的控制地位，并开始主导资本的全球化进程。经济金融化的影响已远远溢出经济领域，给人类社会带来深远的、整体性的影响，以金融资本积累为核心的活动业已渗透政治、社会、文化等各个领域（何秉孟，2010；向松祚，2015）。

在这一金融全球化的过程中，企业制度与公司治理模式的改变尤为重要。一般来说，发达经济体中的资本主义制度可以分为两种：以股东为导向、以资本市场为中心的英美式"股东资本主义"（Shareholder Capitalism）和以利益相关者为导向、以银行为中心的德日式"利益相关者资本主义"（Stakeholder Capitalism）。这两种资本主义类型分别对应两种不同的公司治理模式："股东导向型"公司治理模式与"利益相关者导向型"公司治理模式。前者以股东利益最大化为导向，以资本市场为中心；后者以利益相关者利益为导向，以全能银行为中心（Shleifer and Vishny，1997；Hall and Soskice，2001）。两者在国家（the state）、资本所有者（shareholders）、职业经理人（managers）和工会（labor union）四种力量对比上存在较大差异，继而在公司治理机制、权力结构和利益导向上产生诸多不同。不过，这两大公司治理模式都可谓"现代的"企业制度。英美企业和德日企业都具有"产权清晰、权责明确、政企分开、管理科学"的现代企业特征。两种模式一度旗鼓相当，各自拥有一批追随者和一定的影响范围。

然而，自20世纪90年代以来，曾经作为"利益相关者模式"主导力量的银行系统开始失去之前的影响力，大型企业越来越多地从对银行债务的依赖转到对资本市场的依赖（Fiss and Zajac，2004；Ahmadjian and Robbinson，2005），继而导致一系列制度变迁。现在，"股东资本主义"已经从英美扩散到全球，曾经"利益相关者资本主义"导向的国家无一不受到以美国为代表的新兴"股东资本主义"模式的影响。肇始于美国的"股东资本主义"最初只是实现了对日本和欧洲等其他发达资本主义国家和地区产生影响，现在正向发展中国家和新兴经济体加速扩散。

"股东资本主义"是金融全球化的主要表现形式和制度载体，其最显著的特征是奉行"股东价值最大化"（the maximization of shareholder value）

的管理理念,在股东价值最大化、股东利益至上的原则下,大企业的公司治理机制、公司战略和利益导向都发生了显著变化。企业内部的治理形式同外部环境的资本、信息交换受到金融市场、机构投资者及其他金融中介机构的强烈影响。企业自主行动的权力受到削弱,演变为金融市场"指引"下的契约关系载体及投资者谋取投资回报利益最大化的投资工具。作为"股东资本主义"的重要制度支撑,"股东导向型"公司治理制度首先在 20 世纪 80 年代的美国兴起,90 年代后向全球各地不断扩散,深刻影响了广大发展中国家和转型国家的公司治理改革。

中国也深度卷入这一制度扩散过程,建立现代企业制度便是其中的一个例证。当然,这并不是说中国的企业现代化完全复制了美式的公司治理制度。事实上,自改革开放以来,中国国有企业改革主要经历了三个阶段。第一阶段的改革旨在提高对国有企业管理者和工人的经济激励,以及加大对国有企业的预算限制。第二阶段的改革开始于 20 世纪 90 年代初期,目标在于改制国有企业,建立现代企业制度①(李培林、张翼,2007;Zheng,2007;陈佳贵,2008)。随着 1990 年上海证券交易所和 1991 年深圳证券交易所的相继成立,一大批改制后的国有企业和民营企业陆续上市。但由于资本市场刚刚建立,运行机制和相关制度还不完善,并没有充分发挥资本市场在改善公司治理方面的激励与监督作用。大部分上市公司也仅仅把上市作为"圈钱"融资的工具,因此,很多上市后的企业与上市前并没有很大不同。特别是 1997~1998 年"亚洲金融危机"爆发后,一系列上市公司的丑闻和股票市场操纵案(如 2000 年的"基金黑幕"和 2001 年的"银广夏事件")相继曝光,使中国高层决策者进一步意识到公司治理在建立现代企业制度、拉动经济增长和股市发展方面的重要性(Naughton,2007;徐向艺、李一楠,2008)。第三阶段始于 20 世纪 90 年代末。在经过近 20 年的企业改革探索后,中央政府做出"股份制改革是中国企业改革的核心,而公司治理改革又是股份制改革的核心"②的判断。因此,第三阶段的改革实为广泛的"公司治理改革",以 1999 年和 2005 年两次修订的《公司法》和 1999 年颁布、2005 年修订的《证券法》,以

---

① 根据《公司法》(1994)规定,现代企业必须"产权清晰、权责分明、政企分开、管理科学"。

② 例如,1999 年的中国共产党第十五届中央委员会第四次全体会议强调,只要国有企业改革仍在继续,公司治理改革就是核心。

及中国证监会发布的一系列法规为标志。这些法律法规在很大程度上借鉴了"股东导向型"公司治理模式的制度设计，比如独立董事制度、董事信托责任、公司高管股权期权薪酬制度等。

但法律或规章往往只是各种制度因素和社会力量角力的结果，而非原因。那么，在中国企业改革高峰期（1997～2007），中国为什么会选择"股东导向型"公司治理制度作为中国企业改革和建立现代企业制度的参照？在企业层面，是什么因素影响了上市公司采用"股东导向型公司"治理制度（比如，独立董事制度）？上市公司采用"股东导向型"公司治理制度是各个公司的个体理性决定，还是受到制度环境的强烈影响？"股东导向型"公司治理制度在中国企业中的扩散机制是什么？虽然这些问题仍待解答，但可以明确的是，中国企业采用"股东导向型"公司治理制度并非偶然，它反映了过去三四十年金融全球化的加速推进和"股东资本主义"的兴起和历史变迁。

二 "股东资本主义"的兴起及全球扩张：理论及解释

自20世纪80年代以来，美国的经济运行模式和公司治理模式经历了巨大变化，产生了一种新的资本主义形态：国际竞争激烈，行业管制宽松，工会力量式微，机构投资者大量持股大公司。相应的公司组织结构特征是：规模缩小并实施"专业化"战略（specialization strategy），通过裁员（downsizing）和重组（restructurings）实现组织结构精简（Budros，1997）。这些变化源于"股东价值最大化"及其背后的"股东资本主义"的兴起，两者相辅相成，互为表里。"股东资本主义"无论是作为一种意识形态，还是一系列公司组织结构和战略,[1] 都以股东价值最大化为导向（Fligstein

---

[1] 经济社会学家已经做过很多关于美国上市公司"股东价值最大化"理念的传播和实施方面的实证研究（Davis，1991；Davis and Stout，1992；Fligstein and Markowitz，1993；U-seem，1993；Davis et al.，1994；Zuckerman，1999，2000；Fligstein，2001；Dobbin et al.，2003）。结果表明，在这期间，很多美国公司都进行了财务重组，并采取了剥离不相关的产品线（Davis et al.，1994；Zuckerman，1999，2000）、兼并相关产业（Davis and Stout，1992；Fligstein，2001）、股票回购等金融手法（Westphal and Zajac，2001），以及裁员等一系列策略。这些行为都是为了向投资者证明公司专注于核心业务，专注于赚钱，从而提高公司股票价格。

and Shin，2004；Dobbin and Zorn，2005）。

支持股东价值最大化的学者和企业界人士认为，20 世纪 70 年代的美国企业出现问题的根本原因在于，董事会和资本市场未能有效监督、奖励和惩罚公司高管以最大限度地提高资产收益，从而提升股价（Jensen and Meckling，1976；Jensen，1986；Fligstein and Shin，2004）。因此，它们广泛推行一系列新的公司治理做法，例如，加强董事会的独立性，强化对公司高层管理者（高管）的市场约束等。不过，现实问题在于，无论是董事会还是资本市场，都无法有效约束公司高管的行为。一方面，公司高管团队控制着董事会；另一方面，外部也缺乏有效的资本市场。董事会的董事对经理人违反"股东价值最大化"原则并不敏感，因为他们的利益往往是紧密联系在一起的（Davis，1991）。

伴随着法律界、学术界和政治团体对董事会应该扮演什么角色讨论的不断深入，美国大公司的董事会角色在 20 世纪 70 年代末发生了显著变化。在企业并购大潮充斥着诉讼和反诉讼的背景下，1978 年的"商业圆桌会议"（The Business Roundtable）发布了题为"大型上市公司中董事会的角色和构成"① 的报告，使董事会原来的装饰性作用向更积极的方向转变（Mace，1971），该报告的条文成为改善美国公司治理运动的第一波准则。随后几年，他们又提出了一系列公司治理的"最佳惯例"（the best practices）。大多数上市公司都对董事会的结构和功能进行了改革，例如，任命"外部/独立"非执行董事以确保股东利益，在董事会的各个委员会（尤其是审计、薪酬和提名委员会）中委任外部董事，减小董事会规模，将董事长和总经理两职分任等（Davis and Stout，1992；Useem，1993；Davis et al.，1994；Davis，2005）。这些都标志着"股东价值最大化"已经成为上市公司运行的核心原则，"股东资本主义"正式兴起。

那么，究竟哪些因素引发了"股东资本主义"在美国的兴起？目前学术界对于这一问题尚无定论。总的来说，解释主要来自两大理论阵营——"新古典主义经济学理论"（主要是"代理理论"）阵营和"社会学/组织理论"阵营。从经济学视角出发的分析大多关注效率方面的因素，而以社

---

① 该报告声明董事会的主要职责是：（1）监督公司高管和董事会成员的选拔和继任；（2）评估公司绩效和分配资金；（3）监督企业社会责任；（4）确保遵纪守法（Charkham，1995）。

会学理论为基础的探究则倾向于强调社会、政治和文化等因素的作用。具体来说，社会学对"股东资本主义"兴起的解释大致有四种理论："新制度主义理论"（the New Institutional Theory）、"政治—文化"视角的"权力和意义构建理论"（Power and Sense-making Theory）、"网络理论"（Network Theory）和"资源依附理论"（Resource Dependence Theory）。相比较来看，经济学视角和社会学视角的分析主要存在以下几个方面的分歧："股东导向型"公司治理制度兴起与扩散的原因与动机（企业效率和股东价值最大化 VS. 合法性和权力再分配）、扩散主体（企业 VS. 政府和专业人士）、扩散机制（市场竞争机制 VS. 强制性、规范性和模仿性同构机制），以及"股东资本主义"兴起与扩散的影响和后果（企业效率和股东价值的提升 VS. 合法性的增强，股东价值的受损以及由工人/员工等利益相关者到企业高管、机构投资者和证券分析师的财富再分配）。

（一）新古典主义经济学的理论解释（"委托—代理"理论）

"委托—代理"理论认为，"股东导向型"公司治理制度是降低代理成本、最大化股东价值、提升投资机会和获得外部资本的最佳方法（Manne，1965；Jensen，1986）。他们认为，产品市场和劳动力市场日益提升的竞争压力和金融市场的压力会迫使企业采取"股东导向型"公司治理制度（Jensen，2000）。此外，新古典经济学家坚信，美式"股东资本主义"是生产和资源分配最有效率的组织形式。他们还认为，市场和效率因素的考量迫使德日企业采用美式"股东导向型"公司治理的做法，因为美式公司治理模式是最优和最有效率的，德日企业要想在日益激烈的国际市场竞争中存活下来并提高自身竞争力，就不得不采用美式公司治理制度。

（二）社会学解释：三类理论

1. 新制度主义理论

"新制度主义理论"将注意力从技术环境转移到企业所嵌入的制度环境。制度环境由规范性、认知性和强制性的因素构成，存在于一定的文化语境中，是建构组织形式与组织成员思维的重要力量。一方面，出于合法性考虑，组织会主动吸纳那些被广为接受或被认定为规范的行为方式，此时，对效率的追求便会退居其次。另一方面，效率本身也是社会建构的结果。何为效率,如何达到效率的最大化往往是历史、文化和社会的选择,具有一定"偶变性"(contingency)。所谓组织的最佳模式,往往是历史过程不断收敛的结果,甚至是由"专业人士"(profesionals)有意识主导的变革(Meyer and Rowan,1977;Strang and Meyer,1994;Meyer,1994)。

在"新制度主义理论"的支持者看来,股东价值是一种建构出来的神话(Dobbin and Zorn,2005)。出于组织合法性的考虑,美国企业普遍采用"股东导向型"的公司治理做法,比如,股票期权薪酬制度、裁减冗员,以及其他一些灵活机动的员工雇佣措施。通过这些象征性(symbolical)手段,企业向金融市场发出一个重要的信号:我们遵循"股东价值最大化"的理念,并以"股东导向型"模式治理公司(Budros,1997;Wesphal and Zajac,1998;Kalleberg et al.,2003)。专业人士(例如,基金经理和证券分析师)在打造和传播这一信号中发挥了关键作用(Zuckerman,1999,2000;Dobbin and Zorn,2005)。

因此,新制度主义者不认为"股东导向型"公司治理模式是最有效率的组织方式,相关制度的扩散也并不基于效率因素。作为"神话"的"股东资本主义"是一个社会、政治和信仰体系,而不是单纯的技术和经济实践集合。不少研究已经证实,"股东导向型"公司治理制度的扩散更多是由合法性和权力而非效率因素驱动。这些制度之所以在全球传播并被不断模仿,原因就在于它们被建构成合理、有效率和先进的,而不是因为这些公司治理制度真的是最有效率的。

2. "政治—文化"理论

"政治—文化"理论(Political-cultural Theory)强调"权力"以及具有回溯性的"意义构建/认知"在股东价值神话的塑造中起到的作用(Dobbin and Zorn,2005)。这一理论的支持者认为,那些最具权力的行动者通常都会利用自己手中的权力来让实践活动在更大程度上服务于自身利益,并建构起相应的意识形态或理论体系,以支撑自身做法的合法性/合理性。"股东资本主义"的兴起过程也是如此:市场中最具权力的三类群体——并购专家(takeover specialists)、机构投资者(institutional investors)和证券分析师(securities analysts)——首先提出一些新的公司治理做法,然后通过自身掌控的资本市场权力将其灌输到企业管理层;接下来,他们开始对各种理论(例如,"委托—代理"理论和"核心竞争力理论")进行综合性、回溯性的意义建构，以构建"股东价值最大化"学说的理论框架并对"企业效率"这一概念进行重新定义（Davis et al.，1994；Zuckerman，1999；Dobbin and Zorn，2005；Zorn et al.，2005）。从更广泛的意义来说，金融市场中上述三个专业群体的崛起还要归功于自 20 世纪 70 年代以来美国工会力量的衰落、政府监管的放松和银行影响力的下降。这些企业没有了源于银行压力的内部规制和来自政府和工会的外部调控，就不得不转而倚靠这些专业人士，因为他们能操纵那些影响企业绩效的关键信息，而企业的绩效又是投资者亘古不变的关注焦点。这种转变的结果便是权力和利益从主要的利益相关者（例如，政府、工会和银行）转移到金融市场的三类专业人士（机构投资者、并购专家和证券分析师）的手中（Mizruchi and Kimeldorf，2005）。

通过以上分析我们可以看出，"新制度主义理论"和"政治—文化"理论对"股东资本主义"兴起原因的解释存在一些共同之处：两种理论都强调了专业人士具有的强制性力量和规范性同构机制的关键作用。"政治—文化"理论对"股东资本主义"兴起的政治、经济背景，以及权力效应和认知构建问题的解释具有很强的说服力，而"新制度主义理论"的探讨则让我们得以了解"股东资本主义"如何实现制度化并完成在美国乃至世界范围的广泛扩散的具体过程。

3. "网络理论"和"资源依附理论"

除了"新制度主义理论"和"政治—文化"理论以外，"网络理论"和"资源依附理论"也对"股东导向型"公司治理制度的扩散给出了相应解释。比如，一些研究论证了企业精英网络（例如，连锁董事关系网和地理上的接近性）对于"黄金降落伞制度"（Golden Parachutes）和"毒丸计划"（Poison Pills）等企业战略在美国企业中的扩散所起到的重要作用（Davis，1991；Davis and Greve，1997）。"资源依赖理论"的研究发现，企业倾向于采用关键资源提供者认可的行为模式（Palmer et al.，1993），因为它们受控于一些掌握了对于其发展运营至关重要的稀缺资源（Pfeffer and Salancik，1978），资本即这样一种关键资源。由于政府和工会力量的持续衰落，以及企业的资金来源从银行变成了资本市场，再加上机构投资者和证券分析师越来越成为影响企业生存和盛衰的重要因素，许多企业的资源依赖对象从利益相关者（例如，银行和工会）转变成股东/投资者和资本市场，企业行为便自然而然开始有了"股东价值最大化"的倾向（Ahmad-jian and Robbinson，2005）。

三 迈向"股东导向型"公司治理：中国公司治理改革（1997~2007）

在20世纪90年代"股东资本主义"发展的高峰期，中国证券监管机构和财经政策制定者也意识到全球对"股东导向型"公司治理模式的热情。1997年亚洲金融危机的爆发使得金融监管更为迫切，在这种背景下，当年8月，国务院决定将上海和深圳的证券交易所统一划归中国证券监督管理委员会（简称"证监会"）监管。随着1999年《证券法》的颁布，证监会开始行使双重权力：规范证券市场和在统一法律框架内标准化既有的法律法规。从20世纪90年代末到2001年，证监会颁布了几十项法律法规，其中大部分借鉴了"股东导向型"公司治理模式的一些做法，比如，独立董事制度、董事的信托责任（fiduciary duties）、信息披露、公司并购准则（take-over code）、公司控制权市场（market for corporate control）和法律改革，以确保可以通过诉讼保障股东权利、会计制度改革和审计监督等。

其中令人印象最深刻的是2001年8月16日发布的《关于在上市公司建立独立董事制度的指导意见》（以下简称《指导意见》）。《指导意见》要求在2002年6月30日前，每个上市公司董事会成员中应当至少包括2名独立董事；在2003年6月30日前，每个上市公司董事会成员中应当至少包括三分之一独立董事。[①] 中国证监会还在《指导意见》和《上市公司治理准则》中表示，董事会应该建立薪酬、审计和提名等委员会，独立董事应当在这些委员会的成员中占有二分之一以上的比例，而且独立董事应当担任各个委员会的主席。《指导意见》是中国证监会借鉴"股东导向型"

---

① 按照有关规定，独立董事需要满足以下五个条件：（1）非上市公司或者其附属企业任职的人员及其亲属（包括配偶、父母、子女、兄弟姐妹、岳父母、儿媳女婿、兄弟姐妹的配偶、配偶的兄弟姐妹等）；（2）直接或间接持有上市公司已发行股份不超过1%；（3）非上市公司前十名股东中的自然人股东及其直系亲属（配偶、父母、子女）；（4）非持有上市公司已发行股份5%以上的股东单位任职的人员及其直系亲属；（5）非上市公司前五名股东单位任职的人员及其直系亲属。

公司治理模式，通过实施独立董事制度来规范公司内部治理的一次努力。中国证监会在发布《指导意见》和《上市公司治理准则》后，又颁布了多项政策，旨在提高独立董事制度的规范性和有效性。新的措施赋予独立董事更多权力，例如，否决关联交易、聘请独立的会计和审计事务所、费用由上市公司支付等。此外，还要求中国的上市公司采用美国常见的"累积投票制"（cumulative voting）来选择独立董事，以充分发挥中小股东的作用。《指导意见》实施后效果非常显著，中国上市公司中独立董事占所有董事会成员的比例从 2001 年的 6% 迅速提升至 2002 年的 23%，2004 年底达到 34%。1998～2006 年，中国上市公司中独立董事的平均比例是 20%，这在短期内是一个很大的进步，但还是远低于美国——美国大部分公司的外部董事（outside directors）[①] 比例都超过了 80%。

关于中国企业的领导体制，《公司法》（1994）建议将董事长和总经理两职分任，因为"董事长和总经理职位的分离代表所有权与经营权分离，这是现代企业的特点之一"。1994 年《公司法》颁布后，中国 50% 以上的上市公司都将董事长和总经理两职进行了分别任命。20 世纪 90 年代末，中国证监会鼓励上市公司进一步分离董事长和总经理职位。从 1997 年到 2001 年的短短四年内，两职分任的比例从 60% 跃升到约 90%。

在解释"股东导向型"公司治理做法在中国传播的原因和机制之前，有必要先简单介绍一下"新制度主义理论"中关于"组织实践扩散"（the diffusion of organizational practices）的相关研究。

（一）组织实践的扩散：原因、机制和主体

新制度主义学者主要从两个角度来解释组织实践的形成和扩散：效率（理性）动因和社会合法性动因（Strang and Macy, 2001；Tolbert and Zucker, 1983）。效率动因是指组织采纳某种组织创新或组织实践会提升该组织的效率和效益。例如，"M 型组织结构"（the multi-divisional form）的流行（Chandler, 1962）将濒临倒闭的文理学院改建为职业培训机构（Kraatz

---

[①] 严格来说，外部董事不等于独立董事，独立董事都是外部董事，但外部董事不一定是独立董事。但在美国，没有像在中国这样关于独立董事的严格定义，一般都把"外部董事"当作"独立董事"。为表述方便，本文中美国的"外部董事"与中国的"独立董事"予以通用。

and Zajac，1996），都是出于技术或理性需求而采纳某种组织实践的例子。相反，"社会合法性理论"认为，一些组织实践被采用是因为被人们认为是"理所当然"（taken-for granteddness）的。如果一种组织实践被制度化了，采纳这一实践就会为组织带来合法性（Tolbert and Zucker，1983）。

那么，新的组织结构和实践是如何扩散到其他组织的呢？迪马乔和鲍威尔（DiMaggio and Powell，1983）认为，组织结构和行为趋同主要有三种机制：强制性趋同（coercive isomorphism）、模仿性趋同（mimetic isomorphism）和规范性趋同（normative isomorphism）。第一种机制是强制性趋同，来自各个组织面临的正式和非正式的压力，而这些压力又来自组织所依赖的其他强势组织（比如政府）。根据"资源依赖理论"和"权力理论"（Palmer et al.，1993），组织倾向于采用关键资源提供者认可的行为模式。第二种机制是模仿性趋同。当组织技术尚未成熟，组织目标模糊或环境中存在不确定性时，就会发生制度模仿。新制度主义学者认为模仿过程会导致全球组织行为日趋类似，组织间的模仿也可能是因为竞争（DiMaggio and Powell，1983）。当各个组织相互学习经营经验，或者希望尽量降低市场或资源风险时，就存在竞争性模仿压力。各个公司就会采取相同的行为规则，因为不这样做，就可能会处于不利的竞争地位，市场份额也可能会降低。第三种机制是规范性趋同，某些规范性因素迫使组织采纳某种组织创新（DiMaggio and Powell，1983），例如，对组织员工、技术人员、管理者的正式培训会提升那些与这些培训内容相一致的组织实践被采用的可能性。正规培训和专业化过程（proffesionalizaion）会通过共享社会规则创造一个制度环境（Meyer and Rowan，1977）。同一行业的专业人士或同一职业社区的成员会有共同的认识和知识基础。已有不少研究发现，在组织层面上存在规范性压力，专业化和共享知识会导致组织行为的趋同（Burns and Wholey，1993）。此外，我们可以合理推断，规范性制度压力也会在全球范围发挥作用，因为专业培训和教育知识通常是在全球范围内被标准化的，而不仅仅是在一个国家的范围内，这为组织实践的跨国扩散创建了一个通道（Meyer et al.，1997）。

最后，"新制度主义理论"认为，对制度扩散的研究，无论是国内研究还是跨国研究，都需要识别并分析趋同的行动者（agents）和渠道。迪马乔和鲍威尔（DiMaggio and Powell，1983）认为，理性化和科层化（rationalization and bureaucratization）的动因已经从市场竞争转移到政府和专业人士。政府在组织实践的采纳和扩散中存在强制作用，这从公共管理改革（Tolbert and Zucker，1983）到美国企业的劳工和人力资源管理实践（Baron et al.，1986）都可以看得很清楚。特别是，相关研究已经证明，政府在他国的组织行为在本国的扩散中也起着关键作用（Guillén，1994）。例如，科尔（Cole，1989）解释了在"质量控制运动"（the quality control movement）的扩散中日本政府如何发挥突出作用。政府可能通过奖励或制裁某种组织行为，以促进组织变革。专业人士也在新型组织实践的兴起和扩散中发挥了很大作用。有研究表明，专业人士群体（例如，基金经理和证券分析师）是"股东导向型"公司治理制度和战略在美国兴起和扩散的主体（Fligstein，1990；Dobbin et al.，2003）。具体来说，机构投资者和专业人士扮演着美国公司治理实践扩散的催化剂角色。"机构投资者行动主义"（institutional investor activism）产生于20世纪80年代初期的收购浪潮中。它的出现标志着美国投资者群体由被动、分散、匿名的个人股东到机构投资者股东的转变，这些机构投资者在许多事情上开始挑战公司高管和董事，比如，敦促公司董事会进行结构性改革、重新设计公司表决程序等。领军的机构投资者（比如加州公共雇员养老基金）认为，"好治理就是好生意"（good governance is good business），好的公司治理自然会为股东创造价值。企业要想在资本市场中获得资金，就必须进行公司治理改革，以满足潜在机构投资者的期望和要求。例如，自20世纪80年代以来，美国大公司董事会成员数量减少，外部董事增多并占据大多数，都是和机构投资者的偏好相一致的（Davis and Thompson，1994）。总之，机构投资者和专业人士在美国"股东导向型"公司治理做法的扩散中发挥了重要作用。

（二）"股东导向型"公司治理制度在中国扩散的内生与外生动机

国家的诞生是经济活动中一个重要的历史标志。政府和政策制定者在经济规则的定义和结构性安排方面发挥了重要作用（Djelic，1998）。政策制定者对经济活动的参与程度和性质多种多样，既可以通过立法或对财产权的定义间接干预，也可以作为监管机构或通过其他经济行为直接干预。因此，从制度角度研究经济结构和活动，必须详细分析政府、政策传统和国家与社会的互动模式 (Dobbin and Sutton, 1998)。埃文斯 (Evans, 1995) 将韦伯的政府对市场具有积极促进作用的观点与格申克龙 (Gerschenkron, 1962) 和赫希曼 (Hirschman, 1958) 发展经济学的主要观点结合起来,提出了"发展型国家"(the developmental state) 的理论。发展型国家的一个重要特点是,官僚机构既要有足够的自主权,官员能够追求长期目标,官僚机构也要和私人资本发展密切关系,以便及时了解不断变化的经济形势对企业家利益的影响 (Evans, 1995)。这种"嵌入式自主"(embedded autonomy) 能够保证国家在制定和执行长期目标时能够从主要经济行动者身上及时了解各种情况和获取最新信息,从而促进发展目标的实现。

政府在中国经济和中国企业的发展中是一个不可或缺的因素。和其他东亚邻国一样,中国也具有发展型国家的特点。正如魏昂德 (Walder, 1995) 在解释中国经济奇迹时所言,地方政府与当地企业之间密切的关系是激励和引导中国经济增长的关键。作为一个以经济增长为重要目标的国家,中国政府积极学习和借鉴国际先进的经济经验和组织实践,助推中国企业"现代化",从而实现经济增长。① 如前所述,"股东导向型"公司治理制度在中国的传播并不是由机构投资者或者专业人士主导的,政府(例如,证监会等政府机构)才是关键行动主体。这就提出了一个问题:为什么政府会推动企业大规模采用"股东导向型"公司治理制度?

组织制度扩散的效率和合法性理论往往认为彼此是互相排斥的:在组织制度扩散的初期都是出于效率或效益原因,在后期则将其看作一个获得社会合法性的过程而不考虑是否获益。笔者更赞同斯科特 (Scott, 2001) 的观点,他认为效率和合法性既是互相竞争的关系、也是互相补充的关系。此外,在研究公司治理制度的跨国扩散时,区分内生性和外生性动机

---

① 另一方面,和其他东亚邻国不一样,中国是社会主义市场经济国家,大企业一般都是国家控股的。中国政府的这种特征意味着,在"股东导向型"公司治理制度在中国的采用中,中国政府扮演着双重角色:一方面,政府积极推进"股东导向型"公司治理制度在中国的应用;另一方面,中国政府是很多大型企业的控股股东,第一要务是维持其对大型企业的控制权,实现一些政治或社会目标,例如维持/增加就业、执行产业政策等,而不是单纯的股东价值最大化。如何调和中国上市公司中最大的国有股东和其他小股东的利益(包括机构投资者和外资股东),以及如何解决政府同时作为监管者和股东的角色冲突,是政府面临的一项艰巨任务。

有很大的理论意义。具体来说，笔者认为内生性和外生性动机之间的主要区别是效率动机往往要内生驱动，而社会合法性则是外生性动机。同时考虑内生性和外生性动机才有助于我们全面理解为何"股东导向型"公司治理制度在中国被采用。

首先，中国企业体制的内生性特点，比如，中国上市公司的公司治理质量较低，推动了被认为是"国际先进"的"股东导向型"公司治理制度在中国的采用。美式"股东资本主义"的主要特点之一是大公司的股权结构比较分散。但中国大企业的股权高度集中，通常掌握在政府或家族手中。政府通过控制关系国计民生的具有重大战略意义的大型企业，以保持对国民经济的控制。对中国的家族企业所有者而言，强烈的家族忠诚度、对外人的不信任，以及集权化的决策体制，都会导致家族企业的控制权和所有权高度集中（Boisot and Child，1996；Whyte，1996；Peng，2004）。中国上市公司的另一个特点是"母—子"公司组织结构，也就是说，上市公司（子公司）通常是由企业集团（母公司）控制的。所有权的高度集中以及"母—子"公司的组织结构都对中国上市公司的公司治理产生了巨大影响。尽管一定程度的股权集中会减少股东和管理层之间的代理成本，但过高的股权集中会加剧控股股东和中小股东之间的代理问题，上市公司[①]滋生关联交易和内部交易。近年来，一系列猖獗的丑闻事件也证明了这一点，1993~2002 年的短短十年间，1200 家上市公司中有 200 家因为违法违规被定罪，违法违规行为包括资产挪用、非法银行贷款担保、信息非充分披露，以及虚假陈述等。这些违法违规行为往往伴随母公司和子公司之间的关联交易，使得情况更加复杂（Zhang and Ma，2005）。而"股东导向

[①] 在公司治理中存在两种"委托—代理"问题：一是管理层和股东之间的利益冲突，可能导致管理层自利（managerial entrenchment）问题；其二是控股股东和中小股东之间的利益冲突，可能导致前者攫取后者利益，或"利益输送"（tunneling）（Volpin，2002）在美国"经理人资本主义"中，公司的主要代理问题是管理层和股东之间的利益冲突。美国公司的股权结构非常分散，没有大股东可以有效地监督和规范公司高管的行为，常常导致"管理层自利"问题。随着"股东资本主义"的兴起，机构投资者日益重要，并能有效规范公司高管的行为，使得管理层与股东之间的代理问题有所减轻。与美国企业相比，中国企业面临的代理问题非常不同。对于中国上市公司来说，主要的代理问题是控股股东和中小股东之间的利益冲突。因为控股股东太过强势，为了谋求自身利益，往往会牺牲中小股东的利益。而股东和管理层之间的代理问题不是最主要的问题，因为总有一个控股股东可以监督和规范管理者的行为。

型"公司治理制度,例如,独立董事制度,可以弥补中国法律体系的漏洞,保护中小股东利益。也就是说,"股东导向型"公司治理制度提供了一个迅速弥补中国法律制度漏洞的方法,提供了一条既可以制约大股东和公司高管滥用权力,又不用立即修改现存法律体系的渠道。因此,无论独立董事的任命,还是董事长和总经理两职的分任,都旨在制约控股股东的过大权力(即所谓的"一股独霸")。通过增强董事会的权力和独立性,希望可以缓和控股股东和中小股东之间的利益冲突。

其次,笔者认为,中国公司治理体系比较低效是一个重要因素,但还不足以充分解释"股东导向型"公司治理制度在中国的采用和扩散。也就是说,除了改善公司治理的内在需求之外,还存在一些外部压力,要求中国公司采用"国际惯例"(international best practices),使中国公司治理制度与国际接轨,以吸引外资,并增强中国企业的国际竞争力。随着中国日益融入世界经济体系,尤其是2001年加入世贸组织后,"股东导向型"公司治理制度加速传播到中国。因此,中国参与世界经济被视为重要的外生力量,促进了中国企业采用"股东导向型"公司治理制度这一"国际先进"的公司治理模式,这不仅能够提高中国公司治理体系的效率,还能提升公司治理体系的合法性。

上述两种因素可以比较全面地解释中国采用"股东导向型"公司治理制度的原因:一方面中国企业的内部治理制度确实存在不足,有提升公司治理有效性的内在需求;另一方面,中国也面临一些外部压力,尤其是在加入世贸组织后,提高公司治理体系在国际社会的合法性,与"国际接轨"也显得非常必要。

(三)"股东导向型"公司治理制度在中国传播的两个阶段和三种机制

在前文中,笔者解释了为什么政府是"股东导向型"公司治理制度在中国扩散的主体,以及中国政府推行"股东导向型"公司治理制度的动机(效率动机和社会合法性动机)。接下来的问题是,"股东导向型"公司治理制度在中国上市公司中是如何被采用的,其扩散机制是什么?

受"新制度主义理论"的启发,笔者认为,"股东导向型"公司治理制度在中国的扩散存在两个阶段和三种制度同构机制。第一阶段是在国家层面，模仿性同构机制和规范性同构机制都发挥了作用。在中国经济转型的复杂时期，政府官员和政策制定者并不确切知道如何改进中国企业的治理，应该建立一个什么样的现代公司治理体系。在不确定的情况下，当有关官员不能使用"中国方法"来解决问题的时候，他们就需要环顾四周，借鉴国际经验，学习美国、英国或德国、日本等发达国家的经验，以建立和完善中国的公司治理体系。

笔者认为，"股东导向型"公司治理制度之所以在中国被采纳，除了"股东导向型"公司治理制度自 20 世纪 90 年代以来在世界上越来越有影响，而日益被认为是"国际先进"公司治理模式之外，中国证券监管机构主要决策者的专业教育背景和工作经历也起到了重要作用。几乎所有的证监会高层官员都拥有法律或金融学位，其中相当一批人在美国或英国留过学或接受过专业培训，甚至有在美国或中国香港地区证券市场相关工作经验的资深人士。比如，中国证监会原副主席（2001 年 3 月至 2004 年 9 月）史美伦女士在获得美国加州圣达嘉娜大学法学博士学位后，先后在美国加州和美国联邦法院工作，并曾在旧金山做过律师。在 2001 年出任中国证监会副主席之前，她还曾于 1998 年担任香港证监会副主席兼营运总裁。中国证监会的另一个重要领导人，前副主席高西庆从杜克大学法学院获得法学博士学位，20 世纪 80 年代在华尔街做过多年律师。相反，证监会工作人员中有过在日本或德国学习或工作经历的高层官员则相当罕见。

杰利奇（Djelic，1998）的研究表明，二战后在工业生产系统从美国到欧洲的扩散过程中，组织实践的跨国传播必须熟知国外的做法，并相信该做法是具有优势的（perceived superiority）。无论是规范还是认知原因，笔者认为，那些有金融或法律专业背景以及美国教育或工作经历的中国政府官员更倾向于采纳美式"股东导向型"公司治理制度。法律或金融方面的专业训练使他们更容易相信美国的模式是最好的。随着金融全球化和"股东资本主义"的兴起，全世界都倾向于认为"股东导向型"公司治理模式是最优的。法律和财务方面的专业人士更是坚信"股东导向型"公司治理模式是最好、最有效的公司治理模式，能最有效地分配资源，实现股东价值最大化。证监会官员的施政思维也与"股东导向型"公司治理模式相一致：在中国证监会的官方网站上，有一个突出的声明："保护股东的利益是我们工作的重中之重。"①

有趣的是,上述中国的案例表明,正像美国大公司首席执行官(CEO)的职业出身和专业背景(比如,是技术、销售还是财务出身)会影响企业战略和公司治理一样(Fligstein,1990),政府官员的专业经历和教育背景也可以通过强制性的国家权力影响公司治理和企业战略,尤其是在中国这样的政府占主导地位,市场经济不够健全,以及专业人士群体还比较弱势的国家。

第二阶段是在国内层面,中国政府通过法律法规和国家权力,迫使企业采用"股东导向型"公司治理制度,我们称之为"强制性同构"。美国政府往往通过制造监管和法律不确定性和模糊性等间接方法影响组织行为和组织结构(Dobbin et al.,1993;Kelly and Dobbin,1999),而中国政府通常是采用更直接的方法,直接要求企业采用新的组织制度或做法。比如,前文提到的中国证监会发布的《关于在上市公司建立独立董事制度的指导意见》就直接要求所有上市公司在 2002 年 6 月 30 日前,董事会成员中应当至少包括 2 名独立董事;在 2003 年 6 月 30 日前,董事会成员中应当至少包括三分之一独立董事。虽然只是一个"指导意见",不是法律或正式法规,但它仍然具有强制力,因为证监会可以惩罚那些不遵守《指导意见》的上市公司,勒令其退市或采取其他制裁措施。

本研究的数据还显示了一个有趣的现象,虽然董事长和总经理两职分任制度源自美国,但平均只有 30% 的美国公司真正实行了两职分任;而在中国,大约 84% 的企业在 1997~2006 年实现了董事长和总经理两个职位的分任,这比美国公司的比例高得多。这一发现的精彩之处在于,中国政府将美国的公司治理理论在中国变成了现实,这是"操演"(performativity)理论的一个生动注脚(MacKenzie,2005)。这一结果反映了中国政府对企业行为强大的影响力,而在美国,诸如机构投资者和证券分析师这样的金融市场玩家和专业人士群体的影响力虽然自 20 世纪 80 年代以来在不断增大,但还不足够大,还无法迫使企业跟随他们所有的偏好和想法。

---

① 参见网址:www.csre.gov.cn。

四 企业为何采用"股东导向型"公司治理制度：假设与检验

上文从宏观角度解释了为什么"股东导向型"公司治理制度会在中国得以广泛采用。接下来，笔者将对中国上市公司采用两项具体的"股东导向型"公司治理制度提出假设，分别是董事长、总经理两职分任制度和独立董事制度。公司的个体特征和外部制度因素会影响公司采用"股东导向型"公司治理制度吗？除了政府，金融市场和全球化对中国企业采用"股东导向型"公司治理制度是否起到积极推动作用？

（一）金融市场影响下的企业

改革开放之前，人们逐渐认识到苏联式的高度集中的社会主义计划经济无法产生足够的经济增长和技术创新，无法满足人民日益增长的物质文化需求和愿望。但与苏联和东欧国家实施的"休克疗法"不同，中国向市场经济的转型采取了渐进式的改革路径。中国经济制度的最大特色是"以公有制为主体，多种所有制经济共同发展"，因此，中国并没有像苏联和东欧国家一样推行大规模的私有化，也没有把国有企业一卖了之，而是对国有企业实行渐进式的分级、分类改革。国家在对一些重要国有企业保留最终控制权的前提下，主要致力于对企业进行股份制、公司制改造，并优化企业治理机制。因此，中国的"公司革命"主要是将国有企业（或国企中的某些国有资产）改造为盈利导向的股份制现代公司（陈佳贵，2008）。最初，改制后的国有企业的股份主要由国务院、各大部委或各级地方政府所有。企业管理者被授予比较大的决策权，但通常没有公司的股权（此时在国有企业高管中还未建立股权、期权等薪酬激励制度）。相当数量的经过股份制改造的国有企业后来被允许通过上海和深圳的证券交易所向公众出售股份。出售给公众的大部分都是新股，但各级政府偶尔也会将自己手中的原始股权出售。政府希望通过更多的公众持股，来改善改制后企业的公司治理状况，并使公司高管更多地为公司绩效负责（吴晓波，2007）。

虽然改制后的国有企业被允许向公众出售股权，但为了保持上市公司中国有股的控股地位，改制后的国有企业在上市首次公开募股时一般只能出售三分之一的总股份。剩余三分之二的股份要么直接由政府有关部门持有，要么以非流通国有股和法人股形式而存在。通过这些顶层制度设计，政府既可以保持对国有企业的控制，也进行了股权和公司治理结构改革；既能影响上市公司的重大发展战略，也可以决定高层管理人员的任命等重大决策。上市公司的法人股往往也是最终由中央、地方政府或其他政府部门所控制或影响。因此，早期中国股市最突出的特点之一就是流通股和非流通股的股权分置。但随着市场的不断变化，原先的股权分置问题已经逐步得到解决。2005 年 4 月 29 日，经国务院批准，中国证监会发布《关于上市公司股权分置改革试点有关问题的通知》，启动了股权分置改革的试点工作。经过两批试点，取得了一定经验，具备了转入积极稳妥推进的基础和条件。经国务院批准，2005 年 8 月 23 日，中国证监会、国资委、财政部、中国人民银行、商务部联合发布《关于上市公司股权分置改革的指导意见》。9 月 4 日，中国证监会发布《上市公司股权分置改革管理办法》，中国的股权分置改革进入全面铺开阶段。至 2006 年底，几乎所有的上市公司都完成了股权分置改革。数据显示，2005 年股份制改革前，只有平均约 40% 的公司股份是流通股，随着股权分置改革的完成，2007 年中国上市公司的平均流通股比例超过了 55%。

   总之，自 20 世纪 90 年代初沪、深两大证券市场创建以来，中国证券市场得到高速发展。到 2007 年底，中国股市共开设 138 万个个人投资账户；上市公司的数量从 1992 年的 53 家增加至 1530 家；A 股市场总市值达 4.65 万亿美元（约合 34 万亿人民币），在亚洲仅次于日本，在全球排第四（仅次于纽约证券交易所、东京证券交易所和纳斯达克）；股票市场市值占国内生产总值的 158%，甚至高于美国和日本的比例，两者在 2007 年的数据分别是 138% 和 100%。[①] 虽然中国证券市场发展迅速，但中国企业的大部分融资还是来自银行，而不是资本市场（约 70% 来自银行，30% 来自证券市场）。至于投资者的构成，中国的投资者主要是没有经验的个人投资者，而不是成熟的专业机构投资者。数据显示，2003～2007 年，86% 的流通股都是由个人投资者持有，只有 14% 的流通股由机构投资者所持有。个人投资者容易听信各种小道消息，往往是为了短期利益进行投机炒作，他

---

① 参见《第一财经日报》2008 年 1 月 10 日。

们既没有能力也没有意愿对所持股的公司施加影响。他们对公司的基本面和公司治理不感兴趣，而更关心如何更快地获取投机性股票收益。特别是在中国股票市场发展的早期，很多个人投资者都是有大把时间花在股票市场上"赌博"的退休和失业人员（Zhang，2002）。

本研究收集的数据显示，截至 2006 年底，美国机构投资者持股比例超过 80%。很显然，机构投资者（包括共同基金、养老基金和保险公司等）占据了美国股市的主导地位，它们对股市的良好运作和稳定发展至关重要。但中国的情况截然不同，到 2007 年底，中国机构投资者持股比例只有 10% 左右，属于弱势群体。而且，在参与公司治理和企业战略方面，中国机构投资者和美国同行有很大的差别。由于国家对民营资本参与金融投资活动的严格监管，机构投资者大多是国有或国家控制的，在某种程度上，这些机构投资者本身就是国有企业，而不是真正市场化的金融市场参与者。此外，和个人投资者一样，很多机构投资者也持短期投资策略：对公司的财务基本面和公司治理缺乏真正的兴趣，而更关心投机性股票收益。

资本市场在企业融资中占主导和机构投资者持股在资本市场占主导是美式"股东资本主义"兴起必不可少的两大条件。相比较而言，中国资本市场在企业融资中仅占 30% 左右的份额，机构投资者在资本市场中的持股比例更是只有 10% 左右（截至 2007 年），因此，不难想象，中国的资本市场和机构投资者对上市公司的影响还比较有限。再加上 2005 年以前资本市场上流通股和非流通股的股权分置，更进一步限制了资本市场在改善公司治理方面的效果。值得注意的是，虽然整体而言，中国资本市场对上市公司的影响还比较弱，但由于不同上市公司中流通股比例的差别很大（例如，有些大型国有企业的流通股比例不超过 10%，而一些私人控股企业流通股比例超过了 95%），不同公司面临的金融市场压力其实非常不同。前文提到，金融市场上的投资者，特别是机构投资者，更倾向于董事长和总经理两职分任和董事会独立性比较高的企业，因此，笔者提出以下假设。

假设 1a：受金融市场影响比较大（比如，流通股所占比例比较高）的上市公司更有可能将董事长和总经理两职分任。

假设 1b：受金融市场影响比较大（比如，流通股所占比例比较高）的上市公司更有可能在董事会中任命更多独立董事。

（二）全球化的影响

由于国家对外资流动和外汇管制比较严格，中国股票市场上存在内资股和外资股的分割问题。自 1992 年起，国家允许部分企业对外国投资者发售股票（如果在上海或深圳证券交易所上市，被称为"B 股"；如果在香港联交所上市，被称为"H 股"）①。直到 2001 年，内资股（"A 股"）和外资股仍然是严格分离的。因此，中国股票市场的另一个突出特点是内资股和外资股之间的分置。但上市公司中外资股的比例也有很大差别，一些公司 90% 以上都是外资股，而另一些公司没有任何外资股。本研究数据显示，1997～2007 年外资股占上市公司股份的平均比例是 15%。

此外，中国沿海和内陆地区公司的市场化和全球化程度有明显不同，沿海地区的公司和国际市场联系紧密。因为"股东导向型"公司治理制度对中国大多数企业和管理者来说都是一个新的概念，笔者认为，那些有外资股东和在沿海地区的公司更容易学习并接受"股东导向型"公司治理制度。因此，我们提出以下假设：

假设 2a：受外资影响较大的公司（比如，外资股比例较高的公司）更有可能将董事长和总经理两职分任。

假设 2b：受外资影响较大的公司（比如，外资股比例较高的公司）更有可能在董事会中任命更多独立董事。

假设 3a：受全球化影响较大的公司（比如，坐落于沿海地区的公司）更有可能将董事长和总经理两职分任。

假设 3b：受全球化影响较大的公司（比如，坐落于沿海地区的公司）更有可能在董事会中任命更多独立董事。

（三）政府的角色

中国上市公司根据其最终控制人的性质可以分为国有控股与非国有控股两类。如果最终控制人（控股股东）是政府（中央或地方政府）或国有企业，就归类为国有控股企业；如果最终控制人是个人、私营企业、外资

---

① 从 2001 年 2 月开始，国内投资者可以买卖 B 股，国外合格机构投资者（qualified foreign institutional investors，QFII）也可以投资 A 股市场。

企业或者其他非国有企业，就归类为非国有控股企业或私人控股企业。前文也提到，与西方发达国家的资本市场不同，中国的资本市场（如上交所和深交所）是由政府发起成立的，一开始主要服务于国有企业筹集资金、进行股份制改造和改善公司治理。因此，在资本市场创立初期，非国有控股企业很少能够上市融资，沪深两市的上市公司基本都是中央和地方政府选择的大型国有企业的子公司。1997 年，中国 90% 的上市公司都是国有控股的，经过十年的股份制改革和现代公司改革，到 2007 年仍然有 70% 的上市公司由政府控制。尽管国有控股公司仍然占大多数，但有逐年减少的趋势，与此同时，随着时间推移，中国上市公司中国有股的平均比例也大幅下降。1997 年 55% 以上的公司股份是国有股，而 2007 年国有股的比例只有 30% 左右。此外，2005 年，中国大刀阔斧地实施股份分置改革，使得之前不能流通的国有股可以上市流通，这将进一步降低国有股及国有控股公司的比例，并为中国公司控制权市场的发展奠定基础。总体而言，国有控股公司和国有股比例的显著下降会给资本市场和上市公司带来重要变化，使得资本市场在中国上市公司的公司治理和发展战略中发挥更大的作用。此外，在改革开放之前，所有国企都是由不同层级的政府所有或控制，每个国企都有一定的行政级别，虽然改革开放以来这种计划经济下的国企行政级别因素有所减弱，但国企的行政级别及其所隶属的各级政府仍然是一个重要的塑造企业行为和改革路径的制度因素（Bian，1994；Walder，1995；Guthrie，1997，1999）。众所周知，中国政府是个五级政府，从最低的乡镇政府，到县政府、市政府、省政府，最后到顶部的中央政府。1997 年中央制定"抓大放小"政策之前，每个层级的政府都拥有和控制大量国有企业。"抓大放小"政策实施后，中央明确了要对国有企业实施"分级分类"改革，那些高层级政府（例如，中央政府和省政府）控制的重要行业的大型企业仍然保持国家控股，而且国家会进一步扶持和壮大这些企业，使它们更大、更强，在国内和国际市场上更具竞争力。对较低层政府（例如，市政府、县政府和乡镇政府）控制的不具战略重要性的中小型企业，则进行民营化改制或破产（在长期亏损的情况下）。"抓大放小"政策实施后，由省、市、县、乡镇级政府控制的企业数量显著减少，而中央政府控股的企业和非国有控股企业数量大幅度增加。但在整体上，省级政府（共 31 个省级行政区划单位，不包括台湾地区）仍然控制最多数量的中国上市公司，其次是市政府（共 600 多个地级市）控股和非国有控股企业。

正如前面所述，中国上市公司采用"股东导向型"公司治理制度主要是由中央政府推动的。由于那些由政府控股，由更高层级政府控股的公司国有股比例越大，和政府的关系就越密切（也面临更多的政府压力），因此，这些公司也就越有可能响应国家政策，采用"股东导向型"公司治理制度。因此，笔者提出以下假设。

假设 4a：那些受政府影响越大（比如，国有股比例越高）的公司，越有可能将董事长和总经理两职分任。

假设 4b：那些受政府影响越大（比如，国有股比例越高）的公司，越有可能在董事会中任命更多独立董事。

假说 5a：那些与中央政府关系越密切的企业（比如，由高层级政府控股），越有可能将董事长和总经理两职分任。

假设 5b：那些与中央政府关系越密切的企业（比如，由高层级政府控股），越有可能在董事会中任命更多独立董事。

（四）制度化的阶段论

根据中国证监会 2001 年 8 月发布的《关于在上市公司建立独立董事制度的指导意见》，在 2002 年 6 月前，上市公司董事会成员中应当至少包括 2 名独立董事；在 2003 年 6 月前，董事会成员中应当至少包括三分之一独立董事。鉴于政府在中国经济中的主导作用和强大影响力，上市公司应该会积极响应国家要求，因此，我们提出以下假设。

假设 6：在政府发起公司治理改革运动期间（2001～2003），上市公司更有可能在董事会中任命独立董事。

此外，根据"制度化的阶段论"（the Stages-of-institutionalization Thesis）（Tolbert and Zucker，1983；Dobbin and Sutton，1998），在一项组织制度的扩散过程中，前期采用动因和后期采用动因会有差异。以中国实施独立董事制度为例，在初期，企业是被政府要求而采用这一董事会制度的（国家是首要的推动者），在后期（2003 年国家强制实施后）企业可能仍然会任命独立董事，但不再是因为政府压力。比如，上市公司任命更多的独立董事，可能是因为它们认为独立董事制度是现代企业的必备特征，建立了独立董事制度的企业也会显得更为先进。因此，我们提出以下假设。

假设 7：在 2003 年国家强制实施独立董事制度之后，中国上市公司中独立董事所占的比例仍然在上升。

总之，中国的制度因素很复杂，虽然同是中国企业，但不同类型的企业会面临不同的制度环境：不同程度的政府压力、金融市场压力和全球化影响，所有这些因素都会影响中国上市公司采用"股东导向型"公司治理制度的可能性。

五 数据和研究方法

（一）数据和样本

本文使用的量化数据包括三部分：公司治理方面的数据主要从北京色诺芬信息服务公司开发的数据库和万得（Wind）资讯数据库中获取；财务数据主要从上市公司年报和中国股票市场研究数据库（由深圳国泰安信息技术公司开发）中获取；有些比较特别的企业信息（如企业行政隶属关系等）来自笔者的手动编码，这些信息主要来自上市公司网站、上市公司年报、招股书等。在上述三部分数据的基础上，笔者构建了一个包含 676 家上市公司的数据库，观察期为 1997～2006 年。① 九年观察期较长，因此，并不是每个变量都包含 6084 条完整数据。除去缺失数据，本研究用于分析董事长和总经理两职分任和独立董事比例的实际数据分别是 4880 条和 5360 条。除量化数据外，本文还把深度访谈材料作为补充，访谈对象包括上市公司独立董事、总经理、基金经理、证券分析师、金融监管人员、企业律师等多位业界人士。这些质性材料不仅加深了笔者对国有企业改革、中国股票市场发展和"股东导向型"公司治理改革等过程的理解，也对笔者更有针对性、更符合实际地提出研究假设和解释模型结果提供了经验层面的有力支持。

---

① 本研究采用的是滞后一年的滞后数据（lagged data）模型，因此实际分析所用的数据是 1998～2006 年的。

（二）变量与测量

1. 因变量

两职分任（separation）：代表总经理和董事长职位由两人分别担任，为虚拟变量，1 代表总经理和董事长不是同一个人担任，反之则取值为 0。

独立董事比例（p-outside）：董事会中独立董事的比例。计算公式是将独立董事的人数除以董事会总人数。

2. 自变量

金融市场影响：本文用可流通股的比例（p-tradable）来衡量金融市场对公司治理的影响，计算方式是可自由流通股票占所有发行股票的比例。

全球化影响：由外资股比例（p-foreign）和地区变量（coastal dummy）两个指标进行测量。外资股比例是外资股占所有发行股票的比例（外资股包括首次公开募股之前的外资原始股 + B 股 + H 股）；地区变量，1 代表上市公司登记注册于东南沿海地区，包括上海市、江苏省、浙江省、福建省、广东省和海南省。

国家影响：采用国有股比例和公司所隶属的政府层级两个指标来衡量国家对公司治理的影响。国有股比例（p-sae）是国家所拥有的股份占总股本的比例。国有股包括直接由各级政府控制的股份（国家股）以及由国有企业或其他国有法人机构持有的股份（国有法人股）。行政级别是一个虚拟变量，其中 1 = "非国有控股企业"，2 = "乡镇企业和县政府控股企业"，3 = "市政府控股企业"，4 = "省政府控股企业"，5 = "中央政府控股企业"。

3. 控制变量

公司绩效（performance）采用资产收益率（ROA）[①] 来衡量公司绩效。研究表明，企业会改变董事会构成以适应不断变化的环境，其中组织绩效会起调节作用，绩效差的公司更愿意改变董事会构成（Goodstein and Boeker, 1991）。因此，为了验证绩效较差的公司是否更可能采用"股东导向型"公司治理制度，本文加入绩效变量作为控制变量。

[①] 资产收益率（return on asets, ROA）又称"资产回报率"，是用来衡量每单位资产创造多少净利润的指标。衡量的是每一元资产所带来的利润。计算公式为：资产收益率 = （利润总额 + 利息收入）/总资产总额。

公司规模（firm size）：采用公司总资产的对数来测算。

资产负债率①（debt aset ratio）：采用总负债和总资产的比率来衡量。

行业变量（industry dummies）：1 = "制造业"，2 = "商业（批发和零售业）"，3 = "综合性企业集团（多元化企业）"，4 = "公用事业"，5 = "房地产业"，6 = "金融业"。

此外，本文还引入年份变量（year dummies）来验证制度化的阶段论假设。在所有模型中，自变量和控制变量都是滞后一年的数据。

表1列出了回归分析中主要变量的均值、标准差和相关系数。我们可以看到，变量之间所有显著的相关系数都低于0.5，说明自变量之间不存在多重共线性。如图1所示，1998~2006年，中国上市公司中约有84%的企业分设了总经理（CEO）与董事长两职；独立董事占董事会成员总数的平均比例约为20%。1998年，约有70%的企业实现了董事长和总经理的分设，到2002年，董事长、总经理分设的比例到达顶点（90%），此后稍有下降。独立董事比例则呈现更为戏剧性的变化：1998年，独立董事在董事会成员中的比例几乎为0，2001年中国证监会发布《关于在上市公司建立独立董事制度的指导意见》后迅猛增长，至2006年稳定在33%左右。

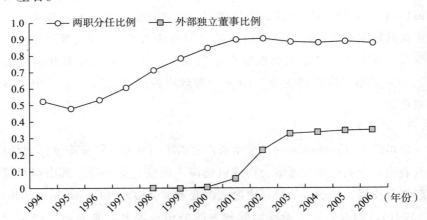

图1　董事长和总经理两职分任比例及独立董事比例（1994~2006）

---

① 资产负债率 = 总负债/总资产。表示公司总资产中有多少是通过负债筹集的，该指标是评价公司负债水平的综合指标。

表 1 主要变量的描述性统计和相关系数矩阵

变量	均值	标准差	1	2	3	4	5	6	7	8	9
1 两职分任	6.393	0.837	1								
2 独立董事比例	5.742	0.195	0.073***	1							
3 流通股比例	6.784	0.412	-0.021*	0.256***	1						
4 外资股比例	6.794	0.125	-0.015	0.176***	0.103***	1					
5 是否为沿海企业	7.435	0.338	0.002	0.018	0.028**	0.266***	1				
6 国有股比例	6.864	0.396	0.030**	-0.175***	-0.431***	-0.588***	-0.193***	1			
7 资产收益率	6.786	0.016	-0.0002	-0.118***	-0.038***	-0.029***	-0.018	0.080***	1		
8 公司规模	6.790	21.100	0.118***	0.203***	0.118***	-0.003	0.064***	0.093***	0.120***	1	
9 资产负债率	6.774	0.549	0.008	0.103***	0.015	0.009	0.029**	-0.027**	-0.220***	-0.120***	1

注：* $p < 0.1$，** $p < 0.05$，*** $p < 0.01$。

（三）分析模型

对于第一个因变量"董事长和总经理两职分任"，本文采用"事件史分析"（Event-history Analysis）的 Logit 模型来估计董事长和总经理两职分任的可能性，建立以下模型：

$$ln[\,pr(\,separation)/1-pr(\,separation)\,]=\alpha+\beta X+\gamma Z+u$$

其中，$separation$ 是因变量"董事长和总经理两职分任"，公司当年发生董事长和总经理两职分任取值为 1，否则取值为 0。X 是自变量矢量，β 是要估算的自变量矢量的系数。Z 是控制变量矢量，γ 是控制变量矢量的系数。α 是要估算的常数项，u 是干扰项。

对于第二个因变量"独立董事比例"，笔者构建如下多元线性回归模型，验证前面提出的研究假设：

$$Y=\alpha+\beta X+\gamma Z+\varepsilon$$

式中，Y 为独立董事比例，Z 是控制变量矢量，X 为自变量矢量，ε 为误差值。

需要说明的是，在上面两个估算模型中，本研究都用"随机效应模型"进行数据分析，之所以使用"随机效应模型"（Random Effects Models）而不是"固定效应模型"（Fixed Effects Models），主要有两个原因：一方面，模型中的因变量"董事长和总经理两职分任"是一个反复出现的事件（比如，有的企业可能前年分设了董事长和总经理，去年又两职合一，今年又进行了分设），而不是像通常的"事件史分析模型"一样，因变量是单独事件（single event），而"随机效应模型"更有助于解决同一公司多次董事长和总经理两职分任之间的相互依赖和相关问题对估计系数的扭曲和影响；另一方面，本研究中一些独立变量，如"企业行政级别""是否为沿海企业""所属行业"等，都是相对稳定的随时间没有变化的变量，如果使用"固定效应模型"就很可能使许多解释性变量都出现值等于"零"或相关自变量数据被剔除（omitted）的情况，因此，在这种情况下，更适合使用"随机效应模型"。

六　模型分析结果

（一）董事长和总经理两职分任

表 2 中的模型 1 和模型 2 是董事长和总经理两职分任的回归分析结果，其中显示了三种主要社会力量——金融市场、全球化与国家——对塑造现代企业制度的影响强度。模型 2 考虑到中国企业的特殊性，加入了"企业隶属行政级别"变量。结果显示，金融市场对两职分任起到一定积极作用，但在模型 1 中只在 0.1 的水平下显著。同时，令人意想不到的是，外资股比例和公司是否位于沿海地区对两职分任都没有显著影响，说明外资和全球化对中国上市公司董事长和总经理的两职分任没有实质影响。另外，统计结果显示，国有股比例越高的公司，越可能进行两职分任，这支持了本文的假设，说明和国家关系越紧密的公司越可能积极响应国家政策。但模型 2 显示，和非国有控股企业相比，基层政府控股的企业（比如县、乡镇政府控股企业）更可能进行两职分任。这一结果比较令人吃惊，因为按理来说，由较高层级政府控股的企业（如央企和省企）和中央政府的关系更密切，它们对中央政府的法规政策应该更敏感，也更有可能积极执行才对。这很可能是"权力博弈"的结果，因为基层政府控股的企业比较弱势，如果不遵守强大的政府机构（例如，中国证监会）的"指引"将会受到严厉制裁；而高层政府控股的企业，无论是政治地位（有些是副部级企业）还是经济实力（市值可以达上万亿元），都比较强大，其博弈能力比较强，即使不遵守证监会的"指引"，也很难受到严厉的惩罚。

表 2　董事长和总经理两职分任（Logit）及独立董事比例（多元回归）的随机效应估计模型

	董事长和总经理两职分任		独立董事比例	
	模型 1	模型 2	模型 3	模型 4
金融市场影响				
流通股比例	1.248 ** (0.614)	0.727 (0.550)	0.001 (0.008)	− 0.006 (0.007)

续表

	董事长和总经理两职分任		独立董事比例	
	模型 1	模型 2	模型 3	模型 4
全球化影响				
外资股比例	0.539	0.089	0.001	-0.007
	(0.464)	(0.406)	(0.006)	(0.005)
是否为沿海企业	0.103	0.114 ***	0.008 ***	0.009
	(0.268)	(0.270)	(0.003)	(0.003)
国家影响				
国有股比例	0.838 ***		0.009 *	
	(0.409)		(0.005)	
企业行政级别				
县和乡镇		1.009 *		.0107 *
		(0.537)		(0.006)
市级		-0.030		-0.004
		(0.228)		(0.003)
省级		0.309		-0.001
		(0.233)		(0.003)
中央		0.159		-0.006
		(0.356)		(0.005)
控制变量				
资产收益率	-0.322	-0.287	-0.004	-0.003
	(0.436)	(0.438)	(0.005)	(0.005)
公司规模	0.060	0.054	-0.002	-0.001
	(0.076)	(0.078)	(0.001)	(0.001)
资产负债率	0.157	0.160	$-3.10E-04$	$-2.80E-04$
	(0.146)	(0.147)	(0.001)	(0.001)
行业				
商业	-0.445	-0.408	-0.005	-0.005
	(0.479)	(0.484)	(0.005)	(0.005)
多元化企业	-0.442	-0.442	$-5.20E-04$	$-7.20E-04$
	(0.426)	(0.430)	(0.005)	(0.005)
公用事业	0.132	0.143	0.003	0.004
	(0.439)	(0.443)	(0.005)	(.005)
房地产业	0.381	0.495	0.006	0.006
	(0.575)	(0.581)	(0.006)	(0.006)
金融业	0.725	0.755	-0.011	-0.012
	(1.566)	(1.579)	(0.015)	(0.015)

年份	董事长和总经理两职分任		独立董事比例	
	模型 1	模型 2	模型 3	模型 4
1998	-1.125 ***	-1.15 ***	5.00E-04	4.90E-04
	(0.213)	(0.213)	(0.004)	(0.004)
1999	-0.323	-0.339	0.005	0.005
	(0.215)	(0.215)	(0.004)	(0.004)
2000	0.362	0.366 ***	0.057 ***	0.057
	(0.230)	(0.230)	(0.004)	(0.004)
2001	0.485 **	0.488 **	0.232 ***	0.231 ***
	(0.235)	(0.235)	(0.004)	(0.004)
2002	0.198	0.192 ***	0.323 ***	0.323
	(0.226)	(.227)	(0.004)	(0.004)
2003	0.109	0.106 ***	0.334 ***	0.334
		(0.222)	(0.004)	(0.004)
2004	0.135	0.143 ***	0.341 ***	0.341
	(0.224)	(0.224)	(0.004)	(0.004)
2005			0.347 ***	0.347 ***
			(0.004)	(0.004)
常量	1.194	1.783	0.029	0.031
	(1.616)	(1.642)	(0.020)	(0.0216)
样本量	4877	4883	5363	5368
R^2			0.854	0.854

注:1. 括号内是标准误。$^* p < 0.1$,$^{**} p < 0.05$,$^{***} p < 0.01$。

2. "企业行政级别""行业""年份"的参照组分别为"非国有控股企业"、"制造业"和"1997"。

3. 董事长和总经理两职分任估算模型中由于多重共线性因素剔除了 2005 年和 2006 年的数据。

总的来说,董事长和总经理两职分任基本上是一个由国家主导的过程,金融市场和全球化力量都没有对其产生显著影响。1994 年的《公司法》和 1999 年的《证券法》(建议企业进行董事长和总经理两职分任,以分离决策权和执行权,建立现代企业制度),再加上中国证监会 2001 年以来推动的一系列公司治理改革,是中国上市公司董事长和总经理两职分任的主要动力。

（二）独立董事制度

表 2 中的模型 3 和模型 4 显示了独立董事比例的多元回归结果。结果表明，金融市场对中国上市公司中独立董事的任职比例并没有显著的推动作用。外国投资者也没有显著影响。但与内地的上市公司相比，沿海地区的上市公司董事会中独立董事的比例显著更高，这意味着全球化对"股东导向型"公司治理制度的传播有一定积极作用，卷入全球化过程越深的企业，越有可能采纳独立董事制度。同时，我们发现，国有股比例越高的公司，以及由基层政府（县和乡镇）控股的公司，更有可能在董事会中任命更多的独立董事，这与关于董事长和总经理两职分任的发现比较一致。在这两个"股东导向型"公司治理制度在中国企业的采用和传播中，政府都起到了重要的主导作用。此外，结果还显示，2001~2003 年，上市公司更可能任命独立董事，这表明上市公司积极贯彻落实了证监会关于在上市公司中建立独立董事制度的指导意见，有强制力的规则对于组织制度传播的影响十分显著。年份虚拟变量在 2003 年、2004 年和 2005 年的系数显著为正，表明即使关于独立董事的强制性要求 2003 年已结束（《指导意见》要求 2003 年 6 月底之前董事会中有三分之一的独立董事），上市公司仍然继续任命了更多的独立董事，这意味着"制度化的阶段论"得到支持。

同时需要指出的是，上市公司的个体特征（例如，公司绩效、公司规模、资产负债率和行业）对上述两项公司治理制度的采用和扩散没有显著影响，这意味着采纳两职分任和独立董事制度更多是出于外在制度环境的压力（比如，国家政策的要求），更多的是一个制度过程而不是企业基于"效率"考虑做出的"理性"选择。

七　余论

新制度主义的学者发现，机构投资者和证券分析师是 20 世纪 80 年代初以来"股东导向型"公司治理制度在美国公司中兴起和传播的关键行动者。但本文发现，中国的行动主体和传播机制与美国有很大不同。"股东导向型"公司治理制度在中国的传播既不是由机构投资者，也不是由专业人士倡导的，中国政府才是最关键的发起者和行动者，它推动了新型公司治理制度在中国企业中的应用。

具体来说，金融市场对中国公司采用"股东导向型"公司治理制度的影响微不足道，很大部分原因是中国资本市场是高度分割的（2005 年以前只有40% 的公司股票是流通股），机构投资者也比较弱势（2007 年以前机构投资者持股比例低于10%）。全球化也促进了中国企业采用"股东导向型"公司治理制度（比如，通过国际贸易和合作产生的学习效应），位于沿海地区的公司在过去几十年受全球化影响较大。但比较令人意外的是，外商投资者对中国上市公司采用"股东导向型"公司治理制度影响不大，这很可能是因为大多数外商投资者来自非英美国家和地区，例如日本、韩国等国家和中国的台湾地区和香港地区。

本文研究表明，政府是"股东导向型"公司治理制度在中国传播的关键主体，自改革开放以来，中国政府就一直致力于促进中国企业的现代化。20 世纪80 年代以来，由于美式"股东资本主义"的兴起，"股东导向型"公司治理制度在全世界的影响越来越大，被誉为最佳公司治理模式或"国际惯例"。它不但影响了德、日等利益相关者导向型国家，也影响了发展中国家和转型国家的公司制度和公司治理改革。笔者认为，"股东导向型"公司治理制度在中国的传播主要经过两个阶段和三种机制而完成。第一阶段是在跨国层面（从国外到中国），模仿性同构和规范性同构机制发挥了重要作用；第二阶段是在国内企业层面，政府通过法律法规和政策等手段要求企业采用新的公司治理模式，即强制性同构机制发挥了主导作用。

因为利益团体和既得利益总会在政策制定过程中起到或明或暗的作用，人们难免会奇怪，为什么中国上市公司的控股股东和高管没有抵制独立董事制度的实施，毕竟这可能会削弱他们的权力、威胁他们的利益。原因可能很简单，首先，他们认为独立董事不可能对他们的权力和利益造成实际的损害（他们认为独立董事没这个动机或能力，而且他们可以控制独立董事的提名和任命过程），相反，他们认为知名独立董事（通常是学术界和商界的"大腕"）是一种战略资源（政、商、学界资源可以提升公众信心和公司形象），有助于实现其个人和企业目标。其次，是"现代性"神话，对中国很多上市公司的控制者和管理者来说，独立董事制度似乎是所有现代企业必不可少的一部分（实际上，独立董事制度起源于美国，主要是英美公司的一项治理制度,并非所有"现代国家和现代企业"都有独立董事制度),因此,他们愿意采用独立董事制度实现其企业的"现代化",并建立一种积极向上的现代公司形象。从更广泛的意义来说,当代中国的政府官员和企业高管一直有两个"梦想":现代化(建立现代企业制度)和国际化(与国际接轨)。"股东导向型"公司治理制度在中国的采用和传播是实现这两个梦想的很好例证。对政府官员来说,他们推动企业采用"股东导向型"公司治理制度,是为了实现中国企业的现代化和国际化,最终促进经济增长。对于企业和公司高管来说,他们采用"股东导向型"公司治理制度,并不是因为这些制度真的很有效(实际上很多管理者甚至不知道独立董事制度到底是什么,更不要说为什么会提升企业绩效了),而只是因为这些公司治理制度被社会公认为很有效,是公司成为"现代企业"和"与国际接轨"的表现。因为建立"现代企业制度"和"保护股东利益"已经成为社会潮流和共识,企业一旦采用"股东导向型"公司治理制度,就会向社会发出信号:企业正在积极建立现代企业制度和提升股东价值,从而获得社会的认可和回报。为企业提供关键资源的主要外部利益相关者,例如,政府、投资者、证券分析师和财经媒体等,就会对信号做出积极回应,有助于提升企业声誉和发展机会。关键之处在于,即使"股东导向型"公司治理制度并不能真的最大化股东价值和提升企业绩效,企业仍然可以通过向外界发出它们是"现代的、先进的、可靠的"信号来增强公司的社会合法性和发展前景。

本文对中国上市公司的研究有助于我们更好地理解政府在公司治理制度跨国扩散中的作用,也为强势组织(例如政府)在"股东导向型"公司治理制度的扩散过程中起到的强制性作用提供了有力支持。此外,本文还对组织理论和经济社会学理论有一定的理论贡献:把新制度主义的基本理论拓展到组织实践的跨国传播和同构领域。在以往的研究中,组织制度扩散中模仿机制的重要性主要体现在人际交往和组织层面,本文还展示并支持了国际层面组织制度扩散的模仿机制。总体来看,本研究的结果展现了权力(VS. 效率)在企业采用新型组织制度中的重要性,以及政府(VS. 金融市场)在"股东导向型"公司治理制度跨国传播中的作用。

参考文献：

陈佳贵，2008，《中国企业改革发展三十年》，北京：中国财政经济出版社。

何秉孟，2010，《美国金融危机与国际金融垄断资本主义》，《中国社会科学》第 2 期。

克里普纳，格·R.，2008a，《美国经济的金融化（上）》，丁为民、常盛、李春红译，《国外理论动态》第 6 期。

克里普纳，格·R.，2008b，《美国经济的金融化（下）》，丁为民、常盛、李春红译，《国外理论动态》第 7 期。

李培林、张翼，2007，《国有企业社会成本分析》，北京：社会科学文献出版社。

吴晓波，2007，《激荡三十年：中国企业 1978 - 2008（上、下）》，北京：中信出版社。

向松祚，2015，《新资本论：全球金融资本主义的兴起、危机和救赎》，北京：中信出版社。

徐向艺、李一楠，2008，《中国国有企业改革 30 年回顾与展望》，《理论导刊》第 10 期。

Ahmadjian, Christona L. and Patricia Robbinson 2005, "A Clash of Capitalisms: Foreign Shareholders and Corporate Restructuring in 1990s Japan." *American Sociological Review* 70 (3): 451 – 471.

Baron, James N., Frank R. Dobbin, and P. Devereaux Jennings 1986, "War and Peace: The Evolution of Modern Personnel Administration in U. S. Industry." *American Journal of Sociology* 92 (2): 350 – 383.

Bian, Yanjie 1994, *Work and Inequality in Urban China*. Albany: SUNY Pres.

Boisot, Max and John Child 1996, "From Fiefs to Clans and Network Capitalism: Explaining China's Emerging Economic Order." *Administrative Science Quarterly* 41 (4): 600 – 628.

Burns, Lawton R. and Douglas R. Wholey 1993, "Adoption and Abandonment of Ma-trix Management Programs: Effects of Organizational Characteristics and Interorganizational Networks." *Academy of Management Journal* 36 (1): 106 – 138.

Budros, Art 1997, "The New Capitalism and Organizational Rationality: The Adoption of Downsizing Programs, 1979 – 1994." *Social Forces* 76 (1): 225 – 250.

Chandler, Alfred D. Jr. 1962, *Strategy and Structure*. Cambridge, MA: MIT Press.

Chandler, Alfred D. Jr. 1977, *The Visible Hand: The Managerial Revolution in American Business*. Cambridge, MA: Belknap Press.

Charkham, Jonathan P. 1995, *Keeping Good Company: A Study of Corporate Governance in Five Countries*. Oxford: Oxford University Press.

Cole, Robert E. 1989, *Strategies for Learning: Small Group Activities in American, Japanese, and Swedish Industry*. Berkeley, CA: University of California Press.

Davis, Gerald F. 1991, "Agents without Principles: The Spread of the Poison Pill Through the Intercorporate Network." *Administrative Science Quarterly* 36 (4): 583 – 613.

Davis, Gerald F. 2005, "New Directions in Corporate Governance." *Annual Review of Sociology* 31 (1): 143 – 162.

Davis, Gerald F. and Henrich R. Greve. 1997, "Corporate ElitNrks and Governance Changes in the 1980s." *American Journal of Sociology* 103 (1): 1 – 37.

Davis, Gerald F. , Kristina A. Diekmann, and Catherine H. Tinsley 1994, "The Decline and Fall of the Conglomerate Firm in the 1980s: The Distitutionalization of and Organizational Form." *American Sociological Review* 59 (4): 547 – 570.

Davis, Gerald F. and Suzanne K. Stout 1992, "Organization Theory and the Market for Corporate Control: A Dynamic Analysis of the Characteristics of Large Takeover Targets, 1980 – 1990." *Administrative Science Quarterly* 37 (4): 605 – 633.

Davis, Gerald F. and Tracy A. Thompson 1994, "A Social Movement Perspective on Corporate Control." *Administrative Science Quarterly* 39 (1): 141 – 173.

Djelic, Marie-Laure. 1998. *Exporting the American Model: The Post-War Transformation of European Business*. Oxford: Oxford University Pres.

DiMaggio, Paul J. and Walter W. Powell 1983, "The Iron Cage Revisited: Institutional Isomorphism and Collective Rationality in Organizational Fields." *American Sociological Review* 48 (2): 147 – 160.

Dobbin, Frank and Dirk M. Zorn 2005, "Corporate Malfeasance and the Myth of Shareholder Value." *Political Power and Social Theory* (17): 179 – 198.

Dobbin, Frank and John R. Sutton 1998, "The Strength of a Weak State: The Rights Revolution and the Rise of Human Resources Management Divisions." *American Journal of Sociology* 104 (2): 441 – 476.

Dobbin, Frank, Julian Dierkes, Dirk Zorn, and Man-Shan Kwok 2003, "The Rise of the COO: From Luxury Sidekick to a Significant Player in Corporate Management." In American Sociological Association Annual Meeting, Atlanta.

Evans, Peter 1995, *Embedded Autonomy: States and Industrial Transformations*. Princeton, NJ: Princeton University Press.

Fligstein, Neil 1990, *The Transformation of Corporate Control*. Cambridge, MA: Harvard University Press.

Fligstein, Neil 2001, *The Architecture of Markets: An Economic Sociology of Twenty-First-Century Capitalist Societies*. Princeton, NJ: Princeton University Press.

Fligstein, Neil and Linda Markowitz 1993, "Financial Reorganization of American Corpora-
tions in the 1980s. " In *Sociology and the Public Agenda*, edited by William J. Wilson.
Newbury Park: Sage.

Fligstein, Neil and Taek-Jin Shin 2004, "The Shareholder Value Society: A Review in Chan-
ges in Working Conditions in the U. S. , 1976 - 2000. " In *Social Inequality*, edited by
K. Neckerman. New York: Russell Sage.

Fiss, Peer C. and Edward J. Zajac 2004, "The Diffusion of Ideas Over Contested Terrain:
The (non) Adoption of a Shareholder Value Orientation among German Firms. " *Admin-
istrative Science Quarterly* 49 (4): 501 - 534.

Gerschenkron, Alexander 1962, *Economic Backwardness in Historical Perspective*. Cambridge,
MA: Harvard University Press.

Goodstein, J. and W. Boeker 1991, "Turbulence at the Top: A New Perspective on Govern-
ance Structure Change and Strategic Change. " *Academy of Management Journal* 34 (2):
306 - 30.

Guillén, Mauro 1994, *Models of Management: Work, Authority and Organization in a Com-
parative Perspective*. Chicago, IL: The University of Chicago Press.

Guthrie, Douglas 1997, "Between Markets and Politics: Organizational Responses to Reform
in China. " *American Journal of Sociology* 102 (5): 1258 - 1304.

Guthrie, Douglas 1999, *Dragon in a Three-Piece Suit: The Emergence of Capitalism in
China*. Princeton: Princeton University Press.

Hall, Peter A. and David Soskice (eds.) 2001, *Varieties of Capitalism: The Institutional
Foundations of Comparative Advantage*. New York: Oxford University Press.

Hirschman, Albert 1958, *The Strategy of Economic Development*. New Haven: Yale University
Press.

Jensen, Michael C. 1986, "Agency Costs of Free Cash Flow, Corporate Finance and Take-
overs. " *American Economic Review* 76 (2): 323 - 339.

Jensen, Michael C. 2000, *A Theory of the Firm, Governance, Residual Claims, and Organi-
zational Forms*. Cambridge, MA: Harvard University Press.

Jensen, Michael C. and William H. Meckling 1976, "Theory of the Firm: Managerial Beha-
vior, Agency Cost, and Ownership Structure. " *Journal of Financial Economics* 3 (4):
305 - 360.

Kalleberg, Arne L. , Jeremy Reynolds, and Peter Marsden 2003, "Externalizing Employ-
ment: Flexible Staffing Arrangements in U. S. Organizations. " *Social Science Research* 32
(4): 525 - 552.

Kelly, Erin and Frank Dobbin 1999, "Civil Rights Law at Work: Sex Discrimination and the Rise of Maternity Leave Policies." *American Journal of Sociology* 105 (2): 455 – 492.

Kraatz, Mathew and Edward J. Zajac 1996, "Exploring the Limits of the New Institutionalism: The Causes and Consequences of Illegitimate Organizational Change." *American Sociological Review* 61 (5): 812 – 836.

Mace, Myles L. 1971, *Directors: Myth and Reality.* Boston, MA: Harvard Business School Press.

MacKenzie, Donald 2005, "Is Economics Performative? Option Theory and the Construction of Derivatives Markets." Paper presented to the annual meeting of the History of Economics Society, Tacoma, WA.

Manne, Henry G. 1965, "Mergers and the Market for Corporate Control." *Journal of Political Economy* 73 (2): 110 – 120.

Meyer, John W. 1994, "Rationalized Environments." In *Institutional Environments and Organizations: Structural Complexity and Individualism*, edited by John W. Meyer and W. Richard Scott. Thousand Oaks, Calif.: Sage.

Meyer, John W. and Brian Rowan 1977, "Institutionalized Organizations: Formal Structure as Myth and Ceremony." *American Journal of Sociology* 83 (2): 340 – 363.

Meyer, John W., John Boli, George Thomas, and Francisco Ramirez. 1997. "World Society and the Nation-State." *American Journal of Sociology* 103 (1): 144 – 181.

Mizruchi, Mark S. and Howard Kimeldorf 2005, "The Historical Context of Shareholder Value Capitalism." *Political Power and Social Theory* 488 (17): 213 – 221.

Naughton, Barry 2007, *The Chinese Economy: Transitions and Growth.* Cambridge, MA: MIT Press.

Palmer, Donald, P. Devereaux Jennings, and Xueguang Zhou 1993, "Late Adoption of the Multidivisional Form by Large U. S. Corporations." *Administrative Sciences Quarterly* 38 (1): 100 – 131.

Peng, Yusheng 2004, "Kinship Networks and Entrepreneurship in China's Transitional Economy." *American Journal of Sociology* 109 (5): 1045 – 1074.

Pfeffer, Jeffrey and Gerald R. Salancik 1978, *The External Control of Organizations: A Resource Dependence Perspective.* New York, NY: Harper and Row.

Scott, Richard W. 2001, *Institutions and Organizations.* Thous and Oaks, CA: Sage.

Shleifer, Andrei and Robert W. Vishny 1997, "A Survey of Corporate Governance." *Journal of Finance* 52 (2): 737 – 783.

Strang, David and John Meyer 1994, "Institutional Conditions for Diffusion." In *Institutional*

Environments and Organizations: *Structural Complexity and Individualism*, edited by John W. Meyer and W. Richard Scott. Thousand Oaks, Calif.: Sage.

Strang, David and Michael M. Macy 2001, "In Search of Excellence: Fads, Success Stories, and Adaptive Emulation." *American Journal of Sociology* 107 (1): 147 – 182.

Tolbert, Pamela S. and Lynne G. Zucker 1983, "Institutional Sources of Change in the Formal Structure of Organizations: The Diffusion of Civil Service Reform, 1880 – 1935." *Administrative Science Quarterly* 28 (1): 22 – 39.

Useem, Michael 1993, *Executive Defense*: *Shareholder Power and Corporate Reorganization*. Cambridge, MA: Harvard University Press.

Volpin, Paolo F. 2002, "Governance with Poor Investor Protection: Evidence from Top Executive Turnover in Italy." *Journal of Financial Economics* 64 (1): 61 – 90.

Walder, Andrew 1995, "Local Governments as Industrial Firms: An Organizational Analysis of China's Transitional Economy." *American Journal of Sociology* 101 (2): 263 – 301.

Westphal, James D. and Edward J. Zajac 1998, "The Symbolic Management of Stockholders: Corporate Governance Reforms and Shareholder Reactions." *Administrative Science Quarterly* 43 (1): 127 – 153.

Westphal, James D. and Edward J. Zajac 2001, "Decoupling Policy from Practice: The Case of Stock Repurchase Programs." *Administrative Science Quarterly* 46 (2): 202 – 228.

Whyte, Martin K. 1996, "The Chinese Family and Economic Development: Obstacle or Engine?" *Economic Development and Cultural Change* 45 (1): 1 – 30.

Zhang, Joe 2002, "China's Corporate Governance: A Step Learning Curve." Working Paper, UBS Warburg, January 17.

Zhang, Yi and Guang Ma 2005, "Law, Corporate Governance, and Corporate Scandal." Working Paper, Guanghua School of Management, Peking University.

Zheng, Lu 2007, *Political Embeddedness as a Double-Edged Sword*: *Firms in China's Stock Market*. Dissertation Manuscript: Stanford University.

Zorn, Dirk, Frank Dobbin, Julian Dierkes, and Man-Shan Kwok 2005, "Managing Investors: How Financial Markets Reshaped the American Firm." In *The Sociology of Financial Markets*, edited by K. Knorr Cetina and A. Preda. London: Oxford University Press.

Zuckerman, Ezra 1999, "The Categorical Imperative: Securities Analysts and the Illegitimacy Discount." *American Journal of Sociology* 104 (5): 1398 – 1438.

Zuckerman, Ezra 2000, "Focusing the Corporate Product: Securities Analysts and De-Diversification." *Administrative Science Quarterly* 45 (3): 591 – 619.

国家认同的影响因素及其代际特征差异

——基于 2013 年中国社会状况调查数据[*]

李春玲　刘森林

摘　要：我国民众的国家认同感较强，但不同社会人群和代际群体，其国家认同感强弱程度有所差异。经济因素、社会结构因素和文化因素都会影响个人的国家认同感；国家认同感及其影响因素存在代际差异。调研数据显示，青年一代的国家认同感弱于老一代人；老一代人的国家认同感更易受到社会结构因素的影响，而青年一代的国家认同感更易受到文化因素和经济因素的影响。青年人的国家认同感正在形成过程中，爱国主义教育和舆论宣传有助于增强他们的国家认同感，但是，靠单纯的宣传教育还不够，给他们创造更多的发展机会，让他们像老一代人一样，把个人发展与国家发展紧密联系在一起，这样才有利于培养和强化青年人的国家认同。

关键词：国家认同　代际差异　全球化　社会结构

在当今世界，全球化进程与国家利益的矛盾冲突日益凸显，民众的国家认同感与国家命运和民族未来息息相关。[①] 习近平总书记在十九大报告中指出，文化自信是一个国家、一个民族发展中更基本、更深沉、更持久的力量。[②] 国家认同感是文化自信的具体表现。据研究，[③] 当今中国民众普遍具有较高的国家认同感和爱国主义情感，无论是青年一代还是老一辈群

---

　　[*]　原文发表于《中国社会科学》2018 年第 4 期。

　　[①]　参见塞缪尔·亨廷顿：《谁是美国人？——美国国民特性面临的挑战》，程克雄译，北京：新华出版社，2010 年。

　　[②]　习近平：《决胜全面建成小康社会　夺取新时代中国特色社会主义伟大胜利——在中国共产党第十九次全国代表大会上的报告》，《人民日报》2017 年 10 月 28 日，第 1 版。

　　[③]　参见甄言：《国家认同的政治启示》，《北京日报》2008 年 7 月 28 日，第 17 版；吕芳：《北京部分高校大学生国家认同的调查与分析》，《政治学研究》2010 年第 4 期；徐平、张阳阳：《五个自治区国家认同的调查与研究》，《民族研究》2013 年第 4 期。

体，都表现出了对祖国领土和国家利益的归属感和责任感，以及作为中国人的国家自豪感，但不同社会人群的国家认同感的强弱程度呈现一些差异。深入研究中国民众的国家认同感及其影响因素，探讨不同社会群体的国家认同感差异，找寻提升民众国家意识和爱国情感的途径，对于当前社会政治稳定和我国未来持续发展都具有十分重要的意义。

认同是涉及心理学、社会学、哲学等多学科的研究主题，不同学科、不同理论流派对于认同概念的具体定义有所差异。一般认为，认同是个人或者群体的自我建构，[①] 它涉及我是谁或我们是谁、我在哪里或我们在哪里的反思性理解，[②] 以及什么对我和我们最有意义。[③] 社会学的认同理论特别强调社会及社会结构对自我认同的影响，认为认同的实质就是对社会建构的角色认同。[④] 国家认同作为一种集体认同，是对自己与国家之间联系的意识，是公民个体主观认可的、自己属于某个国家的感受，[⑤] 主要是指对自己所属国家的政治结构、精神价值等的主观认知以及由此形成的忧患意识和国家自豪感等主观感受。[⑥]

早在 20 世纪 70 年代，国家认同作为一个学术研究论题就出现于国际政治学及其他社会科学领域，并产生了大量的理论和实证研究成果，而我国对于国家认同问题的研究在近十年才引起广泛关注，尤其自 2009 年以来，相关研究成果数量迅速增长，对国家认同概念的讨论逐步深入。[⑦] 我国学者的国家认同的实证研究主要集中于两个方面：一是讨论少数民族群体的国家认同问题，二是青年人的国家政治认同问题。虽然这两个方面的研究不断深入，但缺乏对更广泛的国家认同概念的理解和研究视角，特别

---

① 参见查尔斯·泰勒：《自我的根源：现代认同的形成》，韩震等译，南京：译林出版社，2001 年。

② 周晓虹：《认同理论：社会学与心理学的分析路径》，《社会科学》2008 年第 4 期。

③ 安东尼·吉登斯：《社会学》，李康译，北京：北京大学出版社，2003 年，第 27 页。

④ Sheldon Stryker and Richard T. Serpe, "Commitment, Identity Salience, and Role Behavior: Theory and Research Example," in W. Ickes and E. S. Knowles, eds., *Personality, Roles, and Social Behavior*, New York: Springer, 1982.

⑤ Leonie Huddy and Nadia Khatib, "American Patriotism, National Identity and Political Involvement," *American Journal of Political Science*, vol. 51. no. 1, 2007, pp. 63 – 77.

⑥ 柏贵喜：《民族认同与中华民族认同浅论》，《西南民族大学学报》2011 年第 11 期。

⑦ 陈茂荣：《国家认同问题研究综述》，《北方民族大学学报》2016 年第 2 期；李崇富等：《全球化进程中的国家认同》，《中国社会科学》2013 年第 9 期。

是缺乏对国家认同影响因素的深入分析。另外，目前国内学者大多从理论层面或历史分析视角对国家认同问题进行探讨，相关的实证研究较少。采用全国性调查数据，对所有社会成员的国家认同问题的分析较为少见，从而无法准确把握国家认同的总体状况。

为较全面地了解我国民众的国家认同状况，本文基于 2013 年中国社会状况调查数据，深入分析社会、经济、文化等因素对民众国家认同感的影响，评估不同身份群体的国家认同情感的强弱程度，重点比较青年一代和老一辈人的差异，探寻针对不同人群的增强国家认同感的途径。

一　国家认同的影响因素及研究假设

国家认同不是与生俱来的，它是社会建构的结果。① 这一建构过程体现在人们日常生活的方方面面，个人的社会、经济、文化和政治生活状况影响了国家认同的形成。② 国家认同可以被强化，也可能被弱化。③ 在国家认同强化或者弱化的过程中，经济、社会和文化都是重要的影响因素。本文重点考察个人的经济条件、社会结构位置，以及文化因素对国家认同感的强弱程度的影响。

（一）经济因素与国家认同

一些学者指出，经济状况会影响人们的国家认同意识，许多实证研究也证实了这些理论观点。其中影响最为广泛的是美国政治学家罗纳德·英格尔哈特的"后物质主义价值观理论"。④ 英格尔哈特提出"匮乏假设"

① 参见 Benedict Anderson, *Imagined Communities: Reflections on the Origin and Spread of Nationalism*, London: Verso, 1991, p. 133; 安东尼·吉登斯:《社会的构成: 结构化理论大纲》, 李康、李猛译, 北京: 生活·读书·新知三联书店, 1998 年; 查尔斯·泰勒:《自我的根源: 现代认同的形成》, 韩震等译, 南京: 译林出版社, 2001 年。

② János László, *Historical Tales and National Identity: An Introduction to Narative Social Psychology*, London: Routledge, 2013, pp. 19 – 47; Daniel Bar-Tal and Ervin Staub, *Patriotism in the Lives of Individuals and Nations*, Chicago: Nelson-Hal Publishers, 1997, pp. 171 – 172.

③ 郑晓云:《当代边疆地区的民族认同与国家认同——从云南谈起》,《中南民族大学学报》2011 年第 4 期。

④ 参见罗纳德·英格尔哈特:《现代化与后现代化: 43 个国家的文化、经济与政治变迁》, 严挺译, 北京: 社会科学文献出版社, 2013 年, 第 3 页; 罗纳德·英格尔哈特:《发达工业社会的文化转型》, 张秀琴译, 北京: 社会科学文献出版社, 2013 年。

命题，认为处在经济和物质安全相对匮乏状态的人们，追求的是经济增长和物质安全，秉持的是物质主义价值观，对国家寄予较高的期望，国家认同感比较强烈；而处在生活富裕和福利保障水平较高的环境中的人们，倾向于后物质主义价值观，他们对经济和人身安全习以为常，较不可能视邻国民众为本族的威胁，这会导致其民族主义和爱国主义热情有所降低。英格尔哈特基于 43 个国家的价值观调查数据，发现低收入国家的民众比富裕国家的民众具有更强烈的国家认同和民族自豪感，而经济状况不稳定的人群比享有较好福利保障的人群具有更强烈的国家认同感。[①] 哈特金恩和奥普芬格的实证分析也证实了收入水平与国家认同感强度的负相关性。[②] 乌尔里希·贝克表达了与英格尔哈特类似的看法，他认为，20 世纪 60 年代以来西方福利国家的建立和完善为个体力量的强化奠定了基础，削弱了人们对集体性范畴的依赖，消解了基于"社会和政治的组织和制度所依赖和参照的集体意识的形式"，[③] 从而弱化了国家认同这类集体意识。

不论是英格尔哈特还是贝克的理论观点都具有这样的含义：当人们越来越富裕，生活越来越有保障时，人们对国家的依赖性会减弱，个人自主需求会增强，因而国家认同感和民族自豪感就会弱化。虽然一些国外实证研究结果支持了这一说法，但在中国是否成立还需进一步的检验。因此，提出以下假设。

假设 1.1：个人收入越高，国家认同感越弱。

假设 1.2：个人的就业稳定性越高，国家认同感越弱。

（二）社会结构因素与国家认同感

英国"脱欧"公投的"社会分裂"和美国总统选举的"社会撕裂"，显示出不同社会身份的人群在国家认同意识方面有不同的观念，个人在社会结构中的位置会影响其国家认同感。许多国外的实证研究发现，相较于其他社会成员，社会、经济、文化精英们的国家认同感较弱而全球化认同

---

① 罗纳德·英格尔哈特：《现代化与后现代化：43 个国家的文化、经济与政治变迁》，严挺译，北京：社会科学文献出版社，2013 年，第 17、348－352 页。

② Kenneth Hartgen and Mathias Opfinger, "National Identity and Religious Diversity," *International Review for Social Sciences*, vol. 67, no. 3, 2014, pp. 346－367.

③ 乌尔里希·贝克：《风险社会》，何博闻译，南京：译林出版社，2004 年，第 106 页。

感较强。[①] 胡格荷和马克斯认为，由于全球化给精英们提供了更多的机会，他们从中受益较多，因而更认同全球化意识而弱化国家认同。[②] 相反，劳工阶层和中下阶层在全球化过程中获益较少，还有可能面临外来移民竞争的冲击而利益受损。英格尔哈特的世界价值观调查数据发现，劳工阶层的国家认同感和排外情绪较强，而中产阶层和上层的国家认同感和排外情绪较弱。[③] 亨廷顿认为，"个人对全球化进程的参与程度，几乎是直接根据个人的社会经济地位而定，精英人士参与得比一般人更深"。[④] 亨廷顿指出，"美国的商界、学术界、各种专业界和政界以及传媒和非营利组织的精英人士广泛参与国际活动，其弱化另一些群体的国家认同感。国民身份的重要性降低因而日益将自己视为跨国人士从跨国和全球的角度看待自己的利益和事业"。[⑤] 他进一步指出，美国精英人士轻国民身份而重全球身份和跨国身份，与美国公众仍然高度重视民族主义和爱国主义价值观的态度形成越来越大的差距，导致美国"民族精神黯然失色"、"爱国主义衰退"、"民族特性受围攻的困境"和"美国公民身份的贬值"。[⑥] 于海涛等在讨论全球化带来的国家认同危机时也注意到，经济全球化使部分社会群体获得越来越多的自由选择机会，而另一些群体则可能感受到利益受到冲击。因此，全球化可能会增强某些群体的国家认同感，而弱化另一些群体的国家认同感。[⑦]

毫无疑问，做海外投资的中国企业家们和出国旅游的中间阶层，的确是当今全球化的宠儿。中国企业家走向世界的步伐是与"中国崛起"同步

[①] 参见 Neil Fligstein, *Euroclash*: *The EU*, *European Identity and the Future of Europe*, Oxford: Oxford University Press, 2008; Mathew J. Gabel, *Interests and Integration*: *Market Liberalization*, *Public Opinion*, *and European Union*, Ann Arbor, MI: University of Michigan Press, 1998.

[②] Liesbet Hooghe and Gary Marks, "A Postfunctionalist Theory of European Integration: From Permisive Consensus to Constraining Disensus," *British Journal of Political Science*, vol. 39, no. 1, 2009, pp. 1 – 23.

[③] 罗纳德·英格尔哈特：《现代化与后现代化：43 个国家的文化、经济与政治变迁》，严挺译，北京：社会科学文献出版社，2013 年，第 380 页。

[④] 塞缪尔·亨廷顿：《谁是美国人？——美国国民特性面临的挑战》，程克雄译，北京：新华出版社，2010 年，第 194 页。

[⑤] 塞缪尔·亨廷顿：《谁是美国人？——美国国民特性面临的挑战》，程克雄译，北京：新华出版社，2010 年，第 188 页。

[⑥] 塞缪尔·亨廷顿：《谁是美国人？——美国国民特性面临的挑战》，程克雄译，北京：新华出版社，2010 年，第 102 页。

[⑦] 于海涛、张雁军、乔亲才：《全球化时代的国家认同：认同内容及其对群际行为的影响》，《心理科学进展》2014 年第 5 期。

的，中国在世界体系中的地位不断上升，为中国企业家的海外扩张创造了机会。中国的文化精英们的国际化道路也是如此，"中国崛起"不仅使他们有了更多的出国交流机会，也使他们的观点看法在国际领域有了一席之地。出国旅游的中间阶层可能感受最深：国家地位的提高，使他们在国外受到越来越多的重视和尊重。可以这么说，当代中国精英和中等收入群体的成长伴随着"中国崛起"，是"中国崛起"造就了他们。那么，这样的成长历程，会使他们在增长了全球化意识的同时而弱化其国家认同吗？此外，中国较低阶层在全球化过程中的经历与欧美发达国家的劳工阶层不同。欧美发达国家的工人阶层明显感受到全球化对他们利益的冲击，外来移民与他们竞争就业机会；企业家把工厂搬到海外，让他们失去就业机会。中国的工人没有这样的体验，至少至今还没有。过去20年伴随着中国融入全球化的过程，中国工人的就业机会和收入水平都在增长，他们不太可能产生像欧美工人阶层那样强烈的排外情绪和反全球化意识。

中国各社会群体在全球化过程中的经历和感受，使当前中国社会不太可能出现英国和美国正在经历的精英、中产与劳工阶层的社会分裂，不过，处于不同社会位置的人群因卷入全球化程度不同而产生国家认同差异的现象还是有所表现的。为考察亨廷顿等人提出的全球化导致精英人群或中产人群国家认同感弱化是否在中国社会出现，提出以下假设。

假设2.1：社会阶层地位越高，国家认同感越弱。

在中国社会，除社会阶层位置外，还有一些其他的社会结构因素，也有可能影响人们的国家认同。中国社会的特殊性是有一些制度安排影响了人们在社会结构中的位置，比如：户口身份反映了人们在城乡二元社会结构中的位置；就业单位类型是指人们是否在公有部门就业；党员身份代表了人们的政治地位或政治资源。国家认同不仅包含对地域概念、历史文化概念和民族归属的国家（nation）的认同，同时也包含与政治体制及政治理念相关的国家（state）的认同。[①] 与国家联系更为紧密的群体，比如就

---

① 参见弗朗西斯·福山：《国家构建：21世纪的国家治理与世界秩序》，黄胜强、许铭原译，北京：中国社会科学出版社，2007年；陈茂荣：《马克思主义视野的"民族认同"问题研究》，北京：中国社会科学出版社，2014年；江宜桦：《自由主义、民族主义与国家认同》，台北：扬智文化事业股份有限公司，1998年；柏贵喜：《民族认同与中华民族认同浅论》，《西南民族大学学报》2011年第11期。

业于政府部门或具有党员身份的人，可能国家认同感更强。另外，在中国社会，户口制度是导致人们社会经济差异的一个重要的社会结构因素。不同户口身份的人，社会经历不同，社会经济文化状况有所差异，其对全球化的感知也有所不同，这些有可能影响人们的国家认同。比如，农业户口的人可能比城镇户口的人更多地受到传统文化的影响，国家认同感更强；而城镇户口的人接触更多的外来文化，国家认同感可能较弱。因此，提出以下假设。

假设 2.2：相对于在非公有部门的就业者，在公有部门的就业者的国家认同感更强。

假设 2.3：相对于非党员身份的人，党员的国家认同感更强。

假设 2.4：相对于城镇户口的人，农业户口的人国家认同感更强。

（三）文化因素与国家认同感

文化因素对国家认同的影响是显而易见的，特别是在全球化时代，外来文化会对本民族文化和身份认同产生冲击。亨廷顿认为，导致国家认同危机的一个重要原因是多元文化主义和文化多样性的意识形态，这种意识形态损害了美国民众的国家认同的核心内容，即"美国信念"。[1] 在亨廷顿看来，"国民身份认同日趋淡化"的局面正是由于异质文化相互间交流所引起的，这有可能给一个国家带来国民身份认同的危机。这种现象不仅发生在美国，在当今世界的许多国家中也都出现了："这一危机同时出现在美国和如此之多的其它国家和地区，这也表明很可能有共同的因素在起作用……现代化、经济发展、城市化和全球化使得人们重新思考自己的身份。"[2] 在欧洲，超国家的欧洲认同与国家认同产生冲突。"相比而言，发展中国家、转型国家面对的国家认同挑战更为复杂多元，如何既符合世界发展潮流又彰显本国特性是这些国家面临的巨大难题，它们深刻地意识到，国家认同不仅影响着其内政走向，也影响着其国际角色和国际地位。"[3] 亨

---

① 塞缪尔·亨廷顿：《谁是美国人？——美国国民特性面临的挑战》，程克雄译，北京：新华出版社，2010 年，第 14 页

② 塞缪尔·亨廷顿：《谁是美国人？——美国国民特性面临的挑战》，程克雄译，北京：新华出版社，2010 年，第 11 页。

③ 门洪华：《两个大局视角下的中国国家认同变迁（1982~2012）》，《中国社会科学》2013年第 9 期。

廷顿把这类现象称为"文明的冲突"。[①] 不过，也有学者不同意亨廷顿的看法，认为全球化认同未必一定导致国家认同的弱化，比如，欧洲认同与各自国家的认同可以多元共存。[②]

在实证研究中，学者们通常通过考察文化水平和接收信息渠道与国家认同间的关系，来验证文化因素对国家认同的影响。[③] 一般来说，文化水平越高，接收信息渠道越多元化，越可能受到外来文化的影响，从而导致其国家认同感的弱化。许多实证研究结果证实，受教育水平与国家认同间存在负相关关系，受教育程度越高，国家认同程度越低，受教育较多的人的国家自豪感较弱。[④] 哈德勒、赛斯苏和齐恩等人基于"国际社会调查项目"（SP）的 34 个欧洲国家调查数据研究发现，受教育程度较高的人，国家认同感较弱。据此，提出以下假设。

假设 3.1：受教育程度越高，国家认同感越弱。

媒介和信息对人们的国家认同感的强化或弱化也具有极大的影响力。文化总是和传播密不可分，电视、报纸等传统媒介具有影响人们价值观的潜力，95% 的实证研究显示，传媒接触导致观念的变化，而互联网等电子媒介则以更快的速度、更大的范围传播信息和影响人们的观念。[⑤] 不同的媒介传播不同的信息，对人们的国家认同感的影响也不同。[⑥] 曼纽尔·卡

---

① 参见塞缪尔·亨廷顿：《文明的冲突与世界秩序的重建》，周琪等译，北京：新华出版社，2010 年。

② 于文杰、成伯清主编：《欧洲社会的整合与欧洲认同》，北京：中国大百科全书出版社，2010 年，第 172 – 175 页。

③ Markus Hadler, Kiyoteru Tsutsui and Lynn G. Chin, "Conflicting and Reinforcing Identities in Expanding Europe：Individual-and Country-Level Factors Shaping National and European Identities, 1995 – 2003," *Sociological Forum*, vol. 27, no. 2, 2012, pp. 392 – 418；Jonathan Cohen, "What I Watch and Who I Am：National Pride and the Viewing of Local and Foreign Television in Israel," *Journal of Communication*, vol. 58, no. 1, 2008, pp. 149 – 167.

④ Jerome S. Legge Jr. , "Antiforeign Sentiment in Germany：Power Theory versus Symbolic Explantion of Prejudice," *Journal of Politics*, vol. 58, no. 2, 1996, pp. 516 – 527；Robert M. Kunovich, "The Sources and Consequences of National Identification," *American Sociological Review*, vol. 74, no. 4, 2009, pp. 573 – 593.

⑤ 参见 Sandra J. Bal-Rokeach, Milton Rokeach and Joel W. Grube, *The Great American Values Test：Influencing Behavior and Beliefs Through Television News*, New York：Fres Press, 1984；马歇尔·麦克卢汉：《理解媒介：论人的延伸》，何道宽译，北京：商务印书馆，2000 年。

⑥ 王冠：《国家主义还是共同体主义：应对网络化时代的国家认同变化研究》，《人文杂志》2014 年第 10 期；陆晔：《媒介使用、社会凝聚力和国家认同——理论关系的经验检视》，《新闻大学》2010 年第 2 期。

斯特和本尼迪克·安德森等都强调了信息化社会和媒体全球化趋势对人们的国家认同的影响。[①] 以往传统媒体主要由国家所控制，国家通过媒体强化人们的国家认同和对主流意识形态的认同。信息化社会的来临和全球化的推进，使大众媒体出现了"国际化、私有化和碎片化"趋势，这有可能弱化国家认同。[②] 文化帝国主义（cultural imperialism）理论则进一步指出，传播外来文化元素的国际化媒体为美国文化和西方价值观念所主导，对发展中国家和不发达国家的国家认同产生不利影响。[③] 在中国社会，传统媒介（主要指报纸、杂志等）更多地传播中国的历史文化信息和官方所主导的主流意识形态（包括爱国主义教育内容），接触较多传统媒介可能强化国家认同；新媒介信息（主要指互联网）则包括更加多元化和更多的国外文化信息，接触较多新媒介可能会弱化国家认同。[④] 不过，要检验传统媒介和新媒介对国家认同感的影响，需要追踪调查数据，对国家认同感进行重复测量，以检验传统媒介和新媒介接触频率增加或减少是否会导致国家认同感的变化。本文所采用的是一个时间点的调查数据，只能检测传统媒介和新媒介接触频率与国家认同感是否存在相关性，虽然两者存在的相关性不足以证明传统媒介和新媒介的影响作用，但其对进一步考察媒介接触对国家认同感的影响提供了一种思路。为此，提出以下假设。

假设 3.2：传统媒介（指报纸、杂志）使用频率越高，国家认同感越强。

假设 3.3：新媒介（指互联网）使用频率越高，国家认同感越弱。

---

① 曼纽尔·卡斯特：《网络社会的崛起》，夏铸九、王志弘等译，北京：社会科学文献出版社，2001 年，第 26 - 30、418 - 425 页；Benedict Anderson, *Imagined Communities*: *Reflections on the Origin and Spread of Nationalism*, London: Verso, 1983.

② S. B. Crofts Wiley, "Rethinking Nationality in the Context of Globalization," *Communication Theory*, vol. 14, no. 1, 2004, pp. 78 - 96; M. Schudson, "Culture and the Integration of National Societies," *International Social Science Journal*, vol. 46, no. 139, 1994, pp. 63 - 81; T. Ashuri, "The Nation Remembers: National Identity and Shared Memory in Television Documentaries," *Nations and Nationalism*, vol. 11, no. 3, 2005, pp. 423 - 442.

③ R. W. McChesney, "Global Media, Neoliberalism, and Imperialism," *Monthly Review*, vol. 52, no. 10, 2001, pp. 1 - 19; H. I. Schiller, *Mass Communication and American Empire*, Boston: Beacon Press, 1971.

④ 本文数据只提供了"传统媒介"和"新媒介"使用频率信息，没有更进一步的媒体种类信息，因此文章只检验了"传统媒介"和"新媒介"使用频率与国家认同间的关系。

（四）代际差异与国家认同

社会变迁带来了价值观变化，而这种变化常常表现为代际的价值观差异。① 在社会变迁的环境下，人们因为不同年龄或者身处不同世代，成长于不同的社会经济环境而形成不同的价值观、认同感和政治态度。② 代际的观念差异，部分是由不同年龄的生理或者心理上的区别造成的，③ 但更重要的是由社会变迁导致不同代际的不同历史经历，以及与此相关的经济、社会、文化和政治环境的改变所致。④

国家认同感作为价值观的一个核心部分，也会因社会变迁而出现代际差异。关于国家认同感的代际差异，英格尔哈特在"后物质主义价值观"理论中给予了解释。英格尔哈特提出"社会化假设"，提出未成年阶段形成的基本价值观奠定了人一生的价值取向，而每一代人由于青少年时期不同的生活境遇形成了价值观念的代际差异，代际更替推动了一个社会的价值观念转变。⑤ 老一代人的青少年时期往往是在物质较为匮乏的环境中度过，他们的基本价值观（包括国家认同意识）成型于青少年时期，尽管之后的生活条件改善了，但他们在青少年时期形成的观念将保持稳定而变化不大。当代青年人生活在物质生活条件较好、生存环境更有保障的时代，他们更倾向于"后物质主义价值观"，国家认同感弱于父辈一代。史密斯和金的一项国际比较研究表明，在绝大多数国家，年龄越大的人爱国主义倾向越强烈。⑥ 唐文方和本杰明·达尔在 2008 年对 3000 多位中国人的调查发现，年长的中国人比年轻人更具有民族意识，国家认同感

---

① 参见李春玲：《静悄悄的革命是否临近？——从 80 后和 90 后的价值观转变看年轻一代的先行性》，《河北学刊》2015 年第 3 期；罗纳德·英格尔哈特：《发达工业社会的文化转型》，张秀琴译，北京：社会科学文献出版社，2013 年。

② 布伦盖特夫妇：《生命过程与代政治学》，孙忠雄译，《现代外国哲学社会科学文摘》1990 年第 12 期；周晓虹：《冲突与认同：全球化背景下的代际关系》，《社会》2008 年第 2 期。

③ 参见马赫列尔：《青年问题和青年学》，陆象淦译，北京：社会科学文献出版社，1986 年。

④ Emma Pary and Peter Urwin, "Generational Diferences in Work Values: A Review of Theory and Evidence," *International Journal of Management Reviews*, vol. 13, no. 1, 2011, pp. 79 - 96.

⑤ 参见罗纳德·英格尔哈特：《现代化与后现代化：43 个国家的文化、经济与政治变迁》，严挺译，北京：社会科学文献出版社，2013 年，第 3 页。

⑥ Tom W. Smith and Seokho Kim, "National Pride in Comparative Perspective: 1995/96 and 2003/04," *International Journal of Public Opinion Research*, vol. 18, no. 1, 2006, pp. 127 - 136.

更强。①

同时，全球化对青年人的影响也要大于老一辈。青年人所接受的教育和信息包含更多的多元文化内容，青年人也有更多的机会参与全球化进程中。接受了高等教育的青年人受全球化的影响更大，国家认同危机也更强烈，这也是大学生国家认同问题受到较多关注的原因。② 因此，提出以下假设。

假设 4.1：青年一代的国家认同感弱于老一代。

假设 4.2：高等教育与国家认同感之间存在负相关关系。

代际差异不只体现在国家认同感的强弱程度上，还表现在相关影响因素方面。青年人的职业生涯刚开始，青年群体中社会经济地位差异还没有拉开较大的距离，因此社会结构因素对他们的国家认同感的影响较弱；文化因素对青年人国家认同感的影响较大，因为青年人正处于价值观的形成时期，教育和传媒信息会对他们的认同感产生直接影响。老一代人的价值观已基本定型，传媒信息对他们的国家认同感的影响较弱，但社会经济地位的影响较为明显。据此，提出以下假设。

假设 4.3：社会结构因素对老一代人国家认同感的影响大于青年一代。

假设 4.4：文化因素对青年一代的国家认同感的影响大于老一代人。

二 数据、概念界定与变量

（一）数据

本研究的数据来自 2013 年中国社会状况调查（Chinese Social Survey，CSS）。CSS 是由中国社会科学院社会学研究所实施的一项全国范围的大型连续性抽样调查项目，目的是通过长期纵贯调查，来获取转型时期中国社会变迁的数据资料，从而为社会科学研究和政府决策提供翔实而科学的基础信息。2013 年的 CSS 调查覆盖全国 30 个省（自治区/直辖市）596 个县（县级市、区、旗），共回收成功访问问卷 10206 份。调查采用了多阶段复

---

① 转引自邵立：《中国人的民族主义：从何而来？影响几何？》，《青年参考》2012 年 9 月 12 日，第 2 版。

② 刘森林：《当代中国青年国家认同感及其影响因素》，《北京工业大学学报（社会科学版）》2017 年第 2 期；吕芳：《北京部分高校大学生国家认同的调查与分析》，《政治学研究》2010 年第 4 期。

合抽样（multi-stage composed sampling）的方法，调查对象为 18～70 岁的中国公民。调查内容涉及被访人的家庭、职业、收入、消费、态度等多方面信息，其中也包括国家认同感。根据因变量"国家认同感"一题的答题情况，本文最后确定有效样本数为 10185 个。

（二）国家认同感概念界定及测量

国家认同感是一种对自己与国家之间联系的意识，是公民个体主观认可的、自己属于某个国家的感受，[①] 主要是指对自己所属国家的政治结构、精神价值等的主观认知以及由此形成的忧患意识和国家自豪感等主观感受。[②] 对于国家认同感的具体内涵，不同的学者有不同的界定。弗朗西斯·福山认为，国家认同感就是公民认同感。[③] 安德烈亚斯·珀尔曼认为，国家认同应该从四个维度去理解，即公民国家身份、民族国家身份、民族自豪感和国家自豪感。[④] 亨廷顿认为，国家认同有四个组成部分：民族属性、人种属性、文化因素和政治因素。其中文化因素是最核心的内容。[⑤] 崔贵强把国家认同视为"个人与国家之间，发生了感情上的结合，在心理上认为个人（自我）是国家的一部分，在自我内部，国家也被内摄，成为自我的一部分。个人与国家已经浑然结合为一体，个人以国家的利益为个人的利益，因此表现在个人的行为上，就是为国家的利益而努力"。[⑥] 佐斌认为，国家认同感（或民族认同感、国家身份感）是人们对自己的国家成员身份（national identity）的知悉和接受。[⑦] 陈茂荣认为，除身份感（归属感）外，国家认同感还应涵括责任感、义务感

---

① Leonie Hudy and Nadia Khatib, "American Patriotism, National Identity and Political Involvement," *American Journal of Political Science*, vol. 51, no. 1, 2007, pp. 63 – 77.

② 柏贵喜：《民族认同与中华民族认同浅论》，《西南民族大学学报》2011 年第 11 期。

③ 参见弗朗西斯·福山：《国家构建：21 世纪的国家治理与世界秩序》，黄胜强、许铭原译，北京：中国社会科学出版社，2007 年。

④ Andreas Pölmann, "National Atachment among Berlin and London Head Teachers: The Explanatory Impact of National Identity, National Pride and Supranational Atachment," *Educational Studies*, vol. 34, no. 1, 2008, pp. 45 – 53.

⑤ 塞缪尔·亨廷顿：《谁是美国人？——美国国民特性面临的挑战》，程克雄译，北京：新华出版社，2010 年，第 43 页。

⑥ 崔贵强：《新马华人国家认同的若干观察（1945—1959 年）》，《南洋问题研究》1989 年第 2 期。

⑦ 佐斌：《论儿童国家认同感的形成》，《教育研究与实验》2000 年第 2 期。

和荣誉感。[①] 概括上述各种概念界定，本文把国家认同感的核心内容确定为个人对国家的身份认同（归属感）、国家荣誉感和责任感（带有"一荣俱荣、一毁俱毁"的含义）。

本文对"国家认同感"的测量方法借鉴了政治学家普遍采用的公众态度调查测量方法，即根据问卷调查被访者对相关问题的回答所构建的态度测量量表，给每一种答案赋以确定的分值，根据得分的高低判断其国家认同感的强弱。具体测量包括一组 5 道题的提问，这 5 道题包含个人的国家身份认同和国家荣誉感及责任感等内容（见表 1）。

表 1 国家认同感测量

提问	测试题	答案选项赋值
下列描述在多大程度上和您实际情况相符	A. 当别人批评中国人的时候，我觉得像是在批评我自己	很不符合（-2 分）；
	B. 我经常因国家现存的一些问题而感到丢脸	不太符合（-1 分）；
	C. 我经常为国家取得的成就而感到自豪	不好说（0 分）；
	D. 如果有下辈子，我还是愿意做中国人	比较符合（1 分）；
	E. 不管中国发生什么事情，即使有机会离开，我也会留在中国	很符合（2 分）

本文的"国家认同感"强弱程度测量采用李克特量表的计分方法。表 1 的 5 道测试题分别有 5 个选项答案，即"很不符合"、"不太符合"、"不好说"、"比较符合"和"很符合"，各选项答案分别赋值为 -2、-1、0、1 和 2 分，5 道题得分加总，产生一个复合变量"国家认同感"；"国家认同感"得分越高，表示国家认同感越强。为确保复合变量"国家认同感"的有效性，本文通过 Cronbach's alpha 检测上述 5 道测试题是否可以建构一个测量指数。Cronbach's alpha 是测量一组提问内在异质性的系数，由此可以判断这一组提问是否代表了同一种态度倾向，以及是否可以构成一个态度测量指数。一般而言，Cronbach's alpha 系数高于 0.6，表明这一量表的信度在可接受范围内。本研究所建构的"国家认同感"变量，其 Cronbach's alpha 系数为 0.724，信度较高，表明这 5 道题目可以构成一个国家认同感强度指数。

---

① 陈茂荣：《国家认同问题研究综述》，《北方民族大学学报》2016 年第 2 期。

（三） 自变量

本文的研究目标是考察国家认同感的影响因素及其代际差异，"国家认同感"是因变量，自变量（影响因素）主要分为 4 大类：经济因素、社会结构因素、文化因素和代际因素。

1. 经济因素

经济因素由 2 个变量来测量：家庭人均年收入和就业稳定性。收入是通常采用的代表经济能力的指标，就业稳定性反映个人经济安全性或经济风险程度。2013 年 CSS 数据提供了被访者家庭的年总收入和家庭成员人数的信息，家庭人均年收入是家庭年总收入除以家庭成员人数所得值。对家庭人均年收入进行分组：低收入组（10000 元以下）、中低收入组（10000 ~ 30000 元）、中高收入组（30000 ~ 70000 元）和高收入组（70000 元以上）。就业稳定性是指在未来 6 个月内失业的可能性，选择"不太可能失业"和"完全不可能失业"表明工作稳定；选择"完全有可能失业"、"有可能失业"和"不确定"则归为工作不稳定。

2. 社会结构因素

社会结构因素包括 4 个指标：社会阶层地位（以职业分类为基础）、单位类型、户口身份和政治身份。社会阶层地位归为三大类：基础阶层（包括商业服务业员工，产业工人，农业劳动者和城乡无业、失业、半失业者）；中间位置阶层（包括专业技术人员，办事人员，个体工商户）；优势地位阶层（包括国家与社会管理者，经理人员，私营企业主）。单位类型分两个类别：一是公有部门（包括党政机关、人民团体、军队、国有企业及国有控股企业、国有/集体事业单位、集体企业，协会、行会、基金会等社会团体或社会组织，社区居委会、村委会等自治组织）；二是非公有部门（排除公有部门所包含的类别）。[①] 户口身份分两类：农业户口和非农户口。政治身份分两类：党员和非党员。

---

① 吴愈晓、王鹏、黄超在《家庭庇护、体制庇护与工作家庭冲突——中国城镇女性的就业状态与主观幸福感》（《社会学研究》2015 年第 6 期）中，将党政机关、国有（控股）企业、国有或集体事业单位、社会团体以及居/村委会归为公有部门；梁玉成在《渐进转型与激进转型在初职进入和代内流动上的不同模式——市场转型分析模型应用于中国转型研究的修订》（《社会学研究》2006 年第 4 期）中，将"集体企业"也归为公有部门。本文认同并采用上述归类。

3. 文化因素

文化因素包括 3 个变量：是否接受过高等教育、使用传统媒介（指阅读报纸、杂志）的频率和使用新媒介（例如，使用互联网浏览新闻）的频率。使用传统媒介和新媒介的频率分别设定为两类：频率低（包括从不、一年几次、一月至少一次、一周至少一次）；频率高（包括一周多次、几乎每天）。

4. 代际因素

代际因素分别考虑了连续变量和分类变量。连续变量为年龄，分类变量区分了青年群体与老一代群体。根据英格尔哈特的"社会化假设"，价值观的代际差异是由巨大的社会经济变迁所导致，青年一代的生活环境与老一代人的生活环境间有根本的区别，从而形成了青年人与老一代人的不同的价值态度。改革开放导致我国社会发生巨大变迁，以改革开放为社会背景，出生在改革开放前和改革开放后形成了两个不同的群。① 因此，本文把改革开放作为代际分界线，青年群体是改革开放以后出生的人，在 2013 年调查时的年龄为 18 ~ 35 岁；老一代群体是改革开放以前出生的人，在 2013 年调查时的年龄为 36 岁及以上。

5. 控制变量

本研究把性别和地区作为控制变量加入模型。

（四）相关变量的描述统计

表 2 列出了因变量、自变量和控制变量的基本情况。

表 2　变量情况描述

变量	性质	均值	标准差	说明
因变量				
国家认同感	连续	5.27	3.14	最小值 −10，最大值 10，分值越高，认同感越强
自变量				
家庭人均年收入	连续	14588.1	18775.12	最小值 0，最大值 433333.3

---

① 李春玲主编：《境遇、态度与社会转型：80 后青年的社会学研究》，北京：社会科学文献出版社，2013 年，第 428 – 444 页。

变量	性质	均值	标准差	说明
就业稳定性	定类	0.84	0.46	稳定 = 1，不稳定 = 0
社会阶层地位	定类	1.18	0.44	基础阶层 = 1，中间位置阶层 = 2，优势地位阶层 = 3
单位类型	定类	0.88	0.32	公有部门 = 0，非公有部门 = 1
户口身份	定类	0.32	0.47	农业户口 = 0，非农户口 = 1
政治身份	定类	0.10	0.30	非党员 = 0，党员 = 1
是否接受过高等教育	定类	0.13	0.34	否 = 0，是 = 1
使用传统媒介频率	定类	0.18	0.38	频率低 = 0，频率高 = 1
使用新媒介频率	定类	0.75	0.43	频率低 = 0，频率高 = 1
其他变量				
性别	定类	0.45	0.50	女 = 0，男 = 1
年龄	连续	45.72	13.64	最小值18，最大值72
代际	定类	0.25	0.43	35 岁以上 = 0，18 ~ 35 岁 = 1

表 2 列出的国家认同感的平均得分为 5.27 分，远高于分值设定（ - 10 至 10 分）的中间值（0 分），这表明，总体而言，我国民众的国家认同感较强。

三　数据分析结果

（一）国家认同感的影响因素

表 3 所列的 4 个线性回归模型的分析结果显示了经济、社会结构和文化因素以及年龄因素对个人国家认同感的影响。模型 1 纳入研究假设涉及的所有自变量。在经济因素方面，收入水平对国家认同感有显著影响，两者呈现负相关关系，收入水平越高，国家认同感越弱，这与英格尔哈特和其他一些学者的研究结论相一致；但代表经济安全感的变量（就业稳定性）的回归系数不显著。假设 1.1 得到支持，但假设 1.2 没有得到证实。

社会结构变量中仅有社会阶层地位的回归系数是显著的，但不无意外的是，与基础阶层和中间位置阶层相比，优势地位阶层的国家认同感更强，而中间位置阶层与基础阶层的国家认同感没有显著差异，这与亨廷顿、英格尔哈特等人的观点相左。亨廷顿和英格尔哈特认为，精英和中间阶层的国家认同感要弱于中下阶层和劳工阶层。本文的数据结果则发现，中国的精英阶层和中间阶层的国家认同感并不弱于工农阶层，相反，精英阶层还表现出比其他阶层更强的国家认同感。数据结果还显示，户口身份也对国家认同有影响，非农户口的国家认同感弱于农业户口者。另外两个社会结构因素（单位类型和党员身份）对国家认同感的影响都不显著。假设2.1被拒绝，假设2.2和假设2.3也没有得到证实，但假设2.4得到支持。

文化因素中，接受过高等教育对国家认同感的影响十分显著，两者呈负相关关系，接受过高等教育的人的国家认同感明显弱于未接受高等教育者，这一结果与其他实证研究结论一致。传播媒介和新媒介的回归系数则不显著，没有证实媒介使用与国家认同感之间的相关性。假设3.1获得支持，但假设3.2和假设3.3没有得到证实。

年龄对国家认同感的影响十分显著，年纪较长的人，国家认同感更强，这与英格尔哈特的观点以及大多数实证研究结果一致。性别的影响则不显著。

模型2用收入分组变量替代了收入连续变量，结果发现，中低收入组和中高收入组的国家认同感与低收入组没有差异，只有高收入组的国家认同感明显低于其他收入组。这说明，收入对国家认同感的弱化作用主要体现在高收入者群体中。

表3　国家认同感影响因素的多元线性回归及各组变量的解释贡献率

自变量	模型1（总体）	模型2（总体）	模型3（18~35岁）		模型4（36岁及以上）	
	回归系数	回归系数	回归系数	解释贡献率	系数	解释贡献率
人口特征				16.64		17.13
男性	-0.015	0.005	0.181		-0.187	
年龄	0.045 ***	0.044 ***	0.060 **		0.044 **	
经济因素				29.49		11.53
家庭人均年收入	-0.000 ***	—	-0.000 ***		-0.000 *	
中低收入		0.159	—		—	
中高收入		0.135	—		—	

自变量	模型 1（总体）	模型 2（总体）	模型 3（18～35 岁）		模型 4（36 岁及以上）	
	回归系数	回归系数	回归系数	解释贡献率	系数	解释贡献率
高收入	—	- 1. 374 **	—		—	
就业稳定性	- 0. 200	- 0. 239	- 0. 201		- 0. 127	
社会结构因素				14. 95		49. 52
中间位置阶层	0. 302	0. 283	0. 055		0. 601 **	
优势地位阶层	0. 925 **	0. 874 *	0. 074		1. 302 ***	
非公有部门	- 0. 339	- 0. 342	- 0. 572 *		- 0. 100	
非农户口	- 0. 435 *	- 0. 497 *	- 0. 348		- 0. 474 *	
党员	0. 408	0. 419	0. 090		0. 624 **	
文化因素				36. 21		13. 34
接受过高等教育	- 0. 654 **	- 0. 694 **	- 0. 785 **		- 0. 518	
传统媒介使用频率高	0. 018	0. 024	0. 516 **		- 0. 454	
新媒介使用频率高	0. 241	0. 219	0. 418		0. 137	
地区				2. 71		8. 48
中部地区	0. 199	0. 212	0. 115		0. 249	
西部地区	- 0. 010	0. 012	0. 226		- 0. 321	
常数项	18. 914 ***	18. 716 ***	18. 536		18. 882	
$R - \mathrm{sqr}$	0. 044	0. 045	0. 039		0. 044	
Prob > F	0. 000	0. 000	0. 000		0. 000	
样本量	10185	10185	2511		7674	

注：$* p < 0. 05$，$** p < 0. 01$，$*** p < 0. 001$。

（二）国家认同感影响因素的代际差异

模型 3 和模型 4 比较了青年一代（18～35 岁）和老一代人（36 岁及以上）的国家认同感的影响因素。在回归分析的基础上，采用 Shapley 值分解方法，对国家认同感影响因素的代际差异进行分析。Shapley 值分解方法可以对自变量与因变量之间的关系进行更深入的分析，分解各自变量的具体贡献和相对重要程度，[1] 同时，Shapley 值分解的各变量的贡献率可以相加，从而可以估计出一组自变量的总贡献率。[2]

Shapley 值分解显示，在青年一代的模型中，经济因素可以解释29.49% 的国家认同感差异；社会结构因素可以解释 14.95% 的国家认同感差异；文化因素可以解释 36.21% 的国家认同感差异；其他 19.35% 的差异由年龄、性别和地区等因素解释。在老一代人的模型中，经济因素解释力明显小于青年一代（11.53%）；社会结构因素解释力则远远大于青年一代（49.52%）；而文化因素解释力又小于青年一代（13.34%）。这些说明，对老一代人的国家认同感影响最大的是社会结构因素，它解释了老一辈人国家认同感 50% 的差异，而经济因素和文化因素的影响较小。对青年一代国家认同感影响最大的是文化因素，其次是经济因素，社会结构因素的影响最小。

在经济因素方面，就业稳定性对青年一代和老一代人的国家认同感都没有影响；收入水平对青年人和老一代人都有影响，收入越高，国家认同感越弱。但是，收入对两代人的影响程度不同，对青年人的影响更大也更明显（解释贡献率更大且系数更为显著），对老一代人的影响则微弱（解释贡献率小且系数微弱显著）。

在社会结构因素方面，社会阶层地位对老一代人有显著影响，阶层地位越高，国家认同感越强，处于优势地位阶层的老一代人的国家认同感的强烈程度高于中间位置阶层，而中间位置阶层的国家认同感又高于基础阶层。同时，党员身份和户口身份影响老一代人的国家认同感，老一代人中的党员有更强烈的国家认同感，而非农户口群体的国家认同感弱于农业户口人群。不过，就业单位是体制内还是体制外，对老一代人没有影响。

社会结构因素对青年一代的影响不仅小于对老一代人的影响，而且影响机制也不同。对老一代人有强烈影响的社会阶层地位因素对青年一代的

---

① Guanghua Wan, "Accounting for Income Inequality in Rural China: A Regression-Based Approach," *Journal of Comparative Economics*, vol. 32, no. 2, 2004, pp. 348 - 363；陈斌开、杨依山、许伟：《中国城镇居民劳动收入差距演变及其原因（1990 ~ 2005）》，《经济研究》2009 年第 12 期。

② 参见万广华：《经济发展与收入不均等：方法和证据》，上海：上海人民出版社，2006 年；Jun Yan, Xiao Huang and Xin Liu, "An Analysis of Education Inequality in China," *International Journal of Educational Development*, vol. 37, no. 2, 2014, pp. 2 - 10.

国家认同感没有显著影响。同时，影响老一代人的户口身份对青年一代的国家认同感也没有影响。更令人吃惊的是，能增强老一代人国家认同感的党员身份没有增强青年人的国家认同感。不过，对老一代人没有影响的社会结构因素——单位类型，对青年一代有显著影响，在公有部门就业的青年的国家认同感高于在非公有部门就业的青年。

在文化因素方面，三个自变量对老一代人的国家认同感都没有显著影响，但其中的两个因素（接受过高等教育和传统媒介使用频率）与青年人的国家认同感存在显著相关关系。接受过高等教育的青年的国家认同感弱于未接受高等教育的青年，同时，传统媒介使用频率高的青年的国家认同感强于使用频率低的青年。

综合来看，国家认同感的影响因素存在极为突出的代际差异，对于老一代人，社会阶层地位是关键性的影响因素，处于较高社会地位的人，国家认同感较强；党员身份也有助于增强国家认同感，但非农户口身份和高收入会弱化国家认同感；接受过高水平教育不会显著弱化老一代人的国家认同感，传播媒介对老一代人的影响也不显著。青年一代的情况则极为不同，高收入和高水平教育会弱化其国家认同感，不过，多接触传统媒介有可能增强他们的国家认同感。本文提出的代际差异的两个假设（假设4.3和假设4.4）都得到了证实。假设4.2也得到支持，即接受过高等教育的青年，其国家认同感弱于较低文化水平的青年。另外，年龄因素对两个代际群体都有影响，不论是青年一代还是老一代，随着年龄的增长，他们的国家认同感都会增强。

四　结论与讨论

本文的数据结果显示，虽然我国民众的国家认同感较强，但不同社会人群和代际群体的国家认同感强弱程度有所差异；经济因素、社会结构因素和文化因素都会影响个人的国家认同；国家认同感及其影响因素存在代际差异。青年一代的国家认同感弱于老一代人，受过高等教育的青年的国家认同感弱化更为明显；老一代人的国家认同感更易于受到社会结构因素的影响，而青年一代的国家认同感更易于受到文化因素和经济因素的影响。本文有的发现部分支持了英格尔哈特的理论假设（匮乏假设和社会化假设），有的发现则表明，这些理论假设在当前中国社会的作用方式与西方社会有所不同。亨廷顿等人提出的"精英国家认同感弱化"现象在当前中国没有出现，相反，中国社会的优势地位阶层的国家认同感比中间位置阶层和基础阶层的国家认同感更强。

本文的一些数据分析结果与英格尔哈特等人的研究结论一致，收入水平和教育水平的提高会弱化国家认同感。不过，这两个因素的影响主要体现在青年人身上，教育水平对老一代人没有显著影响，收入水平对老一代人有较弱的影响。同时，这两个因素要达到比较高的水平才能发挥作用。例如，在收入方面，只有达到较高收入水平，弱化国家认同的现象才会出现；在教育方面，接受高等教育会弱化国家认同感。收入水平和教育水平的提高对青年人国家认同感的弱化作用与全球化有必然联系。不过，数据显示，较多接受传统媒介信息的青年人的国家认同感更强。这表明，舆论宣传和爱国主义教育可能在提升国家认同感方面发挥作用。数据还显示，互联网等新媒介的使用频率与青年的国家认同感没有显著相关关系。虽然新媒体传播的信息更加多元化，但青年人还是有可能进行理性的判断和选择的。罗斯、里昂和齐瑞思苏库乌等人在研究国家认同感时区分了感性爱国主义（blind patriotism）与理性爱国主义（constructive patriotism）。感性爱国主义指对国家强烈的、一成不变的依恋和坚定不移的忠诚，不能容忍对国家的任何批评非议，对外来文化和事物具有较强的排外情绪；而理性爱国主义则以对国家的批判性忠诚为特征，在希望国家向更好的方向发展的动机驱使下，关注国内、国外事物，提出批评建议，以开放的心态选择性地接收外来信息。[①] 在全球化时代，单纯地向受过高等教育的青年人灌注感性爱国主义可能达不到预期效果，而培育青年人的理性爱国主义，才能使他们在多元文化冲击的环境下做出恰当的选择，稳固和增强国家认同感。另外，数据显示，党员身份有助于增强老一代人的国家认同感，但在青年群体中没有这种效应。十几年来，大量的大学生加入党员队伍，但入党筛选过程和入党后的思想教育并未在提升国家认同感方面发挥应有的作

---

① Despina M. Rothi, Evanthia Lyons and Xenia Chrysochoou, "National Attachment and Patriotism in a European Nation: A British Study," *Political Psychology*, vol. 26, no. 1, 2005, pp. 135 - 155；于海涛、张雁军、乔亲才：《全球化时代的国家认同：认同内容及其对群际行为的影响》，《心理科学进展》2014 年第 5 期。

用。因此，如何提升青年党员的国家认同感和爱国情感是一个亟待解决的重要问题。

本文的数据结果与多数国外研究最突出的不同表现在社会阶层地位与国家认同感之间的关系方面。国外多数实证研究表明，精英群体和中间阶层的国家认同感弱于中下阶层和劳工阶层，亨廷顿特别强调了精英人士重视全球认同而忽视国家认同。本文却发现，不仅中间位置阶层的国家认同感不弱于基础阶层，而且，优势地位阶层的国家认同感还强于中间位置阶层和基础阶层。在中国，国家和政府是经济增长的主要推动者，精英群体及中间阶层的生成和成长与国家发展紧密相关，精英群体及中间阶层迈出国门、走向世界的步伐伴随着"中国崛起"的过程，导致精英群体及中间阶层在融入全球化的同时并没有明显弱化他们的国家认同。此外，中国的工人阶层也不像西方国家的工人阶层那样成为全球化的利益受损者，相反，他们在全球化推进过程中获得更多的就业机会和收入增长机会。这说明，当前中国社会在国家认同方面不太可能出现像美国和英国那样的"社会撕裂"现象。而这背后的一个深层次原因，可能是国家在全球化和经济增长中的作用所导致的。在欧美国家和部分发展中国家，精英群体是全球化的主要推动者，其全球化策略（比如企业迁往海外和吸纳国外移民以获取廉价劳动力和降低生产成本）使精英群体极大地获益而劳工阶层受损。在中国，国家和政府是全球化的主要推动者（全球化是政府推动经济增长这一整体战略的重要组成部分），作为全球化最大获益者的精英群体往往与国家之间保持着较为紧密的联系，因此，不会因为他们融入全球化而导致其国家认同感弱化。同时，国家所主导的全球化策略不仅使精英群体获益，而且也保障了基础阶层的利益。全球化策略的国别差异及其对不同阶层的国家认同感的影响还需做更深入的研究，亨廷顿的相关理论陈述把这一问题简单化了。

另外，收入因素与国家认同感之间的关系在中国也表现得比较特殊。数据显示，高收入会弱化国家认同，但主要表现在青年人身上，对老一代群体的影响则较弱。因此，所谓的"富人不爱国"并不准确。我们进行的一些个案访谈印证了数据分析的结果。中老年群体中的高收入者，包括那些在海外投资甚至移民海外的人，仍怀有较强的爱国情怀、民族自豪感和中国文化认同。而高收入的青年人有条件经常出国体验西方生活方式、接触西方文化并享有高品质的西方商品，这对中国文化和其国民身份的认同感产生负面影响，特别是那些高学历并掌握市场稀缺专业技能而选择技术移民的青年人，他们的国家认同感较低，但这些青年人是我国社会经济发展所需要的人才。

在制定提升民众国家认同意识的战略对策时，还需注意到国家认同感及其影响因素的代际差异。老一代人强烈的爱国情怀不易于受到全球化文化和物质生活环境改变的影响，而青年一代则相对容易受到冲击，对于高收入和高文化水平的青年尤其如此。英格尔哈特的"社会化假设"效应在这里表现得十分明显。老一代人的国家认同感已经形成并保持稳定，即使他们基于个人利益需求和事业发展考虑选择移民或投资国外，在情感和认同方面仍倾向于祖国；公众舆论对他们不必过度指责，反而应强化他们对国家的依恋情感，鼓励他们为国家发展多做贡献。青年人的国家认同感正在形成过程中，爱国主义教育和舆论宣传有助于增强他们的国家认同感，但是，对于最易受到全球化影响的高收入、高文化水平的青年，靠单纯的宣传教育是不够的，给他们创造更多的发展机会，让他们像老一代的精英和中间阶层人群一样，把个人发展与国家发展紧密联系在一起，使他们的全球化体验与国家认同感共生共存，这样才有利于我国社会经济的可持续发展。概言之，创造发展机会是提升青年人国家认同感的长效机制。

需要指出的是，本文的研究还存在一些局限。由于本研究采用的调查数据的局限性，无法对部分变量的作用做准确考察，比如，对于传统媒体和新媒体接触频率对国家认同感的影响分析，还需要进一步的追踪调查数据。此外，本研究的数据来自 2013 年中国社会状况调查，而 2013 年至今中国社会已发生了许多变化，民众的国家认同感，特别是青年人的国家认同感可能发生了变化。同时，国家认同感的年代变化趋势是一个更加重要的研究主题，这将是未来我们考虑深化研究的一个方向。概言之，关于国家认同感影响因素的研究，本文还只是一个初步的探讨。

论群学复兴

——从严复"心结"说起[*]

景天魁

摘　要： 本文依据笔者带领的研究团队建构的群学概念体系和正在建构的群学命题体系，论证了群学的要义是合群、能群、善群和乐群，其特质是人本性、整合性、贯通性和致用性。群学既有与西方社会学"相合"的研究对象和研究领域，也有以经验证实理论的研究视角和方法。本文认为群学必将在 21 世纪世界性百家争鸣中"浴火重生"。

关键词： 群学概念体系　中国古典社会学　世界性百家争鸣　群学复兴

1903 年月 25 日，严复在《群学肄言》译后感叹道"惜乎中国无一赏音"，"吾则望百年后之严幼陵（严复字幼陵。——引者注）耳！"（严复，2004：12）现在，距严复先生 1921 年逝世已近百年，我们应当如何理解并力图解开他的这一"心结"呢？依笔者愚见，严复译介斯宾塞《社会学研究》一书正值甲午战争惨败，中国人的民族自尊、文化自信丧失殆尽之时，译书的初衷本是希冀借西学之火种，让群学成为团结人心、鼓动民力民智的火炬，却眼见得西学之涌入大有湮没群学之势，故而感叹。果然，1903 年之后的百余年间，先是群学之"名"被"社会学"所取代，继而群学之"实"不仅鲜被提及，就连"中国古代没有社会学"这样一个从来未被论证过的说法也被莫名其妙地默认为"定论"，以至于"中国古代有没有社会学"早已不成为一个话题了。

那么，到底"中国古代有没有社会学"？近年来，笔者与研究团队从

---

*　原文发表于《社会学研究》2018 年第 5 期。

浩瀚的历史文献中整理出了群学概念体系（景天魁等，2017），并进一步梳理出包括100多个命题的群学命题体系，据此证明了群学的历史存在性，论证群学即为中国古已有之的社会学或曰中国古典社会学。在这一研究基础上，对群学有了几点新认识：①荀子不只提出了"群"的概念，也不仅是创立了"'群'论"，而是创立了"群学"；②群学既与西方社会学在内容上"相合"，又具有自己的鲜明特质；③群学作为合群、能群、善群和乐群之学，既包含了破译中国社会之所以繁盛绵延的密码，又内藏着促进中华民族实现伟大复兴的基因；④群学虽是"旧学"，但在当代和未来堪当大任，负有新的重大使命，因而必将复兴。

一　群学要义

不仅荀子关于"群"的概念与"社会"的字词义、概念义相合，而且他还以群为核心概念，构建了群学的原初体系。换言之，严复将西方社会学译为"群学"，不只是找到了"群"这一个适切的翻译用词，更是肯定了群学这一学科的存在。

打开《荀子》一书，最直接讲到"群"的首先是在《王制》篇中："水火有气而无生，草木有生而无知，禽兽有知而无义；人有气、有生、有知亦且有义，故最为天下贵也。力不若牛，走不若马，而牛马为用，何也？曰：人能群，彼不能群也"（方勇、李波译注，2015：127）。然而，《荀子》全书不仅直接讲到分群、合群、能群、使群、善群、为群、利群、乐群和安群等，就是那些没有直接讲到"群"的篇章，其实也是与"群"密切相关的。关于群学的要义，涂可国将其概括为"人而能群的社会本质论、能难兼技的社会分工论、群居合一的社会理想论和明分使群的社会治理论四个层面"（涂可国，2016）很有见地。王处辉、陈定闳、谢遐龄、吴根友、庞绍堂和季芳桐、杨善民等在他们各自所著的《中国社会思想史》或类似著作中都对荀学有专门论述，各有洞见，兹不一一介绍。笔者在《中国社会学崛起的历史基础》一文中，将"群学要义"概括为"合群、能群、善群、乐群"（景天魁，2017）。做这样一个概括，准确与否、全面与否，重要但不是最重要的。重要而且应当强调的是，我们努力将群学作为一门"学科"而不仅仅是作为"社会思想"来概括其内涵。群学作为"社会思想"并无争议，而我们将群学作为"学科"却是直面了争议的焦点，翻了百余年来的"旧案"，这一言说是有很大风险的。

为什么说"群学"可称为"学"呢？不仅因为其作为"社会思想"的丰富性，还因为其具有"学科性"。理由正在于群学概念体系的内在逻辑之中。这其实是严复和梁启超早已提示过的，即所谓群学与西方社会学"节目枝条""暗合"（严复，2014b：37），"与欧西学者之分类正同"（梁启超，2015：1317）。可惜他们对这一重要提示并未加以展开，群学的具体内涵到底是什么也一直不甚了了。如果说，作为一门学科的"学科性"，首先在于其是否具有相对独立的"研究对象和研究领域"那么我们认为群学是符合这一"标准"的。

（一）群学的研究对象与西方社会学"正同"

群学当然就是研究"群"。"群"既然是"人道所不能外也"（严复，2014a：373），那么"群"也就是"社会"。具体地说，荀子群学所研究的"群"主要是以人伦为基础的社会关系。所谓"以人伦为基础"，是因为"人伦"乃社会关系之"大本"。何谓"人伦"荀子说能够让不齐变得整齐，让弯曲变得有顺序，让不同得以统一的，就是"人伦"。"'斩而齐，枉而顺，不同而一。'夫是之谓人伦"（方勇、李波译注，2015：51）。荀子所说的"人伦"，已经不是如他的前人那样仅停留于君臣、父子、夫妻、兄弟、亲友这些表层的关系，也不是血缘、地缘、业缘、友缘这些"分类"的关系，而是由社会分工造成的社会关系、社会地位、社会名分。这样理解的"人伦"也超出了一般所谓伦理道德的含义，而彰显了"群性"，亦即"社会性"。（孔繁，2011：39）认为，荀子对社会的理解要比孔孟高明得多，此可为一佐证。

"以人伦为基础的社会关系"有别于政治的社会关系、经济的社会关系、法律的社会关系、文化的社会关系等。但这种区分只具有相对的意义。粗略地说，与孔子长于教人、孟子长于议政、老子崇尚自然、墨子兼爱尚同相比，荀子长于知世治世，更加专注于社会关系和社会治理。正如梁启超所言"我国数千年学术，皆集中社会方面，于自然界方面素不措意，此无庸为讳也"（梁启超，2010：43－44）。平心而论，荀子能够凸显出对于群性社会性的关注，在诸子百家中已属难能可贵。然而更为可贵之处集中体现在荀子对群学要义的论述上。我们说，群学是合群、能群、善群、乐群之学，而此四群都是社会关系的不同形式和状态。

第一，合群是群性在"分"的基础上展开的原初社会形式和社会状态。它不是依靠动物性的本能而来的"合群性"，而是由"分"而来的社会性。"分"字在《荀子》全书中出现了 113 次（陈光连，2013：1），是贯穿群学的一个重要概念。不论是作为"名分"、"职分"等含义，还是作为分工、分类、分配等含义，其表现的是最根本的"群理""人之生，不能无群，群而无分则争，争则乱，乱则穷矣。故无分者，人之大害也有分者，天下之本利也"（方勇、李波译注，2015：142）。荀子还说一个人不能同时掌握多种技艺，一人也不能同时身兼数职，必须分工合作，如果离群独居、不相互依赖就会穷困，群居但没有名分等级就会争夺。穷困是忧患，争斗是灾祸，要救患除祸，没有比明确名分、使人们组成群体再好的了（方勇、李波译注，2015：138）。

荀子认为，"明分使群"可以"使有贵贱之等，长幼之差，知愚、能不能之分，皆使人载其事而各得其宜，然后使悫禄多少厚薄之称，是夫群居和一之道也。故仁人在上，则农以力尽田，贾以察尽财，百工以巧尽械器，士大夫以上至于公侯，莫不以仁厚知能尽官职，夫是之谓至平（方勇、李波译注，2015：51）。如果按照字面含义，"分"与"合"是相反的，"分"可能是化解"群"的。然而，由于有分工，社会成员之间必须合作，必须"合群"。荀子在距今约 2200 多年前就洞悉了这个因"分"而"合"、由"合"而"群"、相辅相成的道理，联想到马克思的劳动分工理论在社会学中的基础性地位，涂尔干的第一本代表作即为《社会分工论》，将荀子的"明分使群"视为群学即其社会学的"第一原理"不为过矣。

第二，能群是在"义"的基础上达到的高一层级的社会形式和社会状态。荀子曰："人何以能群？曰：分。分何以能行？曰：义。故义以分则和，和则一，一则多力，多力则强，强则胜物，故宫室可得而居也。故序四时，裁万物，兼利天下，无它故焉，得之分义也"（方勇、李波译注，2015：127）。在这里，荀子是在群得以形成的机制这个意义上讲"义"的。"义"不论是作为日常词语还是作为概念都有多种含义。而作为概念，它经过了从观念到行为准则和社会联结机制，再到社会组织和社会制度的演变过程。在荀子之前，"义"主要是在伦理观念的意义上表达"应当"、

"正当"、"当然"等基本含义；而在荀子之后，秦汉以降，"义"逐渐表现为社会制度，以及义仓、义社、义田、义学等社会组织和社会实体。在荀子所处的战国晚期，"义"不仅指社会生活中的规范，还代表着社会阶层化的秩序。它作为阶层化的社会秩序，要求各人善尽自身角色的义务、职责和责任，服从长上的权威和社会等级秩序（景天魁等，2017：411）。作为这一时期承前启后的大思想家，荀子的"义"的概念成为一个上下接续的转折点，即把"义"从观念转化为"群"的社会联结机制。特别是在群学里，"义"的基本含义是明确"分"的准则，因为只有"分"得合理，才有秩序，才能团结一致，从而形成"群"。在个人，"义"决定荣辱，"先义而后利者荣，先利而后义者辱荣者常通，辱者常穷通者常制人，穷者常制于人，是荣辱之大分也"（方勇、李波译注，2015：42）。就家庭而言，以"义""事亲谓之孝"，以"义""事兄谓之弟"。就国家而言，以"义""事上谓之顺"，以"义""使下谓之君"（方勇、李波译注，2015：127）。作为士仕者，尊"义"方为"合群者"（方勇、李波译注，2015：76）；作为君主，则可"义立而王"（方勇、李波译注，2015：163）。就"天下"而言，荀子认为使天下富足之道全在明确职责名分"兼足天下之道在明分"，（方勇、李波译注，2015：146）。正如耕种田地要划分田界一样，只有明确了职责名分，农民才会依据农时除草施肥，做好农夫分内之事而促进生产，让百姓和睦，这是将帅之事；寒暑符合节令，让五谷按时成熟，这是上天之事；普遍地保护百姓，爱护百姓，管理百姓，让百姓安居乐业，这是圣君贤相之事。如此明分，即为治群之道。

荀子之谓"能群"是因"义"而明分，因"分"而能群。由是将"义"作为人们社会行为的普遍准则；"遇君则修臣下之义，遇乡则修长幼之义，遇长则修子弟之义，遇友则修礼节辞让之义，遇贱而少者，则修告导宽容之义"（方勇、李波译注，2015：75）。如此，"义"就是维系社会关系的纽结。我们也可以说"义以明分"是群学的第二原理。

第三，善群是在"礼"的基础上达到的更高一级的社会形式和社会状态。如果说"义"主要是指行为规范和社会形式的内在方面，"礼"不论是礼制、礼仪还是礼俗，主要是外在的制度和规则，因为"礼"与"义"互为表里，荀子常常将二者连用作"礼义"。又由于"礼"对人的约束相对于刚性的"法"而言显得柔和一些，而其实"礼"、"法"互通，因此荀子也常常将"礼法"连用，强调"礼法"是纲纪（方勇、李波译注，2015：179）。正因为"礼"与"义"和"法"都有如此紧密的通连关系，所以"礼"在群学里居于至高的地位，"君臣上下，贵贱长幼，至于庶人，莫不以是为隆正"（方勇、李波译注，2015：179）。不论是什么人，莫不把"礼"作为最高标准。不论什么事、什么领域都要遵从礼，用荀子的话说就是"礼以定伦"。《荀子》首篇《劝学》即以明礼为学习的最高目的，以"亲师"和"隆礼"为根本途径，"《礼》者，法之大分、类之纲纪也"（方勇、李波译注，2015：7）。第二篇《修身》又写到，"人无礼则不生，事无礼则不成，国家无礼则不宁"（方勇、李波译注，2015：15），"礼者，所以正身也"（方勇、李波译注，2015：21）。讲到富国强兵，更是把礼的地位强调到极致。"人之命在天，国之命在礼"（方勇、李波译注，2015：250），"礼者治辨之极也强国之本也，威行之道也，功名之总也"（方勇、李波译注，2015：242）。处处把礼的地位提升到无以复加的高度。

荀子强调，作为君主必须善群，而欲善群，关键在于谨遵"群道"，做到群道得当。群道得当，则万物就能各得其宜，六畜都能得以生长，一切生物可以尽得其寿命。荀子显然认为"群道"如同自然法则一样具有必然性，运用到人类社会，政令得当，百姓就会团结一心，贤良就会心悦诚服。"君者，善群也。群道当则万物皆得其宜，六畜皆得其长，群生皆得其命。故养长时则六畜有，杀生时则草木殖，政令时则百姓一，贤良服"（方勇、李波译注，2015：127）而群道当与不当，决定于"礼"。

"礼"之所以居于如此高的地位，主要是因为它可以"定伦"。所谓"定伦"，首先是要定规矩。荀子曰："国无礼则不正。礼之所以正国也，譬之犹衡之于轻重也，犹绳墨之于曲直也，犹规矩之于方圆也，既错之而人莫之能诬也。"（方勇、李波译注，2015：170）一旦礼仪规矩设置好了，就没有人进行欺骗了。

其次，"定伦"重在定名分和职责。"君臣、父子、兄弟、夫妇，始则终，终则始，与天地同理，与万世同久，夫是之谓大本"（方勇、李波译注，2015：126）。"君君、臣臣、父父、子子、兄兄、弟弟一也，农农、士士、工工、商商一也"（方勇、李波译注，2015：126）。君要像君，臣要像臣，父要像父，子要像子，兄要像兄，弟要像弟，都是一个"礼"；农民要像农民，士人要像士人，工匠要像工匠，商人要像商人，也都是一个"礼"。

荀子讲"礼",并不是绝对地只讲差序、只讲贵贱。在当时的历史条件下,承认差别,讲有贵贱,是为了形成秩序。虽有贵贱,但可以无偏贵贱。荀子曰:"人主胡不广焉无恤亲疏,无偏贵贱,惟诚能之?求若是,则人臣轻职业让贤而安随其后,如是,则舜、禹还至,王业还起。功壹天下,名配舜、禹,物由有可乐如是其美焉者乎?"(方勇、李波译注,2015:176)如是,则"农分田而耕,贾分货而贩,百工分事而劝,士大夫分职而听,建国诸侯之君分土而守,三公总方而议,则天子共己而止矣。出若入若,天下莫不平均,莫不治辨,是百王之所同而礼法之大分也"(方勇、李波译注,2015:179)。后来被指代表封建主义的"三纲五常"并不是荀子提出的,而是由汉代董仲舒才正式确定的(董仲舒,2009:305-306)。虽然不能说与荀子没有继承关系,但处于战国末期的荀子志在总结几百年间战国纷争的经验教训,他不是只知强调"贵贱"、"差等",他的目的是强调秩序,实现"大治",达到"至平"。诚然,荀子当年所讲的"礼"的具体内容是有阶级局限和时代烙印的,这些随着社会的发展、时代的变迁而被克服和抹掉,但"礼"的某些形式和功能是可以"抽象继承"的;否则,中国自古至今何以能称得"礼仪之邦"。

总之,以"礼"定规矩,也就定了名分和职责,这样就有了秩序,有了秩序才称得上"善群"。在这个意义上,群学就是"礼以定伦"的秩序之学。由此我们可以说,"礼以定伦"是它的第三原理。

第四,乐群是在"和"的基础上达到的最高层级的社会形式和社会状态。

首先,在群学中,"乐群"是有目标、有标准的。作为在"合群"、"能群"、"善群"基础上才能达到的最高层次,对于个人和家庭而言,"乐群"是对"修身"、"齐家"的最高要求;对群即社会而言,"乐群"是治理要达到足以让人乐在其中的状态。这种理想状态怎样才能达致呢?在春秋战国时期,经过长达数百年的战乱纷争之后,人们体会到和平的可贵,故而以"和"为乐。荀子出于对人有欲、有欲必争、争则乱、乱则穷的社会过程的观察,也深深体验到以"和"为乐的真谛。因而,"乐群"的目标就是"和"——"群居和一",这是群学的第四原理,也是最高原理。因为作为社会状态,"乐群"要达到的"标准",荀子常用"至平"、"大治"、"大形"、"大神"来形容。而对于"天下"，荀子则用"和则一"、"四海之内若一家"（方勇、李波译注，2015：124）来表达"乐群"的思想内涵。"乐群"在中国和世界思想史上，都是很早升起而永远指引人们向往追求的理想明灯。

其次，"和"是有前提、有条件的，也是有办法和途径的。分可止争，不争则和。荀子曰"调和，乐也"（方勇、李波译注，2015：218）。协调和谐，是乐的表现。怎么"调和"要有"法度"。"法度"何来？"礼义生而制法度"（方勇、李波译注，2015：379）。荀子坚信"礼义之谓治，非礼义之谓乱也"（方勇、李波译注，2015：30）。

荀子的群学强调等级名分的一面虽然与汉初《礼记·礼运》篇所表述的"大同社会"并不合拍，但《荀子》中多次提到的"尚贤使能"、"无恤亲疏"、"无偏贵贱"，以及"选贤良，举笃敬，兴孝弟，收孤寡，补贫穷"，都为"小康"、"大同"思想的形成做出了贡献。

（二）群学研究领域与西方社会学"暗合"

首先，群学的研究领域具有专门性。与其他学科相较而言，群学研究领域的专门性主要表现为基础性。所谓"基础性"，是说合群、能群、善群、乐群是人们从事各种活动必须依赖的基础。欲要修身，重在合群；欲要齐家，重在能群；欲要治国，重在善群；欲要平天下，重在乐群。群是人们从事政治、经济、文化与社会各种活动的基本形式，换言之，人的各种活动都是在群的基础上进行的，这种基础性既渗透于又相对独立于各种活动。因而，群学相对于分门别类的研究社会的其他学科就具有相对独立的基础性学科地位。荀子作为先秦学术思想的集大成者，不仅创立了群学，在其他学科领域也多有建树，例如有的学者就对荀子在"名学"（逻辑学）方面的成就给予了很高评价。荀子也是杰出的哲学家、政治学家，作为"赋"体的创始人，他当然也是优秀的文学家。但是群学创立者的这种跨领域、多学科的博学特点，并不能成为否定群学研究对象和研究领域具有相对独立性的理由。事实上，不论是孔德、斯宾塞，还是马克思、涂尔干和韦伯，他们的研究也都是跨领域、多学科的。

其次，群学研究领域与其他学科具有交叉性。各门社会科学学科的研究领域有所交叉、重合是正常现象，否则何来诸如政治社会学、经济社会学、法律社会学等分支学科和交叉学科？

再次，群学关注的问题与西方社会学具有共同性。春秋战国时期周代建立的礼乐制度已经崩坏，强国称霸争雄，弱国生灵涂炭，社会失序久矣，如何重建秩序，就成为群学的根本关切。荀子每每讲到群，都是针对"争则乱，乱则穷"的痼疾，希望找到破解之策，以定分止乱。可以说，合群、能群、善群、乐群都是为了重建良好的社会秩序。这在宗旨上，恰与孔德 2000 多年后提出的"社会学"不谋而合，尽管所处时代不同但面临的问题却相同，所"宗"学术源头不同而"旨"意相同。不光是秩序问题，荀子对群己关系、家国关系、治理问题、变易问题、制衡问题、天下问题的探讨，至少与孔德、斯宾塞时期的西方社会学相比，不仅毫不逊色，而且理论更为丰富。就是与经典的西方社会学相比，许多基本概念和命题也已具备，只是表现形态多为论辩式，而非陈述式，表述形式更为实用化，非纯学理化而已。

最后，群学的进路与西方社会学具有相似性。荀子讲群学从劝学、修身切入，紧扣的是个人与社会的关系，其所讲的群己关系、身心关系、身性关系、形神关系、天人关系，都是在说如何培养合群性，亦即个人如何实现社会化。个人如何合群，也就是个人如何社会化。个人进入社会之后怎么办，要定分，按技能分工，按职业分层，按名分定序。涂可国认为，荀子可能是"最早提出'职业'范畴的人"，他非常重视职业分工对于社会秩序的调节作用（涂可国，2016）。事实上，荀子关于士农工商等的分层研究与今天的职业分层也是极为类似的。荀子如何分层必须"制礼义以分之"，唯其如此，"故序四时，裁万物，兼利天下无它故焉，得之分义也"（方勇、李波译注，2015：127）。

荀子群学由"明分使群"而"义以定分"，由"礼以定伦"而"群居和一"，相应地开辟出由修身而齐家、由齐家而治国、由治国而平天下的进路，这与西方社会学由个人而社会、由分层而结构、由组织而制度的进路异曲同工。如果说有什么不同，应该是另有中华文明的深厚意蕴在其中。对此，后文再加以论述。

由以上的论证可以得出结论：不论荀子在他所处的时代是否具有今天所谓的"学科意识"，尽管《荀子》一书不是按照单一学科体例编排的，但群学的实际内容却表明其在研究对象和研究领域上是可以与其他学科相对区分开来的。它与伦理学不同，与哲学也并不属于同一个研究层次（后文还会谈到），而与西方社会学的"节目枝条""暗合"（亦称"冥合"）。因此，说群学具有相对独立的研究对象和研究领域是有其内在理据的。

二 群学特质

在所谓"学科性"中，"学科对象"很重要，但并不具有绝对的意义，有很多交叉学科、综合学科可能有相同或者相近的学科对象，但它们仍然是"学科"，对此我们这里不做讨论。所谓"学科性"，除了要有确定的"学科对象"之外，还要有学科"视角"和"方法"。那么，群学的研究视角和方法是怎样的？我们认为，与西方社会学相比可以说是有相同之处也有不同之处。

（一）群学的视角和方法

群学重视经验分析，善于历史比较，长于逻辑论证，承认在社会人事中存在着像自然法则那样的客观法则，这在先秦时期是难能可贵的。这些特点表明，其达到了相当高的"科学性"水平。

第一，荀子重视经验分析。面对复杂的研究对象，他擅长先划分为不同类型，然后作经验性的比较和分析。例如，荀子把"人臣"划分为四种类型：态臣（阿谀奉承的臣子）、篡臣（篡权的臣子）、功臣和圣臣。不仅用具体的经验性特征刻画他们的形象，还逐一举出"足以稽矣"，即可以验证的典型。"故齐之苏秦、楚之州侯、秦之张仪，可谓态臣者也。韩之张去疾、赵之奉阳、齐之孟尝，可谓篡臣也。齐之管仲、晋之咎犯、楚之孙叔敖，可谓功臣矣。殷之伊尹、周之太公，可谓圣臣矣"（方勇、李波译注，2015：209 - 210）。荀子论述以"礼义""为人君"、"为人臣"、"为人父"、"为人子"、"为人兄"、"为人弟"、"为人夫"、"为人妻"，都不只是讲道理，还多有征引，使得"此道也，偏立而乱，俱立而治，其足以稽矣。""足以稽矣"就是说它们是被经验事实完全证实了（方勇、李波译注，2015：192）。

第二、荀子善于历史比较。他对三代以来的史实了然于胸，对《诗》、《书》等典籍典故运用自如，每每论证一个观点，都能引用前朝旧事做历史比较分析；几乎每个重要论述之后，都能引述"《诗》曰"、"《书》曰"、"故曰"以为佐证。

第三，荀子长于逻辑论证。作为战国末期优秀的逻辑学家，荀子对群学原理的论证之严密，远胜于《论语》、《孟子》的逻辑水平。他三次出任齐国最高学府——稷下学宫的"祭酒"（类似于"教务长"的论辩主持人）应该与他的逻辑和论辩才能不无关系。

第四，荀子承认在社会人事中存在着像自然法则那样的客观法则。他认为"人伦"是"与天地同理，与万世同久""礼有三本天地者，生之本也先祖者，类之本也君师者，治之本也"（方勇、李波译注，2015：303）；认为"群居和一"是"上取象于天，下取象于地，中取则于人，人所以群居和一之理尽矣"（方勇、李波译注，2015：319）。可见，荀子讲"群道"，取法于自然之理，"群道"当与不当，要看其是否符合客观法则，由此说荀子接近于承认并得出"社会规律"的认识恐不为过。孔德、斯宾塞等人依据生物进化推断社会进化，荀子与此何其相似乃尔。

可见，群学对于社会关系、社会现象的研究是具有经验性的，或者说理论是依据经验事实的，研究方法也是重视实证（"可稽"）的。人的职业分工、技能分工、利益分配是实实在在经验性的，不是思辨的。总之，荀子的群学所讨论的基本上还是人与人、人与群、群与群、家国社稷等具象问题，而不是世界本原之类的抽象的哲学问题。也许正因如此，哈佛大学本杰明·史华兹（Benjamin I. Schwartz）教授肯定荀子在儒家学派中是"最富于'社会学色彩的'"（史华兹，2008：405）。他认为荀子是"以自然的实证化技术为导向的思想范式。假如诸如此类的观点在科学事业中多少也占有主导地位，那么，荀子可以勉强被说成是中国古代的科学倾向的先驱。""荀子的科学是完全以对于自然所作的具体观察为基础的，不过是依照自然自发呈现在日常经验中的样子进行观察而已"（史华兹，2008：421）。以研究中国科学技术史著称于世的英国剑桥大学李约瑟教授甚至认为，作为科学方法的先驱，"荀子的观点也许是过于实证化和技术化了"（史华兹，2008：421）。

（二）群学的方法论特质

群学在内容上与西方社会学有"相合"的一面，也有相异之处。然而尽管相异，却仍是社会学，不过是具有自己的特质。"视角"、"方法"的不同，并不能决定一个学科是否存在，因为一个学科内会有不同的视角和方法，但会决定学科的特质。那么，群学有什么特质呢？

说到"特质"，实证社会学、解释社会学、理解社会学均有其特质。在一定的时空条件下，具有某种特质的社会学可能成为主流，甚至有某种"代表性"，但却没有唯一性，也在正确性、可信性上没有什么绝对的意义。并不是实证的就是最高明的，更不能说非实证的就是不高明、不正规、不正确的；并不是经验研究就是真实可靠的，理论研究就是不真实可靠的。在学术发展史上，之所以区分实证与非实证、经验研究与理论研究，是因为没有很好的办法把它们统一起来。因而只好或者实证，或者非实证或者为经验的，或者为理论的。渐渐地就形成了"二元对立"的局面。而社会对象本身是具有整体性的、紧密联系的，社会学这个学科本来是以综合研究见长的。可以说，真正高明的办法是找到将实证与非实证、经验与理论统一起来的方法和途径，将来高明的社会学应该是费孝通先生所说的科学性与人文性相统一的社会学。而群学正是坚持科学性与人文性相统一的古典样本，这是我们有必要重视群学的原因之一。

群学的这一特质，表现在四个方面：人本性、整合性、贯通性和致用性（景天魁，2017）。

第一，人本性是群学的最高原则。所谓人本性，首先是以人为主体。荀子之前，在天人关系上占绝对主导地位的观念是"尊天"、"敬天"。天神、天命、天道、天理、天心是必须顺从的，天是主宰人的，人是依附于"天"的，必须"唯天命而从之"，只能"以德配天"。唯独荀子敢于喊出"制天"的口号，提出"制天命而用之"的命题，这在当时即使不说是"大逆不道"，也无疑是"石破天惊"之论。荀子说：天有四时变化，地有丰富资源，人有治理之方，人能与天地相匹配。"天有其时，地有其财，人有其治，夫是之谓能参"（方勇、李波译注，2015：266）。"参"古义同"叁"，肯定人是天地之外的独立主体，不管是否能与天地并立为"三"，总是能与天地互动的一方，这极大地抬升了人的地位。之所以可以赋予人如此之高的地位，是因为人有智慧。《荀子·赋》歌颂人的智慧其广大可以与天地相匹配，道德比尧禹还高尚，其小可以比毫毛还细微，其大可以充满整个宇宙。"大参天地，德厚尧禹，精微乎毫毛，而充盈乎大宇"（北京大学《荀子》注释组，1979：18）。

人本性还指以人为本位。众所周知，天人关系是中国学术的最高问题，落实到人与物的关系上，荀子始终坚持人的自主性、能动性。正如胡适所言，荀子论天，极力推开天道，注重人治。荀子论性，也极力压倒天性，注重人为。他认为先秦思想以孟子、荀子为转折，儒家从极端的伦常主义转向突出个人（个人的知性和德性）；从重君权转到民本主义；从关注外界转向关注人的心理（胡适，2011）。这也都是以人为本位、以人为中心的体现。

就群学而论，这一"转折"的关键是坚持人的完整性——有感、有知、有情、有义。荀子不把"社会"看作一种外在于人的实在，如同自然界一样只是一种"对象"，只能"把社会事实作为物来考察"，认为社会事实必须用社会事实来解释（迪尔凯姆，1995：35）。群学所讲的"群是人的社会性存在，人是有性情、有温度、有理性的。人不同于"物"，人之所以"最为天下贵"，是因为"能群"，而能群之本在于"礼"、"义"（方勇、李波译注，2015：127）。荀子坚持以人为中心、以人为本位、以人为主体，这是群学的最高原则。

第二，整合性是群学的基本方法。人以及人的社会毕竟不是自然物，离开了与整体的联系，其性质就发生变化，其功能就会丧失。因此，研究人和社会，整合性方法应该是最适当的。当然也需要分析性方法，但整合性高于分析性，分析必须在整合的统摄下进行，不能流于片面的分析。群学坚持不走分析主义之一途，不将主体与客体、个体与整体、能动者与结构、结构与功能、事实与价值等一律二分，更不把它们二元对立起来。群学坚持从整体上把握社会，以整体统摄分析，在分析的过程中保持研究对象的整体联系。这样似乎不够清晰，但却保持了原本的真实性；而单纯的分析，割断了整体联系，其实就失真了。

当然，整合性方法也是要进行分析的。荀子倡导的做法是"以类行杂"（方勇、李波译注，2015：126），就是以整体性的法则来关照和整合细微杂多的分析。人就个体而言是千差万别的，荀子的"人论"，首先是分类，"众人者，工农商贾也"，以上则是小儒、大儒，他们在"志"、"行"、"知"三个方面各有特点并有明显差别，但都可以用"礼"这个尺度去衡量，用"礼"去统合，使他们各就其位、各司其职。大儒可以做天子的三公（太师、太傅、太保），小儒可以做诸侯的士大夫，民众则当工匠、农民和商人。这既是治理社会的方法，也是认识社会的方法。如此，则"人伦尽矣"（方勇、李波译注，2015：112），就是说这是最符合社会真实而又最适合人伦准则的研究方法。在这里，本体论与认识论是统一的。

第三，贯通性是群学的主要逻辑。"贯通性"相当于荀子所说的"以一行万"。"仁"贯通于合群、能群、善群、乐群四个环节，而这四者又通达于修身、齐家、治国、平天下各个层次，渗透于经济、政治、文化、社会各个领域。贯通于所有这些环节、层次和领域的就是"群道"。"群道当"则一通百通。我们的先人不偏好于把各门学问区隔起来，搞得知识界高墙林立，而是执着于贯通，领域通、门类通、概念通、学理通，通则明，通则行，通则成，通则盛（景天魁，2017：13-14）。

总之，在认识方法和研究方法上，荀子主张要"以类行杂，以一行万，始则终，终则始，若环之无端也，舍是而天下以衰矣"（方勇、李波译注，2015：126）。要从整体上把握纷杂的事物，相当于我们今天所讲的"整合"；用统一、合一的原则统摄万事万物，也就是"贯通"。综合来说，我们可以称之为"整合—贯通逻辑"。荀子强调，如果舍弃了这个原则，天下就要衰亡了。那是因为这个认识方法和原则与"天下"通行的法则相一致。自然的本性是怎样的、社会的本性是怎样的，就应该按照它们的本性去对待它们、认识它们，这就是最高明的方法。这样，主观认识与客观实在就符合了，知与行就统一了。对荀子的"整合—贯通逻辑"，虽然没有必要与2000年后黑格尔第一次正式表述的本体论、认识论和逻辑的三者统一的观点曲为比附，然其方法论实质确有相通之处。

第四，致用性是群学的最终目的。贯通总的方向是达到实用。群学这门学问不是像西方社会学那样以"描述"、"解释"、"实证"为目的，它是为了用，致力于用，使之有用，达致其用。既然重在致用，就会重视综合，因为实际事物的存在形态总是综合的，要在实践上解决比较重要的问题，往往需要动用多方面的整合性的知识，过于细分的知识难免显得片面，于事无补（景天魁等，2017：14）。群学的致用性，体现了自夏商周以来"礼乐教化"的传统，"厚人伦，美教化，移风俗"（过常宝，2015：2），且一直延续到当代。

基于以上论证，我们可以说，群学的原则是以人为本，方法是整合——贯通法——各个方面相整合，各个环节、各个层次相贯通。这与西方的区隔——分析法是很不同的。群学概念体系和命题体系的内在逻辑表明，合群、能群、善群、乐群就是中华民族生生不息、繁茂盛大的基因，群学的内在逻辑——"以类行杂，以一行万"的整合——贯通就是中华文明绵延不绝的密码；群学可以为中国社会、中国历史发展乃至中华民族的兴盛和复兴提供最接地气的解释。这是群学之本，是现代中国社会学之源，如果"伐其本，竭其源"，"则其倾覆灭亡可立而待也"（方勇、李波译注，2015：156）。

群学的这些特质不能成为否认其为社会学的理由。恰恰相反，这些特质是群学的巨大优势，不仅可以弥补西方社会学在方法上的不足，还可以推动社会学在整体上的发展。特别是面对未来世界的新问题、新挑战，群学必将发挥不可估量的作用。

三　群学新命

是否承认群学是中国古典社会学，可以讨论，一时达不成共识，可以存疑。现在已经是被称为"信息爆炸"的时代了，世界上有许多标榜为"现代"、"后现代"的新理论、新学说，为什么还要眷念 2200 多年前产生的群学，还要对"旧学"做出"新说"呢？因为"周虽旧邦，其命维新"（周振甫译注，2013：392）。"如将不尽，与古为新"（司空图，2013：13）。中华文化精神历来是志在"旧邦"、"与古"的传统基础上创新和开拓未来。群学亦然，虽是"旧学"，其命复兴。群学新命有四。

（一）重振科学的人文主义

费孝通先生曾经深情地说道："布朗曾说，社会学的老祖应当是中国的荀子，我一直想好好读一遍《荀子》来体会布朗这句话，但至今还没有做到，自觉很惭愧。布朗提醒我们，在我的传统文化里有着重视人文世界的根子。西方文化从重视自然世界的这一方向发生了技术革命称霸了二百多年……自然世界要通过人文世界才能服务于人类，只看见自然世界而看不到人文世界是有危险的。这一点在人类进入 21 世纪时一定会得到教训而醒悟过来，到了那时，埋在东方土地里的那个重视人文世界的根子也许会起到拯救人类的作用了。"（费孝通，1998：347－348）他还强调说，不光是荀子，"实际我们中国历代思想家思考的中心一直没有离开过人群中的道义关系。如果目前的世界新秩序正好缺乏这个要件，我们中国世代累积的经验宝库里是否正保留着一些对症的药方呢？"费孝通教授认为："不管我们是否同意他（指拉德克利夫·布朗——引者注）的看法，我们都不容否认，对人际关系的重视一直是中国文化的特点。在这样长的历史里，这样多的人口，对人和人相处这方面所积累的经验，应当受到我们的重视，而且在当今人类进入天下一家的新时期的关键时刻，也许更具有特殊的意义。"（费孝通，1998：232）

费先生的以上论述，指明了群学所代表的中国传统学术以其独具优长的视角和方法，可以作为今后中国社会学崛起之宝贵资源。片面重视自然世界、技术工具的西方文化难免给人类带来危机，而中国文化重视人际关系，重视人文世界，必将在21世纪发挥匡正扶危的独特作用。这对中国社会学来说是一个难得的机遇。抓住这个机遇，发扬中国整合性思维之所长，促进科学与人文的统一，纠正西方二元对立的分析性思维之偏差，回归到以人为本的社会学，即以完整的人、全面的人、人的世界为基点的社会学。这种"回归"就是具有时空跨度和历史意义的"创新"。

研究群学，重要目的之一是探索支持中国社会学实现崛起的方法论。西方社会学尤其是实证主义社会学，过于偏重"物"，偏重于外在，偏重于理性，偏重于描述，偏重于分析，需要用"科学的人文主义对之起到纠偏和平衡的作用"。而群学所体现的中国传统的方法论，一向坚持人与物、外在与内在、理性与感性、描述与解释、分析与综合的统一，对于滋养和丰富"科学的人文主义"，从而推进社会学方法的均衡发展，可以起到以古鉴今、以古贯今的作用。

在社会学方法论上，确实到了蓦然回首的时候了。而在"灯火阑珊处"的，正是科学性与人文性的统一。中国社会学乃至全部社会科学若要在21世纪实现崛起，必须抓住西方社会科学没有解决的根本性问题——科学性与人文性的统一，并力争有所突破。要实现这个突破，就必须坚持整合性思维、贯通性逻辑、综合性方法，由此奠定我们自己的方法论基础，实现古今贯通，才能真正做到既总结西方社会学的经验又克服其局限，从而实现中西会通，在科学性与人文性的统一上有所突破，闯出新路。

以荀子群学为学术史基础的中国社会学，是科学性与人文性相统一的社会学，它不纠结于实证性与非实证性的二元对立，不把人当作物来研究，也不纠结于"价值中立"与否的两难困境，而主张研究者通过加强本身的修养以及随着认识的深入，逐渐逼近客观的真实。因此，群学是科学性与人文性相统一的元典。

要创建科学性与人文性相结合的现代社会学，第一个古典范本就是荀子群学，它是最早体现科学性与人文性相统一的古典社会学。我们今天之所以必须讨论中国社会学的起源问题，第一个目的当然是为群学正名，确立其作为古已有之的社会学的历史地位，第二个目的就是创立科学性与人文性相结合的新型现代社会学。这样，面对独霸社会学制高点已有 180 年之久的西方社会学，才可能真正争取到中国社会学的话语权，从而赢得中国社会学的崇高地位。

中国社会学欲要崛起，有两条路可选。一条是"跟跑"之路。西方社会学在科学与人文"二分"的路上已经走了很远，学术积累很厚，这条路是现成的，我们要"上路"很容易，但要想摆脱"跟跑"的局面，就很难了，想要超越就更难。另一条是有望"领跑"之路，就是实现科学性与人文性的统一，我们有群学创立以来至今 2200 多年的历史积累，走这条路是以己之长克彼之短，难固然也难，但有望超越。

（二）为中国社会学崛起奠定学术史基础

我们今天正在实现中华民族伟大复兴，不仅创造了经济奇迹，而且在实现政治稳定、促进社会和谐、推动文化繁荣等方面也积累了丰富的经验，这些鲜活的实践经验无疑为实现中国社会学的崛起提供了充足的基础条件，为什么还要探寻其学术史基础呢？

2003 年在《试谈扩展社会学的传统界限》一文中，费孝通教授明确指出"中国丰厚的文化传统和大量社会历史实践，包含着深厚的社会思想和人文精神理念，蕴藏着推动社会学发展的巨大潜力，是一个尚未认真发掘的文化宝藏。从过去二十多年的研究和教学的实践来看，深入发掘中国社会自身的历史文化传统，在实践中探索社会学的基本概念和基本理论，是中国学术的一个非常有潜力的发展方向，也是中国学者对国际社会学可能作出贡献的重要途径之一"（费孝通，2003）。他还明确指出研究中国社会思想的路径和意义，"'人'和'自然'、'人'和'人'、'我'和'我'、'心'和'心'，等等，很多都是我们社会学至今还难以直接研究的东西，但这些因素常常是我们真正理解中国社会的关键，也蕴涵着建立一个美好的、优质的现代社会的人文价值。社会学的研究应该达到这一个层次，不达到这个层次不是一个成熟的'学'（science）"（费孝通，2003）。特别值得重视的是，费孝通教授满怀着对人类必将走向美美与共的"大同世界"的坚定信念，他非常清楚西方社会学的单向性思维、二元化逻辑、过分强调对立和冲突的局限性，因而预见中国社会学正是在建立这一美好社会中可以大显身手的成熟的"学"。

中国社会学如果完全按照西方社会学的路子走，也许可以有所发展、有所壮大，但很难真正地崛起。所谓"崛起"，必须有自己的概念、命题和学术体系，必须有自己的特质，有自己的特长和优势，要么能够弥补西方社会学的重大不足，要么能够彰显新的视野、开辟新的领域、回答和解决西方社会学未能解决或未能很好解决的问题。对此，我们的多位前辈创造了成功经验，他们基于本土经验提炼概念、形成理论，与西方概念和理论相会通。例如，梁漱溟的"乡村建设"概念和理论，潘光旦的"位育"概念和理论，费孝通的"差序格局"概念和理论就是如此。"位育"也好，"差序"也好，以及梁先生的"伦理本位"也好，都基于以"人伦"为基础的社会关系，如前所述，在中国学术中，对此做出专门研究的当推群学。

上述这些成功的经验告诉我们，确立荀子群学作为中国社会学的学术史基础具有根本性的意义。我们确定群、伦、仁、中庸为基础性概念，在修身、齐家、治国、平天下四个层次，还有 30 个基本概念，这样就构成了群学概念体系（景天魁等，2017）。尽管这个概念体系还有许多不完善之处，甚至不当和错误也难以避免，但是自此之后，群学不再只是一个模糊的概念，而是具体呈现为概念体系，并进而呈现为命题体系了。不论承认不承认群学就是中国古典社会学，总算有了一个批评的"靶子"。换言之，不能再不讲理由就说中国没有社会学了，不能再不加论证就说群学不是社会学了。同样，自此以后，中西会通也不再只是一个无法具体着手的愿望，而是可以明确：我们拿什么与西方社会学会通？以群学去切实地与西方社会学会通；社会学中国化，怎么"化"可以不再停留在抽象的议论，就可以深入到概念和命题的层次了；怎么建立中国社会学的话语权不再是一个口号，而是可以从具体概念着手了。

总之，构建了群学概念体系和命题体系，明确了群学即中国社会学实现崛起的学术史基础，起码成为一个可以具体评判、展开争论和批评的对象了。

（三）为实现中华民族伟大复兴提供社会学的学理支撑

实现中华民族伟大复兴，当然首先要把我们自己的国家建设好。在当今世界，中国离不开世界，世界也离不开中国。以中国的体量、中国的文化、中国的影响力，中华民族伟大复兴必定是一个世界性现象，必定会影响到世界格局。换言之，我们实现中华民族伟大复兴，不仅要解决国内的发展问题，也要回答世界面临的共同性问题，拿出中国方案、贡献中国智慧。

正如国家主席习近平在 2014 年纪念孔子诞辰 2565 周年国际学术研讨会上所指出的，"当今世界，人类文明无论在物质还是精神方面都取得了巨大进步，特别是物质的极大丰富是古代世界完全不能想象的。同时，当代人类也面临着许多突出的难题，比如，贫富差距持续扩大，物欲追求奢华无度，个人主义恶性膨胀，社会诚信不断消减，伦理道德每况愈下，人与自然关系日趋紧张，等等。要解决这些难题，不仅需要运用人类今天发现和发展的智慧和力量，而且需要运用人类历史上积累和储存的智慧和力量……对传统文化中适合于调理社会关系和鼓励人们向上向善的内容，我们要结合时代条件加以继承和发扬，赋予其新的涵义"（习近平，2014）。我们如能通过古今贯通、中西会通，立足于中华民族伟大复兴的实践，创造出自己的一系列理论，例如，以中国式的"伦"和"关系"理论对应西方的结构理论，以中国式的"群分"理论对应西方的分层理论，以中国式的尚贤理论对应西方的流动理论，以中国式的"礼"论对应西方的社会制度和规范理论，以中国式的"中庸"理论对应西方的均衡理论，以中国式的"中和"理论对应西方的冲突理论，以中国式的"位育"理论对应西方的治理理论，如此等等，就能够下接"地气"，上应"天时"，为实现中华民族伟大复兴提供社会学的学理支撑。

我们坚信，中华文明之所以成为世界上唯一绵延不绝的文明，必有其独特的机理；中国之所以能形成这样一个人口最多、结构最复杂、生生不息的社会，必有其深层的逻辑。这个机理、这个逻辑，部分地深藏在群学之中。群学在历史上曾经参与建设古老中国的社会秩序，建立中国的基本社会制度，塑造中国传统的社会生活，对未来的中国和世界也必然有所启发。

我们研究群学，并不是发思古之幽情；复兴群学，更不是"复古"，而是为了实现中国社会学的崛起。因为群学作为合群、能群、善群、乐群之学，包含着中国社会学的基因，深藏着解释中华民族之所以长盛不衰的密码。因此，它对世界面临的问题必能做出有启发意义的解答。我们要建设人类命运共同体，不就是要合群、能群、善群、乐群吗？我们自己想过好日子，也希望大家都活得好；未来世界岂能靠霸权逻辑去塑造！既然群学这一合群、能群、善群、乐群之学在历史上曾经对形成和延续中华民族的繁盛起到重要作用，既然在中国走向民族复兴、走向建设人类命运共同体之时恰恰需要解决合群、能群、善群、乐群的问题，那就很显然，群学的复兴是顺天应时的。今天的家庭是长期历史演变的产物，今天的社会也是悠久历史过程的延续，没有历史根基、历史眼光，就没有充足的解释力，就不知道从哪里来、往哪里去，就只能描述现状，无法预测未来。

（四）参与"世界性的百家争鸣"

"世界性的百家争鸣"是两位睿智的老人在 20 世纪八九十年代提出的预见。在哲学家中，已故的华东师范大学冯契教授早在 1989 年月出版的《中国近代哲学的革命进程》一书的"小结"中，就有关于"我们正面临着世界性的百家争鸣"的论断。他认为，"从世界范围来看，今天我们正处于一个东西文化互相影响、趋于合流的时代。为此，需要全面而系统地了解西方文化，也需要全面而系统地了解东方文化，并深入地作比较研究……要通过世界范围内的百家争鸣发展自己"（冯契，1989：597－598）。到了 1993 年，冯先生在为赵修义和童世骏合著的《马克思恩格斯同时代的西方哲学》一书所写的序言中又重申了这一判断（赵修义，2015）。在社会学家和人类学家中，费孝通先生做出了同样的前瞻。1993

年他在《略谈中国社会学》一文中指出：21世纪"这个世界还要经过一个战国时期，全世界的战国时期"，"我们社会学要在第三个秩序的建立上有所作为。这第三个秩序即道义的秩序，是要形成这样一种局面：人同人相处，能彼此安心，安全，遂生，乐业，大家对自己的一生感到满意，对于别人也能乐于相处。我们必须要造就这样一个天下，这个天下要看在21世纪里造得出来还是造不出来了。我们的任务就是要以这个作为主要的轴心问题进行研究"（费孝通，1998：230）。

现在，"世界性的百家争鸣"事实上已经在许多领域蓬勃展开：全球化与反全球化的争论，坚持还是退出《巴黎气候协定》的分歧，维护还是推翻自由贸易规则的争议，如何对待以《联合国宪章》为代表的国际秩序的讨论，一国"优先"还是合作共赢的原则之争，霸权主义与"建立人类命运共同体"的目的之争，共商、共建、共享还是动辄以制裁和武力相威胁的方式之争，如此等等。这些争论，不仅存在于政治、经济、军事、文化、外交各领域，也势必在学术上、在理论上引出一系列空前深刻的话题。

对于社会学来说，有一些争论在西方社会学界已经展开，而在中西社会学之间也必将形成真正平等而深刻的大讨论、大争鸣。其话题之广泛、论争之激烈，恐怕是难以预料的。中国社会学要参与这场大讨论、大争鸣，就必须首先明确自己立足的基础，否则怎么可能形成真正平等的对话、怎么可能开展真正有意义的"会通"？

中华民族在历史上曾长期是优秀文化和伟大文明的代表，群学则是这一社会历史过程及其宝贵经验的学术升华之一。战国末期之前中华民族已有至少3000年的文明史，群学是早期发展的第一批学术结晶之一，是春秋战国时期长达数百年百家争鸣的集成性成果之一，是中国学术第一个百花齐放发展高峰的优秀代表。第一次百家争鸣奠定了中国学术的基础，创造了诸如天人合一、道法自然、以人为本、与人为善、和而不同、和谐共生、中和位育、天下大同等光耀古今的命题和理论；现在已经拉开序幕的"世界性的百家争鸣"将实现文明互鉴、会通、共生、合一。正如费孝通教授所预见的，应该出现一个与20世纪不同的"新的版本"。社会学要在新的社会秩序的建立上有所作为，特别是建立大众认同的"道义的秩序"。他认为，中华民族历史上建立了这样的"大众认同"，能否在全世界也出现这样一种认同呢？"全世界五大洲能不能一起进入大同世界呢？这是社会学与人类学在 21 世纪一起要解决的大问题。"（费孝通，1998：230－231）

历史的逻辑奇妙无比，中国优秀文化仿佛是为 21 世纪以后的世界准备的。中华文化复兴正是"应天顺时"。在"世界性的百家争鸣"中，中华民族建立"道义秩序"的历史经验势必大放异彩。这是我们建设中国特色社会科学体系及其话语体系所应该具有的大视野、大气度、大胸怀。从"工具理性"到"健全理性"，从片面理性到理性与感性相统一，从科学与人文的原初统一，经过二者的分裂与对立，重回更高阶段的统一，不仅是可以期待的，而且具有必然性。片面的发展、分裂和对立已有很长的历史了，而历史总是螺旋式发展的，必定是一个不可抗拒的否定之否定的过程。这个过程将在从春秋战国的"百家争鸣"到 21 世纪"世界性的百家争鸣"的历史大轮回中得到呈现。

群学自创立至今 2200 多年间遭遇了诸多挫折和劫难，它必将"浴火重生"。它将成为科学性与人文性相统一的社会学，这是能够在 21 世纪参与塑造人类命运共同体的新型社会学。它将是 21 世纪世界社会学的制高点之一，是世界性的百家争鸣必将铸就的学术高峰。

回到本文开篇提到的严复"心结"，那恐怕不是靠一篇或几篇文章，而是要靠我们几代人的奋发努力才能解开的。待到中国社会学实现崛起之时，我们就可以告慰诸多先贤。相信严复"心结"解开了，中国历代社会学人不仅可以"心结"顿消，而且定然会"心花"怒放。

参考文献：

北京大学《荀子》注释组，1979，《荀子新注》，北京：中华书局。

陈光连，2013，《荀子"分"义研究》，南京：东南大学出版社。

迪尔凯姆，E.，1995，《社会学方法的准则》，狄玉明译，北京：商务印书馆。

董仲舒，2009，《春秋繁露·基义》，曾振宇注说《春秋繁露》，郑州：河南大学出版社。

方勇、李波译注，2015，《荀子》，北京：中华书局。

费孝通，1998，《从实求知录》，北京：北京大学出版社。

——，2003，《试谈扩展社会学的传统界限》，《北京大学学报（哲学社会科学版）》第
3 期。

——，2004，《费孝通文集》第十六卷，北京：群言出版社。

——，2015，《费孝通论社会学学科建设》，北京：北京大学出版社。

冯契，1989，《中国近代哲学的革命进程》，上海：上海人民出版社。

过常宝，2015，《制礼作乐与西周文献的生成》，北京：中国社会科学出版社。

胡适，2011，《中国哲学史大纲》，北京：商务印书馆。

景天魁，2017，《中国社会学崛起的历史基础》，《北京工业大学学报（社会科学版）》
第 4 期。

景天魁等，2017，《中国社会学：起源与绵延》，北京：社会科学文献出版社。

孔繁，2011，《荀子评传》，南京：南京大学出版社。

李学勤，2009，《中国古代文明研究》，上海：华东师范大学出版社。

梁启超，2010，《清代学术概论》，北京：中华书局。

——，2015，《中国法理学发达史论》，《饮冰室合集》第五册，北京：中华书局。

刘师培，2012，《刘师培辛亥前文选》，李妙根编，朱维铮校，上海：中西书局。

史华兹，本杰明，2008，《古代中国的思想世界》，南京：江苏人民出版社。

司空图，2013，《二十四诗品》，罗仲鼎、蔡乃中注，杭州：浙江古籍出版社。

涂可国，2016，《社会儒学视域中的荀子"群学"》，《中州学刊》第 9 期。

王栻主编，1986，《严复集》第 4 册，北京：中华书局。

习近平，2014，《在纪念孔子诞辰 2565 周年国际学术研讨会上的讲话》，新华网（ht-
tp：//www. xinhuanet. com/politics/2014 – 09/24/c_1112612018. htm）9 月 24 日。

严复，2004，《译〈群学肄言〉有感》，孙应祥、皮后锋编《〈严复集〉补编》，福州：
福建人民出版社。

——，2014a，《群学肄言·译余赘语》，黄克武编《中国近代思想家文库·严复卷》，
北京：中国人民大学出版社。

——，2014b，《原强修订稿》，黄克武编《中国近代思想家文库·严复卷》，北京：中
国人民大学出版社。

章太炎，2011，《章太炎儒学论集》下册，王小红选编，成都：四川大学出版社。

赵修义，2015，《世界性的百家争鸣，冯契先生对后学的期望》，凤凰网（http：
guoxue. ifeng. com/a/20151105/46118635_0. shtml）11 月 5 日。

中国大百科全书社会学卷编辑委员会，1991，《中国大百科全书·社会学卷》，北京：
中国大百科全书出版社。

周振甫译注，2013，《诗经译注》，北京：中华书局。

金融资本主义的崛起及其影响

——对资本主义新形态的社会学分析[*]

杨　典　欧阳璇宇

摘　要：相比波兰尼提出的第一次"大转型"，金融资本主义的出现堪称影响更为深远的第二次"大转型"。金融资本主义的全球化扩张使其力量超越了民族国家的范围，政府、企业、家庭和个人等行为主体都日益受到金融市场的指引和重塑，导致"社会生活金融化"趋势。其重要社会后果是：金融市场与社会脱嵌的趋势日益明显，逐渐侵蚀着国家、工会、市民社会等力量，加剧了发达资本主义国家的就业危机、贫富分化和结构性的不平等。面对金融资本对社会的侵蚀，西方社会生发出"社会自我保护"的举措，目前看来收效甚微。而如何在全球层面建立一种新的金融和市场治理架构，以有效应对金融资本主义带来的负面影响，仍任重道远。

关键词：金融资本主义　股东价值最大化　大转型　社会自我保护运动

习近平总书记在中共中央政治局就当代世界马克思主义思潮及其影响的第四十三次集体学习时强调："世界格局正处在加快演变的历史进程之中，产生了大量深刻复杂的现实问题，提出了大量亟待回答的理论课题。这就需要我们加强对当代资本主义的研究，分析把握其出现的各种变化及其本质，深化对资本主义和国际政治经济关系深刻复杂变化的规律性认识。"作为一种社会制度，资本主义并不是一成不变的，其自诞生以来经历了多个发展阶段和转型，特别是 20 世纪 80 年代以来，金融资本主义强

　＊　原文发表于《中国社会科学》2018 年第 12 期。

势崛起，对发达资本主义国家自身和全球社会都产生了巨大影响。本文从社会学视角分析当代资本主义的新变化新特征，加深对当代资本主义变化趋势及全球社会变迁的理解。

导言：从第一次"大转型"到第二次"大转型"

"那是最好的年月，那是最坏的年月，那是智慧的时代，那是愚蠢的时代……我们将拥有一切，我们将一无所有。"[①] 狄更斯的名言生动描述了早期资本主义带来的冲击，一个人类历史上的崭新时代徐徐展开帷幕。作为人类近代史上最重要的社会经济制度，资本主义展现出巨大的生命力，且呈现动态演变的特征。随着"百年和平"（1815～1914）的崩溃，欧洲从前工业资本主义时期走向工业资本主义时期，一战的爆发意味着维持19世纪和平与文明的四个制度——"均势制"、"国际金本位制"、"自律性市场制"及"自由主义国家制"——都发生了不同程度的异变。

波兰尼笔下的"大转型"便是对这些异变的深刻洞察。他分析了异变产生的政治、经济和社会起源，以及完全自律市场"脱嵌"于社会所造成的危机。"市场制与其特有的动机，即交易动机相关联，是能形成一个特殊之制度，即市场的。终极来说，这意味着社会的运转只不过是市场制的附属品而已……这类虚拟的商品（劳动力、土地及货币）提供了一个关于整个社会的组织原则，即任何足以妨碍市场机制实际运作的安排或行为都不容许存在"，[②] 并造成了工人阶级的大量失业和赤贫化。

在波兰尼所述的工业资本主义大转型中，不论是自律性市场社会所带来的底层贫穷，还是自由主义乌托邦脱离实际社会引起的混乱，都还能被某些社会保护运动所遏制或减弱；而且，在波兰尼的分析中也能看出其从未认为经济完全"脱嵌"于社会，脱离社会的完全自律市场只是自由主义者拥护的一种意识形态的乌托邦，他始终认为市场本身应该是现代社会的

---

① 查尔斯·狄更斯：《双城记》，石永礼、赵文娟译，北京：人民文学出版社，2004年，第1页。

② 卡尔·波兰尼：《巨变：当代政治与经济的起源》，黄树民译，北京：社会科学文献出版社，2017年，第110、128页。

一个有机组成部分。① 工业资本及其生产方式虽部分作用于少数早期资本主义国家，对国家政治经济政策、社会阶级关系造成了很大影响，但自由市场的力量尚能受到国家力量和市民社会力量的有力钳制，市场远未拥有在全球层面重塑社会的能力。

但二战后特别是 20 世纪七八十年代以来，在全球化进程及信息技术革命的推动下，各个国家尤其是发达国家的金融资本快速增长，经济金融化趋势不断加强，国家、企业、家庭和个人的活动愈发被金融活动所影响。金融资本的全球流动是当前资本主义发展到新阶段的突出表现，它改变了以往的资本结构和产业结构，极大地强化了金融市场在资源配置中的支配作用，带来了"社会生活金融化"的新趋势，形成了以金融资本主义崛起为标志的"第二次大转型"。

比较工业资本主义崛起的第一次大转型和金融资本主义崛起的第二次大转型（见表1），我们可以看到，第一次大转型主要是对以欧洲为中心的世界局部区域经济社会的影响，其所导致的工人工资减少、失业、工会斗争增多是经济制度"脱嵌"于社会的不适，隐含着社会系统之间"失调"后出现的消极社会后果。但以金融资本主义崛起为标志的第二次大转型是整个社会的全面金融化，是金融资本对全球政治、经济、社会、文化的全面形塑及重构。第一次大转型时期盛行的自由主义下自律性市场的兴起预示着"现代社会的原动力是由一种双重倾向支配着：一方面是市场的不断扩张，另一方面是存在一个相反的倾向——把市场扩张局限到一个特定的方向——与之对抗"。② 这一双重倾向暗含的是"现代国家从哪里来"的起源问题。第二次大转型则提出了新自由主义思潮席卷下"当前全球社会向何处去"的前瞻性设问。在当前世界各领域逐渐融合的全球化社会中，世界市场、世界贸易、世界金融等全球经济体系已成为经济行动者活动的既定框架，如何适应日益加深的全球化和规避全球性市场经济对社会带来的负面影响是当今的重大议题。

需要指出的是，围绕"当代资本主义的新变化"、"金融资本主义"或"金融化"等议题，不少学科尤其是马克思主义政治经济学和经济学、金融

---

① 符平：《"嵌入性"：两种取向及其分歧》，《社会学研究》2009 年第 5 期。
② 卡尔·波兰尼：《巨变：当代政治与经济的起源》，黄树民译，北京：社会科学文献出版社，2017 年，第 198 页。

表 1　第一、二次大转型的主要差异

主要维度	第一次大转型	第二次大转型
指导思想	自由主义	新自由主义
形成背景	世界市场开始出现、全球化逐渐兴起	全球化和世界市场发展成熟
主导资本类型	工业资本	金融资本
企业主要融资方式	商业银行	金融市场（机构投资者、共同基金、风险投资基金等）
雇佣关系	大量第一产业失业人口转移到第二产业，雇佣关系较为稳定	工作稳定性下降、灵活就业、非正规就业、弹性就业增加
阶级结构	发达国家资产阶级上升、工人阶级壮大并与资产阶级展开激烈对抗	发达国家工人阶级瓦解分化、工会力量减弱、金融资产阶级占主导
中产阶级形态	社会发展的中坚力量	中产阶级萎缩、向下流动情况增加、社会贫富分化日趋严重
"保护社会"的主要地理范围	民族国家	全球社会
金融活动的主体	企业	国家、企业、家庭、个人全面金融化
国家、市场、社会的界限	比较明显	日益模糊

学等学科都进行了深入研究和探讨。很多当代马克思主义政治经济学者对资本主义结构性矛盾以及生产方式矛盾、阶级矛盾、社会矛盾等进行了批判性揭示，对资本主义危机、资本主义演进过程、资本主义新形态[①]及本质进行了深入分析。[②] 然而，这类研究更多是对当代资本主义宏观、整体发展情况的分析，带有较为强烈的思辨性和批判色彩，比较缺乏对企业、家庭、个人等中、微观行动主体如何被"金融化"及金融资本主义崛起的

---

① 社会形态"是马克思参考地质学术语"形态"（formation）概念而提出的。"社会形态"指处于一定历史发展阶段的社会。人类社会在发展过程中因质变而区分为具有不同规定性的各个历史阶段，其中每一个阶段便构成特定的社会形态。"资本主义新形态"是指当代资本主义发展到新阶段后呈现的社会形态，具体指金融资本主义是当前资本主义发展进程中的一个新阶段，已经大大不同于之前的工业资本主义和消费资本主义阶段。参见《马克思恩格斯选集》第 1 卷，北京：人民出版社，1995，第 585 - 586 页；杨学功、楼俊超：《如何理解马克思的三大社会形态理论——兼评学界的几种常见理解》，《教学与研究》2012 年第 8 期。

② 参见姜辉：《论当代资本主义的阶级问题》，《中国社会科学》2011 年第 4 期；何秉孟：《美国金融危机与国际金融垄断资本主义》，《中国社会科学》2010 年第 2 期。

政治、经济、社会、文化影响的细致介绍和实证分析。本文采用新制度主义社会学的分析框架，试图从国家、企业、家庭、个人等宏观、中观和微观层面对金融资本主义崛起的原因及其影响做全面梳理。而与新自由主义经济学和金融学基于"效率"和"理性"的"金融化"和"金融资本主义"研究不同，本研究采用的新制度主义社会学分析框架强调权力（VS.效率）和文化/意识形态（VS. 理性）在"金融化"及"金融资本主义"崛起中的重要作用。新制度主义的研究范式是在 20 世纪 80 年代之后东、西方社会发生深刻制度变迁和社会结构转型之际兴起并展现出巨大的解释力，新制度主义社会学尤其注重制度研究中超越主客观对立的实践性。①本文试图推进新制度主义社会学分析范式——既强调制度环境对市场、企业、家庭和个人的形塑，又突出金融资本主义条件下的金融市场本身对制度环境的影响：金融市场改变了政府运作模式、企业治理规则和家庭理财方式，使人们形成了新的金融投资文化理念。本文认为，金融化和金融资本主义的崛起不仅由经济"效率"驱动，在某种程度上也是由"权力"（国家权力、金融市场权力）驱动的；金融资本主义不但是一种政治经济体系，也是一种文化/意识形态体系；在金融市场貌似公平、平等的外衣下，也蕴含着深刻的不平等和权力关系（发达国家与发展中国家、金融部门与非金融部门、社会上层与社会中下阶层等）；金融化在某些方面提升效率的同时，也加剧了各国及全球经济社会体系的不稳定和不平等。

本文理论对话的对象和分析框架既不是当代马克思主义思潮，也不是新自由主义经济学理论，而是试图同波兰尼的"大转型"理论进行对话，在此基础上批判性地思考金融资本主义的运作方式与广泛影响，并对全球社会的不同应对方案展开讨论。笔者认为，与第一次"大转型"中的"市场扩张"与"社会自我保护"的双重倾向运动类似，金融资本主义条件下"滑向过去的保守主义"与"面向未来的全球重构行动"呈现不同的社会价值取向。总的来讲，本文对金融资本主义的分析不但有助于从社会学视角加深对当代资本主义新形态新变化的理解，也有助于推进我国社会学界对金融化这一重要议题的研究，拓展社会学研究的新领域。

---

① 刘少杰：《制度研究在社会学中的兴衰与重建》，《江苏社会科学》2006 年第 3 期。

为厘清金融资本主义崛起的历史背景和独特之处，本文尝试建立一个资本主义的类型学，通过历史比较分析，力求勾勒出金融资本主义的演进脉络及其特征。

一 资本主义类型学：从手工业资本主义 到金融资本主义

资本主义作为一种政治经济制度，其每一次新变化都会引发社会生活方方面面的问题，受到政治学、政治经济学、经济学、管理学和社会学等诸多学科的广泛关注。马克思主义政治经济学者认为资本主义的发展主要经历了自由竞争资本主义和垄断资本主义。垄断资本主义又先后经历了私人垄断资本主义、国家垄断资本主义和国际垄断资本主义等阶段。[①] 希法亭认为，垄断资本主义的快速发展表现为对自由竞争的扬弃和银行资本、产业资本之间愈发密切的关系，使得资本采取了自己最高和最抽象的表现形式，即金融资本形式。[②] 列宁进一步论述到，银行资本和工业资本融合起来，在金融资本的基础上形成了金融寡头的垄断，这是垄断资本主义发展到帝国主义的突出特点之一。[③] 当代马克思主义经济学家保罗·斯威齐在继承马克思《资本论》论述和列宁帝国主义判断的基础上分析了 20 世纪 70 年代中后期西方资本主义经济增速减缓、垄断加剧和资本积累金融化三大趋势之间的关系和矛盾后果。[④] 经济学从市场类型出发将其划分为自由资本主义、有组织的资本主义、垄断资本主义；按照资本主义发展阶段又可以将其划分为资本主义形成阶段、资本主义成长阶段、资本主义成熟阶段和资本主义衰落阶段。管理学和社会学从资本主义社会中企业所有权和控制权角度将资本主义划分为家族资本主义、国家资本主义、经理人资本主义（managerial capitalism）、股东资本主义（shareholder/investor capitalism）等。还有学者把当代资本主义划分为"全球资本主义"、"数字资

---

① 何秉孟：《美国金融危机与国际金融垄断资本主义》，《中国社会科学》2010 年第 2 期。

② 鲁道夫·希法亭：《金融资本——资本主义最新发展的研究》，福民等译，北京：商务印书馆，1994 年。

③ 参见列宁：《帝国主义是资本主义的最高阶段》，北京：人民出版社，2004 年。

④ Paul M. Sweezy and Harry Magdoff, *Stagnation and the Financial Explosion*, New York：Monthly Review Press, 1987.

本主义"、"赌场资本主义"和"新帝国主义"等类型。[①]

笔者根据资本主义发展的历史阶段及其主导产业类型,将资本主义主要发展阶段划分为手工业资本主义、工业资本主义、商业(消费)资本主义和金融资本主义(见表2)。尽管列宁的《帝国主义论》已发表一百多年,但时至今日,他所指出的金融垄断资本主义的实质没有发生根本变化。本文主要论述金融资本自20世纪80年代以来的新变化、新特征,尤其是新的组织和运作机制。认识金融资本主义这一资本主义新形态的实质及其面向未来的历史趋势,列宁的论述仍具有重要的理论意义。

表 2   资本主义类型学

	手工业资本主义	工业资本主义	商业(消费)资本主义	金融资本主义
时期	17 世纪初至 18 世纪中期	18 世纪晚期至 20 世纪 30 年代(二战前)	20 世纪 40 年代(二战后)至 20 世纪 70 年代	20 世纪 80 年代至今
主导产业组织方式	农业和家庭手工业为主,小范围的工场手工业萌芽	以机器为工具的大工厂、大工业	大工厂、大工业占主导;差别化、个性化生产和服务占据重要地位	金融市场控制下的大型跨国公司
经济理念	重商主义、自由主义	自由主义、凯恩斯主义	凯恩斯主义由盛转衰,新自由主义兴起	以"华盛顿共识"为代表的新自由主义、保守主义抬头
雇佣关系类型	农业、自雇式家庭手工业为主	资本主义雇佣关系形成,工人团结意识加强,工人阶级作为社会力量出现,劳资对抗逐渐激烈	较为稳定的资本主义雇佣关系	非正式的、不稳定的雇佣关系增多;工人阶级分化、工会力量衰落
企业治理理念和战略	以手工作坊为主,现代企业尚未成型	现代企业制度逐步成型,注重企业规模扩张,企业受银行影响较大	跨国公司日益增多,注重公司规模扩张和地域扩张,多元化战略盛行	公司治理以"股东价值最大化"为原则,机构投资者崛起,更加注重公司市值和投资回报而不是企业规模,多元化战略衰落、专业化战略盛行,企业行为日益受金融市场影响

---

① 俞可平:《全球化时代的资本主义——西方左翼学者关于当代资本主义新变化若干理论的评析》,《马克思主义与现实》2003 年第 1 期。

（一） 手工业资本主义

手工业资本主义产生于前工业社会结构中，以农业和家庭手工业为主要生产方式，局部的工场手工业虽已萌芽发育，但经济行为仍然嵌入扩大的社会关系中。手工业资本主义带有农业社会和工场手工业社会双重特征。一方面，区域性市场中的商品以生产者剩余的生活必需品为主，贸易原则仍带有互惠交换性质，经济生活依附于社会关系和社会交往；另一方面，早期雇佣制下带有显著农业社会特征的工场手工业出现，家族式、氏族式生产方式占主导。从国家层面来看，部分资本主义萌芽地区的区域性市场与国外市场同时发展，并呈现对内贸易自由和对外贸易保护的有差别经济政策。

（二） 工业资本主义

随着工业革命的到来，以大工厂、大工业为特征的工业资本主义重塑了整个社会，大规模生产资料市场和劳动力市场开始形成，自由主义思潮和自由放任市场理论是这一时期的思想主流。工业资本主义改变了局限于特定区域的商品贸易模式，商品生产方式从分散于手工作坊发展为集中于大型机器工场，资本逐利性大大加强，资本家以榨取剩余价值、获取超额利润为目标。工厂工人处于社会底层，从脱离土地的"自由人"转变为去技术化的"无产者"，工人阶级作为一股与资产阶级对抗的社会力量逐渐走向前台，阶级意识增强。同时，工会力量发育壮大，阶级斗争日趋公开化、激烈化，工人阶级虽处境困苦但依靠阶级团结力量在斗争中争取到了收入、休息休假、劳动安全等权利的改善。从世界范围来看，全球市场形成并深入发展，附着在货物上的工业资本得以在全球范围内流动，现代公司制度逐步规范、完善，形成于发达资本主义国家的跨国公司开始展现其在形塑全球经济生产、改变生活方式等方面的能力。工业资本主义时期的社会常被视为"现代化"的开端。

（三） 商业（消费）资本主义

消费资本主义一出现就带着现代与后现代的双重烙印。一方面，消费社会建立在工业资本主义的自由主义经济思想和个人主义基础之上；另一方面，人们对商品的追求已经脱离了简单的物质需要，异化为对商品体系背后差异化符号价值的追求。① 消费资本主义与其他资本主义发展阶段显著的不同在于其社会影响力大于经济生产方式的改变。消费资本主义阶段并未有生产力方面的革命性变化，但人们的经济行为、精神文化和社会形态发生重大改变。发达国家中社会整体从生活必需品消费向耐用消费品消费的转型基本完成，商品的"有用性"由满足生活基本所需向注重质量、强调个性化和追求精神满足方向发展。传统上人与具体"物"的关系进入符号领域，评价人、物、社会的标准从工业资本主义时期实质的物质价值转变为更加重视虚拟的意义系统，标签式、类别化、符号化的消费群体认同开始出现。

（四）金融资本主义②

20 世纪七八十年代崛起的金融资本主义的本质是国际金融资本推动的金融全球化，其手段是金融市场，载体是金融资本控制下的大型金融机构和跨国公司；金融资本主义突出表现为金融产品数量和种类的扩张，金融市场取代银行系统主导全球经济活动，并跨越民族国家边界，导致政府、

---

① 参见波德里亚：《消费社会》，刘成富、全志钢译，南京：南京大学出版社，2001 年。

② "金融资本主义"这一概念被不同学者赋予不同的含义。戴维斯将"金融资本主义"定义为 20 世纪初在行业兼并整合、反托拉斯法及管理革命的条件下，银行家逐渐获得美国大型工业制造业公司的控制权并创立少数几家大型寡头企业。这些企业往往由少数几个银行家控制，形成了共享垄断利益的局面。区别于 20 世纪初的金融活动，戴维斯将 20 世纪 80 年代以后出现的金融市场主导经济定义为"新金融资本主义"。本文认为金融投资活动虽存在已久，但 20 世纪 80 年代以后经济金融化水平已达到一个新的阶段，以前的金融投资、融资活动主要存在于企业的生产和经营领域，主要局限于经济部门，但现在扩展到了普通人的工作和生活中，进入政府的治理模式和日常运作中。金融市场的投资回报最大化原则渗透政府、社会部门，导致政府、社会部门本身也在不断"市场化"，其对社会的影响是整体性、全方位的。因此，本文的金融资本主义是指政治、经济、文化等社会结构的大转型，它涉及政府、社会组织、企业、家庭和个人的全面金融化，而不仅仅是指银行系统对企业的控制权和某个产业部门的变化。20 世纪初虽出现过银行系统极大影响寡头公司运作的情况，但公司的规模扩张仍主要是由公司管理层推动；此外，20 世纪 20 年代之后美国公司股权逐渐分散到大量中小股东手中，银行家的控制能力大为减弱。鉴于这一时期银行系统对公司控制时间短、控制能力有限且仅出现在行业重组合并的特殊时期，其影响仅存在于公司领域和经济部门，并未导致社会结构的全面变动，主导产业依然是机器大工业的生产，所以本文将 20 世纪初至 20 年代这一短暂的银行控制寡头企业的阶段置于"工业资本主义"类型中。参见 G. Davis, *Managed by the Markets: How Finance Reshaped America*, New York: Oxford University Press, 2009。

企业、家庭和个人活动的日益金融化，从而推动政治、经济、文化等整体性、全方位的社会结构大转型。金融资本全球化意味着金融市场、金融机构、金融资本和金融文化理念在全球经济体系中的重要性上升，并逐步取得对工业贸易和商业活动的控制地位。一方面，金融资本积累模式成为资本主义经济活动中占主导地位的资本积累模式；[①] 另一方面，金融资本通过全球化将金融、信贷思维和投资理念推向整个世界市场和单个个体，深刻地影响和改变着民族国家的政府政策、劳动力雇佣原则、社会关系和家庭生活。这意味着经济金融化的影响并不限于经济领域，而是一个政治、经济和社会全面扩张的过程，以经济领域内的金融资本积累为核心辐射到政治、社会、文化等各个领域。[②]

二　金融资本主义的崛起及其特征

关于金融资本主义为何兴起，目前学界尚无统一看法。笔者认为大致有五大原因。一是 20 世纪 80 年代以来里根、撒切尔夫人上台后新自由主义的兴起，放松了对银行业以及更广泛的对经济部门的管制，为市场力量的充分发挥提供了政治上的可能。二是金融经济学（Financial Economics）和有效市场假说的提出，为金融市场的大发展提供了学术和理念上的合法性基础。三是 20 世纪 80 年代后新金融工具（比如垃圾债券、金融衍生品）的出现，为大规模的并购整合和大宗金融交易提供了金融手段。四是信息革命的出现，为金融市场的大发展和全球化提供了技术基础。在信息化、网络化科技推动下，金融交易突破地域和时间限制，拓展了全球金融市场的广度和深度，金融资本的流动性和便利性大大提高，金融市场交易成本变得更低，交易服务效率更高，加速了金融部门的发展和全球性金融市场的形成。五是机构投资者（institutional investors）的兴起，这些机构投资者以投资回报和收益最大化为唯一目的，是股东价值最大化理念的坚定支持者和鼓吹者，它重塑了金融市场的结构，改变了上市公司的行为导向，是金融市场大发展和金融全球化的最主要行动者和倡导者之一。作为

---

① 银锋：《发达资本主义经济金融化的政治经济学考察》，《华东经济管理》2013 年第 5 期。
② 银锋：《金融资本新霸权资本主义及其未来走向——对当前资本主义经济发展阶段的认识》，《经济问题》2012 年第 10 期。

一种新的资本主义类型，金融资本主义表现出如下特征。

（一）金融产品规模和类型的扩张

20 世纪 80 年代以来，金融资本逐渐从实体经济部门的支持者转变为依靠自身交易获得高额利润的"自赢利者"，金融资本摆脱了地理界限的束缚，全球金融资产呈现爆炸式增长态势。全球股票交易额占 GDP 比重从 1988 年的 35.98%，到 2007 年达到最高比重 176.69%。即便经历了 2008 年金融危机后快速下降，目前股票交易额占 GDP 比重依然逐渐回升至 169.65%。全球股票交易额由 1988 年的 59181 亿美元上升到 2015 年的 997600 亿美元，增长了近 16 倍。① 全球共同基金总资产由 2004 年的 144954 亿美元上升至 2017 年的 427668 亿美元，增长了近 2 倍。②

金融交易已不满足于既有储蓄、债券和公司股票，大量金融衍生品应运而生。金融衍生品作为原生金融资产的派生工具，具有虚拟化、高风险、高收益、高杠杆等投机性特点。金融衍生品的出现助推金融交易量大大增加，也促使经济金融化向纵深发展。数据显示，截至 2016 年 5 月，美国货币供应量为 15 万亿美元，全世界 GDP 总量为 50 万亿美元，全球股市和债市总值为 100 万亿美元，而衍生品规模达 1500 万亿美元，相当于世界人均拥有 20 万美元衍生品。全美六大主要银行的杠杆率高达近 24 倍（237 万亿美元的衍生品/10 万亿美元的总资产）。更有甚者，总资产 1.6 万亿美元的德意志银行拥有 75 万亿美元的金融衍生品敞口，杠杆率达到近 47 倍。③ 另外，金融衍生品种类繁多、数量巨大，还可经层层包装和复杂的金融操作合成新的金融工具，尤其是借助互联网和计算机等新技术进一步加速金融资本在全球的流动，相应地也加快了金融风险的全球扩散。

（二）"金融脱媒"与金融业的结构性变革

20 世纪 70 年代开始，技术的发展使得信息获取变得简单，金融市场

---

① wind 数据库"全球股票交易额（现价）"与"全球股票交易额占 GDP 比重"指标，wind 资讯根据世界银行数据整理，参见 http://www.wind.com.cn/。
② wind 数据库"全球共同基金净资产"与"美国共同基金净资产"指标，wind 资讯根据投资公司协会数据整理，参见 http://www.wind.com.cn/。
③ 《大规模杀伤性武器来了 雷曼就是这么破产的》，http://finance.ifeng.com/a/20160509/14370845_0.shtml（访问时间为 2018 年 8 月 19 日）。

借贷、融资成本开始下降，银行在金融领域的传统优势不再保持；以美国为例，自20世纪80年代以来，银行业发生了根本性转变，传统银行承担的金融功能被更趋市场导向的中介机构（基金公司、证券公司等）所替代，引发了金融服务部门的大规模重构。[①] 更多公司选择资本市场进行融资，大型银行和银行高管对上市公司的影响力逐渐不及机构投资者、基金经理和证券分析师；个人理财行为从主要依靠商业银行储蓄发展为债券、股票、共同基金等多元主体。美国金融市场和金融体系的这一系列结构性变化中最为显著的即"金融脱媒"（financial disintermediation）。[②] 在20世纪70年代的经济滞胀阶段，美联储提高联邦基准利率的行为导致金融市场的实际利率较利率管制下的商业银行存款利率明显上升，商业银行存款增速放缓，加之货币市场共同基金和债券市场的迅速发展，"制度性脱媒"开始显现；至80年代监管部门放松金融监管之后，利率自由化进程提速，为应对金融市场的挑战，商银行资产证券化步伐加快；同时金融市场创新能力不断增强，更趋多元化，"市场性脱媒"促使传统金融机构转型。[③] 90年代至今，"P2P"（互联网借贷）、股权众筹、互联网理财等互联网金融直接融资模式在全球主要经济体中快速发展，互联网金融在投资、融资双方之间建立起直接的金融联系，"脱媒化""去中介化"特征更加明显，金融市场的力量进一步增强。

（三）政府、企业、家庭与个人：经济行动主体的全面金融化

近年来，美国政府的经济行为越来越深地介入金融市场中，政府与金融市场之间的融合程度不断加深，政府行为日益受到金融市场运作的影响。据统计，过去十年，美国无论是在货币供应量、政府债务占国内生产总值的比重还是在政府债务总量方面都直线上升，政府债务占国内生产总值的比重自2008年金融危机以来更是急剧攀升，2016年甚至占到整个国内生产总值的106%（见图1）。政府的货币发行量、债务发行量与金融市

---

① 参见 G. F. Davis, *Managed by the Markets*: *How Finance Reshaped America*, New York: Oxford University Press, 2011。

② 金融脱媒又被称为"金融去中介化"，主要是指资金绕开商业银行等金融中介机构直接在投资、融资双方之间流动。金融脱媒提高了证券市场和券商业（指证券公司、基金公司等）的市场地位，导致商业银行在资本市场主导地位的下降。

③ 参见王达：《美国互联网金融与大数据监管研究》，北京：中国金融出版社，2016年。

场情况息息相关，一方面，前者极大影响了金融市场的运行；另一方面，金融市场的波动在很大程度上也影响了政府的财政收支和各项公共政策的实施，尤其在全球化的金融市场体系中，全球各地的金融市场瞬息万变且相互影响，很大程度上削弱了政府作为金融体系的规则制定者、监管者和稳定者的自主权和功能的发挥。有些国家甚至因为国际金融市场的影响而陷入政治动荡和经济社会危机，从 1994 年的墨西哥金融危机、1997 年的东南亚金融危机、1998 年的俄罗斯金融危机到 2007～2008 年的全球金融危机，都有一些抗风险能力较差的国家，尤其是发展中国家更容易陷入经济社会危机，有的甚至导致政权更迭和社会动乱。

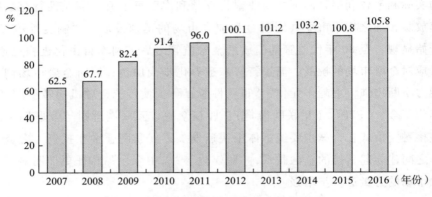

图 1　美国政府债务占国内生产总值比重

资料来源：美国公共债务局、Trading Economics "美国政府债务占国内生产总值比重"指标，参见 https://zh.tradingeconomics.com/united-states/government-debt-to-gdp。

　　企业与金融市场之间的关系也越来越密切，公司结构、公司治理和公司战略日益受到金融市场的影响。据世界银行统计，全球上市公司总数从 1988 年的 29270 个上升到 2015 年的 43539 个。全球上市公司总市值在 1988 年为 97281 亿美元，在 2007 年达到最高值 644718 亿美元，金融危机后逐渐恢复至 617811 亿美元；全球上市公司总市值占 GDP 比重在 1998 年为 90.65%，在 1999 年达到有史以来的最大比重——117.26%，之后有波动，但除 2008 年下降至 60% 以下外，其余大多数年份均稳定在 70% 以上，基本在 90% 左右波动。①

---

①　wind 数据库"全球上市公司总市值（现价）"与"全球上市公司总市值占 GDP 比重"，wind 资讯根据世界银行数据整理，参见 http://www.wind.com.cn/。

另外，全球私人部门（企业部门）国内信贷占 GDP 的比重在 2015 年已接近 140%，高收入国家和中等收入国家的私人部门信贷均呈较快上升趋势。① 其中，美国对私人部门的信贷占 GDP 的比重在 1960 年仅为 73.98%，2007 年巅峰时期一度达 213.92%，2015 年为 194.04%，目前仍呈上升态势（见图 2）。

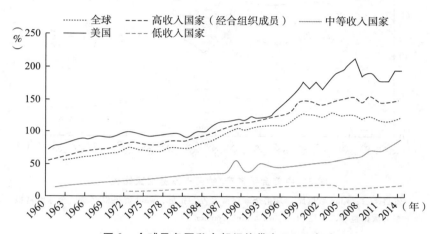

图 2　全球及各国私人部门信贷占 GDP 比重

资料来源：wind 数据库"资本市场"指标，wind 资讯根据世界银行数据整理，参见 http://www.wind.com.cn/。

在个人和家庭方面，据国际货币基金组织预测 2016～2021 年世界总体和发达经济体国民总储蓄率增速都将放缓，新兴市场和发展中经济体国民总储蓄率甚至不会增长。2014 年全球成年人人均金融财富为 33659 美元，占当年人均财富的 65%。美国家庭金融资产②占家庭总财富的比例由金融危机后 2009 年的 65.9%，上升至 2013 年的 70.7%。美国家庭债务占家庭总财富比例在 2008 年一度达到 23.4%。中国金融资产占家庭总财富的比例也由 2000 年的 44.7% 上升到 2015 年的 52.1%。中国家庭债务占家庭总财富比例自 2000 年以来呈稳步上升趋势，2015 年达到最高，为

---

① wind 数据库"资本市场"指标，wind 资讯根据世界银行数据整理，参见 http://www.wind.com.cn/。

② 在国民经济核算体系（SNA）中，金融资产主要包括库存现金、银行存款、应收账款、应收票据、其他应收款项、股权投资、债券投资和衍生金融资产等，是相对于实物资产的金融工具的总称。

7.9%（见图3）。

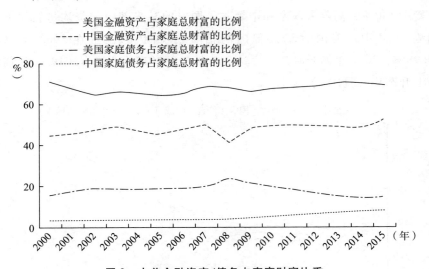

图 3　中美金融资产/债务占家庭财富比重

资料来源：wind 数据库"瑞信全球财富报告"指标，wind 资讯根据瑞信全球财富报告中相关数据整理，参见 http://www.wind.com.cn。

（四）地理界限的扩大：金融全球化

金融资本主义时代全球统一市场在向广度、深度扩展的同时也在朝着细分化、专业化方向发展。在跨国公司、开放的金融市场及信息技术的推动下，传统公司、金融市场运作的地理界限逐渐消失，位于商品价值链顶端的大型跨国公司掌握产品的品牌、文化、技术核心，同时借助金融市场在全球选择最佳区位进行深度布局，谋求利润最大化。资本无眠、投资无界。以发达经济体的金融市场、跨国公司为中心，全球主要经济行动主体都纳入一个统一的网状结构中。穿梭于全球金融网络中的不但有金融资本和物质商品，还有受金融市场影响的国家治理模式、公司治理模式、公司战略模式、个人经济行为模式和金融理念的扩散。

（五）金融资本运作的灵活性

工业资本主义时代的产业资本虽天生具有逐利性，但其主要系于实体经济之中，依靠资本获取的利润主要用于投入下一轮新的产业投资，继续执行购买、生产、销售等资本职能；而在金融资本主义条件下，"投机"

取代"投资"成为获取财富的主要方式，或者说，金融资本主义下的"投资"具有强烈的"投机性"，金融资本为追求高额利润在全球范围频繁、短期流动，成为世界性"游资"，[①] 并逐渐脱离了服务实体的职能，摆脱了资本在工业资本主义时代的物质束缚，获得了极大的独立性和灵活性。[②]此外，移动互联网的出现使得投资者可以通过手机移动端随时随地在全球各地进行金融市场投资和各种金融衍生品买卖，金融资本运作的这种便利性和灵活性，加大了金融市场的投机性、流动性和短期导向，也加剧了金融市场风险。

（六） 金融财富的符号化和虚拟化

浮动汇率下的货币符号化助推了金融资本的符号化和虚拟化，以金融票、券为代表的信用化产品也加速了货币向电子化的数字符号转变；人在金融投资活动中一方面追求金融财富的绝对数量，另一方面运用数字化、网络化等金融创新工具创造出大量金融衍生品，提升了金融资本的符号化和虚拟化程度，使得任何真实的事物、虚构的故事都可以量化为货币数字和金融指数，[③] 由于高度的信息不对称和金融产品的符号化特征，股票、债券或其他理财产品的价格不一定基于公司业绩和产品质量，而在很大程度上取决于企业高管的巧妙说辞和"编故事"的能力。在金融系统独立性越来越强的过程中，其虚拟化的运作模式已与物质形态相去甚远，交易目的与服务实体经济愈发背离，在加剧金融活动投机性的同时，也损害了实体经济部门的发展，使得产业日益"空心化"。

（七） 金融市场的不稳定性和高风险性

主要有四大原因造成了金融资本主义的不稳定性和高风险性。

一是在信息化、网络化科技的推动下，金融市场交易成本变得更低，交易服务效率更高。但正因为全球金融市场的高度整合，各民族国家（地

---

① 李国平、周宏：《金融资本主义全球化：实质及应对》，《马克思主义研究》2004 年第 5 期。
② 朱炳元、陆扬：《当代资本主义经济虚拟化、金融化的六大趋势》，《毛泽东邓小平理论研究》2011 年第 10 期。
③ 沈广明：《货币的金融化、符号化与幻象化——基于马克思货币思想的哲学阐释》，《武汉科技大学学报（社会科学版）》2016 年第 5 期。

区）间的金融市场联系非常紧密，一旦主要国家金融市场出现危机，极易扩散到其他国家，且难以单独应对。同时，在互联网的影响和推动下，市场的局部危机极易引起羊群效应和恐慌效应，最终造成全球金融市场的剧烈波动。尤其是在信息科技和网络科技的影响下，市场的动态更难以被投资者把握，全球金融市场变得更加动荡。21世纪初以来，结合先进信息技术的"高频交易"（High Frequency Trade）风靡美国证券市场，追求利用计算机的高速信息处理、分析能力识别全球金融市场中瞬时的价格波动，以此攫取高额利润，但最终引发2010年5月6日美国证券市场"闪崩"，五分钟内上万亿美元瞬间蒸发。近年来，在美国和亚洲受到大量投资者青睐的比特币也先后制造多起金融市场的大幅波动。与人工智能、大数据、云计算等新兴技术相结合的金融科技（Fintech）在提升社会创新能力和经济增长动力的同时，也可能被金融资本俘获，成为金融资本获取高额利润、制造新的金融风险的工具。

二是金融活动的主导力量由原来的金融机构转向金融市场。有学者指出，金融市场的扩张不是权力从一伙可辨认的行动者手里转移到另一伙行动者手里，而是限制了权力集中在任何行动者手里。传统观念认为，金融化强化了华尔街及其国际同行的影响，但现实与此相反。近期的金融市场转向最终削弱了金融机构（包括商业银行和投资银行）的重要性，比如美国在2008年倒闭的大型金融机构启发我们，金融市场的扩张和不稳定性最终会导致即使像美林证券和贝尔斯登这样的顶级投行和金融机构也被清算或被政府接管，企业高层管理人员遭到解雇。[①] 金融活动的主导力量由金融机构转向金融市场，也是金融资本主义最核心的特征之一。金融部门自19世纪末期以来一直在经济活动中占据重要地位，但一这时期的金融活动主要由金融机构（如商业银行）或金融家族（如摩根家族）所主导，金融活动表现出较大的稳定性和寡占性，金融风险还比较容易控制，但20世纪80年代以来金融活动的决定权力由金融机构转向金融市场，使得任何大型金融机构也无法掌控市场风险，高度的市场不确定性使得"金融大鳄"也面临"一招不慎，满盘皆输"的风险。

---

① G. F. Davis and Suntae Kim，"Financialization of the Economy," *Annual Review of Sociology*, vol. 41, no. 1, 2015, pp. 203 – 221.

三是新型金融工具和金融衍生品不断出现，加剧了信息不对称和不确定性，提高了金融市场的风险性，甚至导致日益增多的金融欺诈。美国次贷危机爆发的重要原因即华尔街打包（packaging）高风险住房抵押贷款资产，生成 CDO（担保债务凭证）等结构性次贷衍生品造成系统性风险，在次贷资产证券化和衍生化的过程中，华尔街联合信用评级机构为高风险证券化产品背书，在信息极端不对称的情况下以高收益的噱头向投资者出售次贷衍生品，最终导致全球金融市场动荡。

四是金融资本主义追求投资收益最大化的做法不但重塑公司行为，对政府、家庭、个人的行为也产生极大影响。对公司而言，股东价值最大化的导向把投资者/股东（资本所有者）的利益放在最高地位，加剧了资本的剥削性和劳资的不平等。同时，社会各部门、各行为主体都追求短期投资收益最大化，导致所有行为主体（国家、公司、家庭、个人）尽可能地冒风险、加杠杆（借贷投资），以致全社会的负债率和杠杆率大增，也使得金融市场的不确定性和风险性大大提升。

三　金融资本主义如何重塑社会

（一）政治冲击：政府自主性和经济权力的削弱

在金融资本主义条件下，虽然各民族国家企图通过央行等经济管制机构调节汇率、利率、货币供应，但从现实角度来看，整个国际金融市场的运作模式和变动方式变得难以预料，一国经济政策的变化难以撬动全球金融体制，反倒是全球货币供应量的变动、期货和股票证券交易量的波动直接作用于各国的主要经济指标。虽然二十国集团（G20）、经济合作与发展组织等全球性国际组织不断改革和重构规则，试图建立囊括世界主要国家的新型金融架构，但各国家和区域政府间组织更希望保持局部地区金融体系的独立自主性，特定民族国家的经济利益和政治意识形态与在全球金融资本主义时代建立起一个具备政治和经济"合法性"的国际经济治理体系之间仍存在较大的张力。[1]

---

[1]　G. Morgan "Global Financial Architecture and National Capitalisms," *Socio-Economic Review*, vol. 9, no. 3, 2011, pp. 588 – 596.

众所周知，金融部门的管制放宽不会由金融部门自身完成，政治因素在金融化进程中具有举足轻重的地位。[①] 在现代资本主义经济中，政府主要以两种方式在经济秩序中发挥作用：一是以监管卡特尔为代表的反垄断、规范维护市场秩序问题，当某一产业不能进行有效的自我约束时，政府就会介入并实行管制；二是政府通常将打造产业经济秩序作为直接监管的替代手段，国家通过在产权、治理结构、交易规则和控制观（conception of control）方面确立规则以稳定市场。[②] 而在金融化和后工业化时期，产业、领土边界对公司的约束弱化，公司开始在全球范围内寻找最适合自身发展和最有利于利益最大化的"制度疆域"。这使得国家转向金融市场，开始围绕金融资本展开竞争。民族国家的角色由工业资本主义时期的主权实体逐渐变得与以股东价值（市值）最大化为导向的公司类似，政府开始成为向企业，尤其是跨国公司提供法律和制度环境的"供应商"。[③] 各国政府争相为企业提供"最优"、成本最低的法律和制度环境，以吸引企业投资，尤其是跨国公司的投资。这种"探底竞争"（racing to the bottom）在某种程度上削弱了各国政府管理经济和贸易活动的自主权和独立性，被迫卷入一轮轮旨在为金融资本投资收益最大化而提供各项"最低营商成本"的制度和政策竞争中。

（二）经济重构：股东价值最大化与"公司革命"

在经济领域，金融资本主义崛起的最主要表现是股东资本主义的兴起，或者说，股东资本主义是其主要表现形式和制度载体。股东资本主义的最显著特征是"股东价值最大化"理念和制度实践的盛行，并从美国逐步向全球各地扩散。

1980 年前后，美国企业迎来了一系列巨大变化，一种新的资本主义经济制度应运而生。这些制度性和组织性的变化总结为一句话便是：企业管理越来越多地按照"股东价值最大化原则"来进行。为了同工业资本主义

[①] B. Carruthers and K. Jeong-Chul, "The Sociology of Finance," *Annual Review of Sociology*, vol. 41, no. 37, 2011, pp. 739–747.

[②] 尼尔·弗雷格斯坦：《市场的结构：21 世纪资本主义社会的经济社会学》，甄志宏译，上海：上海人民出版社，2008 年，第 25–41 页。

[③] 参见 G. F. Davis, *Managed by the Markets: How Finance Reshaped America*, New York: Oxford University Press, 2011。

时期的"经理人资本主义"① 相区别，这种新型资本主义被称为"股东资本主义"。② 同经理人资本主义相比，股东资本主义不仅是指一种新的意识形态，更是一种全新的公司治理形式，涉及一整套新的公司战略和公司结构安排。可以说，随着股东资本主义的兴起，美国企业界掀起了一场"公司革命"。③

在公司治理方面，主要有三大变化：企业高管薪酬激励模式从固定薪酬变为长期性的，如股票期权和股权等形式的权变薪酬；董事会的外部（outside）/独立董事成员比例逐渐增大；市场在约束企业高管方面的作用明显增强。④ 企业高管愈发主动地将个人利益同股东利益联系起来，与此同时，董事会和金融市场对他们的约束和监督也愈发严格起来。

在公司战略方面，盈余管理（earnings management）成为美国公司普遍采用的可以有效管理股票价格、"完胜股票分析师"（beating the analyst）的一项重要战略措施；⑤ 而收购模式则从无关联收购转变为包括横向收购和纵向收购的关联性收购⑥，主动寻求与同类型企业的合并并开始逐步启用包括"股票回购"在内的多种金融策略。随着战略理念和收购模式的转变，美国公司中兴起了一场回归专业化的热潮，这些企业的行业专注度大幅增强，"核心竞争力战略"开始受到广泛追捧。⑦ 此外，为降低成本并实现所谓的"股东价值的提升"，缩减开支、企业重组和裁员等改革措施也在这些企业中盛行起来。

---

① A. A. Berle and G. C. Means, *The Modern Corporation and Private Property*, New York: Macmillan, 1932; Alfred D. Chandler, *The Visible Hand: The Managerial Revolution in American Business*, Cambridge, Mass.: Belknap Press, 1977.

② 参见 M. Useem, *Executive Defense: Shareholder Power and Corporate Reorganization*, Cambridge, Mass.: Harvard University Press, 1993。

③ Frank Dobbin and Dirk Zorn, "Corporate Malfasance and the Myth of Shareholder Value," *Political Power and Social Theory*, vol. 17, no. 17, 2005, pp. 179 – 198.

④ J. Walsh and James K. Seward, "On the Efficiency of Internal and External Corporate Control Mechanisms," *The Academy of Management Review*, vol. 15, no. 3, 1990, pp. 421 – 458.

⑤ Harris Collingwod, "The Earnings Game: Everybody Plays, Nobody Wins," *Harvard Business Review*, vol. 79, no. 6, 2001, pp. 65 – 67.

⑥ Ezra Zuckerman, "The Categorical Imperative: Securities Analysts and the Illegitimacy Discount," *American Journal of Sociology*, vol. 104, no. 5, 1999, pp. 1398 – 1438.

⑦ C. K. Prahalad and G. Hamel, "The Core Competencies of the Corporation," *Harvard Business Review*, vol. 68, no. 3, 1990, pp. 79 – 91.

钱特勒认为，组织战略决定组织结构。[1] 随着企业战略的不断变化，美国企业的组织结构也在相应地不断调整和改变。企业专业化的回归以及关联性收购的盛行导致 M 型组织结构（multi-divisional form，或事业部制）企业数量的减少。[2] 此外，为更好地同股东和金融市场打交道，"投资者关系部"在美国大企业中应运而生。同时，高层管理队伍的组成情况也发生了变化：首席财务官自 20 世纪 80 年代起开始登上历史舞台并在美国企业中迅速普及开来；[3] 与此同时，美国企业中首席运营官的重要性和普及程度在企业"去多元化"（de-diversification）的进程中逐渐降低。

随着金融资本主义的兴起，股东价值最大化成为资本市场判定公司价值的唯一标准，也成为重塑公司行为的最高准则。目前国际上衡量企业价值的主流标准，除利润率和资产回报率外，还包括市值/公司股价、每股盈利等。[4] 外部投资者和公司经理人最看重的是公司股价和股东价值，这些指标是判断投资人和经理人专业能力的关键"绩效"。上市公司高管将确保公司股价上涨和股东价值最大化看作其获得高额期权/股权的基础。市值至上的公司治理模式和发展战略转变了公司资本投资回报的形式，公司开始愈发积极地直接、深入地参与金融交易活动中，通过融资和购买金融产品所获取的利润在经济金融化时代急剧增长。[5] 这样一来，以金融为代表的虚拟经济在不断背离实体经济的同时，实体经济部门也在加速金融化。外部投资者对公司的直接金融投资以及公司对金融市场的迎合加速了这一进程。

（三）社会影响：工会衰落、贫富分化、中产阶级萎缩及移民潮

20 世纪 30 年代金融危机之后，英、美等国率先在一系列刺激经济的政策中提出建立人民福利制度，至二战后初期西方福利国家制度基本完

[1] Alfred D. Chandler, *Strategy and Structure*, Cambridge, MA: MIT Press, 1962.

[2] G. Davis, K. A. Diekmann and C. Tinsley, "The Decline and Fall of the Conglomerate Firm in the 1980s: The Deinstitutionalization of an Organizational Form," *American Sociological Review*, vol. 59, no. 4, 1994, pp. 547 – 570.

[3] D. Zorn, "Here a Chief, There a Chief: The Rise of the CFO in the American Firm," *American Sociological Review*, vol. 69, no. 3, 2004, pp. 345 – 364.

[4] 张维迎：《理解公司：产权、激励与治理》，上海：上海人民出版社，2014 年。

[5] G. F. Davis and Suntae Kim, "Financialization of the Economy," *Annual Review of Sociology*, vol. 41, no. 1, 2015, pp. 203 – 221.

成，雇佣关系正式而稳定，劳动者收入有保障。在一段时期内，福利国家制度下西方工业资本主义社会的贫富差距扩大趋势得到有效遏制，公民与社会关系稳定，较少存在因失业导致的公民边缘化问题。随着 20 世纪 70 年代西方发达国家经济滞胀的到来以及新自由主义下以里根主义、撒切尔主义为代表的国家政治经济政策的转变，美国等西方发达国家开始大幅缩减公共福利支出，实行市场自由化改革，撤回"政府调控之手"。一方面，失去了"福利国家"制度保护的西方工人群体被直接置于竞争性市场之下；另一方面，资本利益集团从政治、经济上全方位打压工会势力，通过资方推行"人力资源管理/员工管理"模式等缓解劳资对立，与传统工会组织争夺工人阶级认同。20 世纪 80 年代以来美国工人参加工会的比例大幅下降，工会影响力日益式微。工人阶级也日趋分化。尤其自 20 世纪 80 年代公司战略发展理念以"股东价值最大化"为原则之后，公司经营唯"金融市场"马首是瞻，公司股票价格被视为评判公司经营优劣、公司高管绩效好坏的关键指标。公司的战略目标服务于短期股票价格，之前稳定的公司架构变得灵活，公司拆分、兼并、重组、破产行为常态化，不论公司高管还是普通工人都难以与公司维持稳定的雇佣关系。

雇佣关系弹性化与工会的日益衰落加剧了失业问题。美国劳工局数据显示，美国人口总体失业率自 20 世纪 70 年代以来基本在 4% 以上且波动幅度较大，最高在 11% 左右。与此同时，跨国公司在全球寻找经济宽松、金融自由的地区，加快转移制造企业，以低工资和低制造成本提高公司在金融市场上的绩效，这在一定程度上加剧了美国国内的失业状况。股东利益至上的公司经营模式主要关注持股股东经济价值的实现，因此，企业会尽量缩减原材料、生产、运输和劳动力成本。由于劳动力成本在美国等西方发达国家企业的成本支出中占据相当高的比例，各大企业为压低成本，一方面通过裁员、重组等方式尽量减少员工，另一方面大量采用非正式雇佣、灵活雇佣的方式以减少人力成本支出并规避企业的福利责任。因此，20 世纪 80 年代以来美国工人的工资收入越来越难以维持自身和家庭的再生产，导致中产阶级人数萎缩，工人贫困化程度加深，甚至出现了成年人"主动失业"的现象。"啃老"在崇尚个人主义生活方式的美国社会开始出现。

与此同时，美国国内低收入的工作岗位和相对较好的工作环境吸引了大量国际移民和少数族裔工人，美国国民就业竞争更趋激烈，由此引发诸多种族冲突和民族融合问题。移民的进入在促进企业利润增长的同时也拉低了国内本土工人的工资，与此相关的各种衣食、教育和医疗成本通过税收转移给中产阶级，引起部分中产阶级的反弹和不满；① 移民和少数族裔作为政治的一极日益影响了美国的政治经济政策和政治选举的走向。

工人贫困化并不必然带来工人组织力量的壮大。近年来美国部分州推行限制工会权力的法律，企业加快在非工会州、美国以外地区设立生产服务部门也导致工会会员人数长期持续下滑。数据显示，美国工会会员率在2016 年仅为 10.7%，而 1983 年工会会员率为 20.1%。② 工人组织化力量的弱化一方面加剧了金融资本主义的扩张，另一方面也加快了以工资收入为主的中产阶级的萎缩和向下流动，这也间接反映美国社会的分裂不仅存在于富人阶层和底层民众之间，社会的分裂同时伴随着中产阶级的撕裂和分化。整个社会金融化不断加强的趋势加快了阶级向下流动的速度和阶级固化。

长期以来，美国社会被视为阶级向上流动比较畅通的社会，但随着金融资本主义的崛起，以金融市场股权为代表的金融力量改变了社会的收入分配机制、重组了社会结构，握有股权的公司高管和股东获取了大量社会财富。在工人阶级日益贫困化、中产阶级不断萎缩的同时，以私募股权投资基金经理、风险投资基金经理和公司高管为代表的一批批超级富豪也在不断诞生，整个社会的贫富分化日益严重。与第一次大转型时期的贫富分化不同，在金融资本主义下，股东价值最大化被新自由主义理论及相关制度合理化，股东价值最大化被认为最有利于企业效率的最大化，也最有利于整个社会福利的最大化。因此，企业的分配原则越来越倾向于股东利益，而不是利益相关者的利益（比如工人、消费者和社区等）。这样的分配原则造成的一个严重经济社会后果是，企业界的收入分配机制越来越像文体艺术界，成为一个"王者荣耀""赢者通吃"的市场，不但造成资本所有者和一般劳动者收入差距的扩大，企业之间、企业内部的贫富分化也日益严重。美国劳工联合会—产业工会联合会（AFL-CIO）发布的年度报告显示，2015 年标准普尔 500 成分股公司首席执行官的平均薪酬是普通员

① 孔元：《意识形态与帝国政治：战后美国保守主义的演变与危机》，《开放时代》2017 年第 4 期。

② 美国劳工统计局于 2017 年 1 月 26 日发布的报告，参见 www.bls.gov/cps。

工的 335 倍，而在 1980 年，这一比例是 20 倍左右。由此可见，自 20 世纪 80 年代初金融资本主义兴起以来，美国公司内部的贫富分化日趋严重，是导致整个美国社会贫富分化和不平等程度加深的重要原因和组织机制（organizational mechanism）。以 2016 年谷歌首席执行官的收入为例，其首席执行官桑达尔·皮查伊（Sundar Pichai）的薪水总额近 2 亿美元，其中主要来自 2016 年被授予的价值 1.987 亿美元的股票。而谷歌员工 2016 年的收入中位数是 14 万美元左右，也就是说，其年收入是普通员工的 1400 多倍！

（四）"文化变革"：金融思维、投资文化与投资组合社会的到来

如果说消费资本主义社会的口号是"消费一切"，那么，金融资本主义社会的口号就是"投资一切"！随着金融资本主义的兴起，金融理念不但在企业和市场领域开始盛行，政府、家庭和个人也越来越具有金融思维，整个社会开始形成一种"金融和投资文化"。金融社会学家戴维斯提出"投资组合社会"（Portfolio Society）概念，在这种社会中，投资理念成为理解个人社会处境的主流方法。[①] "投资组合"等金融领域的理念和方法进入社会科学理论和人们的日常社会生活中。"教育"不再仅仅被视为教育，而被称为人力资本投资，家庭住所已不仅仅是传统意义上的房屋，而被称为房地产投资，朋友已不再仅仅是朋友，更被当成未来发展的社会资本。从家庭生活到个人发展都与投资、经济回报直接挂钩，小到个人成长，大到文化建设、国家战略，人们都力图通过资本经营、金融投资达成目标。这样的金融投资思维不但在发达资本主义国家盛行，在中国也日趋明显，数亿的股民和轰轰烈烈的房地产全民投资浪潮将这一金融投资新思维表现得淋漓尽致，资本市场上几乎所有人们想得到的资产都可能被证券化，从歌舞表演门票收入到过桥费，证券投资机构打包的资产几乎无所不有。[②]

在美国，1985 年后资产证券化被广泛用来创造抵押贷款、二次抵押贷款、住房贷款、学生贷款和信用卡债务，[③] 这意味着金融活动在数量上不

① 参见 G. F. Davis, *Managed by the Markets：How Finance Reshaped America*, New York：Oxford University Press, 2011.
② 《英媒看中国资产证券化：从门票到过桥费无所不包》，http://www.cankaoxiaoxi.com/finance/20161115/1427656.shtml（访问时间为 2018 年 8 月 19 日）。
③ L. T. Kendall, "Securitization：A New Era in American Finance," in L. T. Kendall and M. J. Fishman, eds., *A Primer on Securitization*, Cambridge, MA：The MIT Press, 1996.

断扩张。另一个值得深思的做法是新文化框架（New Cultural Frame）的出现，即人们以更积极的立场来对待自己的财务状况。养老金改革以及从"确定给付计划"（Defined Benefit Plan）向"确定缴费计划"（Defined Contribution Plan）的转变开始，美国人一直被鼓励改变观念，从被动金融主体变为主动金融主体。[1] 戴维斯认为，随着家庭更直接地融入金融市场，他们必须学会像金融经济学家那样思考，以管理他们的消费、投资和债务。[2] 这表明，在以家庭为中心的金融活动中，金融化已经发生质的转变，"金融文化"开始出现，越来越多的人尝试以清晰的金融术语来思考他们的日常生活。[3]

结论与讨论：金融资本主义、第二次大转型与"保护社会"

金融资本主义的全球化扩张已经使以金融市场为代表的自由市场力量大大超越了民族国家的范围，整个社会的金融化使政府、企业、家庭和个人等各行为主体都日益受到金融市场的指引和重塑。金融市场力量空前发展并无所不在，之前保护"社会"的国家力量、工会力量及市民社会力量日益受到强大金融市场的侵蚀。在这种情况下，第二次大转型使"社会自我保护运动"面临更加严峻的挑战。在某种程度上可以说，金融资本主义是当代西方发达资本主义国家就业危机、贫富两极分化、收入不平等加速等诸多重大社会问题的制度根源。

如何应对金融资本主义对当代政治、经济、社会、文化生活带来的重重挑战依然是一个悬而未决的问题。想要对其未来走势及长期影响做任何定论，现在看来都还为时过早。目前来看，为遏制金融资本主义的过度扩张及其带来的种种负面影响，有两种"保护社会"的努力值得关注。

---

[1] 参见 P. Langley, *The Everyday Life of Global Finance: Saving and Borrowing in Anglo-America*, New York: Oxford University Press, 2008。

[2] G. F. Davis, *Managed by the Markets: How Finance Reshaped America*, New York: Oxford University Press, 2011.

[3] Neil Fligstein and Adam Goldstein, "The Emergence of a Finance Culture in American Households, 1989–2007," *Socio-Economic Review*, vol. 13, no. 3, 2015, pp. 575–601.

（一）滑向过去的保守主义倾向

不断加深的全球经济金融化所引起的民族国家经济制度变迁忽视了各国自身的政治经济传统，尤其是在金融化影响下社会分化速度加剧，民众无论在物质财富的"量"上还是在思想观念的"质"上都无法形成有效的"社会共识"，缺乏对"社会"统一的认同。这种认同缺乏在社会阶层方面表现为精英阶层的利己主义与中下阶层的保守主义。中下阶层占主体的民众对西方精英体制下的民主失去信心，对社会主流价值观抱有怀疑态度，多以游行示威、集体抗议甚至是极端危险的个人行为促使政府出台极端保守的政治经济政策，他们以极端民族主义、民粹主义反对全球化。

"经济（金融）危机爆发后，决策者总是面临着民粹主义、民族主义和经济问题政治意识形态化的三大挑战……决策者缺乏经验，又总是面临着这三座大山，政治家往往被短期民意绑架、被政治程序锁定和不敢突破意识形态束缚，这几乎是普遍的行为模式……两次危机（20 世纪 30 年代的大萧条和 2008 年国际金融危机）中的市场力量从来都是高度政治化的力量。"[1] 有学者认为，英国脱欧开启了右翼民粹主义在 21 世纪走进世界政治主流的进程，并将挑动极端民族主义、冲击西方民主制度、促进政策极端化，增加发生国际冲突的危险。[2] 显然，边境筑墙、撕毁多边贸易协定和退出全球气候统一行动框架等做法所提供的解决方案表面上是以国内个体民众为面向的，实质却是反社会责任和反社会整合的。从 20 世纪末的西方反全球化运动开始，2008 年金融危机之后西方民粹主义逐渐发展壮大，近年来反精英体制、反金融资本、反移民、排外的民粹主义强势崛起，美国总统特朗普、荷兰议会大选中极右翼自由党领袖威尔德和法国总统大选极右翼政党国民阵线领导人玛丽娜·勒庞等为代表的西方右翼保守主义/民粹主义政党获得诸多民众支持，与难民潮相伴的各地反难民运动等都反映了当前西方社会试图遏制全球化、重构国内政治经济体制的力量。虽然有些国家的保守主义、民粹主义领导人在选举或议会席位竞争中失利，但这种力量并未因此消散，而是以社会一极的形式成为一种结构性

---

①　刘鹤：《两次全球大危机的比较》，《管理世界》2013 年第 3 期。

②　周穗明：《21 世纪民粹主义的崛起与威胁》，《国外理论动态》2016 年第 10 期。

的存在。

西方保守主义、民粹主义的崛起具有深刻的政治经济原因，它与金融资本主义的兴起及其所代表的全球化力量有密切关联。首先，从国际上看，以金砖国家为代表的新兴市场经济国家崛起，全球化背景下部分发展中国家的中上阶层收益更多，在全球政治经济体系中日益占据更多话语权，这些冲击了现有欧美发达国家主导的世界格局，西方国家经济发展空间遭到挤压；同时，发达国家中产阶级向下流动、下层阶级贫困化现象日趋严重，成为全球化的利益受损者，这是他们反对全球化、政治上趋于保守化的重要原因。其次，大金融财团和机构投资者垄断的金融资本主义拉大了发达国家内部的贫富收入差距，加剧了不合理的分配秩序。精英的利己主义通过掌握金融市场运作规则、控制金融工具和金融衍生品以及在企业中推崇股东价值最大化获得金融资本在全球层面对社会的较大控制权，以此将社会财富和社会权力聚拢到占据社会少数的财富阶层；以白领、高级蓝领和中低级知识分子为主的社会中间阶层利益受损，甚至滑向底层阶级，成为非正式就业和失业者的"后备群体"。数据显示，美国全部住户收入基尼系数在 1971 年为 0.40，开始从收入相对合理（0.3~0.4）逐渐走向收入差距较大（0.4~0.5），并在 2015 年达到最高点 0.48。[①] 这种由金融资本主义加剧的不断扩大的收入差距和贫富分化是美国保守主义兴起的重要社会基础。最后，发达国家政府在国内逐渐丧失由经济增长带来的政权/政党合法性的同时，过于泛化和不切实际的"政治正确"是激起欧美国家民众民族主义和排外主义的直接因素，不断恶化的安全形势使处在恐慌中的民众对西方"政治正确"中强调的多元文化、极端平等思想产生抵制。西方精英左翼进步主义的统治与极端的新自由主义（以金融资本主义为典型代表）结合，引发西方发达国家国内"全球—本土""普世—民族""精英—民众""国民—移民"等多重对立，为保守主义、民粹主义、民族主义等政治社会思潮的兴起提供了政治土壤和社会基础。[②]

---

① wind 数据库"家庭收入–美国全部住户收入基尼系数"指标，wind 资讯根据美国商务部普查局数据整理，参见 http://www.wind.com.cn/。

② 孔元：《意识形态与帝国政治：战后美国保守主义的演变与危机》，《开放时代》2017 年第 4 期。

（二） 面向未来的"保护社会"构想

第一次大转型和第二次大转型有一些共同点，比如，都是新的资本形式和自由市场的发展改变了原有的经济发展模式和社会秩序，过分发展的自由市场对社会造成一定的侵害；存在以经济自由主义为原则的市场扩张运动与社会保护为原则的对抗市场的运动这一双重运动；伴随着新的资本形式和资本生产方式的出现（分别是大工厂和大型金融机构/金融市场），人与社会的关系有所改变，经济需求/活动成为社会的主要需求/活动。但是，两次大转型之间也存在以下明显区别。

一是"保护社会"的主要地理范围由单一民族国家扩展到日益全球化的国际社会，由于金融全球化和资本的全球流动，在一个国家内部很难有效制约资本和金融市场力量，从而进行有效的社会保护。

二是金融活动的主体由传统的企业发展到政府、企业、家庭、个人甚至社会组织/公民社会组织，出现了社会生活全面金融化的趋势：几乎所有社会行动者都被金融市场所裹挟、参与金融活动中，整个社会形成一种"金融文化"和"投资者思维"。

三是国家、市场、社会的界限日益模糊，市场原则渗透到国家、社会部门，导致国家、社会部门本身也在不断"市场化"。同时，旨在保护社会的一些"社会创新"也很快被金融市场和资本力量所俘获，不但失去了原有"保护社会"的初衷，而且增强了市场力量，成为市场侵害社会的帮凶和金融工具。

更令人担忧的是，这种"市场至上论和市场万能论"往往被视为社会进步的表现。人们似乎形成了一种习惯性思维，即不论社会中哪个领域出现了问题，用市场的方法去解决总是能逐渐达至"最优"。以发展势头正猛的共享经济和互联网借贷为例，它们针对现有经济体制中出现的行业垄断和金融制度不完善问题，试图在社会部门构建起新的社会关系来解决经济问题，本质上是摒弃行业垄断供应商，在用户间建立直接的社会经济联系。这一创新性经济工具带来一系列社会经济新业态和企业运作新模式，其发展初期挑战了传统的行业垄断利益集团、降低了金融弱势群体的融资门槛，在某种程度上起到"社会创新"和"保护社会"的作用。但如果企业想发展壮大、占领市场和提高行业准入门槛，将首先遇到融资问题，而一旦被金融资本俘获，成为金融资本主义的一部分，则难免违背其创新的初衷，成为侵害社会自由的工具。因此，共享经济也好，互联网借贷也好，在数轮融资的轰炸下，同一行业间企业陷入广告战、烧钱战，甚至于口水战，这些新经济业态中的企业逐渐发展成熟的过程也是不断脱离社会、成为金融工具的过程。当金融资本的角逐分出胜负，行业内主要"创新企业"获得垄断性市场地位后，加价、"绑架"消费者等行为便接踵而至。由此可见，与第一次大转型时期伤害农民、直接剥削底层工人有异，第二次大转型下的金融化工具初期通常以有益于社会的形态出现，继而逐渐显露出资本逐利的本性，裹挟消费者，直至获得市场垄断地位并服务于金融资本主义。金融资本主义下的金融化、资本化运作逻辑更趋隐蔽也更为强势，相对于无处不在的金融市场，社会自由的获得更为不易。

金融资本主义对于国家自主性、公司经营、工薪阶层以及社会文化的负面影响是一个全球层面的结构性问题，单个国家难以应对整个国际金融市场的冲击，需要各国政府从全球层面出发统一行动。如果说，西方发达国家出现的民粹主义、保守主义是为制约金融资本主义在全球扩张而做出的无奈之举，其试图通过把金融市场和资本的力量锁定在一国之内，从而"保护社会"。那么，近年来二十国集团连同金融稳定委员会（Financial Stability Board）、国际货币基金组织、世界银行等国际组织和金融实体在推动国际金融制度改革和监管机制建设、反对贸易保护、国际货币改革、新兴市场国家在国际货币基金组织投票和决策份额分配以及全球宏观经济/金融政策合作等方面所做的诸多探索和创新，则可以称为面向未来的重构全球治理体系的尝试。遗憾的是，每一次改革之后人们都会发现，实际的改革进展要小于改革前的期待。① 如何在全球层面建立一种新的金融和市场治理架构，以有效应对金融资本主义带来的种种负面影响，仍然需要不懈的探索和努力。

除全球层面的努力，在国家、企业、家庭和个人等层面，也有一些新的举措。一些国家的经济发展不再单纯依赖金融市场，提倡回归实业、反对大型国际机构投资者和金融机构的"投机性经营"；有些公司不再坚持股东价值最大化而是更强调消费者和员工的利益，"股东行动主义"（share-

---

① 周宇：《试论国际金融体系改革》，《世界经济研究》2009 年第 5 期。

holder activism）倡导中小股东对公司经营战略的有效监督，反对公司高管的过高薪酬；"占领华尔街运动"反对华尔街等国际金融投机者过度贪婪和"脱实向虚"倾向；人们在社会和家庭生活中反对投机文化，提倡实干，警惕社会生活过度信贷化、投资过度杠杆化。

金融资本主义社会中，无论政府、企业还是家庭都试图通过对资产的理性经营获得经济和生活等各方面的自由。然而，"对于个人和社会，本着合理性原则组织起来的社会秩序并不一定是增进自由的手段"。[①] 那些看似合理性经济原则所组织起来的国家行为、金融市场、公司经营和家庭生活在经济发展良好的时期往往具有社会合理性/正当性（legitimacy），一旦遭遇危机，这些表面上合理的组织形式用形式上的经济理性导致了实质上的社会不自由。

如何使经济理性与社会自由共存是现代经济社会发展中的重要议题。通过各种理性的科层制组织改革或对全球金融体系的重构，我们最应该澄清的是在金融资本主义下如何建构全球自由社会的问题。"在个人和社会历史中，理性所承担的社会任务是阐明各种选择，扩展在建构历史过程中人类决策可影响的范围"，[②] 从而为保护自由社会提供充满想象力的答案。

---

① 赖特·米尔斯：《社会学的想象力》，陈强、张永强译，北京：生活·读书·新知三联书店，2012年，第183页。

② 赖特·米尔斯：《社会学的想象力》，陈强、张永强译，北京：生活·读书·新知三联书店，2012年，第189页。

康区的历史与可能性

——基于阿来四部长篇小说的历史人类学分析[*]

郑少雄

摘　要：本文以历史人类学的视角讨论了阿来的四部长篇小说《格萨尔王》、《瞻对》、《尘埃落定》及《空山》（系列）。文章认为，康区历史上的空间感发生过重要转型，即从古代的四方四国模式收缩为晚期帝国及近现代时期的汉藏二元模式，再到当代的一元模式。与此相伴随，康区的时间也经历了不断规训的过程，从循环的宗教时间转变为中原王朝的政治时间，再到现代线性时间。在上述转型之外，这些作品也分别暗含了空间里的中介与时间上的超越等另类发展模式。这一过程及结果既是康区的经验事实，也是历史叙事的功效。阿来的情感体验和文学追求是自下而上的，而其史观却相反。本文也考察了阿来这样的少数民族精英在建构关于本民族的文学化历史叙事中的复杂性。

关键词：康区　汉藏关系　社会记忆　阿来　历史人类学

一　导言：小说中的历史建构

在小说《格萨尔王》中，作家阿来这样描述格萨尔统治下的岭国与其周边世界的格局："宝伞巨大的影子覆盖了一个远比岭的疆域还要广大许多的地区。东边到达与伽地交界的战亭山，西边直抵与大食分野的邦合山，南方到印度以北，北方到了霍尔国那些咸水湖泊的南岸。"（阿

---

[*]　原文发表于《社会》2018 年第 38 卷第 2 期。

来，2015：24）在这里，比岭的疆域还要广大的地区指的是康区（也称康巴地区）①，伽地是中原帝国，大食指伊朗，霍尔则是蒙古（或回鹘）的世界。这段简单的描述表明，康区是在一个广阔的区域世界的视野中定位自身的位置。到了②《瞻对》和《尘埃落定》，康区（包括嘉绒藏区③在内）的周边世界已经收缩，土司所要处理的主要关系，不管是朝圣还是朝贡、贸易还是战争，已经只需面对东西汉藏两端。在《空山》（系列）④ 中，康区的生活世界进一步发生改变，西藏影响下的佛法固然还在起作用，但是"这个新社会是比旧社会人们相信的神灵都还法力强大"（阿来，2005：105），表明当代民族国家的政治运动及社会治理已经进入地方社会内部，并深刻地影响了社会生活。在《瞻对》中阿来曾感慨："格萨尔王的时代，这片土地上的人眼界更高远，心胸更开阔"，后来则"对世界的识见不是在扩大，而是在缩小"（阿来，2014：292，121）。简言之，随着历史的进

---

① 一方面阿来自己指出康巴是比岭国广大的地区，"过去的'岭'如今是被一片更为广大的叫作康巴的大地所环绕"；另一方面又不无自相矛盾地说岭国就是康区，"伞影所笼罩的广大地区，就是他英雄的儿子（指格萨尔）所建之国的广大区域（意即岭国）"，"这个名叫岭，或者叫作岭噶的地方，如今叫作康巴"（阿来，2015：2，26）。可见，格萨尔王所建立的岭国的边界模糊而富有弹性，依其所处的具体情境，大致可以指三个层次：康区内部的一个小邦、康区乃至整个藏区。这种模糊及弹性，在《格萨尔》史诗中亦然（可参见降边嘉措，1999：191 - 192）。在小说中，阿来总体上的倾向是把岭国等同于康区内部的一个小邦或康区，而非整个藏区。本文中我是在弹性的意义上处理岭国，希望读者理解的是，本文讨论的核心是历史观念，而非历史实在。藏文化传统上分为卫藏、安多和康区三部，按照今天公认的说法，康区包括四川甘孜、西藏昌都、云南迪庆的大部分，以及青海玉树、四川阿坝、凉山的一部分。
② 在本文中，当我以"到了……"或"后来……"这样的方式来行文时，指的是阿来几部小说所呈现内容的时代先后，而非指这几部小说的写作或出版顺序之先后。
③ 嘉绒藏区是《尘埃落定》和《空山》（系列）中所反映的对象，横跨今天四川甘孜、阿坝两个自治州，长期以来被视为康区的一部分。阿来出生并成长于阿坝嘉绒藏区，他在家乡的大地上漫游，走到与大草原的交界处时说"我的嘉绒之旅结束了"，在他的前方，就是"传统上称为安多的游牧文化区"（阿来，2017a：258）。按照藏文化分为卫藏、安多和康区三部的传统说法，当阿来意识到自己面前是安多的时候，我认为其潜台词是说他刚刚完成游历的嘉绒藏区是康区的一部分；再如《尘埃落定》1999 年第一次出版时，封面折页上也把嘉绒土司直接称为康巴土司。当然，后来阿来的观念可能发生过一些转变，2017 年他接受我的访谈时已经比较强调嘉绒相对于康巴的独立性了。
④ 在本文中我以《空山》（系列）指代六卷本的"空山"系列作品，包括《空山》（2005）、《空山 2》（2007）、《空山 3》（2009）三册，每册又分为两卷。

程，康巴人的空间感是不断收缩的。

与此同时，康区的历史性[①]（historicity）也在发生变化。一是时间分类观念的转变，比如格萨尔王故事发生于家马和野马刚刚分开的后蒙昧时代，瞻对土司犯上作乱的时代是清季康乾盛世，而《空山》的时间标签是"新历一千九百五十六年"（阿来，2005：2），前者以事件为标记，中间是王朝时间，后者是现代线性时间。二是康区所依赖的社会记忆的机制与载体不同。《格萨尔王》所依凭的材料，从源头上说是藏区千百年来口传的神话史诗和民间记忆，《瞻对》主要根据汉文历史文档，而《空山（系列）》则主要基于作家直接或间接的生活经验，三种不同的历史载体或文类，其承载的历史观念亦不相同。

空间感及历史性之变迁的发生，究竟是一种历史事实或阿来经常声称的"历史的规定性"，还是一种后人的历史建构？再进一步说，这些变迁对康区藏族的现状及未来又意味着什么？在《瞻对》出版以后，由本书延伸出来的一场对话，曾经引发民族理论和政策领域的一场重要论争，论争内容之一涉及对边疆少数民族地区一体化与否，也即扩大或缩小民族差异的议题[②]。在某种意义上，这场争论源于各方对少数民族的理解各异，而差异的焦点在很大程度上正集中于对少数民族空间感和历史性的认识上，以及基于这种差异对少数民族和国家的未来产生不同的判断和预期。在这个意义上，讨论康区实际上就意味着讨论相当程度上具有普遍性的边疆历史经验和进程，也是在讨论边疆地区的未来命运。

本文旨在通过对作家阿来的几部富有影响力的著作的交叉解读，从文本中分析西南边疆的历史经验和进程，以及创作者的观念和心态。这里我们面对的首要问题是：以历史人类学的视角，通过小说这一虚构文

---

① 历史性也即历史意识（historical consciousness），指的是人们经历和理解历史的文化模式。历史性在人们建构历史和再现历史的过程中扮演重要角色。人类学家大贯惠美子刻意使用 historicity 而非 historical consciousness，目的是要暗示历史意识是无意识的（Ohnuki - Tierney，1990：4）。关于"历史性"的讨论也可以参考黄应贵，2006：19 - 28。

② 即阿来与朱维群在《瞻对》出版后关于民族政策和理论的对话，与之意见相左的《中国民族报》系列评论员文章，以及朱维群的进一步回应等，可参见 http://news.ifeng.com/a/20150531/438766200.shtml，http://news.ifeng.com/a/20150717/441891030.shtml，http://china.huanqiu.com/article/2015 - 07/7036515.html（访问时间为 2017 年 1 月 25 日）。

体①来讨论康区的历史与可能性，其合法性何在？

康区是汉藏之间的中间地带，康区研究对于揭示康区人群的历史主体性、汉藏历史关系及其未来相处模式具有独特的理论和现实意义（如Gros，2016；Giersch，2016）。近年来关于康区的学术研究逐渐增多，丰富了藏学（或藏学人类学）研究，也加深了外部对藏区内部多样性的认识（这方面的综述可以参看杜永斌，2004；石硕，2006，2011；Gros，2016）。但社会科学界还没有足够意识到文学创作中康区板块的重要性，尤其是关于康区的小说，对于我们理解这一区域的历史、政治和文化的独特品格所具有的意义。昆德拉说"判断一个世纪的精神不能仅仅依据它的思想，它的理论概念，而不去考虑它的艺术，尤其是它的小说"，小说把历史本身作为一种根本的存在处境来理解，小说所能提供的复杂性超出历史记载本身，因而具有"根本性的人类学体验"和"极高的人类学意义"（昆德拉，2014：205，45–50）。人类学家黄应贵与昆德拉的想法相仿，他在"小说与人类学"课程②的设计中指出，文学创作由于其本身固有的想象空间，受到外在政治经济环境和民族志理论知识的直接限制较少，更能凸显各地文化的独特性，因此通过对各文化区代表性小说的阅读，不但可以理解各地的社会文化特色，而且可以突破藩篱探索更普遍的共同人性。人类学界比较典范的实践包括，汉德勒和西格尔（Handler & Segal，1999）以对简·奥斯丁的小说解读为中心来反观当代亲属关系人类学。他们把奥斯丁视为一个潜在的人类学者，认为她17、18世纪之交在欧洲的民族志式写作以及关注普通人公共生活方面的现实主义风格所展现出来的性、婚姻和家庭与美国当代的"新亲属关系"（new kinship）研究具有可比性，也即文学和社会科学可以相互阐释对方；冯珠娣（Judith Farquhar）在探讨中国后社会主义阶段的饮食与性的欲望时，也曾把对众多小说的阅读分析作为民族志研究最重要的手段，她认为当代中国作家的现实主义文学传统确保了这些文本可以成为极好的人类学素材来源（冯珠娣，2009：6–7，

---

① 其中《瞻对》虽然被界定为非虚构文本，但其核心意旨实际上是以历史材料来讲述故事。此外，阿来在文本中大量穿插自己的田野调查心得、关于事件的评论、对历史资料真实性的反思等，对档案材料也进行了颇多文学性改写，这大抵也可以被视为小说创作。也可参见高玉（2014）把《瞻对》视为小说的相关论述。

② 人类学界传播的黄应贵先生的课程介绍。可参见微信公众号"他者的世界"（2017–1–10）的相关推送。

18－25）。在这个意义上，阿来可以算是现实主义文学传统的一个典范。他认为自己的小说（即使神话小说）是为了让人了解一个真实且微妙的西藏——让读者"读懂西藏人的眼神"；对自己的小说可以做历史向度的理解——"我的功夫做得很扎实"（陈晓明、阿来，2016：19）。阿来曾直言，"小说创作是基于内心的某一种需要，也是映照今天的现实或处境。正如克罗齐所说，一切历史都是当代史，神话也是一种历史，当然也应该有当下的意义"（金涛，2009），也曾痛陈"对我来说，就今天西藏或者藏区的种种问题，我很难游离其外。也因为身在其中，所以不可能不湿脚地站在岸上。没有任何这种可能，逃都逃不掉。所以当我要写任何有关藏区的东西时，我确实是带着真正的痛感的"（孙小宁，2014）。这种带着真正的痛感的写作，可以最直观地反映阿来的现实主义精髓。

视小说文本为人类学素材这一观念部分来自格尔兹与《写文化》的反向启发。前者指出，民族志也是小说，也是对事实的诠释（格尔兹，1999：17－18，27），后者关注民族志的文本性、修辞性、主观性等特征，认为民族志受到"文学的"理论和实践的深入影响，同样是一种虚构，但是这里的虚构只是表达了文化和历史真理的不完整性，而非意指虚假或作为真理的对立面（克利福德，2006：31－41）。在这个层面上，小说的意义与民族志几乎近似，即两者都缺乏"单义性"，可以开放给多义性的再解读。更具决定性意义的是王明珂的论述。他讨论了表征（representation）与社会现实（reality）① 之间的关系，指出表征源自现实，反过来又强化并遮蔽现实②。他指出文本（text）研究与社会情境（context）揭示之间的关系类同于表征与社会现实之关系。文本研究不同于文献研究，后者关心文献所陈述的内容之客观真实与否，而文本研究则视文本为一种表征（或叙事、或社会记忆），旨在探讨文本背后的社会现实（也即社会情境）（王明珂，2015：83－105，170－171）。可以说，解读小说文本实际上是在具体而微地反映各地区文化中指涉到事实和心理层面的双重真相。关于心理层

---

① 在王明珂的著作中，二者分别称为表相与本相，本文为照顾大陆读者的习惯，分别称为表征与社会现实。

② 也就是王明珂一再引用的布迪厄的用法：the representation of reality and the reality of representation。

面，按照王德威（2017：xvii）对胡晓真①的总结，在明清文学中的西南叙事里，"西南"作为方法，意义不仅在于史地实证研究，更攸关一种喻义系统和感觉结构的呈现。

本文并非从文学批评的角度来阅读小说。这里所谓人类学的视角，简而言之，一是从被研究者（在这里也即康巴人）的视角出发，二是整体性的观点，三是跨文化比较的观点，四是批判性的反思②。这四者可以算是人类学观察文化与社会最基本、最独特的视角（黄应贵，2010：21－24）。再具体到历史人类学的解读，在这里主要指的是一种"以文化界定历史/事件"的理解框架，也即我们需要意识到，不同人群由于其文化特征不同，可能产生不同的时间分类（特别是关于"过去"）及社会记忆方式，从而产生不同的历史意识建构和历史再现模式（黄应贵，2006：11－36）。简而言之，这是一种在文献中做田野的方法（do ethnography in archives），由此揭示隐藏在文本背后的历史情境和作者的历史想象（王明珂，2015：18－19）。

上述四部长篇小说所呈现的时代背景跨越了中国古代、近代、现代和当代四个时期③，构成了对康区历史的纵贯式、概观式描述。通过对这几个文本的历史人类学分析，一方面，我试图阐释康区的表征与现实、历史与当下、实然与应然、问题与出路之间的纠缠与矛盾；另一方面，我也把阿来视为一位参与民族理论政策领域、具有相当重要性的本族精英代表④，来考察他如何建构关于本民族的历史叙事、建构过程中的复杂性，以及这一建构的历史后果。

---

① 指的是胡晓真的专著《明清文学中的西南叙事》，台北："国立"台湾大学出版中心，2017年。

② 当然，这并不意味着本文在任何分析中都同时涉及上述四个视角，而是视其需要，在不同的场合突出其中一种或数种。

③ 吊诡的是，从藏区内部视角来看，其历史分期模式未必如此。这也暗示了，任何叙述和解读，在某种程度上还是逃不过阐释者的文化中心主义。

④ 阿来是唯一获得过茅盾文学奖（《尘埃落定》）的藏族作家，拥有广泛读者，四川大学设有"阿来研究中心"并公开出版《阿来研究》（现已出到第6辑）。这在当代文坛是极其罕见的，也从一个侧面证明了他的重要性。他的影响力超过文学界，在民族理论和政策领域也获得了较大的关注。他不但通过采访、对话、讲演等发声，甚至在小说文本中（如《瞻对》）也直言不讳地提出历史和现实批评。很大程度上，许多读者是通过阿来的小说文本来了解藏区历史和现实的。

二　空间感及其族群关系模式

《格萨尔王》是一项名为"重述神话"的全球性出版项目的一部分，以作家视角来重写著名的藏族史诗《格萨尔》。阿来设置了并行的两条主线：一是格萨尔神子降生、赛马称王、雄狮归天的历程，与史诗相较而言，这已经是一个比较完整的框架①；另一是晋美的故事，他如何经历天启神授成为史诗说唱艺人，又如何在当代文化"非遗化"、商品化的时代遭遇困顿和挫折。对于一部超过百万行、数千万字的史诗而言，选择哪些内容来再创作一本 30 万字的小说，的确是个需要费心斟酌的问题。他的"重述"的核心，除了设立了晋美这个人物来推动情节发展，从而成为一部充满叙事主体性的小说②，他对于格萨尔史诗故事的取舍本身更具有分析价值。

格萨尔受天神指派下凡人间降妖伏魔来拯救藏民。随着史诗的发展，部本越来越多，格萨尔的战争之路也越走越远，除了四大魔国，又征服了许多更远的小邦国，甚至远及印度、伊朗、中原汉地等。而在阿来的写作中，他只着力描述了征服四大魔国的过程，对于其他地区，或一笔带过或干脆不提。但是，他也试图涉及与更大的外部世界如波斯、汉地的交往关系，而非征服或战争。③

虽然做了大量的精简，但是古代藏人观念中以四方"四天子"理论④为基础的空间结构却被准确地还原出来。比如，阿来（2015：117）不厌其烦地描述了从天上看到的岭国（外部视角）："岭噶随雪山的抬升雄崎在

---

① 降边嘉措指出，格萨尔说唱艺人用三句话来总结史诗的全部内容："上方天界遣使下凡，中间世上各种纷争，下面地狱完成业果"，这与藏族古代先民的"三界宇宙观"相一致，也可归纳为"诞生篇、降魔篇、地狱篇"（降边嘉措，1999：44）。

② 阿来在接受采访时说过"晋美就是我"（杨雅莲，2009），表明他直接借晋美的思考、语言和行动来传达自己的思考。

③ 谢泽福（Geoffrey Samuel）比较了拉达克、蒙文和康区版本，除了《天岭》、《诞生》、《赛马》、《北地降魔》、《霍岭大战》、《汉岭》等共有的基本部本之外，康区版本还有《姜岭之战》和《门岭之战》。与其他版本相比，康区版本的"历史性"远大于"神话性"的特征（谢泽福，1992：349–350）。阿来所本的内容更接近于康区版本。

④ 石泰安（2012a：第六章）论述了印度佛教"四天子"理论的王权模式，以及四天子模式从南向北的复杂借用和流变。不管其原型为何，这个模式演变成了一种空间关系。

伽地、印度、波斯之间。伽地在日出的方向，波斯在日落的地方，印度在热气腾腾的南方"；康区也在和这三个国家的比较中获得自身的空间位置（内部视角），"黑头藏民所居之地的确不是唯一的世界，天宇之下还有别的世界与国"；在比较中获得历史发展序列中的位置，"这些世界与国中的好几个，已经早早地跑到他们所居的世界前面去了"（阿来，2015：54），"这三个国家都有伟大的城池，城池之间的大道上人来车往。而在北方，是跟岭噶一样广阔的荒原"（阿来，2015：117）。周边国家从较小范围内的四分法（被征服的四大魔国——鲁赞、霍尔、门、姜）演变为更广大区域里的三分法（大食、印度、中原）①，恰是因为北方的霍尔国已经被征服了，而且格萨尔所统领的岭国，在印度原型里本身就是北方②。可以认为，阿来在某种程度上与石泰安的提醒一致，那就是避免把"四天子"模式的地区定位当作历史事实或历史地理，而将之视为民间传说和可能适用于这些真实地区的一种含糊的地理观念（石泰安，2012a：297）。通过描述这两个四方模型之间的演变，阿来强调了这样一种古代康区的空间观念：作为区域世界里的中心地和交汇处，开启全方位的互动关系；这种互动关系包括战争与和平，而且体现了一种远交近攻的历史意味，即战争、征服发生在近处小邦，和平、贸易则与远方的帝国建立。其中最突出的事例就是，在史诗中，岭国曾经征服过大食与汉地；而在小说中，岭国的军队到达与大食交界的地方就主动驻足不前并划界而治，与中原汉地不但没有战争，格萨尔还曾经拯救过中原帝国。

在后来的历史进程中，康区的空间感发生了重大变化，四方世界已经不再是比较与互动的对象，康区需要直接面对的只剩下中原和西藏了。《瞻对》是一部历史纪实小说，详尽梳理了清季朝廷对土司时代的瞻对地方（今甘孜州新龙县）七次用兵的历史。强悍的瞻对一直存在着四处劫掠（藏语称"夹坝"）和兼并征服的风气，不但侵扰周边土司、百姓，抢劫过往客商和朝廷官兵，甚至梗塞被视为命脉的川藏大道，并直接挑战西藏的宗教权威，引起朝廷反复兴兵讨伐，以及西藏地方政府军队的卷入。在朝

---

① 三分法和四分法被认为都是四天子模型，只是适用的地区不同（石泰安，2012a：第六章）。

② 在印度的原型中，北方本来指的就是喜马拉雅和吐蕃地区（石泰安，2012a：326；石泰安，2012b：25）。

廷征服瞻对并将其交给西藏地方管理之后，最终导致了中央、西藏和康区三方之间错综复杂的权力关系及政治危机，直至 1950 年代初才告终结。《尘埃落定》则用史诗性的笔法描述了民国时期康区土司的历史命运。麦其土司是嘉绒十八土司之一，为了在和周边土司的争斗中占得上风，他从四川军政府搬来武器和援兵，与此同时也从汉人官员那里引入了罂粟种植。当其他土司模仿麦其家族种植罂粟时，麦其家及时转回粮食生产并在饥荒中获得暴利。土司的二儿子（傻子少爷）甚至在粮食交易的基础上，在边界建立起了规模庞大的贸易市场，并借此打击、控制其他土司，迅速坐大成土司世界中最强大的霸主。随着解放军的步步推进，麦其土司最终覆亡，土司的政治和生命历程由此结束。

从故事梗概可以看出，康区土司的关系世界有两重。第一重是内部关系，不管是瞻对与其他康区土司，还是麦其与其他嘉绒土司的联姻、交换或征战，都符合一种微型的四方模式；第二重是外部关系，也即土司与外部世界的关系①，已经收缩为一种面向东西两端的"钟摆模式"②。我们着重说明第二种。在《瞻对》中尤其明显，瞻对/康区所要面对的，并不是一个区域世界，而是从内地到西藏的一个条状空间，这个条状空间以书中反复出现的川藏大道为隐喻。比如，"原上瞻对土司下属的十几个头人……举家逃出瞻对地面。他们先是逃往打箭炉方向，在清政府衙门告状未果，便又转投往西藏地面，争取噶厦政府的干预去了"（阿来，2014：95）；同时，即使拒绝也是向着两端，贡布朗加说"我既不做汉官，也不做藏官，靠自己的力量壮大起来，这才是我要做的官"（阿来，2014：96）。这种接纳或拒斥某一方或两方的心理模式在全书中随处可见。《尘埃落定》同样着力强调一种二元性的空间感，比如嘉绒人的谚语说："汉族皇帝在早晨的太阳下面，达赖喇嘛在下午的太阳下面"（阿来，2013：17），与此同时"虽然土司们自己称王，但到了北京和拉萨都还是要对大人物下跪的"（阿来，2013：90）。这种二元性同样贯穿全书，比如土司家既有西藏来的格

---

① 正如前面岭国所指代的边界是弹性的，在这里，土司世界的边界同样是弹性的：既可以指代具体的麦其或瞻对土司，也可以指代作为整体的康区土司。很大程度上，他们是同构的。

② "钟摆模式"是利奇（E. Leach）讨论上缅甸高地克钦政治制度时提出的概念，我借用它来描述康区土司与汉藏之间的辩证关系（参见郑少雄，2016：23 – 26，262 – 269）。

鲁派预言者/书记官，又有内地来的汉人师爷；又比如某土司过于坐大的话，拉萨圣人和汉人皇帝都不会满意。

"尘埃落定"以后，二元性又退隐了，康区的生活面向主要是汉地。《空山》描述了一个嘉绒藏族村庄（机村）在改革开放前的社会和政治生活。新时代以昂扬的力量挺近康区的乡村生活世界，其象征符号包括寺庙毁弃、喇嘛还俗、公路进村、森林滥伐以及人民公社等。西藏（或作为其延伸的印度）的象征物只在主人公的记忆中偶有出现——"如果讲究的话，汤里还该加上印度来的咖喱，或者是汉地来的生姜"（阿来，2005：83）——在现实生活则已经难觅踪迹，比如听说省城正在修建一个献给毛主席的"肯定比所有的藏民眼睛看到过，和脑子能够想象出来的宫殿都还要巨大的宫殿"（阿来，2005：106），在这个时候，阿来也并没有用藏人本应耳熟能详的布达拉宫来作比较①。现实生活似乎只剩下一个方向，那就是"飞机来接人上北京了"（阿来，2005：61）。这个北京其实也只存在于幻想世界中，因为"没有一纸证明，你也什么地方都去不了"（阿来，2005：58），主人公格拉和恩波或许只走到刷经寺或梭磨镇呢。

三　时间感及其历史记忆文类

时间在阿来的观念体系中具有无比重要的位置。他看见美国高速公路上的汽车呼啸来往，就说它们"好像跑得比时间还快……都想跑到时间的前面"（阿来，2007：5）。

前已述及，当我以《格萨尔王》、《瞻对》、《尘埃落定》、《空山》（系列）这样的顺序来讨论阿来的小说时，我已经表明了一种客位观念的时间序列：古代、近代、现代、当代，也暗示了时间是以线性方式展开的。但是，在这些不同的阶段内部，康区关于时间的分类可能并不完全一致；针对不同的时间分类，阿来所侧重的历史记忆模式也大相径庭。

---

① 阿来在他的纪实性散文集《大地的阶梯》中也写到了这件事，借一个新中国成立前去过拉萨的还俗喇嘛之口说："土司（官寨）算什么，毛主席的房子（成都的万岁展览馆）应该比布达拉宫还大"，但阿来又随即指出"那时大多数人（机村村民）都不知道布达拉宫到底有多大"（阿来，2017a：35）。可见在阿来心目中，彼时拉萨这一元在康区人心目中的印象已经日渐遥远、模糊，这大概也可以解释为什么布达拉宫这一我们所能想到最妥帖、最称手的比较对象，在《空山》中却被刻意弃之不用。

格萨尔传奇发生的时间框架是非人类的。它的起点是调伏藏地的观音菩萨希望解救人间苦难，委托莲花生大师寻找神子降生来完成其心愿，终点是格萨尔超度地狱并重回天界。言下之意是，康区人间故事只是佛教轮回里的一环，在未来的时间里可以重复发生。在一开篇阿来就描述道，格萨尔故事发生在后蒙昧时代，所谓后蒙昧时代实际上就是人类进入政治状态（建立"国"的欲望和实践），格萨尔故事的全部核心是降魔，而妖魔实际上就是人类的欲望（心魔），"魔变成了人自己"（阿来，2015：2）。因为欲望不可克服，那么所谓后蒙昧时代归根结底就不是一个具体的时间框架，而是一种永恒重复的人类心理状态和政治状态，永恒重复的人类自身之困境。在这个意义上说，康区早期故事是无时间性的。

到了中华帝国晚期，外界施加于康区身上的时间观也随之发生了变化。在《瞻对》中，一开篇的时间定位是"乾隆九年，公元1744年"，到末章"1950年，中国人民解放军……未经战斗就解放了瞻化县城。瞻对，这个生顽的铁疙瘩终于完全融化"（阿来，2014：2，306），这些来自中原王朝和现代世界的时间符号，奠定了瞻对故事的时间框架。得益于地方大员与皇帝之间的奏折文书往来，瞻对人与中央王朝以及西藏地方军队的七次战争，几乎都可以精确到年月乃至日期。与此相反，阿来发现，在后世新龙（瞻对现名）人对瞻对故事的再讲述中，不但发生在不同主体身上的故事几乎都集中到了一个最突出的符号性人物贡布朗加身上，而且时间完全消失了，从清代早期雍正年间到新中国成立后民主改革时期的事件全部搅和在一个没有先后顺序的背景中。因此在地方视野中，故事有其自身的解释模式。这个模式否定了时间[1]，否定了外部历史解释中的所谓大势[2]，甚至否定了事件自身。换言之，就像萨林斯所说的，事件是由文化来分类和界定的[3]。比如瞻对土司挑起的某次战事，只是对一个甲子前未了世仇

---

[1] 阿来在其他场合也曾这样形容他所遭遇的藏地民间故事的"魔力"："一百年前的事情被他们讲述出来就像刚发生的，但昨天刚发生的那件事情又像一百年前发生的那样"。（陈晓明、阿来，2016：18）

[2] 瞻对人认为贡布郎加对抗中央王朝及西藏地方之所以失败，是因为宿命与不敬佛法导致的因果报应（阿来，2014：158）。

[3] 在实践过程中再生产原来的文化分类，同时转换原来的文化秩序的事情才可以称为"事件"。关于萨林斯的这一论述，以及斯特拉森对他的批评，可以综合参考黄应贵，2006：19 – 25。

的报复；帝国每一次对瞻对用兵，究其性质而言也并无变化。但外人却都视其为不同的事件。而在瞻对人的框架中，具体事件并不重要或干脆不成其为"有意义的事件"（meaningful events），这些事件的集合只是结构的延续，并成为瞻对/康区构建"彪悍的瞻对娃/康巴人"自我形象的依据而已①。在这两套不同的时间体系下，我们很容易理解，近现代以来针对边疆土司地区的战争和冲突，一定程度上是基于形形色色的文化误解。②

这种状态马上就解体了。在《尘埃落定》中，固然没有具体年份的出现，但由于红军、抗日战争以及解放战争等符号的标记，读者也能轻易理解土司世界所处的外在时间背景，而且由于外部大历史的迅猛进程和对地方世界的加速介入，当地人觉得"时间比以前快了，好像谁用鞭子在抽它"（阿来，2013：313）。在《空山》中，土司和喇嘛都没有了，新历时间一千九百五十六年、一千九百六十七年已经进入机村人的日常生活，这个时间（形势）"像一个脾气急躁的人心急火燎地往前赶……把所有人都弄得疲惫不堪"（阿来，2005：186）。相比之下，格萨尔王则常常觉得无所事事，要不断询问天神或周围的俗人他还有什么未完成的任务；瞻对的英雄们则通过一再反复的军事行动来否定历史的借鉴作用。换言之，从我们的后见之明观之，康区的历史进程也就是时间被不断规训的进程，从循环时间、无时间的状态进入中原王朝时间，再进入现代时间，时间的推动力和压迫性也越来越大。

与不同的时间观念相伴随，阿来对历史文类（genre）的选择也值得深入分析。神话作为一个社会的宪章（马林诺斯基语），只能回到社会生活中去理解它的起源和意义，阿来对格萨尔神话的处理也深得人类学家之妙。他强调"田野工作"对于小说写作的意义，屡屡深入踏访与格萨尔传说有关的康区州县。晋美到达的地方，相信就是阿来亲自踏访过并留下深

---

① 在这里，我把瞻对和康区视为同构，而非把瞻对视为康区的特例。正如阿来（2014：157）也察觉到"这部地方史正是整个川属藏族地区，几百上千年历史的一个缩影，一个典型样本"。

② 比如王秀玉（2007）分析了清末瞻对北面霍尔五土司的改土归流，他认为事件的发展演变很大程度上是因为，地方重臣们对错综复杂的康区地方关系感到迷惑不解，只好采取极端措施。玉珠措姆（2014，2015）也描述了霍尔五土司之间，工布朗结（即阿来文中的贡布郎加）与周边土司之间的婚姻、承袭与合纵联盟关系，其复杂性令人瞠目结舌。《瞻对》也显示，帝国地方官员介入土司关系调解时往往不知所措。

刻印象的地方。田野工作的核心是参与观察，包括亲自和史诗说唱艺人交谈，聆听他们神启的说唱，观摩格萨尔藏戏、寺庙祈请格萨尔神的仪式，凭吊大地景观（和格萨尔有关的草原、盐湖、城堡，格萨尔留下的圣迹，兵器部落遗址等），查看格萨尔的圣物（寺庙供奉的格萨尔用过的铠甲、弓箭），乃至于体察生活中人的身体实践（比如艺人被神选以后发生的神态和语气变化，另一位艺人央金卓玛的丈夫以额触碰晋美的六弦琴等），上述几种类别都是社会记忆的重要载体（具体可参看康纳顿，2000）。对于这几种记忆模式，阿来始终抱有浓厚的兴趣，并且通过晋美的游历这一条线索真实地展现出来。反过来，对于这几种记忆模式的强调，其潜在的意涵是为了批判格萨尔史诗传统中的文字传承模式，比如手抄本、木刻本，乃至于当代出版的整理版本。更准确地说，阿来批判的是史诗书面传播过程中的意识形态化、佛教化以及贵族化的传统。小说中，昆塔喇嘛正在书写格萨尔王的新部本，阿来（2015：281）借晋美之口表达不满："我拒绝。我还想告诉你不要写了，格萨尔王已经想回到天上去了。他太累了"，晋美并不相信昆塔喇嘛是在"掘藏"而认为他在编造，因为"格萨尔故事讲了上千年，人们早就熟悉他的每一个部分了"（阿来，2015：247），阿来借此表达他对格萨尔史诗传承历史中大传统（great tradition）对史诗的介入和改造的不满。

这一风格后来发生了变化。尽管阿来写作《瞻对》时也做了大量的田野考察，搜集口传材料来补充地方视野里的人物形象和价值判断，但事实上，这个时候阿来几乎完全是借助清代汉文文档来推动瞻对故事的起承转合，使得事件时间和因果逻辑都历历可征。所谓"史料即史学"（兰克语），所采用历史材料的形式直接影响了阿来对瞻对事件的解释框架。比如，若整个中国历史所代表的乃是"势，大势所趋"，那么瞻对故事不过是中国历史河流中的一朵朵小浪花，而其最终结果必定是"顺大势而为"（阿来，2014：240）。换言之，土司的存在与否，完全取决于外在世界的变化："先是国家强大时，分封了许多的土司，后来，国家再次强大，就要消灭土司了，但这时，国家变得弱小了，使土司们多生存了一两百年"（阿来，2013：329）。与此相反，阿来（2015：117）认为，格萨尔故事中的民间文类之所以具有合法性，是因为文字还没有发明，聪明如珠牡也"没有读过演说天下大势的书"。

这种心态在《尘埃落定》里有更直白的体现，阿来强调了对书面历史和史官传统的信任。麦其土司的前三代都有自己的书记官，而且书记官和土司一样都是世袭的，只是因为某位书记官的秉笔直书，被土司所杀，导致书记官的传统中断数百年之久。从拉萨来的喇嘛翁波意西成为末代麦其土司的书记官，恰是因为此时的麦其土司已经成为历史上最强大的土司，希望记录下其光荣的历史。阿来借喇嘛的话说："书记官就是历史，就是历史……你知道什么是历史？历史就是要告诉人什么是对，什么是错。这就是历史。"（阿来，2013：268）可见，在阿来看来，历史不仅仅是真实的书面记录，还是基于书面记录的道德评价和判断。历史记录真实与否，端赖于史官的个人品行（是否秉笔直书），因此阿来浓墨重彩地描述了翁波意西被两次割舌、入狱、拒绝下跪、甘愿为奴的事迹，希望以此论证书面传统的合法性和真实性。换言之，阿来通过这些情节的设置，宣告了逻各斯（logos）对于秘索斯（mythos）的胜利。历史最终战胜神话。

现代民族志固然也接纳多重的视角和声音，但往往把它们置于源自自然科学的理性分析话语之下，以此建立民族志的权威性；后现代人类学者反思这一做法并转向文学文本（如简·奥斯丁的小说）去寻找真正的多声部合唱（Handler & Segal，1999：111 – 112）。但在这里，我们在作家阿来的文本中却发现了一种理性主义独尊的倾向，也就是，为历史叙事和历史解释寻找一种最可靠的证据和判断。也即，作家阿来在这里变得宛若被反思的那种现代人类学家，与之相伴，康区历史中的多声部在被呈现之后却随之被抑制。

四 空间和时间的另类可能性

不管是空间感还是历史性，在阿来作品中都不是局限于上述单线的变迁进程，事实上，它们分别呈现更为复杂的特征。对这一复杂性的揭示，才是我们讨论康区未来可能性的着眼点所在。就空间的维度而言，康区的空间感在逐渐收缩并融入东部的同时，也逐渐呈现族群之间在接触中的辩证区隔特征；就时间的维度而言，阿来无意中显示出了一种前后矛盾的心态：在前期作品如《尘埃落定》中，市场被视为康区时间（历史）的终结者；而在后期作品如《空山》（系列）中，阿来对市场的作用展开了全新的反思，历史并没有终结。

（一） 族群相处的空间格局：交融中的辩证区隔

在阿来的写作中，不管康区的空间感有多少个面向，不同阶段显现出一个共同的特征，那就是康区与中原汉地的互动关系较之其他方向远为频繁紧密，当然这也符合康区（作为藏族的一个文化地理分支）最终汇入中国多民族国家的实际历史经验。这一特征，甚至在《格萨尔王》中就已显露端倪。格萨尔王拯救中原汉地的故事，只是史诗中的普通说部之一，在降边嘉措、吴伟（2014）整理的《格萨尔王全传》中所占篇幅不过 1/20 左右，但到了阿来的小说里，所占篇幅达到了约 1/7。为什么需要这么长的篇幅来铺陈呢？核心原因在于，阿来浓墨重彩地描绘了格萨尔王与汉地发生关系所需的复杂中介过程。

汉地皇帝的妖后死后，尸身仍然留在皇宫危害黎民百姓，甚至使得整个汉地都陷入黑暗，格萨尔王应邀前往伏魔降妖，最终获胜并且感化了汉地皇帝。在这个过程中，令读者印象最为深刻的是过程的曲折性，相比之下，岭国与其他邻国的关系，不管是战争还是合作，都要简单直接得多。阿来不遗余力地铺陈了岭国与中原之间一个叫作木雅国①的地方，指出格萨尔要在汉地取得成功，就必须借助木雅人的帮助。要灭掉妖后尸体，需要一种特别的道具：五色松耳石发辫。这条发辫系在一位遁世修行的人的头上，他的修行地点就在木雅深山。而为了取得这个松耳石发辫，格萨尔又须获得第二种道具：三节竹爪。这副三节竹爪经过木雅法王的修炼和加持，就长在木雅国"三山碰面两水汇流之处"。而且，没有木雅"蛇心檀香木"和"林麝护心油"的护佑，岭国人就无法通过汉地炎热的丛林。事实上，格萨尔君臣后来在汉地遇到的重重屏障，都是依靠从木雅艰辛得来的这四种法物一一破解。

把木雅和打箭炉（康定城的古称）结合起来更富有隐喻意义。在小说里打箭炉是木雅国的核心，只要熟悉当地实际风物的读者都知道，"三山

---

① 以我的理解，阿来在小说中所写的木雅国，指的是康区东部雅砻江中游较为狭小的地带，也就是今日狭义上的木雅地区，大体包括康定、九龙、雅江、道孚几个县的一部分。

碰面两水汇流之处"所指正是打箭炉；而且当格萨尔故事发展到和木雅国有关时，阿来刻意安排史诗演唱者晋美到了康定，在学术讨论会上演唱的就是这一段和木雅国有关的内容。在阿来看来，打箭炉（康定城）的双重性非常突出：一方面，它是朝廷军队进剿异域时的后方，另一方面，它本身又是异域。这也即隐喻木雅国同样具有这种双重性。似乎是为了具象化这一双重性，阿来甚至还独辟蹊径地为木雅国设计了兄弟双国王制：一位法王，一位俗王，他们共同掌握权力。与此相异，在原始史诗中，木雅则只有一位法王，他的俗人弟弟只是他的重要辅佐。

事实上，法王与俗王的双国王制并非小说家的凭空想象。康区历史上的政治形式中，包括德格、木里、嘉绒等不同地区在内，存在大量此类案例，尤其康定俗话中的"拿起铃铛是活佛、放下铃铛是土司"指的正是这种政治与宗教两条腿走路、政治与宗教的终极权威都来自外部的独特地方政治形式。不管是政治制服宗教，还是宗教制服政治，抑或两者的相互关系动态变化，这两元本身始终不可或缺（郑少雄，2016：10，32 - 34，257 - 262）。在阿来的小说中，这一政治形式隐藏的含义是，作为康区与中原的中间地带，木雅并不是一道陡急的分水岭，而是从康区到中原汉地的舒缓过渡：木雅人的政治组织中包含了古代汉地与康区各自的政治形态，这使得他们能够理解汉人与康人双方的政治行动逻辑。这个隐喻阐述了民族交往中（尤其是少数民族与主体民族之间）一个重要的中介及缓冲机制，比如康区之于西藏与中原（参见郑少雄，2016），以及此处的木雅之于康区与汉地，这两者是同构的。

这种空间中的中介及缓冲机制，除了表现为政治与宗教相结合这一特征之外，同样也体现在前述格萨尔王从木雅地区获取宝物的过程中。格萨尔王在中原汉地的一切功业，需要来自中间地带的众多神圣之物的帮助，这一中介的意涵难道不是昭然若揭吗？汉藏之间的交往，依赖一套独特的中介机制，同样得到来自历史和观念史的证据支撑。阿来着墨甚多的打箭炉（康定城），正是清代汉藏茶马互市（后转变为边茶贸易）的重镇，城里有所谓48家锅庄，由明正土司属下的48家贵族开办，这些锅庄集堆栈、旅店、转运、捐客、翻译、信用担保等众多功能于一身。最为值得关注的是，康定本地几乎所有的史料和传说都在试图传递同样的一种观念模型：在汉藏双方交易者都对另一方的生态环境、交通安全、风俗人情心存畏惧或裹足不前之际，双方交易者只要把物资各自驮运到康定，即意味着交易成功，因为后续事宜全部都会由能干而公正的锅庄女主人"阿佳"代为完成。可以看出，一方面，锅庄真正重要的功能是代理双方事务，使得汉藏双方在完成交易的同时可以维持一种经济人类学所悉知的"接触禁忌"，从而维护各自的文化完整性；另一方面，锅庄真正重要的特征是中立性，这使得遍布锅庄的康定城成为卡尔·波兰尼笔下的"贸易港"（port of trade）。按照波兰尼（2017）的定义，贸易港往往是一块"飞地"，呈现与众不同的和平及中立的特质（郑少雄，2014：13 - 19）。正如康定的一个重要起源传说所说的，康定是为了实现汉藏贸易而从海中升起来的，而且因为怕海龙王讨回这块地方，康定从不打五更。这表明康定是一块从空间和时间的范畴来看都处于阈限（liminal）[1] 状态的地方，因此它也是神圣的。康定是实现汉藏交往，与此同时展示汉藏之间辩证区隔的中间地带（郑少雄，2014，2017）。在这个意义上，阿来关于木雅国的直观构想都符合了康定的历史与观念史。换言之，不管是出于历史自觉抑或潜意识，阿来似乎在试图回归到传统时代借助中介者来实现的族群相处模式。但是这一智慧正在被当代民族国家观念所遮蔽，如前述阿来所参与的对话中，两位对话者都试图强调减少民族差距的重要性，正是民族国家一体化追求的后果。

（二）市场作为康区历史（时间）的终结者

康区的时间（历史）在哪里终结？阿来曾经给出他的答案，那就是市场。

在《格萨尔王》中，阿来颇为浓墨重彩地描绘道，格萨尔在他早年的两处流放地开拓道路、建立市场，并致力于招徕、保护大食、印度和汉地商旅，就是为了岭国的丰饶富庶以及区域世界的和平。格萨尔的城堡就是以各地商旅携来替代税收的三色石头修建起来的，屋顶覆以岭噶的青色石片，这本身就是一种汇聚世界财富的隐喻。这已经隐约显示出一个区域性的市场贸易体系对康区的重要性。在《尘埃落定》中这一观念更是昭然若揭。麦其土司最初的成功是凭借鸦片种植和武力征服，但是真正具有决定

---

[1] 濮德培（Perdue，2005：41）和施帝恩（Gros，2016：2）也把边疆或康区视为一种文化及认同都不断重组的阈限状态。

性意义的，是傻子少爷建立北方边境市场所取得的商业上的成就，这使得其实力彻底凌驾于周边众土司之上。市场的最初缘起，是麦其家的粮食要高价卖给处于饥馑中的周边土司，但最后却演变成了一个覆盖并联系汉藏、开放的自由贸易市场。开放的意涵十分重要，阿来着力描述傻子少爷命令打开土司寨子的厚墙，从堡垒变成开放世界的过程；自由的意涵也十分重要。（1）交易者的自由参与：其中既包括麦其家最大的仇人汪波土司——虽然正在南方边界与傻子少爷的哥哥也即候任麦其土司作战，但是他前来北方边界的市场仍然受到欢迎——也包括内地来的客商，不管是红色还是白色的汉人。在阿来的意象中，市场天生自带神秘的力量，可以消弥人的族群、等级、政治立场等各种身份差异，乃至于消除仇恨。（2）交易标的是自由的：不管是粮食、鸦片还是武器，抑或在藏区原本颇为丰富且可随意处置的性资源，在这个市场上都成为交易的对象。（3）交易工具的创新性。阿来强调了银票在这个边境市场的发明，使得远途交易的便利性及安全性获得极大提升，暗示这个偏安一隅的边境市场可以进一步扩进张成一个巨大的世界性市场。阿来明确地暗示道，边界市场的成功不仅仅导致麦其土司在嘉绒土司世界中获得霸主地位，更重要的是，通过市场经营，傻子少爷已经超越了时代的局限，正如师爷对傻子说："但少爷是不担心变化的，少爷已经不是生活在土司时代了"（阿来，2013：329）。在这个意义上，称市场为康区历史的终结者似乎并不为过，我的意思是说，在阿来的观念里，市场似乎可以凭借其自身的力量通行于任何时代，它并不嵌入社会，相反，它直接超越社会。与此同时，陈永龄（1995）也关注过民国末年嘉绒藏区的市场交换，但他的观感不尽一致。他认为，嘉绒藏区的土司头人大量种植鸦片来交换武器，其根本目的不在于商业上的成功以及市场交换所带来的跨区域联系，相反，引进武器的目的是在地方土司世界的争斗中占据上风，从而保护各自的权力、土地和人民。换言之，市场是服务于地方社会结构的，康区土司社会的需求催生出符合其需要的市场特征，市场是社会的衍生物（陈永龄，1995：377－383）。与陈永龄的见解相比，表面上看，阿来似乎想说明，不但土司制度的崩溃是历史必然，而且开放自由的市场体系是拯救康区历史的一个必由之路，正如他喜欢引用的福山（2014）名言：那些同样的经济力量正通过一个一体化的世界市场，摧毁这些民族藩篱。

但是在《空山》（系列）中，阿来的观念似乎又发生了根本性的改变，市场变成了康区价值的威胁。卷五描述了改革开放后，围绕木材检查站迅速崛起转即消亡的边地小镇——"轻雷"。内地的木材交易市场已经开放了，但是木材的采伐、运输仍然根据"指标和批文"来管理，从表面上看，这是个不彻底的市场体系。但是阿来设计了这样一个情节：更秋家的大卡车故意把检查站的站长撞成了植物人，警察正紧锣密鼓地破案，但是县里将召开一个大型商贸洽谈会，更秋家所在的机村的这些藏族司机的东风大卡车都要在主席台前编队驶过接受检阅，因此警察老王抱怨道，"说是要创造一个宽松的环境，要充分展示改革开放的成果。这样的案子就先放一放了"（阿来，2009：84）。通过这一"犯罪不受惩罚"情节的设置，阿来试图传达的信息是，尽管还存在着诸多约束（如检查站），但是这个时代本身的倾向是努力催生一个自由开放的市场体系，或换句话说，自由开放市场是这个时代追求的理想型。那么，自由开放市场给轻雷镇以及紧邻轻雷的机村带来了什么呢？

主人公机村青年拉加泽里没有完成高中学业就加入轻雷的淘金者行列，他在一个补胎店蛰伏了两年后，迎来命运的意外垂青，通过倒腾木材到内地，在几个月内迅速崛起为一个呼风唤雨的人物。但是，财富竞争也带来嫉妒与仇恨，主人公终于因为激愤杀人而身陷囹圄。十二年后当他离开监狱时，轻雷小镇已经彻底废弃，被荒草灌木重新覆盖了。阿来在此设置了一系列重要的隐喻。第一，外界对地方资源的索求，导致康区生态和社会的毁坏。为了给干旱的下游平原增加江河来水，人工降雨团队在轻雷出现，但是效果并不明显，面对降雨人的埋怨，主人公回应说："要是那里的土地需要这里的水，那你们那些地方就不应该收购这么多木头……你们不能又要木头，又要水，还要因为没有水怪罪我们砍了木头！"（阿来，2009：99），这一批评只涉及生态，崔巴噶瓦老人的指控则更进一步：康区森林被毁坏导致神灵和祖先的魂灵无法安抚。而对亡灵的处理从来都是生者生活世界最重要的一部分。第二，市场兴起是主人公的生活偏离正常轨道的原因。正如上述，如果不是市场创造的暴富神话的诱惑，拉加泽里会像他的情人一样最终成为省城里的大学生；如果不是因为市场的裹挟，拉加泽里也不会成为杀人犯。第三，市场消失也是主人公新生活的起点。凭吊完消失的轻雷镇以后，拉加泽里就回到机村，开始了在故乡植树造林的后半生。在《空山》（系列）中，植树造林这一举动，直接可以视为一种拯救或恢复康区价值的努力。比如崔巴噶瓦老人是卷五中几乎唯一完全正面的人物，他善良、正直，是他凭一己之力留下了机村唯一的一片森林（价值的象征，阿来强调森林是祖先的寄魂处），尤其值得关注的是，他的名字与格萨尔王的名字一模一样，这一刻意安排让我们相信，在阿来心目中，崔巴噶瓦老人简直就是康区价值的载体。换言之，如果森林代表着康区价值，那么木材市场就是康区价值的威胁者；康区价值的重建和恢复，必须奠基于主人公返乡恢复森林以及木材市场的消亡。通过这一对反的设置，阿来表达的观念是：康区的未来历史进程端赖于排除市场体系的威胁。

事实上，这一表面上的转折只是同一个观念的一体两面。比较这两类市场的本质差异是有意义的。不管是《尘埃落定》还是《格萨尔王》中的边界市场，不同的文化或族群共同体，他们运送交易物资的路线是清晰的，那就是并没有跨过边界，而与前述康定"贸易港"式的市场特征相似。《空山》（系列）中的轻雷小镇并不是交易场所，毋宁说，那个木材检查站隐喻着边界，不管是汉族的木材收购者还是藏族的木材走私者，他们试图突破边界进入对方共同体内部，开展当代自由经济浪潮下的自由贸易，正是越界者威胁了文化共同体的内部价值和规范，从而给某一个文化共同体带来危机。按照波兰尼（2017）的话说，就是共同体的内部文化均质性遭到他者的侵害。放在当代的情境下，则不但关乎文化，还涉及对资源、环境以及其他物质基础的侵害。最后汉人木材贩子（如老李）离开轻雷小镇，主人公拉加泽里回到机村，正是对边界突破的一种修正和救赎。可见，不管是对边界市场的赞美，还是对边界突破的抵制，阿来从历史经验中习得并推崇的是有限的自由市场模式，以及这种市场模式所代表的共同体之间的"接触禁忌"和共同体内部的空间流动性。

固然，施帝恩（Gros，2016：4）和纪若诚（Giersch，2016：204－205）都充分注意到政治和社会权力对康区空间边界的穿透，不管这些权力来自内部还是外部。纪若诚还引用勒菲弗尔的比喻，现代房子看似空间边界清晰，实则水、电、气、电话、广电信号等不断发生进与出两个方向的流动，现代房子是进出管道的连接处，而康区就是这样一幢现代房子。类似地，康区本地精英的权力也主要来源于他们高度复杂的流动性（Giersch，2016：205），这充分表明了流动对于康区的重要性。与此相反，纪若诚也意识到，尽管康区精英的权力基础是多元的，包括对土地、宗教和暴力的控制，但其核心还在于控制贸易和远近距离的交通；① 与此相对，对清政府而言，控制商品流动也是如此重要，以至于政府投入巨大财力物力来修建道路和桥梁，目的是将边疆最终纳入帝国的一体化进程之中，但是桥梁道路的出现，同时也增强了本地精英如锅庄主和僧侣的势力（Giersch，2016：208）。其实，从本地视野来看，控制贸易和交通，一定意义上是为了实现某种程度的"接触禁忌"（郑少雄，2014）。正是这个共同体间的"接触禁忌"保护了康区的价值，共同体内部的空间流动性创造了康区的生机，使得康区超越了时代，获得了历史延续的动力，而非历史的终结。这一历史经验毫无疑问投射在当代本土作家阿来身上。

五　结语及余论

本文的目的之一是以阿来的小说为例，探讨呈现在外部世界面前的康区历史面貌。康区在历史进程中发生过空间感和时间感的双重转型。就空间感而言，从古代的四方模式到中华帝国晚期及近现代的二元模式，再到当代的一元模式，在康区的空间感和族群关系不断收缩的演化过程中，康区的历史角色也逐渐下降。早期康区的自我定位是居于区域世界的中心，并与周边展开包括贸易、战争的广泛联系；格萨尔王去伽国的经历，表明康区与中原的关系更为紧密，也隐喻康区可以作为汉地救赎力量的源泉。在土司时代，康区已经成为汉藏之间的通道和问题区域，并有着内在的差别：以瞻对为代表的康区，不管是接纳还是挑战两端，很大程度上表现为基于本地资源之上的主动性力量；以麦其土司为代表的康区，尽管在地方世界富有能动性，面对汉藏双方则变成了被动的承受者。但康区作为汉藏中间地带，其所承担的缓冲、中介的作用十分明显。进入当代以后康区完全融入民族国家的政治进程。与此相伴随，康区的时间框架（包括自身采用和外部施加）也经历变化，早期是神圣的宗教时间的一环，带有循环时

---

① 所谓对交通的控制，主要指的是掌握康区传统的"乌拉"运输，也就是对农牧民家户提供的人畜运输的一种无偿征用和有效组织。

间的特征；后来则汇入中原王朝的政治时间框架，但在自身的叙事中继续维持无时间性的特征；再到最终融入直线的现代时间体系。

这一过程及结果，既是经验事实，也是历史/文学叙事的功效。换言之，这是一种实然与应然的结合。作为整体的藏（包括康区在内），与中原汉地的关系，在早期而言是两种文明的相遇，近现代以来逐渐收缩为国家内部的族群关系，空间感和时间感的变化加速了这一过程的顺利完成。而这个历史建构也产生了它自身的力量，形塑了外部世界对康区的历史认识和未来预期，也即康区是藏族的一个文化地理分支，藏族是多民族国家内部的一个少数民族，和其他少数民族一起共同汇入中华民族多元一体的洪流中，这已成为当代的一个定见。但本文认为，在这个过程中，阿来仍然在潜意识中认识到：一方面，空间感的收缩和向东部的融入之外，汉藏之间历史上曾经、未来也应当维持着一种既融合又区分的辩证关系。对于这种辩证法原则阿来是了然于心的，他曾经注意到康定在穿城而过的河道上加盖的做法导致了巨大的洪水灾害，他批评说："中国人在城市的构造上最不懂得体现的就是分区。不懂得分区，当然也就不懂得连接。中国人的连接就是所有东西都紧贴在一起。"（阿来，2017a：157）另一方面，在时间逐步演化为现代线性时间之后，阿来试图为康区指出一种基于市场交换、超越性的时间状态，这种市场交换存在于汉藏之间、维持着某种文化共同体间的接触禁忌和中介过程，但以其共同体内部的高度流动性来维护康区的生机。

康区作为藏文化区域的一部分，但不能简单视同为藏文化的缩影。石硕注意到，瞻对历史上受西藏地方政府管辖达46年之久，迄今却没有一座格鲁派寺庙；17世纪的白利土司和19世纪的贡布朗结（即贡布朗加），这两个曾控制康区大部的地方政权都曾与西藏对峙乃至扬言要征服西藏（石硕，2017：46 – 50）。这两个突出的例子显示了藏区内部的多样性、复杂性及其张力。外界刻板印象中的藏地形象是以西藏为主体的，而阿来的小说却展示了与石硕所言类似、与西藏不完全一致的康区。事实上，只有理解藏族内部的差异性，才能正确理解汉藏关系，乃至理解中原与边疆少数民族之间的关系。阿来意识到在汉藏交融、融合的过程中的辩证区分、同时通过康区起到中介的作用，比如他在《格萨尔王》中对岭国、木雅、伽地三方关系模型的精彩建构，这是阿来小说最重要的意义之一。

阿来的这一视野来自他自身的处境和特质。他是出生并成长于马尔康这一嘉绒藏族核心地带乡村的藏回混血儿，母语为嘉绒话，接受汉式现代教育，最后成为以中文写作藏区生活的著名作家。在藏语中"康"本身就是边地的意思，按照他自己的理解，处于康区东北端的"嘉绒"也指的是靠近汉地的河谷农耕区，在历史早期被动地接受了来自吐蕃的军事、政治、血缘和宗教的影响。这一特殊处境，在阿来身上表现为身份意识的模糊性、弹性和过渡性。他在广阔的嘉绒藏区游历时，通过与当地老百姓的语言交流和日常互动，强调共同的嘉绒藏族身份①；通过本文所分析的这几部长篇小说的写作，他塑造了一种相较于汉地和西藏的康区形象；他容易被普通读者视为藏族作家的代表，他也自觉不自觉地为藏族代言，如前述的让读者"读懂西藏人的眼神"；当他面对国内外知识界发表讲演时，他强调要减少民族之间的差异，增加文化共性，增进国家共识，如前述关于《瞻对》的对话。从作为边缘群体的嘉绒、作为边缘群体的康巴、不大被承认的藏族，②再到国家公民，这是阿来身份定位上的一条连续光谱，外界视其为何种角色，或阿来自己选择何种角色，完全视当时的情境而定。

阿来身上综合了诸多不同的特质。他在众多场合显示出对人类学的关注和理解③，他自己也经常像一名真正的人类学家一样进行田野考察，从口述传统、仪式、景观乃至观察日常生活与身体实践来获得多样的材料，这在《格萨尔王》和《瞻对》中体现得尤其明显。在《格萨尔王》中，他希望通过田野考察来发掘被佛教文化遮蔽了的、更底层的民间观念和意识；在《瞻对》中，他试图在官方的史料记载之外寻找地方的视角和判断。但是，藏区受佛教浸淫的历史如此漫长，要脱离佛教观念来讲述格萨尔故事（以及其他任何故事）几乎不可能，我们看到阿来在几部小说里都对佛教或直白或隐晦的批评与贬抑；瞻对的口述传统如此丰富，但在阿来

① 主要体现在《大地的阶梯》这一纪实作品中。
② 阿来在一篇发表于"腾讯大家"的网络文章中，曾经直接描述过外界加在他身上以及他自己感受到的身份认同困境。参见 https://dajia.qq.com/blog/190760075741437.html（访问时间为2017年1月27日）。
③ 阿来除了在《空山》（卷六）中直接塑造了一个女人类学家的角色外，在其他作品、访谈、讲座中也大量提及文化人类学的旨趣和方法。虽然他总是称自己不是人类学者，但是在写作《大地的阶梯》这样的纪实作品时，他非常肯定自己在扮演文化人类学者的角色。他认为文化人类学者是以感性的方式，反映出一个真实的西藏（阿来，2017a：261-262）。

看来，对于还原真实历史并没有实质性意义，事实上，阿来也只能凭借正史记载来推动瞻对故事的发展。这一吊诡的局面反映了阿来自身观念上的某些纠结。

阿来的纠结在于，他的情感体验和文学追求是自下而上的，但其史观却相反。他认为那些民间口述传统是"不可靠的材料"（陈晓明、阿来：2016：18），"很难想象产生于历史进程中的宗教能够超越历史本身"，老百姓总是一厢情愿地讲述历史故事的民间版本，试图通过这种方式来修改历史，然而历史不因这种修改而变化（阿来，2017a：1，8）。在这里，他没有意识到错乱的社会记忆也能反映出本土的历史观念和历史意识。本质上他是一位现代主义史学的信徒，他采纳的实际上是现代民族国家的俯瞰视角和历史目的论框架，但真实的情感又促使他不断表现出反思的姿态。一方面，从理性主义史观出发，他认为藏人的文化"有一种病态的美感"（阿来，2017a：15），因而不断发出改造藏地落后文化的呼吁①；另一方面，作为扎根于本族群生活经验的作家兼诗人，② 他又意识到"病态的美感往往更有动人心魄的力量"，从而赞美本民族文化的延续性："自以为是的文明洪水一样，从生活的表面滔滔流淌，底下的东西仍在底下，规定着下层的水流。生活就是这样继续着，表面气势很大地喧哗，下面却沉默着自行其是"（阿来，2005：127 - 128）。事实上，阿来作品的意义恰恰在于他试图集历史学家和诗人于一身而带来的内在矛盾，这种内在矛盾呈现出来的丰富性和宽阔的解释空间，这也是今天藏文化呈现给外部之印象的写照。

利钦格（Litzinger，2000）曾指出，由于在瑶族中存在着葛兰西所说的有机知识分子（organic intellectuals）的能动作用，瑶族才未完全被凝固化与地方化。这些能动作用既无法脱离既定话语构成，又不屈从之，其中包括对瑶族历史的重新表述、对神话传说的重申与修辞的改造、在复兴传统仪式过程中的延续与变迁等（亦参见汤芸，2009：206）。某种意义上，阿来正是这一类有机知识分子，他所凭借的武器是文学，"文学所起的功用不是阐释一种文化，而是帮助建设与丰富一种文化"，而且，"作家表达一种文化……是探究这个文化'与全世界的关系'"（阿来，2017b：148 -

---

① 在《瞻对》、《格萨尔王》以及与朱维群先生的对话中，都清楚体现了这一倾向。
② 在开始长篇小说尝试之前，阿来早期是以诗歌阅读和诗歌创作起家的，他的诗集有《阿来的诗》、《梭磨河》等。

149，153）。在这个意义上，阿来所书写的包括他在公共发言中所涉及的康区的命运，实际上就是康区与外部世界的关系之转型，而他的表面上的观念纠结，如不细加申发辨明，外界印象中的康区乃至藏区将继续在历史迷雾中时隐时现。施帝恩（Gros，2016：4、1）指出，"康区是一个历史制造（historically produced）的区域范畴"，"区域是相互竞争的历史过程和社会空间过程的产物"。在这里，本文认为他所指的除了真实的历史和社会空间过程外，也应意味着历史和社会空间的表征过程，其中就包括文学写作。

参考文献：

阿来，2005，《空山》，北京：人民文学出版社。

阿来，2007，《空山2》，北京：人民文学出版社。

阿来，2009，《空山3》，北京：人民文学出版社。

阿来，2013，《尘埃落定》，北京：人民文学出版社。

阿来，2014，《瞻对：终于融化的铁疙瘩——一个二百年的康巴传奇》，成都：四川文艺出版社。

阿来，2015，《格萨尔王》，重庆：重庆出版社。

阿来，2017a，《大地的阶梯》，成都：四川文艺出版社。

阿来，2017b，《遥远的温泉》，北京：作家出版社。

波兰尼，卡尔，2017，《巨变：当代政治与经济的起源》，黄树民译，北京：社会科学文献出版社。

陈晓明、阿来，2016，《藏地书写与小说的叙事：阿来与陈晓明对话》，陈思广主编《阿来研究》第5辑，成都：四川大学出版社，第15~38页。

陈永龄，1995，《四川理县藏族（嘉戎）土司制度下的社会》，陈永龄著《民族学浅论文集》，台北：弘毅出版社，第312~438页。

杜永彬，2004，《康巴文化在国外的传播和影响：以国外康巴研究为例》，泽波、格勒主编，《横断山民族文化走廊：康巴文化名人论坛文集》，北京：中国藏学出版社，第396~428页。

冯珠娣，2009，《饕餮之欲：当代中国的食与色》，郭乙瑶等译，南京：江苏人民出版社。

福山，弗朗西斯，2014，《历史的终结及最后的人》，陈高华译，孟凡礼校，桂林：广西师范大学出版社。

高玉，2014，《瞻对：一个历史学体式的小说文本》，《文学评论》第 4 期。

格尔兹，克利福德，1999，《文化的解释》，纳日碧力戈等译，上海：上海人民出版社。

黄应贵，2006，《人类学的视野》，台北：群学出版有限公司。

黄应贵，2010，《反景入深林：人类学的观照、理论与实践》，北京：商务印书馆。

金涛，2009，《阿来谈〈格萨尔王〉：让你读懂西藏人的眼神》，《中国艺术报》9 月 22 日。

降边嘉措，1999，《格萨尔论》，呼和浩特：内蒙古大学出版社。

降边嘉措、吴伟，2014，《格萨尔王全传》，北京：五洲传播出版社。

康纳顿，保罗，2000，《社会如何记忆》，纳日碧力戈译，上海：上海人民出版社。

克利福德，詹姆斯，2006，《导言：部分的真理》，詹姆斯·克利福德、乔治·E·马库斯编《写文化：民族志的诗学与政治学》，高丙中等译，北京：商务印书馆，第 29 ~ 55 页。

昆德拉，米兰，2014，《小说的艺术》，董强译，上海：上海译文出版社。

孙小宁，2014，《我不可能置身于自己的历史之外》，《北京晚报》9 月 6 日。

石硕，2006，《关于"康巴学"概念的提出及相关问题：兼论康巴文化的特点、内涵与研究价值》，《西藏研究》第 3 期。

石硕，2011，《近十年大陆学者对康区的研究及新趋势》，《西南民族大学学报（人文社会科学版）》第 12 期。

石硕，2017，《瞻对：小地方、大历史——清代川藏大道上的节点与风云之地》，《西南民族大学学报（人文社会科学版）》第 1 期。

石泰安，2012a，《西藏史诗与说唱艺人》，耿昇译，北京：中国藏学出版社。

石泰安，2012b，《西藏的文明》，耿昇译，北京：中国藏学出版社。

汤芸，2009，《从两部民族志谈人类学对艺术的理解精神》，《西北民族研究》第 4 期，第 202 ~ 210 页。

王德威，2017，《序文：写在华夏边缘》，胡晓真著《明清文学中的西南叙事》，台北：台湾大学出版中心，第 xvii – xxii 页。

王明珂，2015，《反思史学与史学反思：文本与表征分析》，台北：允晨文化实业股份有限公司。

王秀玉，2007，《晚清康区甘孜地方势力与改土归流》，《法国汉学》丛书编辑委员会编，《边臣与疆吏》，北京：中华书局，第 314 ~ 323 页。

谢泽福，1992，《岭·格萨尔——藏族社会中的萨满力量》，耿昇主编《国外藏学研究译文集（第八辑）》，拉萨：西藏人民出版社，第 346 ~ 363 页。

玉珠措姆，2014，《瞻对工布朗结在康区的兴起探析》，《中国藏学》第 2 期，第 31 ~ 42 页。

玉珠措姆，2015，《瞻对工布朗结事件对清末汉藏关系的影响》，《中国藏学》第 2 期，第 121～126 页。

郑少雄，2014，《清代康定锅庄：一种讨论汉藏关系的历史路径》，《开放时代》第 4 期，第 12～23 页。

郑少雄，2016，《汉藏之间的康定土司：清末民初末代明正土司人生史》，北京：生活·读书·新知三联书店。

郑少雄，2017，《康定如何表征汉藏关系：文化认同在城市景观中的实践》，《中央民族大学学报（哲学社会科学版）》第 6 期，第 50～56 页。

Giersch，C. Patterson 2016，"Afterword：Why Kham? Why Borderlands? Coordinating New Research Programs for Asia." *Cross-Currents：East Asian History and Culture Review*，E-Journal 19：201 – 213.

Gros，Stephane 2016，"Introduction to 'Frontier Tibet：Trade and Boundaries of Authority in Kham'." *Cross-Currents：East Asian History and Culture Review*，E-Journal 19：1 – 26.

Handler，Richard and Daniel Segal 1999，*Jane Austen and the Fiction of Culture：An Essay on the Narration of Social Realities*（Updated Edition）. Rowman & Littlefield Publishers.

Litzinger，Ralph 2000，*Other Chinas：The Yao and the Politics of National Belonging*. Durham，N. C.：Duke University Press.

Ohnuki-Tierney，Emiko 1990，"Introduction：The Historicization of Anthropology." In *Culture Through Time：Anthropological Approaches*，edited by Emiko Ohnuki-Tierney. Stanford，California：Stanford University Press.

Perdue，Peter 2005，*China Marches West：The Qing Conquest of Central Eurasia*. Cambridge，M. A.：The Belknap Press of Harvard University Press.

图书在版编目（CIP）数据

迈向人民的社会学：中国社会科学院社会学研究所
四十年学术集萃：全十册／中国社会科学院社会学研究
所编. -- 北京：社会科学文献出版社，2020.7
ISBN 978 - 7 - 5201 - 6384 - 2

Ⅰ.①迈…　Ⅱ.①中…　Ⅲ.①社会科学 - 文集　Ⅳ.
①C53

中国版本图书馆 CIP 数据核字（2020）第 041948 号

迈向人民的社会学（全十册）
　　——中国社会科学院社会学研究所四十年学术集萃

编　　者／中国社会科学院社会学研究所

出 版 人／谢寿光
责任编辑／任晓霞　杨桂凤　杨　阳　隋嘉滨　胡庆英
　　　　　易　卉　庄士龙　赵　娜　刘　扬　张小菲
责任印制／王钠鑫　郑凤云

出　　版／社会科学文献出版社·群学出版分社（010）59366453
　　　　　地址：北京市北三环中路甲 29 号院华龙大厦　邮编：100029
　　　　　网址：www.ssap.com.cn
发　　行／市场营销中心（010）59367081　59367083
印　　装／三河市东方印刷有限公司

规　　格／开 本：787mm × 1092mm　1/16
　　　　　印 张：437　字 数：7082 千字
版　　次／2020 年 7 月第 1 版　2020 年 7 月第 1 次印刷
书　　号／ISBN 978 - 7 - 5201 - 6384 - 2
定　　价／4980.00 元（全十册）

本书如有印装质量问题，请与读者服务中心（010 - 59367028）联系